Andreas Hilpert
**Die Komposition der Chronikbücher**

# Beihefte zur Zeitschrift für die alttestamentliche Wissenschaft

Herausgegeben von
John Barton, Reinhard G. Kratz, Nathan MacDonald,
Sara Milstein und Markus Witte

## Band 526

Andreas Hilpert

# Die Komposition der Chronikbücher

Redaktionsgeschichtliche Studien zu 2 Chr 10–36

**DE GRUYTER**

G

ISBN 978-3-11-069843-5
e-ISBN (PDF) 978-3-11-069853-4
e-ISBN (EPUB) 978-3-11-069859-6
ISSN 0934-2575

Library of Congress Control Number: 2021936366

Bibliografische Information der Deutschen Nationalbibliothek
Die Deutsche Nationalbibliothek verzeichnet diese Publikation in der Deutschen
Nationalbibliografie; detaillierte bibliografische Daten sind im Internet über
http://dnb.dnb.de abrufbar.

© 2022 Walter de Gruyter GmbH, Berlin/Boston
Satz: Dörlemann Satz, Lemförde
Druck und Bindung: CPI books GmbH, Leck

www.degruyter.com

MIX
Papier aus verantwor-
tungsvollen Quellen
FSC® C083411

# Vorwort

Die vorliegende Untersuchung wurde im Wintersemester 2019/2020 von der Theologischen Fakultät der Friedrich-Schiller-Universität Jena als Dissertation im Fach Altes Testament angenommen. Für diese Druckfassung wurden leichte Überarbeitungen und die Erstellung eines Registers vorgenommen.

Mit großer Dankbarkeit schaue ich auf die Unterstützung in den vergangenen Jahren zurück, die das Zustandekommens dieses Buches ermöglichte. Hier sei an erster Stelle mein Doktorvater Prof. Dr. Uwe Becker genannt, dessen Zutrauen die Promotion maßgeblich auf den Weg brachte. Zudem konnte ich an seinem Lehrstuhl für Altes Testament als Wissenschaftlicher Mitarbeiter in der Lehre tätig sein. Für das hilfreiche Feedback, die Geduld bei meinen zahlreichen Vorträgen und die unkomplizierte Zusammenarbeit an unseren Lehrstühlen danke ich meinem Zweitkorrektor Prof. Dr. Hannes Bezzel und dem alttestamentlichen Oberseminar.

Auf dem Weg zur endgültigen Buchform danke ich Frau Dr. Sophie Wagenhofer, Frau Alice Meroz und Frau Sabina Dabrowski vom Verlag de Gruyter für all die Anmerkungen, Empfehlungen und Hinweise sowie den Herausgebern Prof. Dr. Markus Witte und Prof. Dr. Reinhard G. Kratz für die Aufnahme in die Reihe „Beihefte zur Zeitschrift für die alttestamentliche Wissenschaft".

All meinen Freunden, Familienmitgliedern, Kollegen und Weggefährten, die meine Texte gelesen, gehört und diskutiert haben, bin ich unendlich dankbar, da die oft einsame und mühsame Arbeit dadurch Resonanz erhielt und die Tiefe des Alten Testaments lebendig werden ließ.

Neben der akademischen Wertschätzung danke ich Gott für meine Frau Johanna, da ich mit ihr durch alle Höhen und Tiefen dieser Zeit gegangen bin.

Andreas Hilpert, September 2021

https://doi.org/10.1515/9783110698534-006

# Inhaltsverzeichnis

# Abkürzungsverzeichnis

Die Abkürzungen folgen Siegfried M. Schwertner, Internationales Abkürzungsverzeichnis für Theologie und Grenzgebiete, Berlin/Boston ³2014.

Zusätzlich werden folgende Abkürzungen verwendet.

| | |
|---|---|
| AIL | Ancient Israel and ist Literature |
| BEinAT | Beiträge zur Einleitung in das Alte Testament |
| CQumS | Companion to the Qumran Scrolls |
| TSHB | Textpragmatische Studien zur Literatur- und Kulturgeschichte der Hebräischen Bibel |
| WiBiLex | Das wissenschaftliche Bibellexikon im Internet |

# 1  Warum sich die Mühe geben …?

„Warum sollen wir uns hier die Mühe geben, eine Glaubwürdigkeit zu retten, die schon verloren ist? – Genug, ich lasse den Widerspruch, und schiebe ihn auf die Partheilichkeit und Unächtheit der Chronik."[1]

So lautet 1806 das wegweisende, aber vernichtende Urteil im „Kritischen Versuch über die Glaubwürdigkeit der Bücher der Chronik" des Jenaer Theologen Wilhelm Martin Leberecht de Wette. Diese Abhandlung, einer der wichtigsten Texte der alttestamentlichen Forschung, wirft der Chronik Parteilichkeit, Widersprüchlichkeit und fehlende Authentizität vor. Die Darstellung der Chronikbücher sei daher nicht glaubwürdig. Diese Abqualifizierung der Chronik als unglaubwürdiges Buch prägt seit über 200 Jahren die Forschung stark und beeinflusst sie bis heute. Auch abseits des akademischen Kontextes hat die Chronik nicht den besten Ruf. Als Laie sie zu lesen, stellt eine anspruchsvolle Aufgabe dar. Schon der Beginn mit neun Kapiteln voller genealogischer Listen in 1 Chr 1–9 verleitet zum Weglegen oder Überblättern des Textes. Und die folgenden Erzählungen über die Könige der davidischen Monarchie verwirren den Leser, da ihm zumeist die Erzählungen aus den Samuel- und Königebücher viel vertrauter sind und die Chronik die Geschichten anders erzählt. Noch problematischer erscheinen die permanenten Unterbrechungen im Text. Penible und ausführliche Opfervorschriften, Priesteraufstellungen und Genealogien bringen den Erzählfluss immer wieder zum Erliegen. Die Chronik ist an vielen Stellen sehr langatmig und ermüdend geschrieben.

Doch davon abgesehen, finden sich in der Chronik auch viele packende und spannende Texte, die von großen Kriegen, stolzen Reden und existentiellen Bedrohungen erzählen. Ihnen wohnt oftmals eine große Dramatik inne. Als Beispiel sei die Erzählung von König Hiskia aus 2 Chr 32 genannt. Gegen Juda zieht der König der Assyrer, Sanherib, herauf und fällt in das Land ein. Sanherib schickt Boten vor die Mauern Jerusalems, die das Gottesvolk provozieren, indem sie fragen:

„Worauf vertraut ihr, die ihr in der Belagerung von Jerusalem bleibt? Führt euch Hiskia nicht nur irre und gibt euch dem Tod durch Hunger und Durst preis, wenn er sagt: JHWH, unser Gott, wird uns retten aus der Hand des Königs von Assur? […] Erkennt ihr nicht, was ich und meine Väter allen Völkern der Länder angetan haben? Konnten die Götter […] ihr Land erretten aus meiner Hand? Wer von allen Göttern dieser Länder, an denen meine Väter den Bann vollstreckt haben, konnte sein Volk aus meiner Hand retten, so dass euer Gott euch aus meiner Hand erretten könnte? Und jetzt, lasst euch nicht betrügen von Hiskia […] und vertraut ihm nicht; denn kein Gott aus irgendeiner Nation und eines Königreichs konnte

---

1 De Wette, Glaubwürdigkeit, S. 132.

https://doi.org/10.1515/9783110698534-001

sein Volk erretten aus meiner Hand und von der Hand meiner Väter, so wird euer Gott euch nicht erretten aus meiner Hand." (2 Chr 32,10–15)

Hier wird das vollständige Ende angekündigt: das Ende Jerusalems, des Königtums und natürlich das Ende von Judas Gott JHWH, der von den Boten verspottet wird. Das eingeschlossene Jerusalem scheint verloren. Da beten König Hiskia und Jesaja gemeinsam zu Gott. JHWH selbst greift daraufhin ein:

> „Und JHWH sandte einen Boten und der zerschmetterte alle tapferen Krieger und den Anführer und den Obersten im Lager des Königs von Assur. Und dieser zog in Schande wieder in sein Land." (2 Chr 32,21)

Gott hilft seinem Volk, das in der Not treu zu ihm hält. Doch auch der Leser selbst wird unwillkürlich zur Frage gedrängt, wie groß das eigene Gottvertrauen im Angesicht übermächtiger Feinde wäre.

Doch so monumental und eindrucksvoll diese Erzählung auch sein mag – der Leser muss zunächst viele mühsame Passagen überwinden, um zu ihr zu gelangen. Denn vor der Schilderung der Schlacht weiht Hiskia sehr ausführlich in 2 Chr 29–31 den Tempel wieder ein. In diesen drei Kapiteln teilt er die Priester in mehrere Abteilungen ein. Dazu führt die Chronik genealogische Listen auf, ehe sie die Anleitung von Heb- und Brandopfer darstellt. Unter den Priestern werden dabei durchgängig die Leviten hervorgehoben, die bei allen Angelegenheiten federführend sind. Verwirrend und ermüdend sind diese langatmigen Texte, die so gar nichts mit dem großen Angriff Sanheribs zu tun haben. Hier scheint die existentielle Frage nach dem Gottvertrauen einer peniblen Kultverliebtheit zu weichen. Das Beispiel zeigt exemplarisch, dass viele spannende Passagen der Chronik mit einem Durcheinander aus Listen, Kultdetails und Priesterangelegenheiten verwoben sind. Es stellt sich die Frage, ob im Textaufbau ein roter Faden zu finden ist und wie die heterogenen Passagen entstanden sind.

Zur Beantwortung der Frage nach der Textentstehung bietet sich eine diachrone Untersuchung an, die eruieren soll, inwieweit Fortschreibungsstufen im Text zu unterscheiden sind, die einen theologiegeschichtlichen Wandel dokumentieren. Der Untersuchungsgegenstand soll dabei die Geschichte der geteilten Monarchie Judas und Israels in 2 Chr 10–36 sein. Das mag zunächst verwundern. Schließlich scheint der Fokus der Chronik auf anderen Figuren zu liegen. Denn nach den Listen und dem Kurzbericht zu Saul in 1 Chr 1–10 folgen die langen Erzählungen zu David in 1 Chr 11–29 und Salomo in 2 Chr 1–9, die als Hauptfiguren der Chronik gelten. Die auffällig positive Darstellung Davids zeichnet sich durch lange Reden, viele kultische Stiftungen und der fast kompletten Vorbereitung des Tempelbaus aus. Salomo vollendet den Tempelbau und führt das Großreich Israel zum Höhepunkt seiner Macht. Die hier vorgenommene Textauswahl hat also den entscheidenden Nachteil, dass sie nicht das Wirken der Hauptfiguren und den Höhepunkt der Monarchie umfasst. Die Könige in 2 Chr 10–36 leben in kleineren Verhältnissen, da sich das Großreich in das Südreich Juda und das Nordreich Israel teilt, die beide letztlich untergehen. Zuerst fällt Israel und Jahrzehnte später auch Juda. Judas Untergang stellt das Finale der Chronik im letzten Kapitel 2 Chr 36 dar. Zudem erzählt die Chronik nur die Geschichte des Südreiches ausführlich nach, während die vielen Erzählungen der Königebücher über die Herrscher des Nordreichs bloß am Rande Erwähnung finden.

Als Vorteil der Textauswahl zeigt sich allerdings, dass sich in den kurzen Darstellungen der Könige in 2 Chr 10–36 die Fortschreibungsstufen des Textes besser erkennen lassen als in den großen Erzählungen zu David und Salomo. Zudem lässt sich das Verhältnis der Chronik zu den Königebüchern übersichtlicher erörtern. Warum erzählt die Chronik biblische Texte noch einmal neu und was sagt das über die Entwicklung der Kanonisierung aus? Dazu kann der Status des Nordreichs in der Chronik von Anfang bis zum Ende der Reichsteilung betrachtet werden. Trotz Streichung der meisten Passagen aus den Königebüchern wird Israel immer wieder thematisiert. Ebenso kann der Zusammenhang der Chronikbücher mit den Büchern Esra und Nehemia untersucht werden, da die Chronik in 2 Chr 36,23 hoffnungsvoll mit dem Befehl des Perserkönigs Kyros endet, den Tempel in Jerusalem wiederaufzubauen und aus dem Exil heimzukehren, was nach üblicher Anschauung ein Zitat aus Esr 1,1 darstellt. Darum werden in der Arbeit vor allem Texte untersucht, die das Kernthema des Juda-Israel-Konflikts besprechen.

Der vorliegenden Arbeit liegt eine diachrone Herangehensweise zugrunde. Darum werden zunächst die Forschungsansätze in der Chronikforschung vorgestellt, anschließend wird die Methodik der Arbeit dargelegt. Der Hauptteil bietet Untersuchungen zu den Kapiteln von 2 Chr 10–36. Hier werden Thesen zur Textentstehung aufgestellt. Daraufhin werden die herausgearbeiteten Schichten in einer Synthese redaktionsgeschichtlich ausgewertet. Auf diese Weise tritt das theologische Profil der Fortschreibungen hervor. Diese Schichten werden in einem Fazit zusammengefasst und im Anschluss in einem Datierungskapitel zeitlich verortet, bevor die Arbeit mit einem Ausblick schließt.

# 2 Eine diachrone Herangehensweise an die Chronik

Die Entstehungsgeschichte der Chronik soll in der vorliegenden Studie mit der unterschiedlichen Methodik der historisch-kritischen Forschung untersucht werden. Im Fokus stehen dabei zwei Methodenschritte, die die Wachstumsgeschichte des Textes untersuchen. Zunächst prüft ihn die Literarkritik auf seine Einheitlichkeit,[2] bevor die Redaktionsgeschichte die unterschiedlichen Textschichten theologisch auswertet.

Diese Vorgehensweise eignet sich gut, um den Text von verfestigten Forschungsurteilen, die in der Chronikexegese gelegentlich den Status von Apriori-Tatsachen erhalten haben, zu befreien. Darum sollen Textspannungen im Fokus stehen, die die Grundlage für Thesen zur Entstehung der Chronik bieten.[3]

Die Anwendung von Literarkritik und Redaktionsgeschichte birgt dabei trotz vieler Vorzüge auch Gefahren. Für beide Methodenschritte ist eine sehr enge und präzise philologische Arbeit am Text erforderlich. Damit sind sie einerseits Werkzeug zur Erschließung der Tiefendimension eines Textes, da sich unterschiedlich profilierte Aussagen durch Schichtungen differenzieren lassen. Aber natürlich besteht andererseits die Gefahr, sich in Spitzfindigkeiten und in zu vielen Schichten zu verlieren. Zudem verwirrt die Vielzahl an literarkritischen Entstehungsmodellen und führt zu Zweifeln in der Forschung, ob die Methode je zu einem akzeptierten Konsens führen kann. Das stellt aber ein generelles Problem wissenschaftlicher Literatur dar.[4]

Dennoch ist eine Herangehensweise mittels Literarkritik und Redaktionsgeschichte, die sich ihres vorläufig-hypothetischen Charakters bewusst ist und ergebnisoffen an den Masoretischen Text herantritt, die beste Möglichkeit, um Spannungen im Text zu beschreiben, Erklärungen dafür zu finden und somit Aussagen zur Entstehungsgeschichte treffen zu können.[5] Letztlich muss sich Literarkritik weder am vermeintlichen Forschungskonsens messen noch sind „Methodenkriege" der Forschung nützlich.[6] Einzig und allein, ob sie für den zu bearbeitenden Text überzeugende Erklärungen liefert, bleibt ihr Gradmesser. Ein allgemeines Urteil über die Wirksamkeit von Literarkritik und Redaktionsge-

---

**2** Dafür kommen folgende Modelle in Frage: 1) Die Grundschrifthypothese/Textwachstumshypothese, dass ein Text wie eine Zwiebel immer wieder mit Schichten erweitert wurde, 2) die Urkundenhypothese, dass verschiedene Dokumente/Urkunden zusammengearbeitet wurden, 3) die Fragmentenhypothese, dass ehemals selbstständige Erzählungen zu Erzählkränzen zusammengefasst wurden und 4) die Einheitshypothese, dass die Spannungen auf einer literarischen Komposition des Autors basieren und der Text einheitlich ist. Zu den methodischen Fragen und Optionen vgl. auf den Pentateuch bezogen besonders Kratz, Analysis, S. 529–561.

**3** Vgl. Becker, Exegese, S. 5.

**4** Vgl. Becker, Exegese, S. 50f.

**5** Vgl. Gressmann, Aufgaben, S. 3.

**6** Einen Konsens der Forschung hat es bei genauer Betrachtung ohnehin nie gegeben. Die Vielzahl der literarkritischen Modelle entspricht letztlich der Komplexität des Gegenstandes. Vgl. Becker, Exegese, S. 50. Zudem ist jegliche Aussage über die Vorgänge der Vergangenheit eine Hypothese, die natürlich nur auf Grundlage der gegenwärtigen Forschungslage möglich ist.

schichte kann es darum nicht geben, da jeder Text, je nach Epoche und Gattung ganz andere Antworten zur Textentstehung verlangt. Der Ertrag der diachronen Herangehensweise ist von Text zu Text abzuwiegen und zu prüfen und soll nun auf die Chronik angewendet werden.[7]

# 3 Forschungsüberblick – Zum Textwachstum der Chronikbücher

## 3.1 Die Chronik als Geschichtsverfälschung und der Streit um ihre Quellen – Die Chronikforschung im 19. Jahrhundert

Der Chronik[8] eilt der Ruf voraus, eine Art Aschenputtel der Forschung zu sein. Das hat sich zwar aufgrund des verstärkten Forschungsinteresses seit den letzten Jahrzehnten des 20. Jahrhunderts etwas gelegt, doch haftet der Chronik bereits seit dem frühen 19. Jahrhundert ein negatives Image an.[9]

Die moderne Chronikexegese begann 1806 in Jena mit einer bahnbrechenden Studie von Wilhelm Martin Leberecht de Wette. Unter dem Titel „Kritischer Versuch über die Glaubwürdigkeit der Bücher der Chronik mit Hinsicht auf die Geschichte der Mosaischen Bücher und Gesetzgebung"[10] stellte er die revolutionäre These auf, die Chronik sei ein Buch, in dem Geschichte verfälscht werde. Sie verändere den Stoff der Samuel- und Königebücher für ihre eigenen theologischen Zwecke und entstelle somit die wahre Historie Judas und Israels. Im Textvergleich zwischen Chronik und ihren Parallelen arbeitete de Wette heraus, wie unpräzise, wie erfunden und tendenziös sie die biblische Vorlage ausschmücke und abändere. Besonders vorteilhaft würden die levitischen Priester dargestellt, um ihnen Wundertaten und Privilegien zuzuschreiben.[11]

---

**7** Besonders erkenntnisreich ist dabei das Zusammenspiel mit anderen Methodenschritten wie der Traditionsgeschichte, wodurch der Versuch einer Textdatierung unternommen werden kann.
**8** In der Studie wird der Ausdruck „Chronik" auch für beide Chronikbücher verwendet, gleiches gilt für den Terminus „Königebuch" und Königebücher. Der Forschungsüberblick konzentriert sich auf die Frage nach der Einheitlichkeit der Chronik. Zu Überblicken der Chronikforschung vgl. Peltonen, History debated; Johnstone, Best Commentary, S. 6–11; Klein, Chronicles, S. 992–1002; Willi, Zwei Jahrzehnte, S. 61–104; Mathias, Chronikforschung.
**9** Vgl. Levin, Audience, S. 229.
**10** De Wette, Glaubwürdigkeit.
**11** Vgl. de Wette, Glaubwürdigkeit, S. 49–132.

Der oft polemische, spottende Ton von de Wettes Ausführungen führte dazu, dass die Chronik im 19. Jahrhundert von der Forschung als epigonales und nachahmendes Werk abgetan wurde, das seine Quellen verfälscht.[12] Im Zeitalter des Historismus war das Interesse an der „wahren" Geschichte Judas deutlich stärker ausgeprägt als am späten Chroniktext selbst. Die Wissenschaftler stritten heftig darüber, ob all das Sondergut und die vielen Änderungen darin von den Autoren frei erfunden wurden oder ob nicht doch noch historisch zuverlässige Quellen existieren, auf die sie zurückgegriffen haben.[13] Insbesondere wurde diskutiert, ob die vielen formelhaften chronistischen Querverweise auf andere Texte wirklich auf nicht mehr bekannte Quellen hindeuten oder ob sie doch nur prahlerische Dekoration sind, da sie sich in Wirklichkeit auf die Samuel- und Königebücher als einzige Quelle der Chronik beziehen.[14]

In diesem Zusammenhang wurden die Chronikbücher im 19. Jahrhundert kaum als eigenständiges Buch betrachtet, da man ihnen nur einen sehr heteronomen Status zuerkannte. Man untersuchte ihre Beziehung zu den Samuel- und Königebüchern und wertete ihre historische Zuverlässigkeit aus. Zudem wurde die Chronik als Auftaktbuch des „Chronistischen Geschichtswerks" betrachtet, welches sie laut Leopold Zunz mit den Büchern Esra und Nehemia zusammen bildet.[15] In diesen Büchern wird über die Rückkehr nach Jerusalem samt Tempelbau berichtet. Prominent wurde diese These durch Martin Noths „Überlieferungsgeschichtliche Studien"[16] im Jahr 1943 erneuert, die bis heute ein Meilenstein der Chronikforschung darstellen.

Fortschreibungsprozesse in der Chronik wurden damals kaum untersucht, obgleich das 19. Jahrhundert als das Zeitalter der Literarkritik gilt. Bei der Chronik schien die Situation eindeutig zu sein: Sie galt als weitgehend einheitlich, weil sie ein spätes Buch sei, das nicht über einen großen Zeitraum entstanden sein könne wie die Schriften der Tora. Selbst berühmte Literarkritiker wie Julius Wellhausen übergingen die Frage nach der Einheitlichkeit der Chronik, da sie hier das Werk eines späteren Nachahmers sahen, der das mosaische Gesetz sklavisch und penibel in die Geschichte des Gottesvolkes integrieren möchte.[17] Uneinheitlich-

---

**12** Vgl. Gramberg, Chronik, S. 90–224.

**13** Vgl. Hanspach, Inspirierte Interpreten, S. 4; Movers, Untersuchungen, S. 103; Keil, Versuch, S. 193–260.

**14** Vgl. Hanspach, Inspirierte Interpreten, S. 7; Graf, Bücher, S. 115–122; Curtis, Commentary, S. 24; Benzinger, Bücher, S. X–XIII; Wellhausen, Prolegomena, S. 227.

**15** Vgl. Zunz, Vorträge, S. 12–34.

**16** Vgl. Noth, Überlieferungsgeschichtliche Studien, S. 110–180.

**17** Vgl. Wellhausen, Prolegomena, S. 165 f.

keit wurde als Mangel an literarischer und theologischer Qualität gesehen, für die Wellhausen in der Tradition de Wettes nur Hohn und Spott übrig hatte.[18]

Diese Debatten prägen bis heute die Forschung. So plädierten beispielsweise auch ein Jahrhundert später Wilhelm Rudolph und Sara Japhet dafür, historisch zuverlässige Quellen anzunehmen, auf denen der Chronikbericht fuße, während andere Forscher die Berichte als theologische Erfindungen klassifizierten.[19] Bis heute findet ein intensiver Diskurs darüber statt, welche Quellen für die Bücher am ehesten in Frage kommen. Einen wichtigen Beitrag der Gegenwart dazu liefert A. Graeme Auld.[20] Laut Auld ist die Chronik kein Kommentar der Königebücher, sondern eine eigenständige Schrift. Beide Bücher fußen auf einer gemeinsamen Quelle, dem „Book of Two Houses", welches einprägsam durch „BoTH" abgekürzt wird.[21] Aulds These liefert wichtige Impulse, da sie die vermeintliche Tatsache, dass die Chronik (durch die zahlreichen Querverweise im Text) immer von den Königebüchern abhängig sei, gründlich in Frage stellt.[22] Vielmehr könnte diese Abhängigkeit auch in umgekehrter Richtung möglich sein.[23] Somit liefern die Behauptungen von Auld wichtige Anregungen für die Neubewertung des Verhältnisses von Chronik und Samuel- und Königebüchern.[24]

Die Diskussion in der Forschung seit dem 19. Jahrhundert zeigt somit, dass sich einerseits vermeintliche Selbstverständlichkeiten herausgebildet haben, die es heute zu hinterfragen gilt. Andererseits sind aber auch wertvolle Impulse zum Neudenken erkennbar. Die moderne alttestamentliche Exegese sollte darum alte und neue Beobachtungen in die Diskussion bringen, um zu einem differenzierten Urteil zu gelangen, das die Probleme des Textes erklärt.

---

**18** Vgl. Mathys, Ethik, S. 157.
**19** Vgl. Japhet, 1 Chronik, S. 32; Rudolph, Chronikbücher, S. X–XVIII; Kratz, Komposition, S. 41; McKenzie, 1–2 Chronicles, S. 40–43; de Wette, Kritik der Mosaischen Geschichte, S. 24.
**20** Vgl. Hanspach, Inspirierte Interpreten, S. 4; Kalimi, Chronikbuch und seine Chronik, S. 8 f.
**21** Vgl. Auld, Life, S. 21.
**22** Vgl. Auld, Privilege; Auld, Life, S. 103–161.
**23** Bei Auld besteht die Gefahr, dass man dabei die je individuelle Entstehungsgeschichte beider Bücher vernachlässigt. "The origin and development of the book of Kings – even more than the book of Samuel – can best be understood by comparing it with parallel texts." (Auld, Life, S. 191).
**24** Vgl. Becker/Bezzel, Rereading.

## 3.2 Die Einheitlichkeit der Chronik: ein Autor, ein Werk mit einzelnen Zusätzen oder doch systematische Fortschreibungsprozesse?

Seit dem 20. Jahrhundert werden verstärkt Untersuchungen zur literarischen Einheitlichkeit der Chronik geführt, auch wenn die Debatte noch immer eher ein Nebenaspekt der Forschung darstellt.[25]

Die zentrale Weichenstellung für die Chronikforschung geschieht in den 1950er Jahren. Zunächst erscheint 1954 in der Reihe ATD Kurt Gallings knapper Kommentar „Die Bücher der Chronik, Esra, Nehemia"[26], der erstmals ein umfassendes Schichtungsmodell zur Chronik bietet, ohne Detailbegründungen wegen des beschränkten Raumes der Kommentarreihe liefern zu können.[27] Im darauffolgenden Jahr 1955 publiziert Wilhelm Rudolph seinen ausführlichen Kommentar „Chronikbücher"[28], der die weitgehende Einheitlichkeit der Chronik postuliert und einen einzigen Chronisten als Autor annimmt. Während Gallings Vorschlag bis heute selten berücksichtigt wurde, ist Rudolphs Kommentar eines der meistzitierten Bücher der Chronikforschung. Er hat die deutschsprachige und englischsprachige Forschung enorm beeinflusst. Die Mehrheit der Forscher hat sich daher bis heute gegen eine intensive Beschäftigung mit der Literarkritik entschieden oder die Textspannungen schlichtweg ignoriert.

Dabei ist man sich einig in der Ausgangsbeobachtung, dass die Chronik ein sehr heterogener Text sei, was selbst Rudolph gar als „Durcheinander"[29] beschreibt. Spannungen, Brüche im Text und verschiedene Gattungen werden dabei durchaus als Indizien für Textwachstum diskutiert.[30] Doch in welchem Maße die Texte wachsen, wird höchst unterschiedlich beurteilt. Im Folgenden sollen drei Standpunkte vorgestellt werden, die die Positionen der Forschung skizzieren: 1) die Chronik als einheitliches Werk des Chronisten, 2) die Chronik als Werk mit späten Glossen und Passagen und 3) die Chronik als Produkt von Redaktionsprozessen.[31]

---

**25** „Vorschläge, die nicht nur die Quellen und ‚den Chronisten' unterscheiden, sondern mit einem dem Textbefund angemesseneren, differenzierten Wachstum rechnen, sind selten." (Kratz, Komposition, S. 94).

**26** Vgl. Galling, Bücher.

**27** Vgl. Galling, Bücher, S. 14–17.

**28** Vgl. Rudolph, Chronikbücher.

**29** Rudolph, Chronikbücher, S. VIII.

**30** Vgl. Japhet, 1 Chronik, S. 30–32.

**31** Dabei sind Übergänge zwischen den Positionen möglich. Die vorgenommene Einteilung dient lediglich der Orientierung im Forschungsüberblick.

Der Großteil sowohl der deutsch-, als auch der englischsprachigen Forschung erachtet die Chronik bis heute als Werk des Chronisten, also eines Autors mit einem nahezu einheitlichen Gestaltungswillen. Diese Position folgt letztlich der Grundannahme des 19. Jahrhunderts, dass die Chronik ein sehr spätes biblisches Buch sei, das aufgrund seines beinahe schriftgelehrten Charakters keine größeren Wachstumsprozesse mehr zu erkennen gebe, wie es noch in der Tora oder den Prophetenbüchern geschieht.[32] Allerdings wird die frühere, abwertende Charakterisierung der Chronik als Epigonenwerk heute positiv umformuliert. Die Widersprüche der Chronik sind demzufolge durch verschiedenartige, kanonische Quellentexte begründet, die die Chronik synthetisch zusammenführen.[33] Das stelle eine bewusste, literarische Kompositionstechnik und Stilistik des Chronisten dar, wie es beispielsweise Gary Knoppers in seinem großen Anchor Bible-Kommentar betont.[34] Der Verfasser der Chronik sei weniger Autor eines widerspruchsfreien Textes, als vielmehr eine Art Kompilator, der eine Kontinuität zu den vorgegebenen biblischen Texten herstellen möchte. Dadurch gewinne er die biblische Autorität, um seine eigenen Ideen durchzusetzen. Vor allem die Einheitlichkeit der chronistischen Theologie wird stets leitmotivartig betont.[35] So durchziehe die Chronik die Theologie der "immediate retribution", ein Vergeltungsglaube, der die Sünder sofort straft und die Frommen, die sich penibel um den Kult kümmern, immer wieder belohnt. Gott lässt sich dabei jederzeit aufsuchen und eine Umkehr zu ihm ist stets möglich. Zusammen mit dem levitischen Kult, der Betonung von Davids Monarchie und der Verdammung des gottlosen Nordreichs markiere das den roten Faden der Chronik, der in den heterogenen Texten für Einheit sorge.[36]

Hinzu kommt eine Unzufriedenheit mit den bisherigen literarkritischen und redaktionsgeschichtlichen Vorschlägen der Forschung. Entweder prangern die Wissenschaftler die Methode der Literarkritik als „Zertrümmerung"[37] des Textes an oder behaupten, dass die Methode bei der Untersuchung der Chronik an ihre

---

**32** Vgl. Wellhausen, Prolegomena, S. 165.

**33** "Perhaps the crucial discovery of the modern study of Chronicles is the extent to which the Chronicler sought to interpret Israel's history in relation to a body of authoritative scripture." Childs, Introduction to the Old Testament, S. 647. Vgl. Ackroyd, I & II Chronicles, S. 20.

**34** Vgl. Knoppers, I Chronicles 1–9, S. 90–93; Japhet, 1 Chronik, S. 32; Noth, Überlieferungsgeschichtliche Studien, S. 110 f.

**35** Maskow charakterisiert die Chronik als die „ersten Vollzüge einer Theologie der Heiligen Schrift". Maskow, Tora, S. 550.

**36** Vgl. Rudolph, Chronikbücher, S. XIII–XXIV; Japhet, 1 Chronik, S. 71–78.

**37** Oeming, Das wahre Israel, S. 38.

Grenzen gerate, da sich bei einem solch kanonisch-synthetischen Werk keine Fortschreibungsschichten nachvollziehbar herausarbeiten ließen.[38]

Dennoch muss festgehalten werden, dass selbst die Exegeten, die die Chronik als Werk eines Autors erachten, sich dann doch bei einigen Passagen mit der Literarkritik behelfen. So gesteht beispielsweise Rudolph zumindest zu, dass einzelne Glossen durchaus möglich seien und vielleicht kleinere, wenn auch zusammenhanglose Nachträge in der Chronik auftreten.[39]

Die größten Konflikte in der Chronik bietet die spannungsvolle Darstellung der Priester und Leviten. So hat die Forschung eine Rivalität zwischen den beiden Gruppen festgestellt und darum redaktionelle Erweiterungen postuliert. Adam Welch meint 1939, dass in der Grundschicht ursprünglich die Leviten den Priestern gleichgestellt waren, dann aber eine pro-priesterliche Schicht in der Chronik für Dissonanzen sorgte.[40] Ähnlich urteilt Hugh Williamson 1987, dass die prolevitische Grundschicht noch erweitert wurde.[41] Das Gegenteil hat mehrheitlich die deutschsprachige Forschung postuliert. So erachten Martin Noth 1943 und Thomas Willi 1972 die levitischen Attribute als spätere Redaktionen, ohne an dieser Stelle aber auf buchübergreifende Schichten zu schließen.[42]

Ebenso stehen Listen, wie die Genealogische Vorhalle in 1 Chr 1–9, im Verdacht, dass hier spätere Hinzufügungen vorgenommen wurden. Diese Listen sprengen den erzählerischen Rahmen und weisen untereinander viele Spannungen auf. Ebenso stehen sie oft mit dem Erzähltext in Konflikt.[43] Zusammenfassend hält diese Gruppe von Forschern aber weitgehend an der Einheitlichkeit der Chronik fest und sieht nur kleinere lose Redaktionen als begründet an.

Während die ersten beiden Positionen die Mehrzahl aller Forschungsthesen abbilden, geht die dritte Gruppe noch einen Schritt weiter. Sie postuliert nämlich in der Chronik durchgehend redaktionelle Eingriffe und begründet die Spannungen mit systematischen Fortschreibungen.[44]

---

**38** Vgl. De Vries, 1 and 2 Chronicles, S. 12; Oeming, Das wahre Israel, S. 38 f.; Klein, 1 Chronicles, S. 11.
**39** Vgl. Rudolph, Chronikbücher, S. VIII.XII. Bei anderen Forschern werden aber auch ganze Kapitel als spätere Ergänzungen angesehen. Vgl. Knoppers, I Chronicles 1–9, S. 93.
**40** Vgl. Welch, Work, S. 149–160.
**41** Vgl. Williamson, 1 and 2 Chronicles, S. 12–15.
**42** Vgl. Noth, Überlieferungsgeschichtliche Studien, S. 110–131; Willi, Auslegung, S. 194–204. Ähnlich deutet Dörrfuss 1994 viele Bezüge zu Mose in der Chronik als sekundäre Fortschreibungen. Vgl. Dörrfuss, Mose, S. 277–280; Klein, 1 Chronicles, S. 12.
**43** Vgl. Knoppers, I Chronicles 1–9, S. 90 f.
**44** Vgl. Schmid, Literaturgeschichte, S. 187.

Wilhelm Rothsteins 1927 posthum veröffentlichter „Kommentar zum ersten Buch der Chronik"[45] entdeckt mehrfache Erweiterungen in 1 Chr.[46] Eine Grundschicht „ChP", die die Priesterschrift und älteres historisches Material als Vorlage nutzte, sei durch die Schicht „ChR" erweitert worden, die den Hexateuch, insbesondere die Samuel- und Königebücher, in die Chronik integriert habe. Anschließend wurden noch Hinzufügungen durch diverse levitische Redaktionen vorgenommen, die „ChM" und „ChG" genannt werden. Rothstein geht also teils von systematischen Redaktionen, teils von Einzelzusätzen aus. Leider befasst er sich nur mit 1 Chr. Zudem ist sein Kommentar an einigen Stellen auch nur fragmentarisch erhalten.[47]

Ebenso entzündet sich die Literarkritik von Adam Welchs Studie "Work of the Chronicler"[48] von 1939 an der Diskussion über die Leviten. Er arbeitet einen zweistufigen Bearbeitungsprozess heraus, bei dem die Grundschicht durch eine Priesterschicht ergänzt wird. Ähnlich untersucht Georg Steins 1995 in seiner Monographie „Die Chronik als kanonisches Abschlußphänomen"[49] die Rolle der Leviten im Chroniktext. Als Ergebnis konstatiert er, dass mehrere Bearbeitungsschichten vorliegen, die vor allem die Leviten in den Text nachtragen. Die Grundschicht stünde dagegen den Samuel-Königebüchern sehr nahe und thematisiere die Basis von Judas und Israels Existenz. Das Geschick des Gottesvolkes entscheide sich an seiner religiösen Einstellung zu Gott. Der Levitenkult komme hingegen erst durch spätere Zusätze in den Text. Dabei unterteilt Steins in mehrere Bearbeitungsstufen, die er noch einmal in unterschiedliche Schichten differenziert. So sieht er in der ersten Stufe mehrere levitische Ergänzungen, die das Kultpersonal ergänzen, insbesondere die unterschiedlichen Leviten. Die zweite Bearbeitungsebene nennt Steins die „Gemeinde-Schicht", in der das Volk beim Heiligtum mitbauen soll. Die letzte Ebene wird als „Kult-Schicht" charakterisiert, in der noch einmal Kultzusätze vorgenommen werden.[50] Steins Thesen untermauern eindrucksvoll, dass die Leviten in späteren Zusätzen auftreten. Dennoch ist seine Literarkritik an vielen Stellen sehr stark untergliedert in viele, gelegentlich zu viele, Einzelschichten, so dass die überzeugende These der levitischen Redaktion gelegentlich in kleine Bausteine zu zerfasern droht.

---

**45** Rothstein/Hänel, Kommentar.
**46** Vgl. Rothstein/Hänel, Kommentar, S. LIX-LXIX.
**47** Erschwerend kommt hinzu, dass Rothsteins Schichten nur durch die Lesart von Johannes Hänel zugänglich sind, da Rothstein wegen seiner Erkrankung und seines Todes das Buch nicht selbst veröffentlichte. Hänel räumt ein, dass er gelegentlich Probleme hatte, Rothsteins Schichten nachzuvollziehen und zuzuordnen. Vgl. Rothstein/Hänel, Kommentar, S. VI.
**48** Welch, Work.
**49** Steins, Abschlußphänomen.
**50** Vgl. Steins, Abschlußphänomen, S. 417–436.

In der englischsprachigen Forschung, in der die Methodik der Literarkritik traditionell eher weniger präsent ist, ist vor allem das Modell von Frank M. Cross erwähnenswert. Cross unterteilt die Entstehung der Bücher Chronik, Esra und Nehemia in drei Schichten: „Chr¹", „Chr²" und „Chr³". Die Grundschicht, die sich aus Teilen von 1 Chr 10–2 Chr 36,21 und der hebräischen Vorlage von 3 Esra 1,1–5,65 zusammensetzt, hätte historisch das Restaurationsprogramm von Serubabbel königsideologisch unterstützt. Eine spätere Schicht, „Chr²", erweitere innerhalb der Kapitel 1 Chr 10–2 Chr 34 und der Vorlage von 3 Esra 1,1–5,65. Ehe zum Schluss „Chr³" 1 Chr 1–9 und 2 Chr 35–36 mit den Büchern Esra und Nehemia zum „Chronistischen Geschichtswerk" zusammenfügt.[51] Das Modell datiert die Chronik sehr früh in die Zeit unter Serubbabel und Esra von 520 bis 400 v. Chr. und operiert mit der Annahme, dass es eine hebräische Vorstufe von 3 Esra gäbe, die die Fortschreibung der Chronik maßgeblich beeinflusst habe. Das Modell versucht die Zusammengehörigkeit der Chronik mit den Büchern Esra und Nehemia zu erklären. Problematisch sind dabei die angeblich politischen Bezüge zu Serubabbels Restaurationsprogramm und die hypothetischen Rückübersetzungen von 3 Esra, auf denen die These fußt.

Ganz anders erklärt Kurt Gallings umfassendster deutschsprachiger Entwurf die Spannungen des Textes durch eine Unterscheidung von zwei Schichten. Die ursprünglich antisamaritanische Grundschicht „Chron", die am Ende der Perserzeit um 350 bis 330 v. Chr. entstanden ist, möchte dem Nordreichkult am Garizim die Grundlage entziehen. Ein Redaktor „Chron**" aus dem hellenistischen Kulturkreis/Umfeld habe den Text dann im 3. Jahrhundert erweitert. Er habe die Theologie der Umkehr zu Gott sowie die Leviten in die Chronik gebracht und betone permanent den Status des Zentralheiligtums in Jerusalem. Gallings Vorschlag wird, wie oben erwähnt, kaum rezipiert, da die literarkritische Begründung seiner Thesen stark variiert. Teilweise argumentiert er sehr ausführlich, oftmals aber wenig bis gar nicht, was wahrscheinlich auf die vorgeschriebene Kürze des Kommentars zurückzuführen ist. Deshalb haben sich seine Thesen nur wenig durchgesetzt.

Wegweisend ist Gallings Behauptung, dass die vermeintlichen Hauptthemen der Chroniktheologie, die Leviten und die Umkehrtheologie erst spätere Hinzufügungen sind.[52] Daran anknüpfend formuliert Reinhard Kratz 2000 in seinem Buch „Die Komposition der erzählenden Bücher des Alten Testaments"[53] die These, dass die Chronikgrundschicht ein Exzerpt der Samuel- und Königebücher

---

**51** Vgl. Cross, Reconstruction, S. 11.13.
**52** Vgl. Galling, Bücher, S. 14–17.
**53** Kratz, Komposition.

gewesen sei. Diese Schicht wurde durch Sondergut aufgefüllt, das viele Leitmotive der Chronik enthalte: Kriegsberichte und Bauberichte, die man bisher als zentrale Topoi der Chronik erachtet hatte. Zudem postuliert er, die Idealisierung des davidischen Königtums sei erst durch das späte Chroniksondergut erfolgt. Die Grundschicht verhalte sich hingegen gegenüber der davidischen Linie eher skeptisch. Der Ansatz von Kratz liefert viele wichtige Impulse, aber seine Argumente begründet er in dem Buch, das alle erzählenden Bücher des Alten Testaments thematisiert, oft nur knapp.[54]

## 3.3  Fazit: Die Chronikcharakteristika als späte Zusätze?

Dieser kurze Überblick dokumentiert bereits viele fruchtbare Ansätze und Beobachtungen, die auf einen literarischen Wachstumsprozess der Chronik hindeuten. Viele Studien liefern begründete Argumente dafür, dass sie über einen längeren Zeitraum gewachsen ist. Doch sind diese Ansätze noch ausbaufähig oder zu sehr auf Detailfragen wie das Auftreten der Leviten spezialisiert. Darum soll nun in dem Textbereich, der die Geschichte des Königreiches Juda erzählt (2 Chr 10–36), nach Indizien für umfangreichere Wachstumsprozesse gesucht werden.

Der Forschungsabriss offenbart das geradezu revolutionäre Potential der Literarkritik. Die Phänomene, die gemeinhin als Chronikcharakteristika gelten, erweisen sich nach literarkritischen Untersuchungen nicht selten als Zusätze. Das Urteil über die Chronik kann sich damit grundlegend wandeln, da sie nicht mehr bloß Epigonentum darstellt, sondern ein diskursives Werk ist, in dem unterschiedliche Theologien miteinander ins Gespräch kommen. Viele Selbstverständlichkeiten der Chronikforschung geraten somit in die Diskussion, aus der sich neue Impulse zur Entstehung der späten Bücher der Hebräischen Bibel ergeben.

Dabei müssen natürlich die Argumente für die Einheitlichkeit der Chronik ernstgenommen werden. Eng am Text ist zu begründen, ob literarkritische Brüche vorliegen oder ob es sich um eine literarische Komposition handelt. Dies sollte stets von Fall zu Fall bewertet werden und darf nicht als grundsätzlicher methodischer Gegensatz angesehen werden.[55] Die synchrone Analyse steht einer diachronen also nicht im Weg. Im Gegenteil, erstere ist vielmehr die Basis auf dem Weg zu einer differenzierten diachronen Analyse.

In den folgenden 15 Einzelkapiteln der Kompositionsgeschichtlichen Studien werden die Erzählungen über sämtliche Südreichskönige von Rehabeam bis zu

---

54 Vgl. Kratz, Komposition, S. 45 f.92–94.329 f.
55 Vgl. Knoppers, I Chronicles 1–9, S. 90–93.

Zedekia analysiert (2 Chr 10–36). Die Darstellung setzt stets mit einer synchronen Textbeschreibung ein, in der bereits wesentliche Charakteristika der Erzählung einschließlich offensichtlicher Unebenheiten zur Sprache kommen. In einem zweiten, diachronen Teil folgt jeweils eine eingehende „Prüfung der Texteinheitlichkeit", die in eine literarkritische These mündet, bevor sich ein dritter Teil („Theologiegeschichtliche Entwicklung") dem sukzessiven Werden des Textes widmet. Hier werden die inhaltliche und theologische Darstellung der jeweiligen Textstufen und ihre Veränderungen in den herausgearbeiteten Stufen in einem theologiegeschichtlichen Durchgang näher beschrieben.

Für die bessere Lesbarkeit dieser Forschungskapitel sei als Ergebnis der Studie bereits vorweggenommen, dass sich die Textstufen des Chronikbuches in eine Grundschicht, eine zweite Schicht sowie in eine dritte Schicht gliedern lassen, die die Texte buchübergreifend durchziehen.

# II  Kompositionsgeschichtliche Studien zu 2 Chr 10–36

# 1  2 Chr 10–12 Rehabeam

## 1.1  Rehabeam als positiver, ambivalenter oder schlechter König?

Ohne Zweifel gehört König Rehabeam zu den problematischen Königen der Hebräischen Bibel, da unter ihm das salomonische Großreich „Israel" in das Südreich „Juda" und das Nordreich „Israel" zerbricht. Die Reichsteilung wird im Alten Testament durch mehrere Erzählungen erzählt und reflektiert, um zu erörtern, weshalb es zu dieser Zäsur in der biblischen Geschichte kommen konnte.

Um den biblischen Kontext zu Rehabeam darzustellen, seien die unterschiedlichen Berichte zur Reichsteilung zunächst vorgestellt. Die Königebücher präsentieren zwei Geschichten, die in 1 Kön 11 f. nachzulesen sind. Zuerst werden in 1 Kön 11,1–13 die kultischen Verfehlungen des Königs Salomo bestraft. Gott beauftragt in 1 Kön 11,30–40 den Propheten Ahija mit einem Fellorakel, Salomos Großreich aufzuteilen. Von dem Fell erhält Jerobeam I. zehn Stücke, die für die zehn Stämme des Nordreichs stehen. Nur Juda bleibt beim davidischen Königshaus. Diese Geschichte interpretiert die Abspaltung des Nordreichs als Strafe für Salomos Vergehen. Doch daraufhin folgt eine Erzählung in 1 Kön 12,1–20, die eine ganz andere Erklärung bietet. Nach Salomos Tod kommt es zur Versammlung des gesamten Volks in Sichem, auf der sich Salomos Sohn, Rehabeam, krönen lassen möchte. Die Stämme des Nordens fordern Rehabeam dazu auf, das Volk in Zukunft milder zu behandeln. Rehabeam erbittet sich Bedenkzeit und konsultiert seine Berater. Die alten Berater, die noch unter Salomo gedient haben, raten ihm zur Milde, die jungen empfehlen hingegen ein hartes Vorgehen. Rehabeam wählt den Rat der Jungen und äußert drohend: „Mein Vater hat euch gezüchtigt mit Peitschen, ich aber werde euch mit Skorpionen züchtigen" (1 Kön 12,14). Daraufhin fallen die Stämme ab, sagen sich vom Haus Davids los und gründen das Nordreich Israel unter König Jerobeam.

Wie reagiert Rehabeam auf den Abfall? In den Königebüchern folgt daraufhin in 1 Kön 12,21–24 die kurze, rätselhafte Darstellung des versuchten Bruderkriegs. Rehabeam möchte mit 180.000 judäischen Kriegern das verlorene Großreich mit Gewalt wieder einen. Diesen Plan verhindert aber ein Gottesspruch des Propheten Schemaja, der sich Judas Heer in den Weg stellt und den Krieg unter den Bruderstaaten verbietet. Darum bleiben Juda und Israel als zwei Staaten voneinander getrennt. Im Anschluss werden in 1 Kön 12,25–14,20 Jerobeams Bautätigkeiten und seine Regentschaft im Nordreich geschildert. Rehabeam selbst wird in 1 Kön 14,21–31 kurz und knapp als ein schlechter Herrscher klassifiziert. Das Volk ist untreu und Rehabeam begeht schlimme Kultvergehen. Zur Strafe kommt

https://doi.org/10.1515/9783110698534-002

das Heer des ägyptischen Königs Schischak und stiehlt die goldenen Schilde des Tempels aus der Salomozeit, die daraufhin durch bronzene ersetzt werden.

Über Rehabeams Regierung erzählen die Königebücher folglich drei Geschichten: die Reichsteilung in Sichem, der verhinderte Bruderkrieg und eine Beschreibung von Rehabeams Freveln, die mit der Strafe durch die Ägypter gesühnt werden. Sie berichten darum in 1 Kön 12,1–24; 14,21–31 vorrangig Negatives, einzig der seltsame, verhinderte Bruderkrieg spricht ansatzweise positiv über Judas ersten König, da er hier auf den Propheten Schemaja und damit auf JHWH hört.

Die Chronik stellt Rehabeam ausführlicher als die Königebücher dar. Zur Reichsteilung berichtet sie nur die zweite Erzählung, das Treffen in Sichem, welches in 2 Chr 10 fast parallel zum Bericht der Königebücher präsentiert wird. Rehabeam hört unweise auf die jungen Berater und will das Volk mit Skorpionen züchtigen. Die Vorgeschichte mit dem Fellorakel Ahijas hingegen entfällt. In 2 Chr 11,1–4 folgt nun wie in den Königebüchern der verhinderte Bruderkrieg. Danach beginnen Passagen, die nur in der Chronik stehen, sogenanntes „Chroniksondergut". Während über die Geschehnisse im Nordreich nichts berichtet wird, folgen nun Darstellungen über Rehabeams glanzvolle Regierungszeit. Er errichtet laut 2 Chr 11,5–12 in drei guten Jahren viele Städte und Festungen in ganz Juda. Außerdem lassen sich in 2 Chr 11,13–17 die Leviten, eine aus dem Nordreich vertriebene Priestergruppe, in seinem Reich nieder. Rehabeam selbst zeugt und unterhält laut 2 Chr 11,18–23 eine riesige Königsfamilie, die er in Juda einsetzt.

Doch die Blütezeit Judas endet abrupt. 2 Chr 12 mündet in eine dramatische Schlussdarstellung, die davon berichtet, dass König Rehabeam und sein Volk von Gott abfallen. Analog zum Königebuch ziehen in 2 Chr 12,1–4 die Ägypter mit Pharao Schischak heran und erobern das gesamte Land. Allerdings wird dieses Geschehen in der Chronik ausführlicher erzählt. Wieder tritt der Prophet Schemaja auf und offenbart Rehabeam die Ursache der kommenden Niederlage und Vertilgung:

> „So spricht JHWH zu euch. Ihr habt mich zurückgelassen. Und darum überlasse ich euch der Hand Schischaks." (2 Chr 12,5)

Doch da sich in 2 Chr 12,5–13 Rehabeam und die Obersten des Volkes demütigen, nimmt Gott das Unheil der Vernichtung zurück und verkleinert das Ausmaß der Katastrophe, so dass Schischak letztlich nur die Schilder Salomos aus dem Tempel stiehlt. Hier ist der Text wieder weitgehend identisch zu dem Königebuch formuliert. Schon beim ersten Lesen entsteht der Eindruck, dass die Chronik die negativen Geschichten über Rehabeam durch positive Darstellungen erweitert. So schildert sie eine ambivalente Regentschaft, die trotz des Feldzuges der Ägypter doch eher positiv als negativ endet. Rehabeams Herrschaft stellt nach der Reichsteilung eine Blütezeit dar, die durch den Feldzug Schischaks lediglich unterbrochen wird.[1]

Doch ausgerechnet die abschließende Bewertung in 2 Chr 12,14 will von Rehabeams positiven Taten nichts wissen, da er hier hart bewertet wird:

> „Und er tat, was schlecht war, denn er richtete sein Herz nicht darauf, JHWH zu suchen."
> (וַיַּעַשׂ הָרָע כִּי לֹא הֵכִין לִבּוֹ לִדְרוֹשׁ אֶת־יְהוָה)

Dieser Vers verwundert viele Forscher, da dieses Urteil nach dem chronistischen Bericht überrascht. Eigentlich müsste es doch ambivalent ausfallen, da die Chronik Rehabeam mit Schwächen, aber vor allem mit Stärken zeichnet.[2] Galling urteilt: „Letztlich ist die negative Wertung des Chron[isten] ungenau, denn dieser hätte füglich den zeitweiligen (!) Abfall und die Umkehr unterscheiden sollen"[3]. Nach Galling bleibt der Chronist hier der Vorlage der Königebücher verhaftet, an die er sich gebunden fühlt, obgleich er ihr inhaltlich widerspricht.[4] Auf diese Weise versucht die Forschung die Bedeutung dieses Verses zu relativieren. Das ist problematisch, da die Chronik bei anderen Herrschern im Gegensatz zu den Königebüchern durchaus ambivalente Urteile trifft. Josaphat wird beispielsweise zum Schluss in 2 Chr 20,32 f. für seine Gottessuche gelobt, für seine misslungene Volksmission jedoch gerügt. Demzufolge lautet die zentrale Eingangsfrage: Warum wird Rehabeam am Ende nicht so ambivalent beurteilt, wie es der Erzähltext darstellt? Darum soll nun geprüft werden, inwiefern die Schilderung der positiven Aspekte Rehabeams zum Grundbestand des Textes gehören.

## 1.2  Prüfung der Texteinheitlichkeit

### 1.2.1  2 Chr 10: Die Reichsteilung als Rehabeams Torheit

Rehabeams Auftritt in 2 Chr 10 beginnt ohne Vorstellung seiner Person mit der Geschichte der Reichsteilung. Dieses gesamte Kapitel 2 Chr 10,1–19 hat in 1 Kön 12,1–19 seinen Paralleltext. Der Chronikbericht steht darum nicht im Fokus der Forschung, da viele Exegeten meinen, es handle sich hier um eine Kopie aus

---

1 Vgl. Welten, Geschichte, S. 127; Augustin, Beobachtungen, S. 17; Rudolph, Chronikbücher, S. 235.

2 Vgl. Williamson, 1 and 2 Chronicles, S. 249; Rudolph, Chronikbücher, S. 235; Augustin, Beobachtungen, S. 15.

3 Galling, Bücher, S. 107. Vgl. Japhet, 2 Chronik, S. 160.

4 Vgl. Galling, Bücher, S. 107.

dem Königebuch.[5] Dennoch offenbart er beim genauen Lesen Besonderheiten. Vergleicht man zunächst beide Texte, so entdeckt man durchaus einige Glättungen in der Chronik. Generell fällt auf, dass der Bericht in 2 Chr 10,11.13 f. vor allem die Reden aus 1 Kön 12,11.13 f. kürzt und strafft, aber den Erzähltext nur wenig verändert. Daraus kann geschlossen werden, dass die Chronik hier weitgehend auf die Königebücher zurückgreift und dennoch kleine, aber markante Änderungen vornimmt.

Die wichtigste Glättung[6] tritt in der Transformation von den Versen aus 1 Kön 12,2 zu 2 Chr 12,2 auf. Im Königebuch bleibt unklar, an welchem Ort sich der Rebell Jerobeam eigentlich aufhält. Während er in 1 Kön 11 nach Ägypten flieht, erfolgt seine Rückkehr auf nebulöse Weise. Denn Jerobeam entscheidet sich, als er von den Ereignissen in Sichem hört, merkwürdigerweise dafür, in Ägypten zu bleiben: „Und er blieb in Ägypten" (וַיֵּשֶׁב יָרָבְעָם בְּמִצְרָיִם). Sperrig fügt sich daran 1 Kön 12,3 an, in dem er dann doch mit Israel nach Sichem zieht. Der Apparat der BHS schlägt darum für 1 Kön 12,2 vor, dass man die Vokalisation des Prädikats in וַיָּשָׁב ändert und die Präposition „in" (בְּ) durch „aus" (מִן) ersetzt. Dann würde der Vers lauten: „Und Jerobeam kehrte zurück aus Ägypten" (וַיָּשָׁב יָרָבְעָם מִמִּצְרָיִם).[7] Dieser geänderte Vers leitet seine Rückkehr aus Ägypten sinnvoll ein. Doch dieser Vorschlag ist nicht unproblematisch, denn in den Verhandlungen mit dem Volk tritt Jerobeam in keiner Weise auf. Wie Uwe Becker zeigt, wird er erst bei seiner Krönung in 1 Kön 12,20 von den Israeliten geholt und zum Nordreichkönig gekrönt. So rätselt man, woher Jerobeam nun kommt, wenn er laut 1 Kön 12,3 doch schon die ganze Zeit in Sichem dabei ist.[8] Das irritiert nicht nur moderne Leser, sondern schon die LXX erkennt das Problem. So finden sich hier Änderungen und Zusatzerzählungen, die den unklaren Standort Jerobeams präzisieren und den Text an

---

5 Vgl. Curtis, Commentary, S. 362.

6 Weitere inhaltliche Änderungen stechen in 2 Chr 10,7/1 Kön 12,7 ins Auge. Die Königebücher formulieren den Rat der alten Berater wortspielartig: „Wenn du heute diesem Volk Knecht bist, [...] dann werden sie alle Tage deine Diener sein." Dass Rehabeam dem Nordreich Diener sein soll, erscheint dem Chroniktext unangemessen zu sein. Deshalb heißt es in 2 Chr 10,7: „Wenn du freundlich bist zu diesem Volk und sie gut behandelst [...] dann werden sie dir Diener sein allezeit." Die problematische Empfehlung wird zum Rat umgestaltet, mit freundlicher und gütiger Politik den Rückhalt des Volkes zu erhalten. Vgl. Williamson, 1 and 2 Chronicles, S. 239; Myers, II Chronicles, S. 66; Japhet, 2 Chronik, S. 135 f.

7 Einige Forscher meinen, dass die Chronik und die LXX die ältere Lesart bewahren. Dem sei widersprochen, da die LXX sich klar an 1 Kön 12,2 abarbeitet. Vgl. McKenzie, 1–2 Chronicles, S. 262; Becker, Reichsteilung, S. 220.

8 Becker zeigt, dass 1 Kön 12,2.20 ursprünglich aufeinander folgten. Jerobeam wird erst nach seiner Krönung aus Ägypten geholt. Die Erzählung in 1 Kön 12,1.3–19 ist eine Fortschreibung. Vgl. Becker, Reichsteilung, S. 217.

dieser Stelle deutlich verändern. Die LXX zieht den störenden Vers 1 Kön 12,2 vor und fügt einen Zwischenbericht ein, in dem Jerobeam aus Ägypten kommt, aber nur bis zur Grenze Ephraims geht, um dort auf den Ausgang der Verhandlungen in Sichem zu warten. Sofort nach Scheitern der Gespräche lässt er sich holen und krönen. Das große Interesse an Jerobeams Aufenthalt im Ausland lässt sich auch daran erkennen, dass sich in der LXX sogar noch ein zweiter Bericht über die Reichsteilung findet. Dieser beleuchtet Jerobeams Zeit in Ägypten und lässt ihn die Reichsteilung schon vor dem Treffen in Sichem vollziehen.[9]

Schaut man in die Chronik, so ist von all diesen Problemen nichts zu spüren. Die Chronik glättet den Parallelvers in 2 Chr 10,2: „Und Jerobeam kehrte aus Ägypten zurück" (וַיָּשָׁב יָרָבְעָם מִמִּצְרָיִם). Jerobeam hält sich gleich zu Beginn der Verhandlungen in Israel auf, geht mit nach Sichem und beteiligt sich an der Abspaltung. Da seine Krönung aus 1 Kön 12,20 unerwähnt bleibt, weist der Text keine Irritation auf. Dementsprechend ist sicher, dass die Chronik den Text aus 1 Kön 12 kennt und seine Spannung bereinigt, weil Jerobeam bei der Spaltung aktiv dabei ist.

Es handelt sich bei dem Chroniktext also nicht um eine bloße Kopie des Königebuches,[10] weil er durch seine Glättungen einen anderen Charakter erhält. Die Figur Jerobeams wird in der Chronik marginalisiert. Die vorliegende weisheitliche Geschichte konzentriert sich ganz auf Rehabeam, der nun zur Hauptfigur des Konfliktes wird.[11] Rehabeam stellt das Paradebeispiel des törichten Narren dar, der den Rat der jungen, unerfahrenen Berater annimmt und die Weisheit der salomonischen Tradition verwirft. Die Einheit des Reichs wird durch mangelnde Weisheit des Königs verspielt. So erscheint die Abwendung des Nordreichs folgerichtig. Wer möchte sich schließlich so einem unweisen Herrscher beugen?[12] Die Reichsteilung erfolgt aus dem individuellen Versagen Rehabeams.

Dennoch tritt ein erklärender Vers auf, der Rehabeam ein wenig in Schutz nimmt. 2 Chr 10,15, der analog in 1 Kön 12,15 steht, deutet die Reichsteilung so:

> „Und der König hörte nicht auf das Volk, denn es war gefügt von Gott, damit JHWH sein Wort erfüllte, welches er durch Ahija, den Siloniter, zu Jerobeam, dem Sohn des Nebat, gesprochen hatte."

---

**9** LXX, Bas III,11,43–45; 12,24a–z. Vgl. Talshir, Alternate tradition, S. 599–621.

**10** Vgl. Galling, Bücher, S. 102.

**11** Rehabeam antwortet hier ähnlich hart wie der Pharao den Israeliten in Ex 5,7 f. Vgl. Japhet, 2 Chronik, S. 137 f.

**12** Vgl. Becker, Reichsteilung, S. 216; Dillard, 2 Chronicles, S. 89; Knoppers, Rehoboam, S. 424; Welch, Judaism, S. 189–191.

Dieser Vers verweist auf die Erzählung von der Reichsteilung in 1 Kön 11,29–40, die durch das Fellorakel des Propheten Ahija veranlasst wird. Dort bestimmt Gott selbst die Teilung Großisraels zur Strafe von Salomos Götzendienst. In den Königebüchern ist der Vers wahrscheinlich eine sekundäre Verklammerung, die die unterschiedlichen Darstellungen der Reichsteilung in 1 Kön 11 f. verbindet. In der Chronik wirkt er aber noch viel störender. In 2 Chr 10,15 f. tritt der Vers „Und nicht hörte der König" gedoppelt auf, wie man es auch in der Parallele der Königebücher beobachten kann. Er ist also von einer literarischen Wiederaufnahme umhüllt, die in der Chronik nicht geglättet ist.[13] Zudem übergeht die Chronik bewusst die Erzählung über den Propheten Ahija, ebenso wie auch Salomos Götzendienst nicht vorkommt und alle Schuld auf Rehabeam gelegt wird.[14] Gegen eine blinde Übernahme dieses Verses aus den Königebüchern sprechen neben dem harten Übergang auch die zuvor beobachteten literarischen und theologischen Glättungen in diesem Kapitel, die die problematischen Züge der Erzählung bereinigen. Das alles lässt zweifeln, ob 2 Chr 10,15 zum Textgrundbestand gehört, weswegen er als Nachtrag klassifiziert sei. Wahrscheinlich handelt es sich um eine spätere Angleichung, die die Chronik und die Königbücher anpasst.[15]

Somit bleibt abseits dieses Verses von 2 Chr 10 eine weisheitliche Geschichte, die Rehabeam als hauptverantwortlichen Narren zeigt, der den Weg Salomos verlässt und das Großreich ruiniert. Darum liegt alle Schuld bei Rehabeam, der zur treibenden Kraft der Reichsteilung wird.[16] Er ist kein Opfer von Gottes Strafe für Salomo, sondern vielmehr Täter, der sich bewusst von Gottes Weisheit abwendet.[17] 2 Chr 10 schließt demzufolge gut an die abschließende Bewertung in 2 Chr 12,14 an: Rehabeam tat Böses und suchte nicht JHWH. Urteil und Erzählung liegen darum auf derselben literarischen Ebene.

Doch trotz Rehabeams Fehler bleibt Juda allein das Volk Gottes. Unter König Abija in 2 Chr 13 wird das Nordreich geschlagen und Jerobeam von Gott selbst als

---

13 1 Kön 12,15 stellt eine sekundäre Verklammerung dar, worauf die Wiederaufnahme in 1 Kön 12,15.16 hindeutet. Denn dort steht: „Und nicht hörte der König" (לֹא־שָׁמַע הַמֶּלֶךְ), wodurch der Vers umschlossen wird. 1 Kön 12,15 verbindet die Teilungsgeschichten miteinander. Ahijas Prophetenorakel bestraft schließlich Salomos Götzendienst in 1 Kön 11,1–13 mit der Spaltung des Reichs. Vgl. Japhet, 2 Chronik, S. 138.
14 Vgl. McKenzie, 1–2 Chronicles, S. 263.267; Galling, Bücher, S. 102; Rudolph, Chronikbücher, S. 227.233; Japhet, 2 Chronik, S. 134.138.
15 Dieses Argument spricht für eine Zugehörigkeit zur zweiten Schicht, die Königebücher und Chronik einander angleicht.
16 "However, because the Chronicler omitted the material from I Kg. which was critical of Salomon, Rehoboam becomes personally more reponsible for the division in this account." (Williamson, 1 and 2 Chronicles, S. 238).
17 Anders Knoppers, Rehoboam, S. 425.

Feind des Gottesvolkes getötet. Das Nordreich verlässt durch seine Abspaltung den Gottesbund und reiht sich in die Rolle der umliegenden Fremdvölker ein, die für Juda eine Bedrohung darstellen. Erst unter Josia in 2 Chr 34 f. wird ein Teil des untergegangenen Nordreiches in den Gottesbund zurückkehren.

### 1.2.2  2 Chr 11: Der verhinderte Bruderkrieg und die Blütezeit Rehabeams

Nach der Reichsteilung thematisiert 2 Chr 11 nun vorrangig die Innenpolitik Rehabeams. Gleich zu Beginn von 2 Chr 11 wandelt sich die Darstellung im Vergleich zu 2 Chr 10. Rehabeam hört nun in 2 Chr 11,1–4 auf Gottes Wort, das der Prophet Schemaja ihm verkündet, und zieht nicht gegen Israel in den Krieg. Diese Erzählung leitet in der Chronik eine positive Zeit ein. Wie bereits erwähnt, baut er in 2 Chr 11,5–12 Städte,[18] nimmt in 2 Chr 11,13–17 vertriebene Leviten auf und wird laut 2 Chr 11,18–23 Stammvater einer großen Familie.

Die Forschung ist sich einig, dass dieses Kapitel Rehabeam aufwertet, indem es seinen Kinderreichtum und seine Bautätigkeit hervorhebt. Zutreffend betont Galling, dass Rehabeams Blütezeit in 2 Chr 12,1 ihren Höhepunkt erreicht – ein Vers, der zugleich Umschlagspunkt ist. Rehabeam ist gefestigt und erstarkt, doch verlassen er und das Volk die Tora JHWHs wieder. Dabei stellt das Befolgen der Tora den Gradmesser allen Erfolges dar, der in 2 Chr 11 geschildert wird.

Doch auch die Darstellung in 2 Chr 11 weist Besonderheiten auf. Darum hat Kratz die These aufgestellt, dass das chronistische Sondergut 2 Chr 11,5–23 später hinzugefügt wurde.[19] Ebenso auffällig ist bereits der verhinderte Bruderkrieg in 2 Chr 11,1–4, der die Blütezeit Rehabeams einleitet. Zunächst kann als Spannung konstatiert werden, dass Gottes Kriegsverbot zwischen den Bruderstaaten den Kriegsnotizen in 1 Kön 14,30 und 2 Chr 12,15 widerspricht, die von lebenslangen Schlachten zwischen Jerobeam und Rehabeam berichten, wie bereits Helmut Kittel feststellt. Hier handelt es sich keinesfalls um Grenzstreitigkeiten, sondern um jene Bruderkriege, die der Prophet verbietet. Dazu erhält Rehabeams Auftreten jetzt einen völlig anderen Charakter.[20] Wie Japhet meint, tritt er auf einmal mutig, energisch, aber auch demütig auf, was er zuvor nicht war. Während er davor ohnmächtig nach der Revolte fliehen muss, hat er nun auf einmal eine Armee von 180.000 Mann hinter sich, genug, um den Norden zu besiegen. Einzig

---

**18** Vgl. Augustin, Beobachtungen, S. 16; McKenzie, 1–2 Chronicles, S. 265; Williamson, 1 and 2 Chronicles, S. 240.
**19** Vgl. Kratz, Komposition, S. 32.
**20** Vgl. Kittel, Bücher der Könige, S. 105; Noth, Könige I. 1–16, S. 280.

JHWHs Wort hält ihn zurück.[21] Das kommt überraschend, da Rehabeam zuvor den schlechten Rat der jungen Berater töricht übernommen hat. Nun ist er bereit, auf Gottes Wort zu hören, wird also plötzlich einsichtig und fromm.

Hier begegnet zum ersten Mal das chroniktypische Auftreten eines Propheten, der den Königen befiehlt, wie sie ihre Politik im Gehorsam gegenüber JHWH zu gestalten haben.[22] Schemajas Rede ist laut Wellhausen ein gutes Beispiel für den „göttliche[n] Pragmatismus"[23], den die Chronik durchziehe. Schemaja gelingt es, Rehabeam zur Umkehr zu bewegen, woraus dessen Erfolg erwächst. Auch die Botschaft weicht von 2 Chr 10 ab, da der Prophet an die Bruderschaft Judas und Israels appelliert.[24] Von Verwandtschaft ist in 2 Chr 10 nichts zu bemerken, weil dort das Nordreich Israel zum Fremdvolk wird, das den Gottesbund verlassen hat, und allein Juda als Volk Gottes übrigbleibt. Zuletzt spricht das negative Urteil über Rehabeams fehlende Gottessuche in 2 Chr 12,14 gegen die angebliche Umkehr zu JHWHs Propheten.

Aufgrund dieser genannten Spannungen leitet die Figur Schemajas eine neue Schicht innerhalb der Chronik ein, die Rehabeam aufwertet.[25] Diese These erweist sich allerdings insofern als problematisch, da der Text eine Parallele in 1 Kön 12,21–24 hat, die fast identisch die gleichen Verse bietet.

Nahezu als Forschungskonsens gilt, dass die Chronik die Schemaja-Erzählung aus den Königebüchern kopiert und erweitert hat.[26] Einzig Kurt Galling stellt vorsichtig in Frage, ob dieser Text nicht ursprünglich in der Chronik stand,[27] um Rehabeams positive Zeit einzuleiten.

Als Argument für die traditionelle These, dass die Chronik diese fünf Verse aus den Königebüchern kopiert hat, wird vor allem die Veränderung der Nord- und Südreichstitel angeführt. So verwendet 1 Kön 12 die Langform „Söhne Israels" (בְּנֵי־יִשְׂרָאֵל). Die Chronik spricht nur von „Israel". Dagegen wird das Südreich Juda in 2 Chr 11,3 „ganz Israel in Juda und Benjamin" (כָּל־יִשְׂרָאֵל בִּיהוּדָה וּבְנְיָמִן) genannt.[28] Wie Gerhard von Rad mit Recht betont, will die Chronik Juda und Benjamin als

---

**21** Vgl. Japhet, 2 Chronik, S. 140.

**22** Vgl. Welch, Work, S. 43.

**23** Wellhausen, Prolegomena, S. 198.

**24** Vgl. 2 Chr 13,12: „Söhne Israels, kämpft nicht gegen JHWH, den Gott eurer Väter." (אַל־תִּלָּחֲמוּ עִם־יְהוָה אֱלֹהֵי־אֲבֹתֵיכֶם). In diesen Passagen haben Israel und Juda einen gemeinsamen Gott, der beide Völker vereint.

**25** Vgl. Hanspach, Inspirierte Interpreten, S. 102.

**26** Vgl. Japhet, 2 Chronik, S. 140; Hanspach, Inspirierte Interpreten, S. 70 f.

**27** „Ob dieser Bericht nicht aus 1.[sic! 2. Anm. d. Verf.] Chr. 11,1–4 eingeschaltet ist, kann man ernsthaft fragen." (Galling, Bücher, S. 103).

**28** Vgl. Dillard, 2 Chronicles, S. 84; Micheel, Prophetenüberlieferungen, S. 34–37.

theologisches Gottesvolk hervorheben und redet darum von „Israel in Juda und Benjamin".[29] Diese Bezeichnung ist hier also nicht geographisch, wie manchmal behauptet wird, sondern als theologischer Titel zu verstehen. 1 Kön 12,23 bemüht sich dagegen um geographische Präzision und formuliert fast schon ungelenk: „Das ganze Haus Juda und Benjamin und der Rest des Volks" (כָּל־בֵּית יְהוּדָה וּבִנְיָמִין וְיֶתֶר הָעָם).[30] Die Forschung vertritt hier die These, dass die geographische Angabe der Königebücher ursprünglich sei und mit Chronik-Theologie überformt wurde. Doch wahrscheinlich trifft genau das Gegenteil zu. Die ursprünglich chronistischen Verse wurden in die Königebücher eingetragen und dort an ihren Kontext angepasst. In 1 Kön 12,21–24 wäre die Chronik-Formulierung „ganz Israel in Juda und Benjamin" völlig unverständlich, da der Text gleich danach Jerobeams Tätigkeiten im Nordreich mit Namen „Israel" ab 1 Kön 12,25 fortsetzt. Darum bemüht sich das Königebuch mit der ungelenken Umformulierung um mehr Klarheit, da es die Titel der beiden Reiche in den Kontext integrieren muss.

Zudem ist die Schemaja-Erzählung im Kontext der Königebücher zu prüfen. Dort sind die Verse ein Fremdkörper. Jerobeams Regierung im Nordreich folgt auf die Notiz und Rehabeams positive Taten werden nicht erwähnt. Die Figur Schemajas und die Ausführungen in 1 Kön 12,21–24 verlaufen demnach im Nichts. Darum gelten die Verse als späte Nachträge der Königebücher, wie bereits Kittel und Noth postulieren. Sie betrachten vor allem die großen Zahlen als nachexilische Rückprojektionen.[31] So meint Noth, dass diese Verse „sogar sehr jung"[32] seien. Ebenso erachtet Kittel sie als „ein Stück Midrasch in der Weise der Chronik"[33]. Diese beiden Beobachtungen unterstützen Gallings These vorzüglich, dass die Verse aus der Chronik übernommen wurden. Die These von der chronistischen Kopie von 1 Kön 12,21–24 basiert somit zu stark auf der Annahme, dass die Chronik apriori immer die parallelen Königestellen übernimmt und theologisiert.[34] Das mag meistens zutreffen, beispielsweise in Kapitel 2 Chr 10. Aber 2 Chr 11,1–4 stellt

---

**29** Vgl. von Rad, Geschichtsbild, S. 31; Myers, II Chronicles, S. 65; Williamson, 1 and 2 Chronicles, S. 240. Widersprochen sei aber von Rads These, dass sich dieses Verständnis auf die gesamte Chronik bezieht, da das Israel-Konzept je nach Schichtung unterschiedlich ist. „Der Gebrauch von יִשְׂרָאֵל in den Chronikbüchern – auch im Sondergut – ist völlig uneinheitlich. Man muß daher vorsichtig mit weitreichenden Folgerungen über das ideale Israel des Chr[onisten] sein" (Hanspach, Inspirierte Interpreten, S. 70). Vgl. Dyck, Ideology, S. 40.
**30** Vgl. Noth, Könige I. 1–16, S. 280.
**31** Vgl. Noth, Könige I. 1–16, S. 279 f.; Curtis, Commentary, S. 365; Kittel, Bücher der Könige, S. 105 f.
**32** Noth, Könige I. 1–16, S. 279.
**33** Kittel, Bücher der Könige, S. 106.
**34** Vgl. Micheel, Prophetenüberlieferungen, S. 37.

eine Ausnahme dar. 2 Chr 11,1–4 entstammt nicht den Königebüchern, sondern stellt eine Fortschreibung der Chronikbücher dar. Dieser Text wurde später in 1 Kön 12,21–24 hinzugefügt, um Chronik und Königebücher einander anzuglei-chen. Statt einer mechanischen Abschreibung liegt in 2 Chr 10,1–11,4 ein komple-xer, wechselseitiger Fortschreibungsprozess vor, der sich sowohl in den Könige-büchern als auch in der Chronik vollzieht.

Die auf 2 Chr 11,1–4 folgenden Verse zeigen, welche Früchte die Demut her-vorbringt. Sie setzen demzufolge 2 Chr 11,1–4 voraus und gehören deshalb ebenso nicht zur Grundschicht der Chronik, sondern mehrheitlich zu einer zweiten Schicht. Die Grundschicht hingegen endete ursprünglich in 2 Chr 10,19 mit dem Bruch Israels vom Haus David, der aus Rehabeams hochmütiger Politik resultiert.

Im folgenden Text von 2 Chr 11 offenbart König Rehabeam nun seine guten Seiten. Doch treten auch hier einige Ungereimtheiten auf, die auf weiteres Text-wachstum hindeuten. Die Forschung debattiert kontrovers die Städteliste in 2 Chr 11,6–10, die den Erzählfluss deutlich unterbricht. Ebenso gravierend stehen die Rahmungen aus 2 Chr 11,5.10 in Spannung zueinander. In 2 Chr 11,5 heißt es: „Er baute Städte zu Festungen in Juda" (וַיִּבֶן עָרִים לְמָצוֹר בִּיהוּדָה). Laut Welten ist der Begriff untypisch, da die Chronik den Begriff „Festung" (מְצוּרָה) nur hier benutzt. Hier wird allerdings nur von „Juda" geredet, während sonst im Text „Juda und Benjamin" verwendet wird (2 Chr 11,1.3.12). In 2 Chr 11,10 schließt die Liste erneut mit der Bemerkung ab: „die in Juda und Benjamin befestigte Städte" (אֲשֶׁר בִּיהוּדָה וּבְבִנְיָמִן עָרֵי מְצֻרוֹת).[35] Hier tritt eine Dublette auf, da bereits in 2 Chr 11,5 die Städte lokalisiert wurden. Die Liste hat offenbar nur Städte Judas im Blick, nicht aber aus Juda und Benjamin, wie 2 Chr 11,10 behauptet.[36] Sie passt von daher nur zu 2 Chr 11,5. Somit stellt die Städteliste ab 2 Chr 11,5–10 einen Nachtrag dar, um die Bautätigkeiten Judas geographisch zu lokalisieren. Darum gehörten die Verse 2 Chr 11,5.12 einst zusammen und lauteten: „Und er baute in Juda und Benjamin befestigte Städte" (וַיִּבֶן בִּיהוּדָה וּבְבִנְיָמִן עָרֵי מְצֻרוֹת). Die Liste in 2 Chr 11,6–10 wurde von vielen Forschern auf ihren historischen Gehalt untersucht. Sie zeigt Reha-beam als Gründer bedeutender Städte Judas. Die Liste befriedigt also das ätio-logische Interesse, wann die Orte errichtet wurden, nämlich zur ersten Blütezeit Judas.[37]

---

35 Vgl. Williamson, 1 and 2 Chronicles, S. 243; Welten, Geschichte, S. 11.

36 Vgl. Galling, Bücher, S. 105; Japhet, 2 Chronik, S. 148.

37 Die archäologische, geographische und historische Relevanz der Städte wird in der Forschung äußerst kontrovers diskutiert. Vgl. Beyer, Territorialgeschichte, S. 113–134; Junge, Wiederaufbau; Finkelstein, Fortified Cities, S. 92–107; Alt, Festungen, S. 306–315; Galling, Bücher, S. 105; Japhet, 2 Chronik, S. 148; McKenzie, 1–2 Chronicles, S. 265; Rudolph, Chronikbücher, S. 229; Welten, Geschichte, S. 11–13; Dillard, 2 Chronicles, S. 94–100; Willi, Auslegung, S. 215.

Die umfassende Bautätigkeit wird durch ein Fazit abgeschlossen, das die positive Herrschaft Rehabeams abrundet: „Und Juda und Benjamin gehörten ihm". Doch daraufhin wird die Wanderung der levitischen Priester in 2 Chr 11,13–17 geschildert, die aus dem Nordreich in den Süden zu Rehabeam ziehen. Laut Julius Wellhausen sind diese Levitenerzählungen das Spezifikum der Chronik, „das eigentlich herrschende, die Geschichte tragende Element. Um ihretwillen sind die Könige da, als die Schirmherren und Vögte des Kultus, in [dessen] innere Angelegenheiten sie sich aber nicht mischen dürfen"[38]. Welche Funktion hat die Levitengeschichte aber in dieser Erzählung? Der Text ist eine literarische Neuschöpfung, die auf der Einsetzung des Nordreichkultes in den Königebüchern reagiert. Jerobeam hat laut 1 Kön 12,26–33; 13,33 f. Angst, dass sein Volk weiter zum Tempel nach Jerusalem geht, weswegen er einen eigenen Kult etabliert.[39] Wie vielfach beobachtet, wird Rehabeam in der Chronik dadurch zum positiven, JHWH-treuen Gegenspieler Jerobeams, der dem unterdrückten JHWH-Kult Heimat in Juda bietet.[40] Auf den Auszug der Leviten in 2 Chr 13,9 f.; 15,8 f. wird in den folgenden Kapiteln wiederholt verwiesen. Stets haben diese Erzählungen zur Pointe, dass die Leviten dafür sorgen, dass sich nur in Juda der wahre JHWH-Kult fortsetzt. Resümierenden Charakter hat der letzte Vers in 2 Chr 11,17, der eine Abschlussformel darstellt und zur negativen Phase von Rehabeams Herrschaft in 2 Chr 12 überleitet. Hier wird die Unterstützung der Leviten auf drei Jahre begrenzt, solange Rehabeam auf Davids und Salomos Wegen wandelt.[41] Auffallend verschwinden die Leviten aber plötzlich in der folgenden Krise. Sie spielen keine Rolle, hingegen wird der Nicht-Levit Schemaja in 2 Chr 12,5 die entscheidende Figur, wobei er Tempel- und Kultfragen völlig außer Acht lässt, sondern allein das gestörte Verhältnis zu JHWH anprangert. Auch bei der neuerlichen Umkehr in 2 Chr 12 ist

---

**38** Wellhausen, Prolegomena, S. 185. Vgl. Curtis, Commentary, S. 367.

**39** Vgl. Galling, Bücher, S. 105; Kalimi, Geschichtsschreibung, S. 188; Dillard, 2 Chronicles, S. 93; Goldingay, Theologian, S. 103 f.

**40** Vgl. Japhet, 2 Chronik, S. 144.

**41** Galling ist der Meinung, dass dieser Vers an 2 Chr 11,12 anknüpft. Dazu verändert er aber 2 Chr 11,17 gravierend um: „So verstärkte der Herr das Königreich Juda und machte Rehabeam, den Sohn Salomos, stark, denn er wandelte in den Wegen Davids und Salomos drei Jahre lang" (Galling, Bücher, S. 103). Für Gallings Rekonstruktion mit JHWH als Subjekt fehlen aber die Textzeugen. So steht nur in der LXX der Singular: „Und er ging auf den Wegen Davids und Salomos" (ἐπορεύθη ἐν ταῖς ὁδοῖς Δαυιδ καὶ Σαλωμων). Doch das allein reicht nicht aus, um JHWH zum Subjekt des ersten Halbverses zu machen, denn im ersten Halbvers steht auch in der LXX eine Pluralform: „Und sie befestigten das Königtum Juda und sie bestärkten Rehabeam" (καὶ κατίσχυσαν τὴν βασιλείαν Ιουδα καὶ κατίσχυσαν Ροβοαμ). Gallings Rekonstruktion ist textkritisch nicht tragbar. Der Singular der LXX stellt eine Textglättung dar, denn dadurch fällt nur Rehabeam ab und nicht die Leviten.

von den Leviten keine Rede mehr. Sie und der Kult sind also nur in den Versen in 2 Chr 11,13–17 aufzufinden. Darum gehört auch der Levitenzug zu einem weiteren Nachtrag, der die Biographie der Leviten als Hüter des wahren Kultes im Südreich begründet.

Die Wanderung der Leviten, die den Endtext so zentral prägt, ist also spät ergänzt. Stark polemisch wird die Sünde Jerobeams ausgebaut und fortgeschrieben. Der reine Kult, den die Leviten verkörpern, wandert nach Juda aus. JHWHs Getreue sind fort und der Norden wird dadurch zum gottfernen Ort.[42] Von Bruderschaft zwischen Süd- und Nordreich ist nicht mehr die Rede, wie es 2 Chr 11,1–4 formulierte, sondern jetzt prägt ein stark distanzierter Ton die Darstellung.

Die nun letzten Verse in 2 Chr 11,18–23 enthalten listenartige Notizen über Rehabeams Familie. Diese Angaben wurden schon von Martin Noth und vielen anderen Exegeten in Frage gestellt. Sie stehen isoliert und setzen mit dem neuen Thema der Familie ein. Die Liste schließt nur lose an den Erzählverlauf an, da in 2 Chr 11,12.17 bereits Schlusspointen formuliert sind.[43] Besonders auffällig ist die Erwähnung der Frau mit Namen „Maacha" als Tochter Absaloms, wie es auch im Königebuch steht. Dagegen wird im Folgekapitel in 2 Chr 13,2 dieselbe Frau als Michaja, die Tochter Uriels, bezeichnet. Die Erwähnung dieser Frau steht also in Widerspruch zum Erzähltext in 2 Chr 13.[44] Offenbar sollen die Listen Stoffe der Königebücher in die Chronik integrieren, die die Chronikgrundschicht übergehen wollte. So landet Maacha als Tochter Absaloms in der Chronik, obwohl sie im nächsten Kapitel mit anderem Namen als Tochter Uriels präsentiert wird. Eben jene Maacha bringt den nächsten König Abija zur Welt. Der Nachtrag, der Rehabeams Familie erläutert, stellt also die positive Kontinuität zwischen dem König Rehabeam und seinem Sohn Abija her. Am Ende der Glanzzeit setzt Rehabeam seinen Sohn als Oberhaupt ein, womit Abija an Rehabeams Erfolge anknüpft. Rehabeam kümmert sich dabei weise um seinen Nachwuchs, wie auch David sich um seinen Nachfolger Salomo bemüht hatte.[45]

---

**42** Jerobeam bricht damit das Gebot aus Lev 25,32–34. Vgl. Japhet, 2 Chronik, S. 149; Rudolph, Chronikbücher, S. 231.

**43** Vgl. Galling, Bücher, S. 105; Rudolph, Chronikbücher, S. 231.233; Noth, Überlieferungsgeschichtliche Studien, S. 143; Welten, Geschichte, S. 192.

**44** 1 Kön 15,2.10. Vgl. Williamson, 1 and 2 Chronicles, S. 245; McKenzie, 1–2 Chronicles, S. 267; Japhet, 2 Chronik, S. 151.

**45** 1 Chr 28. Rudolph behauptet, dass hier Rehabeam kritisiert wird, da die Enkelin Davids verschmäht und Absaloms Tochter protegiert würde. Da der Text aber positiv das Verwaltungsgeschick mit dem seltenen Attribut „er war verständig" (וַיָּבֶן) betont, ist eine solche Kritik nicht feststellbar. Vgl. Rudolph, Chronikbücher, S. 233.

Abija und seine Brüder erhalten in 2 Chr 11,23 die Aufgabe, die Festungen zu beziehen, womit die Fürstenliste aus 2 Chr 11,11 mit Familienmitgliedern des Königshauses verlebendigt werden. Doch auch hier spielen die Kinder im weiteren Erzählverlauf keine Rolle. Denn die Städte werden in 2 Chr 12,3 f. von den Ägyptern erobert, ohne dass auf Abija oder seine Brüder eingegangen wird. Das Motiv versandet ähnlich wie der Levitenzug. Somit bauen die Verse 2 Chr 11,13–23 die Blütezeit Judas unter Rehabeam aus. Sie unterstreichen auch die Fruchtbarkeit des Könighauses. Die gute Ära wird durch Personen- und Städteliste veranschaulicht, die in 2 Chr 11,5 beginnt und sich bis in 2 Chr 11,10 erstreckt.

So bleibt als Ergebnis: In 2 Chr 11, einem Kapitel, das ohnehin nicht zur Grundschicht der Chronik gehört, wird der Erfolg Rehabeams durch eine dritte Schicht ausgeschmückt, in der Bauangaben, der Einzug des reinen Kultes durch die Leviten und die Familiengenealogien ergänzt werden. Sie stehen allerdings blockartig nebeneinander und nehmen wenig Bezug aufeinander. Wie Kratz zeigt, sind sie deswegen nicht aus einer Hand. Wahrscheinlich sind vor allem bei den Listen Nachträge anzunehmen. Der Übersicht halber sollen diese Nachträge dennoch als Texte der dritten Schicht zugeordnet werden. Das nächste Kapitel in 2 Chr 12 nimmt auf die Berichte der dritten Schicht keinen Bezug, sondern nur auf die zweite, die in 2 Chr 11,12 damit endete, dass Rehabeam Juda ausgebaut hat.[46] Aus der demütigen Wendung zu Gott entsteht Judas Blütezeit. Diese Errungenschaften an sich bieten aber keine Sicherheit, da Gott allein Judas permanente Stärke garantiert.[47]

### 1.2.3  2 Chr 12: Schischaks Strafe und Rehabeams Demut

In 2 Chr 10 wird Rehabeam als törichter Herrscher kritisiert, der die Reichseinheit verspielt. 2 Chr 11 hingegen lobt seinen JHWH-Gehorsam und stellt seine Erfolge dar. In 2 Chr 12, dem letzten Kapitel zu Rehabeams Herrschaft, kulminieren nun diese beiden Sichtweisen, da hier sowohl von Abfall als auch von Umkehr zu JHWH berichtet wird. Dies kann man gleich im ersten Vers beobachten:

> „Und es geschah, als die Herrschaft Rehabeams gefestigt und er erstarkt war, da verließ er die Tora JHWHs und ganz Israel mit ihm." (2 Chr 12,1)

---

46 Vgl. Kratz, Komposition, S. 32 f.
47 Vgl. Japhet, 2 Chronik, S. 146.

2 Chr 12,1 knüpft an die positive Zeit Rehabeams in 2 Chr 11 an und stellt fest, dass er gefestigt und erstarkt war. Doch er und Israel verlassen zugleich JHWHs Tora abrupt. Dies wird für Juda zu einer existentiellen Bedrohung.[48]

Auffallend ist, dass der Feldzug des ägyptischen Pharaos Schischak im Vergleich zum Königebuch umgestellt wird.[49] In der Chronik steht diese Episode vor dem abschließenden, negativen Urteil über Rehabeam in 2 Chr 12,13 f. Somit stellt die negative Bewertung in 2 Chr 12,14 die Schlusspointe dar.

Anhand des parallelen Textes in 1 Kön 14,25–28 lässt sich gut erkennen, wie die Schischak-Erzählung in der Chronik theologisch weitergedacht wird.[50] Passagen der Königebücher finden sich in 2 Chr 12,2.9aβ-11.13–16 wieder, wenn auch sehr auseinandergezogen und durch viel Chroniksondergut unterbrochen. Diese Verse lassen immer noch deutlich den negativen Bericht über die Ägypterinvasion aus dem Königebuch erkennen. Die Ägypter kommen als „Strafgericht Gottes"[51], da Rehabeam nach 2 Chr 12,2 treulos gegen JHWH handelt. Doch während im Königebuch sofort die Plünderung von Salomos Tempel erfolgt, schildern die Verse 2 Chr 12,3–8 die Vorgeschichte des Einfalls. Zunächst stellt die Chronik die Übermacht Schischaks dar. Die Ägypter erobern Städte, die in 2 Chr 11 errichtet wurden. Was Rehabeam zur Zeit des JHWH-Gehorsams erbaut hat, verliert er nun durch Ungehorsam. Wieder tritt Schemaja auf, der das Gotteswort den Obersten Judas und Rehabeam zukommen lässt. Wieder hört Juda auf Gott und demütigt sich, weswegen JHWH die endgültige Vernichtung in 2 Chr 12,7 f. zurücknimmt und die Strafe reduziert. Juda muss Schischak dienen, um den Unterschied von Gottesherrschaft und Menschenherrschaft kennenzulernen. Dadurch wird die Plünderung in 2 Chr 12,9 zur didaktischen Strafe umgewandelt, bei der Juda glimpflich davonkommt und vom Untergang verschont bleibt.[52] 2 Chr 12,3–8 verweisen somit durchgängig auf das Chroniksondergut in 2 Chr 11, welches den Leser lehrt, dass aus Demut Gutes erwächst.[53] Auffällig ist die Umrahmung der Passage, da sowohl 2 Chr 12,2 und 2 Chr 12,9 zwei Mal die Information wiederholen, dass Schischak, der König von Ägypten, hinaufzieht.[54] Kalimi und McKenzie

---

**48** Vgl. Augustin, Beobachtungen, S. 16; Japhet, 2 Chronik, S. 153.

**49** In den Königebüchern wird das Urteil in 1 Kön 14,22 vor dem Einfall der Ägypter in 1 Kön 14,23–28 genannt.

**50** Vgl. Rudolph, Chronikbücher, S. 233.

**51** Galling, Bücher, S. 106.

**52** Vgl. Galling, Bücher, S. 107; Japhet, 2 Chronik, S. 158 f.; Williamson, 1 and 2 Chronicles, S. 248.

**53** Oft werden diese vielen Umschlagpunkte als Theologie der "immediate retribution" gedeutet. Vgl. Williamson, 1 and 2 Chronicles, S. 245.

**54** עָלָה שִׁישַׁק מֶלֶךְ־מִצְרַיִם עַל־יְרוּשָׁלִָם (2 Chr 12,2)./(2 Chr 12,9) וַיַּעַל שִׁישַׁק מֶלֶךְ־מִצְרַיִם עַל־יְרוּשָׁלִָם.

haben dieses Phänomen als literarische Wiederaufnahme gekennzeichnet, ohne es zu problematisieren.[55] Da der Erzählfluss auf diese Weise fortgesetzt wird, deutet diese Wiederaufnahme auf einen Nachtrag in 2 Chr 12,3–8 hin. Diese Verse laufen nämlich auf ein versöhnliches Ende hinaus, das sich in 2 Chr 12,12 findet, und widersprechen der negativen Beurteilung in 2 Chr 12,14.

2 Chr 12,12 zieht das erste positive Fazit nach der Selbstdemütigung Rehabeams. Hier wird betont, dass in Juda noch Gutes zu finden sei. Das steht in deutlicher Spannung zu all dem Schlechten, das Rehabeam zwei Verse später in 2 Chr 12,14 getan haben soll. Williamson hat zutreffend beobachtet, dass das Urteil in 2 Chr 12,14 jegliche Demut Rehabeams bei Schischaks Invasion ignoriert, sondern allein auf seinen unverzeihlichen Abfall von JHWH in 2 Chr 12,2 reagiert.[56] 2 Chr 12,14 kennt die Demut Rehabeams nicht, weshalb von der zweiten Schicht in 2 Chr 12,12 ein alternatives Ende erschaffen wird, welches das negative Urteil der Grundschicht relativiert. Deshalb sei 2 Chr 12,1.3–9aα.12 als Bestandteil der zweiten Schicht ausgesondert.

Zuletzt sieht man en détail das Aufeinanderprallen der Schichten in 2 Chr 12,13. Hier beginnt der Satz mit einer merkwürdigen Information:

„Und der König Rehabeam erstarkte in Jerusalem und er war König." (וַיִּתְחַזֵּק הַמֶּלֶךְ רְחַבְעָם בִּירוּשָׁלַם וַיִּמְלֹךְ)

Die Information „Und er war König" (וַיִּמְלֹךְ) ist schlecht angeschlossen, da sie an die Bewertung anknüpft, dass er erstarkte (וַיִּתְחַזֵּק). Die vorstellende Information, dass Rehabeam König war, ignoriert alle Begebenheiten in 2 Chr 11, die bereits ausführlich von seinem Wirken als König berichten. Die Formulierung „und er war König" (וַיִּמְלֹךְ) lässt ein altes Textstadium erkennen, das umgearbeitet wurde. Die ursprüngliche Lesart dieser Stelle kann man aus 1 Kön 14,21 rekonstruieren. Dort steht einleitend zu Rehabeams Innenpolitik: „Und Rehabeam, der Sohn Salomos, war König in Juda" (וּרְחַבְעָם בֶּן־שְׁלֹמֹה מָלַךְ בִּיהוּדָה). Der Chronikredaktor der zweiten Schicht, der Rehabeam aufwertete, empfand die Notiz als störend, da er zuvor ausführlich die Taten des Königs ergänzt hatte. Deswegen trug er das positive Chronik-Attribut nach, dass Rehabeam als Folge der Selbstdemütigung erstarkte (וַיִּתְחַזֵּק). Dazu transformiert er die Namensinformation „und er war der Sohn Salomos" (בֶּן־שְׁלֹמֹה) zur Lokalangabe „in Jerusalem" (בִּירוּשָׁלַם), da sich die Konsonanten leicht verändern lassen. Diese Änderung fasst die Ergänzungen der zweiten Schicht resümierend zusammen.

---

55 Vgl. Kalimi, Geschichtsschreibung, S. 238; McKenzie, 1–2 Chronicles, S. 268.
56 Vgl. Williamson, 1 and 2 Chronicles, S. 249.

An diesem Detail-Beispiel kann man beobachten, wie die Schichten aufein-andertreffen. Darum ist die These eines chronistischen Autors in dieser Erzäh-lung nicht aufrecht zu erhalten. Der Text lässt an vielen Stellen ältere Stadien der Grundschicht erkennen, die Rehabeam gegenüber negativ eingestellt ist. Sie hält sich also eng an die Vorlage aus 1 Kön 14,25–28. Erst die zweite Schicht hat die positive Demut Rehabeams ergänzt.

## 1.3 Theologiegeschichtliche Entwicklung: schlechter Herrscher sowie König der Umkehr

Beim Vergleich zwischen Chronikgrundschicht und Königebuch fällt auf, dass die Texte häufig bis in den Wortlaut übereinstimmen. Was ist also die Besonderheit der Chronikgrundschicht, wenn sie sich derart eng an die Vorlage der Könige-bücher anlehnt? Die Chronik liefert eine stringentere Version von Rehabeams schlechten Taten.

So legt sie Rehabeams Frevel dar und bewertet diese lehrhaft theologisch. Während die Schischak-Geschichte in 1 Kön 14 nicht explizit theologisch gedeutet wird, ergänzt die Chronikgrundschicht gleich zu Beginn in 2 Chr 12,2 die Informa-tion, dass Juda treulos gegenüber JHWH gehandelt hat (כִּי מָעֲלוּ בַּיהוָה). Damit wird auf Rehabeams finale Bewertung in 2 Chr 12,14 Bezug genommen: Er war schlecht und hat sein Herz nicht auf JHWH gerichtet. Die Treulosigkeit Judas und die Got-tesferne Rehabeams werden miteinander verbunden. Genau in diesem Abschluss-urteil weicht die Bewertung von der Vorlage ab. Nicht Juda, sondern Rehabeam wird für den Kern des Übels verantwortlich gemacht, da nicht wie in 1 Kön 14,22 „Juda das Böse tut" (וַיַּעַשׂ יְהוּדָה הָרַע), sondern laut 2 Chr 12,14 Rehabeam Böses tut (וַיַּעַשׂ הָרַע). Die einzelnen Kultvergehen der Höhen, Ascheren und Tempelhurer, die laut 1 Kön 14,22–24 in Juda stehen, finden keinen Einzug in die Chronik, da die fehlende Frömmigkeit des Königs gravierender ist: „Und er tat, was schlecht war, denn er richtete sein Herz nicht darauf, JHWH zu suchen."

Für dieses Urteil dürfte Rehabeams Auftreten in 2 Chr 10 verantwortlich sein, da er unweise nicht nach Gott fragt und die Einheit Großisraels verspielt. Die Schuld des Volkes wird reduziert, denn das Übel entspringt aus der Gottesferne des Königs. Von daher ist das negative Urteil in 2 Chr 12,14 kein Fremdkörper oder ein überflüssiger Zusatz, wie einige Forscher meinen, sondern der zentrale Vorwurf der Grundschicht, auf den alles hinausläuft.[57]

---

57 Vgl. Rudolph, Chronikbücher, S. 235.

Wie sind die negativen Beurteilungen Rehabeams im Chronik-Kontext einzuordnen? Die Vokabel „Untreu sein" (מעל) aus 2 Chr 12,2 stellt eine Bewertung dar, die bei vielen negativen Königen wie Saul, Ussia oder Ahas auftritt.[58] Die Untreue ist in der Chronik ein unverzeihliches Vergehen, wofür es keine milde Strafe gibt. Dieses erzählerische Leitmotiv der Chronik basiert auf Verboten aus Lev, Num und Jos. Dort wird vor allem davor gewarnt, untreu zu werden. Die Chronik veranschaulicht dies anhand von Rehabeams Regierung: Wer Gott untreu ist, hat keinen Erfolg.[59]

Zusammengefasst will die Chronikgrundschicht Rehabeams schlechtes Wirken klarer anordnen und bewerten, als es die Königebücher tun. Die Grundschicht deutet seine Taten als Zeugnis fehlender Gottessuche und Untreue gegenüber JHWH, da er mit Salomos weiser Politik bricht. Seine fehlende JHWH-Frömmigkeit klassifiziert Rehabeam eindeutig als schlechten König.

Warum wird Rehabeam in der zweiten Schicht nicht mehr als schlechter, sondern als ambivalenter König dargestellt? Die Auseinandersetzung mit dem Nordreichkönig Jerobeam motiviert wohl die Fortschreibungen. Den Redaktor stört, dass der erste König Judas nichts Positives zu bieten hat. Aufgrund der Bauaktivitäten Jerobeams im Nordreich, von denen 1 Kön 12,25 berichtet, fügt der zweite Redaktor analoge Baumaßnahmen in Juda ein.

Dabei lässt sich konstatieren, dass die zweite Schicht ein anderes Interesse an der Auseinandersetzung mit dem Nordreich hat. Während die Chronikgrundschicht sich um Kürzung und Reduzierung der Rolle Israels bemüht, thematisiert die zweite Schicht stärker den abgefallenen Bruderstaat aus dem Norden. Schließt die Grundschicht das Nordreich aus dem Gottesbund erstmal aus, so bleibt dieses hier als abgefallener Bruder immer noch mit Juda verbunden. Darum lässt diese Schicht Juda im Kontrast zum Norden als Gottes Volk „Israel" agieren und überträgt den Titel „Israel" auf das Südreich.

In der Auseinandersetzung mit Israel in 2 Chr 11,3 betont der Wortprophet Schemaja, dass Rehabeam seine Truppen nicht verwenden darf, wenn es Gott verbietet. Er verkündet: „Zieht nicht herauf" (וְלֹא־תִלָּחֲמוּ). Analog kann man dazu das Verbot aus Dtn 1,42 mitlesen, in dem Gott befiehlt: „Kämpft nicht, denn ich bin nicht in eurer Mitte". Somit fehlt Rehabeam die Legitimation für den Heiligen Krieg, den Gott als wahrer König für sein Volk führt.[60]

---

**58** 1 Chr 10,13; 2 Chr 26,16; 28,19.22.
**59** Lev 5,15.21; Num 5,6; 31,16; Jos 22,22.31. Der Vorwurf in 2 Chr 12,14 „Er richtete nicht sein Herz darauf, JHWH zu suchen" (לֹא הֵכִין לִבּוֹ לִדְרוֹשׁ אֶת־יְהוָה) verbindet die chroniktypische Gottessuche mit dem Ausdruck „sein Herz darauf richten" (הֵכִין לִבּוֹ). Diese Verbindung tritt in den weisheitlichen Texten bei Hiob und in den Psalmen auf. Hi 11,13; Ps 10,17; 57,8; 78,8.37; 108,2; 112,7.
**60** Vgl. Micheel, Prophetenüberlieferungen, S. 37; Mason, Preaching, S. 277.

Rehabeams Darstellung ist insgesamt stark von der Umkehrtheologie der zweiten Schicht geprägt. Das lässt sich vor allem in 2 Chr 12 beobachten. Dass Rehabeam hier vom Weg abkommt und mit dem Volk gemeinsam die Tora JHWHs verlässt (2 Chr 12,1), ist ein Topos, der vor allem in Psalmen, bei den Propheten und in der Weisheitsliteratur auftritt.[61] Schischaks Einmarsch realisiert auf diese Weise Gottes Drohungen, dass das Unglück eintritt, wenn man die Tora verlässt. So steht der endgültige Untergang bevor,[62] den der Prophet Schemaja verkündet. Der Spruch in 2 Chr 12,5 kreist um die Vokabel „Verlassen" (עזב), einen Schlüsselbegriff der zweiten Schicht.[63] Als Antwort auf die Abkehr von Gottes Geboten verlässt auch Gott sein Volk[64] und übergibt es zur Strafe in die Hand der feindlichen Völker. Doch dazu kommt es nicht, weil die Spitze Judas sich demütigt und antwortet: „Gerecht ist JHWH" (צַדִּיק יְהוָה).[65] Gott akzeptiert dies und wendet sich wieder dem Volk zu.[66] Das Motiv der Demut (כנע) ist ein Leitbegriff der zweiten Schicht und verweist auf das Ende der Königszeit. In 2 Chr 34,25 sagt Hulda zu König Josia ganz analog zu 2 Chr 12,7 den Untergang Jerusalems vorher: „Und mein Zorn soll sich nicht auf diesen Ort ergießen". Bei Rehabeam wird der Zorn zurückgenommen, bei Josia wird er endgültig ausgesprochen und letztlich unter Zedekia in 2 Chr 36 vollstreckt. Rehabeams Demut ist von daher für die Komposition der Chronik sehr wichtig. Juda begegnet bei seiner Gründung schon der endgültigen Verdammnis, an der es später zu Grunde gehen wird. Gleich nach der Reichsteilung wird die Umkehr als Weg der Errettung dargestellt, mit dem man den Untergang verhindern kann.

Die Gefahr des Untergangs wird in 2 Chr 12,8 zur abgeschwächten didaktischen Strafe transformiert, mit der Juda zeitweilig die Gottesherrschaft aus 2 Chr 11 nun gegen die Knechtschaft anderer Länder tauscht.[67] Aus dem Bösewicht Rehabeam wird also eine fromme Beispielfigur, an der man lernen kann, dass die Umkehr Gottes Unheilspläne abwenden kann.

Die Theologie der dritten Schicht, die sich aus mehreren Blöcken zusammensetzt, schmückt die positive Zeit Rehabeams durch Bauten, Genealogien und der

---

**61** Ps 89,31; 119,53; Prov 4,2; 28,4; Jer 9,12.
**62** Chroniktypisch stellt 2 Chr 12,3 die Schlacht mit großen Zahlen dar. Vgl. Dillard, 2 Chronicles, S. 94 f.
**63** Vgl. Dillard, 2 Chronicles, S. 99.
**64** Vgl. Williamson, 1 and 2 Chronicles, S. 246.
**65** Ps 11,7; 145,17; Dan 9,14.
**66** Vgl. Williamson, 1 and 2 Chronicles, S. 248.
**67** Vgl. McKenzie, 1–2 Chronicles, S. 268; Becker, 2 Chronik, S. 45 f. Die zweite Schicht fügt das typische „und er erstarkte" (וַיִּתְחַזֵּק) ein, das ausschließlich gute Könige charakterisiert. 2 Chr 1,1; 13,21; 17,1; 21,4; 27,6; 32,5.

Beheimatung des reinen Levitenkultes aus. Der drohende Untergang im nachfolgenden Kapitel gerät dabei aus dem Blick, vielmehr werden Rehabeams Errungenschaften als Gegenpol zum frevelhaften Nordreich hervorgehoben.

## 1.4  Fazit: Rehabeam als Narr, Demutskönig und Schutzpatron des Kultes

Die Ausgangsfrage, warum Rehabeam trotz aller Verdienste schlecht bewertet
wird, erklärt sich durch Fortschreibungsstufen im Text. Jede Schicht schätzt
Rehabeams Regierung theologisch unterschiedlich ein. Die Grundschicht bewertet Rehabeam als Bösewicht, der JHWH nicht sucht und die weisheitliche Politik
Salomos beendet. Dagegen gestaltet ihn die zweite Schicht als einen Prototyp
der Demuts- und Umkehrtheologie, wodurch seine Regierung ambivalent bewertet und der Bogen kompositorisch zum Untergang Judas gespannt wird. Gleich
zu Beginn des Südreichs wird damit die Umkehr zu JHWH als Leitmotiv integriert. Hinzu kommen Nachträge der dritten Schicht, die Rehabeam zur positiven Gegenfigur Jerobeams I. umgestalten. Dazu gehört die Städteliste, die sich
in 2 Chr 11,5–10 findet, sowie der Auszug der Leviten (2 Chr 11,13–17), der Judas
Kultreinheit gegenüber dem Nordreich betont. Abschließend verbindet die Fami-
liendarstellung (2 Chr 11,18–23) die Berichte aus Chronik- und Königebüchern.[68]

---

[68] Dazu gesellt sich auch die Angleichung an die Königebücher in 2 Chr 10,15.

# 2  2 Chr 13 Abija

## 2.1  Abijas eigenartiger Aufstieg trotz negativer Vorlage

König Abija gilt als Sonderfall der Chronik. Nirgends unterscheidet sich die Darstellung so deutlich von den Königebüchern wie bei diesem Herrscher. Die Chronik scheint offenbar völlig frei zu agieren und bietet einen kurzen Text, in dem sehr viele grundlegende Leitmotive auftreten, die auch bei den nächsten Königen Asa und Josaphat wiederkehren.[69] Darum bezeichnet Gerhard von Rad das Kapitel als „kleines Kompendium der chronistischen Theologie"[70]. Der Text spricht über die Auseinandersetzung Abijas mit Jerobeam I., der die Abspaltung des Nordreichs vollzogen hat. So wird hier einerseits die Reichsteilung von Großisrael abgeschlossen, andererseits die Etablierung der Südreichs-Monarchie in den kommenden Kapiteln vorbereitet.

Ganz anders befinden sich in den Königebüchern bescheidene acht Verse in 1 Kön 15,1–8, die Abijas Herrschaft thematisieren. Abija, der dort Abijam heißt, regiert lediglich drei Jahre. Er ist der Sohn der Frau mit dem Namen Maacha, eine Tochter Absaloms. Er stammt also auch von dem Rebellen ab, der König David in eine schwere Krise stürzte. Generell wird sich im Text mehr mit David als mit Abija beschäftigt. Detaillierte Informationen oder Begebenheiten zu Abija werden nicht berichtet. Im Zentrum steht hingegen seine durchgängig schlechte Bewertung in 1 Kön 15,3–5. Diese beginnt mit dem negativen Urteil, dass er die Sünden seines Vaters Rehabeam fortführe und nicht ungeteilt bei JHWH sei. Darauf folgt die Deutung, dass Gott Abija und Jerusalem in der schlechten Zeit nur wegen David aufrecht erhalte. Der große König habe durchgängig zu Gott gestanden, wovon Abija profitiere.[71] Abrupt folgt darauf in 1 Kön 15,6 die Information, dass es alle Tage Krieg zwischen Rehabeam und Jerobeam gab, ohne dass Konkretes berichtet wird.

Während Abija in den Königebüchern eine absolute Randerscheinung ist, präsentiert ihn die Chronik ganz anders. Hier ähneln sich nur die Rahmendaten in den Eingangsversen 2 Chr 13,1 f. Einmalig übernimmt die Chronik einen „Königssynchronismus" aus den Königebüchern und ordnet Abijas Herrschaft in das 18. Regierungsjahr Jerobeams ein. Danach wird seine kurze Regierungszeit erwähnt. Doch schon der Name seiner Mutter wird geändert. Sie heißt Michajahu und ist eine Tochter Uriels.

---

**69** Vgl. Kalimi, Quelle(n), S. 26; Rudolph, Chronikbücher, S. 238.

**70** Von Rad, Theologie, S. 365.

**71** 1 Kön 11,36; 15,4.

Die Bemerkung, dass Krieg zwischen Abija und Jerobeam herrschte, dient hier als Einleitung. Daran anschließend geht die Chronik ins Detail und stellt den Krieg in einer einmaligen Schlacht dar. 400.000 Judäer stehen deutlich unterlegen 800.000 Nordreichkriegern gegenüber. Trotz dieser Lage tritt Abija auf den Berg Zemarajim und hält in 2 Chr 13,4–12 eine pathetische Rede an die Feinde, in der er die überlegene Gegnerpartei auffordert, aufzugeben und den Krieg zu beenden. Die Rede dreht sich dabei nicht nur um das Schlachtgeschehen, sondern ist hochtheologisch und enthält neben der Siegesgewissheit auch Abhandlungen zum Jerusalemer Kult und viele Rückblicke auf die Reichsteilung. Das Verhältnis zum Nordreich, das sich erst frisch vom Süden getrennt hat, wird ausführlich diskutiert, ehe in 2 Chr 13,13–15 die Schlacht beginnt. Jerobeam lockt Judas Heer in einen Hinterhalt und damit in höchste Not, da er es vorn und hinten umzingelt. Aus dieser Zange löst sich Juda durch ein Geschrei in 2 Chr 13,14 f., welches beim genauen Hinschauen gedoppelt auftritt. Zunächst schreit Juda zu JHWH (וַיִּצְעֲקוּ לַיהוָה), dann werden Kriegstrompeten (חֲצֹצְרוֹת) gespielt, ehe Juda ein Kriegsgeschrei vollzieht (וַיָּרִיעוּ אִישׁ יְהוּדָה). Da kommt es zu Gottes Eingreifen, der sein Volk befreit und Israel schlägt.

Nicht Juda besiegt seine Feinde, sondern Gott persönlich rettet sein Volk aus der Not. Die fliehenden Israeliten werden in die Hand Judas gegeben, so dass in 2 Chr 13,17 Israels großes Heer 500.000 Soldaten verliert. Das Fazit zu der Schlacht lautet in 2 Chr 13,18:

> „Und so wurden die Söhne Israels gedemütigt an jenem Tag und die Söhne Judas erstarkten, denn sie stützten sich auf JHWH, den Gott ihrer Väter."

Im Anschluss werden in 2 Chr 13,19–22 die Folgen der Schlacht dargestellt. Jerobeam, der Spalter des Großreiches, wird von Gott selbst geschlagen, so dass er stirbt. Abija hingegen erstarkt und gründet wie sein Vater Rehabeam eine riesige Familie, ehe er begraben wird. Kurz zusammengefasst wird aus dem unbedeutenden, schlechten Abija der Königebücher in der Chronik ein glorreicher Sieger über den abgefallenen Norden, da er JHWH treu bleibt.

## 2.2 Prüfung der Texteinheitlichkeit

### 2.2.1 2 Chr 13: Gedoppeltes Schreien und Abijas große Rede

Was sind die Ursachen für die unterschiedlichen Bewertungen in Chronik und Königebüchern? Teile der Forschung postulieren hier eine Sonderquelle, auf die die Chronik zurückgegriffen habe.[72] Sie habe den Text der Königebücher umformulieren müssen, um diesen Quellen gerecht zu werden. Laut Rudolph „wäre [es] ja auch nicht einzusehen, warum der Chr[onist] gerade dem [... in den Königebüchern] so knapp und unfreundlich behandelten Abia einen solchen Sieg angedichtet hätte, wenn er dafür nicht eine Tradition zur Hand gehabt hätte"[73].

Wissenschaftler, die mit dem Postulieren von historischen Quellen vorsichtig sind, sehen die Unterschiede in der Theologie und Textkomposition der Chronik begründet. So steht laut Kalimi hinter der Umgestaltung der „literarische[] Ehrgeiz, eine schöne Antithese zu schaffen. Mit dieser literarischen Technik unterstreicht der Chronist die Überlegenheit des Südreichs [...] über das Nordreich unter Jerobeam, [die ein] Grundpfeiler seiner Theopolitik"[74] ist.

Da über die alten Quellen nur vage spekuliert werden kann, soll auch in dieser Studie der Bericht als literarisches und theologisches Phänomen betrachtet werden. Die Spannungen im Text müssen jedoch stärker wahrgenommen werden. Darum soll nun der Text auf seine Einheitlichkeit untersucht werden, wozu bereits auf zwei bedeutende Vorschläge von Kurt Galling und Reinhard Kratz zurückgegriffen werden kann.[75] Beide postulieren eine zweite Schicht und erachten die Rede Abijas als Hinzufügung.

Neben der Rede, die aufgrund der thematischen Fülle den Schlachtkontext sprengt und auch in sich nicht stimmig ist,[76] fällt vor allem der Umschlagpunkt der Schlacht in 2 Chr 13,13–15 auf.

Eingekesselt von einer doppelt so großen Armee schreit Juda auf mehrfache Weise. Zunächst wird zu Gott geschrien, dann blasen die Trompeten und darauf ertönt ein Kriegsgeschrei.[77] Steins erachtet die Ereignisfolge als typischen Verlauf, da das Gebet zu Gott die Schlacht eröffne.[78] Doch betrachtet man das Geschrei

---

**72** Vgl. Noth, Überlieferungsgeschichtliche Studien, S. 142.
**73** Rudolph, Chronikbücher, S. 235 f.
**74** Kalimi, Geschichtsschreibung, S. 291.
**75** Vgl. Kratz, Komposition, S. 33; Galling, Bücher, S. 109 f.
**76** Vgl. Kratz, Komposition, S. 33.
**77** Vgl. Galling, Bücher, S. 109.
**78** Vgl. Steins, Abschlußphänomen, S. 401. Welten übersetzt זעק mit „beten". Für ihn existiert keine Spannung zwischen זעק und רוע. Damit ignoriert er allerdings die Befunde der Konkordanz. Vgl. Welten, Geschichte, S. 120.

genauer, dann lässt sich zunächst festhalten, dass es hier gedoppelt und mit unterschiedlichem Charakter auftritt.

Das erste Schreien mit der Vokabel זָעַק stellt eine Anrufung Gottes dar,[79] wohingegen sich das zweite Schreien mit der Vokabel רוע als Kriegsgeschrei an den Gegner richtet. Juda agiert hier aktiv mit einer kultischen Handlung. Denn die Priester, die die Trompeten (חֲצֹצְרוֹת) spielen, sind mit dem Kriegsgeschrei in Abijas Rede eng verbunden, da er das Musizieren und das Kriegsgeschrei in 2 Chr 13,12 ankündigt:

> „Siehe, bei uns ist Gott an der Spitze und seine Priester und Kriegstrompeten, um Lärm zu machen gegen euch. Söhne Israels, ihr sollt nicht kämpfen mit JHWH, dem Gott eurer Väter, denn ihr könnt nicht Erfolg haben."

In der Schlacht realisieren sich nun die Ankündigungen aus Abijas Rede. Seine Ansprache, die den Sieg Judas vorwegnimmt, verbreitet Siegesgewissheit. Dies steht allerdings dem ersten Schreien entgegen, dem Schreien zu Gott mit der Vokabel זָעַק, wovon die Rede nichts erzählt. Dabei ist das Rufen zu Gott mit der Vokabel זָעַק der Schlachtsituation deutlich angemessener, da es ein Schreien aus der Not darstellt. Judas Soldaten stürmen schließlich hoffnungslos unterlegen vorwärts, da sie von einer doppelten Heeresstärke eingekesselt sind. Es ist ein verzweifelter Schrei aus der Not, der Gottes Eingreifen aktiviert. Dieser besondere Charakter wird vor allem deutlich, wenn man sich den Kontext der Vokabel זָעַק in der Chronik anschaut.

Bei König Josaphat tritt in 2 Chr 18 eine vergleichbare Situation auf. In einer Schlacht wird Josaphat von den Aramäern gezielt eingekreist. In 2 Chr 18,31 schreit Josaphat, von allen Verbündeten allein gelassen, zu Gott mit der Vokabel זָעַק. Prompt erfolgt die unerwartete Rettung Gottes aus der Not: Gott hilft Josaphat und lenkt die Feinde ab. Das weicht vom Parall8text in 1 Kön 22,32 leicht, aber markant ab. Dort heißt es nur, dass Josaphat schreit. Von einem Eingreifen Gottes wird nichts berichtet. Josaphat entkommt hier durch den glücklichen Zufall, dass die Angreifer rechtzeitig erkennen, dass er nicht ihre Zielperson ist. Die Chronik dagegen theologisiert den Angstschrei und die Errettung Josaphats. Der Angstschrei wird zur Gottesanrufung, die Gott zum Eingreifen bewegt.

Ähnliches lässt sich bei Hiskia beobachten. Der Assyrerkönig Sanherib belagert in 2 Chr 32 Jerusalem und fordert das Volk in 2 Chr 32,13 auf, nicht auf Gott zu trauen, da er stärker sei als alle Götter der Welt. Nach der Rede rufen König Hiskia und der Prophet Jesaja in 2 Chr 32,20 gemeinsam zum Himmel mit der Vokabel

---

**79** צָעַק wird auch häufig זָעַק geschrieben. In der Arbeit wird im Folgenden צָעַק für beide Schreibweisen verwendet.

צָעַק. Sogleich erfolgt Gottes Antwort. Er sendet seinen Boten, der die Assyrer schlägt, so dass sie den Rückzug antreten müssen.

Somit lässt sich für 2 Chr 13; 18; 32 dasselbe Grundmuster feststellen. Gott erhört sowohl Volk, König als auch Propheten, die in der Not zu ihm schreien. Das Schreien zu Gott stellt folglich in der Chronik ein festes theologisches Motiv dar, das verwendet wird, um unerwartete Umschlagspunkte und Rettungen aus der Not zu theologisieren.[80]

Doch in Abijas Rede ist von der existentiellen Not nichts zu finden, denn sie kündigt von vornherein den Sieg an. Auch das liturgische Trompetenspiel und das Kriegsgeschrei sprechen nicht für eine hoffnungslose Bedrängnis, da Juda durch die mächtige Liturgie vorbereitet ist. Wahrscheinlich wurde hier das Schreien in der Not in ein siegesgewisses Kriegsgeschrei transformiert, bei dem sich Juda auf seine kultische Treue gegenüber JHWH verlassen kann.[81] Damit lässt sich die These von Galling und Kratz bestätigen. Das Kriegsgeschrei und die Trompeten sind als Nachtrag auszusondern.[82] Ursprünglich stand das hilfesuchende Schreien zu Gott ohne jede Voraussetzung: „Sie schrien zu JHWH, und Gott schlug Jerobeam und ganz Israel"[83].

Da das Kriegsgeschrei dem Text später hinzugefügt wurde, muss nun ebenso Abijas Rede, die gemeinhin als Kern der Darstellung bezeichnet wird, in Frage gestellt werden. Die theologische Ansprache[84] unterbricht die Eröffnung der Schlacht und steht in Spannung zum Kriegsverlauf.[85] Denn das siegessichere Gottvertrauen der Rede widerspricht der angstvollen Gottesanrufung des Volkes in der Not im Angesicht der Feinde.[86] Laut der Rede ist die Schlacht bereits von vornherein entschieden, da Israel Gott nicht besiegen kann.

Ebenso weist die Rahmung der Ansprache Besonderheiten auf. Dass Abija überhaupt redet, ist aufgrund von 2 Chr 13,3 nicht zu erwarten. Denn dort steht schlichtweg: „Und Abija eröffnete den Krieg" (וַיֶּאְסֹר אֲבִיָּה אֶת־הַמִּלְחָמָה)[87]. Wer einen Krieg beginnt, der redet nicht, sondern eröffnet den Kampf. Das bedeutet, dass Abija vorrückt und mit dem Südreich angreift. Die Rede kehrt die Situation um, da der König hier an das Nordreich appelliert, nicht anzugreifen. Während im Erzähltext das Südreich der Akteur der Schlacht ist, ist es in der Rede der Norden. Dabei bleibt die wortgewaltige Rede ohne Resonanz, da die Nordreichsarmee in

---

80 Vgl. Gerstenberger, Perserzeit, S. 124.
81 Vgl. Dillard, 2 Chronicles, S. 105.
82 Vgl. Kratz, Komposition, S. 33; Galling, Bücher, S. 109 f.
83 וַיִּזְעֲקוּ לַיהוָה וְהָאֱלֹהִים נָגַף אֶת־יָרָבְעָם וְכָל־יִשְׂרָאֵל
84 Vgl. Thronveit, When Kings Speak, S. 20.
85 Vgl. Kratz, Komposition, S. 33.
86 Vgl. Galling, Bücher, S. 109.
87 1 Kön 20,14.

keiner Weise darauf reagiert.[88] Israel legt hingegen einen Hinterhalt, der sich an 2 Chr 13,3 als Reaktion auf das Vorrücken Judas anschließt.

Darum sei die gesamte Rede von Abija ausgesondert. Ursprünglich eröffnet Abija den Krieg und läuft mit Juda in den Hinterhalt. Juda kann nur noch zu JHWH schreien, der eingreift und seine Feinde schlägt. Gott allein errettet sein Volk aus aller Not.

### 2.2.2  2 Chr 13: Städte und Familie als Zeichen von Gottes Macht

Sondert man Abijas Rede aus, stellt die Schlacht eine Demonstration von Gottes Macht dar, der sein Volk beschützt, so dass es nicht kämpfen muss. Erst in 2 Chr 13,16 f., als die Gegner bereits geschlagen sind, fallen die Judäer über die fliehenden Feinde her. Alles läuft auf die deutende Schlusspointe in 2 Chr 13,18 hinaus: Da sich das Südreich allein auf Gott gestützt hat (נִשְׁעֲנוּ עַל־יְהוָה),[89] schlägt Gott die Schlacht für sein Volk. Nun folgt in 2 Chr 13,19 ein Anhang, der das Erstarken von König Abija beschreibt. Abija verfolgt nun Jerobeam und nimmt ihm die Städte Bethel, Jeschana und Efrajin ab. Sein Erfolg wird durch Gebietsgewinne ausgeschmückt. Der Fokus liegt hierbei nur auf Abijas Person, nicht aber auf dem Volk, das in der Schlacht zuvor als Hauptakteur agierte. Ein ähnlicher Anhang liegt in 2 Chr 13,21 vor, der Abijas große Familie und Nachkommenschaft vorstellt. Die ursprüngliche Gegenüberstellung zwischen Abija und Jerobeam wird auf seine Eroberungen und seinen Nachwuchs ausgeweitet und damit ausgelegt, wie Galling überzeugend analysiert.[90]

Damit wird der Konflikt ursprünglich in 2 Chr 13,18.20 beendet. Juda erstarkt, da es sich auf JHWH stützt. Jerobeam hingegen erschlafft und wird von JHWH geschlagen, so dass er stirbt. Dabei nimmt 2 Chr 13,20 den Königssynchronismus aus 2 Chr 13,1 wieder auf und hält fest, dass Jerobeam zur Zeit Abijas starb. Diese Information schließt die Geschichte des Bruchs der zwei Reiche ab.[91] 2 Chr 13 stellt damit im Gegensatz zu den Königebüchern explizit dar, wie der Spalter Jerobeam von Gott geschlagen wird.[92]

---

**88** Die Rede „bleibt im Grunde handlungsmäßig funktionslos" (Ruffing, Jahwekrieg, S. 37).

**89** Die Vokabel stellt einen prophetischen Terminus dar (Jes 10,20; 50,10; Mi 3,11), den die Chronik narrativ ausgestaltet.

**90** Vgl. Galling, Bücher, S. 110.

**91** Vgl. Ruffing, Jahwekrieg, S. 63; Kratz, Komposition, S. 18.

**92** Becker meint überzeugend, dass das Schlagen Gottes als Reaktion auf 1 Kön 14,15 zu bewerten ist. Hier kündigt Gott an, dass er Israel und das Haus Jerobeams schlagen wird. Vgl. Becker, 2 Chronik, S. 59.

Da in 2 Chr 13,18.20 die Pointe bereits zu finden ist, stellen die Verse 2 Chr 13,19.21 Nachträge dar, die Abijas Ruhm vermehren. Ähnliche Ergänzungen finden sich bei Rehabeam in den Listen über seine errichteten Städte in 2 Chr 11,5–10 und über seine zahlreichen Nachkommen in 2 Chr 11,18–23. Diese Listen gehören der dritten Schicht an und stellen die ersten Könige Judas in Kontinuität zu David, der laut 1 Chr 14,3–7 ebenfalls eine große Familie zeugte.[93] Das Haus Jerobeams wird dagegen in 1 Kön 14,10 von Gott verflucht und in 1 Kön 15,29 ausgerottet. Darauf aufbauend ergänzt die Chronik die Darstellung über das Ende des Hauses Jerobeam. Doch setzt sie mit Abijas fruchtbarem Königshaus einen Kontrapunkt zum absterbenden Haus Jerobeams, womit indirekt die Darstellung der Königebücher integriert wird. Aus diesen Gründen lassen sich die Verse der dritten Schicht zuordnen, die schon Rehabeam positiv darstellte, um ein Gegengewicht zum Nordreichkönig zu schaffen.[94]

### 2.2.3 2 Chr 13: Levitische Geschichtsrückblicke in Abjias Rede

Die Forschung hat sich stets vor allem auf Abijas Ansprache in 2 Chr 13,4–12 konzentriert. Sie galt als das „Wesentliche"[95] des Textes, da hier viele generelle Aussagen zur Chroniktheologie stünden.[96] Die Mehrzahl der Forscher erachtet die Rede als einheitlich, obgleich sie bereits auf den ersten Blick einen sehr heterogenen Eindruck hinterlässt.[97] Schon eine Gliederung zeigt die Vielfalt der Themen.[98] So beginnt die Rede in 2 Chr 13,5–8 mit einer Ansprache an Jerobeam und ganz Israel und der Feststellung, dass Gott das Königtum nur an David und seine Söhnen gegeben habe. Doch am Ende von 2 Chr 13,5 steht, dass das Königtum durch einen Salzbund gegeben sei. Dieser Terminus wird ansonsten nicht politisch verwendet, sondern stellt eine Vokabel aus dem kultischen Kontext dar. In 2 Chr 13,6 f. beginnt ein Geschichtsrückblick auf die zweite Erzählung der Reichsteilung in Sichem, die in 2 Chr 10 steht. Es wird eine Deutung vorgenommen, in der die jungen Berater, die Rehabeam zur Härte raten, als ruchlose Männer gebrandmarkt werden, da sie Rehabeams Jugend und sein schwaches Herz ausgenutzt haben.

---

**93** Vgl. Kalimi, Geschichtsschreibung, S. 288; Myers, II Chronicles, S. 79; Rudolph, Chronikbücher, S. 239.
**94** Vgl. Welten, Geschichte, S. 127.
**95** Rudolph, Chronikbücher, S. 237. Vgl. Bigger, Battle Address, S. 6.
**96** Vgl. Japhet, 2 Chronik, S. 164; Throntveit, When Kings Speak, S. 37.
**97** Vgl. Kratz, Komposition, S. 33.
**98** Vgl. Throntveit, When Kings Speak, S. 118; Welch, Judaism, S. 189–191; Jones, Abijam to Abijah, S. 424; Williamson, Israel, S. 111.

In 2 Chr 13,8 hingegen kehrt die Rede zum gegenwärtigen Schlachtgeschehen zurück und fragt die gegnerische Partei, ob sie gegen das Königtum JHWHs in der Hand der Davididen bestehen könnten. Auf diese Weise wird der Erzählfaden von 2 Chr 13,5 fortgeführt. Darauf werden die Machtmittel von Juda und Israel aufgeführt. Auf der einen Seite steht die große militärische Menge vom Heer Israels mit goldenen Kälbern, die Jerobeam zu Göttern ernannt hat. Doch die Gegenüberstellung von Judas Heer erfolgt erst viel später in 2 Chr 13,12. Gott steht an der Spitze von Judas Armee, dahinter Priester mit Kriegstrompeten. Ein Imperativ ruft am Ende: „Söhne Israels, ihr sollt nicht kämpfen mit JHWH, dem Gott eurer Väter, denn ihr könnt nicht Erfolg haben". Doch in 2 Chr 13,9–11 wird die Gegenüberstellung wieder durch einen Geschichtsrückblick unterbrochen, bei dem der Nordreichskult mit dem des Südens verglichen wird. Sehr ausführlich gerät die Darstellung der Einsetzung der unreinen Priester im Nordreich und des korrekten levitischen Kultes des Südreichs. Während im Nordreich ein jeder zum Priester der Kälber wird, feiert Juda toragemäße Gottesdienste mit goldenem Leuchter, Opfern und Schaubroten. So werden zwischen der Gegenüberstellung von Nord- und Südreich kultische Fragen eingeschoben, die in 2 Chr 13,11 eine Zwischenpointe haben: „Denn wir bewahren den Dienst JHWHs, unseres Gottes, aber ihr habt ihn verlassen."

So lässt sich feststellen, dass die Schlacht immer wieder durch Rückblicke und Kultdarstellungen aus dem Blick gerät. Dennoch erachten viele Exegeten die Rede als einheitlich. Ruffing sieht in den Redeunterbrechungen keine Brüche, sondern kompositorische Geschichtsrückblicke, die auf die aktuelle Siegesgewissheit vorbereiten.

Häufig wird die Einheitlichkeit des Textes dabei gattungsgeschichtlich begründet: Dillard stellt die These auf, dass sich die Rede am Raster der „levitischen Predigt" orientiert, einer Gattung, die von Rad erfunden hat.[99] Die levitische Predigt bestehe aus: 1. Doctrina/Lehre, 2. Applicatio/Anwendung und 3. Exhortatio/Ermahnung. Abijas Doctrina sei die ewige davidische Dynastie und der Jerusalemer Kult. Die Applicatio richte sich auf die gegenwärtige Situation, dass Jerobeam den JHWH-Kult verboten hat. Die Exhortatio, der mahnende Schlussbefehl, ruft das Nordreich dazu auf, nicht gegen den Gott der Vorfahren zu kämpfen.

---

**99** Vgl. von Rad, Levitische Predigt, S. 115; Dillard, 2 Chronicles, S. 105; Curtis, Commentary, S. 375; Myers, II Chronicles, S. 80; Noth, Überlieferungsgeschichtliche Studien, S. 161. Jones, sieht in der Rede drei Perspektiven der Reichstrennung: Sie sei 1) "act of rebellion"; 2) "result of exceptional circumstances"; 3) "act of withstanding" (Jones, Abijam to Abijah, S. 423).

Diese Gattung erklärt formgeschichtlich die Spannungen und setzt voraus, dass die Predigt andere Ziele als der Erzähltext hat.[100] Nach von Rad stünde das Schicksal der Leviten im Zentrum der Rede.[101] Doch betrachtet man die Rede, muss man dieser These widersprechen, da die Schlacht und der Heilige Krieg das übergreifende Thema der Ansprache darstellen. Dieser Zusammenhang wird aber zwei Mal in 2 Chr 13,6 f.9–11 unterbrochen. Plausibler erscheint daher, dass eine dritte Schicht die Rede fortschreibt.

Dies beginnt mit der Erwähnung des Salzbundes (בְּרִית מֶלַח) am Ende von 2 Chr 13,5. Auch wenn hier ein phonetisches Wortspiel zwischen „Salz" (מֶלַח) und „König" (מֶלֶךְ) vorliegt, verwundert die Verbindung mit dem kultischen Salzbund, der mit dem davidischen Königtum erstmal nichts zu tun hat. Der Begriff des Salzbundes entstammt dem kultischen Kontext aus Num 18,19. Dort wird der Dienst und der Unterhalt der Priester und Leviten geordnet. Im Anschluss an Opfergebote wird ein ewiger Salzbund geschlossen. Durch die Verwendung dieses Terminus wird die Opferthematik in 2 Chr 13,9–11 eingeleitet, bei der sich die Herrschaft Gottes durch den toragemäßen Kultvollzug realisiert.

Auch zwischen 2 Chr 13,7.8 ist der Übergang deutlich gestört. Denn zwischen dem jungen Rehabeam, der sich gegen die Berater nicht behaupten kann und den kampfbereiten Israeliten, die gegenüber Gott nicht bestehen können, besteht kein Zusammenhang.[102] 2 Chr 13,8 fügt sich dagegen optimal an 2 Chr 13,5 an, da der Vers das ewige Königtum JHWHs in der Hand des Hauses Davids aufgreift. Darum liegt in den Passagen vom Salzbund in 2 Chr 13,5 bis 2 Chr 13,7 ein Einschub vor, der die Reichsteilung deutet. Die Teilung des Großreiches bedeutet demzufolge kein Ende der Zusage an David, sondern stellt eine „Auflehnung [des Nordreichs] gegen den Willen Gottes"[103] dar.

Gleiches gilt für die Verse 2 Chr 13,9–11, die die Gegenüberstellung von Nordreichs- und Südreichskult in 2 Chr 13,8.12 unterbrechen, und die Levitenvertreibung aus 2 Chr 11,13–17 aufgreifen. Dabei ändern sich die Bezeichnungen der Priester. Jetzt werden sie „Aaroniden und Leviten" genannt, hingegen wird in 2 Chr 13,12.14 allgemein der Oberbegriff „Priester" (כֹּהֵן) verwendet. Willi, Ruffing und Thontveit haben diesen Unterschied bemerkt, weswegen sie die Bezeich-

---

**100** Zu kritisieren ist an dem Ansatz von Rads, dass jegliche Spannungen relativiert werden, so meint er, dass eine Vielzahl von Bibelzitaten oft nicht zum Gedanken der Predigt passen. Vgl. von Rad, Levitische Predigt, S. 119.

**101** Galling hat zutreffend beobachtet, dass diese formgeschichtliche Erklärung die Spannungen zwischen Text und Rede nur verschleiert. Vgl. Galling, Bücher, S. 11.

**102** Hier wird mit einem Wortspiel der Vokabel הִתְחַזֵּק die fehlende Standhaftigkeit mit dem Nicht-Standhalten der Israeliten kontrastiert.

**103** Kalimi, Geschichtsschreibung, S. 109.

nungen „Aaroniden und Leviten" in 2 Chr 13,9 f. als spätere Glossen aussondern.[104]
Doch wie Steins zeigt, funktioniert die Aussonderung in 2 Chr 13,10 nicht, da dann
das Subjekt fehlt.[105] Diese Beobachtungen sprechen gegen glossenartige Einzel-
zusätze. Von daher sollen die Verse 2 Chr 13,9–11 insgesamt ausgesondert werden,
da sie den Erweiterungen der dritten Schicht in 2 Chr 13,6 f. entsprechen.

## 2.3 Theologiegeschichtliche Entwicklung: Errettung aus der Not sowie Gottes Souveränität im Krieg

Die Grundschicht legt den Fokus ganz auf den Konflikt zwischen Nord- und Südreich. Anhand einer idealtypischen Schlacht mit den Spaltern aus dem Norden
zeigt sie, dass JHWH trotz Rehabeams Fehlern weiter bei Juda bleibt, gerade wenn
die Ausgangssituation gegenüber den Feinden aus dem Norden aussichtslos
erscheint.[106] Wie Rudolph treffend formuliert: „[A]n Gott zerschellt Menschen-
macht und Menschenwitz"[107]. Ausgelöst wird das Schreien durch die chroniktypische Vokabel צעק, das Gottes Eingreifen evoziert.[108]

Hier lohnt es sich, auf den gesamtbiblischen Kontext zu blicken. Die Vokabel
stellt ein festes Motiv aus der Tradition der Tora und der Vorderen Propheten
dar. Am prominentesten tritt sie bei Kernerzählungen der Exodus-Tradition auf.
So schreien die Israeliten wegen des Jochs der Ägypter zu Gott, so dass dieser
seines Bundes mit Abraham, Isaak und Jakob gedenkt und die Erzählungen des
Exodus beginnen lässt.[109] Auch bei der Errettung Israels aus dem Roten Meer
in Ex 14,9–31 löst dasselbe Schreien Gottes Eingreifen aus, das zur Vernichtung
der übermächtigen Feinde führt. Dieses Muster findet sich formelhaft bis in die

---

**104** Vgl. Ruffing, Jahwekrieg, S. 24; Willi, Auslegung, S. 197; Throntveit, When Kings Speak,
S. 36 f.

**105** Vgl. Steins, Abschlußphänomen, S. 402.

**106** Die Demütigung des Nordreichs basiert auf der Natansverheißung in 1 Chr 17,10. Dort
verspricht Gott, dass er alle Feinde Israels demütigen wird. Galt der Zuspruch in 1 Chr 17,10
Großisrael, so ist das Nordreich nun Feind des Gottesvolkes. Jerobeams Israel reiht sich zu den
feindlichen Völkern ein, die Gott bekämpft, um das wahre Gottesvolk in Juda zu schützen. Vgl.
Gerstenberger, Perserzeit, S. 124; Williamson, Israel, S. 88. Immer wieder wird die Heereszahl auf
2 Sam 24,9 bezogen. Dort werden 800.000 wehrfähige Israeliten und 500.000 Judäer genannt. Da
diese Zahl aber schlichtweg von 2 Chr 13 abweicht und keine Bezüge zwischen den Geschichten
feststellbar sind, stellt 2 Sam 24,9 keine Quelle für 2 Chr 13 dar. Vgl. Klein, Abijah's Campaign,
S. 217.

**107** Rudolph, Chronikbücher, S. 238; von Rad, Levitische Predigt, S. 114.

**108** Vgl. von Rad, Levitische Predigt, S. 122.

**109** Ex 2,23–25.

Richterzeit.[110] Doch mit der Etablierung des Königtums tritt die Vokabel in den Samuel-Königebüchern nur noch selten auf. Die Exodus-Tradition des Schreiens zu Gott versiegt sogar nach 1 Sam 15,11. Dies markiert eine Zäsur in der biblischen Geschichtsschreibung. Die Chronik greift hier ein und aktualisiert das Geschehen des Auszugs aus Ägypten, indem sie gleich zu Beginn der Zeit der geteilten Reiche zeigt, dass die Exodus-Tradition auch weiterhin Gültigkeit hat. Gottes Erhörung seines schreienden Volkes ist kein historisches Phänomen, sondern auch in späteren Zeiten und damit heute möglich. Laut Chronik sind Gottes Bündnisse in der Tora keine Ereignisse, die allein in der Vergangenheit stattfanden. Sie setzen sich in der Königszeit fort und haben für alle Zeiten Gültigkeit.[111]

Auffallend tritt Abija als Figur kaum in Erscheinung. Er wird weder bewertet noch tritt er jemals in Aktion. Handlungsträger ist allein das Volk, das Gott zum Eingreifen bewegt. Das liegt wahrscheinlich in der negativen Darstellung Abijas in den Königebüchern begründet. Er wird dort als schlechter König präsentiert, über den bis auf den Krieg mit Israel nichts berichtet wird. Die Chronik nimmt diese zwei Aspekte auf. Dementsprechend erzählt die Chronik über Abija nichts, sondern legt die kurze Kriegsnotiz breit aus. Dagegen kehrt das Volk laut Chronik nach Rehabeams schlechter Regierungszeit zu JHWH zurück. Von daher nimmt die Grundschicht durchaus Bezug auf die Königebücher, der sich aber im Endtext kaum noch erkennen lässt. Die Chronik bietet hier eine auslegende Lesehilfe, die das Schweigen über Abijas schlechte Herrschaft in eine positive Darstellung des Volkes transformiert. Stark im Fokus steht hingegen Judas Gegner Jerobeam, den die Chronik angemessen bestraft sehen will. Der Königssynchronismus wird hier einmalig aufgenommen, um zu zeigen, dass Juda stärker ist als die Spalter des Nordens, die Gottes Stärke mit irdischer Stärke ersetzen wollen. Doch diese zerschellt am Eingreifen Gottes, bei dem er in der Schlacht eindrucksvoll die Versprechen der Tora aktualisiert.

In der zweiten Schicht wird die Untätigkeit Abijas und das offenbar zu unkonkrete Schreien aus der Not korrigiert. Damit wird nun die Person des Königs wichtiger, der als Volksrepräsentant die Gründe für Gottes Eingreifen vorstellt.[112] Abijas Bergbesteigung erinnert stark an Deboras Gang auf den Berg Tabor. Sie spricht dort Barak den Sieg über Sisera zu, da Gott Sisera in seine Hand gegeben hat.[113] In der Schlacht verwirrt Gott schließlich die Gegner, so dass das Gottesvolk

---

**110** Num 20,16; Dtn 26,7; Jdc 3,9; 6,6; 10,12.
**111** Vgl. von Rad, Levitische Predigt, S. 123.
**112** Die Rede gehört zu einer übergreifenden Redaktion, da die nächsten Könige Asa und Josaphat ihre Rede mit „Hört mich an" (שְׁמָעוּנִי) beginnen. 2 Chr 15,2; 20,20.
**113** Jdc 4,14.

diese einfach bezwingen kann. Ein vergleichbares Auftreten erlangt Abija durch die in der zweiten Schicht komponierte Rede. Denn auch in dieser Ansprache wird der Sieg vorweggenommen, so dass die Bedrängnis der Siegesgewissheit weicht, da man JHWH hinter sich hat.

Die חֲצֹצְרָה, die Kriegstrompete, wird in der Rede angekündigt und verwandelt das Schreien aus der Not in eine Kriegshandlung. Die Macht der Trompete wird in Num 10,9 f. erklärt:

> „⁹ Denn wenn ihr in den Krieg zieht in eurem Land gegen den Feind, der euch bedrängt, sollt ihr das Signal blasen mit den Trompeten. Und es wird Eurer gedacht vor JHWH, eurem Gott, und ihr werdet gerettet vor euren Feinden. ¹⁰ Und am Freudentag und euren Festen und den Monatsanfängen sollt ihr blasen in die Trompeten bei euren Brandopfern und bei euren Heilsopfern. Und sie sollen euch in Erinnerung bringen bei eurem Gott: Ich bin JHWH, euer Gott.“

Die Priester, die die Trompete bei Festen und Opfern spielen, blasen sie in 2 Chr 13 nun im Kriegsfall. Das Instrument erfüllt seine kriegerische Funktion und ersetzt damit das Schreien aus der Not,[114] da nun die Trompeten Gottes Eingreifen motivieren. Dabei stellt die Trompete aus Num 10 ebenso Bezüge zum Kult her, da sie auch bei Festen und Opfern zur Erinnerung an Gottes Gegenwart geblasen wird. Durch die Verwendung der Trompete erwirkt der Kult den Sieg in der Schlacht. Damit wird die Trompete aus Num 10 erzählerisch in Israels Geschichte integriert.[115]

Mit dem Kult als neuem Thema des Textes ändert sich auch die Bewertung des Nordreichs. Es wird in der Rede eine Gegenüberstellung von Israel und Juda vollzogen. 2 Chr 13,5 postuliert, dass die Monarchie über Israel dem Haus Davids gehöre (מַמְלָכָה לְדָוִיד עַל־יִשְׂרָאֵל). 2 Chr 13,8 bekräftigt die Aussage und wiederholt, dass das Gotteskönigtum JHWHs in der Hand der Söhne Davids sei (מַמְלֶכֶת יְהוָה בְּיַד בְּנֵי דָוִיד). Damit werden Gotteskönigtum und die Königsherrschaft des Hauses David verbunden. Beide Texte beziehen sich dabei auf die Weissagung Natans an David, doch aus unterschiedlichen Büchern, da die Natansverheißung sowohl in 2 Sam 7 wie 1 Chr 17 steht.

Beide Verheißungen ähneln sich zwar äußerlich, doch weichen sie inhaltlich gravierend voneinander ab. So verspricht Gott dem König David in 2 Sam 7,16,

---

114 Das Kriegsgeschrei tritt auch bei der Eroberung Jerichos in Jos 6,2–5 auf und wird von Widderhörnern (שׁוֹפָרוֹת) begleitet (כָל־הָעָם יָרִיעוּ). Es durchbricht die Mauern und ebnet den Weg für die Eroberung. Gott erweist in beiden Texten seine Macht durch göttliche Prozessionen. Vgl. Schwienhorst, Eroberung Jerichos, S. 29–144.

115 Weitere Belege der Trompete: Num 31,6; 2 Kön 11,14; 12,14; 2 Chr 5,12 f.; 15,14; 23,13; 29,26–28.

dass sein Sohn Salomo eine ewige Dynastie gründen wird, da Gott bei Gehorsam sein Königtum festigt: „Und es wird befestigt dein Haus und dein Königtum auf ewig" (וְנֶאְמַן בֵּיתְךָ וּמַמְלַכְתְּךָ עַד־עוֹלָם). Auf diese Zusage, dass JHWH das Königtum über Israel David und seinen Söhnen gegeben habe, bezieht sich Abijas Ausspruch in 2 Chr 13,5.

Doch 2 Chr 13,8 spricht nicht von Davids Königtum, sondern vom Gotteskönigtum JHWHs, einem Terminus, der nur in der Natansverheißung in 1 Chr 17 steht. Dort wird diese Prophezeiung entscheidend verändert. Gott verspricht hier, dass er Salomo bestehen lässt „in meinem Haus und in meinem Königtum auf ewig und sein Thron soll allezeit feststehen" (1 Chr 17,14). Das davidische Königtum wird damit keinesfalls befestigt. Der Thron und das Haus mögen zwar ewig sein, doch damit sind Gottes Thron und Gottes Herrschaft gemeint. Das Haus Davids stellt nur einen Platzhalter auf Gottes Thron dar, wodurch die Bedeutung der davidischen Monarchie stark reduziert wird. Folglich ist die Natansverheißung der Chronik dem Herrscherhaus Davids wesentlich kritischer eingestellt.

Abijas Rede in der Chronik harmonisiert nun beide Verheißungen. Die ewige Daviddynastie aus 2 Sam 7 und die Herrschaft Gottes aus 1 Chr 17 werden in eins gesetzt.[116] Damit sind die Widersprüche zwischen Chronik und den Königebüchern geglättet und die davidische Dynastie wird um die Gottesherrschaft erweitert. Das geschieht gegen die Intention der Natans-Verheißung aus 1 Chr 17. Diese Herrschaft wird vor allem auf den Kult konzentriert, den David stiftet. Aus diesem Grund werden in der zweiten Schicht verstärkt Kultangelegenheiten integriert, die das Haus Davids zur Monarchie des Kultes erheben.

Die Kultfrage markiert den zentralen Vorwurf, den die zweite Schicht dem Nordreich in 2 Chr 13,8 macht. Dort werden unterschiedlichste biblische Frevel des Nordreichs aufgelistet wie die Anbetung der goldenen Kälber, „die Jerobeam für euch als Götter gemacht hat" (אֲשֶׁר עָשָׂה לָכֶם יָרְבְעָם לֵאלֹהִים).[117] Die Anbetung der Kälber wird als Abwendung von der gemeinsamen Exodusgeschichte gewertet, die Juda und Israel eint. Israel wird nicht mehr als Fremdvolk dargestellt wie in der Grundschicht, sondern als abgefallener Bruder des Gottesvolkes, der die Tora verlassen hat.

---

116 Oft übernimmt die Forschung diese Harmonisierung und stellt sie als Hauptaussage der Chroniktheologie dar. Vgl. Noth, Überlieferungsgeschichtliche Studien, S. 175 f.; Rudolph, Chronikbücher, S. 237; Japhet, 2 Chronik, S. 167; Jones, Abijam to Abijah, S. 423; Kalimi, Geschichtsschreibung, S. 291; Dillard, 2 Chronicles, S. 110.

117 Dieser Ausspruch wird parallel zu Dtn 4,34 formuliert. Dort redet Mose über Gottes Wohltaten, „die für euch JHWH, euer Gott, gemacht hat" (אֲשֶׁר־עָשָׂה לָכֶם יְהוָה אֱלֹהֵיכֶם). Damit wird Jerobeam zum Kontrapunkt, der seine Götter anstelle von JHWHs Wohltaten stellt.

Damit werden Israel und Juda nun wieder stärker verbunden, denn die Rede endet damit, dass Israel nicht gegen „JHWH, den Gott eurer Väter" (יְהוָה אֱלֹהֵי אֲבֹתֵיכֶם)[118] kämpfen soll. Dieser zentrale Gottestitel der Tora betont die Zusammengehörigkeit von Juda und Israel. Israel bleibt trotz seines Abfalls immer noch der Bruder von Juda. Galling hat hier mit Recht betont, dass Abijas Rede mit „echter Anteilnahme"[119] an das Haus Israel denkt und darum inständig auffordert, nicht gegeneinander zu kämpfen.[120] Abija appelliert an Israel, wieder auf den gemeinsamen Gott zu hören. Doch der Appell wird aber erst viel später bei König Ahas in 2 Chr 28,8–15 realisiert.

Abijas Schlussappell bezieht sich ebenso auf die Worte des Propheten Schemaja aus 2 Chr 11,1–4, der den Krieg zwischen den Brüdern Israel und Juda verbietet. Seine Rede wird dem Verbot gerecht und kehrt die Schlachtsituation um: Jerobeam und das Nordreich werden zum Angreifer. Die Grundschicht wusste davon nichts und ließ Abijas Heer die Schlacht beginnen.

Die Geschichtsrückblicke der dritten Schicht verbinden den Text mit der Reichsteilung in 2 Chr 10–12, indem sie Abija in Kontinuität zu seinem Vater Rehabeam setzen und seinen Ruhm ausbauen.[121]

Die interpretierende Deutung in 2 Chr 13,6 f., Rehabeam sei „jung und schwachen Herzens" und könne sich dem Rat der Berater nicht erwehren, nimmt ihn in Schutz.[122] Er wird laut dritter Schicht als sehr guter König dargestellt, da er die Leviten in Juda beheimatet. Das Attribut „jung und schwachen Herzens" stellt ihn mit dem großen Salomo in Verbindung. Denn David erklärt in 1 Chr 22,5; 29,1, dass Salomo noch zu „jung und schwachen Herzens" sei, um den Tempel zu bauen, weswegen David die Vorbereitungen vornimmt. Gleichsam erholt sich Rehabeam nach der Jugendsünde und wird zumindest partiell in 2 Chr 11 ein großer Herrscher in der Tradition Salomos.

An Rehabeams Ruhm schließen die Ausschmückungen über die Errungenschaften nach der Schlacht in 2 Chr 13,19.21 an. Sie verschaffen Abija eine große Familie und weitere Städte wie unter Rehabeam in 2 Chr 11. Auf diese Weise wird die Kontinuität zwischen Vater und Sohn untermauert.

---

**118** Ex 3,15.
**119** Galling, Bücher, S. 110. Vgl. Williamson, Israel, S. 114; Willi, Auslegung, S. 190 f.; Welten, Geschichte, S. 167; von Rad, Geschichtsbild, S. 33.
**120** So liegt in dieser Schicht weniger Polemik gegen Israel vor, als oft behauptet wird. Vgl. Noth, Überlieferungsgeschichtliche Studien, S. 177; Myers, II Chronicles, S. 80; Rudolph, Chronikbücher, S. 237.
**121** Vgl. Noth, Überlieferungsgeschichtliche Studien, S. 177.
**122** Vgl. Japhet, 2 Chronik, S. 168; Ruffing, Jahwekrieg, S. 47.

Das Verhältnis zum Nordreich ändert sich in dieser Schicht ein weiteres Mal. Das lässt sich bei der zweiten Redeunterbrechung in 2 Chr 13,9–11 erkennen. Hier werden Nordreichskult und Südreichskult ausführlich gegenübergestellt. Die Termini für den Nordreichskult sind drastisch: So wird der JHWH-Kult des Nordreichs in 2 Chr 13,9 als Anbetung der „Ungötter" (לֹא אֱלֹהִים) bezeichnet, womit in der biblischen Literatur abwertend Götterstatuen benannt werden.[123] Ebenso werden hier Nordreichspriester als fremdländische Priester anderer Länder dargestellt. Daraus lässt sich ableiten, dass diese Schicht dem Nordreich wieder sehr distanziert gegenübersteht und den nicht toragemäßen Kult polemisch angreift. Im Gegensatz dazu stehen die Brandopfer der Leviten in 2 Chr 13,11. Die Darstellung des täglichen Räucherwerks ist ein Mischzitat aus diversen Tora-Geboten, das sich vorrangig an Ex 30,7 f. orientiert. Dort lässt Aaron täglich Brandopfer aufsteigen und zündet Lampen an.[124] Mit Zitaten dieser Art wird Judas Kult als toragemäß und rein präsentiert. Aaroniden und Leviten führen den Kult aus, wodurch sich das allgemeine Auftreten der Priester in 2 Chr 13,12 konkretisiert.[125] Die Harmonie unter den Priestergruppen ist auffällig, denn sie entspricht nicht den Streitigkeiten, die sich teilweise in der Tora finden.[126] Somit liegt hier eine harmonisierende Synthese der Priestergruppen vor, die den reinen Kult der Tora am Jerusalemer Tempel ausführen.

## 2.4 Fazit: Errettung durch Schreien, durch Trompeten und durch levitischen Kult

Der Text umfasst dieselbe dreiteilige Schichtung wie bei Rehabeam. Die Grundschicht konstruiert die Schlacht zwischen Jerobeam und Abija, bei der das Volk im Fokus steht. Das vom Nordreich bedrängte Gottesvolk schreit aus der Not zu JHWH, der es errettet und die Feinde schlägt. Juda stützt sich auf Gott und erstarkt, während der Spalter Jerobeam bestraft wird.

Die zweite Schicht transformiert das Schreien aus der Not in ein Kriegsgeschrei und eine liturgische Schlacht, da die Trompeten Gottes Eingreifen erwirken. Juda siegt nun souverän und mit der Gewissheit, JHWH hinter sich zu haben. Abija als Volksrepräsentant verkündet darum die Gottesherrschaft in der Hand

---

123 2 Kön 19,18; Jes 37,19; Hos 8,6.
124 Die Lampe verweist auf die goldene Menora (מְנוֹרַת הַזָּהָב) aus Ex 25; 27. Vgl. Steins, Abschlußphänomen, S. 430.
125 Vgl. Brocke, Aaron II, S. 5; Cody, Aaron I, S. 3–5.
126 Vgl. Samuel, Von Priestern, S. 401–406.

des Hauses David. Der Kult der Tora stellt die Basis dieser Herrschaft dar. Auf diese Weise triumphiert das Haus Davids über die abgefallenen Brüder aus dem Nordreich.

Doch die klare Botschaft der Rede wird durch zwei Unterbrechungen der dritten Schicht erweitert, die die Reichsteilung aus 2 Chr 10 f. reflektieren und vor allem die Leviten integrieren. Abija werden nach der Schlacht dieselben Reichtümer zuteil, die auch Rehabeam in 2 Chr 11 empfangen hat: Städte, die er erobert, und eine große Familie. Wer den Leviten Heimat bietet und ihren Kult pflegt, der hat also Erfolg.

# 3  2 Chr 14–16 Asa

## 3.1  Die Hilfe der Aramäer: Asa als treuer oder abgefallener König?

Betrachtet man die Königsdarstellung Asas in 1 Kön 15,9–24, so gehört Asa zu den Regenten, die man eher überliest. Seine lange Regierungszeit von 41 Jahren wird wohlwollend, aber in nur 16 Versen eher kurz beschrieben. Dabei haben die Königebücher an Asa nur wenig auszusetzen. 1 Kön 15,11 bewertet ihn als gehorsam gegenüber JHWH. Er reformiert den Kult, zerstört Götzen, setzt seine schlechte Mutter Maacha ab und vernichtet ihre Aschera-Statue.

All diese positiven Taten bereiten auf das lobende Urteil in 1 Kön 15,14 vor, das allerdings eine Einschränkung beinhaltet: „Die Kulthöhen verschwanden nicht, aber dennoch war Asas Herz ungeteilt bei JHWH alle seine Tage." Asas Reformen umfassen demzufolge nicht die Beseitigung der Kulthöhen. Das aber scheint für die positive Bewertung unerheblich zu sein. Vielmehr füllt er in 1 Kön 15,15 den Tempelschatz auf, der im späteren Erzählverlauf zum Einsatz kommen wird. Dort setzt sich der Konflikt zwischen Nord- und Südreich fort, der seit der Reichsteilung währt. So erzählt 1 Kön 15,16 vom immerwährenden Krieg zwischen Asa und dem Nordreichskönig Bascha. Als Begebenheit dafür wird vom Grenzkonflikt in Rama berichtet. Der Nordreichskönig rückt heran und baut die Stadt Rama zur Festung aus, um Judas Freiheit einzuschränken. Asa unternimmt in 1 Kön 15,18 f. darum folgenden Schachzug: Er plündert alles Gold und Silber aus der Schatzkammer und schickt es an die Aramäer nach Damaskus zum Herrscher Ben-Hadad. Asa bietet das Geld für einen Bund an, damit die Aramäer ihr Bündnis mit dem Nordreich Israel lösen und ihm in den Rücken fallen. Asas Plan funktioniert und die Aramäer fallen nun im Nordreich ein und erobern Stadt um Stadt. In 1 Kön 15,21 bricht Bascha daraufhin den Ausbau in Rama ab und kehrt nach Israel zurück, offenbar um sich der Bedrohung der Aramäer zu erwehren. Die Ruine in Rama wird nun in 1 Kön 15,22 von Asa als Steinbruch genutzt, um Festungen in Geba und Mizpa auszubauen. Asa hat durch seinen klugen Schachzug die Feinde aus dem Norden vertrieben, ohne kämpfen zu müssen. Nach dem Querverweis auf die Chronik in 1 Kön 15,23 erfolgt in 1 Kön 15,24 die Notiz, dass er an den Füßen krank wurde, ehe er in Jerusalem begraben wird.

Zusammengefasst wird Asa als guter und geschickter König präsentiert. Er pflegt den Kult und vertreibt die Feinde mit Hilfe des Tempelschatzes. Als Makel verbleiben die Höhenopfer, ebenso leidet er im Alter an einer Fußkrankheit, wodurch die sonst positive Darstellung gestört wird. Ebenso verläuft der militärische Schachzug auffallend parallel zu Judas späterem König Ahas in 2 Kön 16,5–9.

Doch im Gegensatz zu Asa wird Ahas als schlechter König dargestellt. Als Ahas vom Nordreich Israel und den Aramäern attackiert wird, schickt er ganz analog den Tempelschatz als Tribut an einen anderen König, diesmal an Tiglat-Pileser, den König der Assyrer, und bietet ihnen denselben Bund an wie Asa. Auch hier geht der Plan auf. Die Assyrer vernichten Judas Feinde, weswegen Juda schadlos aus der Affäre entkommt. Doch die Assyrer, die als Freunde kommen, werden später zu Feinden Judas, weswegen Ahas' Plan schlechte Langzeitfolgen hat.

Der viel ausführlichere Chronikbericht zu Asa, der drei Kapitel in 2 Chr 14–16 umfasst, weist sowohl Licht als auch Schatten auf. Nach seinen erfolgreichen religiösen Reformen erweist sich der Bund mit den Aramäern als negativer Umschlagpunkt. Asa misshandelt von nun an Propheten, erkrankt und nimmt ein schlechtes Ende.[127] Die Forschung hat stets betont, dass hier eine eindrucksvolle, aber ambivalente Königsdarstellung vorliegt, die das Gottvertrauen auf viele Weisen reflektiert.[128]

Asa wird als König der Ruhephase präsentiert, wie 2 Chr 13,23; 14,4–6 mehrfach hervorheben. Analog zu den Königebüchern agiert Asa zunächst positiv und führt umfassende Kultreinigungen in 2 Chr 14,1–4 durch.[129] Neu ist in 2 Chr 14,3f. die chronistische Angabe, dass er auch die Kulthöhen entfernt und zwar in allen Städten Judas. Dabei fordert er wie ein Gesetzeslehrer Judas Volk auf, das Gesetz und die Gebote JHWHs zu halten.

Die Ruhe wird für den Bau von Städten und zur Errichtung eines 300.000 Mann großen Heeres genutzt. Ab 2 Chr 14,5–7 widmet sich Asa nämlich Kriegsvorbereitungen, da die Kuschiter in 2 Chr 13,8 mit einem gigantischen Heer von 1.000 mal 1.000 Soldaten und 300 Wagen anrücken. Nun erfolgt in 2 Chr 13,9–14 eine Schlacht, die in Kurzform sehr an die Schlacht Abijas in 2 Chr 13 erinnert. Asa stellt sich dem Heer entgegen und hält eine kurze Rede, in der er JHWH um Hilfe in der Schlacht bittet, da gegen JHWH kein Mensch etwas ausrichten kann. Daraufhin schlägt JHWH die Kuschiter, so dass Juda über die fliehenden Feinde herfällt und sie vollständig vernichtet. Dabei werden noch weitere Städte geplündert, da der „Schrecken JHWHs" auf dem Gottesvolk liegt und ihm unbezähmbare Kraft verleiht. Darum können sie siegreich große Beute machen, ehe sie nach Jerusalem zurückkehren.

Das darauffolgende Kapitel 2 Chr 15 schließt vorerst daran an, weist aber einige Ungereimtheiten auf. Zunächst tritt der Prophet Asarja König Asa entgegen

---

127 Vgl. Dillard, 2 Chronicles, S. 126.
128 Vgl. Japhet, 2 Chronik, S. 178; McKenzie, 1–2 Chronicles, S. 285 f.
129 Vgl. McKenzie, 1–2 Chronicles, S. 277.

und richtet in 2 Chr 15,2–7 eine Rede an Asa, die in 2 Chr 15,2 mit einer klaren Botschaft beginnt:

> „JHWH ist mit euch, wenn ihr mit ihm seid. Und wenn ihr ihn sucht, wird er sich von euch finden lassen. Wenn ihr ihn verlasst, wird er euch verlassen."

Darauf folgen nebulöse Rückblicke in 2 Chr 15,3–6 auf eine Zeit ohne Gesetz, die als Chaoszeit mit Krieg dargestellt wird. Erst in 2 Chr 15,7 kommt es zum Schlussappell, weiter stark zu sein, da großer Lohn für gutes Tun zu erwarten ist. Die merkwürdige Rede lässt Asa erstarken, der sogleich in den eroberten Gebieten Kultreinigungen vornimmt.

In 2 Chr 15,9–15 vollzieht sich der Höhepunkt von Asas Herrschaft. Der König lässt das Volk in Jerusalem zum Fest zusammenkommen, sogar aus dem Nordreich kommen Leute hinzu. Die Menge tritt in 2 Chr 15,13 in den Bund mit JHWH ein und verpflichtet sich, diesen treu zu halten. Unter Trompetenmusik freut sich die Festgemeinschaft. Doch darauf taucht als völliger Fremdkörper des Textes in 2 Chr 15,16–18 die Erwähnung auf, dass Asa seine Mutter als Gebieterin entfernen ließ, ihr Götzenbild vernichtete und die Kulthöhen nicht aus Israel verschwanden. Die Angaben zu Asas Mutter sind bereits aus den Königebüchern in 1 Kön 15,13–16 bekannt. Doch treten die Informationen dort in der Eingangsformulierung auf, während sie hier nach dem Höhepunkt seiner Herrschaft nicht in den Kontext passen. Auch danach stehen im Text zahlreiche Spannungen. In 2 Chr 15,16–18 findet sich die Information, dass die Höhen in Israel bestehen bleiben. Trotzdem wird Asas Frömmigkeit gelobt. Wie in den Königebüchern stiftet Asa Silber und Gold für den Tempel. Im Abschlussvers in 2 Chr 15,19 wird erwähnt, dass bis zum 35. Jahr kein Krieg gewesen sei, obwohl zuvor von einem gigantischen Krieg die Rede war.

Nach diesen isolierten Angaben folgt der Text in Kapitel 2 Chr 16 wieder den Königebüchern, da die Verse 2 Chr 16,1–6 parallel dazu den militärischen Schachzug gegen Bascha darstellen. Doch in 2 Chr 16,7–9 erfolgt nun eine Rüge durch den Propheten Hanani, der Asa an den großen Sieg gegen die Kuschiter erinnert und kritisiert, dass er sich auf den König von Aram gestützt habe und nicht auf JHWH. Deshalb sei das Heer der Aramäer entkommen. Dieser Vorwurf ist natürlich nicht kohärent mit dem Erzähltext, da die Aramäer zuvor doch für Asa gekämpft haben. Die Aramäer zu besiegen, war niemals Asas Absicht. Dennoch hält der Prophet ihm in 2 Chr 16,9 vor, nicht ungeteilt bei JHWH zu sein und kündigt ihm weitere Kriege an. Asa reagiert darauf verärgert und wirft Hanani und weitere Leute ins Gefängnis.

Nach dem Verweis auf die Königebücher tritt in 2 Chr 16,12 die Notiz auf, dass Asa kurz vor seinem Tod an den Füßen sehr schwer erkrankt. Doch auch in der

Krankheit sucht er laut Chronik Ärzte und nicht JHWH. Asa, der am Ende seines Lebens verstockt handelt, stirbt. Doch das spektakuläre Begräbnis in 2 Chr 16,14 hat wohl allein seine positiven Taten im Blick, da er mit Balsam und einem Ehren-feuer in der Gruft bestattet wird.

Schon diese kurze Darstellung demonstriert, dass der Text zahlreiche Unge-reimtheiten im Aufbau aufweist, die der Forschung natürlich nicht verborgen geblieben sind. Weitere gravierende Probleme stellen die Jahresangaben dar, die Asas Taten datieren.[130] Diese Zahlen werden nur in der Chronik genannt. Sie sorgen für große Widersprüche im Text. Wie kann Bascha in 2 Chr 16,1 im 36. Jahr von Asas Herrschaft kämpfen, wenn er laut 1 Kön 15,33 nur bis zum 26./27. Jahr Asas Jahr gelebt hat? Bascha müsste schon zehn Jahre tot sein.[131] Ebenso fragt man sich, wieso laut 2 Chr 15,19 kein Krieg bis zum 35. Jahr von Asas Herrschaft gewesen sei, wenn doch in 2 Chr 14 das exorbitante Heer der Kuschiter geschla-gen wurde.[132] Dazu kündigt 2 Chr 13,23 nur zehn ruhige Jahre unter Asa an. Diese Zählung erweist sich mit der Schlacht gegen die Kuschiter als kompatibel, nicht aber mit der in 2 Chr 15,19, dass kein Krieg bis zum 35. Lebensjahr Asas gewesen sei.

Um die Spannungen zu erklären, haben viele Forscher eine verschollene Quelle postuliert. Noth und Rudolph sind die prominentesten Vertreter dieser These. So werden die vielen Lokalangaben und Details bei der Schlachtdarstel-lung als Beleg für jene andere Quelle erachtet. Japhet meint darum, dass die Pas-sagen nicht völlig erfunden sein können.[133] Das Argument der „Unerfindbarkeit" ist aber gerade bei einer gigantischen Schlacht von 1.000 mal 1.000 Gegnern sehr fraglich. So fragt Wellhausen berechtigt: „Das soll, der genau angegebenen Lokal-ität wegen [...] glaubhaft sein, wenigstens nach Abzug der Unglaublichkeiten? Vielmehr nach Abzug der Unglaublichkeiten ist der Rest gleich Null."[134]

Deshalb wird der Text meistens eher als predigthafter "theological essay"[135] angesehen. In solcher Predigt sind dementsprechend Freiheiten erlaubt, die

---

130 2 Chr 13,23; 15,10.19; 16,1.12 f.

131 Albright setzt eine externe Zählung an. Wenn man von der Reichsteilung zähle, würde der Widerspruch aufgelöst. Vgl. Albright, Votive Stele, S. 28. 2 Chr 16,1 spricht aber unmissverständ-lich vom 36. Jahr von Asas Regierung.

132 Vgl. Galling, Bücher, S. 112. Unplausibel bewertet Myers die große Schlacht als Grenzschar-mützel. Vgl. Myers, II Chronicles, S. 90.

133 Das Chroniksondergut ist aber sehr von anderen biblischen Texten geprägt. Vgl. Japhet, 2 Chronik, S. 182; Welten, Geschichte, S. 19; Rudolph, Chronikbücher, S. 235; Noth, Überliefe-rungsgeschichtliche Studien, S. 142.

134 Wellhausen, Prolegomena, S. 203.

135 Dillard, Reign of Asa, S. 214.

moderner Historiographie widersprechen.[136] Die Chronik arbeite sich an der Darstellung der Königebücher ab und beantworte deren anstößige Probleme, beispielsweise die Fußkrankheit und den Krieg mit Bascha – so Dillard. Die Forschung hat den Text darum zum Paradetext der chronistischen Theologie erklärt, der ein Vergeltungsglaube, die "immediate Retribution", zu Grunde liegt.[137] Wenn Asa Gott sucht, dann verschafft ihm JHWH Rückhalt in der Bedrängnis wie in 2 Chr 14 f. Tut er das nicht, dann erleidet er Unheil wie in 2 Chr 16.[138] Diese Botschaft erkläre den Umschwung des Textes und sei wichtiger als die Gesamtdarstellung.

Diese theologische Erklärung spricht eine charakteristische Kernwahrheit der biblischen Geschichtsschreibung aus, nämlich dass sich die Chronik in der Tat für eine authentische Historiographie im modernen Sinn nicht interessiert. Allerdings besteht dabei die Gefahr, jegliche Spannungen des Textes völlig zu relativieren. So erklärt Japhet, dass der Chroniktext in kleineren Textsegmenten zu verstehen sei und sich nicht für den großen Zusammenhang interessiere. Ebenso könne man laut Rudolph die drei Kapitel zu Asa nicht ganzheitlich verstehen. Becker zufolge seien alle genannten Spannungen ohnehin nur ein Problem für moderne Leser.[139] Darum hat Dillard selbstkritisch über die theologische Erklärung festgehalten: "Not only is this approach easy and apparent, it is also powerful: It can swallow up almost any problem under the label 'theologizing'."[140] Spannungen lassen sich so nur konstatieren, nicht aber auflösen. Im Folgenden sollen darum Thesen geboten werden, die diese erwähnten Spannungen erklären.

---

**136** Eißfeldt erachtet die Darstellung Asas als Folge von „wirklichkeitsblinde[r] Geschichtsauffassung" (Eißfeldt, Einleitung, S. 728). Schweizer postuliert anhand des Asa-Textes die Unvereinbarkeit von Historie und Dogmatik zum grundlegenden hermeneutischen Problem der Theologie. Dem Chronisten „lag eine Überlieferung vor, die er neu verwendete, um mit ihrer Hilfe theologische Einsichten für Vergangenheit und Gegenwart zu formulieren. Im Grunde tun wir heute in der Verkündigung nichts anderes" (Schweizer, Systematisierung, S. 59). Vgl. Rudolph, Chronikbücher, S. 239 f.
**137** Vgl. Dillard, Reign of Asa, S. 209–211; Eißfeldt, Einleitung, S. 727; Willi, Auslegung, S. 123; Schweizer, Systematisierung, S. 60.
**138** Vgl. McKenzie, 1–2 Chronicles, S. 282.
**139** Vgl. Japhet, 2 Chronik, S. 182; Becker, 2 Chronik, S. 52; Rudolph, Chronikbücher, S. 239.
**140** Dillard, Reign of Asa, S. 214.

## 6.2  Prüfung der Texteinheitlichkeit

### 6.2.1  2 Chr 14–15: Ruhe in Zeiten großer Schlachten

Das Eröffnungskapitel in 2 Chr 14 führt sogleich zum generellen Problem von Krieg und Frieden in Asas Regierungszeit. Der Text akzentuiert mehrfach, dass unter Asa Ruhe herrschte. 2 Chr 13,23 kündigt zunächst eine befristete Zeit von zehn Ruhejahren an. 2 Chr 14,4 hält nach den Kultmaßnahmen fest, dass Juda ganz allgemein Frieden hatte. 2 Chr 14,5–7 spricht hingegen von einer Ruhezeit, in der man Befestigungsstädte errichtet und das Militär auf stattliche 580.000 Mann erweitert. In 2 Chr 14,5–7 laufen also Vorbereitungen auf den Krieg, der in 2 Chr 14,8–14 heraufzieht. Auch dort spielt das Thema der Ruhe eine zentrale Rolle, da Gott die Feinde Judas vernichtet und damit wieder für Frieden sorgt, wie 2 Chr 14,13; 15,15 betont. Allerdings wird später in 2 Chr 15,19 gesagt, dass es keinen Krieg bis zum 35. Jahr der Herrschaft Asas gab. Nach Asas Hilferuf an die Aramäer kündigt der Prophet Hanani in 2 Chr 16,9 an, dass Asa JHWH verlassen habe, woraufhin Kriege folgen, die die Zeit der Ruhe beenden.

In diesem Durcheinander von widersprüchlichen Aussagen sticht der Anfang von 2 Chr 14,1–4 heraus. Denn während die anderen Aussagen stets kommende Kriege im Blick haben, findet sich in 2 Chr 14,4 die Feststellung, dass Asa für seine Kultbemühungen allgemein Ruhe erhielt. Der allgemeine Duktus der ersten vier Verse geht offenbar von einer generell friedlichen Zeit in Asas gesamter Herrschaft aus. Der Frieden wird als Lohn für Asas Gebotsgehorsam präsentiert, da er den Kult gemäß der Tora reinigt.[141]

Diese Ruhe wird in 2 Chr 14,5–7 aufgegriffen, aber entscheidend transformiert. Denn nun stellt die Ruhe, die Gott schenkt, eine Zeit der Kriegsvorbereitung dar. Asa errichtet repräsentative Festungsbauten und rekrutiert eine große Armee, „so lange das Land vor uns frei ist", wie er in 2 Chr 14,6 verkündet. Die Friedensphase ist also nur eine Verschnaufpause, die Gott dem Volk Juda vor dem großen Krieg gönnt. In diesem Krieg wird das Vertrauen auf JHWH für den Sieg sorgen, da der „Schrecken JHWHs" (פַּחַד־יְהוָה) die übermächtigen Feinde in 2 Chr 14,13 schlägt. Das Militär und die Festungsbauten Asas erweisen sich dabei als Dekoration, die Gottes Stärke ausschmückt. Denn die Soldaten müssen im

---

[141] Hier fragt Wellhausen, warum Asa überhaupt reinigen muss, da sein Vater Abija in 2 Chr 13 den levitischen Kult pflegt. Somit müsste eigentlich „schon vorher alles in bester Ordnung gewesen [sein]" (Wellhausen, Prolegomena, S. 188). Diese Beobachtung lässt sich durch Erweiterungen in 2 Chr 13 erklären, die Abija zum Kultkönig stilisieren. Abija und Rehabeam kümmern sich laut Grundschicht nicht um den Kult. Darauf deuten auch die Gräuel unter Asas Mutter Maacha in 2 Chr 15,16 hin, die wohl auch unter Abija Einfluss hat.

Krieg nicht kämpfen, da allein Gott den Kampf übernimmt.[142] Der Prophet Asarja verkündet Asa daraufhin in 2 Chr 15,2.7, dass Juda an der Frömmigkeit kontinuierlich weiterarbeiten muss, um Gottes Schutz aufrecht zu erhalten, weshalb Asa auch die eroberten Gebiete kultisch reinigt. Die Ruhe wird damit anders akzentuiert als in 2 Chr 14,1–4. Ruhe bedeutet ab 2 Chr 14,5–15,15 Vorbereitung auf den Krieg, in der man fleißig JHWH suchen muss, um die bedrohlichen zukünftigen Krisen abzuwenden.

Die Reinigungen in 2 Chr 14,1–4 konzentrieren sich besonders auf die Entfernung der Höhen (הַבָּמוֹת). Nach dem Sieg über die Kuschiter tilgt Asa nach Asarjas Rede in 2 Chr 15,8 ein zweites Mal den Fremdkult im Land und in den eroberten Gebieten. Doch weitere Reinigungen stehen noch nach Abschluss des Schwurs in 2 Chr 15,16–18. Laut 2 Chr 15,17 bestanden die Götzen in Israel fort. Das Fortbestehen irritiert natürlich, da die Maßnahmen offenbar kein Ergebnis erzielen. Darum sollen nun die Kultreinigungen näher untersucht werden.

Von den drei Kultreinigungen sei zunächst 2 Chr 14,1–4 betrachtet. Bereits diese Verse erwähnen mehrfach Reinigungen in 2 Chr 14,2.4, die sich laut Kratz doppeln.[143] 2 Chr 14,2 spricht von der Entfernung der „fremden Altäre" und der Höhen (הַבָּמוֹת) und der „Steinmale" und „Ascheren". 2 Chr 14,4 wiederholt nun die Information, dass die Höhen (הַבָּמוֹת) entfernt wurden. Allerdings wird dazu eine neue, rätselhafte Lokalisierung genannt: Asa habe die Höhen aus allen Städten Judas entfernt. Die Angabe erscheint überflüssig zu sein. Es ist völlig logisch, dass der judäische König dies nur in Juda ausführt. Doch 2 Chr 14 geht darauf nicht mehr ein, weswegen das Motiv zunächst versandet, wie Welten konstatiert.[144] Auf diese Weise offenbart sich ein starker Bruch zwischen 2 Chr 14,4 und der folgenden Kuschiter-Schlacht. Doch versandet die Notiz der Höhenentfernung endgültig im Text?

Die Entfernung der Höhen in Juda in 2 Chr 14,4 wird fortgeführt, aber viel später. Nach dem Krieg, nach der Prophetenrede und dem Schwur finden sich am Ende in 2 Chr 15,16–18 als völliger Textfremdkörper Verse, die die Thematik der Kultreinigungen fortführen. Die Forschung hat diese Verse entweder als nicht-chronistischen Zusatz oder als gedankenlose Kopie aus den Königsbüchern gekennzeichnet, da sie im Endtext vollkommen unpassend sind.[145] Die Kultreinigungen sind nämlich mit dem Schwur in 2 Chr 15,15 und der Reinigung

---

142 Vgl. Rudolph, Chronikbücher, S. 243.

143 Kratz diskutiert, ob 2 Chr 14,4 ein Nachtrag sei, da die Kultreinigung aus 2 Chr 14,2 mit der Ruhe in 2 Chr 13,23 verbunden wird. Vgl. Kratz, Komposition, S. 33.

144 Vgl. Welten, Geschichte, S. 181.

145 Vgl. Japhet, 2 Chronik, S. 187; Rudolph, Chronikbücher, S. 247; McKenzie, 1–2 Chronicles, S. 282; Willi, Auslegung, S. 61; Galling, Bücher, S. 112.

des Landes inklusive der eroberten Gebiete in 2 Chr 15,8 schon abgeschlossen. In diesem vermeintlichen Fremdkörper des Textes findet sich aber in 2 Chr 15,17 die Angabe: „Doch die Kulthöhen verschwanden nicht aus Israel" (וְהַבָּמוֹת לֹא־סָרוּ מִיִּשְׂרָאֵל), womit der Höhepunkt der verwirrenden Angaben erreicht scheint. Asa, der ständig den Kult und die Höhen reinigt, hat offenbar die Höhen des Gottesvolkes vergessen. So fragen Wellhausen, Japhet oder Kratz, was die häufigen Kulttilgungen Asas eigentlich bewirken, wenn die Höhen immer noch da sind.[146]

Das Fortbestehen der Höhen in 2 Chr 15,17 ist als Gegenüberstellung zu 2 Chr 14,4 zu verstehen.[147] Denn während Asa in 2 Chr 14,4 die Höhen in Juda tilgt, bleiben sie in Israel erhalten. „Israel" bezeichnet in 2 Chr 15,17 also nicht als theologischer Titel das Gottesvolk, sondern politisch das Nordreich, wie McKenzie und Williamson herausgearbeitet haben.[148] Die Höhen bestehen also fort, aber außerhalb von Asas Herrschaftsgebiet. Im Paralleltext in 1 Kön 15,14 fehlen diese lokalen Angaben. Dort bleiben die Höhen allgemein, also im Herrschaftsgebiet Asas, bestehen. Die Chronik glättet somit die Königebücher und verlagert die nicht erfolgte Kultreinigung in das Nordreich. Nun wird ersichtlich, wieso Asas Herz ungeteilt alle Tage bei JHWH ist, da er die Höhen in Juda tilgte.

2 Chr 15,17 setzt die Opposition von 2 Chr 14,4 fort. Die Kulthöhen, die in Juda verschwinden, existieren in Israel weiter. Diese Verse legen die Konfliktkonstellation für die Auseinandersetzung mit König Bascha aus Israel dar: Auf der einen Seite steht Juda, das Volk, das Gott sucht und die Höhen in 2 Chr 14,4 tilgt. Auf der anderen Seite steht Israel, das Volk, das Gott nicht sucht und die Kulthöhen in 2 Chr 15,17 beibehält. Der angebliche Fremdkörper des Textes in 2 Chr 15,16–18 verliert im Zusammenhang mit 2 Chr 14,1–4 seine Fremdartigkeit. Vielmehr offenbaren sich der Kuschiterkrieg und der Schwur in 2 Chr 14,5–15,15 als wahre Fremdkörper des Textes, die mit all ihrer Dramatik die Ruhe und die Kultreformen in 2 Chr 14,1–4; 15,16–18 stören.

Laut 2 Chr 15,17 ist Asas Herz ungeteilt und zwar für alle Tage, wodurch sich die friedvolle Ruhe aus 2 Chr 14,4 fortsetzt. Dieser Vers weiß nichts von der Kuschiter-Schlacht. Damit tut Asa, was recht in JHWHs Augen ist, wie es 2 Chr 14,1 beschreibt und erhält in 2 Chr 14,4 zur Belohnung Frieden. Als letztes Argument sei die Parallele in den Königebüchern angeführt, die die Zusammengehörigkeit von 2 Chr 14,4 und 2 Chr 15,16 untermauert. In 1 Kön 15,12 f. werden erst die

---

146 Vgl. Wellhausen, Prolegomena, S. 188; Japhet, 2 Chronik, S. 198; Kratz, Komposition, S. 33.
147 2 Chr 15,16 schließt entweder an 2 Chr 15,8 oder 2 Chr 14,4 an. Vgl. Kratz, Komposition, S. 34.
148 Vgl. McKenzie, 1–2 Chronicles, S. 282; Williamson, 1 and 2 Chronicles, S. 272. Viele Exegeten setzen Israel mit Juda gleich und thematisieren damit die Parallelstelle in 1 Kön 15,14, bei der die Kulthöhen im Land nicht verschwanden.

Götzen aus dem Land geschafft, dann wird die Mutter Maacha entfernt, bevor in 1 Kön 15,14 die Bewertung erfolgt, dass die Höhen nicht verschwanden, aber Asas Herz allezeit bei JHWH war. Die Chronikgrundschicht orientiert sich also eng am Ablauf dieser Erzählung. Die ursprüngliche Antithese zwischen 2 Chr 14,4; 15,16 wird durch die Darstellung der Kuschiterschlacht und den Schwur gesprengt. Somit sind 2 Chr 14,5–15,15 später hinzugefügt, wie man aufgrund der Brüche und Doppelungen am Anfang und Ende dieser Verse schlussfolgern kann.

### 3.2.2  2 Chr 15–16: Asas ungeteiltes Herz und fremde Hilfe im Ausland

Die Verse 2 Chr 15,16–18 werden vom Fremdkörper zum ursprünglichen Zentrum des Textes. Sie postulieren aber, dass Asa alle Tage seines Lebens ein ungeteiltes Herz hatte. Daraus ergibt sich die Frage, wie sich das mit Asas Abfall von Gott in 2 Chr 16 verträgt, wenn er Propheten misshandelt, Gott nicht sucht und Kriege prophezeit bekommt. Denn in 2 Chr 16,1–12 ist die Darstellung Asas negativ, obwohl er in 2 Chr 16,14 trotzdem mit hohen Weihen beerdigt wird.

Der Konflikt zwischen Juda und Israel und Aram erscheint in der Textendgestalt in einem schlechten Licht, da sich Asa laut dem Propheten auf den Aramäerkönig Ben-Hadad stützt, nicht aber auf JHWH. Dennoch muss man genau differenzieren: Das negative theologische Urteil fällt allein der Seher Hanani in der Rede in 2 Chr 16,7–10, die das Bündnis mit Ben-Hadad als „Zeichen einer gottwidrigen Eigenmächtigkeit und des Unglaubens"[149] deklariert. Betrachtet man nur den Erzähltext in 2 Chr 16,1–6, so findet sich dort keinerlei Kritik an Asas Verhalten. Der König vollzieht vielmehr einen klugen, geschickten politischen Schachzug[150] und wendet die Bedrohung ab. Zusätzlich kann er die Ruinen der Gegner für den eigenen Städtebau nutzen. Auch der Verkauf des Tempelschatzes wird nicht problematisiert oder kritisiert.

Asa agiert in der Krise völlig anders als in 2 Chr 14,5–15,15. Judas große Armeen und der Schrecken JHWHs, der alle Völker in die Knie zwingt, verschwinden schlagartig, wie Japhet mit Recht beobachtet.[151] Auch der Schwur vor Gott kommt ihm nicht mehr in den Sinn. Asa handelt pragmatisch und wendet Finessen der Diplomatie an, um die direkte Auseinandersetzung mit Bascha zu umgehen. Alle Begebenheiten, die 2 Chr 14,5–15,15 schildern, beachtet Asa nicht, so als wären

---

**149** Galling, Bücher, S. 117. Vgl. McKenzie, 1–2 Chronicles, S. 283.
**150** "This appears to be a shrewd and effective solution to Asa's problem" (McKenzie, 1–2 Chronicles, S. 283).
**151** Vgl. Japhet, 2 Chronik, S. 183.

sie nie passiert. Die Forschung konstruiert daraus, dass Asa nicht mehr glauben würde und übernimmt das Urteil des Propheten.[152] In 2 Chr 16,9 spricht Hanani davon, dass JHWH nur diejenigen akzeptiert, die ungeteilten Herzens bei ihm sind, wozu der törichte Asa aber nicht gehöre.[153] Der Prophet möchte damit den Satz aus 2 Chr 15,17, dass Asas Herz ungeteilt bei JHWH war, korrigieren. Doch diese finale Einschätzung lässt sich nicht einschränken, da sie Asas Verhalten ohne Ausnahme positiv bewertet: „Und das Herz Asas war ungeteilt alle Tage."

Darum muss nun untersucht werden, ob die diplomatische Finesse in 2 Chr 16,1–6 abseits vom Prophetenurteil ein Problem für die positive Bewertung Asas darstellt. Die Schilderung in 2 Chr 16,1–6 stimmt zwar weitgehend mit 1 Kön 15,17–22 überein, doch lassen sich kleine, aber markante Unterschiede feststellen. Auffallend wird in 2 Chr 16,2 nicht der ganze Schatz des Tempels und des Königspalastes geleert, sondern nur ein Teil: „Und Asa nahm Silber und Gold aus den Schätzen des Hauses JHWHs und des Hauses des Königs." In 1 Kön 15,18 hingegen werden alle Schätze von Tempel und Königspalast weggegeben. Dazu passt, dass die Vokabel שֹׁחַד aus 1 Kön 15,19 in der Chronik nicht vorkommt. Wahrscheinlich deshalb, da שֹׁחַד ein anrüchiges Geschenk zur „Bestechung" bezeichnet, wovor die Tora mehrfach warnt, wie beispielsweise in Ex 23,8; Dtn 10,17; 16,19. Zudem werden die Ausmaße der Zerstörung im ganzen Land Naftali in 1 Kön 15,20 eingedämmt,[154] da laut 2 Chr 16,4 nur die Vorratsplätze der Stadt Naftali zerstört werden. Damit verliert Asas Vorgehen viele problematische Züge, denn weder wird der komplette Tempelschatz geopfert noch handelt es sich um eine Bestechung, die die Tora verbietet. Zudem wird das Gebiet des Gegners nicht vollständig vernichtet. 2 Chr 16,1–6 liefert also eine geglättete Version des Konfliktes,[155] der die problematischen Züge von Asas Vorgehen abschwächen will.

Asas Verhalten fußt vielmehr auf seinen Kultreformen in 2 Chr 15,18. Er hat den Tempelschatz schließlich selbst aufgefüllt. Jetzt bedient er sich dieses Überschusses. Letztlich ermöglichen Asa Toratreue und die Tempelpflege, Ruhe in Juda zu erhalten. Aus dem Tempel, in den er investiert hat, erwächst nun seine Rettung.

Darum fällt Asa in 2 Chr 16,1–6 nicht von JHWH ab. Erst durch den Propheten Hanani wird Asas Verhalten sekundär gegeißelt. Der Prophet erinnert den König in 2 Chr 16,6 an die Kuschiterschlacht. Dieser Krieg wurde verfasst, um zu zeigen,

---

**152** Vgl. Williamson, 1 and 2 Chronicles, S. 272; Japhet, 2 Chronik, S. 209.
**153** Dabei wird Sach 4,10 zitiert, dass JHWHs Augen bei der Suche nach JHWH-Treuen über die Erde schweifen. Vgl. Galling, Bücher, S. 117; Japhet, 2 Chronik, S. 204.
**154** Japhet bewertet die Angabe als Erleichterung, Galling als Schreibfehler. Vgl. Japhet, 2 Chronik, S. 203; Galling, Bücher, S. 116.
**155** Die Chronik tilgt immer die langen Königstitel der anderen Herrscher. Vgl. Kalimi, Geschichtsschreibung, S. 81.

wie Asa gegen Bascha hätte vorgehen sollen: das Heer aufstellen lassen, Gott vertrauen und diplomatische Finessen außer Acht lassen. Asa hätte einen Heiligen Krieg starten müssen, in dem JHWH allein kämpft.

Die Rede Hananis ist darum als Nachtrag der zweiten Schicht zu verstehen. Ebenso demonstrieren 2 Chr 16,10.12 Asas Abfall. So verstößt er als erster König gegen den Rat eines Propheten und lässt weitere Leute misshandeln. Nach dem Querverweis auf die Königebücher wird eine Fußkrankheit erwähnt, bei deren Behandlung sich Asa nicht auf JHWH stützt, sondern auf Ärzte.[156] Diese Verse knüpfen an die Hanani-Rede an, der Asa vorwirft, sich auf irdische Stützen zu verlassen.[157] Doch nach all den negativen Begebenheiten folgt die Beerdigungsnotiz in 2 Chr 16,13 f., die alles Negative ignoriert. Denn 2 Chr 16,14 liefert „die längste Begräbnisschilderung eines Königs überhaupt"[158], wie sie nur gute Könige wie Hiskia, Manasse und Josia erhalten.[159] Darum wird ihm ein Ehrenfeuer angezündet, das sich am großen Totenfeuer für Zedekia in Jer 34,5 orientiert.[160] Diese positive Schilderung bildet den ursprünglichen Abschluss des Textes. Sie schließt Asas friedliche Herrscherzeit ab, die kein negatives Ende kennt, da er einen Krieg mit Israel abwehren konnte und dadurch JHWHs Frieden erhalten blieb.

Was ist nun von dem Durcheinander der Zählungen zu halten, die den Text gliedern? 2 Chr 13,23 postuliert zehn Friedensjahre. Doch warum wird nur von zehn Jahren geredet, wenn doch laut 2 Chr 15,19 über 35 Jahre kein Krieg herrschte? 2 Chr 13,23 bereitet auf den Kuschiterkrieg vor und gehört zur zweiten Schicht, die die Ruhezeit als Zeit der Kriegsvorbereitung beschreibt. Die Zählun-

---

**156** Diese theologische Deutung stellt möglicherweise ein Wortspiel zwischen dem Namen „Asa" und der aramäischen Vokabel „Heilen" (אָסָא) dar. Vgl. Schipper, Foot Disease, S. 646

**157** Die Erwähnung der Fußkrankheit entstammt laut Forschung aus 1 Kön 15,23, da dort nur erwähnt wird, dass Asa an den Füßen erkrankt, ohne dass eine theologische Deutung vorliegt. Erst die Chronik habe die Krankheit negativ theologisiert. Vgl. Dillard, 2 Chronicles, S. 126; Williamson, 1 and 2 Chronicles, S. 276 f. Doch sollte man beachten, dass diese Information nicht zum Erzähltext gehört, sondern nach dem Querverweis steht. Die Information ist also ein Anhang. Aufgrund der Position und Tendenz des Textes ist es wahrscheinlicher, dass die gesamte Erwähnung der Krankheit von der zweiten Schicht der Chronik verfasst wurde. Diese Anspielung mit der Fußkrankheit wurde aus der Chronik nach 1 Kön 15,23 übertragen. Darum ist 1 Kön 15,23 ein Nachtrag in den Königebüchern, der aus der Chronik stammt.

**158** Japhet, 2 Chronik, S. 208. Auch Rudolph stellt fest, dass „dies im Gegensatz zu seinem im Urteil des Chr. unrühmlichen Ende steht" (Rudolph, Chronikbücher, S. 248 f.). Der Körper wird dabei wohl nicht verbrannt. Vgl. Zwickel, Verbrennen, S. 266 f.

**159** Vgl. Galling, Bücher, S. 117; Jonker, Huldah's Oracle, S. 3. "The burial notice is much more elaborate than the stereotyped formula of 1 Kg. 15:24, and implies that the overall assessment of Asa's reign is positive, despite the falling away in his closing years" (Williamson, 1 and 2 Chronicles, S. 277).

**160** Vgl. McKenzie, 1–2 Chronicles, S. 285.

gen in 2 Chr 15,19; 16,1 hingegen datieren den ersten militärischen Konflikt ab dem 36. Jahr Asas. Die Notiz der 35 Friedensjahre leitet die drohende Auseinandersetzung mit Bascha ein. Darum gehören die Zeitangaben des 35./36. Jahres zum Grundbestand der Chronik.[161]

Als Ergebnis lässt sich folgendes festhalten. Ursprünglich teilt sich der Text noch nicht in zwei Phasen, in der Asa erst positiv und dann negativ bewertet wird. Die Grundschicht des Textes zeichnet ein durchgängig positives Bild von Asa, welches aber nur am Anfang in 2 Chr 13,23*; 14,1–4, in der Mitte in 2 Chr 15,16–16,6 und am Ende in 2 Chr 16,11.13 f. erhalten ist. Die Geschichte verläuft darum ursprünglich geradlinig: Asa sucht Gott, indem er den Kult pflegt und darum belohnt ihn Gott mit der Friedenszeit für sein gesamtes Leben. Asa erhält durch den politischen Schachzug Judas Frieden. Seine Errettung kommt bezeichnenderweise durch den Tempelschatz zu Stande, den er zuvor angereichert hat. Der Konflikt wird geglättet dargestellt, so dass Asas diplomatischer Schachzug seine Problematik verliert. Darum wird seine weise Regentschaft umfassend durch die Schilderung des Begräbnisses gelobt. Einen gewichtigen Beleg erfährt die Textwachstumsthese durch die Parallelstelle in 1 Kön 15, die Asa ebenso positiv darstellt und denselben Aufbau wie die Chronikgrundschicht aufweist. Diese orientiert sich in Länge und Aufbau sehr eng an der Vorlage, glättet aber die schwierigen Passagen, sodass der Text an Stringenz gewinnt.

### 3.2.3  2 Chr 15: Hananis Rede und Judas Schwur

Doch auch in 2 Chr 15 offenbart der Text der zweiten Schicht noch einige Auffälligkeiten. Besonders die Rede des Propheten[162] Asarja in 2 Chr 15,2–7 scheint nicht an den großen Sieg gegen die Kuschiter anzuschließen, sondern redet größten-

---

**161** Diese Zeitangabe mag mit den Königebüchern in Konflikt stehen, da Bascha schon tot sein müsste. Das hatte die Chronik aber offenbar nicht im Blick. Eine spätere Hinzufügung der Jahreszahlen erscheint aber noch weniger plausibel. Da sich die erste Zählung in 2 Chr 13,23 an 2 Chr 15,19; 16,1 abarbeitet, erweist sich die Zählung in 2 Chr 15,19; 16,1 wohl als ursprünglich. Laut Galling sei der Grundbestand von 2 Chr 15,19; 16,1 ursprünglich undatiert gewesen. Allerdings erklärt das nicht, wie die spätere Zählung in den Text kommt. Vgl. Galling, Bücher, S. 116; Albright, Votive Stele, S. 27 f. 1 Kön 15,16 berichtet in derselben Reihenfolge wie 2 Chr 15,19 vom beständigen Krieg zwischen Asa und Bascha. 2 Chr 16 stellt den Konflikt nicht als beständigen Krieg dar, sondern als verhinderte Störung des Friedens.
**162** Der Geist Gottes, der über Asarja kommt, klassifiziert ihn offenbar als Propheten. Vgl. Hanspach, Inspirierte Propheten, S. 106. 2 Chr 20,14.

teils daran vorbei.[163] Sie beginnt allgemein mit dem Appell an das Volk und zieht eine theologische Schlussfolgerung aus der Kuschiterschlacht.[164] Die Ansprache hat eher mahnenden Charakter, da sie trotz des Sieges vor dem Abfall warnt und dazu auffordert, Gott zu suchen und ihn nicht zu verlassen.[165] Darauf erfolgt in 2 Chr 15,3–6 ein Geschichtsrückblick, der gänzlich abzudriften scheint. Die Rede blickt zurück auf die lange Zeit Israels,[166] in der es ohne Gesetz und Propheten lebte, spricht von Not und Umkehr zu JHWH, von Verwirrungen für die Bewohner und großen Kriegen unter den Völkern. Die Ausführungen verwirren, da sie mit Asas gerade geschlagener Schlacht nichts zu tun haben. Viel spricht dafür, dass hier ein weiterer Einschub vorliegt. 2 Chr 15,7 hingegen führt den Appell von 2 Chr 15,2 an Juda fort: „Ihr aber seid stark, lasst eure Hände nicht niedersinken". Dieser Ausruf befiehlt die Fortsetzung von Asas gebotener Gottessuche und leitet in 2 Chr 15,8 zur Kultreinigung in den eroberten Gebieten über. Die Ansprache des Propheten ist also ursprünglich ein Kurzappell, die Gottessuche fortzuführen, woraufhin Asa das eroberte Land reinigt. Durch die dritte Schicht wurde die Rede in 2 Chr 15,3–6 aber erweitert.

Welchen Sinn haben aber die Verse in 2 Chr 15,3–6?[167] Die Forschung hat sich hier zu stark darauf konzentriert, die biblischen Parallelen zu erschließen. Die Verse blicken nicht nur auf andere Texte. Da sich die Rede an Asa richtet, spricht sie über sein zukünftiges Schicksal. Viele Motive in 2 Chr 15,3–6 treten bei Asas Schwur und dem Bascha-Konflikt in 2 Chr 15 f. auf. So spricht 2 Chr 15,3 davon, dass Israel kein Gesetz und keinen wahren Gott habe. Darauf wird in 2 Chr 15,4 Israels Rückkehr zu JHWH, seinem Gott, erwähnt und dass er sich finden lässt. In der Tat kommen Israeliten aus dem gottlosen Norden in 2 Chr 15,9 f.15 und kehren zu JHWH zurück. 2 Chr 15,5 kündet an, dass es keinen Frieden gebe für diejenigen,

---

**163** "This whole speech of Azariah fits in badly with the occasion of the victory and is an unskillful introduction to the reform of Asa" (Curtis, Commentary, S. 384).

**164** Vgl. Hanspach, Inspirierte Interpreten, S. 109 f.; Weinberg, Mitwelt, S. 246.

**165** Vgl. Galling, Bücher, S. 114; Rudolph, Asa-Geschichte, S. 369.

**166** Vgl. Japhet, 2 Chronik, S. 188.

**167** Die Rede gilt als typische Levitenpredigt. Die Doctrina (Lehre) der Predigt thematisiere die Gottessuche in 2 Chr 15,2. Die Applicatio (Anwendung) nehme den Rückblick auf die Richterzeit in 2 Chr 15,3–6 vor und die Exhortatio (Aufruf) rufe in 2 Chr 15,7 auf, zum Glauben zurückzukehren. Vgl. von Rad, Levitische Predigt, S. 116 f.; Galling, Bücher, S. 114. Diese Gattung erklärt aber kaum Spannungen, sondern gliedert nur den Text. Rudolph will den sperrigen Text darum umstellen. 2 Chr 15,4 sei falsch platziert, da sich Israel zu JHWH bekehrt, bevor in 2 Chr 15,5–6 die schlechten Zeiten beginnen. Darum versetzt Rudolph 2 Chr 15,4 für einen geeigneten Abschluss hinter 2 Chr 15,6. Die Zitate spielen auf unterschiedliche Texte an, vor allem auf Dtn, Jdc, Jes, Hag, Sach. Vgl. Rudolph, Chronikbücher, S. 242–245; Dillard, 2 Chronicles, S. 120; McKenzie, 1–2 Chronicles, S. 284.

die aus- und eingehen. Juda kann durch Baschas Festungen in 2 Chr 16,1 weder aus- noch einziehen. 2 Chr 16,5 f. spricht von Verwirrungen und Kriegen. Diese Tumulte, die 2 Chr 16,4 erwähnt, beginnen mit dem Eingreifen der Aramäer in 2 Chr 16,4 f. und sorgen für Unruhen in Israel, die in der Rede als kriegerischer Flächenbrand zwischen den Völkern dargestellt werden. Zuletzt spricht 2 Chr 16,6 davon, dass Gott die Völker in Verwirrung bringt (הֵמָם). Dieser Terminus ist aber positiv akzentuiert, da Gott mit dieser Vokabel Judas Feinde verwirrt, wie er es in Ex 14,24 an den Ägyptern getan hat.[168] Gott schützt sein Volk nun ganz analog vor seinen Feinden.

Somit schwächt die dritte Schicht die Kritik an Asa ab, denn im Abschnitt der Prophetenrede wird Asas Politik nun wieder positiv bewertet. Schließlich erhält Gott Judas Frieden und stiftet Verwirrung gegen Israel. Daher scheint die dritte Schicht wieder zur Asa-freundlichen Intention der Grundschicht zurückzukehren. Die Rede vollzieht somit mit vielen biblischen Zitaten eine positive Kurzinterpretation von Asas Geschick. Ebenso bereitet Asarjas Prophetenrede auf Asas Schwur vor.

Dieser ist vor allem durch sein Ende als Nachtrag der dritten Schicht erkennbar. Er unterbricht in 2 Chr 15,9–15 den Zusammenhang der begonnenen Kultreinigung in 2 Chr 15,8, die in 2 Chr 15,16 ihre Fortführung finden sollte. Der folgende Abschnitt in 2 Chr 15,16–19 wird dadurch zum Fremdkörper des Textes, da der Schwur einen feierlichen Höhepunkt konstruiert, an den die folgenden Verse schlecht anschließen.[169] Der Schwur legt dabei die Erneuerung des Altars im Tempel aus, die in 2 Chr 15,8 geschildert wird, und gestaltet daraus ein großes Fest, das den Abschluss von Asas guter Zeit für JHWH markiert. Hier schwört das Volk feierlich, sich von JHWH finden zu lassen.

## 3.3 Theologiegeschichtliche Entwicklung: Frieden schaffen und kriegerische Ruhe

Aufgrund der Nähe von der Chronikdarstellung in der Grundschicht zu den Königebüchern sollen nun die Chronikspezifika akzentuiert werden. Hierzu ist ein detaillierter Vergleich notwendig, da die Chronik nur kleine, aber markante Änderungen und Zusätze hinzufügt. Gleich der Eingangsvers 2 Chr 14,1 beginnt mit der Einschätzung Asas: „Und Asa tat, was gut und recht war in den Augen JHWHs, seines Gottes". Das ändert den Parallelvers in 1 Kön 15,11 ab. Dort tut er, „was

---

168 Jos 10,10; Jdc 4,15; 1 Sam 7,10.
169 Ohne Schwur schließt 2 Chr 15,16 besser an 2 Chr 15,8 an. Vgl. Kratz, Komposition, S. 34.

recht war in den Augen JHWHs, wie sein Vater David." David wird in der Grundschicht der Chronik übergangen, da allein das Verhältnis zu JHWH zählt. Doch
warum betont sie den Ausdruck: „Was gut und recht war in den Augen JHWHs"
(הַטּוֹב וְהַיָּשָׁר בְּעֵינֵי יְהוָה אֱלֹהָיו)? Wie schon McKenzie und Kalimi bemerkt haben, stellt
diese Umformulierung eine Harmonisierung mit Dtn 12,28 dar.[170]

> „Habe acht und höre auf alle diese Worte, welche ich dir befehle, damit es dir und deinen
> Söhnen nach dir gut gehe auf ewig, denn du sollst tun, *was gut und recht ist vor den Augen
> JHWHs, deines Gottes*".

In der Chronik richtet sich Asas Verhalten an Dtn 12 aus. Dort werden vor allem die
Kultzentralisierung und die Reinheit der Opfer thematisiert. In 2 Chr 14,2 werden
viele Begriffe aus Dtn 12 bei Asas Reinigung aufgenommen. Während 1 Kön 15,12
hier von der Beseitigung der „Tempelhurer" und „Götzen" spricht, listet der Chroniktext andere Fremdkulte auf und spricht in 2 Chr 14,2 von „fremden Altären",
„Kulthöhen", „Mazzeben" und „Ascheren". Asas Kulttilgungen orientieren sich
eher an Dtn 12,3. Dort wird befohlen, eben jene „Mazzeben", „Ascheren" und
„Altäre" zu tilgen.

> „Und ihr sollt ihre Altäre niederreißen, und ihre Steinmale und ihre Mazzeben und ihre
> Ascheren. Und ihr sollt sie verbrennen im Feuer. Und die Bilder ihrer Götter sollt ihr
> umhauen und ihre Namen von jenem Ort tilgen."

Asa pflegt den Kult, da er fremde Altäre und Kultgegenstände in 2 Chr 14,2 vernichtet, in 2 Chr 14,3 zur JHWH-Suche aufruft und in 2 Chr 15,18 den Tempelschatz
auffüllt. Doch im Zentrum der Maßnahmen stehen „die Kulthöhen" (הַבָּמוֹת) als
Kernproblem des Textes. Ihre Errichtung in Juda und Israel stellt ein Kernproblem
der Königebücher dar. In 1 Kön 15,14 wird Asa trotz der Kulthöhen im Land gelobt
und positiv bewertet. Die Chronik hingegen lässt diesen Makel nicht durchgehen
und lagert das Fortbestehen der Höhen ins Nordreich aus.[171] Am Umgang mit den
Kulthöhen entscheidet sich hier stringent Gottes Zuwendung. Gott verschafft nur
Juda Ruhe, da dort die Kulthöhen vernichtet sind, über Israel hingegen fallen die
Aramäer her, da die Höhen weiter existieren. Die Höhenproblematik wird also
geglättet und dabei mit dem Motiv des ungeteilten Herzens (לֵבָב שָׁלֵם) vor JHWH
verbunden.[172] Auf diese Weise wird Asa in die Tradition mit Salomo gestellt, der
in 1 Kön 8,61 bittet[173]:

---

170  Vgl. McKenzie, 1–2 Chronicles, S. 277; Kalimi, Geschichtsschreibung, S. 24.
171  Jerobeam I. hat laut 1 Kön 12,31 Höhen errichtet.
172  Vgl. Gleis, Höhenkult.
173  1 Kön 11,4; 15,3.14; 2 Kön 20,3.

„Euer Herz sei ungeteilt mit JHWH, unserem Gott, damit ihr wandelt nach seinen Geboten und seine Befehle bewahrt".

In der Tradition von Salomo und Dtn 12 wird Asa als kulttreuer König dargestellt. In der Grundschicht von 2 Chr 14–16 tritt mit ihm erstmals nach der Reichsteilung eine positive Königsfigur auf. Asa wird an der Tora gemessen und demonstriert vorbildhaft die JHWH-Treue, da er die Gebote aus Dtn 12 umsetzt. Die Grundschicht präsentiert sein Verhalten als vorbildhafte Lehrerzählung, die den Segen der Tora-Gebote veranschaulicht. Beim Konflikt mit Israel sichert vor allem die Tora-Treue den Frieden, wofür Asa das Fundament gelegt hat. Er hat die Höhen getilgt, den Kult gereinigt und in den Tempelschatz investiert. Diese Kulttreue hilft ihm, den Konflikt zu überwinden. Die Kultpflege stellt somit das Fundament für Asas günstiges Geschick dar. Wenn König und Volk getreu der Tora agieren, erfahren sie Rettung aus aller Not und erhalten Ruhe.

Trotz der gigantischen Schlacht ist auch in 2 Chr 14 das zentrale Thema der zweiten Schicht die Ruhe, die Gott seinem Volk Juda schenkt. Er verschafft Asa diese auf dem Schlachtfeld und erhält sie durch „JHWHs Schrecken" (פַּחַד־יְהוָה).

Ab 2 Chr 14,5–7 wird die Schlacht mit Zerach, dem Kuschiter, vorbereitet. Zuerst werden die Militärbauten in Ruhezeiten gebaut, die Vorboten der Schlacht sind. Die kohärent aufgebaute Schlacht in 2 Chr 14,8–14 folgt dem Muster des Heiligen Krieges.[174] Asa betet vor der Schlacht zu JHWH und betont damit das Vertrauen auf ihn. Zum Dank schlägt Gott die Kuschiter. Juda muss die besiegten Feinde nur noch verfolgen und macht reiche Beute. Gott belohnt Asa, der allein auf ihn vertraut, und vernichtet seine Feinde.

Die Ruhe erhält gewissermaßen einen kriegerischen Charakter, der sich schon in 2 Chr 14,5 anhand der Vokabel „Frieden schaffen" (הֵנִיחַ) zeigt.[175] Der Terminus tritt zentral in 2 Sam 7,1.11 bei der Natansverheißung auf. Gott verspricht David, den Frieden im Angesicht der Feinde zu erhalten. Die Chronik verankert die Vokabel dagegen zentral in der Davidrede in 1 Chr 22,18 f.:[176]

„[18] Ist nicht JHWH, euer Gott, mit euch gewesen, und hat er euch nicht Ruhe verschafft ringsumher (וְהֵנִיחַ לָכֶם מִסָּבִיב), denn er hat die Bewohner des Landes in meine Hand gegeben und das Land ist vor JHWH und seinem Volk unterworfen. [19] Richtet daher euer Herz und euren Sinn darauf, JHWH, euren Gott zu suchen (לִדְרוֹשׁ לַיהוָה אֱלֹהֵיכֶם)."

---

174 Vgl. Dillard, 2 Chronicles, S. 118; Rudolph, Chronikbücher, S. 243.
175 Der Terminus tritt besonders bei Landnahme-Erzählungen auf. Gott verschafft seinem Volk Frieden, indem er andere Völker unterwirft. Dtn 3,20; 12,10; 25,19; Jos 1,13.15; 21,44; 22,4; 23,1.
176 1 Chr 23,25; 28,8 f.

Der Befehl des chronistischen David stellt generell ein Leitmotiv der zweiten Schicht dar. Asas Handeln entspricht Davids Vorgaben im Konflikt mit den Kuschitern, da er den Kult pflegt. Gott verschafft Asa Ruhe, da Asa allein ihn in 2 Chr 15,2 sucht (דָּרַשׁ). Die JHWH-Suche setzt sich in der zweiten Schicht durch Kultpflege, alleiniges Vertrauen auf Gott und Erhörung der Propheten fort. All die Dinge, die Asa beim Konflikt mit Bascha in 2 Chr 16 falsch macht, macht er in der Kuschiterschlacht richtig. Damit werden die Themen Gottessuche und Ruhe in 2 Chr 14,2–5 durch die zweite Schicht neu akzentuiert. In der Grundschicht bedeutet Gottessuche, dass man den Kult im Sinne der Tora pflegt. In der zweiten Schicht ist vor allem wichtig, dass der Gottessucher in Krisen allein auf Gott vertraut. Darum werden politische Schachzüge als menschliche Machtmittel gesehen, die von der Gottessuche abweichen. Gestört hat die Redaktoren der zweiten Schicht vermutlich, dass sich Asa sehr ähnlich wie der spätere König Ahas in 2 Kön 16/2 Chr 28 verhält. Denn der negativ dargestellte König Ahas wählt beim Angriff von den Aramäern und Israeliten genau die gleiche Taktik. Die zweite Schicht nimmt Anstoß daran, dass zwei Könige, die parallel dieselbe Taktik anwenden, einmal positiv und einmal negativ bewertet werden. Deshalb erweitert sie die Geschichte und erfindet eine neue Schlacht, in der es Asa besser macht, um seiner positiven Bewertung gerecht zu werden. Doch die vorliegende Auseinandersetzung mit Bascha in 2 Chr 16,1–6 wird als Abfall von JHWH dargestellt.

Der „Schrecken JHWHs" (פַּחַד־יְהוָה) in 2 Chr 14,13 sichert Asas Frieden, so dass Juda nicht kämpfen muss. Die Chronik greift dabei auf die Zionsvision aus Jes 2 zurück. In dem Prophetentext werden die JHWH-Treuen in Jes 2,10.19.21 vor dem zerstörerischen Schrecken JHWHs gewarnt. Sie sollen sich besser hinter Felsen zurückziehen, wenn JHWHs gewaltiger Schrecken die Feinde zerstört. Die Chronik stellt das Motiv hingegen narrativ als Schutz des Gottesvolkes dar.[177]

Die Schlachtdarstellung ist vor allem vom Krieg unter Abija in 2 Chr 13 motiviert, der starke Parallelen im Ausmaß und Aufbau des Feldzuges aufweist. Die Schlacht wird nun in ihrer Dimension noch gesteigert, da Asa ein noch gewaltigeres Heer gegenübersteht. Die historisch schwer greifbaren Kuschiter verkörpern dabei Angreifer aus dem südlichen ägyptischen Raum.[178] Gegen die Übermacht rufen die Judäer siegesgewiss vor der Schlacht zu Gott, wodurch dessen Eingreifen aktiviert wird.[179] Gott demonstriert als Akteur des Krieges seine Macht an den übermächtigen Heeren. Juda muss nur noch über die geschlagenen Armeen herfallen.

---

177 2 Chr 17,10; 20,29. Vgl. Welch, Work, S. 45; Dillard, 2 Chronicles, S. 120; Japhet, 2 Chronik, S. 184 f.

178 Vgl. Welten, Geschichte, S. 138 f.; Williamson, 1 and 2 Chronicles, S. 264.

179 Vgl. Japhet, 2 Chronik, S. 185; Ruffing, Jahwekrieg, S. 91; Albright, Egypt, S. 146 f.; Mathys, Ethik, S. 225 f.

Asa tritt wie Abija als Volksrepräsentant des Gottesvolkes auf, da seine Haltung an der Ausführung von Davids Befehl gemessen wird.[180] Aus diesem Grund wird Asas Bündnis mit Ben-Hadad in 2 Chr 16,1–6 im anderen Licht neu gedeutet. Er stützt sich auf Ben-Hadad und nicht auf JHWH, weswegen in 2 Chr 16,9 JHWHs Schutz aufgehoben wird, da Asa JHWH nicht mehr gesucht habe.[181] Auf diese Weise teilt sich Asas Wirken in eine Zeit des Gehorsams und Ungehorsams. Das Motiv des Stützens auf Gott (נִשְׁעַנּוּ עַל־יְהֹוָה) aus 2 Chr 13,18 wird nun bei Asa kapitelübergreifend fortgeführt. Während Abija sich musterhaft auf Gott stützt, wird das Thema bei Asa ambivalent entfaltet.

Als Ergebnis sei festgehalten: Die zweite Schicht der Chronik erklärt, wie Gott im Angesicht der feindlichen Völker für Juda Frieden schafft. Sie kritisiert, dass Asa sich nicht durchgehend allein auf JHWH verlasse. Das Befolgen von Davids Kultgeboten und das alleinige Vertrauen auf Gott sind Konstanten, die Gottes Schutz erwirken. Damit tritt Asa zunächst als guter Herrscher auf, der die davidischen Kultgebote aus 1 Chr 28 einhält, dann aber davon abfällt. Die zweite Schicht hat also die kapitelübergreifenden Zusammenhänge stärker im Fokus als die Grundschicht und entwirft die Idee einer Kultmonarchie, die sich an Davids kultischen Instruktionen orientiert.

Die dritte Schicht bemüht sich dagegen, Asa wieder positiver darzustellen. So lässt sie Asarja nicht nur mahnen, sondern kündigt mit Schriftzitaten Judas Errettung an, die nun von Gott selbst vollzogen wird. Sie schließt damit an die positive Bewertung der Grundschicht an.

Die Aufwertung Asas fußt darauf, dass er erfolgreich gegen das Nordreich kämpft, gegen das die dritte Schicht immer wieder polemisiert. So wandern wie bei Rehabeam wiederholt JHWH-Getreue aus dem gottlosen Israel nach Juda. Diesen Weg bezeichnet Galling als „Proselytenzuzug"[182]. Hier wird auf den großen Sieg gegen die Kuschiter Bezug genommen, der im Nordreich die letzten JHWH-Getreuen zur Rückkehr nach Jerusalem animiert. Asa feiert in 2 Chr 15,10 ein großes Fest am dritten Neumond. Der Zeitpunkt ist bewusst gewählt, da laut Ex 19,1 im dritten Monat nach dem Auszug aus Ägypten das Gottesvolk den Sinai erreicht, den Berg der Gottesoffenbarung. So präsentiert sich der Auszug der JHWH-Treuen aus Israel als neuer Exodus, bei dem der fromme Rest des Nordreichs komplett in das Südreich auswandert.[183]

---

**180** Vgl. Welten, Geschichte, S. 49.

**181** Dadurch erklärt sich die sperrige Behauptung Hananis, dass das Heer Arams entkommen sei. Das Vertrauen auf Gott hätte auch diese große Armee besiegt wie im Kuschiterkrieg. Vgl. Galling, Bücher, S. 117; Japhet, 2 Chronik, S. 203; von Rad, Levitische Predigt, S. 115.

**182** Galling, Bücher, S. 115.

**183** Vgl. Galling, Bücher, S. 115.

Den Schwur bezeichnet Galling als „Gemeindefest"[184] der Gläubigen. Das Volk, das in der Grundschicht und zweiten Schicht kaum thematisiert wird, steht nun im Fokus. Interessanterweise wird in Jerusalem der Bund nicht mit den üblichen Vokabeln geschlossen (כָּרַת) oder aufgerichtet (קוּם). Es wird vielmehr in 2 Chr 15,12 in den Bund hineingegangen (וַיָּבֹאוּ בַבְּרִית). Dieser Bund bezieht sich auf vorherige Bundesschlüsse, weswegen er einseitig vom Volk aus geschieht.[185] Es muss also kein neuer Bund mit Gott geschlossen werden, sondern es werden durch Asas Treue alte Bundesschlüsse erneuert. Es gibt dabei starke Bezüge zu Gottes Bund mit Israel und Juda in Jer 50,4. In 2 Chr 15,13–15 ziehen beide Völker gemeinsam zum Gottesberg und treten in vollkommener Eintracht vor JHWH. Im Sinne der Gebote des Deuteronomiums soll jeder getötet werden, der JHWH nicht sucht.[186] Damit wird Asa nicht nur als großer Feldherr, sondern auch als großer Kult-Reformer präsentiert, der JHWH von ganzem Herzen sucht.[187] Als Höhepunkt seiner Reformen reinigt er nicht nur das Land, sondern kann alle JHWH-Getreuen aus Süd- und Nordreich versammeln und zum Schwur bewegen. Eine derartige Vereinigung der beiden Reiche gelingt nur großen Herrschern wie Josia in 2 Chr 35,1–19. Auf diese Weise hebt die dritte Schicht Asas Wirken besonders positiv hervor.

## 3.4 Fazit: Die Ambivalenz von Asas Hilfegesuch

Asa mag auf Endtextebene ein ambivalenter Herrscher sein. Doch die klassische Periodisierung der Regierung Asas in eine positive und negative Zeit erklärt nicht die Textspannungen. Die unterschiedlichen Deutungen entstehen durch eine konträre Bewertung von Asas Hilfegesuch in 2 Chr 16,1–6. In der Grundschicht agiert Asa durchgängig als ein guter Herrscher, da er im Stile von Dtn 12 den Kult pflegt und mit Hilfe des Tempelschatzes die Israeliten vertreiben kann, wodurch die Ruhe in Juda erhalten bleibt. Die zweite Schicht kritisiert Asas Hilfegesuch bei den Aramäern, da sich ein Gottessucher konsequent allein auf Gottes Hilfe stützen soll. Deshalb wird seine Regierung in einer positive und eine negative Epoche unterteilt. Die dritte Schicht hingegen stellt Asa als Sieger über das Nordreich dar und lässt ihn einen glorreichen Schwur verfassen, zu dem die letzten JHWH-Treuen aus dem Nordreich nach Juda auswandern.

---

184 Galling, Bücher, S. 112.
185 Vgl. Williamson, 1 and 2 Chronicles, S. 271; Japhet, 2 Chronik, S. 196.
186 Dtn 13,6–10; 17,2–7. Vgl. Dillard, 2 Chronicles, S. 122.
187 Vgl. Japhet, 2 Chronik, S. 197.

# 4  2 Chr 17–20 Josaphat

## 4.1  Josaphat als Liebling der Chronik mit schlechtem Ende?

Die Chronik wendet Josaphat viel Aufmerksamkeit zu. Über vier Kapitel erstreckt sich der Text von 2 Chr 17,1–21,1. Dementsprechend bietet der Bericht nahezu die ganze Palette an allen Topoi, die charakteristisch für die Chronik sind: große Kriege, Propheten, Leviten und Kultreformen.

Das Eingangskapitel 2 Chr 17 stellt Josaphat vor. Er wird in 2 Chr 17,1–5 präsentiert als guter König, der JHWH sucht und nach ihm fragt, weswegen ihm Reichtum und Ehre zuteil wird. Da er gegenüber dem Nordreich militärisch erstarkt, mobilisiert er das Heer und stationiert Truppen an der Grenze. 2 Chr 17,6 und 2 Chr 18,1 erwähnen zweimal seinen Reichtum und seine Ehre, die in 2 Chr 17,6–19 beschrieben werden. Josaphat reinigt Juda von den Ascheren und den Höhen. Dafür schickt er in 2 Chr 17,7–9 Oberste und Leviten unters Volk, die mit Namen genannt werden. Sie belehren in Juda das Volk mit der göttlichen Tora. 2 Chr 17,10–13 widmet sich daraufhin dem Glanz von Josaphats Außenpolitik. Schließlich haben die Nachbarvölker großen Respekt, da der „Schrecken JHWHs" auf Juda liegt. Die Philister schicken aus diesem Grund anerkennend Tribute. Die Ruhe nutzt Josaphat, um Burgen und Städte im ganzen Land zu errichten. Darin setzt er laut 2 Chr 17,13–19 mehrere 100.000 Soldaten, deren Anführer wieder namentlich genannt werden.

Die bekanntesten Episoden folgen in 2 Chr 18: Dort findet sich das gemeinsame Kriegsbündnis Josaphats mit dem Nordreichkönig Ahab in Ramot Gilead. Der Text folgt dabei größtenteils der Parallele in 1 Kön 22,2–36. Zunächst wird Josaphat in 2 Chr 18,1–3 von Ahab gebührend empfangen. Ahab verleitet ihn zu einem gemeinsamen Krieg gegen die Aramäer in Ramot Gilead. Nach der Zusage Josaphats in 2 Chr 18,3 erfolgt in 2 Chr 18,4–27 die Prophetenerzählung über Micha ben Jimla. Josaphat erbittet nun doch um das Wort eines JHWH-Propheten, ehe sie losziehen. So kommt es zur Auseinandersetzung zwischen Hofpropheten und dem JHWH-Propheten Micha. Der Text ist schwer verständlich, da einzelne Erzählstränge einander widersprechen. Denn zuerst sagt der Prophet Heil voraus (2 Chr 18,14), dann aber Unglück (2 Chr 18,16) und letztlich erklärt er in 2 Chr 18,21, dass JHWH Ahabs Propheten einen Lügengeist gesendet habe, um Ahab ins Verderben zu schicken. Trotz der Prophetenerzählung, die eindringlich davor warnt, in den Krieg zu ziehen, rüsten sich beide Könige in 2 Chr 18,28 für die Schlacht. Heimtückisch verkleidet sich Ahab, während er Josaphat rät, seine Königsgewänder anzubehalten. Die Feinde, die nur den König von Israel angreifen wollen, kreisen nun Josaphat gezielt ein, da nur er wie ein König gekleidet ist

(2 Chr 18,29 f.). Doch in der Not schreit Josaphat zu JHWH, der ihn errettet und die Feinde ablenkt (2 Chr 18,31 f.). Ahab aber fällt, da ihn ein Bogenschütze unabsichtlich trifft. Während der heimtückische Ahab stirbt, zieht Josaphat in Frieden nach Hause (2 Chr 18,33–19,1).

Als Josaphat in 2 Chr 19 heimkehrt, bekommt er laut 2 Chr 19,2f. einen chroniktypischen Besuch eines Propheten namens Jehu. Der kritisiert den König zunächst, da er das Bündnis mit Ahab als Unterstützung des Gottlosen geißelt. Doch werden seine Kultmaßnahmen in 2 Chr 17 gelobt, weswegen Josaphats Wirken insgesamt positiv bewertet wird. Aufgrund dieses milden Urteils widmet sich Josaphat wieder der Kultpflege und zieht gleich nach seiner Rückkehr nach Jerusalem wieder aus und lehrt das Volk in 2 Chr 19,4–7, um sie zu JHWH zurückzuführen. Er setzt Richter in 2 Chr 19,8–11 ein, die nach Gottes Geboten Recht sprechen, und animiert das Volk zur Gottessuche.

In 2 Chr 20 kommt es wieder zum Krieg, der die Schlachten Abijas und Asas noch übertrifft. Diesmal rücken in 2 Chr 20,1–5 gleich drei Völker heran: Moabiter, Ammoniter und die Gebirgsleute aus Seir. Nun handelt Josaphat richtig. Seine Kultbemühungen und seine Unterweisungen im Volk scheinen zu fruchten, denn das gesamte Volk kommt zum Tempel, um JHWH um Hilfe zu ersuchen. Als Judas Repräsentant bittet Josaphat für das Volk in 2 Chr 20,6–12 um Gottes Eingreifen. Er legt Judas Schicksal vollständig in Gottes Hand, da es selbst keine Macht habe, die Feinde zu besiegen. Die Rede wird immer wieder durch Geschichtsrückblicke auf die Landverheißungen der Tora unterbrochen. Inmitten der Not tritt in 2 Chr 20,14–17 der Prophet Jahasiel auf und verkündet Gottes Wort. Juda solle sich nicht fürchten vor einem Kampf, da Gott die Schlacht schlagen werde. Es solle lediglich kommen und die Vernichtung der Feinde betrachten. In 2 Chr 20,20–29 vollzieht sich nun diese Ankündigung, da JHWH die Schlacht für sein Volk schlägt. Juda zieht mit den Leviten an der Spitze wie bei einer Prozession los. Die Feinde allerdings bekommen von Gott Hinterhalte gelegt und vertilgen sich gegenseitig. Als Juda eintrifft, haben die Feinde sich gegenseitig vernichtet. Drei Tage plündern die Judäer das Schlachtfeld und kehren dann heim. Der Schrecken Gottes liegt wieder über Juda und sorgt dafür, dass kein Volk es wagt, näher zu kommen.

Nachdem Josaphat Juda vorbildhaft aus der Krise geführt hat, finden sich zum Abschluss in 2 Chr 20,31–35 Passagen, die Parallelen in den Königebüchern haben. Diese Verse wirken zunächst wie ein Anhang, doch sind sie in einem anderen Duktus geschrieben. Josaphat wird nun deutlich skeptischer dargestellt. 2 Chr 20,30–32 stellt ihn merkwürdigerweise mit seinen Regierungsdaten vor. Josaphat selbst wird als frommer König in Asas Tradition gelobt, doch in 2 Chr 20,33 heißt es:

„Die Kulthöhen aber verschwanden nicht, und noch immer wandte das Volk sein Herz nicht dem Gott seiner Vorfahren zu."

Diese Einschätzung trifft auf den bisherigen Erzählverlauf nicht zu. Hier ist das Volk fromm und Josaphat hat die Höhen getilgt. Doch nun schließt er im Anschluss in 2 Chr 20,35–37 wieder ein Bündnis mit Israels nächstem König Ahasja. In aller Kürze beschließen beide Könige, Schiffe zu bauen, die nach Tarsis fahren. Doch wieder tritt ein Prophet mit Namen Elieser auf und prophezeit, dass das Projekt nicht gelingen werde, da JHWH das Werk zerbrechen wird. So kurz und abrupt endet die lange und positive Regierung Josaphats negativ. Dabei markiert Josaphats Bündnis mit Israel eine Zäsur.[188] Juda ist von nun an mit dem israelitischen Königshaus Ahab verbunden. Damit wird auch die Atalja-Krise in 2 Chr 22 f. eingeleitet, in der Judas Königshaus der Untergang droht. Josaphats Handeln hat also langfristig negative Folgen. Neben dem kritisierten Bund mit Ahab[189] trüben vor allem die Abschlussnotizen eine glorreiche Herrschaft. Zwar mögen diese Verse verhältnismäßig kurz erscheinen, doch stellen sie die Einheit des Textes entscheidend in Frage, da sie dem zuvor Erzählten oft widersprechen. Aus diesem Grund soll nun die Texteinheitlichkeit geprüft werden.

## 4.2  Prüfung der Texteinheitlichkeit

### 4.2.1  2 Chr 17: Opposition gegen Ahab und doppelter Reichtum und Ehre

Während der Leser in 1 Kön 22,2 ohne Einleitung mit der Schlacht von Ahab und Josaphat in Ramot Gilead konfrontiert wird, liefert 2 Chr 17 eine Hinführung aus Judas Perspektive, die zunächst Josaphat als guten und JHWH-treuen König preist. Doch schon die Eingangsverse 2 Chr 17,1–4 sind sonderbar. Josaphat erstarkt (וַיִּתְחַזֵּק), wie es in der Chronik häufig leitmotivisch heißt.[190] Doch er erstarkt „gegen Israel" (עַל־יִשְׂרָאֵל). Das ist syntaktisch in der Chronik eine sehr ungewöhnliche Formulierung.[191] Daran anschließend betonen die Folgeverse durchgängig Josaphats Opposition zum Nordreich. Demzufolge habe Josaphat laut 2 Chr 17,2 Truppen im Grenzgebiet Ephraim stationiert, wie man es gegenüber Feinden tut.

---

**188** Vgl. Strübind, Tradition, S. 108.

**189** Hier wundert sich Rudolph, warum die Chronik die für Josaphat peinliche Überlieferung überhaupt aufgenommen hat. Vgl. Rudolph, Chronikbücher, S. 253.

**190** Vgl. McKenzie, 1–2 Chronicles, S. 287. 2 Chr 1,1; 12,13; 13,21; 21,4; 27,6; 32,5.

**191** Vgl. Strübind, Tradition, S. 142.

Auch betonen die Charakterisierungen von Josaphat in 2 Chr 17,3 f., dass Josaphat den Baalkult ignoriert und nicht wie Israel handelt. Doch dieser vermeintlichen Opposition steht der folgende Erzählverlauf entgegen, in dem Josaphat keinerlei Vorbehalte gegenüber Israel zeigt. Ohne Zwang geht Josaphat sogar zwei Mal Bündnisse mit Israel ein. Er zieht gemeinsam in den Krieg und baut gemeinsam Schiffe (2 Chr 18,1–3; 20,35–37). Er verschwägert sich sogar mit dem Nordreich, wodurch sich die Königshäuser langfristig verbinden.

Die Charakterisierung Josaphats aus 2 Chr 17,3 fällt dabei besonders auf. Denn das positive Urteil aus 2 Chr 17,3, dass JHWH mit Josaphat war, wird in 2 Chr 17,3 f. doppelt begründet. Einmal heißt es: „Denn er wandelte auf den früheren Wegen Davids, seines Vaters, und er suchte nicht die Baale"[192] und dann ein zweites Mal: „Denn er suchte den Gott seines Vaters und er lebte nach seinen Geboten". Die erste Begründung in 2 Chr 17,3 knüpft an die frühere Kultpflege seines Vaters Asa an. Drei Kapitel später am Ende der Josaphat-Darstellung findet sich aber eine ähnliche Bewertung in 2 Chr 20,32 f., die mit 2 Chr 17,3 konkurriert.

> „Und er ging auf dem Weg seines Vaters Asa und wich nicht davon ab, zu tun, was recht war in den Augen JHWHs. Die Kulthöhen aber verschwanden nicht, und noch immer wandte das Volk sein Herz nicht dem Gott seiner Vorfahren zu."

Auffällig wird in 2 Chr 20,32 das positive Verhalten durchgängig an Asa gemessen, hingegen wird in 2 Chr 17,3 dessen Herrschaft periodisiert. Laut 2 Chr 17,3 agierte Asa nur in seinen früheren Jahren positiv. Ebenso listet 2 Chr 17,2 Städte auf, die der Vater Asa in seinen ersten Jahren erobert hatte (2 Chr 15,8). 2 Chr 17,3 möchte also die spätere ambivalente Bewertung Josaphats in 2 Chr 20,32 f. ersetzen. In 2 Chr 17,3 wird auf Asas vermeintlichen Abfall zurückgegriffen, welcher in 2 Chr 16 geschildert wird. Also knüpft Josaphat nur an die positive Zeit seines Vaters an. Sein Vorgänger Asa wird abgewertet und Josaphat aufgewertet. Die Charakterisierung in 2 Chr 17,3 soll letztlich den Eindruck erwecken, Josaphat habe innenpolitisch durchgängig gut agiert. Darum wird Josaphat als Gegner Israels präsentiert, der sich innenpolitisch gegen das Nordreich und dessen Kult gerüstet habe. Dadurch sollen Josaphats problematische Bündnisse mit dem Nordreich relativiert werden.

---

**192** Die Formulierung, dass er auf den früheren Wegen Davids wandelt, weist Probleme auf. Der Bezug zu David erscheint an dieser Stelle unpassend, da von früheren Taten seines Vaters gesprochen wird. Und der ist schließlich Asa. Der Name „David" ist darum wohl ein späterer Zusatz, der Josaphat mit dem großen Kultkönig in Beziehung setzen möchte. Auch in der LXX und in einigen hebräischen Handschriften fehlt der Name Davids. Das spricht dafür, den Namen „David" textkritisch als sekundär zu bewerten. Vgl. Strübind, Tradition, S. 134.

Josaphats Opposition gegen Israel ist demzufolge ein Nachtrag. Die Einleitung kommt ursprünglich noch ohne die Truppeneinsetzung gegen das Nordreich und ohne den Verweis auf die positive Ära Asas aus.[193] Sie präsentiert Josaphat als JHWH-treuen Herrscher, der Gottes Gebote sucht und deshalb erstarkt. Er wird als sehr fromm dargestellt, weswegen JHWH seine Herrschaft in 2 Chr 17,5 festigt (וַיָּכֶן). Diese Vokabel stellt eine seltene, hohe Wertschätzung in der Chronik dar.[194]

Darauf folgen Josaphats Reformen in 2 Chr 17,6–19, die Benzinger zurecht als „ziemlich unordentlich"[195] bezeichnet hat, da sie 2 Chr 17,1–5 wiederholend auslegen. Das Volk aus Juda sendet Josaphat Geschenke. Das bereitet auf die Geschenke der Philister in 2 Chr 17,11 vor. Im Anschluss wird in 2 Chr 17,5 festgestellt, dass ihm Reichtum und Ehre zuteilwerden. Doch diese Information wiederholt sich auffällig in 2 Chr 18,1 kurz vor dem Bündnis mit Ahab. So wird der Erzählfaden erst an dieser Stelle weitergeführt, während zuvor Josaphats Kultreformen dargelegt werden. Dementsprechend ist wegen der Rahmung zu fragen, ob die Darstellung in 2 Chr 17,5aβ-19 nicht eine Erweiterung sein könnte, da die Verse den Kapiteln in 2 Chr 19–20 vorgreifen, in denen Josaphat die JHWH-Suche im Land Juda forciert. Die Notizen berichten von Josaphats Kultreinigung (2 Chr 17,6), seiner „Belehrung des Volkes"[196] und der Staatsorganisation (2 Chr 17,7–9). Diesen positiven Maßnahmen folgt eine Friedenszeit, die der „Schrecken JHWHs" (פַּחַד יְהוָה) sichert (2 Chr 17,10). Dadurch wird ähnlich wie in den Eingangsversen die gute Periode von Asas Herrschaft fortgeführt. In 2 Chr 14,13 erhält nach der Schlacht gegen die Kuschiter der „Schrecken JHWHs" Judas Frieden, der wie bei Josaphat für die Ehrerbietung der umliegenden Völker sorgt.

Die Darstellung steht allerdings mit dem späteren Handlungsverlauf in Konflikt.[197] Laut 2 Chr 17,6 entfernt Josaphat die Höhen in Juda und lässt das Volk in 2 Chr 19,5–11 belehren.[198] Die Maßnahmen sind offenbar erfolgreich. Doch heißt es am Ende des Textes in 2 Chr 20,33 über Josaphat:

> „Die Kulthöhen aber verschwanden nicht, und noch immer wandte das Volk sein Herz nicht dem Gott seiner Vorfahren zu."

---

193  Auch treten die Baale in 2 Chr 17–20 nicht zentral in Erscheinung.
194  1 Chr 14,2; 2 Sam 5,12; 1 Kön 2,24.
195  Benzinger, Bücher, S. 105.
196  Rudolph, Chronikbücher, S. 255.
197  So kämpft das große Heer weder in Ramot Gilead in 2 Chr 18 noch verteidigen sie das Land in 2 Chr 20.
198  Vgl. Galling, Bücher, S. 121.

Gerade die nicht erfolgte Kulttilgung in 2 Chr 20,33 „steht in schreiendem Widerspruch"[199] mit der Volksbelehrung durch die Leviten, von der 2 Chr 17,7–9 berichtet. Textsynchrone Erklärungen geraten dabei an ihre Grenzen. Wellhausen meint, dass der Chronist „mechanisch" seine Vorlage kopierte, obgleich er es eigentlich als „eine Unmöglichkeit [erachtet], daß der Höhendienst, der […] im grunde Abgötterei ist, auch von den […] gesetzestreuen Königen nicht unterdrückt sein sollte."[200] Der Chronist sei also Fortschreiber und Bewahrer der Vorlage zugleich, wodurch diese Spannung entstünde. Es erscheint jedoch plausibler, diese Spannungen durch Fortschreibungen von Redaktoren zu erklären. Ähnlich wie in den ersten Versen von 2 Chr 17 sollen durch die Hinzufügungen die kritischen Taten Josaphats relativiert und korrigiert werden. 2 Chr 17,5aβ-19 zieht Josaphats positive Taten vor, wie beispielsweise die Einsetzung von Richtern und Kultreformen, damit nicht der problematische Feldzug mit Ahab seine erste geschilderte Tat darstellt. Zudem muss Josaphat laut zweiter Schicht stärker aufgewertet werden, um seiner positiven Bewertung gerecht zu werden. Das ist ohne die Kultreinheit des Volkes nicht möglich. Darum wird die Volksmission nun als erstes innenpolitisches Projekt vorgestellt. Josaphat wird also ursprünglich kurz und knapp als positiver König charakterisiert. Er erstarkt und sucht JHWH, weswegen Gott seine Herrschaft stützt.

### 4.2.2  2 Chr 18: Mit Ahab in den Kampf trotz Prophetenverbot

Im nächsten Kapitel empfängt Ahab Josaphat gebührend und bittet um ein Bündnis, wodurch ein Treffen auf Augenhöhe suggeriert wird.[201] Ahab fragt, ob sie gemeinsam in den Feldzug nach Ramot Gilead ziehen, doch Josaphats Reaktion darauf erweist sich als widersprüchlich. Zunächst antwortet Josaphat in 2 Chr 18,3 mit einem klaren Ja: „Ich bin wie du, und mein Volk ist wie dein Volk: Mit dir in den Kampf!". Der Ausruf „mit dir in den Kampf"[202] stellt dabei einen Chronikzusatz dar, der explizit zum Schlachtbeginn in Ramot Gilead in 2 Chr 18,28 überleitet. Doch in 2 Chr 18,4 folgt: „Und Josaphat sagte zum König von Israel: ‚Suche doch zuerst das Wort JHWHs.'" Damit wird die Prophetenerzählung in 2 Chr 18,4–27 eingeleitet, in der sich die Hofpropheten mit dem Außenseiter

---

**199** Rudolph, Chronikbücher, S. 263. Vgl. Kratz, Komposition, S. 34; McKenzie, 1–2 Chronicles, S. 288.
**200** Wellhausen, Prolegomena, S. 188. Vgl. Strübind, Tradition, S. 140.
**201** Vgl. Strübind, Tradition, S. 160.
**202** In 1 Kön 22,4 sagt Josaphat: „Ich bin wie du, mein Volk ist wie dein Volk, meine Pferde sind wie deine Pferde."

Micha Ben Jimla duellieren. Dieser Bericht über wahre und falsche Prophetie hat sowohl in der Chronik als auch in den Königebüchern einen besonderen Status. Auffallend ist der Text bis auf minimale Unterschiede mit 1 Kön 22,5–28 identisch. Hingegen weichen die Eingangsverse in 2 Chr 18,1–3 und die Schlachtdarstellung in 2 Chr 18,28–19,1 durch kleine, aber markante Änderungen voneinander ab.

Die Erzählung zu Micha Ben Jimla beginnt ab 2 Chr 18,4 mit einem gravierenden Bruch, denn Josaphat hat bereits zugesagt, in den Krieg zu ziehen. 2 Chr 18,4 beginnt zudem mit einer neuen Redeeinleitung: „Und Josaphat sagte zum König von Israel", obwohl Josaphat schon zuvor spricht. So setzt Josaphat ein zweites Mal an, ohne dass Ahab etwas gefragt oder auch nur gesagt hätte. Josaphat, der zuvor selbstbewusst in den Krieg ziehen will, spricht nun im frommen, vorsichtigen Duktus, da er nun JHWHs Rat hören möchte.

Josaphat agiert im Abschnitt 2 Chr 18,4–27 immer vorsichtig. Er ermahnt Ahab und insistiert, wirklich JHWHs Wort zu ersuchen (2 Chr 18,4.6 f.). Doch als Konsequenz zieht er in 2 Chr 18,28 dennoch mit Ahab in den Krieg, gleichwohl die Prophetenerzählung deutlich davor warnt, da der Prophet letztlich die Niederlage und den Tod Ahabs vorhersagt. Besonders merkwürdig an der Erzählung ist, dass im Nordreich ausgerechnet König Ahab, einer der schlechtesten Könige, JHWH-Propheten hat. So erfragt Ahab in 2 Chr 18,5.10 f.22 f. JHWHs Rat. Im Nordreich existiert immer noch JHWH-Prophetie, obwohl alle Texte zuvor und bis zum Untergang Israels durchgängig betonen, dass das Nordreich nicht nach JHWH fragt. Nun drängt ausgerechnet Ahab in 2 Chr 18,15 im Namen JHWHs darauf, dass Micha die Wahrheit sagt. Tut ein gottloser Nordreichkönig so etwas? Ebenso weicht die Darstellung des JHWH-Propheten Micha von der des späteren Propheten Jehu in 2 Chr 19,2 f. deutlich ab.[203] Micha geißelt nicht wie üblich das Bündnis Judas mit dem gottlosen Israel. Jehu hingegen wirft Josaphat in 2 Chr 19,2 vor, mit dem gottlosen Ahab zu paktieren. Micha unterscheidet sich also deutlich von den typischen Chronikpropheten, die die Könige zur JHWH-Treue ermuntern oder mahnend zur Umkehr aufrufen. Auch ist die Thronratsvision in 2 Chr 18,18–22 chronikuntypisch, da Gott Lügengeister aussendet und Ahab zum Abfall verführt, obwohl Ahab ja ernsthaft Gottes Rat ersucht. Andere Erzählungen wie Davids Volkszählung in 1 Chr 21,1 weisen den Gedanken zurück, Gott verführe absichtlich.[204] Der Gedanke, dass Gott Lügengeister oder falsche Propheten sendet, ist also ein Fremdkörper in der Chronik.[205]

---

**203** Vgl. McKenzie, 1–2 Chronicles, S. 291; Strübind, Tradition, S. 160.
**204** In 1 Chr 21,1 wird der Satan zum Urheber für Davids Volkszählung erklärt. In 2 Sam 24,1 beauftragt Gott die Volkszählung, um David zu strafen. Vgl. Rudolph, Chronikbücher, S. 254.
**205** Vgl. Strübind, Tradition, S. 161.

Aufgrund dieser Spannungen und den großen Brüchen vor und nach 2 Chr 18,4–27 ist die Erzählung ein „Stück im Stück", das die Rolle der wahren und falschen JHWH-Prophetie thematisiert. Diese Problematik findet sich in keiner der bisher erarbeiteten Chronikschichten, sondern wurde erst später hinzugefügt. Darum soll das „Stück im Stück" in einem Exkurs gesondert betrachtet werden.

### 4.2.3 2 Chr 19: Rückkehr nach Jerusalem oder Mission in Juda?

Nach seiner dramatischen Rettung aus der Schlacht kehrt König Josaphat laut 2 Chr 19,1 in Frieden nach Jerusalem zurück. JHWH, dem Josaphat gemäß 2 Chr 17 dient, hat das Leben seines Schützlings in höchster Not auf dem feindlichen Schlachtfeld gerettet. Damit wird sein JHWH-Gehorsam belohnt. Doch Josaphat kehrt ambivalent zurück. In 2 Chr 19 folgt Chroniksondergut, das sich über zwei Kapitel bis zu 2 Chr 20,30 erstreckt. Eingeleitet wird es durch den Propheten Jehu, Hananis Sohn, der explizit Josaphats Verhalten deutet. Jehu blickt in 2 Chr 19,2f. dabei kritisch auf die Schlacht zurück, um dann doch Josaphats gute Seiten hervorzuheben. Das Bündnis mit dem Nordreich wird zunächst als Bund mit dem Gottlosen verdammt. Damit greift der Text auch auf das nächste misslungene Bündnis mit dem Haus Ahab in 2 Chr 20,35f. vor, bei dem die Schiffe zerstört werden. Doch bis dahin ist von JHWHs Zorn nichts zu spüren. Wellhausen bezeichnet Jehus Rede als „gnädige Strafe"[206], da sie eher eine Ermahnung darstellt und Gott weiterhin auf Josaphats Seite bleibt.[207] McKenzie hingegen beobachtet mit Recht, dass Jehus Rede Josaphats Volksbelehrung und damit die gute Zeit in 2 Chr 19,4b–20,30 einleitet.[208] Josaphats gute Seiten kommen also erst jetzt so richtig zur Geltung. Jehus Ermahnung stellt damit eine Überleitung zur Blütezeit von Josaphats Regierung dar.

Ebenso betont Jehu, dass Josaphat bereits positive Taten vollführt habe, womit auf 2 Chr 17 zurückgeblickt wird. Jehu lobt Josaphat in 2 Chr 19,3, dass er die Aschera laut 2 Chr 17,6 weggebracht habe. Doch genau diese Kulttilgungen in 2 Chr 17,5aβ–13 erweisen sich als Nachträge. Die Chronikgrundschicht hat bisher nur den Feldzug in Ramot Gilead geschildert. Mit Jehus Lob werden demnach spätere Hinzufügungen der Chronik integriert. Dazu passt, dass der Seher Jehu der Sohn des Propheten Hanani ist, der schon Josaphats Vater Asa in 2 Chr 16,7

---

206 Wellhausen, Prolegomena, S. 199 f.
207 Vgl. Strübind, Tradition, S. 166; Hanspach, Inspirierte Interpreten, S. 116.
208 Vgl. McKenzie, 1–2 Chronicles, S. 293.

kritisiert hat. Doch auch Hanani gehört zur zweiten Schicht, in der durchgängig Propheten auftreten, und den Königen diktieren, was sie zu tun haben.[209]

Am Ende der kurzen Prophetenrede tritt zudem ein literarischer Bruch zu Tage. So heißt es in 2 Chr 19,4a als Reaktion auf Jehus Rede: „Und Josaphat wohnte in Jerusalem". Dieser Vers klappt nach und ignoriert Jehus vorherige Rede. Er schließt aber an Josaphats Rückkehr nach Jerusalem in 2 Chr 19,1 an. Jener Vers beendet das Abenteuer in Ramot Gilead, da sich Josaphat nach Jerusalem zurückzieht. Hingegen schildert die zweite Vershälfte von 2 Chr 19,4 nun das Gegenteil. Josaphat hat demzufolge Jerusalem umgehend wieder verlassen, um das Volk zu missionieren, wodurch Josaphats gute Taten eingeleitet werden. Somit ist in 2 Chr 19,1.4a die ältere Textschicht erhalten geblieben, in der der König nach Jerusalem zurückkehrt. Doch erst viel später in 2 Chr 20,31 wird erzählt, was er dort getan hat.

Die Jehu-Rede stellt aus diesem Grund eine Scharnierstelle für spätere Erweiterungen dar. So bewertet sie einerseits das Bündnis mit Ahab explizit negativ und warnt vor weiteren Bündnissen mit Israel wie in 2 Chr 20,35–37.[210] Diese Kritikpunkte werden aber als einmaliges Vergehen deklariert, da bei Josaphat das Positive überwiegt. Damit werden Asas hinzugefügte Taten aus 2 Chr 17 aufgegriffen und nun in 2 Chr 19 f. fortgeschrieben.

### 4.2.4  2 Chr 19–20: Großer Sieg und schlechtes Ende

Nach der Jehu-Rede wählt Josaphat den Weg der Besserung. Seine gute Frühphase setzt er nun ausführlich fort. Er setzt Richter ein und belehrt das Volk. In 2 Chr 20 erntet er dafür die Früchte seiner Werke. Die gigantische Schlacht gegen drei Feinde führt die spektakulären Schlachten von Abija und Asa fort. Diesmal reichen Gebet und Prozession aus, damit die Gegner sich gegenseitig vertilgen, was stark an Asas wunderhaften Sieg in 2 Chr 14,8–14 erinnert.[211] Wie in 2 Chr 14,13 verschafft der „Schrecken Gottes" (פַּחַד־יְהוָה) Juda den Respekt der Nachbarn und sorgt für Ruhe (2 Chr 17,10; 20,29). Diese Schlacht stellt den Gegenpol zur negativ bewerteten Schlacht in Ramot Gilead dar. Josaphat geht keine irdischen Bündnisse ein, sondern vertraut allein auf Gott. Damit wendet JHWH die Not spektakulär ab und verschafft Juda Frieden und Ruhm im Ausland.

---

**209** 2 Chr 15,1–7; 16,7–9.
**210** Vgl. Kratz, Komposition, S. 34.
**211** Vgl. Rudolph, Chronikbücher, S. 258.

Doch die gesamte Darstellung von Josaphats Innenpolitik steht in Spannung mit dem Ende von 2 Chr 20, das sich wieder an 1 Kön 22,42–51 anlehnt. Ab 2 Chr 20,31–37 hat man den Eindruck, dass Josaphats Innenpolitik in Juda überhaupt zum ersten Mal erwähnt wird. Am Ende seiner Herrschaft stellt 2 Chr 20,31 Josaphat mit einer klassischen Einleitungsformel vor, die seine Herrschaftszeit und Herkunft nennt. Dieser Vers fügt sich an Josaphats Rückkehr nach Jerusalem in 2 Chr 19,1, nicht aber an die ausführlichen Schilderungen zuvor.

Josaphat wird in 2 Chr 20,32 f. ambivalent bewertet, wodurch alle seine positiven Kultreformen in Frage gestellt sind. Er mag als Person kein negativer Herrscher sein, da seine Frömmigkeit in 2 Chr 20,32 in Kontinuität zu Asa steht. Doch weicht die Chronik gegenüber dem Parallelvers in 1 Kön 22,43 leicht, aber markant ab. Dort heißt es über Josaphat: „Er ging auf dem ganzen Weg Asas" (וַיֵּלֶךְ בְּכָל־דֶּרֶךְ אָסָא). In der Chronik fehlt bewusst die Vokabel „ganz", da Josaphat zwar auf Asas Weg wandelt, aber eben nicht ganz. Diese Änderung ist ein Indiz dafür, dass Josaphats Herrschaft nicht an Asas Gottgefälligkeit heranreicht. Denn seine Regierung weist laut 2 Chr 20,33 den Mangel auf, dass die Höhen fortbestehen und das Volk sein Herz nicht Gott zugewandt habe.

Dieses ambivalente Urteil steht der Beseitigung der Höhen in 2 Chr 17,6[212] und der erfolgreichen Lehrtätigkeit in 2 Chr 17,7–9; 19,4–11 diametral entgegen. Denn laut diesen Versen agiert nur Josaphat fromm, nicht aber sein Volk. Seine Frömmigkeit rettet Josaphat zwar aus Ramot Gilead, doch die Bewertung seiner Herrschaft wird durch die Vergehen des Volks getrübt.[213] Ein guter König muss schließlich dafür sorgen, dass Volk und Gott zueinander finden. Seinem Vorgänger Asa gelang es in 2 Chr 14,3 f. noch, ganz Juda zu Gott zu führen und die Höhen zu tilgen. Aus diesen Gründen stelle ich die These auf, dass 2 Chr 20,31–34 die ursprüngliche kritische Beschreibung von Josaphats Wirken in Jerusalem darstellt, die sich an das Bündnis mit Ahab anschließt. Erst die ausführlichen Ergänzungen in 2 Chr 17; 19 f. wollen Josaphats Makel durch Kultreformen im Volk und durch Höhentilgungen korrigieren und drängen die negativen Verse an den Rand, so dass Josaphat einer der größten Könige Judas wird.

Dagegen erscheint das Ende Josaphats in schlechtem Licht. 2 Chr 20,35–37 berichten vom negativen Schlusspunkt, bei dem viele Elemente aus den zusammenhanglosen Angaben aus 1 Kön 22,48–50 wiederkehren. Die Chronik komponiert daraus eine Erzählung mit einem zweiten Bündnis zwischen Josaphat und

---

212 Die Chronik spiritualisiert in 2 Chr 20,33 die Opfer. Während 1 Kön 22,44 Josaphat falsche Opferpraktiken vorwirft, heißt es jetzt, das Volk hätte sein Herz nicht JHWH zugewandt. Vgl. McKenzie, 1–2 Chronicles, S. 297.
213 Vgl. Strübind, Tradition, S. 193 f., 198.

dem Nordreichkönig Ahasja.[214] Dieser Pakt liefert den Grund für den Untergang der Schiffe, da Bündnisse mit Israel in der Chronik immer scheitern.[215]

Doch beim detaillierten Lesen des Bundes treten im Chroniktext Doppelungen auf. So verbünden (חבר) sich die Könige in 2 Chr 20,35.36 zweimal. Nach dem ersten Bundesschluss in 2 Chr 20,35 erfolgt eine abrupte Bewertung Ahasjas: „Dieser handelte gottlos" (הִרְשִׁיעַ). Die Wertung wird in 2 Chr 20,36 durch eine Wiederaufnahme des Bundesschlusses umschlossen. Die Erwähnung „Er war gottlos" deutet das wiederholte Bündnis explizit als Fehler. Dabei wird auf die Rede des Propheten Jehu zurückgegriffen, der in 2 Chr 19,2 Ahab als Gottlosen (רָשָׁע) schmäht. Diese Wertung liefert eine kurze, aber nachträgliche Deutung des Schiffbaus.

Im Paralleltext in 1 Kön 22,49 findet sich die umständliche Formulierung, dass die Könige die Schiffgattung der „Tarsis-Schiffe"[216] bauen wollen, um in Ofir Gold zu holen. Die Chronik erleichtert die ihr offenbar unverständliche Angabe und lässt Schiffe bauen, die nach Tarsis fahren sollen. Das Projekt scheitert ebenso wie das erste Bündnis mit Ahab.[217] In 2 Chr 20,37a tritt wieder ein Chronikprophet auf, der das Geschehen explizit als Strafe Gottes deutet:[218] „Weil du dich mit Ahasja verbündet hast, zerbricht JHWH deine Werke". Dieser Prophet führt Jehus Rede in 2 Chr 19,2 f.[219] und die Ergänzung in 2 Chr 20,35b.36aα fort, dass Ahasja gottlos handelte.[220] Darum erweisen sich die Verse 2 Chr 19,4b–20,30. 35b.36aα.37a als Ergänzungen, die auf Jehus Rede in 2 Chr 19,2 f. aufbauen.

### 4.2.5  2 Chr 17;19–20: Die vorgezogene Volksbelehrung und die Prozession

Der Text der Grundschicht war also viel kürzer, ehe er fortgeschrieben wurde. Die umfangreichen Ergänzungen sind aber nicht einheitlich. Gleich in 2 Chr 17 werden viele Informationen aneinandergereiht und viele namentlich genannte Beamte

---

214 Die Chronikdarstellung fußt auf Ahasjas Anfrage aus 1 Kön 22,50, ob Josaphat ihn und seine Diener auf Schiffen mitfahren lässt. In 1 Kön 22,49 kommt die Anfrage aber erst, als die Schiffe bereits zerstört sind. Die Chronik glättet den zusammenhanglosen Text und stellt das Bündnis vor den Schiffsbau. Vgl. Strübind, Tradition, S. 191.

215 Vgl. Rudolph, Chronikbücher, S. 263.

216 „Tarsis-Schiffe" bezeichnen Handelsschiffe, die wertvolle Güter transportieren. Deshalb gelten die Schiffe in vielen Texten als Inbegriff weltlichen Hochmuts. 1 Kön 10,22; Ps 48,8; Jes 2,16; 23,1.14.

217 Vgl. Würthwein, Könige, S. 264; Rudolph, Chronikbücher, S. 264.

218 Vgl. Hanspach, Inspirierte Propheten, S. 129.

219 Vgl. Kratz, Komposition, S. 34.

220 Die Vokabel „deine Werke" (מַעֲשֶׂיךָ) kann auf Götzendienst verweisen. Dtn 4,28; Jes 2,8; 17,8; 37,19; Jer 25,6 f.14. Vgl. Strübind, Tradition, S. 197.

und Kleriker werden eingesetzt.[221] Nachdem die Höhen und Ascheren entfernt wurden, sendet Josaphat in 2 Chr 17,7–9 ein erstes Mal Lehrer der Tora unter das Volk. Das geschieht in 2 Chr 17,7 ungewöhnlich in Josaphats drittem Jahr, obgleich die Jahre seines Wirkens sonst nie gezählt werden.[222] Allerdings sind die Verse problematisch. Sie führen zwar die Kultthematik aus 2 Chr 17,6 fort, doch konkurrieren sie mit Josaphats späteren Maßnahmen in 2 Chr 19,4. An dieser Stelle heißt es, dass er nach seiner Ermahnung durch den Propheten Jehu unter das Volk zog (וַיֵּצֵא), um es zu JHWH zurückzubringen (וַיְשִׁיבֵם אֶל־יְהוָה אֱלֹהֵי אֲבוֹתֵיהֶם).[223] Dieser Befehl setzt demnach ein Volk voraus, das noch belehrt werden muss. Josaphat lehrt dort also erstmalig mit Richtern, um das Volk zu bekehren. Das haben aber laut 2 Chr 17,7–9 bereits vor allem die Leviten erledigt. Beim Übergang von 2 Chr 17,9.10 tritt zudem ein thematischer Bruch auf. Während 2 Chr 17,9 noch die Belehrung Judas durch die Tora abschließt, liegt in 2 Chr 17,10 der „Schrecken JHWHs" über den Völkern, weswegen die Philister ehrerbietig Geschenke darbringen. Diese Darstellung greift auf 2 Chr 17,5 f. zurück, da Josaphats Ruhm nun auch in anderen Reichen honoriert wird. Aus den genannten Gründen stellt die Volksbelehrung in 2 Chr 17,7–9 einen Nachtrag dar, um die Kultreform mit der Tora-Belehrung zu verbinden.

In 2 Chr 17,12 erbaut Josaphat Burgen und Vorratsstädte. Darauf folgt in 2 Chr 17,13–19 eine detaillierte Liste von Soldaten, die die Namen der Anführer und Truppen nennt. 2 Chr 17,13 weist dabei einige Auffälligkeiten auf. Josaphat erledigt viele Arbeiten[224] in den Städten Judas. Doch danach beginnt ein neues Thema: Josaphats Armee in Jerusalem wird vorgestellt. Die Soldatenzahl übertrumpft die Armeen seiner Väter deutlich:[225] 1.170.000 Soldaten werden insgesamt aufgezählt – eine utopisch große Menge. Doch ist die riesige Armee sowohl in der Grundschicht als auch in der zweiten Schicht ein Fremdkörper. Wellhausen fragt berechtigt: „[Z]u Kriegen werden sie nicht gebraucht, der Sieg kommt von Gott und von der Musik der Leviten."[226] In der Tat treten diese Soldaten nirgends auf. Weder in Ramot Gilead in 2 Chr 18 noch beim Angriff der drei Völker in 2 Chr 20 spielen sie eine Rolle. Es wäre doch naheliegend, dass sie im Verteidigungskrieg

---

**221** Vgl. Benzinger, Bücher, S. 105.
**222** Wie in Neh 8 kommt es also zur Volksunterweisung. Vgl. Japhet, 2 Chronik, S. 218.
**223** Die LXX glättet den Text: „Josaphat [...] zog wieder unter das Volk." Auf diese Weise wird die Kontinuität zu 2 Chr 17 betont.
**224** Oft wird מְלָאכָה mit „Vorräte" übersetzt, wie es im Gesenius vorgeschlagen wird. Doch die gängige Übersetzung „Werk"/„Arbeit" sei hier präferiert.
**225** Vgl. McKenzie, 1–2 Chronicles, S. 289.
**226** Wellhausen, Prolegomena, S. 204.

zum Einsatz kommen.[227] In 2 Chr 20,12 betet Josaphat dagegen verzweifelt, dass er keine Kraft habe, um gegen die große Menge feindlicher Soldaten etwas auszurichten. Warum aktiviert er nicht einfach seine 1.100.000 Soldaten, die in Jerusalem stationiert sind? Diese Argumente sprechen dafür, dass die Liste der Soldaten im Zusammenhang mit den anderen Listen in 2 Chr 17,7–9 nachgetragen ist, um die Militärbauten in 2 Chr 17,2.12 durch die Nennung von Soldatennamen zu „konkretisieren"[228].

Als Folge von Jehus Rede setzt Josaphat in 2 Chr 19,4–7 im Land Richter ein, die in 2 Chr 19,6 den Auftrag erhalten, Recht im Sinne Gottes zu sprechen. Doch in 2 Chr 19,8 setzt er ein zweites Mal Leviten und Familienoberhäupter für Rechtsfragen in Jerusalem ein. Galling fragt mit Recht, warum der König zuletzt in Jerusalem aktiv wird, obwohl er in dieser Stadt seinen Sitz hat.[229] Doch die Notiz ist auch syntaktisch auffällig. Josaphat setzt die Priester in Jerusalem am Versbeginn von 2 Chr 19,8 ein, aber erst danach kehrt er nach Jerusalem zurück (וַיָּשָׁב יְרוּשָׁלָם). Dieser Vers klappt also nach und lässt fragen, wie Josaphat die Priester in Jerusalem einsetzen kann, bevor er sich dort aufhält.[230] Die nachgeklappte Information gehört zur ältesten Textschicht, die erweitert wurde und jetzt isoliert im Text steht. Josaphat kehrt nach der Richtereinsetzung wieder nach Jerusalem zurück, woraufhin die Schlacht in 2 Chr 20,1 beginnt. Diese Darstellung wurde mit Befehlen an die Leviten in 2 Chr 19,8a.9–11 ergänzt. Damit werden Josaphats Richter den Leviten untergeordnet, die im Sinne von Dtn 21,5 die Rechtsprechung organisieren. Der König überträgt richterliche Funktionen an die Priester, die dadurch einen Zuwachs an politischer Macht gewinnen.

Als nach der großen Volksbelehrung in 2 Chr 20 die gegnerischen Armeen heranziehen, hält Josaphat in 2 Chr 20,6–12 sein großes Gebet an Gott inmitten seines Volkes. Doch das Gebet weist zwei Argumentationsstränge auf. Der erste Strang ruft JHWH in den Versen 2 Chr 20,6.10aα(bis שֵׂעִיר).12 an, dass er Juda beistehe und die Gegner richte. Zwischen diesen genannten Versen steht in 2 Chr 20,7–9.10 f. eine Abhandlung, die auf die Landnahme und den Tempelbau zurückblickt.

Diese Abhandlung geht über den Schlachtenkontext weit hinaus und nimmt einen Geschichtsrückblick auf die Landverheißung vor, in der Moab und die Leute aus Seir verschont blieben, da ihr Land laut Dtn 2,1–9 Esau gehörte. Auffällig argumentiert Josaphat dabei in 2 Chr 20,7 mit der Landnahme des Gesamtvolks Israels aus Dtn 1,8, während zuvor in 2 Chr 20,5 nur von Juda und Jerusalem die Rede

**227** Vgl. Hanspach, Inspirierte Propheten, S. 119.
**228** Galling, Bücher, S. 125. Vgl. Rudolph, Chronikbücher, S. 251.
**229** Vgl. Galling, Bücher, S. 127.
**230** Vgl. Japhet, 2 Chronik, S. 239.

war. Laut 2 Chr 20,10 kehren nun die alten biblischen Feinde zurück, um die Landnahme rückgängig zu machen.[231]

Die Imperative der Anrufung in 2 Chr 20,6.12 hingegen richten sich an Gott als Pantokrator, den allmächtigen König der Völker. 2 Chr 20,10 zählt die feindlichen Völker auf, bevor Josaphat in 2 Chr 20,12 Gottes Gericht über die Feinde erbittet. Damit wird an die Einsetzung der Richter in 2 Chr 19,4b–7 angeknüpft. Laut diesen Versen verbreitet Josaphat Gottes Recht, das nun eingefordert wird. Auch der Prophet Jahasiel nimmt in 2 Chr 20,15–17 nur auf die Anrufungen Bezug, nicht aber auf die Landnahme. Darum sind die Geschichtsrückblicke in 2 Chr 20,7–9 und in 2 Chr 20,10 f.[232] nachgetragen. Ursprünglich erbittet Josaphat kurz Gottes Gericht über Judas Gegner.

Das Gebet beantwortet der Prophet Jahasiel in 2 Chr 20,15–17, der aber in 2 Chr 20,14 ungewöhnlich vorgestellt wird. Bei Propheten wird in der Chronik normalerweise nur der Vater genannt, bei Jahasiel ist es ein ganzer Stammbaum. Laut dieser Genealogie leitet sich Jahasiel von einem levitischen Sänger aus dem Stamm Asaf ab. Die Leviten vom Stamm Asaf erhalten von David in 1 Chr 16,4 f. vor allem eine liturgische Funktion, da sie rühmen, preisen und loben sollen. Doch Jahasiels Botschaft ignoriert die liturgische Dimension und richtet sich an das gesamte Volk. Nach der Errettungsverheißung des Propheten fällt das ganze Volk nieder und verneigt sich vor Gott. Wieder stehen in 2 Chr 20,19 die Leviten auf und preisen Gott mit lauter Stimme. Sie erfüllen damit ihren Auftrag von David, JHWH zu rühmen und zu loben. Die Liturgie der Asaf-Leviten tritt also immer wieder schlaglichtartig hervor. Doch syntaktisch ist sie schlecht in den Text integriert. Der Zug des Volks zum Schlachtfeld in 2 Chr 20,20 knüpft nicht an die Verse zuvor an, wie Steins und Büchler konstatieren. Denn das Prädikat „Sie standen auf" (וַיַּשְׁכִּימוּ) würde demnach die Leviten zum Subjekt haben. Dagegen ist hier aber in 2 Chr 20,20 Juda Subjekt wie in 2 Chr 20,18.[233]

Die Leviten werden in 2 Chr 20,14.19 zu Protagonisten des liturgischen Kultes. Und auch vor der Schlacht treten sie in 2 Chr 20,21 f. ins Zentrum. Doch hält Josaphat in 2 Chr 20,20 einen Schlussappell an das ganze Volk, dass Juda nur durch Gottessuche im Krieg bestehen kann.[234] Von Leviten wird hier aber nicht gesprochen. Erst nach der Rede beratschlagt Josaphat in 2 Chr 20,21 f. mit dem Volk und lässt Sänger aufstellen. Die Beratschlagung erfolgt zu spät, da die Kriegsvorberei-

---

**231** In 2 Chr 20,1 kommen nur die Moabiter und Ammoniter. Hingegen bleibt die dritte Partei unklar, da die Leute von Seir erst in 2 Chr 20,10 auftreten. Vgl. Strübind, Tradition, S. 182 f.
**232** In 2 Chr 20,10 wird der Text ab der Vokabel אֲשֶׁר ergänzt.
**233** Vgl. Steins, Abschlußphänomen, S. 405.409; Büchler, Tempelmusik, S. 100.
**234** Vgl. Japhet, 2 Chronik, S. 256. Dabei bedient sich Josaphat des berühmten Wortspiels aus Jes 7,9: „Glaubt ihr nicht, so bleibt ihr nicht." Vgl. von Rad, Levitische Predigt, S. 119.

tung durch den Appell bereits abgeschlossen ist. Und wieder treten Sänger auf, die sich vor die Soldaten an die Spitze stellen und mit heiligem Schmuck jubeln und Loblieder anstimmen. Man fragt sich hier natürlich, warum jetzt doch Militär auftritt, obwohl Juda zuvor aufgefordert wurde, nicht zu kämpfen. Doch auch später treten keine Soldaten auf, sondern das gesamte Volk aus Juda zieht in 2 Chr 20,25 hinauf. Wichtiger sind die Sänger, die keine Laien aus dem Volk sind.[235] Denn in der Chronik wird die Liturgie ausschließlich durch die Leviten gesungen und die gerade genannten Textstellen in den Versen 2 Chr 20,14.19 betonen dies auffällig.[236] Darum vollziehen die Leviten nun ihr Meisterwerk und rufen in 2 Chr 20,21 aus: „Preiset JHWH, denn ewig währt seine Gnade!" Dieses Zitat entstammt wieder Davids Danklied an die Asaf-Leviten in 1 Chr 16,34. Während Juda laut dem Propheten in 2 Chr 20,15–18 nur JHWHs Handeln beschauen sollte, entsteht jetzt eine „Kultprozession"[237], die sich an Davids Danklied in 1 Chr 16 orientiert.

Zuletzt wird der Sieg in der Schlacht in 2 Chr 20,22f. doppelt geschildert. In 2 Chr 20,22 legt Gott zum Zeitpunkt des levitischen Lobgesanges Hinterhalte gegen die Angreifer. Diese Hinterhalte werden nicht spezifiziert, außer dass sie von Gott stammen.[238] Er selbst schlägt die Feinde, während die levitische Liturgie erklingt. Dem folgt aber die konkurrierende Darstellung in 2 Chr 20,23, dass die Angreifer selbst übereinander herfallen und sich vernichten. Es liegt also kein Hinterhalt vor, sondern eine gegenseitige Vertilgung.[239]

Der Hinterhalt bringt stärker die Macht der göttlichen Leviten-Liturgie zum Ausdruck. Doch davon reden Josaphat und Jahasiel nicht, sondern allein vom Vertrauen auf JHWH (2 Chr 20,17.20). Das überraschende gegenseitige Vertilgen der Feinde in 2 Chr 20,23 ist damit ursprünglicher, da die Macht der Feinde wegen Judas Vertrauen in sich zusammenfällt.

Die dritte Schicht störte, dass Gott nicht explizit die Feinde schlägt. Deswegen ergänzte sie die Hinterhalte Gottes, die durch die levitische Liturgie ausgelöst werden. Dieser liturgische Sieg legt das Gotteslob in 2 Chr 20,26–28 aus. Dort zieht das Volk freudig zurück und dankt Gott, ohne dass von der Liturgie der Leviten gesprochen wird.[240]

---

235 Vgl. Steins, Abschlußphänomen, S. 408.
236 2 Chr 5,12f.; 7,6. Vgl. Büchler, Geschichte, S. 100.
237 Japhet, 2 Chronik, S. 255. Vgl. Hanspach, Inspirierte Propheten, S. 123.
238 Vgl. Rudolph, Chronikbücher, S. 262; Galling, Bücher, S. 128; McKenzie, 1–2 Chronicles, S. 297. Jos 8,1–21; 2 Chr 13,13.
239 Jdc 7,22; 1 Sam 14,20.
240 1 Sam 2,1; Ps 30,2. Vgl. Büchler, Tempelmusik, S. 101; Williamson, 1 and 2 Chronicles, S. 295.

## 4.3 Theologiegeschichtliche Entwicklung: ein guter Herrscher mit Makeln sowie Lichtgestalt der Chronik

Als Erzähltext bietet die Grundschicht in wenigen Versen eine positive Einleitung und ein ambivalentes Ende. Im Zentrum des Textes steht aber die Schlacht in Ramot Gilead in 2 Chr 18,1–3.28–34, die noch ohne die Micha-Erzählung auskam. Die Chronik präsentiert den Text nun aus Josaphats Perspektive, während dieser in 1 Kön 22 eher als Randfigur auftritt. Viele Details wie das Treffen in Samaria werden ausgebaut, so dass Josaphat und Ahab einander ebenbürtig sind.

Doch Ahabs Ehrerbietung ist mit bösen Absichten verbunden. Er „verleitet" (סות) Josaphat zum Feldzug, womit sogleich der problematische Charakter des Unternehmens unter Beweis gestellt wird.[241] Ahab drängt Josaphat in eine unheilvolle Falle. Josaphat soll in der Schlacht als Ahab-Double auftreten, da die Aramäer nur den König suchen (2 Chr 18,30), um ihn zu töten. In 2 Chr 18,29 verkleidet sich (הִתְחַפֵּשׂ) Ahab und lässt Josaphat seine königlichen Gewänder anziehen. Dieser Plan scheitert und trotz Verkleidung stirbt Ahab. Für die Chronik ist Ahabs Verhalten der Inbegriff des Verrats und schlechten Verhaltens. Auf diese Art und Weise lässt sie parallel zu Ahab später den großen Josia sterben, um seinen Abfall von JHWH darzustellen. In 2 Chr 35,22 f. verkleidet sich auch Josia beim Krieg gegen die Ägypter und wird von einem Pfeil getroffen. Dazu wiederholt er Ahabs letzte Worte: „Bringt mich weg, denn ich bin schwer verwundet." Das Verkleiden wird als unlautere Methode dargestellt, um unehrliche Wege abseits von JHWH zu gehen und wird mit dem Tod bestraft.[242]

Josaphats Rettung gleicht dabei der Errettung von Juda gegen Israel in 2 Chr 13. In beiden Texten ist die Ausgangssituation aussichtslos. So wird Josaphat von gegnerischen Wagenführern in 2 Chr 18,31 gezielt eingekreist, wie Israel Juda in 2 Chr 13,13 in einen Hinterhalt führt. Josaphat schreit wie Juda in 2 Chr 13,15 verzweifelt mit der Vokabel זָעַק zu Gott. Hier fügt die Chronik in 2 Chr 18,31 den deutenden Satz ein: „Und JHWH half ihm. Und Gott lenkte sie fort von ihm." Das Schreien zu Gott stellt demnach ein festes theologisches Motiv der Chronikgrundschicht dar.[243] זָעַק ruft Gottes Eingreifen hervor, der sein Volk aus der Not

---

**241** Besonders im religiösen Kontext wird die Vokabel negativ konnotiert. So wird König David im Buch Samuel mit dieser Vokabel zur Volkszählung verleitet, weswegen er den Tempel nicht bauen darf. 2 Sam 24,1/1 Chr 21,1. Dtn 13,10 fordert die Todesstrafe bei der Verleitung zur Fremdgötterei. Vgl. Williamson, 1 and 2 Chronicles, S. 285; Strübind, Tradition, S. 161; McKenzie, 1–2 Chronicles, S. 290.

**242** Dafür könnte Sauls Verkleidung Pate stehen, als er die Totenbeschwörerin befragt. 1 Sam 28,8.

**243** „Die Wende [...] wird mit dem Aufschrei Israels zu Jahwe heraufgeführt" (Wolff, Kerygma, S. 177).

errettet und die Schlacht selbst schlägt, wie er es schon im Exodus getan hat.[244] Somit lassen die Aramäer in 2 Chr 18,32 nicht zufällig ab wie in 1 Kön 22,32 f. Dort realisieren die Wagenlenker nur, dass sie nicht den König von Israel vor sich haben und wenden sich daraufhin ab. In 2 Chr 18,31 hingegen entscheidet sich das Schlachtgeschehen durch Gottes Eingreifen, da Gott die Feinde wegleitet. Damit trifft auch der Bogenschütze Ahab nun nicht mehr zufällig, sondern durch „Gottesentscheid"[245]. Als Gott die Reiter von Josaphat wegleitet, verwendet die Chronik in 2 Chr 18,31 wieder bewusst die Vokabel „Leiten" (סות). Mit derselben Vokabel hat Ahab in 2 Chr 18,3 Josaphat zum Feldzug verleitet. Gott holt Josaphat nun wieder aus der Falle heraus und belohnt ihn für seine Frömmigkeit in 2 Chr 17,4. Den Fallensteller Ahab, der ihn heimtückisch verleitet hat, hingegen lässt er sterben. So fasst McKenzie zutreffend zusammen: Menschen lassen sich täuschen, Gott aber nicht.[246]

Während Ahab in 2 Chr 18,34 am Abend der Schlacht stirbt, kehrt Josaphat in 2 Chr 19,1 in Frieden heim. Während Gott seine schützende Hand über den frommen Josaphat hält, geht der gottlose Ahab trotz seiner Tricks und Fallen unter. Mit Hilfe von dezenten Glättungen an der Vorlage wird die Schlacht theologisiert und zu einem Lehrstück über den Lohn der JHWH-Treue umgearbeitet, die den frommen Josaphat aus der Not befreit.

Dennoch ist Josaphat keinesfalls "one of the most righteous kings of Juda"[247], sondern ambivalent einzuschätzen. Einerseits wird er als Person positiv dargestellt, da er Gott sucht und dadurch Ahabs Falle überlebt. Andererseits wird er am Ende kritisiert, da der Bericht mit einem misslungenen Schiffsbauprojekt endet. Diesen Misserfolg komponiert die Chronik gegen die Vorlage als Fazit seiner Innenpolitik.[248] Josaphat mag laut Grundschicht zwar ein bemühter König sein, dem JHWH in der Not hilft, aber er erfüllt nicht seine Hauptaufgabe, nämlich auch das Volk zu Gott zu führen.

Die Verschwägerung mit Israel, die hier mit gefährlichen und erfolglosen Projekten vorgestellt wird, erweist sich langfristig als fatal, da sie die Atalja-Krise einleitet, in der eine Frau aus dem Nordreich in Juda herrschen wird. Trotz Josaphats Verdienste beginnt mit seiner Herrschaft eine dunkle Ära Judas.

Durch die zweite Schicht wird der ambivalente König Josaphat zu einer Lichtgestalt der Chronik umgestaltet. Hingegen wird sein Vater Asa, der in der

---

244 Anders deutet Rudolph den Ausruf als Stoßgebet. Vgl. Rudolph, Chronikbücher, S. 254.
245 Galling, Bücher, S. 121.
246 Vgl. McKenzie, 1–2 Chronicles, S. 291.
247 McKenzie, 1–2 Chronicles, S. 286.
248 "The episode owes its origin to 1 Kgs 22:48–49, but the Chronicler has completely altered it so that it now says precisely the opposite" (McKenzie, 1–2 Chronicles, S. 298).

Grundschicht positiv agiert, nun kritisch dargestellt. Demzufolge kehrt die zweite Chronikschicht das Verhältnis der beiden Könige um: Asa agiert nun ambivalent, während Josaphat mehrheitlich lobenswert handelt. Die Frömmigkeit der beiden Könige in Krisensituationen wird damit neu bewertet. Asa wendet laut zweiter Schicht in 2 Chr 16,1–6 irdische Machtmittel wie diplomatische Bündnisse an. Hingegen schreit Josaphat in 2 Chr 18,28–34 zu Gott und wird gerettet. Josaphats Verhalten wird von der zweiten Schicht als frommer bewertet als Asas schlaue Finesse. Darum soll Josaphat nicht mehr mit Asa auf einer Stufe stehen (2 Chr 20,32), da dieser zu wenig Gottvertrauen zeige.[249] Auch wird in der zweiten Schicht die ambivalente Darstellung Josaphats als positiver König, der aber weder die Höhen im Land tilgt noch das Volk missioniert, als inkonsequent empfunden. Darum wird eine Gegendarstellung verfasst, die Josaphat als Kultreformer und Volksmissionar darstellt. Durch die Tilgung der Höhen und Ascheren in 2 Chr 17,6 verdient er sich seine positive Bewertung.

Die zweite Schicht schreibt Josaphat und Asa in 2 Chr 14; 17 gute Herrschaftsphasen zu Beginn ihrer Herrschaft zu. Beide nutzen bravourös die Zeit vor dem Krieg als Ruhezeit, um sich auf schlechte Zeiten des Krieges vorzubereiten und errichten Festungsbauten und erhalten Ruhm und Ehre durch Geschenke aus dem Ausland als Folge ihrer guten Herrschaft. Der „Schrecken JHWHs", der aus der emsigen Kultpflege entsteht, sichert demnach Judas Frieden.

Darum verurteilt Jehu den Bund mit Ahab explizit als schweren Fehler. Beide Könige handeln falsch. Denn bei Fehlern kommt es darauf an, auf das mahnende Prophetenwort zu hören, das in der zweiten Schicht zentral ist. Josaphat hört darauf, Asa in 2 Chr 16,7–9 hingegen nicht.

Josaphat besinnt sich in 2 Chr 17 offenbar auf seine angebliche Gegnerschaft zu Ahab. Damit wird hervorgehoben, dass der Bund mit Ahab nicht etwa Einflüsse auf Judas gute Innenpolitik gehabt habe. Da Josaphat aus seinen Fehlern lernt und sich auf seine Anfangszeit besinnt, setzt er nun Richter ein, womit er seinem Namen „JHWH ist Richter" (יְהוֹשָׁפָט) alle Ehre macht.[250] Von seinem Namen leitet sich die ideal-typische Einsetzung der Richter ab. Sie sollen nicht menschliche, sondern Gottes Ordnungen übermitteln. Josaphat setzt damit wie Mose Richter in Ex 18,13–22 ein, die die göttliche Ordnung unter das Volk zu bringen.[251] Dadurch wird der zweite Vorwurf aus 2 Chr 20,33 korrigiert, dass das Volk sein Herz nicht

---

**249** Darum lässt die zweite Schicht Josaphat in 2 Chr 19,7 sagen, dass es in Juda keine Bestechung geben darf.

**250** „[D]er Grund, warum ausgerechnet [... Josaphat] zu diesem Werke ausersehen wird, liegt einfach in seinem Namen J a h v e   i s t   R i c h t e r " (Wellhausen, Prolegomena, S. 186). Vgl. Williamson, 1 and 2 Chronicles, S. 287.

**251** Vgl. Strübind, Tradition, S. 173.

Gott zuwandte. Denn durch die Belehrung kommt das Volk in der Not geschlossen zum Tempel.

Wie bei Asa wird in 2 Chr 20 ein komplementärer Krieg geschildert, bei dem sich Josaphat allein auf JHWH stützt und somit vorbildhaft zeigt, wie man einen Heiligen Krieg führen sollte.[252] Er vertraut auf Gott, wie es Davids Dankgebet in 1 Chr 29,11 f. fordert. Die Antwort des Propheten Jahasiel verkündet Gott als Retter seines Volks, der für sein Volk kämpft, wie es in Dtn 3,22 versprochen wird. Das Gottesvolk kann als Zuschauer zusehen, wie die „Errettung JHWHs" (יְשׁוּעַת יְהוָה) erfolgt. Im Anschluss sorgt wieder einmal der „Schrecken JHWHs" spektakulär für Judas Ruhm und Sieg.[253] Die Errettung ist Josaphats Verdienst, der als Repräsentant sein Volk zu Gott bringt.

Die kritischen Verse am Ende des Textes in 2 Chr 20,31–37 werden durch die zweite Schicht an den Rand geschoben. Sie sind im Endtext lediglich kritische Randnotizen des späten Josaphat. Hier gehorcht er laut 2 Chr 20,20 JHWHs Propheten nicht mehr. Grundlegend strukturieren also die Propheten der zweiten Schicht den Text,[254] da sie die theologischen Maximen verkünden: Vertraue und suche allein JHWH, dann errettet er dich aus aller Not.[255]

Die Nachträge der dritten Schicht verstärken die Tendenz zur Idealisierung Josaphats, da er hier durchgängig den reinen, levitischen Kult pflegt und den Priestern die Vorrangstellung bei kultischen wie politischen Fragen gewährt (2 Chr 19,8–11; 20,21 f.). In 2 Chr 17,7–9 wird seine Volksbelehrung in 2 Chr 19,4–11 vorgezogen. Dazu wird ihm ein gigantisches Heer zur Seite gestellt, das seinen Ruhm demonstriert. Bemerkenswert ist bei der ersten Volksbelehrung in 2 Chr 17,9, dass die Leviten aus dem „Buch der Tora JHWHs" (סֵפֶר תּוֹרַת־יְהוָה) lehren. Dadurch werden Josaphats Maßnahmen zum Vorläufer von Josias großer Kultreform. Denn in 2 Chr 34,14 f. findet der Priester Hilkija bei der Tempelrestauration exakt die Tora wieder, das verlorene Gesetzbuch JHWHs.[256] Damit werden Josaphats levitische Kultreformen als Epoche höchster Frömmigkeit präsentiert.

Die große Schlacht gegen die Leute aus Seir wird nun mit der Landnahme-Tradition gedeutet. Die Völker, die das Gottesvolk beim Einzug in Israel nicht vernichtet hat, rücken nun als Feinde heran. Die Schlacht wird somit als Angriff auf die Landnahme-Versprechen der Tora gedeutet, die in Dtn 1,8 f. stehen. Doch die göttliche Liturgie rettet aus der Not. Das alleinige Vertrauen auf JHWH, das Josaphat

---

**252** Vgl. Galling, Bücher, S. 126 f.
**253** 2 Chr 14,6; 15,15.
**254** Vgl. Strübind, Tradition, S. 166 f.178.186.189.
**255** Vgl. Micheel, Prophetenüberlieferungen, S. 55.
**256** Vgl. Rudolph, Chronikbücher, S. 251.

in der zweiten Schicht in 2 Chr 20,12 gefordert hat, rückt dabei in den Hintergrund. Auch stellt Gott jetzt aktiv selbst Fallen, die die Gegner bezwingen. Die levitische Liturgie aktiviert Gottes Eingreifen und erwirkt Judas Rettung. Gepflegt wird sie im Tempel, dem Haus, in dem JHWHs Name wohnt. Die Deutung greift dabei auf Salomos Gebet aus 2 Chr 6 zurück. Dort finden sich die Befehle zur Kultpflege am heiligen Tempel.[257] So heißt es in 2 Chr 6,29 f.:

> „Jedes Gebet, jedes Flehen, das dann von irgendeinem Menschen oder von deinem ganzen Volk Israel vorgebracht wird, [...] wenn er seine Hände gegen dieses Haus hin ausbreitet, [30] das erhöre du vom Himmel her, der Stätte, wo du thronst!"

Im Tempel kommen das Volk und Gott zusammen. Dadurch ist er die Keimzelle von Judas Stärke. Denn nicht Vertrauen und Gebete allein erwirken die Rettung, sondern die Liturgie der Asaf-Leviten, die David in 1 Chr 16 gelehrt hat. Der Gang zum Schlachtfeld wird zur Prozession, bei dem Gott selbst die Feinde durch Hinterhalte vernichtet. Josaphats Erfolg fußt letztendlich darauf, dass er den Leviten den Feldzug überlässt. Als Akteure des reinen Kultes verschaffen sie Juda Heil durch ihre Liturgie.

## 4.4  Fazit: Josaphats Ambivalenz wird Glanz

Bei Josaphat treten deutlich die Unterschiede zwischen synchroner und diachroner Textbetrachtung zu Tage. In der Grundschicht tritt er noch nicht als großer König auf, der er im Endtext ist.[258] Er wird vielmehr ambivalent dargestellt, da seine Frömmigkeit zwar derjenigen seines großen Vaters Asa ähnelt, er aber diese nicht mehr dem Volk vermitteln kann. Zudem leitet er durch die Verschwägerung mit dem Nordreich eine negative Ära Judas ein.

Die zweite Schicht kehrt das Verhältnis zwischen Asa und Josaphat um. Asa wird ambivalent und Josaphat hingegen positiv bewertet, da letzterer in der Not allein auf JHWH vertraut. Diese Zusätze stellen die Innenpolitik Josaphats als Glanzzeit dar, weil er den Kult reinigt, Richter einsetzt und im Verteidigungskrieg allein auf JHWH vertraut. Das Vertrauen wird mit einem großen Sieg belohnt,

---

257 2 Chr 6,5 f.: „[5] Von dem Tag an, da ich mein Volk aus dem Land Ägypten herausführte, habe ich aus allen Stämmen Israels keine Stadt erwählt, um ein Haus zu bauen, damit mein Name dort sei [...]. [6] Aber Jerusalem habe ich erwählt, dass mein Name dort sei." Vgl. Galling, Bücher, S. 127; McKenzie, 1–2 Chronicles, S. 296.
258 Vgl. Strübind, Tradition, S. 192.

bei dem sich die Feinde gegenseitig vertilgen. Alle Kritik der Grundschicht wird hingegen an das Ende gedrängt.

Vollends idealisiert wird Josaphat erst durch die dritte Schicht, die ihn zum Lehrer der Tora stilisiert, der in kultischen und politischen Fragen den Leviten den Vortritt lässt. Diese gestalten den Sieg zu einer Prozession um, die die Rettung des Volks durch Gott verursacht.

## Exkurs: Micha Ben Jimla

### E1 Der Sonderstatus der Micha-Visionen in 1 Kön 22 und 2 Chr 18

Die Micha Ben Jimla-Erzählungen haben einen besonderen Status, da sie in den Chronik- und Königebüchern bis auf wenige Details nahezu identisch sind.[259] Die Unterschiede weisen darauf hin, dass die Erzählungen geringfügig an den jeweiligen Kontext angepasst wurden. Dennoch sind die Unterschiede marginal, wohingegen sich Chronik und Königebücher vor und nach dieser Erzählung markant unterscheiden. Damit sind auch die Spannungen der Micha-Erzählung in beiden Büchern erhalten geblieben. Es liegt hier also ein besonderer Fall vor, der von den bisher beobachteten Wachstumsprozessen abweicht. Der Text ist nicht Bestandteil der drei Chronikschichten. Somit stellt der Micha-Text die späteste Erzählung dieses Abschnitts dar.

Der Text beginnt in 2 Chr 18,4 mit Josaphats Veto gegen den Feldzug in Ramot Gilead: „Suche doch zuerst das Wort JHWHs". Ahab versammelt darauf in 2 Chr 18,5 seine 400 Propheten, die ihm zusichern: „Zieh hinauf, denn Gott wird es in die Hand des Königs geben." Doch Josaphat hat an der Einmütigkeit seine Zweifel und fragt in 2 Chr 18,6: „Gibt es hier sonst noch einen Propheten JHWHs, durch den wir ihn befragen können?" In 2 Chr 18,7 f. wird darauf Micha Ben Jimla von Ahab als JHWH-Prophet angekündigt, der immer nur Schlechtes weissagt, weswegen Ahab ihn hasst. Ein Beamte holt darauf Micha.

Während der Beamte sich auf den Weg macht, wechselt in 2 Chr 18,9–11 die Szenerie. Ahab und Josaphat sitzen am Tor von Samaria in Königsgewändern und die Propheten weissagen. Da tritt Zedekia, der Sohn von Kenaana, mit Eisenhörnern in der Hand hervor. Als Anführer der Propheten präsentiert er die Hörner und sagt: „So spricht JHWH: ‚Mit diesen wirst du Aram niederstoßen, bis du sie vernichtet hast'". Das bestätigen die anderen Propheten.

---

**259** Vgl. Japhet, 2 Chronik, S. 227; Micheel, Prophetenüberlieferungen, S. 26–30.

Nach dieser zweiten Weissagung wechselt wieder der Schauplatz. Der Bote kommt in 2 Chr 18,12f. zu Micha und bittet ihn: „Siehe, die Worte der Propheten sind einstimmig gut für den König. Lass doch dein Wort so sein wie eines von ihnen und sage Gutes an." Doch Micha entgegnet: „So wahr JHWH lebt, was mein Gott spricht, werde ich sagen."

Nun tritt Micha in 2 Chr 18,14–17 vor die Könige und Ahab fragt ihn, ob er nach Ramot Gilead ziehen soll. Überraschend weissagt Micha tatsächlich etwas Positives und bestätigt die Vorhersage der anderen Propheten: „Zieht hinauf und seid erfolgreich. Und sie werden in eure Hand gegeben." Doch Ahab gibt sich damit nicht zufrieden und beschwört ihn: „Dass du mir nichts sagst, als nur die die Wahrheit im Namen JHWHs". Da verkündet Micha seine Unheilsvision: „Ich sehe ganz Israel verstreut über die Berge wie Schafe, die keinen Hirten haben. Und es sprach JHWH: ‚Diese haben keinen Herren: Ein jeder kehre um in sein Haus in Frieden.'" Darauf spricht Ahab zu Josaphat „Habe ich es dir nicht gesagt? Er weissagt mir nichts Gutes, sondern nur Böses!"

Doch ab 2 Chr 18,18–22 schildert Micha eine weitere Vision, bei der JHWH auf seinem Thron inmitten seines Heeres sitzt. Gott fragt, wer Ahab betören möchte, damit er in Ramot Gilead fällt. Da erhebt sich ein Geist. Er will Ahab betören und ein Lügengeist im Mund aller seiner Propheten sein. Gott stimmt dem Plan zu und Micha resümiert: „JHWH hat einen Lügengeist in den Mund dieser deiner Propheten gegeben, denn JHWH spricht Unheil über dich."

Als Reaktion darauf tritt nun nach langer Pause in 2 Chr 18,23f. der Prophet Zedekia hervor, schlägt Micha und fragt: „Auf welchem Weg ist denn der Geist JHWHs von mir gewichen, um mit dir zu sprechen?" Die Frage verwundert natürlich, da die Vision über den Lügengeist Zedekias Frage beantwortet. Doch Micha verweist nicht auf den Lügengeist, sondern prophezeit Zedekia, dass sich das Geschehen in Zukunft als wahr erweisen werde. Erst in 2 Chr 18,25f. reagiert Ahab und ordnet an, Micha ins Gefängnis zu werfen, bis Ahab in Frieden zurückkehrt. Micha entgegnet ihm in 2 Chr 18,27 abschließend: „Wenn du wirklich in Frieden zurückkehrst, dann hat JHWH nicht durch mich gesprochen."

Diese kurze, aber komplexe Perikope wurde zahlreich und kontrovers in der Forschung diskutiert. So konstatiert Barbara Schmitz, dass der Text „ein Panorama der Prophetie"[260] sei, Kriterien für wahre und falsche Prophetie diskutiere und mehrere Antworten biete.[261] Die unterschiedlichen Antworten sollen nun differenziert betrachtet werden.

---

**260** Schmitz, Prophetie, S. 321.
**261** Vgl. Schmitz, Prophetie, S. 321.324; Behrens, Visionsschilderungen, S. 171. So postulieren Weippert und Steck hinter den literarisch gewachsenen Texten eine alte Legende, die erst später

## E2  Prüfung der Texteinheitlichkeit

Gleich das Eingangsszenario liefert zwei Propheten-Befragungen in 2 Chr 18,5–8.9–11. In 2 Chr 18,5–8 treten 400 Propheten auf, die dem Außenseiter Micha gegenübergestellt werden. 2 Chr 18,9–11 wiederholen die Propheten-Weissagung in einer anderen Szenerie. Diese wird am Toreingang von Samaria aufgebaut, also an einem öffentlichen Ort. Nun tritt der Prophet Zedekia von Kenaana auf, der die 400 Propheten als Anführer vertritt, nachdem sie alle geweissagt haben.[262] Mit dem Hörner-Helm, der offenbar ein Zeichen numinoser, göttlicher Macht verkörpert, verspricht er erneut den Sieg.[263] Er bezieht sich zwar auf JHWH, doch schon seine Herkunft aus Kenaana, ein Ort, der wie „Kanaan" klingt, und die Hörnermaske, die an altorientalische Gottheiten erinnert, verleihen ihm viele JHWH-ferne Attribute.[264] Er tritt nur in 2 Chr 18,10.23 f. auf und stellt dort die Gegenfigur zu Micha dar, indem er diesen tätlich angreift und seine eigene positive Vistion verteidigt. Sein Auftreten umrahmt somit Michas Prophetie. Ahab geht allerdings auf Zedekias Weissagung aus 2 Chr 18,10 f. nicht ein. Daher scheint diese Prophezeiung in 2 Chr 18,9–11.23 f. ein Nachtrag zu sein, der die Opposition zwischen Micha und Ahabs Hofpropheten ausbaut.

Erst 2 Chr 18,12 f. greift den Erzählfaden von 2 Chr 18,8 wieder auf, da wie befohlen der Prophet Micha gerufen wird. Doch auch diese Verse sind spannungsgeladen. Micha wird vom Boten zur Falschaussage gedrängt. Er beharrt auf seiner Unbestechlichkeit, dass er nur das Wort JHWHs sprechen will. Aber in 2 Chr 18,14 stimmt er in den Chor der anderen Propheten ein und sagt, dass Juda und Israel in den Krieg ziehen sollen. Dieser Ausspruch steht mit dem Dialog in Spannung, den Micha mit dem Boten führt. In dem Gespräch kündigt er doch an, nur JHWHs Wahrheit zu sagen. Wieso lügt Micha zuerst, um erst auf Ahabs Drängen in 2 Chr 18,16 Gottes Unheil auszusprechen? Das lässt den Dialog Michas mit dem Boten fraglich erscheinen. Auch die Figurenkonstellation erscheint auffällig. König Ahab schickt in 2 Chr 18,8 einen „Hofbeamten" (סָרִיס), während in 2 Chr 18,12 ein anderer „Bote" (מַלְאָךְ) kommt. Das Gespräch zwischen dem Boten und Micha bereitet darum Michas Lüge und die Falschaussagen der Propheten vor. Denn der Rat des Boten liefert ein Motiv für Falschaussagen. Micha antwortet, dass alles Gesagte, also auch die Falschaussage, ihm von Gott eingegeben

---

Josaphat und Ahab zugeordnet wurde. Vgl. Steck, Bewahrheitungen, S. 87–96; Weippert, Ahab el campeador, S. 457–479.

**262** Vgl. Würthwein, Könige, S. 260; Hirth, Geist, S. 114; Schmitz, Prophetie, S. 318.

**263** Vgl. Schmitz, Prophetie, S. 258.

**264** Vgl. Keel, Siegeszeichen, S. 125–134.

sei. Demnach existiert ein gottgewollter Sinn hinter den vermeintlichen Lügen, den die zweite Vision in 2 Chr 18,18–22 zum Ausdruck bringt. Vermutlich gehören darum 2 Chr 18,8.14 zusammen.[265] Der Hofbeamte holt Micha ursprünglich ohne Gespräch ab und Ahab fragt Micha, ob er nach Ramot Gilead ziehen soll.

Nachdem Micha das wahre Orakel in 2 Chr 18,16 verkündet, resümiert Ahab, dass Micha immer Schlechtes vorhersagt. Das Urteil ist eigentlich eindeutig, doch ungefragt und ohne Einleitung spricht der Prophet ein zweites Mal eine spektakuläre Vision in 2 Chr 18,18–22 aus, in der Gott in der Versammlung seines Hofstaats Ahabs Tod beschließt. Diese Ankündigung unterscheidet sich deutlich von der Vision in 2 Chr 18,16. Ahab wird nicht mehr gewarnt, in den Krieg zu ziehen, sondern es wird explizit sein Untergang vorhergesagt.[266] An dieser Stelle erklärt sich, wieso die JHWH-Propheten die Unwahrheit sprechen. Die Lügengeist-Vision weicht ebenso von Michas Antwort in 2 Chr 18,24 ab. Dort verweist dieser nämlich auf die Zukunft, die die Richtigkeit seines Urteils offenbaren wird. Durch die Vision wird Ahabs Tod bereits als Tatsache vorweggenommen. Die Thronratsvision ist von Zedekias Frage motiviert, der Micha in 2 Chr 18,23 fragt: „Auf welchem Weg ist denn der Geist JHWHs von mir gewichen, um mit dir zu sprechen?" Aus diesen Gründen stellt die Gottesvision in 2 Chr 18,18–22 eine Auslegung von Zedekias Frage in 2 Chr 18,23 f. dar. Somit sind 2 Chr 18,18–24 insgesamt als Nachträge zu betrachten.

Eine Glosse tritt am Ende in 2 Chr 18,27 auf, in der Micha den Beginn aus Mi 1,2 zitiert und ruft: „Hört, ihr Völker alle!" Die Erwähnung aller Völker schließt überhaupt nicht an die Erzählung an. Der Ausruf Micha ben Jimlas soll ihn mit dem Propheten Micha in Verbindung setzen. Das deutet auf eine späte redaktionelle Verbindung zwischen den Büchern hin.[267]

### E3 Theologiegeschichtliche Entwicklung: Von der wahren Prophetie zur verdrehten Prophetie

Die ursprüngliche Vision konzentriert sich auf das Thema von wahrer und falscher Prophetie, das in der Chronik sonst nicht behandelt wird, da Propheten hier immer die Wahrheit sagen. Jetzt treten die 400 Propheten als Hofprediger auf.

---

265 Syntaktisch könnten 2 Chr 18,8.14 aufeinander folgen. Da Michas Name in 2 Chr 18,8 genannt wird und in 2 Chr 18,14 von Ahab per Vokativ angesprochen wird, ist klar, dass Micha kommt und nicht der Hofbeamte.

266 Anders Behrens, der einen parallelen Aufbau in den Visionen erkennen will, aber die inhaltlichen Unterschiede vernachlässigt. Vgl. Behrens, Visionsschilderungen, S. 179 f.

267 Vgl. Crüsemann, Elia, S. 104.

Dass sie JHWHs Wort am Hof Ahabs suchen, steht in gewaltiger Spannung zu den sonstigen Chronikschichten, in denen Ahab der Inbegriff von JHWH-Ferne ist. Jetzt drängt ausgerechnet Ahab Micha dazu, JHWHs Wort auszusprechen.

Die unterschiedlichen Arten der Prophetie werden in dieser Schicht kontrastiert. Auf der einen Seite stehen die hofnahen JHWH-Gruppenpropheten, gegenüber deren Einigkeit sich Josaphat kritisch äußert. Micha hingegen verkörpert den „‚klassischen' Propheten"[268], die typisch literarische Prophetenfigur der Bibeltexte. Der wahre Prophet lebt wie Micha in Distanz zum Königshof und dessen Gruppenpropheten.[269] Denn nicht diese verkünden Gottes Wahrheit, sondern der Außenseiter.[270] Dass die Gruppenpropheten nicht JHWHs Wahrheit weissagen, deutet sich schon in ihrer typologischen Zahl von 400 an. Die Anzahl erinnert an die Gegenüberstellung von Elia und den 400 Baalpriestern am Karmel in 1 Kön 18. Auch dort spricht einzig Elia die Wahrheit. Die Priester sind hier zwar keine Baalpriester,[271] doch ihr Auftreten von 400 Mann deutet auf ihre JHWH-Ferne hin. Der Text propagiert dagegen den wahren JHWH-Propheten, dessen Wort laut Dtn 18,21 f. in der Zukunft eintreten wird:[272]

> „[21] Wie sollen wir das Wort erkennen, das JHWH nicht gesprochen hat?" [22]„Wenn der Prophet im Namen JHWHs spricht und das Wort erfüllt sich nicht und trifft nicht ein, dann ist es das Wort, das JHWH nicht gesprochen hat. In Vermessenheit hat es der Prophet gesprochen und du musst dich nicht vor ihm fürchten."

Darum spricht Micha am Ende in 2 Chr 18,27: „Wenn du wirklich in Frieden zurückkehrst, dann hat JHWH nicht durch mich gesprochen." Demzufolge wird an der Gruppenprophetie kritisiert, dass die Vielzahl eine falsche Sicherheit suggeriere. Darum scheitern hunderte Propheten an dem individuellen Außenseiter.

Durch die Vision wird Ahabs Feldzug theologisiert. Ahab widersetzt sich JHWHs Warnung, womit sich seine heimtückische Verkleidung erklärt. Durch diese versucht er Gottes Urteil aus dem Weg zu gehen. Josaphat, der stets auf das JHWH-Wort drängt, wird von der Kritik ausgenommen. Vielmehr wird seine Errettung angekündigt. 2 Chr 18,16 ruft aus: „Ein jeder kehre um in sein Haus in Frieden" (בְּשָׁלוֹם אִישׁ־לְבֵיתוֹ יָשׁוּבוּ). Dies ist zunächst als Warnung zu verstehen,[273]

---

268 Würthwein, Könige, S. 258.
269 Vgl. Hossfeld/Meyer, Prophet, S. 35 f.
270 Dtn 13,2 f. Vgl. Hirth, Geist, S. 114.
271 Laut Schmitz sind sie Baalpriester, obwohl sie im Namen JHWHs weissagen. Vgl. Schmitz, Prophetie, S. 246.
272 Vgl. Würthwein, Könige, S. 258 f.
273 Vgl. Keel, Siegeszeichen, S. 338 f.

nicht in den Krieg zu ziehen. Doch kündigt die Formulierung ebenso Josaphats Heimkehr an, die aber nur in der Chronikversion von 2 Chr 19,1 zu finden ist. Denn dort heißt es: „Und Josaphat, der König von Juda, kehrte in sein Haus in Frieden nach Jerusalem zurück" (וַיָּשָׁב יְהוֹשָׁפָט מֶלֶךְ־יְהוּדָה אֶל־בֵּיתוֹ בְּשָׁלוֹם לִירוּשָׁלָם). Im abschließenden Streitgespräch zwischen Ahab und Micha in 2 Chr 18,26 f. verkündet hingegen Ahab trotzig, dass er in Frieden nach Hause zurückkehren werde. Dagegen wiederholt der Prophet noch einmal seine Botschaft, dass Ahab nicht in Frieden heimkehren werde. Aufgrund dieser starken Verbindung zu 2 Chr 18,26 f. ist Josaphats glückliche Heimkehr als Lohn dafür zu verstehen, dass er auf das wahre JHWH-Wort gedrungen und den Propheten Micha gegen Ahab verteidigt hat (2 Chr 18,6 f.).

Wichtig ist zu betonen, dass die Ankündigung, in Frieden heimzukehren, einzig an den Chronikkontext anschließt. In den Königebüchern ist sie dagegen ein Fremdkörper, da diese Josaphats Heimkehr nicht thematisieren. Ebenso beschreiben sie Ahabs Tod mit anderen Worten.[274] Darum wurde die Grundschicht der Micha-Erzählung für die Chronik verfasst und nicht für die Königebücher. Die Micha-Vision dürfte insgesamt in der Chronik entstanden sein und wurde wohl erst später in die Königebücher aufgenommen, um die Texte einander anzugleichen. Das erklärt auch, warum die Chronik den Text nicht glättet, da er aus ihr entstammt und erst nachträglich in die Königebücher eingetragen wurde.

Die zweite Schicht führt nun die Gegenüberstellung zwischen Zedekia und Micha in 2 Chr 18,9–11.23 f. ein. Der Konflikt um wahre JHWH-Prophetie wird zugespitzt und dramatisiert. Zedekias Auftritt mit Helm veranschaulicht die kraftvolle und erfolgsversprechende Weissagung der Gruppenpropheten. Wie in einer Arena interagieren die Prophetengruppen jetzt intensiv. Während die erste Schicht lediglich von ihren Urteilen berichtet, stehen sich die beiden Urteile nun gegenüber.[275] Micha wird durch den Falschpropheten Zedekia Gewalt angetan. Zedekia verweist in 2 Chr 18,23 darauf, dass er „JHWHs Geist" (רוּחַ־יְהוָה) besitze, womit offenbar ekstatische Fähigkeiten gemeint sind, die JHWH ihm verliehen habe. Damit wird die Tradition der Richterbücher aufgegriffen. Dort stärkt JHWHs Geist viele Krieger, die siegreich ihre Schlacht schlagen.[276] Doch Zeichen äußerlicher Stärke werden als Mittel der wahren Prophetie zurückgewiesen. Diese Zusätze untermauern die Position der Grundschicht: Nur die Zukunft wird erweisen, ob die Prophetie von JHWH stammt oder nicht. Damit werden weitere äußerliche

---

**274** In 1 Kön 22,36 erschallt nach Ahabs Tod: „Ein jeder Mann in seine Stadt, ein jeder Mann in sein Land".

**275** Vgl. Dafni, רוח שקר, S. 371.

**276** Jdc 3,10; 11,29; 14,6.19; 15,14; 1 Sam 16,13; 2 Sam 23,2.

Zeichen wie ekstatische Stärke zurückgewiesen. Die Wahrheit bleibt beim unbequemen und geschlagenen Außenseiter, der Unheil verkündet.

Die Ergänzungen der dritten Schicht mit der Thronratsvision und der Ankündigung in 2 Chr 18,12 f.18–22 deuten die Weissagungen der 400 Propheten ganz neu. Micha sagt in 2 Chr 18,13: „So wahr JHWH lebt, nur was mein Gott spricht, werde ich sagen." Hinter seiner ersten Falschaussage und der falschen Weissagung der Hofpropheten steckt JHWHs Unheilsplan, den Micha nun offenbart.

Gott agiert in dieser Vision in einem engelhaften Hofstaat wie in Hi 1,6.[277] Explizit äußert er seinen Plan zur Vernichtung Ahabs, während die frühere Vision noch verschlüsselt war. Inhaltlich wird die Frage Zedekias aus 2 Chr 18,23 aufgegriffen, warum und weshalb denn Propheten, die den Geist JHWHs besitzen, trotzdem falsch reden. Hier erfolgt, anders als in den Schichten zuvor, keine Distanzierung von Ahabs Hofpropheten. Es wird sich nicht wie in den Schichten zuvor von Ahabs Hofpropheten distanziert.[278] Diese werden in ihrem Anspruch ernst genommen, JHWH-Propheten zu sein und seinen Geist zu besitzen.[279] Auf diese Weise wird der Text fundamental neu gedeutet. Die Propheten sind keine Falschpropheten, die JHWHs Wort nicht besitzen, sondern sie haben nun Anteil an JHWHs Plan. Die Vorstellung von Dtn 18,21 f., dass sich die Wahrheit der JHWH-Prophetie erst in der Zukunft erweist, wird hier als unbefriedigend empfunden und neu bewertet. Die Vision offenbart Gottes Plan als Urheber des falschen Orakels. Ahab soll sich von JHWH in falscher Sicherheit getragen fühlen, damit er untergeht, wie es in Gottes Unheilsplan vorherbestimmt ist.[280]

Ahabs Tod wird auf diese Weise überdeutlich und endgültig vorweggenommen. Damit ist die erste warnende Vision Michas de facto aufgehoben, da er Ahabs Tod jetzt unwiderruflich beschließt. Die Falschaussagen des Propheten sind somit mit dem „Vernichtungswillen JHWHs"[281] begründet. Somit wird die Rolle der Prophetie theologisch neu bewertet. Denn diese muss sich nun in JHWHs Plan fügen. Die Zuverlässigkeit aller Prophetie erscheint damit stark vermindert, da sie sich Gottes Heils- oder Unheilsplan unterordnen muss.

Die Thronratsvision geschieht analog zum bekannten Verstockungsauftrag in Jes 6 und interpretiert ihn weiter.[282] Auch die Einsetzung des Lügengeistes verläuft

---

277  Vgl. Ederer, Micha.
278  Vgl. Würthwein, Könige, S. 260.
279  Vgl. Japhet, 2 Chronik, S. 230.
280  Vgl. Tiemeyer, Prophecy, S. 338 f. Jdc 9,23; 1 Sam 16,14; 2 Kön 19,7.
281  Würthwein, Könige, S. 260. Vgl. Hirth, Geist, S. 114; Keel, Siegeszeichen, S. 338 f. Laut Moberly würden beide Visionen dasselbe aussagen. Vgl. Moberly, Does God Lie, S. 9; Tiemeyer, Prophecy, S. 339.
282  Vgl. Hirth, Geist, S. 113.

nach dem Ablauf von Jesajas Einsetzung in Jes 6, wie die folgende Gegenüberstellung zeigt.

| 2 Chr 18 | Jes 6 |
|---|---|
| (18) Ich sah JHWH auf seinem Thron sitzen. | (1) Und ich sah JHWH auf einem Thron sitzen, hoch und erhaben. |
| Und das ganze Heer des Himmels stand zu seiner Rechten und seiner Linken. | (2) Seraphim standen über ihm. |
| (19) Und JHWH sprach: | (8) Und ich hörte die Stimme des Herrn sprechen: |
| Wer will Ahab, den König von Israel, betören ...? | Wen soll ich senden und wer von uns wird gehen? |
| (20) und er sprach: | Da sprach ich: |
| „Ich will hinausgehen ...“ | „Hier bin ich, sende mich!“ |

2 Chr 18,18 und Jes 6,1 f. stellen Gott als Thronrichter dar, der sich mit einem Himmelsheer umgibt. Auf Gottes Frage, wer ihn bei seinem Plan unterstützt, tritt in Jes 6,8 Jesaja hervor, in 2 Chr 18,19 f. hingegen der Lügengeist.[283] Den Verstockungsauftrag aus Jes 6,9 f. entwickelt Michas Thronratsvision weiter.[284] Es wird nun nicht ein Prophet eingesetzt, sondern die Sendung des falschen Prophetenwortes erklärt. Während dort Jesajas Mund mit glühenden Kohlen gereinigt wird (Jes 6,6 f.), um das reine, wahre Wort zu sprechen, plant Gott hier durch einen Lügengeist Ahabs Vernichtung. Dafni bezeichnet dieses Geschehen als „verdrehte Prophetie“[285]. Diese sagt nicht die Wahrheit des Unheils, um zur Rettung zu führen, sondern das Gegenteil: Sie sagt die Unwahrheit, um gezielt ins Verderben zu führen. Dabei werden zwar Jesaja-Motive verwendet, aber das Wesen der Prophetie wird in ihr Gegenteil verkehrt.

Es ist zu beachten, dass der Lügengeist selbst die Idee der Lüge hat. Somit verursacht Gott nicht die problematische Lüge, diese fügt sich aber in seinen Unheilsplan. Die Figur des Lügengeistes sorgt dafür, dass der Unheilsplan ausgeführt, Gottes Autorität dabei aber nicht mit einer Lüge befleckt wird. Der Lügengeist

**283** Die folgende Synopse ist von Hossfeld/Meyer inspiriert. Vgl. Hossfeld/Meyer, Prophet, S. 33 f.; Dafni,רוח שקר, S. 382.
**284** Vgl. Hossfeld/Meyer, Prophet, S. 34.
**285** Dafni, רוח שקר, S. 385.

stellt also eine literarische Figur dar, die die Handlung in Gang setzt, ohne dass Gott der unmittelbare Verursacher der Lüge ist.[286]

### E4 Zusammenfassung: Streit um die wahre Prophetie

Die Micha-Erzählung als Panorama der Prophetie diskutiert die Frage der JHWH-Prophetie je nach Schicht sehr unterschiedlich. Nach den ersten beiden Schichten ist der wahre JHWH-Prophet der typische Außenseiter in der Tradition von Dtn 18, dessen Wahrheit sich erst durch das Eintreffen des Prophetenwortes verwirklicht. In der Grundschicht stehen sich Josaphats Rettung und Ahabs Vernichtung in 2 Chr 18 f. gegenüber. Die zweite Schicht unterstützt diese Intention und betont, dass äußerliche Stärke für den Wahrheitsgehalt einer Prophetie irrelevant sei. Zuletzt ordnet die dritte Schicht die Falschprophetie der JHWH-Propheten dem Unheilsplan Gottes zu. JHWHs Propheten haben durch Gottes Lügengeist bewusst falsch geweissagt. Diese Erzählung, die die Frage nach wahrer und falscher Prophetie problematisiert, entstand im Kontext der Chronik, um die Frage zu beantworten, warum Josaphat trotz des Bündnisses mit Ahab in Frieden heimkehren darf. Erst später wurde sie in die Königebücher kopiert, um die Bücher einander anzugleichen.

---

286 Die Figur des Lügengeistes weist daher viele Bezüge zur Figur des Satans in Hi 1 f. auf, der durch seine Wette Gott veranlasst, die Plagen über Hiob kommen zu lassen.

# 5  2 Chr 21 Joram

## 5.1  Jorams schlechter Wandel mit merkwürdigem Ende

König Joram wird in 2 Chr 21 ein ganzes Kapitel gewidmet und damit deutlich
mehr Erzählstoff als in der Parallele 2 Kön 8,16–24. Der Ersteindruck vermittelt ein
schlechtes Bild von diesem Herrscher. Die Eingangsverse 2 Chr 21,2–4 berichten
davon, wie Joram mit der weisen Politik seines Vaters Josaphat bricht. Während
Josaphat seine Kinder fürsorglich versorgt und Reichtümer vererbt,[287] tötet Joram
seine Brüder, sobald er an der Macht ist. In 2 Chr 21,5–10 werden darauf Jorams
Taten geschildert. Hier zeigen sich Parallelen zu 2 Kön 8,17–22. Die gängige Vorstellungsformel berichtet erst in 2 Chr 21,5, dass er ab dem 32. Lebensjahr acht
Jahre regierte. Die Verse 2 Chr 21,6–10 legen seinen unfrommen Werdegang dar.
In seiner Regierungszeit lösen sich die Edomiter von Juda, obgleich Joram einen
siegreichen Feldzug unternimmt. Chroniksondergut tritt ab 2 Chr 21,11–19 auf.
Hier werden Jorams Kultfrevel wie Hurereien und der Errichtung von Höhen
erwähnt, zu denen er das Volk anstiftet. Der Prophet Elia schreibt ihm darum
einen Brief, der Gottes Plagen und Krankheiten ankündigt. Das originelle Medium
des Briefs integriert den bekannten Propheten Elia aus dem Nordreich, der sonst
nie in Juda auftritt.[288] Elias Ankündigung wird schließlich Realität. Joram wird
von Völkern bekriegt und Krankheiten lassen ihn zugrunde gehen. Der Text in
2 Chr 21,20 schließt mit einer auffälligen Wiederholung von Jorams Regierungsdaten aus 2 Chr 21,5 ab. Nun folgt eine schwer übersetzbare Notiz: וַיֵּלֶךְ בְּלֹא חֶמְדָּה.
Das bezieht sich entweder auf sein Ableben („er verschied in Unehre") oder auf
seinen Lebenswandel („er wandelte im Nichtgefallen"), was noch zu diskutieren
ist. Darauf wird er anders als in 2 Kön 8,24 ausdrücklich nicht in der Davidgruft
bestattet.

Joram gilt Wellhausen als chronistischer Prototyp des schlechten Herrschers,
dessen Verfehlungen aber chroniktypisch erdichtet werden.

> „[Die] notorisch misfälligen Herrscher [erklärt die Chronik] einfach zu Heiden und zu Ver-
> folgern der Bundesreligion [. So errichtet Joram] Höhen auf den Bergen Judas und verführt
> die Bewohner Jerusalems zur Hurerei und Juda zum Abfall [...], erwürgt dazu alle seine
> Brüder mit dem Schwert [...] – eins ergiebt sich aus dem anderen."[289]

---

287 Vgl. Japhet, 2 Chronik, S. 265.
288 Vgl. Williamson, 1 and 2 Chronicles, S. 307.
289 Wellhausen, Prolegomena, S. 188 f.

Joram bereitet damit auf die Atalja-Episode in 2 Chr 22 f. vor. Seine Morde und Kultfrevel knüpfen reminiszenzartig an die Politik des Nordreichs an und zeigen, welch ein Unheil eine Orientierung an Israel nach sich zieht. Bestehen bleibt Juda laut 2 Chr 21,7 nur darum, weil JHWH mit David einen Bund geschlossen hat, in dem Gott zusagt, dass er David und seinen Söhnen eine Leuchte geben wolle. Dass das Haus Davids bestehen bleiben darf aufgrund des Bundes, stellt laut Forschung die Hauptaussage des Joram-Kapitels dar, da Juda die Frevel vergeben werden.[290]

Wurden bei den Königen zuvor große Umschlagpunkte berichtet, so wird über Joram kontinuierlich nur Schlechtes berichtet. Dennoch haben vor allem Anfang und Ende des Textes einige Spannungen aufzuweisen, die im Folgenden geprüft werden.

## 5.2 Prüfung der Texteinheitlichkeit

### 5.2.1 2 Chr 21: Jorams Brudermord

Gleich die erste Tat Jorams, die Ermordung seiner Brüder in 2 Chr 21,2–4, weist Besonderheiten auf. Denn deren Tötung steht laut Noth noch vor Jorams Vorstellung in 2 Chr 21,5 „an einer unsachgemäßen Stelle"[291], wodurch der Erzählzusammenhang gestört wird. In den folgenden Versen geht es nämlich um seine kultischen Verfehlungen (2 Chr 21,6.11). Die Brudermorde kommen nur in einem Halbvers in Elias Brief in 2 Chr 21,13 zur Sprache: „Und auch weil du deine Brüder, das Haus deines Vaters, die besser waren als du, getötet hast." Diese Aussage wirkt wie ein Anhang, da Elia sonst seine Kultvergehen kritisiert. Auch syntaktisch wird das Argument mit dem Relativartikel „und auch" (וְגַם) eingeleitet, der auf einen Nachtrag hindeutet. Darum bezeichnet Kratz die Brudermorde als „Fremdkörper"[292], die Jorams Frevel nachträglich verdoppeln. Die Verse thematisieren dabei intensiv das Verhältnis zum großen Josaphat, der noch einmal als weiser Herrscher hervorgehoben wird. Ähnlich fürsorglich handelt auch Judas erster König Rehabeam in 2 Chr 11,18–23. Wie Noth und Galling entdecken, sorgen beide Könige für das Wohl ihrer Söhne. So stellt Noth die überzeugende These auf, dass beide Abschnitte buchübergreifend eingefügt wurden.[293]

---

**290** Vgl. McKenzie, 1–2 Chronicles, S. 300–302; Murray, Dynasty, S. 73; Willi, Auslegung, S. 11; Japhet, 2 Chronik, S. 266–268.
**291** Noth, Überlieferungsgeschichtliche Studien, S. 143. Vgl. Welten, Geschichte, S. 181 f.
**292** Kratz, Komposition, S. 34.
**293** Vgl. Galling, Bücher, S. 130; Noth, Überlieferungsgeschichtliche Studien, S. 143.

Rudolph hingegen erachtet die Verse als Dokument aus einer alten Liste. Ein Indiz dafür sei die authentische alte Namensliste, in der Josaphat als König von „Israel" bezeichnet wird und nicht als König von Juda. Das belege das hohe Alter der Liste und entstamme einer alten Quelle.[294] Doch Rudolphs Argument belegt vielmehr das Gegenteil. Der Titel „Israel" wird an vielen Stellen der Chronik vor allem in den späteren Schichten als theologischer Titel verwendet, um Juda als wahres Gottesvolk, als wahres Israel zu deklarieren.[295] Der Titel ist also eher theologisch als historisch zu verstehen. Dazu passt, dass Rehabeam in 2 Chr 11 wie Josaphat in guten Zeiten der Torafrömmigkeit seine Kinder versorgt und einsetzt. Kinderreichtum stellt generell ein Zeichen von Gottes Segen dar.[296] Dagegen regiert Joram wie ein König des politischen Israel. Denn laut den Königebüchern war es im Nordreich üblich, die vorherige Dynastie vollständig auszurotten. Genauso wird Atalja, die Tochter des Nordreichskönig Ahab, wenn sie in 2 Chr 22,10–12 auf Judas Thron steigt, fast alle Prinzen töten. Die Morde in 2 Chr 21,2–4 bereiten somit die Atalja-Krise vor,[297] denn dadurch wird die Rettung des letzten Davidischen Prinzen in 2 Chr 22–23 noch dramatischer, da Joas der einzige Vertreter des Hauses David ist. Nach Williamson sind 2 Chr 21,2–4 somit eine literarisch-theologische Einleitung der späteren Kapitel, nicht aber von 2 Chr 21. 2 Chr 21,2–4.13b stellen somit spätere Zusätze dar, die Josaphat loben und Judas Bedrängnis vorwegnehmen.[298] Die Zusätze gehören tendenzkritisch zur dritten Schicht, da Rehabeam in 2 Chr 11,18–23 seine Söhne genauso versorgt.

### 5.2.2 2 Chr 21: Wenige oder umfassendere Nachträge bei Joram?

Die meisten Forscher betrachten den restlichen Text in 2 Chr 21,1.5–20 als einheitlich. Es treten aber drei Spannungen auf, die diskutiert werden müssen. Galling klassifiziert den prominenten Brief Elias und den Raubzug der Philister in 2 Chr 21,12–17 als Nachtrag. Ursprünglich habe nur die Krankheit Relevanz gehabt. Elia habe den Brief ohnehin nicht schreiben können, da er zu Jorams Lebzeiten nicht mehr auf Erden gewesen sei.[299] Galling bewertet besonders die

---

294 So glättet die LXX bereits und setzt „Juda" ein.
295 2 Chr 19,8; 20,19.29.
296 Vgl. McKenzie, 1–2 Chronicles, S. 301.
297 1 Kön 15,29; 16,11 f.; 2 Kön 9 f. Vgl. Japhet, 2 Chronik, S. 266.
298 Vgl. Williamson, 1 and 2 Chronicles, S. 304.
299 Vgl. Galling, Bücher, S. 130 f. Da Elia nicht mehr auf Erden wandelt, wunderte sich Reimarus über den Brief, der „aus dem Himmel mit einer Extra-Post [kommt.]" Reimarus, Apologie, S. 647.

lobenden Verweise auf Josaphat in 2 Chr 21,12 als Indiz für eine kapitelübergreifende Redaktion. Viele von Gallings Argumenten sind berechtigt, doch zeigt er nicht, wo zwischen 2 Chr 21,11.12 und 2 Chr 21,17.18 Spannungen vorliegen.

Die Nachträge sind hingegen noch umfassender, als Galling annimmt. So prallen der Edomiterfeldzug und das Sondergut der Chronik bereits in 2 Chr 21,10.11 aufeinander. Nach Edoms Abfall in 2 Chr 21,6–10, den man als Gottes Strafe verstehen kann, werden ab 2 Chr 21,11 Jorams schlechte Taten erstmalig konkretisiert. Diese Reihenfolge erscheint merkwürdig, da Jorams Taten erst nach den Misserfolgen genannt werden. Laut Kratz folgt die Chronik dem Ablauf der Königebücher aufgrund des Respekts vor der Vorlage.[300] Dazu tauchen viele Chroniktopoi der Edomiter-Erzählung aus 2 Chr 21,6–10 im Sondergut in 2 Chr 21,11–19 wieder auf. So greift Elia die Bewertung aus 2 Chr 21,6 auf, dass Joram auf den Wegen Ahabs wandele. Das unterscheide Joram von Josaphat und Asa, die treu auf Gottes Spuren wandelten.[301] Hinzu kommen noch viele tendenzkritische Argumente, die Elia als chroniktypischen Propheten der zweiten Schicht klassifizieren. Diese Verse sind also einheitlich. Während der Erzähltext in 2 Chr 21,6–20 eine literarische Komposition darstellt, tritt ausgerechnet im letzten Vers in 2 Chr 21,20 die stärkste Textspannung auf.

2 Chr 21,20 wiederholt die Eingangsnotiz aus 2 Chr 21,5, dass Joram bei Regierungsantritt 32 Jahre alt war und acht Jahre[302] in Jerusalem herrschte. Die Wiederholung des Regierungsantritts wird von der Forschung meist als literarische Rahmung bewertet.[303] Allerdings ist der Zweck eines solchen Stilmittels fraglich. Vielmehr deutet das Phänomen auf eine literarische Wiederaufnahme hin. Demnach wird nach einem großen Einschub der letzte Vers wiederholt, um den Ursprungstext fortzusetzen. Aufschlussreich ist zudem die Analyse des doppelten Regierungsantritts in 2 Chr 21,5 f.20.

Beide Verse sind auffällig parallel aufgebaut. Nach den Lebensdaten heißt es sowohl in 2 Chr 21,6.20 „Und er wandelte" (בְּ וַיֵּלֶךְ). Doch was bedeutet die Formulierung in 2 Chr 21,20: וַיֵּלֶךְ בְּלֹא חֶמְדָּה? Die Vokabel חֶמְדָּה tritt selten auf und wird meist als „Kostbarkeit"[304] oder als Adjektiv wie bei „kostbaren Geräten"

---

300 Vgl. Kratz, Komposition, S. 35.
301 Zudem greift die Erwähnung in 2 Chr 21,19 „Und es geschah im Laufe der Zeit" (וַיְהִי לְיָמִים מִיָּמִים) auf Elias Brief in 2 Chr 21,15 „im Laufe der Zeit" (עַל־יָמִים יָמִים) zurück, die das Heraustreten der Eingeweide thematisiert.
302 Zur Datierung vgl. Ben Zvi, About Time, S. 21.
303 Vgl. Japhet, 2 Chronik, S. 275; Kalimi, Geschichtsschreibung, S. 256.
304 1 Sam 9,20; Dan 11,37; Hag 2,7.

(כְּלִי חֶמְדָּה)[305] übersetzt. Doch die Verbindung von חֶמְדָּה und „gehen" (הָלַךְ) tritt nur in 2 Chr 21,20 auf. Der Apparat der BHS verweist auf lateinische und arabische Übersetzungen und schlägt vor: „(et abiit) non desideratus". Übersetzt heißt das: „Er verschied, ohne vermisst zu werden". Diese Interpretation übernehmen viele Übersetzer. Damit würden seine letzten Jahre charakterisiert, in denen Joram schwer krank war. Dagegen übersetzt die LXX: ἐν οὐκ ἐπαίνῳ. Die Vokabel ἔπαινος (1 Chr 16,27; 4 Makk 1,2) bedeutet „Pracht"/„Lob" und stellt eine neutralere Übersetzung dar. Zudem steht im Text der Vulgata auch nicht, wie es die BHS vorschlägt, dass „er verschied" (abiit). Sondern es wird allgemein formuliert: „Und er wandelte" (ambulavitque). Da וַיֵּלֶךְ בְּ zudem sonst in der Chronik mit „er wandelte auf" übersetzt wird, halte ich es auch hier für wahrscheinlich, dass nicht Jorams Sterben, sondern sein Lebenswandel ganz allgemein beschrieben wird. Somit findet eine generelle Bewertung statt. Diese folgt auf die Lebensdaten in 2 Chr 21,20. Am angemessensten übersetzt darum Kurt Galling den Vers: „Er wandelte im Nichtgefallen"[306].

Über diese Einschätzung wundert sich Galling:[307] „Soll [das] etwa besagen, daß man an Joram kein Interesse nahm?"[308] Das kann man bejahen, da in 2 Chr 21,20 die ursprüngliche Bewertung Jorams vorliegt, weshalb die Wiederholung als literarische Wiederaufnahme zu verstehen ist. Das bedeutet, dass sowohl die gesamte Edomiter- als auch die Elia-Erzählung Nachträge sind, da 2 Chr 21,20 den Beginn von 2 Chr 21,5 fortsetzt. 2 Chr 21,5 stellt Jorams Regierung vor und 2 Chr 21,20b betont, dass er im Nichtgefallen wandelt, weswegen er nicht in der Königsgruft begraben werden darf. Die Chronikgrundschicht führt sein Leben gar nicht weiter aus, da sie zur Atalja-Krise überleiten möchte. Somit liegt hier ein Sonderfall vor. Die Chronikgrundschicht erzählt die Königebücher nicht wie sonst üblich nach, sondern übergeht Joram und nennt in 2 Chr 21,1.5.20a nur seine Rahmendaten. Erst die zweite Schicht integriert den Text der Königebücher in 2 Chr 21,6–13a.14–20a und versieht ihn mit ihren Topoi. Die dritte Schicht fügt abschließend den Brudermord in 2 Chr 21,2–4.13b hinzu.

**305** 2 Chr 32,27; 36,10; Jer 25,34; Dan 11,8; Hos 13,15; Nah 2,10. Japhets Argument, dass חֶמְדָּה in der rabbinischen Literatur mit „Feuer" übersetzt wird, gehört zur Rezeption des Textes. Vgl. Japhet, 2 Chronik, S. 275.
**306** Galling, Bücher, S. 131. Vgl. Zimran, Covenant, S. 308.
**307** Rudolph, der die im Gesenius auftretende Übersetzung „und er ging, ohne bedauert zu werden" etabliert hat, übersetzt חֶמְדָּה als „Bedauern". Hier wird die Verwendung von הָלַךְ בְּ zu wenig beachtet. Vgl. Rudolph, Chronikbücher, S. 266.
**308** Galling, Bücher, S. 131.

## 5.3 Theologiegeschichtliche Entwicklung: ausgelassen sowie schrecklich

Jorams Geschichte spielt für die Chronikgrundschicht keine Rolle. Wahrscheinlich waren die unzusammenhängenden Verse aus 2 Kön 8,16–24 zu wenig aussagekräftig, so dass nur allgemein geurteilt wird, dass er schlecht war. Deswegen verweigert ihm die Chronikgrundschicht die Bestattung in der Königsgruft.[309] Mit dieser kurzen Notiz wird Joram knapp und vernichtend beurteilt. Die Grundschicht konzentriert sich darum auf die Atalja-Episode und übergeht den für sie unwichtigen Joram.

Die zweite Schicht hat stärkeres Interesse an Joram. Damit integriert sie nun doch die Darstellung der Königebücher und versieht sie mit Sondergut wie dem Brief des Propheten Elia und einem schlechten Ende. Zunächst sei die kurze und rätselhafte Parallele aus 2 Kön 8,17–22 vorgestellt. Joram wird als schlechter König präsentiert, der auf den Wegen der Könige von Israel wandelt. Die Formulierung kritisiert die Ehe mit der Nordreichprinzessin Atalja. Einzig die Leuchte, die JHWH für David gegeben hat, sorgt dafür, dass Gott Juda nicht vertilgt (2 Kön 8,19). 2 Kön 8,20–22 erzählt anschließend, wie sich Edom von Juda ablöst. Die Schilderung weist aber wenig Stringenz auf. Denn 2 Kön 8,21 f. konstruieren als Reaktion auf den Edomiter-Abfall einen Feldzug Jorams in die Stadt Zairah, den er offenbar gewinnt, da er Edom schlägt. Doch darauf folgt die rätselhafte Schlussinformation, dass das Volk zu seinen Zelten floh. Trotz Jorams Sieg fallen die Edomiter mit der Stadt Libna in 2 Kön 8,22 dann aber doch ab.[310]

In der Chronikversion sind aus der Vorlage der Königebücher durchaus noch einige Brüche erkennbar (2 Chr 21,8.10), aber viele von ihnen sind bereits geglättet. So zieht Joram nicht in die Stadt „Zairah" (צְעִירָה), sondern in 2 Chr 21,9 mit „seinen Fürsten" (שָׂרָיו) in den Krieg. Der ähnlich klingende Ausdruck „seine Fürsten" ersetzt den offenbar unbekannten Stadtnamen. Ebenso entfernt die Chronik die Formulierung, dass das Volk zu seinen Zelten floh.[311] Stattdessen integriert sie einen Leitgedanken, der das Haus Davids in 2 Chr 21,7 hervorhebt:

---

**309** 2 Chr 24,25; 28,27. Vgl. McKenzie, 1–2 Chronicles, S. 305.

**310** Galling deutet den Sieg Jorams als Rückzugsgefecht, bei dem er sich aus der Umklammerung der Gegner lösen kann. Japhet, McKenzie und Williamson nehmen hingegen gemeinsam eine Textkorrektur vor. Ursprünglich habe dort das Gegenteil gestanden: „Und Edom schlug ihn". Sie fügen an das את einfach ein ו an, wodurch das Pronominal-Objekt im Akkusativ אתו entsteht. Gegen die Konjektur spricht aber schlichtweg die sichere Bezeugung des Textes in 2 Kön 8,21, den nicht einmal 2 Chr 21,8 glättet. Vgl. Galling, Bücher, S. 130; Williamson, 1 and 2 Chronicles, S. 305; Japhet, 2 Chronik, S. 268; McKenzie, 1–2 Chronicles, S. 303.

**311** Vgl. Kalimi, Geschichtsschreibung, S. 41.

„Doch JHWH wollte das Haus Davids nicht vernichten wegen des Bundes, den er mit David geschlossen hatte, und weil er zugesagt hatte, dass er ihm und seinen Söhnen alle Tage eine Leuchte geben wolle."

Das Motiv der Leuchte (נִיר) entstammt den Königebüchern. In der ersten Reichsteilungsgeschichte bekommt Jerobeam I. vom Propheten Ahija in 1 Kön 11,36 die Ankündigung, dass Rehabeam den Stamm Juda wegen JHWHs Diener David behalten darf. Auch bei den schlechten Königen Abija (1 Kön 15,4) und Joram (2 Kön 8,19) wird auf die Leuchte für David verwiesen. Das Motiv begründet den Fortbestand des davidischen Königshauses mit Davids Verdiensten.[312] Die zweite Schicht legt nun ganz explizit den Fokus auf das Haus Davids. In 2 Kön 8,19 heißt es: „um Davids [...] willen aber wollte der HERR Juda nicht verderben". Aber 2 Chr 21,7 formuliert: „Doch JHWH wollte das Haus Davids nicht vernichten wegen des Bundes, den er mit David geschlossen hatte". Nicht Juda, sondern das „Haus David" (בֵּית דָּוִיד) wird hier errettet, wodurch die Aussage des Textes entscheidend verändert wird. Noth wertet das als Beleg dafür, „[w]ie sehr das Königtum und nicht das Volk [in der Chronik] im Vordergrund stand"[313]. Die Betonung des Königtums erinnert sehr an die Nachträge der zweiten Schicht in Abijas Rede in 2 Chr 13,5.8, die vom ewigen Königtum in der Hand der Söhne Davids sprechen. Die zweite Schicht propagiert die Idee einer Kultmonarchie, die David stiftet und die durch den Kultvollzug fortbesteht. Der laut Japhet und McKenzie vermeintliche Kerngedanke der Chronik ist also erst durch Fortschreibung in den Text gekommen.[314]

Da Joram Gott verlassen hat, werden im Sondergut in 2 Chr 21,11–19 ausführlich seine Vergehen geschildert, die die Kultpflege Josaphats zunichtemachen.[315]

---

**312** Vgl. Williamson, 1 and 2 Chronicles, S. 305.
**313** Noth, Überlieferungsgeschichtliche Studien, S. 175.
**314** Vgl. McKenzie, 1–2 Chronicles, S. 302; Japhet, 2 Chronik, S. 269. Ein weiteres Kernmotiv der zweiten Schicht markiert das Verlassen JHWHs, dass Joram in 2 Chr 21,10 vorgeworfen wird. In den bisher bearbeiteten Kapiteln tritt die Vokabel vor allem bei den chronistischen Propheten auf. Das Motiv des „Verlassens" (עזב) stellt das Gegenstück zur Gottessuche dar, die der Prophet Asarja gegenüber Asa in 2 Chr 15,2 formuliert: „Und wenn ihr ihn sucht, wird er sich von euch finden lassen. Wenn ihr ihn aber verlasst, wird er euch verlassen". Das Motiv tritt vor allem im Hulda-Orakel an Josia in 2 Chr 34,24–28 auf, das die zweite Schicht leitmotivisch über die gesamte Chronik verbreitet. Vgl. Zimran, Covenant, S. 312; Dillard, 2 Chronicles, S. 166. 1 Chr 28,9; 2 Chr 7,22; 24,20.24; 28.6; 29,6; 34,25.
**315** Vgl. Kratz, Komposition, S. 35; Galling, Bücher, S. 130. Gleich zu Beginn des Briefs wird Joram von seinen Vorgängern Asa und Josaphat abgegrenzt (2 Chr 21,12). Der Text hebt Josaphats Bedeutung hervor, dem die Philister und Araber in der zweiten Schicht in 2 Chr 17,11 noch Geschenke bringen, während sie seinen Nachfolger Joram in 2 Chr 21,16 angreifen und seinen Reichtum vernichten. Vgl. Japhet, 2 Chronik, S. 269; McKenzie, 1–2 Chronicles, S. 304.

Wie im Nordreich praktiziert Joram den Höhen- und Baalkult und bringt das Volk mutwillig auf den falschen Weg. Jorams Frevel werden analog zu den Schandtaten Jerobeams dargestellt. So verführt Joram in 2 Chr 21,11 Juda mit derselben Vokabel (וַיַּדַּח), mit der Jerobeam Israel in 2 Kön 17,21 zur Sünde verleitet. Damit wird Joram zum Nordreichs-Götzendiener, der das Gottesvolk vom rechten Weg abbringt.[316] Auffällig treten viele Motive aus der Prophetenrede in Ez 16 über die treulose Frau Jerusalem auf. Dort wie hier werden Höhen in Ez 16,16 errichtet und die Vokabel „Huren" (זָנָה) stellt in beiden Texten ein Leitmotiv dar.[317] Jorams Herrschaft wird also mit den schlimmsten Attributen der Bibel dargestellt.

Elias Strafbrief wurde in der Forschung stark diskutiert, da der Prophet laut Königebüchern schon nicht mehr auf der Erde wandelte.[318] Doch offenbar ist der zweiten Schicht die Chronologie weniger wichtig. Vielmehr sprechen vor allem inhaltliche Gründe dafür, wie Noth betont, dass Elia per Brief auftritt. Da sich Joram wie ein Nordreichkönig benimmt, wird er vom berühmtesten JHWH-Propheten des Nordreichs gerügt, der den Baalgottesdienst scharf bekämpft.[319] Die Botschaft des Briefes geht dabei aber nicht auf die Elia-Erzählungen in 1 Kön 17–2 Kön 3 ein, sondern lässt Elia als klassischen Chronikpropheten auftreten, der die Könige belehrt, warnt und Bestrafung ankündt. Er verkündigt als Gerichtsprophet Gottes kommende Strafe. Da Joram nicht umkehrt, tritt, wie Wellhausen süffisant bemerkte, Eins-zu-Eins das Vorhergesagte ein: „[Der Prophet Elia] muß dem Sünder einen Brief schreiben, dessen Drohungen dann Jahve pflichtschuldig in Erfüllung gehn läßt"[320].

Erstmals schlägt Gott (נָגַף) in 2 Chr 21,18 nun Judas König, obwohl mit der Vokabel sonst nur die Feinde des Gottesvolkes geschlagen werden. Jorams Untergang orientiert sich dabei an den Flüchen in Dtn 28,25–29, die Strafen verheißen, wenn man nicht auf Gottes Gebote hört. Sein Besitz wird von seinen Feinden ver-

---

316 Dtn 13,6.14. Vgl. McKenzie, 1–2 Chronicles, S. 304.

317 In der LXX werden die Höhen auch in den Städten (πόλεσιν) errichtet. Vgl. McKenzie, 1–2 Chronicles, S. 306.

318 Die Forschung debattiert, ob es sich a) um einen Brief aus dem Jenseits handelt, oder b) ob nicht Elisa gemeint ist, oder c) der Prophet das noch miterlebt hat. Vgl. Galling, Bücher, S. 131; Noth, Überlieferungsgeschichtliche Studien, S. 161; Rudolph, Chronikbücher, S. 267; Williamson, 1 and 2 Chronicles, S. 307.

319 „Den bekannten Propheten Elia aber, der in der alten Überlieferung aufs engste mit Königen des Staates Israel verbunden war, hat er wenigstens aus der Ferne in die judäische Geschichte eingreifen lassen" (Noth, Überlieferungsgeschichtliche Studien, S. 161). Vgl. Williamson, 1 and 2 Chronicles, S. 306.

320 Wellhausen, Prolegomena, S. 200. Vgl. Rudolph, Chronikbücher, S. 268; Galling, Bücher, S. 131; McKenzie, 1–2 Chronicles, S. 304; Noth, Überlieferungsgeschichtliche Studien, S. 161; Williamson, 1 and 2 Chronicles, S. 306.

nichtet und er erleidet Krankheiten, wie es Dtn 28 prophezeit. Die Plagen treffen vor allem das Königshaus, da nur der Thronfolger Ahasja die Angriffe überlebt.[321] Ähnlich ließ es die zweite Schicht Asa ergehen, dem in 2 Chr 17,7–10 der Prophet Hanani fehlende Gottessuche vorwirft. Auch er erleidet am Ende seines Lebens in 2 Chr 17,12 eine Fußkrankheit. Krankheiten sind dementsprechend für die zweite Schicht Folge mangelnder Gottessuche.[322] Auch das Ehrenfeuer wird Joram in 2 Chr 21,19 verweigert. Während die Grundschicht mit dem Feuer in 2 Chr 16,14 König Asa hervorhebt, gestaltet die zweite Schicht daraus ein buchübergreifendes Motiv für die ersten vier Könige Judas. Es soll den Anschein erwecken, dass Judas erste Könige gute Herrscher waren, die Judas Monarchie in Abgrenzung zum Norden etablieren. Doch Joram bringt diese Tradition zum Erliegen, da er auf den Wegen des Nordreichs wandelt.

Jorams schlechtes Handeln wird erst durch die dritte Schicht ausführlich dargestellt und Ataljas versuchte Ausrottung des Königshauses in 2 Chr 21,2–4.13b bereits thematisch angedeutet.[323] Joram versucht nun wie ein Nordreichkönig, seine potenziellen Konkurrenten auszurotten. Diese eingeschobenen Verse kontrastieren ihn mit Josaphat, einer der Lieblingsfiguren der zweiten und dritten Schicht. Demnach wird der Kinderreichtum als Folge des göttlichen Segens aus der Josaphat-Ära unter Joram wieder verspielt.[324]

## 5.4 Fazit: Vom übergangenen König zum Herrscher der Gottlosigkeit

Zusammengefasst lassen sich wieder drei Schichten erkennen, die Joram unterschiedlich bewerten. Die Grundschicht übergeht ihn fast völlig und deutet ihn

---

**321** Vgl. Japhet, 2 Chronik, S. 272. Schwierig ist die umständliche Datierung seines Todes in 2 Chr 21,19. Laut MT und LXX stirbt er innerhalb von „zwei Tagen" (ἡμέρας δύο). Das wird oft als „zwei Jahre" (duorum annorum) übersetzt, wie es auch die Vulgata belegt. Es ist durchaus möglich, מוי in bestimmten Redewendungen mit „Jahr" zu übersetzen (Ex 13,10; Ri 11,40; 2 Sam 14,26). Ob das hier zutrifft, bleibt aber umstritten, da dieselbe Formulierung in 2 Sam 1,1 mit „binnen zwei Tagen" übersetzt wird. Darum sei für eine Übersetzung plädiert, die die Zeitangabe zum zweiten Teilsatz hinzuzieht: „Und es geschah im Laufe der Zeit, und zwar zur Zeit des Endes, da traten binnen zweier Tage seine Eingeweide mit seiner Krankheit heraus". Vgl. McKenzie, 1–2 Chronicles, S. 305 f.; Rudolph, Chronikbücher, S. 266; Dillard, 2 Chronicles, S. 168 f.
**322** Auffällig ist die Schreibweise des Sohnes „Joahas" (יְהוֹאָחָז). In 2 Chr 22,1 wird er „Ahasja" (אֲחַזְיָהוּ) genannt. Die Mss, LXX, Peschitta glätten den Namen zu „Ahasja". Vgl. McKenzie, 1–2 Chronicles, S. 305.
**323** Vgl. Williamson, 1 and 2 Chronicles, S. 304; Rudolph, Chronikbücher, S. 265.
**324** Vgl. Galling, Bücher, S. 130; Japhet, 2 Chronik, S. 265; McKenzie, 1–2 Chronicles, S. 201.

nur kurz und knapp als schlechten Herrscher, der erstmals nicht in der Davidgruft bestattet wird. Dagegen präsentieren ihn die zweite und dritte Schicht als
Inkarnation des JHWH-Abfalls. So integriert die zweite Schicht in 2 Chr 21,6–20a
zunächst den Bericht der Königebücher und verbindet ihn mit dem Höhenkult und
dem Brief Elias. So demonstriert die Chronik, wie die kultische Davidmonarchie
auch in der Krise überleben kann. Damit wird die dritte Schicht in 2 Chr 21,2–4
erweitert. Joram tötet dort in Analogie zum Nordreich seine Verwandten, wodurch
die Atalja-Verschwörung thematisch vorweggenommen wird. Die Darstellung der
Königebücher wird hier demnach nicht wie üblich in der Grundschicht übernommen, sondern erst durch die zweite Schicht ergänzt. Die angeblichen Chroniktopoi, der ewige Bund Gottes mit dem Haus Davids und die Prophetenbotschaft,
sind darum erst Produkte späterer Zusätze.

# 6  2 Chr 22–23 Ahasja und Jojada

## 6.1  Judas Revolution gegen die Nordreichprinzessin Atalja

Die Königin Atalja hat seit jeher eine Sonderstellung im Alten Testament inne. Nach dem Tod von Ahasja herrscht sie als einzige Frau über Juda. Doch ist sie zugleich Ahabs Tochter und somit eine Nordreichprinzessin. So kommt es in 2 Chr 22–23 zu einer besonders engen Verbindung von Juda und Israel, die die Chronik als Ära der Gottlosigkeit darstellt. Das Haus Davids gerät nämlich in 2 Chr 22 zur Zeit der Herrschaft von Ataljas Sohn Ahasja unter immer größeren Nordreichseinfluss, so dass Judas Monarchie fast erlischt. Schon der Beginn von Ahasjas Wirken offenbart einige Auffälligkeiten, da 2 Chr 22,1 viele Doppelungen aufweist: Erst wird Ahasja vom Volk gekrönt, da seine Brüder bei Jerusalems Verwüstung unter seinem Vater starben. Dann wird neutral gesagt, dass Ahasja Judas König wurde. Auch dass er der Sohn Ataljas ist, wird mehrfach hervorgehoben. 2 Chr 22,3 f. betont, dass Ahasja „zum Verderben" beraten wird, einmal durch seine Mutter Atalja und laut 2 Chr 22,4 durch das Haus Ahab. Darum schildert das Kapitel auch einzig den Untergang Ahasjas. Er zieht gemeinsam mit Joram von Israel in den Krieg nach Ramot Gilead gegen die Aramäer. Die Chronik paraphrasiert die dramatische Schlacht und die Revolution aus 2 Kön 9 in 2 Chr 22,5–9.

In der Schlacht werden Joram von Israel und Ahasja von Juda von den Aramäern verwundet und ziehen sich zur Erholung in die Stadt Jesreel zurück. Sie wissen nicht, dass sich im Nordreich Israel derweil der Soldatenkönig Jehu gegen das Haus Ahab erhebt. Die Chronik deutet Jehus Salbung als Auftrag Gottes, Ahabs Dynastie auszurotten (2 Chr 22,7). Die folgenden Verse stellen eine Kurzzusammenfassung von 2 Kön 9 dar. Die erfolgreiche Rebellion Jehus wird als Strafgericht JHWHs beschrieben, bei der die anwesende Elite Judas vernichtet wird. So tötet Jehu in 2 Chr 22,8 Judas Oberste, während Joram sich in der Nordreichshauptstadt Samaria versteckt, die sich aber nicht als sicherer Ort erweist. Von dort wird Ahasja zu Jehu gebracht und hingerichtet. Nach seiner Hinrichtung wird er laut 2 Chr 22,9 dennoch begraben mit der überraschenden Begründung, dass er Josaphats Sohn sei.

Ebenso merkwürdig ist die Reaktion seiner Mutter Atalja in Jerusalem. Als sie hört, dass Ahasja tot sei, lässt sie in 2 Chr 22,10 die Nachkommenschaft von Judas Königshaus umbringen. Wie durch ein Wunder wird der junge Prinz Joas in 2 Chr 22,12 von einer Frau namens Joseba gerettet und sechs Jahre sicher im Tempel versteckt, während Atalja regiert.

Nach sieben Jahren vollzieht sich in 2 Chr 23 ein Aufstand. Der Priester Jojada stiftet das Volk in 2 Chr 23,3 zur Revolution an, in der Atalja gestürzt und Joas auf den Thron gesetzt wird. Jojada führt die Revolution an. Er versammelt in 2 Chr 23,1 f. die obersten Hundert zu einem ersten Bund. Daraufhin lässt er im Tempel die Leviten und Familienoberhäupter des Landes zusammenkommen. Jojada versammelt sie zu einem weiteren Bund mit dem König und spricht: „Siehe, der Sohn des Königs soll König sein, wie da spricht JHWH zu den Söhnen Davids." Im Anschluss erteilt er in 2 Chr 23,4–8 sehr komplexe Anweisungen, wie die Revolution verlaufen soll. Die Rede unterteilt die Anwesenden in drei Gruppen, die den Tempel bewachen sollen und den König mit Waffen in der Hand umgeben. Allerdings weiß man oft nicht, ob das Volk nun im Tempel agiert (2 Chr 23,10) oder ob der Aufenthalt nur den levitischen Priestern erlaubt ist (2 Chr 23,6). Man gewinnt den Eindruck, dass sich die Rede vorrangig an die Leviten richtet, aber später das Volk die Revolution durchführt. In 2 Chr 23,9–13 scharen sich die Revolutionäre um den König, krönen ihn und präsentieren ihn dem Volk. Als Atalja herbeikommt und die Revolutionäre sieht, ruft sie in 2 Chr 23,13 „Verrat, Verrat", während das Volk und die Priester bereits freudig musizieren. Die Krönung selbst vollzieht sich allerdings wie im Königebuch erst am Ende des Textes in 2 Chr 23,20. Dort wird Joas von den Revolutionären auf den Thron des Königtums gesetzt. Zuvor wird Atalja in 2 Chr 23,14 f. ermordet. Dazu muss sie aus dem Tempel geführt werden, um den heiligen Ort nicht zu beschmutzen, weswegen sie erst am Rosstor getötet wird. Daraufhin vollzieht Jojada in 2 Chr 23,16 wieder einen Bund, diesmal zwischen sich, dem Volk und dem König, bei dem sie geloben, dass sie JHWHs Volk werden wollen. Darum wird der Baaltempel mit seinem Priester vernichtet. Jojada organisiert laut 2 Chr 23,18 f. auch noch den Tempelkult nach Davids Bestimmungen. Erst danach wird Joas' Krönung in 2 Chr 23,20 f. vollendet, woraufhin sich das ganze Volk freut und das Land Ruhe hat, während zuletzt Ataljas Ermordung genannt wird.

Der dramatische Erzählstoff offenbart schon bei der Angabe des Inhalts Spannungen und eine Vielzahl an heterogenen Themen. Die Atalja-Erzählung wurde darum sehr kontrovers auf Textwachstum untersucht.[325] Allerdings wird fast ausschließlich der Text des Königebuches besprochen. Der Chroniktext gilt weitgehend als einheitliche Kopie, die lediglich die klassischen Chronikthemen wie die Herrschaft Davids oder den Leviten-Einfluss nachtrage. Dadurch sei aber die Lesbarkeit des Textes beeinträchtigt. Die Chronikversion der Atalja-Krise wurde in der Forschung des 19. Jahrhunderts darum heftig kritisiert. Die Schilderung idealisiere tendenziös Jojada als levitischen Herrscher. Authentisch werde die Revolution nur in 2 Kön 8,24–11,20 dargestellt. Die Exegese des 20. Jahrhunderts

---

325 Vgl. Stade, Anmerkungen, S. 186–191; Levin, Sturz der Königin; Würthwein, Könige, S. 344–351; Rudolph, Sturz der Atalja, S. 473–478.

hingegen interpretiert die Spannungen als Folge einer literarischen Umformung. Laut Williamson wolle die Chronik keinen spannungsfreien Text erzeugen. Sie benutze vielmehr die Königebücher als Vorlage, um ihre Gegenwart in die Vergangenheit zurückzuprojizieren. Die Polemik über die Ahistorizität des Textes weicht nun einem chronistischen Autorenkonzept, das bereit ist, Widersprüche in der Darstellung zu ertragen.[326] Doch im Prinzip sagen beide Erklärungen inhaltlich dasselbe aus. Lediglich wird nun mehr Verständnis für die Schreibtechnik der Chronik aufgebracht als in der Chronikforschung des 19. Jahrhunderts.

## 6.2 Prüfung der Texteinheitlichkeit

### 6.2.1 2 Chr 22: Ahasja unter dem Einfluss des Hauses Ahab

Das Kapitel 2 Chr 22 leitet die Ataljakrise ein. Darum berichten nur 12 Verse über Ahasjas Untergang. Die Einleitung weist mehrere Doppelungen auf. Wie Kalimi bemerkte, wird Ahasja in 2 Chr 22,1 zweifach inthronisiert.[327] Zunächst machen die Bewohner Jerusalems Ahasja in 2 Chr 22,1 zum König, da die Araber bei der Verwüstung Jerusalems die anderen Prinzen laut 2 Chr 21,16 f. getötet haben. Am Ende wiederholt aber 2 Chr 22,1 die Information generalisierend, dass Ahasja König wurde. Darauf folgt in 2 Chr 22,2 die übliche Vorstellung des Königs.[328] Der Bericht über Ahasja hat also eine doppelte Einleitung. Zudem steht beides unverbunden nebeneinander. Während der Schluss von 2 Chr 22,1 die Krönung neutral formuliert, hebt der erste Versteil die Jerusalemer Bewohner hervor, die hier sehr untypisch für die Chronik den Herrscher einsetzen. Doch das folgende Kapitel 2 Chr 23 erwähnt die Gruppe nicht. Vielmehr agiert hier das Volk Juda als Hauptakteur. Zudem verweist die Krönung durch die Bewohner auffällig auf die Plünderung Judas durch die Araber aus dem vorherigen Kapitel in 2 Chr 21,16 f.[329] Die Plünderung hat sich als Zusatz der zweiten Schicht erwiesen. Hier werden

---

**326** Vgl. Wellhausen, Prolegomena, S. 193; Williamson, 1 and 2 Chronicles, S. 316; de Wette, Glaubwürdigkeit, S. 91; Willi, Auslegung, S. 198.
**327** Vgl. Kalimi, Geschichtsschreibung, S. 239 f.
**328** Ahasja ist laut 2 Chr 22,2 bei der Krönung 42 Jahre alt, statt 22 Jahre wie in 2 Kön 8,26. Das Alter Ahasjas geht wohl auf eine Verschreibung in der Chronik zurück. Dass Atalja als Tochter Omris vorgestellt wird, obwohl sie die Tochter Ahabs ist, übernimmt die Chronik aus 2 Kön 8,26. Vgl. McKenzie, 1–2 Chronicles, S. 306; Curtis, Commentary, S. 419; Japhet, 2 Chronik, S. 277; Williamson, 1 and 2 Chronicles, S. 310.
**329** Vgl. Galling, Bücher, S. 132; Williamson, 1 and 2 Chronicles, S. 310; Kalimi, Geschichtsschreibung, S. 175 f.

demnach kapitelübergreifend Zusätze in den Text integriert. Aus diesen Gründen legt die erste Krönung die Frage aus, warum und wie Ahasja König wurde. Ahasjas zweite Einsetzung ist demzufolge Bestandteil der Grundschicht.[330]

Weitere Doppelungen treten in 2 Chr 22,3 f. auf, da sich Ahasjas „Berater" (יוֹעֵץ) auffällig häufen. So ist laut 2 Chr 22,3 seine Mutter Atalja eine „Beraterin zu gottlosem Handeln"[331]. Im Folgevers in 2 Chr 22,4 wird Ahasja mit einem Zitat aus 2 Kön 8,27 erneut beeinflusst: „Und er tat, was böse war in den Augen JHWHs wie das Haus Ahab. Denn diese waren ihm Berater [...] zu seinem Verderben." Beide Verse sind parallel aufgebaut und besagen, dass seine Mutter und ihre Familie den König zu gottlosem Handeln animieren. Die Erwähnung Ataljas ist überflüssig, da sie natürlich zu ihrer Familie, dem Haus Ahab, gehört. Außerdem wird für die weitere Handlung ab 2 Chr 22,5 der Einfluss des Hauses Ahab wichtiger. Denn dass Ahasja in den Krieg zieht, liegt daran, dass „er ihren Rat befolgte" (בַּעֲצָתָם). Das Objekt wird in 2 Chr 22,4 im Plural formuliert und bezieht sich auf Ahabs ganze Familie. Daher stellt 2 Chr 22,3 eine ähnliche Glosse dar wie 2 Chr 22,1a, die auf das nächste Kapitel in 2 Chr 23 vorbereitet, in dem Ataljas schlechter Einfluss bereits angedeutet wird.

Unter Ahasja kommt der Einfluss von Ahabs Haus nun zu seinem Höhepunkt. De facto regiert das Nordreich in Juda, da Ahasja nur als Marionette Israels auftritt. Wie in 2 Chr 18 erfolgt wieder ein gemeinsamer Feldzug von Juda und Israel nach Ramot Gilead. Dort wurde der fromme Josaphat errettet, nun stirbt dagegen der unfromme Ahasja. Die Allianz der Häuser David und Ahab, die mit Josaphats Verschwägerung in 2 Chr 18,1 begann, wird durch Gottes Strafgericht beendet.

Die Schlacht mit Jehu wird in 2 Chr 22,5 f. parallel zu 2 Kön 8,28 f. dargestellt, doch ab 2 Chr 22,7–9 wird dessen Revolte in 2 Kön 9 paraphrasiert. Die Chronik deutet den Kriegsverlauf damit neu.[332] So wird der Usurpator Jehu von JHWH gesalbt, aber nicht mit der Würde eines Königs, sondern allein, um Ahabs Haus auszurotten. Jehu ist also ein Vernichtungswerkzeug Gottes. Die freie Paraphrase konzentriert sich darum erstens allein auf Judas Perspektive, da Ahasja die Hauptfigur des Textes darstellt, während er in 2 Kön 9,27 f. als Nebenfigur agiert.[333] Das Morden verläuft zweitens systematisch geordnet, da in 2 Chr 22,8 auch die Obersten von Juda und Ahasjas Söhne sterben, so dass die gesamte Oberschicht Judas

---

330 Myers harmonisiert Jerusalems Bewohner mit dem Volk und setzt sie gleich. Vgl. Myers, II Chronicles, S. 125.

331 Vgl. Williamson, 1 and 2 Chronicles, S. 309; Japhet, 2 Chronik, S. 278.

332 Vgl. McKenzie, 1–2 Chronicles, S. 307.

333 Vgl. Galling, Bücher, S. 133; Kalimi, Geschichtsschreibung, S. 53; Curtis, Commentary, S. 421; Japhet, 2 Chronik, S. 280; McKenzie, 1–2 Chronicles, S. 307; Rudolph, Chronikbücher, S. 269.

ausgelöscht wird. Drittens versteckt sich Ahasja in 2 Chr 22,9 in Samaria und nicht wie in 2 Kön 9,27 in Megiddo. Samaria als Hauptstadt Israels wird somit die Unheilsstätte von Ahasjas Untergang. Oder wie Galling es beschreibt: „Wer sich mit Samaria (dem Bereich der Haeretiker) einläßt, kommt dort um"[334]. Während der fromme Josaphat in Ramot Gilead von JHWH errettet wurde, kann Ahabs Haus dem unfrommen Ahasja keinen Schutz gewähren. Darum muss er mit dem Haus Ahab sterben.

Doch Ahasjas Bestattung in 2 Chr 22,9 bleibt im „eigentümlichen Zwielicht"[335]. Denn einerseits wird nicht erwähnt, ob Ahasja in der Gruft seiner Väter in Jerusalem beigesetzt ist, obwohl die Art und Weise der Bestattung für die Bewertung der Könige in der Chronik große Bedeutung hat.[336] Andererseits wird sein Begräbnis damit begründet, dass er ein Sohn Josaphats sei. Dies wird hier erstmalig als Argument für eine Bestattung angeführt. Der Vers weist auch syntaktisch Auffälligkeiten auf. Denn dort steht im Plural: „Denn sie sagten" (כִּי אָמְרוּ). Judas Oberste wurden aber komplett getötet. Daher müssten ausgerechnet in 2 Chr 22,9 die Leute Jehus das Subjekt sein, die Ahasja getötet haben. Seine Mörder gestehen ihm offenbar das Begräbnis zu.[337] Doch warum sollten gottlose Vertreter aus dem Norden an Josaphat denken? Schließlich ist Jehu laut Chronik auch kein König, sondern nur ein Vernichtungswerkzeug JHWHs.[338] Deshalb steht die Beerdigungsnotiz in 2 Chr 22,9 in keiner Beziehung zum Kontext des Kapitels. Vielmehr will die Bestattung wie 2 Chr 22,1a buchübergreifend Josaphats Ruhm vergrößern. Das geschieht aber erst in der zweiten Schicht, die Josaphat in 2 Chr 17–20 als großen Herrscher darstellt. Darum ist die Bestattungsschilderung ein Nachtrag, während Ahasja ursprünglich einfach ohne Beerdigungsnotiz getötet wurde.

Da Judas Oberschicht nicht mehr existiert, ist laut 2 Chr 22,9 kein Davidide in der Lage, Judas Königtum zu erhalten, womit Ataljas Wirken eingeleitet wird. Atalja tötet die königliche Nachkommenschaft.[339] Während in den Königebüchern die Ermordung der Prinzen wenig motiviert erscheint, vollzieht sich hier ein sys-

---

**334** Galling, Bücher, S. 133. Vgl. Dillard, 2 Chronicles, S. 175.

**335** Galling, Bücher, S. 133.

**336** Curtis interpretiert die Stelle so, als sei Ahasja in Jerusalem bestattet. Vgl. Curtis, Commentary, S. 421.

**337** Vgl. Becker, 2 Chronik, S. 73.

**338** Vgl. Galling, Bücher, S. 133.

**339** In 2 Chr 22,10 liegt Textverderbnis vor. Atalja „redet" (וַתְּדַבֵּר) zu ihren Nachkommen. Die Vokabel ist aber mit: „Sie tötet" (וַתְּאַבֵּד) zu ersetzen, wie es in 2 Kön 11,1 steht. Die Lesart der Chronik erklärt sich durch ein Verschreiben der Vokabel אבד zu דבר. Vgl. Williamson, 1 and 2 Chronicles, S. 314.

tematisches Vertilgen des Herrscherhauses.[340] Das Morden, welches Jehu im Norden beginnt, setzt sich in Juda durch Atalja fort.

Da das Königshaus Judas nun kurz vor dem Untergang steht, tritt die Prinzessin Joseba aus dem Hause Davids als Retterin auf. Sie holt wie in 2 Kön 11,2 den Königssohn Joas aus der Kammer und lässt ihn sechs Jahre im Tempel verstecken. Damit tritt sie als weibliche Kontrastfigur zu Atalja auf. Was diese zerstören will, das errettet Joseba. Sie rettet Joas so, wie die Frauen aus Ägypten den Säugling Mose in Ex 1 f. an Hebammen übergeben.[341]

Joseba erhält in 2 Chr 22,11 viele Titel, die fast alle die Verwandtschaft zum Prinzen betonen: „Und so versteckte ihn Joseba, die Tochter des Königs Joram, die Frau Jojadas des Priesters – denn sie war die Schwester Ahasjas – vor Atalja". Die meisten Titel stammen aus 2 Kön 11,2. Neu kommt hinzu, dass sie in 2 Chr 22,11 als Frau Jojadas (אֵשֶׁת יְהוֹיָדָע) vorgestellt wird. Fast gebetsmühlenartig hat die Forschung hier konstatiert, dass damit Josebas Auftreten im Tempel erklärt und legitimiert sei. Als Frau des Priesters könne sie den Tempel betreten, um den Prinzen zu verbergen. Doch diese Deutung ist nicht schlüssig, da ohne Ausnahme Frauen grundsätzlich den Tempel nicht betreten dürfen. Denn laut Willi gilt: „Frau bleibt Frau, und darauf kam es in kultischer Hinsicht an."[342] Grundsätzlich geht die Debatte am Text vorbei, da Joseba den Prinzen Joas in 2 Chr 22,10 lediglich zu einer Amme in die Bettenkammer bringt. Damit ist nicht gesagt, dass sie den Tempel betritt. Der Titel „Frau Jojadas des Priesters" soll eher Jojada als Hauptfigur in 2 Chr 23 einleiten. Doch dieser Titel in 2 Chr 22,11 ist auffällig, da alle anderen Bezeichnungen die Verwandtschaft Josebas zum Prinzen betonen, wodurch ihre Rettungstat motiviert wird („Tochter des Königs Joram"; „Schwester Ahasjas"). Da der Titel „Frau Jojadas" unverbunden neben den anderen steht, stellt er wie in 2 Chr 22,1a.3 wohl ein Nachtrag dar, um Jojada als Hauptfigur einzuführen.

So durchziehen in 2 Chr 22,1a.3.11 (אֵשֶׁת יְהוֹיָדָע) immer wieder kleine Glossen den Text, um auf die Kapitel davor und danach zu verweisen. Auf den Untergang folgt nun in 2 Chr 23 die Rettung durch Jojada.

### 6.2.2 2 Chr 23: Vollziehen das Volk oder die Leviten Jojadas Revolution?

Die Revolution Jojadas weist viele Spannungen auf. So dominieren mehrere Bundesschlüsse in 2 Chr 23,1–3 und 2 Chr 23,16 das Kapitel. Laut McKenzie mache

---

**340** Vgl. Alt, Königtum, S. 17; Levin, Exzerpt, S. 625; Würthwein, Revolution Jehus, S. 42.
**341** Vgl. Japhet, 2 Chronik, S. 284; McKenzie, 1–2 Chronicles, S. 208.
**342** Willi, Auslegung, S. 128. Vgl. Williamson, 1 and 2 Chronicles, S. 315.

der erste Bund den zweiten doch überflüssig. Fohrer und Japhet haben aber herausgearbeitet, dass die Bundesschlüsse unterschiedliche Zielsetzungen haben. In 2 Chr 23,1–3 verpflichtet sich das Volk, den Königssohn Joas zu inthronisieren. In 2 Chr 23,16 hingegen geloben Jojada, das Volk und der König, Gottes Volk zu werden. Diese zwei Bundesschlüsse stellen somit eine literarische Komposition dar und bauen aufeinander auf.[343]

Doch bei genauer Betrachtung liegen die Spannungen innerhalb des ersten Bundesschlusses in 2 Chr 23,1–3 vor. Gleich zu Beginn in 2 Chr 23,1–3 erscheint der Bundesschluss der hundert Obersten (שָׂרֵי הַמֵּאוֹת) zweigeteilt, denn Jojada schließt ihn zunächst mit den hundert Obersten, um dann die Leviten und Familienoberhäupter in 2 Chr 23,2 im ganzen Land zu sammeln. Der Bund wird aber erst in 2 Chr 23,3 im Haus JHWHs vollendet.[344] Gerade der erste Bundesschluss, der zur Suche der Leviten animiert, hat im 19. Jahrhundert viel Kritik provoziert. Besonders de Wette fragt, warum die Revolutionäre öffentlich in Juda umherziehen, um sich dann verborgen im Tempel zu treffen. Es sei völlig unrealistisch, dass Atalja davon nichts mitbekommt.[345]

Generell stellt sich die Frage, wer sich dort eigentlich trifft, denn es stoßen in 2 Chr 23,1 f. direkt die zwei Gruppen aufeinander, die im gesamten Kapitel 2 Chr 23 in Konkurrenz stehen: die Leviten und das Volk. Die Instruktionen Jojadas richten sich an die Leviten, die aber beim Vollzug der Revolution kaum auftreten.[346] So sind die Leviten nur am Anfang in 2 Chr 23,1 f., in der Rede Jojadas in 2 Chr 23,4–8 und am Ende in 2 Chr 23,18 f. aktiv. Beim Vollzug der Revolution und der Krönung sind dagegen die Obersten (שָׂרִים) des Volkes und das Volk (עַם) selbst in 2 Chr 23,9–17.20 f. die Handlungsakteure.

Die Parallelüberlieferung in 2 Kön 11,4 schildert dies deutlich anders. Dort wird nur ein Bund dargestellt. Die hundert Obersten (שָׂרֵי הַמֵּאוֹת) stehen der militärischen Gruppe der Karer und der Leibwache des Königs vor. Anstelle dieser Gruppen nennt 2 Chr 23,1 eine Namensliste mit explizit hebräischen Namen. Wie Kalimi herausgearbeitet hat, sind die Namen überwiegend in Leviten-Stammbäumen aus der Genealogischen Vorhalle in 1 Chr 1–9 zu finden.[347] Doch im Erzählverlauf von 2 Chr 23 werden die Namen nicht noch einmal erwähnt. Vielmehr sind

---

**343** Vgl. Fohrer, Vertrag, S. 11; Japhet, 2 Chronik, S. 290; McKenzie, 1–2 Chronicles, S. 309.

**344** McKenzie transformiert den Bund in 2 Chr 23,1 zur Hausversammlung, da er „Bund" (בְּרִית) durch „Haus" (בֵּית) ersetzt. Diese Form belegen aber nur wenige LXX–Varianten, die den Text mit 2 Kön 11,4 harmonisieren. Vgl. McKenzie, 1–2 Chronicles, S. 309.

**345** Vgl. de Wette, Glaubwürdigkeit, S. 95.

**346** Vgl. Japhet, 2 Chronik, S. 288.

**347** Vgl. Noth, Überlieferungsgeschichtliche Studien, S. 160; Kalimi, Geschichtsschreibung, S. 71 f.

die hundert Obersten (שָׂרֵי הַמֵּאוֹת) später in 2 Chr 23 gar keine Leviten, sondern militärische Revolutionsführer. Besonders markant ist das in 2 Chr 23,14 sichtbar. Wie Rudolph mit Recht beobachtete, werden dort die Obersten als „die hundert Obersten, die Vorgesetzten des Heeres"[348], (שָׂרֵי הַמֵּאוֹת פְּקוּדֵי הַחַיִל) bezeichnet. Die Bezeichnung als Levitenführer in 2 Chr 23,1 erweist sich darum als Nachtrag, der die Heeresführer zu Leviten transformiert.

Genauso problematisch ist die Zweiteilung des Bundes. Denn nach dem Zusammenschluss mit den obersten Hundert in 2 Chr 23,1 wird erst in 2 Chr 23,3 der eigentliche Bund mit den Leviten und Familienoberhäuptern geschlossen, die zuvor im Land gesucht wurden. Der erste Bund in 2 Chr 23,1 mit den hundert Obersten ordnet sich dem zweiten deutlich unter, da erst mit den Leviten die wichtige Krönung beschlossen wird. Doch das steht in Spannung zum Handlungsverlauf in 2 Chr 23,9–17.20 f., in dem dann allein das Volk und die Obersten die Akteure sind und von den Leviten keine Rede mehr ist. Es erweist sich demzufolge als wahrscheinlich, dass der Bund mit den Leviten und Familienoberhäuptern denjenigen mit den Obersten des Volkes korrigieren will. Der Vergleich mit 2 Kön 11,4 zeigt, dass der Bund in 2 Chr 23,1 beginnt und in 2 Chr 23,3 fortgesetzt wird. Dort holt Jojada wie in 2 Chr 23,1 die hundert Obersten, die sich im Tempel treffen und den Bund zur Krönung schließen. Ursprünglich trafen sich also die hundert Obersten im Tempel und wollten Joas krönen, noch ohne im Land Leviten zu suchen.

Jojadas Rede beginnt mit dem Ausruf in 2 Chr 23,3: „Siehe, der Sohn des Königs soll König sein, wie da spricht JHWH zu den Söhnen Davids" (כַּאֲשֶׁר דִּבֶּר יְהוָה עַל־בְּנֵי דָוִיד). Die Zusage JHWHs zu den Söhnen Davids stellt eine erklärende Begründung für Joas' Einsetzung dar. In diesem Halbsatz wird laut Forschung ein Kerngedanke der Chronik formuliert. Gemäß McKenzie hält die Chronik den Bund mit David aufrecht, da Gott den ewigen Bestand versprochen habe.[349] Doch diese These stützt sich eigentlich nur auf den Halbvers in 2 Chr 23,3. Darum soll dieser diskutiert werden. Die folgende Inthronisation in 2 Chr 23,20 erwähnt das Geschlecht Davids nicht, obwohl das nach Jojadas Spruch naheliegend wäre. Besonders die Krönung ist auffällig. Der davidische Joas setzt sich nicht selbst auf den „Thron der Könige" (כִּסֵּא הַמְּלָכִים), wie er in 2 Kön 11,19 genannt wird, sondern

---

**348** „Mit dieser Umwandlung in eine geistliche Truppe stimmt allerdings v. 14a nicht überein, wo die Hundertschaftsführer nach wie vor ‚die Vorgesetzten des Heeres' heißen" (Rudolph, Chronikbücher, S. 272).

**349** „Auch in der gründlich verwandelten Erzählung von Athalias Sturz – II. Chr. 23 – ist der Gedanke an den Davidbund als ein Faktor, der Jojadas Handeln bestimmt, neu eingeschaltet: ein rechtmäßiger Davidide soll den Thron inne haben, wie es Jahwe für die Nachkommen Davids verordnet hat" (von Rad, Geschichtsbild, S. 124). Vgl. McKenzie, 1–2 Chronicles, S. 312; Williamson, 1 and 2 Chronicles, S. 313.

wird passiv vom Volk auf den abstrakten „Thron des Königtums" (כִּסֵּא הַמַּמְלָכָה)
gehoben.

Auch spricht Gott dem Königtum Davids keinesfalls in allen Teilen der
Chronik den ewigen Bestand zu, wie es Jojada in 2 Chr 23,3bβ behauptet. Der dazu
wichtigste Text, die Natansverheißung in 1 Chr 17, verweigert dem Haus David den
ewigen Bestand. Eine ewige Verheißung Gottes an das Haus David erfolgt erst in
den späteren Schichtungen, wie in Abijas Rede in 2 Chr 13,5. Davids Herrschaft
basiert in diesen späten Chronikergänzungen auf dem Kult, den er gestiftet hat
und wirkt darin fort. Das lässt vor allem tendenzkritisch darauf schließen, dass
hier wie in 2 Chr 22 eine Glosse der zweiten Redaktion vorliegt. Der Halbvers will
dabei die Verwendung von Davids Waffen aus der Schatzkammer in 2 Chr 23,9
erklären. Davids Waffen, die der große Salomo in 2 Chr 5,1 in den Tempel brachte,
werden an die Obersten verteilt. Wie Japhet und McKenzie gezeigt haben, ist das
keine Selbstverständlichkeit. Schließlich verbietet Lev 27,28 die Weiterverwen-
dung von geweihten Gaben. Daher begründet der Halbvers theologisch, warum
Jojada Davids Waffen benutzen darf, da diese nun die Dynastie verteidigen.[350]
Deshalb gehört nur Jojadas Ausspruch: „Siehe, der Sohn des Königs soll König
sein", womit die Rede beginnt, zur Grundschicht.

Jojadas folgende Rede in 2 Chr 23,4–8 wurde im 19. Jahrhundert sogar verspottet. Wellhausen betrachtet die Rede als ahistorischen „Irrtum [...], der] aus bloßer
Lust an levitischem Pomp"[351] verfasst wurde. Damit schließt er an de Wettes Kritik
an, der verächtlich urteilt:

> „Interessant ist es zu sehen, wie ungeschickt der Verf. die ihm vorliegende Relation [des
> Königebuchs] entstellt hat. Er hat ganze Stellen daraus abgeschrieben, die in seinem
> Zusammenhang Ungereimtheiten sind, dort aber einen guten Sinn geben."[352]

Denn laut Jojadas Rede tragen die Leviten die Revolution, später im Erzähltext
hingegen führt das Volk den Aufstand. Der Text weist viele Parallelen zu Jojadas
Rede in 2 Kön 11,5–9 auf, doch mit deutlicher levitischer Färbung. Man erkennt
noch immer die Anweisungen aus 2 Kön 11,5–9, die sich dort an die Karer und die
Leibwächter des Königs richten. Die Gruppe der Karer (הַכָּרִי), eine Söldnertruppe,
scheint der biblischen Überlieferung vielfach suspekt zu sein.[353] Darum schlagen
die Masoreten anstatt „Karer" die Lesart „Kreter" (הַכְּרֵתִי) vor, wie es auch die LXX

**350** Vgl. McKenzie, 1–2 Chronicles, S. 310 f.; Japhet, 2 Chronik, S. 289.
**351** Wellhausen, Prolegomena, S. 193.
**352** De Wette, Glaubwürdigkeit, S. 97.
**353** Sie kommen nur noch einmal in 2 Sam 20,33 als Teil von Joabs Heer vor.

überliefert.[354] Dass nun solch eine ausländische Gruppe im Tempel sein darf und Träger der Revolution ist, ist für die Chronik unbegreiflich. Deswegen tritt das Volk in 2 Chr 23,10 als Protagonist an ihre Stelle, was viele Forscher zurecht hervorgehoben haben.[355]

Die Aufstellung der Revolutionäre ist parallel aufgebaut. Zuerst wird in beiden Texten eine Dreiteilung der Revolutionäre in 2 Chr 23,4 f. durchgeführt.[356] Ein Drittel, das am Sabbat antritt, soll an den Schwellen stehen, ein Drittel im Königshaus und ein Drittel am Grundtor. Doch 2 Chr 23,4 fügt hinzu, dass diejenigen, die am Sabbat antreten, Leviten sind (לַכֹּהֲנִים וְלַלְוִיִם). Durch diese Angabe sind die Revolutionäre nun Leviten.

Auffallend sind dabei in 2 Chr 23,5 f. die Befehle: „Und das ganze Volk soll in den Vorhöfen des Hauses JHWHs sein. Doch niemand soll in das Haus JHWHs gehen. Denn nur die Priester und die diensttuenden Leviten, die sollen gehen, denn sie sind heilig." Dieser Befehl thematisiert die Kultreinheit, die durch das Eindringen des Volkes in den Tempel offenbar verletzt wird. Das Volk soll JHWHs Vorschriften erfüllen, aber doch bitte draußen bleiben. So driftet der Erzähltext von der Inthronisierung zu Kultfragen ab. Dazu findet sich im Folgevers 2 Chr 23,7 ein zweites Mal ein Gebot, Personen, die den Tempel betreten, zu töten. Hier allerdings ist der Grund der Schutz des verborgenen Königs. Diese Aufgabe wird den Leviten übertragen, die nun die Königsgarde stellen. 2 Chr 23,8 konstatiert darauf die Umsetzung der Pläne. Doch selbst Exegeten wie Japhet, die textsynchron arbeiten, bemerken, dass gerade diese Umsetzung unverständlich bleibt.[357] Weder schützen die Leviten in 2 Chr 23,10 den König noch betreten in 2 Chr 23,3.10 f. nur die heiligen Leviten den Tempel, während das Volk lediglich in den Vorhöfen verbleibt. Von den Nicht-Leviten wird auch keiner getötet, wenn er den Tempel betritt. So fragt Rudolph: „[W]arum die ganze Umformung der Vorlage, wenn nun doch ‚das ganze Volk' in nächster Nähe von Tempel und Altar steht?"[358] Jojadas Rede wird bei der Revolution demnach nicht umgesetzt. Erst nach der Revolution in 2 Chr 23,18 wird Jojadas Gebot partiell und deutlich später realisiert, indem er alle Angelegenheiten des Tempelhauses in die Obhut der Leviten übergibt.

---

**354** Die Textstelle ist die Grundlage für das im Deutschen sprichwörtliche: „Krethi und Plethi".
**355** „[D]as wäre ja ein Greuel gegen das Gesetz, der einem solchen heiligen Mann [wie Jojada] nicht zugetraut werden kann" (Wellhausen, Prolegomena, S. 192). Vgl. McKenzie, 1–2 Chronicles, S. 309 f.; Stade, Anmerkungen, S. 191; Willi, Auslegung, S. 118; Japhet, 2 Chronik, S. 291.
**356** Die Chronik fasst den Wachdienst am Haus des Königs in 2 Kön 11,5 in 2 Chr 23,4 zu Torwächtern der Schwellen zusammen. Ebenso wird das Tor Sur und das Tor zur Wache aus 2 Kön 11,6 in 2 Chr 23,5 zum Königstor.
**357** Vgl. Japhet, 2 Chronik, S. 287.
**358** Rudolph, Chronikbücher, S. 273.

Offenbar erging die Rede ursprünglich nicht an die Leviten, sondern an die obersten Hundert, die das Volk anführen. In 2 Chr 23,5b.6 zeigt sich, dass das Auftreten der Leviten eine Korrektur darstellt. Diese Gruppe soll die führende Rolle des Volkes einnehmen. Daher werden die Revolutionäre des Volkes durch eine „geistliche[] Truppe"[359] aus Leviten ersetzt. Im Text wird diese als Subjekt nachgetragen, um das Volk zu verdrängen. Deutlich ist das in 2 Chr 23,8 sichtbar.[360] Dort findet sich noch das ursprüngliche Subjekt „Juda", das unverbunden neben den „Leviten" steht. Im Erzählverlauf führt auch einzig Juda die Revolution aus. So funktionieren die Verse 2 Chr 23,4.7.8 auch ohne die Leviten und Priester als Subjekte, wie man an den jeweiligen Parallelversen in 2 Kön 11,5–8 sehen kann. Dort sollen die Obersten des Heeres ihre Leute in drei Gruppen aufteilen, die sich schützend um den König stellen. Davon berichtet auch der Erzähltext der Chronik. Jojada krönt und salbt den König und führt ihn dann aus dem Tempel. Akteure sind dabei die obersten Hundert und das Volk selbst, welches in 2 Chr 23,11 ausruft: „Es lebe der König!" Allein durch den Auftritt des Königs ist Ataljas Schicksal besiegelt, die ihre Kleider zerreißt und in 2 Chr 23,13 „Verrat" ruft. Analog zu 2 Kön 11,14 bläst das Volk die Trompeten als Ausdruck der Freude. Neu in 2 Chr 23,13 ist der Chronikzusatz der Sänger, die mit Musikinstrumenten den Lobgesang leiten, wodurch der Gesang des Volkes wieder hierarchisiert und „levitisiert" wird. Denn die Leitung des Gesanges stellt nach 1 Chr 6,16 f.; 2 Chr 5,12 f.; 7,6 eine Aufgabe der Leviten dar.[361] Wie in 2 Chr 23,2.4–8 wird ihnen eine Vorrangstellung zuteil, während sich ursprünglich wie in 2 Kön 11,14 allein das Volk freute. Darum gehört auch die Erwähnung der Leviten als Sänger in 2 Chr 23,13 zu den Nachträgen der dritten Chronikschicht.

Vor der Inthronisation wird in der Chronik noch der Baaltempel niedergerissen. Dabei tritt weiteres Chroniksondergut in 2 Chr 23,18.19b auf. Jojada übergibt die Wachen in die Hand der Priester, damit die Priester wieder die Brandopfer leisten können, wie David befiehlt. Ebenso soll kein Unreiner den Tempel betreten. Dieser Befehl schließt wieder an Jojadas levitische Anweisungen in 2 Chr 23,6 f. an. Jojada überlässt jetzt die Pflege des reinen Kultes den Leviten, wie er es in 2 Chr 23,5b.6.8b angekündigt hat. Darum geht trotz Revolution die heilige Tempelliturgie ohne Störung von unreinen Eindringlingen weiter und auch die regelmäßigen Opfer werden nicht unterbrochen. Dieser kultische Nachtrag ver-

---

**359** Rudolph, Chronikbücher, S. 271.

**360** Ebenso stellt der letzte Halbvers in 2 Chr 23,8b, dass Jojada die Abteilungen nicht entlassen habe, eine kultische Ergänzung dar. Denn Jojada lässt in 2 Chr 23,4 diejenigen, die am Sabbat antreten, Torhüter sein. Das legt nahe, dass sie den Opferdienst für die Revolution temporär unterbrechen. Laut 2 Chr 8,14 erteilt Salomo auf Anweisung Davids die Order, dass die Opfer täglich durchgeführt werden.

**361** Vgl. Williamson, 1 and 2 Chronicles, S. 317; Curtis, Commentary, S. 432.

lässt den Kontext der Krönung, die sich in 2 Chr 23,20 vollzieht. Die ursprüngliche Szenerie orientiert sich am Ablauf in 2 Kön 11,18 f. Die Torhüter werden in
2 Chr 23,19 aufgestellt, um den König dem Volk zu präsentieren.

Die dritte Schicht hat die Volksrevolution „levitisiert". Mit Hilfe der Königebücher lassen sich die Fortschreibungen der dritten Schicht klassifizieren, da sich
der Ablauf ansonsten im Wesentlichen nicht verändert. Doch bleiben Spannungen
im gesamten Erzählablauf, welche bisher allein für die Königebücher debattiert
wurden, obwohl sie genauso für die Chronik zutreffen. Darum sollen die Auffälligkeiten jetzt am Chroniktext diskutiert werden. Bernhard Stade befremdete die Reihenfolge des Revolutionsvollzugs. So fragt er sich, warum die Tötung Ataljas und
die Zerstörung des Baaltempels mit dem Bundesschluss in 2 Chr 23,14–17 noch vor
der Krönung in 2 Chr 23,20 erfolgen. Besonders markant ist, dass der König erst in
2 Chr 23,20 aus dem Tempel geht. Diese Information knüpft nahtlos an 2 Chr 23,13
an, da Joas dort zunächst auf einem Podest wartet.[362] Dazwischen geschieht auffallend viel. Stade urteilt berechtigt: „Es lässt sich nun kaum glauben, dass die
Zerstörung des Baaltempels zwischen die Salbung und Inthronisation des Joas
gefallen sein soll"[363]. Das alles wäre doch als Folge der Inthronisation plausibler.

Dazu steht im abschließenden Vers von 2 Chr 23,21 die auffällige Information, dass Atalja mit dem Schwert getötet wurde. Ihr Tod wurde aber schon
in 2 Chr 23,14 f. ausführlich dargestellt. Das ist entweder ein summarischer
Abschluss[364] oder als Dublette einzuschätzen.[365] Jedoch ist die Dublette wahrscheinlicher. Denn im Gegensatz zur Schlussnotiz in 2 Chr 23,20 ist die ausführliche Darstellung von Ataljas Hinrichtung und die Vernichtung ihres Tempels sehr
theologisch gefärbt.[366] Der Bericht möchte den Gedanken abweisen, dass Atalja
im heiligen Tempelbereich stirbt. Deswegen wird sie erst hinausgeführt und erst
am Tor getötet. Das soll den Eindruck vermeiden, dass im Eifer des Gefechts die
Tempelgebote vernachlässigt werden. Die ganze Revolution soll den Regeln der
Tora folgen. Demnach wären 2 Chr 23,14–17 auf den ersten Blick eine Auslegung
der allgemeinen Todesnotiz in 2 Chr 23,20.

Diese Argumente deuten darauf hin, dass 2 Chr 23,14–17 genau wie in der Parallele 2 Kön 11,15–18 Erweiterungen sind. Doch dazu müssen 2 Chr 23,14–17 und
2 Kön 11,15–18 verglichen werden. Dabei fällt auf, dass die Chronik viele glättende

---

362 Vgl. Curtis, Commentary, S. 432.
363 Stade, Anmerkungen, S. 187.
364 Vgl. Levin, Sturz der Königin, S. 24; Rudolph, Sturz der Atalja, S. 476.
365 „[Der Schlussvers] setzt voraus, dass Atalja noch nicht getödtet worden war, als die Ver-
schworenen den Tempel verliessen, um die Burg in Besitz zu nehmen und Joas zu inthronisieren"
(Stade, Anmerkungen, S. 189).
366 Vgl. Levin, Sturz der Königin, S. 23.

Änderungen vornimmt.[367] So ist in 2 Kön 11,17 der Schwur umständlich verdoppelt. Der Bund wird erst zwischen JHWH, dem König und dem Volk geschlossen, so dass sie alle JHWHs Volk werden. Daran hängt am Ende von 2 Kön 11,17 nun ein gedoppelter, zweiter Bund „zwischen dem König und dem Volk". 2 Chr 23,16 hingegen berichtet nur von einem Bund, der zwischen allen Parteien geschlossen wird: Jojada, dem Volk und dem König. Ein weiterer Bund zwischen König und Volk wurde als überflüssig erachtet, da der König in der Chronik zum Volk gehört.[368] Dies zeigt, dass 2 Chr 23,14–17 trotz der befremdlichen Reihenfolge auf 2 Kön 11,15–18 zurückgreift und den Text vereinfacht. Die Argumente sprechen gegen einen späteren Nachtrag in 2 Chr 23,13–17, so dass auch diese Verse zur Grundschicht gehören. Die Wachstumsprozesse haben sich demzufolge in den Königebüchern ergeben. Die Chronik glättet die daraus entstehenden Spannungen.

## 6.3 Theologiegeschichtliche Entwicklung: Die Revolution des Volkes als Befreiung und Gefahr für den Tempel

Die Chronikforschung deutet Joas' Krönung nach der unheilvollen Atalja-Herrschaft klassisch als überzeitliches Bekenntnis Gottes zum Haus Davids.[369] So meint Dillard:

> "The purposes of God for the sons of David would not be thwarted by Athaliah, nor by the Persians in the restoration period, nor by the Romans in the early years of our era."[370]

Oft wird die Erzählung auch zionstheologisch gedeutet. JHWH manifestiere hier sein ewiges Anrecht auf den Tempel Davids.[371] Diese Deutungen beruhen allerdings fast ausschließlich auf Jojadas Zusage in 2 Chr 23,3bβ: „wie da spricht JHWH zu den Söhnen Davids", die sich aber als Nachtrag erwiesen hat. Der Fokus soll deshalb auf zwei anderen Textstellen liegen, die sich zum Monarchie-Verständnis der Grundschicht äußern: erstens auf den Bundesschluss in 2 Chr 23,16 und

---

**367** Die Phrase „Und sie ging den Weg, den die Pferde zum Königshaus gehen" (2 Kön 11,16) wird als Gang zum „Rosstor" (2 Chr 23,15) zusammengefasst. Während 2 Kön 11,18 vom „ganzen Volk des Landes" redet, spricht 2 Chr 23,17 vom „ganzen Volk". Das ist eine Angleichung an das Kapitel 2 Chr 23, in dem immer das „ganze Volk" agiert. Vgl. Willi, Auslegung, S. 161.
**368** Vgl. Steins, Abschlußphänomen, S. 460.
**369** 1 Chr 22,10. Vgl. McKenzie, 1–2 Chronicles, S. 312.
**370** Dillard, 2 Chronicles, S. 184.
**371** Der Text „zeige[], wie durch die Bewahrung des Hauses Davids das Haus Jahwes selbst bewahrt wurde und Jojadas Tat das ewige Wohnrecht Jahwes auf dem Zion in Geltung [erhält]" (Levin, Sturz der Königin, S. 55).

zweitens auf die Inthronisation von Joas in 2 Chr 23,20. In diesen Passagen tritt ein nicht-davidisches Monarchiekonzept zu Tage.

Der finale Bund in 2 Chr 23,16, in dem Juda JHWHs Volk werden will, ist ein gutes Beispiel dafür, welche Nebenrolle der König innehat. Das Volk allein trägt den Bund. Die hundert Obersten, die in den Königebüchern nur die Königswache leiten, sind laut Chronik die Anführer des ganzen Volks. Als Teilnehmer des Bundes werden zuerst Jojada, dann das Volk und zuletzt der König aufgezählt. Der Parallelvers in 2 Kön 11,17 hingegen nennt den König noch vor dem Volk. Die Reihenfolge der Chronik ist kein Zufall.[372] Der König reiht sich hier in den Bund ein. Im Zentrum steht dabei das Volk Juda, das zu „Gottes Volk" wird.[373] Die Grundschicht stellt die Atalja-Krise als Befreiungsgeschichte des frommen Volkes dar, das die Krise beendet und zu Gott zurückkehrt, genau wie es in 2 Chr 13 unter Abija wieder zu Gott gelangt ist. Das Volk muss darum vom Herrscher zu JHWH gebracht werden, wie es bei Josaphat in 2 Chr 20,32f. zu sehen ist. Daher nimmt der Bundesschluss auch keinerlei Bezug auf den Stamm Davids. Bezeichnenderweise ist der Revolutionsführer Jojada weder Davidide noch König. Dennoch übernimmt er ohne Weihen die Rolle eines Herrschers.[374] Zwar krönt er Joas zum König, doch Jojada selbst herrscht bis zu seinem Tod in 2 Chr 24,16. Der Anführer Judas muss demnach kein gesalbter König sein. Wichtiger als der Stammbaum des Herrschers ist seine Aufgabe, das Volk zu JHWH zu führen, wie es in 2 Chr 23,16 geschieht. Darum stellt nicht die Bewahrung von Davids Haus die theologische Pointe der Erzählung dar, sondern dass Juda wieder JHWHs Volk wird. Jojadas Bund eröffnet eine Perspektive für die Zeit ohne davidisches Herrscherhaus. Auch ohne das Haus David kann das Volk zu Gott kommen.[375]

Auch bei Joas' Krönung in 2 Chr 23,20 hat der König eine eher passive Rolle. Der kindliche König wird hier wie in 2 Kön 11,19 von Jojada herausgeführt. Trotz Inthronisation bleibt Jojada als Mentor de facto der Herrscher. Die Chronik baut Joas' Passivität dabei noch aus. Im Königspalast wird er vom Volk auf den Thron des Königtums gesetzt: וַיּוֹשִׁיבוּ אֶת־הַמֶּלֶךְ עַל כִּסֵּא הַמַּמְלָכָה. In der Parallele in 2 Kön 11,19 setzt sich Joas hingegen selbst aktiv auf den Thron der Könige: וַיֵּשֶׁב עַל־

---

**372** Vgl. Galling, Bücher, S. 135.

**373** Vgl. Rudolph, Chronikbücher, S. 273.

**374** "Jehoiada represents the religious influence and instruction that should, ideally, guide the king" (McKenzie, 1–2 Chronicles, S. 312). Vgl. Wellhausen, Prolegomena, S. 192.

**375** Die Umsetzung des Bundes erfolgt in 2 Chr 23,17. Juda wird zu Gottes Volk, da es allen Fremdgötterkult mit dem Baaltempel zerstört. Als Folge des göttlichen Segens zieht in 2 Chr 23,21 die Ruhe in Jerusalem ein (שָׁקַט). Vgl. Dillard, 2 Chronicles, S. 184; Steins, Abschlußphänomen, S. 461; Galling, Bücher, S. 135; Williamson, 1 and 2 Chronicles, S. 314 f.; Kalimi, Geschichtsschreibung, S. 153.

כִּסֵּא הַמְּלָכִים. Joas' Passivität in der Chronik erklärt sich damit, dass sich der König in das Gottesvolk einreiht. Auffällig ist dabei vom abstrakten „Thron des Königtums" (כִּסֵּא הַמַּמְלָכָה) die Rede. Der Vers greift die Natans-Weissagung in 1 Chr 17,14 auf, in der Gott vom Thron seines Königtums spricht. Die Chronik relativiert hier die Zusage an das Haus David deutlich. In 2 Sam 7,16 verheißt Gott noch Davids Königtum und seinem Thron ewigen Bestand: „Dein Haus aber und dein Königtum sollen vor dir Bestand haben für ewig, dein Thron soll feststehen für ewig." 1 Chr 17,14 transformiert die Zusage entscheidend: „Und ich werde [Salomo] bestehen lassen in meinem Haus und in meinem Königtum (בְמַלְכוּתִי) auf ewig und sein Thron (וְכִסְאוֹ) soll allezeit feststehen." Gott spricht nicht von der davidischen Dynastie, sondern von seinem Haus und seinem Königtum, also der Herrschaft Gottes. Das davidische Haus besteht nur innerhalb von Gottes ewigem Königshaus. Der Thron Gottes wird damit vom irdischen Haus Davids abgetrennt. Gottes Thron mag zwar ewig sein, aber nicht die Platzhalter, die darauf sitzen. Das Haus Davids stellt demnach keine ewige Dynastie dar, sondern ist nur eine temporäre Regierung auf Gottes ewigem „Thron des Königtums" (כִּסֵּא הַמַּמְלָכָה).

Joas wird nun auf genau diesen „Thron des Königtums" aus 1 Chr 17,14 gesetzt. Jojada und das Gottesvolk setzen den jungen König auf den Thron Gottes. Die Aktivität geht dabei allein vom Volk aus, da Volk und Gott die eigentlichen Protagonisten dieses Kapitels sind. Die Inthronisation des Königs steht also charakteristisch für die chronistische Theokratie, die dem irdischen König einzig die Rolle des Mittlers zwischen Gott und Volk zuschreibt. Die Aufgabe des Königs besteht demnach allein darin, dem Volk Zutritt zu Gott, dem wahren Herrscher, zu verschaffen. Damit wird Natans Verheißung aus 1 Chr 17,14 in 2 Chr 23 explizit erneuert.[376]

Es finden sich in 2 Chr 22 f. wenige Erweiterungen der zweiten Schicht. Das liegt daran, dass die Kernanliegen der zweiten Schicht schon in der Grundschicht vertreten sind. Besonders die Figur Jojadas, der den König führt, steht für viele Propheten der zweiten Schicht Pate, die so zahlreich in die Chronik eingetragen werden. Sie diktieren dem König, wie er religiös und politisch agieren soll, so dass der Monarch JHWHs Wort annehmen kann oder nicht. Lediglich kleine Glossen in 2 Chr 22 f. fügt die zweite Schicht ein, um kapitelübergreifend Zusammenhänge herzustellen und die Darstellung der Verbrechen Ataljas zu erweitern.[377]

---

[376] Ob Jojada hier als Hohepriester aus hellenistischer Zeit agiert und inwiefern sich die Gegenwart des Autors in 2 Chr 23 widerspiegelt, wie gelegentlich in der Forschung behauptet wird, ist spekulativ. Hier wird vielmehr ein idealer Moment dargestellt, an dem Gott und Volk zusammenkommen. Vgl. McKenzie, 1–2 Chronicles, S. 312; Williamson, 1 and 2 Chronicles, S. 314.

[377] So verweist 2 Chr 22,1 auf das vorherige Kapitel zu Joram. 2 Chr 22,3 betont Ataljas Gottlosigkeit und zieht Ataljas Frevel aus 2 Chr 23 vor. Ahasjas Begräbnis in 2 Chr 22,9 hebt dabei die Verdienste von Josaphat hervor, der Lieblingsfigur der zweiten Schicht.

Die Bedeutung des davidischen Königtums wird durch den Bezug im Halbvers 2 Chr 23,3bβ hervorgehoben. Diese Kurznotiz sorgt dafür, dass Joas' Inthronisation als Kerntext der davidischen Theologie betrachtet wird. In der zweiten Schicht stellt diese aber weniger ein politisches, als vielmehr ein kultisches Königtum dar, das sich liturgisch durch den Kult realisiert, der auf David zurückgeführt wird. Da der Baaltempel zerstört wird und der JHWH-Tempel wieder der Ort ist, an dem Gott und Volk zusammenkommen, scheint das kultische Interesse der zweiten Schicht befriedigt zu sein.[378] So trägt sie den Davidbezug durch den Halbsatz in 2 Chr 23,3bβ nach, um die Kultbemühungen mit Davids Herrschaft zu verbinden.

Darum hat die Jojada-Darstellung in den Kapiteln 2 Chr 22f. leitmotivische Funktion für die zweite Schicht. Hier wird durch Gottvertrauen und die Wiederherstellung des Jerusalemer Tempelkultes die Krise überwunden. Diese Kerngedanken finden sich als theologisches Grundmuster in vielen markanten Umarbeitungen der zweiten Schicht wieder, die sich in 2 Chr 10–36 beobachten lassen.

Markante Eingriffe nimmt die dritte Schicht vor. Sie empfindet es als anstößig, dass das Volk in 2 Chr 23,10 den Tempel betritt, weswegen die Obersten zu Leviten werden und das Volk draußen bleiben muss. Ebenso sieht sie die regulären Tempelopfer in Gefahr. Generell wird das Geschehen hierarchisiert, da die Leviten nicht nur musikalische Anführer, sondern generell Taktgeber der Revolution sind.[379] Dadurch wird die Tempelreinigung zu einer Installation des reinen Kultes transformiert, bei dem vor allem der heilige Tempelbereich vor unbefugtem Betreten geschützt bleibt und trotz Revolution die Opfer weiter regulär stattfinden.

Die levitischen Torhüter, die den Tempel schützen, werden leitmotivisch in der Chronik verbreitet. Sie treten auch in den Leviten-Stammbäumen von 1 Chr 9,14–28 auf und bewachen in 1 Chr 15f. die Lade. Ebenso wird der Salomonische Tempel von David in 1 Chr 26,17–19 von levitischen Türwächtern beschützt. Salomo setzt die Befehle in 2 Chr 8,14 um. Auch die Brandopferbefehle in 2 Chr 23,18 gehen auf Davids Anweisungen in 1 Chr 16,40; 23,30f. zurück, die den Tempeldienst und das Opfern den Leviten auferlegen.[380]

Diese Beobachtungen deuten auf eine buchübergreifende Redaktion hin, die die Leviten als Priester des idealen Kultes präsentiert und den Tempel als Ort des reinen Kultes schützen will. So wird das kultische Interesse der zweiten Schicht

---

**378** Vgl. Galling, Bücher, S. 135.

**379** 1 Chr 16,4–10.42. Vgl. Rudolph, Chronikbücher, S. 273.

**380** "As regularly in the Chronicler's own view, the general arrangements for the house of the Lord and for the singing are traced back to David, but the prescriptions for the burnt offerings go back to what is written in the law of Moses" (Williamson, 1 and 2 Chronicles, S. 317). 2 Chr 23,6 verweist auf 1 Chr 9,27. Nur die Leviten haben Zutritt zum Tempel. Vgl. von Rad, Geschichtsbild, S. 92.

zwar einerseits fortgeführt, aber andererseits die politische Revolution in Frage gestellt, da sie die Tempelreinheit verletzt. Darum werden die Revolutionäre zur geistlichen Levitentruppe umgestaltet, die die Revolution organisieren, den Kult reinhalten und die politischen Heere vom autarken Tempel fernhalten.

## 6.4 Fazit: Von der Volksrevolution zur Levitenrevolution

Was rettet Juda in der existentiellen Bedrohung der Atalja-Krise? Darauf gibt der Text unterschiedliche Antworten. Der Grundschicht ist das Haus David noch nicht wichtig. Sie greift die Natansweissagung aus 1 Chr 17 auf und setzt Joas als Platzhalter auf Gottes ewigen Thron. Doch der eigentliche Herrscher Judas bleibt Gott, zu dem sich sein Volk wieder bekennt. Dadurch kann Juda die Unheilsherrschaft durch eine Revolution abschütteln. Der Mittler zwischen Gott und Volk ist mit Jojada erstmalig kein davidischer König, ohne dass dies problematisch ist. Die zweite Schicht fügt nur wenige Verse hinzu, da sie der Darstellung größtenteils zustimmt. Jojada reinigt den Tempel und vertraut allein auf Gott. Er steht als Organisator Pate für viele Propheten, die den Königen befehlen, wie sie zu handeln haben. Die zweite Schicht sorgt wie in 2 Chr 22 für kapitelübergreifende Zusammenhänge. Doch hebt sie die Rolle der davidischen Kultmonarchie hervor und fügt die Glosse in 2 Chr 23,3bβ ein. So werden aus den Revolutionären Bewahrer der davidischen Monarchie. Die dritte Schicht führt diesen Gedanken fort und sorgt durch die „Levitisierung" der Revolutionäre dafür, dass der Tempel trotz Revolution weder betreten noch der Opferdienst unterbrochen wird. Der Kult bleibt somit rein und Davids Kultgebote werden erneuert. Theologiegeschichtlich entwickelt sich in diesem Kapitel folglich die Idee einer davidischen Kultmonarchie erst aus der ursprünglichen Frömmigkeit des Volkes heraus, die noch ohne David auskam.

# 7 2 Chr 24 Joas

## 7.1 Jojadas Glanz und Joas' Schande

2 Chr 24 stellt ein Übergangskapitel dar, in dem Joas' Herrschaft, die gut begann, ein schlechtes Ende nimmt. Wie in 2 Chr 23 ist der Priester und Königsmentor Jojada die zentrale Figur, da sein Tod die Zäsur des Kapitels markiert. Seine Bemühungen, den Tempel wieder Instand zu setzen, werden zunächst fortgeführt. Doch dann verlässt Joas nach Jojadas Tod JHWH wieder, wodurch Judas Aufschwung ein jähes Ende widerfährt und Joas' Untergang eingeleitet wird.

Joas' Regierung beginnt in 2 Chr 24,2 f. vielversprechend, da Jojada ihn positiv anleitet. Er verschafft ihm zwei Frauen, so dass das stark dezimierte Herrscherhaus Judas wieder wächst. Im Anschluss plant Joas die Renovierung des Tempels, die sich aber kompliziert gestaltet. Er weist in 2 Chr 24,5 f. zunächst die Leviten an, im Land Geld einzusammeln. Merkwürdigerweise tun diese das aber nicht. Daraufhin rügt Joas Jojada, der in 2 Chr 24,6 als Oberhaupt der Leviten dargestellt wird, und fordert, dass die Leviten sich beeilen sollen, da die Sammlung eine Pflicht sei, die schon Mose für das Zelt des Zeugnisses verlangt habe.

Anschließend stellt der König in 2 Chr 24,8 einen Kasten am Tor des Tempels auf, um Geld einzusammeln. Daraufhin wird in 2 Chr 24,9 f. das Geld aus Juda und Jerusalem in diesen Kasten eingeworfen. Es wird laut 2 Chr 24,11 regelmäßig gesammelt, auch wenn die folgenden Verse in 2 Chr 24,12–14 eine einmalige Wiederherstellung des Tempels beschreiben. So wird das Haus nach den alten Maßen vor Ataljas Umgestaltung rekonstruiert. Abschließend formen Jojada und Joas aus dem restlichen Silber neue liturgische Geräte für den Tempel. Alle diese Maßnahmen werden Jojada zugeschrieben, der laut 2 Chr 24,15 f. das Patriarchen-Alter von 130 Jahren erreicht und nach seinem Tod für seine großen Verdienste in der Gruft der Könige bestattet wird.

Ab 2 Chr 24,17 f. werden nun die Obersten von Juda die neuen Ratgeber von Joas. Sie drängen ihn dazu, den Tempel zu verlassen und Ascheren und Götzen anzubeten, weswegen Gottes Zorn über Juda kommt. Doch der Zorn bricht erst später aus, da JHWH zuvor Propheten sendet, auf die aber niemand hört. Dabei tritt ein Sohn Jojadas mit Namen Secharja vor das Volk und ermahnt es, Gottes Gebote nicht zu übertreten. Obgleich er der Sohn des großen Jojada ist, lässt Joas ihn steinigen. In 2 Chr 24,23 ziehen darum die Aramäer herauf, um JHWHs Strafgericht zu vollstrecken. Sie töten alle Obersten und plündern Juda. Laut 2 Chr 24,24 demonstriert dieser Feldzug Judas Schwäche, da Aram nur mit wenigen Kriegern anrückt, aber Juda deutlich besiegt. Joas selbst wird verwundet und von Dienern ermordet, die namentlich als Söhne einer Ammoniterin und

Moabiterin in 2 Chr 24,26 genannt werden. Sie wollen den Mord am Propheten rächen. Joas wird nicht in der Gruft der Könige bestattet, womit seine Regierung negativ bewertet wird.

## 7.2 Prüfung der Texteinheitlichkeit

### 7.2.1 2 Chr 24: Joas' Tempelrenovierung unter Jojadas Mentorat

Der erste Textabschnitt schildert mit der Wiederherstellung des Tempels Judas Aufblühen, da es nicht mehr unter dem Einfluss von Atalja oder anderen Nordreichkönigen steht. Darum resümiert 2 Chr 24,2: „Und Joas tat, was recht war in den Augen JHWHs alle Tage des Priesters Jojada." Die Formulierung „alle Tage des Priesters Jojada" (כָּל־יְמֵי יְהוֹיָדָע הַכֹּהֵן) ist eine kleine, aber gravierende Änderung im Vergleich zu 2 Kön 12,3. Da heißt es: „Und Joas tat, was recht war in den Augen JHWHs alle seine Tage, da der Priester Jojada ihn lehrte." Jojada tritt dort ebenso als Lehrer auf, aber Joas als Schüler folgt ihm wahrscheinlich sein Leben lang (כָּל־יָמָיו אֲשֶׁר הוֹרָהוּ יְהוֹיָדָע הַכֹּהֵן).[381] Im Königebuch ist er demnach „ein frommer Herrscher, [der aber ...] Unglück"[382] hat, da Juda auf Höhen opfert und er einer Verschwörung anheimfällt. Die Chronik nimmt stattdessen eine Zweiteilung von Joas' Regentschaft vor. Der König handelt nur gut, so lang Jojada lebt.[383] So agiert Joas nur bis 2 Chr 24,16 positiv. 2 Chr 24,17–26 hingegen berichten von seinem Abfall und seinen Missetaten.

In der positiven Ära von Joas erzählt 2 Chr 24,3 von dessen sich vermehrender Familie. Die Ehen arrangiert Jojada in seiner Position als Mentor und Vormund. Nach der versuchten Auslöschung in 2 Chr 22,8–10 wächst das Königshaus wieder. Auch die Tempelrenovierung in 2 Chr 24,4–14 garantiert Gottes Zuwendung.[384] Auf diese Weise wird dokumentiert, dass auf Juda wieder Gottes Segen liegt.

---

**381** Vgl. Galling, Bücher, S. 138. Der erste Teilvers in 2 Kön 12,3 suggeriert, dass Joas durchgängig gut agiert. Doch strittig bleibt, ob der Relativpartikel אֲשֶׁר entweder relativ oder kausal zu übersetzen ist. Eine kausale Übersetzung stellt Jojada als Verursacher für Joas' richtiges Verhalten dar. Eine relative Übersetzung hingegen suggeriert, dass Joas nur unter Jojada gut agierte – vergleichbar mit 2 Chr 24,2. Denkbar wäre, dass diese Begründung später in 2 Kön 12,3 hinzugefügt wurde, um Chronik und Königebücher einander anzugleichen.

**382** Wellhausen, Prolegomena, S. 200.

**383** "His faithfulness to Yahweh lasts only so long as his mentor, Jehoiada, is alive" (McKenzie, 1–2 Chronicles, S. 314).

**384** Vgl. Welten, Geschichte, S. 180; Galling, Bücher, S. 138; Japhet, 2 Chronik, S. 296; Williamson, 1 and 2 Chronicles, S. 319.

Damit Joas auch durchgängig positiv agiert, sieht sich die Chronik gezwungen, die Königebücher umzuarbeiten. Sie lässt zunächst die anstößige Notiz in 2 Kön 12,4 aus: „Nur die Höhen wichen nicht und noch immer brachte das Volk Schlachtopfer und Brandopfer auf den Höhen dar." Dieses Ereignis wird in die Zeit nach Jojadas Tod verschoben (2 Chr 24,18). Denn warum sollte Joas den Tempel restaurieren und gleichzeitig Kultfrevel akzeptieren? Die Periodisierung von Joas' Regierung möchte diese Spannung in den Königebüchern lösen. Während 2 Chr 24,4 Joas bei der Renovierung des Tempels, die auf seinen Wunsch geschieht, als frommen König darstellt,[385] präsentiert 2 Chr 24,17 f. nun seinen Abfall von Gott.

Die Kultinstallation der Chronik ist spannungsgeladen. Vor allem englischsprachige Exegeten haben seit Welch über 2 Chr 24,5 f. debattiert.[386] Diese Verse schildern eine Versammlung von Priestern und Leviten, die in Juda Geld für die Tempelausbesserung sammeln. Die Spende wird als Pflichtabgabe von Mose für das Zelt des Zeugnisses deklariert, die während Israels Exodus gesammelt wurde (Ex 30,12–20). Die Leviten handeln hier aber nicht schnell genug. König Joas beschwert sich darüber bei Jojada und ermahnt ihn. Diese Darstellung steht in Spannung mit Jojadas sonst starker Führungsrolle. Denn nun handelt der König auffällig aktiver.[387]

Doch auf die Rede folgt nun ohne jede Überleitung in 2 Chr 24,7: „Denn die gottlose Atalja und ihre Söhne sind in das Haus Gottes eingebrochen und haben auch alle heiligen Gaben von JHWHs Haus für die Baale verwendet." Dieser Vers blickt auf Ataljas zerstörten Baaltempel in 2 Chr 23,17 zurück, für dessen Errichtung der JHWH-Tempel geplündert und entweiht wurde. Doch mit Joas' Rede steht der Vers in keinem Zusammenhang, da er sich nicht an das Mose-Gebot in 2 Chr 24,6 fügt. Hingegen liefert der Vers den Grund für die Erneuerung des Tempels. Das wurde zuvor in 2 Chr 24,4 thematisiert. Es handelt sich offenbar um Erzähltext, der von 2 Chr 24,4 nachklappt, wie Dörrfuss mit Recht urteilt.[388] Diese enge Verbindung zwischen 2 Chr 24,4.7 wird durch 2 Chr 24,5 f. unterbrochen. Die dort geschilderte Langsamkeit der Leviten ist laut Welch im Chronikkontext völlig rätselhaft. Warum sollen sich die Leviten ausgerechnet beim Tempel Zeit lassen, obwohl sie sonst den Kult stets vorbildlich vorantreiben?[389]

---

**385** Vgl. Weinberg, Mitwelt, S. 158; Williamson, 1 and 2 Chronicles, S. 319; Rudolph, Chronikbücher, S. 274.
**386** "[This] narrative is not smooth" (Dillard, 2 Chronicles, S. 190).
**387** Vgl. Japhet, 2 Chronik, S. 300.
**388** Vgl. Dörrfuss, Mose, S. 212; Welch, Judaism, S. 79.
**389** Vgl. Welch, Judaism, S. 79 f.

Dazu wird in 2 Chr 24,5 f. die Renovierung mehrfach „Jahr für Jahr" (שָׁנָה בְשָׁנָה) gesammelt. Hingegen sprechen 2 Chr 24,4.7 von einem einmaligen Aufruf zur Tempelrestauration, wie schon de Wette beobachtete.[390] Ebenso bleibt Joas' Rede erstmal folgenlos. Williamson hat mit seiner Feststellung Recht, dass die Geldsammlungen in 2 Chr 24,8.10 auf die misslungene Spendenaktion in 2 Chr 24,5 f. keinerlei Bezug nehmen. Joas stellt in 2 Chr 24,8 den Opferkasten als neue Erfindung auf. Das geschieht auf seinen Befehl und ohne Einfluss der Leviten, wodurch eine Spannung zu 2 Chr 24,5 f. entsteht. Zudem hat Williamson in 2 Chr 24,5 f. für die Chronik ungewöhnliches Vokabular beobachtet wie beispielsweise den Terminus „Zelt des Zeugnisses" (אֹהֶל הָעֵדוּת), der nur hier auftritt, und den untypischen Titel „Oberhaupt" (הָרֹאשׁ), der Jojada einmalig als oberster Priester bezeichnet.[391] All diese Auffälligkeiten und Spannungen klassifizieren 2 Chr 24,5 f. als Nachtrag.

Eine ähnliche Spannung tritt in Vers 2 Chr 24,9 auf, in dem dazu aufgefordert wird, in Juda Moses Abgabe einzusammeln. Der Vers nimmt den Erzählfluss aus 2 Chr 24,5 f. auf und zwängt sich zwischen die Errichtung des Opferkastens in 2 Chr 24,8 und der Reaktion des Volkes darauf in 2 Chr 24,10. So erfüllen die Leviten nun doch ihren Auftrag in 2 Chr 24,6 und sammeln die mosaische Tempelspende ein. Die Aussendung der Leviten gehört zu den typischen Kennzeichen der dritten Schicht, in der diese häufig missionierend im Volk umherziehen. Dörrfuss hat den Vers daher zurecht als levitischen Zusatz deklariert, der zusammen mit 2 Chr 24,5 f. verfasst wurde.[392]

In 2 Chr 24,10 freuen sich das Volk und die Obersten über die Aufstellung von Joas' Opferkasten. Ein Kapitel zuvor in 2 Chr 23,16–21 freuten sich das Volk und seine Obersten, dass sie durch den Bund zu Gottes Volk werden. Ebenso erinnert die Reaktion an die Begeisterung über die Spenden für den Tempelbau durch David in 1 Chr 29,9:[393] „Und das Volk freute sich über die eigene Spendenbereitschaft, denn von ganzem Herzen spendeten sie für JHWH".

Doch die Spenden werden in 2 Chr 24,11bβ durch die Leviten kontrolliert. Im Endtext entsteht daraus eine Spannung zwischen der großen, freiwilligen Spendenbereitschaft des Volkes, das den Tempel sofort restaurieren will, und der Einsetzung von Gremien, die lieber regelmäßig die Spenden kontrollieren.[394] Darauf treten wieder die Leviten als Organisatoren auf, die schon in den sekundären Versen 2 Chr 24,5 f.9 dominieren. In 2 Chr 24,11 verwalten sie hingegen den

---

**390** Vgl. Japhet, 2 Chronik, S. 298; Dillard, 2 Chronicles, S. 190; de Wette, Glaubwürdigkeit, S. 100.
**391** Vgl. Williamson, 1 and 2 Chronicles, S. 320; Bordreuil, King's Command, S. 6.
**392** 2 Chr 17,7–9. Vgl. Dörrfuss, Mose, S. 212.
**393** Vgl. Dillard, 2 Chronicles, S. 191.
**394** Oft wird nur das Auftreten der Leviten problematisiert, nicht aber der Vers insgesamt. Vgl. Willi, Auslegung, S. 198; Galling, Bücher, S. 139.

Opferkasten, ohne dass Joas sie dazu eingesetzt hat. Hier treten viele Bezüge zu 2 Chr 24,5 f. auf. So wird auch dort der Opferkasten „Jahr um Jahr" (לְיוֹם בְּיוֹם) geleert. Das suggeriert eine wiederkehrende Spende, während 2 Chr 24,10 mit der einmaligen Feststellung endet, dass der Opferkasten voll war. Auch weist der umliegende Kontext des Verses Besonderheiten auf. Denn am Ende von 2 Chr 24,11 heißt es: „Und sie sammelten viel Silber" (וַיַּאַסְפוּ־כֶסֶף לָרֹב). Auch diese Information wirkt nachgeklappt. Schon derselbe Vers erwähnt zuvor, dass viel Silber gesammelt wird. Zudem bezeichnet er Jojada analog zu 2 Chr 24,6 hier wieder als Hohepriester. Wegen dieser Beobachtungen ist es wahrscheinlich, dass 2 Chr 24,5 f.9.11abα von der dritten Schicht verfasst wurde, um die Leviten zu Organisatoren der Renovierung zu erheben.

In 2 Chr 24,13 f. findet der Rest des Silbers für den Tempel Verwendung, wodurch auf Ataljas angebliche Tempelplünderung in 2 Chr 24,7 zurückverwiesen wird.[395] Abgeschlossen wird die Restauration in 2 Chr 24,14 mit der Schilderung von durchgängigen Tempel-Brandopfern. Wie in 2 Chr 24,2 geschieht das „alle Tage Jojadas" (כֹּל יְמֵי יְהוֹיָדָע). Somit umrahmt der Verweis auf Jojada die JHWH-treue Phase von Joas' Regentschaft.[396] Anders als in den Königebüchern fügt 2 Chr 24,15 f. eine ausführliche Beerdigungsnotiz hinzu. Auffällig ist in 2 Chr 24,15 Jojadas „Patriarchenalter"[397] von 130 Jahren, das mit Mose und Josua vergleichbar ist. Nur hier tritt in der Chronik eine Altersangabe bei der Todesnotiz auf. Sie sprengt den üblichen Zeitrahmen der Chronikerzähltexte, weswegen sie wohl eine nachträgliche Huldigung Jojadas darstellt, die ihn als großen Patriarchen Israels zeigt.[398] Tendenzkritisch treten Zählungen vor allem in der zweiten Schicht bei Asa in 2 Chr 14–16 auf, in der häufig das Zeitgefüge durcheinandergerät.

Zusammengefasst dominiert bei der Tempelrestauration wie auch schon bei der Atalja-Revolution die Grundschicht. Die zweite Schicht ergänzt nur das hohe Alter in 2 Chr 24,15. Hingegen erhebt die dritte Schicht in 2 Chr 24,5 f.9.11abα die Leviten zu Leitern der Tempelrenovierung.

---

**395** Vgl. Japhet, 2 Chronik, S. 301.

**396** Vgl. Dillard, 2 Chronicles, S. 191. Nicht nachzuvollziehen ist Willis These, der meint: „Sobald Joas die Regierung ganz innehat, spielt Jojada überhaupt keine Rolle mehr" (Willi, Auslegung, S. 8). Das trifft allein auf die Ergänzungen 2 Chr 24,5 f.9.11abα zu, in denen der König und die Leviten dominieren.

**397** Becker, 2 Chronik, S. 80.

**398** Dtn 34,7; Jos 24,29. Vgl. Curtis, Commentary, S. 437; Williamson, 1 and 2 Chronicles, S. 322.

### 7.2.2  2 Chr 24: Die schlechte Zeit nach Jojada – Joas' Abfall

Die Chronik fügt als Wendepunkt von Joas' Regierung 2 Chr 24,17 f. ein. In diesen Versen werden die Obersten des Volkes seine Ratgeber. Das markiert einen grundlegenden Kurswechsel, da sie sogleich den Tempel in 2 Chr 24,18 verlassen, wodurch sie auch Gott den Rücken zukehren. Das Motiv des „Verlassen" (עָזַב) prägt den zweiten Abschnitt.[399] McKenzie debattiert, ob man den Begriff „Haus" (בַּיִת) durch „Bund" (בְּרִית) ersetzen solle, da Juda anstelle des Tempels doch eher den Bund mit JHWH in 2 Chr 23,16 verlasse.[400] Dafür, dass sie dennoch JHWHs Haus verlassen, spricht der kultische Kontext von 2 Chr 24, da sich Juda nun wieder fremden Kulten zuwendet.[401] Die Restauration des JHWH-Tempels war zuvor in 2 Chr 24,1–14 das Hauptthema und damit der Garant des JHWH-Segens. Das Verlassen von JHWHs Haus ist gravierend genug, um Joas zu verdammen. Aus diesem Grund erweist sich die Variante des Masoretischen Textes als ursprünglich.

Nun erfolgt Gottes Gericht über Joas. Doch der Verlauf in 2 Chr 24,18.19 ist problematisch. Zunächst konstatiert der Text, dass der Zorn (קֶצֶף) über Juda kam. Dieser Satz hat den Charakter einer endgültigen Feststellung und leitet zum Aramäer-Einfall und zu Joas' Ermordung in 2 Chr 24,23.25 über. Doch zuvor wird die Option einer Umkehr eröffnet, die Joas verstreichen lässt.[402] 2 Chr 24,18 kündet eine Bestrafung an, die sich nach 2 Chr 24,19 jedoch abwenden lässt. Das deutet auf eine Korrektur hin, die die Strafe Gottes nicht als unumstößliches Fatum darstellt, sondern die Möglichkeit zur Umkehr einschiebt. In 2 Chr 24,19–22 wird Secharja, der Sohn Jojadas, als Umkehrprophet eingeführt. Er verkündet, dass Juda JHWH nicht verlassen soll, da ansonsten nichts mehr gelinge.[403] Die JHWH-Ferne von Joas zeigt sich nun in mehrfacher Weise. Erstens stellt sich König Joas gegen Secharja. Dieses Verhalten ist besonders unmoralisch, da dessen Vater Jojada als Mentor dem König Joas viele Wohltaten erwiesen hat.[404] Zweitens wird Secharja offenbar als Verräter und von einem Lynchmob ausgerechnet im heiligen

---

**399** 2 Chr 24,18.20.24 f. Vgl. Dillard, 2 Chronicles, S. 191.

**400** Die LXX glättet die Stelle, dass sie generell JHWH verlassen (καὶ ἐγκατέλιπον τὸν κύριον), wie es auch die Peschitta vorschlägt. Laut 2 Chr 24,20 verlassen sie Juda allgemein. LXX und Peschitta gleichen demnach 2 Chr 24,18.20 einander an.

**401** Vgl. McKenzie, 1–2 Chronicles, S. 314.318.

**402** "Contrary to what is often thought, punishment does not follow automatically" (Williamson, 1 and 2 Chronicles, S. 322).

**403** 1 Chr 22,11.13; 2 Chr 7,11; 13,12; 20,20; 26,5; 31,21; 32,30. The "language of this verse is somewhat stereotyped" (Williamson, 1 and 2 Chronicles, S. 324).

**404** Vgl. Weinberg, Mitwelt, S. 230; Kalimi, Geschichtsschreibung, S. 153.

Tempelbezirk getötet, wodurch die Verbote in Lev 24,14; Num 15,35 und Dtn 17,5 gebrochen werden.[405] Genau das hatte Jojada bei der Ermordung Ataljas verhindert, da diese vor ihrem Tod erst aus dem Tempelbezirk geführt wurde. Somit bricht Joas hier doppelt mit Jojadas Tradition, in dem er sowohl seine Kultgebote missachtet als auch dessen Sohn tötet. Damit setzt der König seinen eigenen Willen an die Stelle von Gottes Befehlen. 2 Chr 24,19–22 nennt dabei Argumente, warum der Zorn über Juda kam. Als Ergebnis sagt Secharja auf seinem Sterbebett in 2 Chr 24,22: „JHWH soll es sehen und ahnden", wodurch Gottes Rache nach 2 Chr 24,18 ein zweites Mal angekündigt wird. Aus diesen Gründen ist der Abschnitt 2 Chr 24,19–22 ein Nachtrag, der Gottes Zorn retardierend aufschiebt. Ursprünglich traf der Zorn gleich durch die Aramäer ein, so dass 2 Chr 24,18.23 aufeinander folgten. In 2 Chr 24,19–22 findet sich hingegen die für die zweite Schicht typische Möglichkeit der Umkehr, die Rehabeam und Josaphat noch ergriffen haben, doch Joas schlägt sie bewusst und töricht aus.[406]

Der Mord am Propheten Secharja wird in 2 Chr 24,25 noch einmal erwähnt. Dort verschwören sich die mörderischen Diener gegen Joas „wegen des Blutes der Söhne des Priesters Jojada". Doch diese Erwähnung ist sperrig und wurde schon von Rudolph kritisch betrachtet.[407] Ganz Juda verrät zuvor JHWH und sein Prophet wird gesteinigt. Warum sollte der Prophet nun gerächt werden? Die Gründe für Joas' Ermordung konkurrieren hier. Sein Tod geschieht laut 2 Chr 24,18.24 als Folge von Gottes Gericht zur Strafe für seine Kultfrevel. Die nun geschilderte Ermordung Secharjas liefert einen neuen Grund für Joas' Tod. Um den Prophetenmord aus 2 Chr 24,19–22 zu integrieren, wird hier die Rache dafür eingeschoben.

Der Einfall der Aramäer wird deutlich anders als in der Parallele von 2 Kön 12,18 f. geschildert. Dort zieht der Aramäer-König Hasael zunächst gegen Gat, bevor er Jerusalem angreift. 2 Chr 24,23 streicht den Königsnamen und die Erwähnung Gats und lässt die Aramäer gleich zielsicher Jerusalem angreifen, da Gottes Gericht ohne Umwege präzise und hart zuschlägt.[408] In 2 Kön 12,19 wendet Joas den Krieg ab, da er Tribute nach Aram schickt. In 2 Chr 24,23 fallen dagegen die Aramäer ein und töten die Obersten. Die Chronik deutet die Zahlung zur Plünderung um, die Joas' Untergang einleitet. Der freiwillige Tribut an Aram wird nun als Beute dargestellt, die die Aramäer erobern.[409]

**405** Dtn 13,11 f.; 17,5–7; 21,21. Vgl. Japhet, 2 Chronik, S. 304.
**406** 2 Chr 12,1–12; 16,7–10. Vgl. Williamson, 1 and 2 Chronicles, S. 324; McKenzie, 1–2 Chronicles, S. 319.
**407** Vgl. Rudolph, Chronikbücher, S. 275.
**408** Vgl. Williamson, 1 and 2 Chronicles, S. 325; Rudolph, Chronikbücher, S. 279.
**409** Vgl. McKenzie, 1–2 Chronicles, S. 315.

In 2 Chr 24,23 trifft die Obersten, die Joas' schlechte Berater waren, jetzt der Tod. Mit der Erwähnung, dass die Beute nach Damaskus geschickt wird, endet die Kriegsdarstellung. Doch in 2 Chr 24,24 folgt noch eine Auslegung, welche die Niederlage nachträglich erklärt. Demnach wurde das größere Heer Judas von einer kleinen Armee der Aramäer besiegt. Diese Niederlage ist das Spiegelbild zu den Schlachten der zweiten Schicht in 2 Chr 13,14 f.; 14,10 f.; 20,22 f. Dort besiegte Juda gigantische Gegnerheere allein durch Gottvertrauen.[410] Nun kann Juda den Krieg nicht gewinnen, da es kein Heiliger Krieg ist, den Gott für sein Volk führt. Damit wird auffällig auf Sacharjas Mahnung in 2 Chr 24,20 verwiesen, JHWH lasse wegen Judas Abfall nichts mehr gelingen.[411] Zudem stellt die Aussage am Ende von 2 Chr 24,24 „Und an Joas vollzogen sie Gericht" die logische Fortsetzung von 2 Chr 24,23 dar. Dort töten die Gegner erst die Obersten, dann machen sie Beute und letztlich vollstrecken sie an Joas das Gericht. Diese dreigliedrige Aufzählung der Strafen wird durch die Auslegung von Joas' Gericht unterbrochen, da das Ende von 2 Chr 24,24 nachklappt. Aus diesen Gründen gehört auch 2 Chr 24,24b zur zweiten Schicht. In der Grundschicht werden somit alle Protagonisten des Übels bestraft: erst die Obersten und dann der König. Sie führt damit die „Genauigkeit der göttlichen Vergeltung drastisch vor Augen"[412], da JHWH zielsicher die Frevler sterben lässt.

Dem verwundeten Joas versetzen die Diener den Todesstoß, wodurch Gottes Gericht vollendet wird.[413] Nach Joas' unehrenhafter Beerdigung abseits der Königsgruft findet sich eine letzte Auffälligkeit in 2 Chr 24,26, der die Verschwörer als Kinder einer Moabiterin und Ammoniterin deklariert, während in 2 Kön 12,22 nur die Namen genannt werden. Galling meint, dass die Erwähnung der Herkunftsländer den Mord am König missbilligt, indem man die Täter als Ausländer oder Mischehenkinder darstellt, die für so eine Tat verantwortlich sind. Wie Curtis beobachtet, erinnert das an die Aversion gegen Auslandsallianzen,[414] die in der zweiten Schicht bei Asa auftaucht. So wird dieser gerügt, da er mit Aram in 2 Chr 16,7–9 einen Bund geschmiedet habe, anstatt auf JHWH zu vertrauen.

---

**410** "Now [...] the tables are turned because they had forsaken the Lord" (Williamson, 1 and 2 Chronicles, S. 325).

**411** Vgl. Steins, Abschlußphänomen, S. 511 f.

**412** Rudolph, Chronikbücher, S. 279.

**413** 2 Chr 24,25 („denn sie ließen ihn zurück in schweren Wunden") wird gelegentlich als erklärender Nachtrag gedeutet. Vgl. Kratz, Komposition, S. 35. Für die Ursprünglichkeit spricht, dass die Verwundungsnotiz erklärt, wieso König Joas im Bett überrascht wird. Der Vers leitet notwendig von der Schlacht auf die Verschwörung über und stellt einen Zusammenhang her, worum sich die Grundschicht in diesem Kapitel stark bemüht.

**414** Vgl. Galling, Bücher, S. 140; McKenzie, 1–2 Chronicles, S. 319; Curtis, Commentary, S. 439.

Graham zeigt ferner, dass die Namen Sabad und Josabad bei der Auflösung von Mischehen in Esr 10 vorkommen. Die Herkunftsglossen wurden wohl von der zweiten Schicht ergänzt, um die Schädlichkeit von Mischehen für die politische Lage zu verdeutlichen.[415]

## Exkurs: Tempelrestauration in 2 Chr 24 und in 2 Kön 12

Ehe die übliche Darstellung der Schichten vorgenommen wird, soll nun zunächst die Tempelrestauration betrachtet werden. In ihr finden sich viele Elemente aus der Parallele in 2 Kön 12, die im Chronikkontext aber Spannungen erzeugen. Darum soll nun die Eigenart der Tempelrestauration von 2 Chr 24 gegenüber von 2 Kön 12 herausgearbeitet werden.

Zunächst sind Ursache und Ablauf der Restauration unterschiedlich. In der Chronikgrundschicht verläuft die Tempelrestauration geradlinig, da Joas und Juda sie aus eigenem Antrieb vorantreiben. In 2 Kön 12,5–7 wird sie problematischer dargestellt. Im Königebuch ist nicht Atalja schuld am Verfall des Tempels, sondern die eigenen Priester, die die Renovierung korrupt vernachlässigen.[416] Joas überträgt in 2 Kön 12,5 den Priestern die Aufgabe, den Tempel auszubessern. Doch bis zum 23. Jahr geschieht nichts. Wellhausen beschreibt das mit Recht als Korruption, da die Priester Geld erhalten, ohne zu arbeiten. In 2 Kön 12,8 f. greift Joas ein und entzieht den Priestern das Privileg, Geld für die Tempelrestauration anzunehmen. Dafür stellt er in 2 Kön 12,10 den Opferkasten neben dem Altar auf. Die Priester sind also gezwungen, das Geld dort hineinzuwerfen. Das Prozedere kontrollieren laut 2 Kön 12,11 der König und die Hohepriester. Dass das Geld den Bauleuten übergeben wird (2 Kön 12,12), schildert ebenso 2 Chr 24,12. Während 2 Kön 12,14 betont, dass keine Geräte für den Tempel hergestellt wurden, lässt die Chronik das gesamte Tempelzubehör erneuern.

Die Chronikgrundschicht hat die Geschichte radikal verändert und den Verfall des Tempels Atalja zugeschrieben. Statt die Priesterkrise zu schildern, wird hier von einem Spendenaufruf an das Volk, welches mit Freuden Geld gibt, erzählt. Dadurch ist in der Grundschicht nichts zu spüren von Unlust und Korruption, da die Überreste von Ataljas Frevel fröhlich beseitigt werden. Statt regelmäßiger Abgaben organisiert Joas eine einmalige Sammlung für die Restauration, während

---

415 Sabad tritt in Esr 10,27.33.43 und Josabad in Esr 10,22.23 auf. Vgl. Graham, Connection, S. 257 f.
416 Vgl. Galling, Bücher, S. 139.

in 2 Kön 22,4 der Opferkasten bis zu Josia fortbesteht. „Ja wie schonend ist [...] diese Erzählung!"[417] urteilt de Wette, der 2 Chr 24 als Geschichtsfälschung abtat.

Interessanterweise integrieren nun die levitischen Nachträge in 2 Chr 24,5 f.9.11abα viele Elemente aus dem Königebuch. Hier werden beide Berichte angeglichen, wodurch der Chroniktext sehr verkompliziert wird. Die Redaktion sorgt dafür, dass Wellhausen vernichtend feststellt: „[H]ier paßt mancher neue Lappen nicht zum alten Kleide"[418]. Denn 2 Chr 24,5 f. integrieren aus 2 Kön 12,6–8 die Leviten als Akteure der Renovierung, die sich wie in 2 Kön 12,8 nicht genug beeilen. Der Vorwurf ist aber weniger als Kritik an den Leviten zu verstehen, sondern will hervorheben, dass ohne diese das Geschehen nicht in Gang kommen kann. Das geschieht in 2 Chr 24,9.11.[419] In der Chronik fehlt nun aber jedes Motiv, warum die Leviten nicht arbeiten sollten, da keine Korruption vorliegt.

2 Chr 24,6.9 verknüpfen die Spende mit der Mose-Abgabe in Ex 30,12–20. Das führt zur oft gestellten Frage, ob hier Gepflogenheiten aus der Gegenwart der Chronik rückprojiziert werden.[420] Der Bezug zu Ex 30,12–20 verdeutlicht, dass die Renovierung analog zum Bau des Zeltes des Zeugnisses finanziert wird, wie Wellhausen zutreffend beobachtet. Wie in Ex 38,25 f. kommt der Bau durch üppige Spenden des Volkes zustande, da mehr gegeben wird als nötig.[421] Das stellt eine theologische Neugestaltung dar. Der Wiederaufbau des Tempels wird nun mit dem Bau des Zeltes des Zeugnisses parallelisiert.[422] Zusammengefasst liegen hier wie in 2 Chr 22 f. späte Angleichungen an die Königebücher vor. Sie tragen die Leviten als Träger des Kultes nach und gestalten die Renovierung des Tempels analog zur Errichtung des Zeltes des Zeugnisses.

---

**417** De Wette, Glaubwürdigkeit, S. 101.

**418** Wellhausen, Prolegomena, S. 195.

**419** Oft wird der Text darum vorschnell zur Levitenkritik deklariert. Vgl. Williamson, 1 and 2 Chronicles, S. 320; Myers, II Chronicles, S. 137; Dillard, 2 Chronicles, S. 190.

**420** Laut Willi würde mit der Tora argumentiert, um einem Gebot aus der Königszeit neue Autorität zu verschaffen. Vgl. Willi, Auslegung, S. 159.

**421** Ex 36,4–7; Neh 10,32 f. Vgl. Wellhausen, Prolegomena, S. 194; Rudolph, Chronikbücher, S. 275.

**422** Vgl. Dillard, 2 Chronicles, S. 191; Kalimi, Geschichtsschreibung, S. 163; McKenzie, 1–2 Chronicles, S. 314.

## 7.3 Theologiegeschichtliche Entwicklung: Abschluss und Abfall von Jojadas Zeit

Das zentrale Thema der Grundschicht in 2 Chr 24 ist der Kult. Nach der Zerstörung des Baaltempels in 2 Chr 23 wird nun der JHWH-Tempel wieder in einen glänzenden Zustand versetzt. Die Tempelpflege ist wie üblich der Garant für Gottes Segen. Sobald hingegen eine Hinwendung zu anderen Göttern erfolgt, verschwindet dieser Segen schnell wieder. Dieses Tun-Ergehen-Konzept schließt konsequent an die Tendenz dieser Schicht an, die eine Verletzung der Kulteinheit nach Dtn 12 nicht akzeptiert. Dagegen beurteilen die Königebücher bei einigen Herrschern trotz der Kulthöhen die Regentschaft nicht grundsätzlich negativ.[423] Bei der Tempelrenovierung betont die Grundschicht die Beteiligung des Volkes, da durch die hohen Spenden sogar die Geräte finanziert werden können. Das Volk übernimmt damit „die vordem allein dem König vorbehaltene Rolle des Kultstifters"[424]. Die Freude des Volkes und seiner Obersten sowie die ständigen Opfer münden somit in einen Idealzustand, der zugleich den Höhepunkt und die letzte Tat aus Jojadas Leben markiert. Die Bestattung Jojadas resümiert seine herausragende Leistung und sticht hervor, da hier die einzige Begräbnisdarstellung der Chronik vorliegt, bei der ein Nicht-Davidide bei Judas Königen bestattet wird. Dazu kommt noch die Formulierung „und er war satt der Tage" (וַיִּשְׂבַּע יָמִים), wie es auch über den großen David in 1 Chr 29,28 heißt. Dies untermauert, dass die Chronik Jojada als Herrscher von großem Rang ansieht,[425] da er Juda aus der Gottlosigkeit zurück zu JHWH geführt hat.

Dementsprechend hat die Forschung debattiert, ob die Chronik die Priesterherrschaft als wahre Herrschaft propagiere. Laut Dillard agiere Jojada wie ein späterer Hohepriester, der sowohl weltliche wie geistliche Macht ausübt.[426] Williamson argumentiert dagegen, die Ämter von König und Priestern seien getrennt, da Joas beim Tempelbau einen sehr aktiven Part innehabe.[427] Diese Debatte um die Historizität der Tempelämter geht aber an der Deutung von 2 Chr 24 vorbei. Der Text legt vielmehr Kriterien für eine JHWH-treue Herrschaft dar. Er begründet konkret, warum Jojada wie ein König bestattet wird. Erstens tat Jojada Gutes für das Volk, das hier den theologischen Titel des Gottesvolks „Israel" erhält.[428] Zwei-

---

423  1 Kön 15,14; 22,44; 2 Kön 12,4.
424  Galling, Bücher, S. 139.
425  Vgl. McKenzie, 1–2 Chronicles, S. 317.
426  Vgl. Dillard, 2 Chronicles, S. 192.
427  Vgl. Williamson, 1 and 2 Chronicles, S. 322.
428  Die LXX glättet 2 Chr 24,16 und lässt Jojada eine Wohltat an Israel tun (ἐποίησεν ἀγαθωσύνην μετὰ Ισραηλ).

tens tat er Gutes für Gott und drittens für sein Haus.[429] Vorrangig wird hier seine Kultreinigung und die Restauration des Tempels in 2 Chr 23 f. gelobt, die Jojadas großes Lebenswerk darstellen. Alle Könige, die die Chronik positiv bewertet, kümmern sich um die Kultzentralisation. Sein Engagement für „sein Haus" (וּבֵיתוֹ) ist dabei mehrdeutig. Traditionell wird der Terminus auf die Errettung von Davids Haus bezogen. Es könnte sich aber auch auf das syntaktisch näherliegende Haus Gottes beziehen, das ebenso in der chronistischen Natansweissagung in 1 Chr 17 genannt wird. Dort wird dem Haus Davids der ewige Bestand schließlich verweigert, sondern allein Gottes Haus der ewige Bestand angekündigt. Jojada ist demnach ein Herrscher, der besonders große Verdienste vor Gott hat. Er animiert als vorbildlicher Regent das Volk zur freiwilligen Restauration des Tempels. Unter Jojada wird der Tempel zu einem Ort, an dem Gott und Volk in 2 Chr 23 f. zueinanderfinden. Daher formuliert es die Chronik in 2 Chr 24 als Aufgabe des Herrschers, Volk und Gott zusammenzuführen. Daran wird eine gute Herrschaft gemessen.[430]

Eine ambivalente Position nimmt dabei das Volk ein. Das gilt insbesondere für die Obersten, die in 2 Chr 24,17–24 Joas zum Untergang beraten. Dieser Ratschlag wird oft psychologisierend gedeutet. So meint Galling: „Der Umschwung ist so zu denken, daß die bisher durch den überragenden Einfluß [Jojadas] zurückgedrängten Oberen von Juda die günstige Stunde nutzen, um sich beim König den ihnen bis dahin vorenthaltenen Einfluß zu sichern."[431] Haben die Obersten ihre Frömmigkeit nur vorgetäuscht und zeigen jetzt ihr wahres Gesicht?

In der Chronikgrundschicht spielt das Volk generell eine ambivalente, aber entscheidende Rolle. In vielen Texten, beispielsweise bei Abija in 2 Chr 13,14 f. und bei der Revolution gegen Atalja in 2 Chr 23,3, führen das Volk und die Obersten die positive Wende herbei. Die negative Darstellung in 2 Chr 24 ist aber nicht psychologisch motiviert, sondern eine auslegende Lesehilfe für die Königebücher. Die Chronik konstruiert Joas' Abfall, weil sie darlegt, wie die Höhenopfer in 2 Kön 12,4 zu Stande kommen. Deshalb agieren die Obersten nun negativ. So ist das Verhalten des Gottesvolkes in der Chronik wichtiger als die Gesinnung des Königs allein. Opfert das Volk auf den Höhen, ruiniert das die Herrschaft. Joas' Regentschaft zeigt warnend, wie schlagartig Gottes Segen wieder verschwindet, sollte das Volk nicht mehr zu Gott halten.[432]

Wie kann man Joas nun zusammenfassend einschätzen? Er ist in der Grundschicht kein ambivalenter König, wie Weinberg behauptet. Joas lässt sich vom

---

**429** Vgl. Rudolph, Chronikbücher, S. 277; McKenzie, 1–2 Chronicles, S. 315.
**430** 2 Chr 14,3; 20,32 f.
**431** Galling, Bücher, S. 139. Vgl. Levin, Instandsetzung, S. 88; Dillard, 2 Chronicles, S. 191.
**432** Vgl. McKenzie, 1–2 Chronicles, S. 321.

höhenopfernden Volk mitreißen, weswegen seine Regentschaft eher schlecht bewertet wird.[433] Generell bleibt er stets ein marionettenhafter König, der dem Willen seiner Berater erliegt. Die Tempelverdienste sind darum eher Jojada als ihm zuzurechnen. Ihm wird darum laut Chronik das Begräbnis in der Gruft verweigert anders als in 2 Kön 12,21. Die Chronikgrundschicht verweigert ihm somit jede Ehre. Das kontrastiert mit Jojadas glanzvollem Begräbnis in 2 Chr 24,16.[434]

Die Forschung, die traditionell die Rolle des Hauses Davids in der Chronik stark betont, schweigt auffällig über die katastrophale Wiederkehr des davidischen Herrschers Joas. Der Davidide agiert viel schlechter als der nicht-davidische Regent Jojada. Hieraus lässt sich wiederholt belegen, dass die Grundschicht kein gesondertes Interesse am Haus Davids hat.

Die zweite Schicht greift viele Elemente der Grundschicht auf und verbreitet sie buchübergreifend. Sie hat die Periodisierung der Regierung zu einem festen Leitmotiv ihrer Redaktion gemacht und so die Herrschaft von Rehabeam, Asa und Josaphat analog mit Wendepunkten versehen. Oft werden diese prägenden Umschlagpunkte als "theology of immediate retribution" charakterisiert. Die JHWH-Treue mit Frieden, Wachstum und Nachkommen stehe der JHWH-Ferne mit Strafen, Krankheit und Vernichtung gegenüber. Die Untersuchung zeigt, dass das aber weniger ein theologisches Konzept, sondern vielmehr ein Redaktionsphänomen darstellt, das die Periodisierung von 2 Chr 24 über die gesamte Chronik verbreitet. Somit bietet die Grundschicht in 2 Chr 23 f. der zweiten Schicht Grundmuster, die sie über die gesamte Chronik ausweitet. Jojada als religiös-politische Führungsfigur steht Pate für viele religiös-prophetischen Mahner der zweiten Schicht, die den Königen den Kurs diktieren.[435] Ebenso wird die Periodisierung von Joas' Herrschaft buchübergreifend zum Leitmotiv.

Die zweite Schicht greift dabei vor allem bei Joas' schlechter Regierungszeit stärker in den Text ein. Hier stört den Redaktor, dass Joas keine Möglichkeit zur Umkehr erhält, sondern von Gott ohne Warnung einfach fallen gelassen wird. Darum wird der Umkehrprophet Secharja eingeschoben, um zu zeigen, dass sich Joas seines JHWH-Abfalls ganz bewusst ist und er seine Strafe verdient.[436] So fügt die zweite Schicht Frevel hinzu, die das Urteil nachvollziehbar machen.

Einzig in der dritten Schicht findet sich Kritik am Ablauf der Reformen. Sie drängt den Einfluss von Volk und König zurück, da die Autonomie des Tempels

---

433 Vgl. Weinberg, Mitwelt, S. 275. McKenzie charakterisiert Joas treffender als "large disappointment [with] shallow character and lack of integrity" (McKenzie, 1–2 Chronicles, S. 314).

434 Vgl. Noth, Überlieferungsgeschichtliche Studien, S. 143; Dillard, 2 Chronicles, S. 193.

435 Vgl. McKenzie, 1–2 Chronicles, S. 320.

436 Vgl. Wellhausen, Prolegomena, S. 200.

gefährdet ist,[437] und weist die Tempelrestauration den Leviten zu. Zudem werden die Spenden analog zum Bau des Zeltes des Zeugnisses aus dem Buch Exodus dargestellt. Der Verweis auf die Mose-Gebote transformiert die einmalige Spende zu einer permanenten Tempelabgabe. Der Redaktor trägt nun die Verse aus den Königebüchern nach und integriert damit den reinen Levitenkult.[438]

## 7.4 Fazit: Der Nicht-Davidide Jojada als Vorbild für Fortschreibungen

An Joas' Schicksal in 2 Chr 24 lässt sich zeigen, wie stark sich die umfangreichen Fortschreibungen der zweiten Schicht an Jojadas Reformen orientieren, da er als idealer Herrscher das Gottesvolk zum korrekten Kult und damit zu Gott bringt. Der irdische Herrscher muss also wie Jojada keinesfalls aus Davids Haus stammen, sondern das Volk zu JHWH führen. Das widerspricht der angeblich starken davidischen Vorrangstellung, welche die Forschung für die Chronik so oft proklamiert. Stattdessen verläuft die Herrschaft des Davididen Joas sehr enttäuschend. Die starken Spannungen erhält 2 Chr 24 vor allem durch die dritte Schicht, die die Autarkie des levitischen Tempelkults bei der Revolution und der Renovierung bewahren möchte. Allein die Priester pflegen den Kult und organisieren die Instandsetzung des Tempels.

---

437 Vgl. Wellhausen, Prolegomena, S. 194.
438 Vgl. Williamson, 1 and 2 Chronicles, S. 319.

# 8  2 Chr 25 Amazja

## 8.1  Amazja mit gestörter "Immediate retribution"?

Aufgrund der geringen Anzahl an Untersuchungen und Aufsätzen kann man 2 Chr 25 nicht als „heißes Eisen" der Forschung deklarieren. Dabei widmet sich der Text zentralen Chronikthemen wie dem Verhältnis zwischen Nord- und Südreich sowie der Annahme und Verweigerung von Prophetenworten. Ben Zvi hat 2 Chr 25 zutreffend als Schatzkammer betrachtet, als "house of exegetical and historical treasures waiting to be examined"[439].

Die Darstellung von Amazjas Herrschaft lässt sich in eine positive Phase von 2 Chr 25,1–13 und eine Zeit des Abfalls von 2 Chr 25,14–28 einteilen. Als Wendepunkt des Textes gilt der Vers 2 Chr 25,14. Amazja betet edomitische Götter an, woraufhin JHWHs Zorn entbrennt. Dementsprechend liegt wie in 2 Chr 24 eine weitere periodisierte Herrschaft vor. Dahinter stehe laut Forschung das theologische Motiv der "theology of immediate retribution", die chroniktypisch für die zweigeteilte Komposition verantwortlich sei.[440] Amazja wird als König vorgestellt, der vor JHWH gut handelt. Allerdings ist sein Herz laut 2 Chr 25,2 nicht ungeteilt bei JHWH. Eingangs tötet er in 2 Chr 25,3 f. die Mörder seines Vaters. Später aber beendet er fromm mit einem Torazitat aus Dtn 24,16 den Kreislauf der Rache und verschont die Familien der Mörder. Für die Schlachtvorbereitung gegen die Edomiter mustert er laut 2 Chr 25,5 300.000 Krieger aus Juda und Benjamin. Allerdings wirbt er in 2 Chr 25,6 für 100 Kikkar Silber 100.000 Krieger aus Israel an. Die Anwesenheit dieser Krieger ruft den Widerspruch eines namenlosen Gottesmannes hervor, der den König auffordert, nicht mit Israel in den Kampf zu ziehen. Sehr rätselhaft lautet aber seine Begründung in 2 Chr 25,8: „Sondern geh und rüste dich für den Kampf, dann wird Gott dich fallen lassen vor dem Feind, denn bei Gott ist die Kraft, zu helfen und zu Fall zu bringen." Anstelle der 100 Kikkar Silber verspricht der Gottesmann Amazja noch größeren Lohn von Gott. Amazja willigt ein und schickt Israels Truppen fort, die in 2 Chr 25,10 darüber sehr zornig werden. 2 Chr 25,11 f. schildert nun die siegreiche Schlacht gegen die Edomiter und die Gebirgsleute aus Seir. 10.000 Gegner werden erschlagen und 10.000 auf die Klippe geführt und in den Freitod gezwungen. Aber in 2 Chr 25,13 überfallen währenddessen die fortgeschickten Israeliten im Hinterland Judas Städte und

---

439 Ben Zvi, House, S. 63.
440 Vgl. Ben Zvi, House, S. 66.

morden und plündern. Davon unberührt zieht Amazja nach dem Sieg heim und stellt sich in 2 Chr 25,14 edomitische Götter zur Anbetung auf.

Die Schlachtvorbereitung erachtet McKenzie als Herzstück von 2 Chr 25, da sie das chronistische Gottesbild explizit darlege. Denn wie Ben Zvi konstatiert, agiert Gott als handelnde Energie, die hinter Amazjas Erfolg steht.[441] Durch zwei namenlose Propheten legt Gott in 2 Chr 25,7–9.15 f. offen dar, wie Amazja handeln soll. Da dieser den Rat zunächst annimmt und später ablehnen wird, erhält er – grob betrachtet – Belohnung durch den Sieg gegen Edom und Strafe durch die spätere Niederlage gegen Israel. Der Niedergang wird nun wieder von einem namenlosen Propheten in 2 Chr 25,15 f. eingeleitet, der fragt, warum er die Götter der Edomiter anbete, obgleich sie ihr Volk nicht retten konnten. Diesmal reagiert Amazja unwirsch und droht, dass der Prophet nicht der Ratgeber des Königs sei. Der Prophet verkündet daraufhin das Ende des Königs: „Ich habe erkannt, dass Gott beschlossen hat, dich zu vernichten". Trotz dieser Warnungen plant Amazja ohne Umstände in 2 Chr 25,17 gleich den nächsten Feldzug gegen das Nordreich Israel und fordert per Brief den dortigen König Joas zum Kampf heraus. Dieser antwortet mit einer rätselhaften Fabel von der Zeder und dem Dornbusch im Libanon, bei der ein Tier des Feldes einen Dornbusch niedertritt. Auf die Kriegsaufforderung geht erst 2 Chr 25,19 ein. Der König warnt Amazja vor Hochmut wegen dessen Sieges gegen Edom und rät ihm, zu Hause zu bleiben. Doch da laut 2 Chr 25,20–22 Amazja die Götter der Edomiter anbetet und von JHWH ins Verderben geführt wird, kommt es zur Schlacht, die Juda verliert. Israel zieht bis nach Jerusalem, beschädigt die Stadtmauer erheblich und plündert die Schätze des Tempels und Königshauses, die laut 2 Chr 25,24 von einem Mann namens „Obed-Edom" verwaltet werden. Dennoch kehren die Israeliten in 2 Chr 25,25 f. heim, ohne dass weitere Abhängigkeiten zu Israel entstehen. Amazja wird letztlich in 2 Chr 25,27 f. bei einer Verschwörung vertrieben und später in Lachisch getötet. Er wird zwar umgebettet, doch bestattet man ihn in der „Stadt Judas". Diese Angabe ist geographisch sehr vieldeutig. Schon die Inhaltsangabe offenbart viele Spannungen, die es nun zu klären gilt.

---

**441** Vgl. McKenzie, 1–2 Chronicles, S. 321; Ben Zvi, House, S. 71.

## 8.2 Prüfung der Texteinheitlichkeit

### 8.2.1 2 Chr 25: Die Schlachtvorbereitung umrahmt von Amazjas Stärke

Amazjas einleitende Bewertung ist ambivalent: „Und er tat, was recht war in den Augen JHWHs, doch nicht mit ungeteiltem Herzen." Der erste Teil: „Und er tat, was recht war, in den Augen JHWHs" ist zunächst als große Anerkennung formuliert, die bei sehr positiv dargestellten Königen wie Asa (2 Chr 15,17), Josaphat (2 Chr 20,32) oder auch bei Gott wohlgefälligen Projekten wie der Tempelrestauration von Joas (2 Chr 24,2) ein gängiges Lob darstellt. Doch das gilt bei Amazja nur mit der Einschränkung: „Doch nicht mit ungeteiltem Herzen". Dadurch reduziert sich Amazjas Wertschätzung gravierend,[442] da Gott ein ungeteiltes Herz von seinen Herrschern fordert. Beispielsweise wird Asa in 2 Chr 15,17 dafür gelobt, dass sein Herz ungeteilt bei Gott ist.[443] Laut 2 Kön 14,3 f. tut Amazja, was recht in den Augen JHWHs ist mit der Einschränkung, „doch nicht wie David, sein Vater, sondern in allem, was Joas, sein Vater, tat, das tat auch er". Die Chronik stellt weder einen Bezug zu Joas[444] noch zu David her, obwohl doch gerade der Davidbezug der Chronikforschung als charakteristisch gilt. Die Grundschicht stört offenbar der Verweis auf David, da Amazjas Verhalten allein an Gott gemessen wird. Das ist ihr wichtiger als der Bezug auf das irdische Haus Davids. Der Vergleich mit Joas sprengt den kompositorischen Zusammenhang, da Joas' Regierung schlecht endet, während Amazja gut beginnt.[445] Die Chronik konzentriert sich auf ihr Lieblingsmotiv der Herzensfrömmigkeit, mit der das Geschehen gedeutet wird. Nur eine ungeteilte Herzenshaltung wird von JHWH unterstützt. Halbherzigkeit führt nur zu partiellen Erfolgen, die aber sofort zerfallen, da Gott ihnen den Segen entzieht, wie man an Amazjas Abfall sehen kann. Doch an welcher Stelle findet Amazjas Abfall genau statt? Darüber vertritt die Forschung zwei konträre Positionen: Entweder handelt Amazja erst nach der Anbetung der Fremdgötter verwerflich oder doch schon von Anfang an.

Laut McKenzie befindet sich der Umschlagpunkt in den Versen 2 Chr 25,14–16, in denen Amazja sich Edoms Göttern zuwendet. Daher streicht die Chronik am Anfang die Höhenopferung in 2 Kön 14,4, um nun die Anbetung der Götzen einzufügen, wodurch Amazjas Niedergang eingeleitet wird. Seine Halbherzig-

---

442 Vgl. Weinberg, Weltbild, S. 433; Japhet, 2 Chronik, S. 314; Galling, Bücher, S. 142.
443 2 Chr 16,9; 19,9. Weitere Parallelen vgl. Dillard, 2 Chronicles, S. 198.
444 Vgl. Myers, II Chronicles, S. 144.
445 Vgl. Kalimi, Geschichtsschreibung, S. 45.

keit erklärt, wieso er ein so schlimmes Ende nehmen konnte.[446] Becker erachtet Amazjas Handeln sogar generell als halbherzig. Das könne man daran sehen, dass er Soldaten aus dem Nordreich Israel rekrutiert und damit mit „einem gottentfremdeten Machtbereich"[447] paktieren möchte. Daraus ist schlusszufolgern, dass die vermeintlich positive Phase der Regentschaft Amazjas von 2 Chr 25,1–13 viele negative Begebenheiten aufweist, die stark kritisiert werden. Amazja initiiert ein Bündnis mit Nordreichkriegern, die er zwar wieder fortschickt, aber die Plünderung von Städten in 2 Chr 25,13 hat bereits den Charakter einer Strafe. Darum bedarf es einer genaueren Untersuchung dieser schwierigen Passagen.

Gleich die Eingangsverse sind sperrig formuliert. Bevor der Krieg gegen die Edomiter in 2 Chr 25,5–10 vorbereitet wird, tötet Amazja die Diener, die seinen Vater Joas ermordeten. Die Verse 2 Chr 25,3 f. werden oft nicht diskutiert, da sie als Kopie aus 2 Kön 14,5 f. gelten.[448] Amazja kann sich im Gegensatz zu seinem schwachen Vater durchsetzen und richtet die Mörder hin, wodurch der Kreislauf der Rache endet. Doch die Verse sind mehrfach auffällig. 2 Chr 25,3 stellt eine gedoppelte Einleitung zu 2 Chr 25,11 dar. Dort steht: „Und Amazja erstarkte" (וַאֲמַצְיָהוּ הִתְחַזַּק). Diese Phrase, die in der Chronik häufig als Einleitungsformel verwendet wird (2 Chr 1,1; 17,1; 23,1), steht nun in der Mitte der Erzählung. Die Vokabel „Erstarken" (חָזַק) tritt aber bereits in 2 Chr 25,3 bei der Formulierung auf: „Als das Königtum bei ihm befestigt war" (חָזְקָה הַמַּמְלָכָה עָלָיו). 2 Chr 25,3 nimmt damit Amazjas Erstarken in 2 Chr 25,11 vorweg. Warum tritt diese einleitende Charakterisierung nun ein zweites Mal so spät im Text auf? Für die Grundschicht müssen die Verse 2 Chr 25,3–10 in Frage gestellt werden, da eine literarische Wiederaufnahme der Vokabel „Erstarken" (חָזַק) in 2 Chr 25,11 den Textanfang wieder aufgreift und den Handlungsverlauf fortsetzt. Ebenso sind die großen Truppen fragwürdig. Man hat den Eindruck, dass nach 2 Chr 25,10 nichts davon weiterexistiert. Weder tritt die große Armee in den Schlachten auf noch reden die beiden Könige in den Briefen über Judas Anwerbung der Israeliten oder über deren Plünderungen. Die Grundschicht kommt offenbar ohne die komplexen Musterungen in 2 Chr 25,3–10 aus, sondern orientiert sich am Königebuch. 2 Chr 25,11 setzt 2 Chr 25,2 mit der chroniktypischen Einleitung fort,[449] dass Amazja erstarkte (וַאֲמַצְיָהוּ הִתְחַזַּק), womit er das Heer zur Schlacht führt. Der Aufbau gleicht dem des Paralleltexts in 2 Kön 14,6.7, der ebenso mit dem Kampf beginnt.

---

**446** Vgl. Williamson, 1 and 2 Chronicles, S. 327; McKenzie, 1–2 Chronicles, S. 322.

**447** Becker, 2 Chronik, S. 82.

**448** Die Chronik gleicht den Wortschatz an. So töten in 2 Chr 24,25; 25,3 sowohl die Diener Joas als auch Amazja die Diener mit der Vokabel הָרַג. Vgl. Kalimi, Geschichtsschreibung, S. 168; Galling, Bücher, S. 142.

**449** Vgl. Willi, Auslegung, S. 93.

Besonders die Verse 2 Chr 25,3 f. stehen in Spannung zur Grundschicht. Warum werden die Diener, die Joas ermordet haben, bestraft, obwohl sie doch in 2 Chr 24 Gottes Strafgericht vollenden? Laut Ben Zvi steht ihr Verhalten doch in Einklang mit Gottes Zorn.[450] Ebenso wird in 2 Chr 25,27 Amazja durch Verrat getötet, ohne dass das problematisiert wird. 2 Chr 25,3 beachtet Gottes Zorn nicht, sondern bewertet die Tötung von Joas theologisch neu. Die Diener werden schlicht als Königsmörder präsentiert, denen solch eine Tat nicht zusteht. Das greift kapitelübergreifend auf Joas' Ermordung in 2 Chr 24,25 zurück. Dort fügte die zweite Schicht hinzu, dass Joas durch die Diener ermordet wird, da er den Propheten in 2 Chr 24,21 f. getötet hat. Der Rachekreislauf kommt in 2 Chr 25,3 f. an sein Ende, womit Amazja in seiner positiven Regierungszeit Stärke demonstriert. Tendenzkritisch stellt vor allem die zweite Schicht solche kapitelübergreifenden Zusammenhänge her.

Laut Galling tritt aber die folgende Pointe in 2 Chr 25,4 „unerwartet"[451] auf, da Amazja erst den Rache-Kreislauf weiterführt und ihn dann jedoch mit Verweis auf Dtn 24,16 beendet. Statt sich an der Familie zu rächen, wählt er die Individualbestrafung, da er die Familien der Diener verschont. Dies untermauert Amazjas Tora-Treue, die ihm wichtiger ist als Blutrache. Er befolgt somit die vielen Rechtsbelehrungen der Leviten, die laut dritter Schicht die Tora in ganz Juda lehren.[452] Deswegen sei dafür plädiert, den Vers 2 Chr 25,4 als Teil der dritten Schicht anzusehen, der den Rachekreislauf der Chronik durch einen Verweis auf die Tora beendet. Amazjas positive Darstellung wird mit seiner religiösen Toratreue ausgebaut. 2 Chr 25,3 gehört zur zweiten, 2 Chr 25,4 zur dritten Schicht. Zuletzt integrieren die Königebücher beide Verse, um die Texte einander anzugleichen.

Die folgenden Kriegsvorbereitungen von 2 Chr 25,5–10 sind Chroniksondergut und thematisieren den Juda-Israel-Konflikt. Die knappe Schlachtnotiz in 2 Kön 14,7 wird durch die Schilderung der Vorbereitungen enorm erweitert.[453] Die

---

**450** "[T]heir actions were coherent with YHWH's wishes and certainly brought very positive consequences" (Ben Zvi, House, S. 84).
**451** Galling, Bücher, S. 142.
**452** 2 Chr 15,3; 17,9; 19,10; 23,18. Vgl. Dillard, 2 Chronicles, S. 199; Ben Zvi, House, S. 73. Darum erwägt Galling berechtigt, ob 2 Kön 14,6 nicht aus der Chronik stamme und möglicherweise in die Königebücher nachgetragen wurde, um die Texte einander anzugleichen. Dafür spricht, dass die Verse schon in den Königebüchern als spätere Zusätze gelten. Vgl. Galling, Bücher, S. 142 f.
**453** Die Musterung stellt anders als in 2 Sam 24,2–8; 1 Chr 21,1–4 kein theologisches Problem dar. Vgl. Japhet, 2 Chronik, S. 315; Welten, Geschichte, S. 91; Rudolph, Chronikbücher, S. 281; McKenzie, 1–2 Chronicles, S. 322.

Heerschau beginnt in 2 Chr 25,5 mit großen Zahlen:[454] 300.000 Krieger werden aufgestellt, um Judas Stärke zu dokumentieren. Von den Gegnern werden hingegen nur 20.000 Mann erwähnt. Laut Ben Zvi entspringt die Heeresstärke dem göttlichen Segen, der die Folge von Amazjas JHWH-Suche darstellt.[455] Dennoch sind es deutlich weniger Krieger als bei Asa in 2 Chr 14,7 oder Josaphat in 2 Chr 17,14–19, die noch größere Truppen rekrutieren.[456] Amazja erhält zwar Gottes Segen, um die Schlacht zu schlagen, aber seine Macht reicht nicht an Judas große Könige heran.

Auch sprachlich erinnern Musterungen in 2 Chr 25,5–10 an Asas und Josaphats Maßnahmen der zweiten Schicht. Dort traten ebenso gigantische Heere dank Gottes Segen siegreich auf. Doch 2 Chr 25,6 schildert plötzlich die Rekrutierung von 100.000 Israeliten. Die Anwesenheit der Israeliten zieht den späteren Juda-Israel-Konflikt bereits vor.[457] Amazja vertraut nicht mehr allein auf Gottes Stärke, sondern will sich zusätzlich mit viel Geld und Auslandsallianzen absichern.[458] Dieses Szenario erinnert stark an Asas Bündnis in 2 Chr 16,7–9. Dort tritt in der zweiten Schicht ebenfalls ein protestierender Prophet auf und kritisiert die Allianz.

Die Darstellung des namenlosen Propheten umfasst dabei sowohl konventionelle wie außergewöhnliche Aspekte. Typisch für die zweite Schicht und damit konventionell ist die Propheten-Rede in 2 Chr 25,7.9. In 2 Chr 25,7 sagt er, eine gemeinsame Armee von Juda und Israel sei gegen Gottes Willen. Die zweite Schicht verbietet einen Bund, bevor Israel nicht zu JHWH zurückkehrt.[459] Die Israeliten stören also die Beziehung zwischen JHWH und Juda, weswegen der Feldzug von Gott nicht unterstützt wird. Amazja meint in 2 Chr 25,9 wie ein „Krämer"[460], dass er damit viel Geld verliere. Doch der Prophet verspricht größeren Lohn von Gott. Da der König in 2 Chr 25,10 f. die Krieger wegschickt und Judas Sieg folgt, ebnet der Prophet den Weg für einen Sieg gegen Edom.

Doch der Prophet weist viele Besonderheiten auf. Ungewöhnlich führt er als „Gottesmann" (אִישׁ הָאֱלֹהִים) keinen Namen, während sonst alle Chronikpropheten

**454** Rudolph und Weinberg erachten dies als vorexilische Schlachtschilderung. Williamson zeigt dagegen überzeugend, wie stark die Chronikmotive den Text dominieren. Vgl. Williamson, 1 and 2 Chronicles, S. 328; Rudolph, Chronikbücher, S. 281; Weinberg, Mitwelt, S. 138; Welten, Geschichte, S. 92.
**455** Vgl. Ben Zvi, House, S. 76 f.; Becker, 2 Chronik, S. 82.
**456** Benjamins Stamm ist Teil der Armeen der zweiten Schicht. 2 Chr 14,7; 17,17. Vgl. Welten, Geschichte, S. 92.
**457** Vgl. Noth, Überlieferungsgeschichtliche Studien, S. 141; Welten, Geschichte, S. 90 f.
**458** 2 Chr 16,2–9; 19,2 f.; 20,35–37. Vgl. Japhet, 2 Chronik, S. 315 f.; Dillard, 2 Chronicles, S. 199.
**459** 2 Chr 13,4 f.8.12; 19,1–3. Vgl. Kalimi, Geschichtsschreibung, S. 108 f.; Willi, Auslegung, S. 223.
**460** Japhet, 2 Chronik, S. 317. Vgl. Williamson, 1 and 2 Chronicles, S. 329.

namentlich erwähnt werden. Der Titel Gottesmann wird für Mose und David, aber auch Elia und Elisa verwendet und macht deutlich, dass Gott durch diese Personen spricht.[461] Willi meint überzeugend, dass dieser anonyme Prophet auf den später auftretenden Propheten in 2 Chr 25,15 f. vorbereite. Das Fehlen des Namens hat also kompositorische Gründe, da man Annahme und Ablehnung des Prophetenwortes im Text gut gegenüberstellen kann.[462]

Viel rätselhafter präsentiert sich in zweierlei Hinsicht seine Botschaft. Zum einen stellt sich die Frage, ob der Prophetenspruch wirklich wahr ist, da Juda laut 2 Chr 25,13 doch von den Israeliten überfallen wird. Zum anderen bleibt die Botschaft des Propheten in 2 Chr 25,8 unklar. Denn Driver urteilt zutreffend: "Nothing can be made of this clause as the text stands"[463].

2 Chr 25,7 präsentiert noch eine klare Botschaft: „König, das Heer Israels soll nicht mit dir gehen, denn JHWH ist nicht mit Israel". Darauf folgt nun aufbauend in 2 Chr 25,8: „Sondern geh du und rüste dich für den Kampf". Doch danach heißt es: „Dann wird Gott dich fallen lassen vor dem Feind." Laut Japhet ist das ein „offenkundige[r] Widerspruch[] zwischen dem ersten und dem zweiten Versteil"[464]. Soll Amazja nun in den Krieg ziehen oder nicht?

Häufig wird der Widerspruch per Textkritik getilgt. Schon die LXX formuliert den Text um: „Wenn du glaubst, dich mit diesen zu verstärken, wird dich der Herr vor den Feinden fliehen lassen." Doch im Hebräischen steht weder „du glaubst" (ὑπολάβῃς), noch „mit diesen" (ἐν τούτοις). Auch ist die Formulierung „er wird fliehen lassen" (τροπώσεταί) keine Übersetzung von „zu Fall bringen" (כָּשַׁל). Daher glättet die LXX den Text, wie auch viele Forscher bei diesem Satz Konjekturen vornehmen.[465]

Plausibler scheint, dass der Versteil „dann wird Gott dich fallen lassen vor dem Feind" ein späterer Zusatz im Text ist. Dafür sprechen drei Argumente: Erstens passt er nicht zum vorherigen Befehl, in den Krieg zu ziehen. Zweitens ist er syntaktisch nicht angebunden. Drittens liefert das Versende in 2 Chr 25,8 die ursprüngliche Pointe des Befehls, die mit dem Halbvers konkurriert. Sie verwendet ein zweites Mal die Vokabel „zu Fall bringen" (כָּשַׁל). So heißt es: „Denn

---

**461** "[O]ne would expect that the prophet be given a name". Dillard, 2 Chronicles, S. 197. Vgl. Curtis, Commentary, S. 442. 1 Chr 23,14; 2 Chr 8,14; Dtn 33,1; Esr 3,2; Neh 12,24; 2 Kön 1,9; 4,16; 5,8.
**462** Vgl. Willi, Auslegung, S. 217; Williamson, 1 and 2 Chronicles, S. 328; Galling, Bücher, S. 143.
**463** Driver, Abbreviations, S. 90.
**464** Japhet, 2 Chronik, S. 316 f. Vgl. Williamson, 1 and 2 Chronicles, S. 329.
**465** Driver nimmt eine Rückübersetzung anhand der LXX vor: אִם־בָּאֵלֶּה אַתָּה עֹשֶׂה חֲזַק. Rudolph und McKenzie streichen כִּי אִם und ersetzen לַמִּלְחָמָה mit לָמָּה. So lautet der Text: "Why should God fling you down?" (McKenzie, 1–2 Chronicles, S. 322). Vgl. Rudolph, Chronikbücher, S. 278; Driver, Abbreviations, S. 90.

bei Gott ist die Kraft, zu helfen und zu Fall zu bringen." Auf den Imperativ in 2 Chr 25,8, allein in den Krieg zu ziehen, folgt ursprünglich die allgemeine Pointe, allein auf Gott zu vertrauen, der entweder eine Hilfe ist oder einen zu Fall bringt. Amazja soll also allein in den Krieg ziehen und nur auf Gottes Kraft vertrauen. Diese Botschaft entspricht vielen Schlachten der zweiten Schicht, bei denen nur Gott hilft.[466] Was könnte die Ursache für die Hinzufügung in der Mitte von 2 Chr 25,8 sein? Die allgemeine Pointe „denn bei Gott ist die Kraft, zu helfen und um zu Fall zu bringen" ist der dritten Schicht zu vage. Darum fügt sie eine konkrete Warnung ein, nicht mit Israel in den Krieg zu ziehen.

Doch treten die Versprechungen des Propheten Amazja eigentlich ein? Denn trotz des Sieges in 2 Chr 25,11 f. plündern und verwüsten die abgewiesenen Israeliten aus Rache in 2 Chr 25,10b.13 Judas Hinterland. Die Plünderungen der Israeliten lassen viele Exegeten zurecht an der Einheitlichkeit des Textes zweifeln.[467] Warum folgen nach der groß angekündigten Belohnung des Gottesmannes nicht ausschließlich gute Nachrichten? Warum beschützt Gott Juda nicht, da es doch seinen Rat ausführt und die schändliche Verbindung auflöst?[468] Wo bleibt die göttliche Gerechtigkeit, die "theology of immediate retribution", die die Forschung in anderen Texten so stark macht? Ebenso wird damit die Periodisierung des Textes in eine gute und eine schlechte Zeit unterbrochen. Denn Amazja fällt erst in 2 Chr 25,14 von Gott ab. Die Plünderungen der Israeliten sind damit schon in der Epoche des späteren Strafgerichts verboten. Im weiteren Textverlauf schweigt der König von Israel über die Anwerbung seiner Soldaten oder israelitische Plünderungen in Juda. Hingegen wird einzig Judas Triumph gegen Edom beschrieben.[469]

Aus diesen Gründen sind 2 Chr 25,8bα.10b.13 Bestandteil der dritten Schicht, die die Musterung der Israeliten nachträglich negativ deuten. Den Redaktor stört schon der Versuch Amazjas, mit Israel ein Bündnis eingehen zu wollen.[470] Das allein verdient schon eine Bestrafung. So gelangen die Plünderungen in den Text, die Amazjas gut bewertete Herrschaft trüben. Daher lügt der Prophet ursprünglich nicht, da er einzig den Sieg in der Schlacht gegen Edom ankündigt. Die Erwei-

---

466 2 Chr 13,18; 14,10; Dtn 1,42; 20,4; 31,6. Vgl. McKenzie, 1–2 Chronicles, S. 323; Rudolph, Chronikbücher, S. 281.
467 Vgl. Japhet, 2 Chronik, S. 313; Dillard, 2 Chronicles, S. 197.
468 Vgl. Rudolph, Chronikbücher, S. 281; Williamson, 1 and 2 Chronicles, S. 329; Dillard, 2 Chronicles, S. 197; Ben Zvi, House, S. 79 f.; McKenzie, 1–2 Chronicles, S. 323; Becker, 2 Chronik, S. 82.
469 Zudem wird ausgerechnet Samaria sehr auffällig als Stadt Judas bezeichnet. Zur Forschungsdiskussion vgl. Williamson, 1 and 2 Chronicles, S. 330; Galling, Bücher, S. 143 f.; Noth, Überlieferungsgeschichtliche Studien, S. 178; Rudolph, Chronikbücher, S. 278 f.; McKenzie, 1–2 Chronicles, S. 323; Japhet, 2 Chronik, S. 318.
470 Vgl. Ben Zvi, House, S. 80.

terungen der dritten Schicht haben aber die Botschaft in 2 Chr 25,8 unverständlich gemacht.

Der Sieg gegen die Edomiter in 2 Chr 25,12 weicht von der Parallele in 2 Kön 14,7 deutlich ab. Die Chronik schildert ein grausames Massaker, da Amazja nicht nur 10.000 Mann tötet, sondern weitere 10.000 Gefangene auf die Spitze des Felsens führt und in den Tod springen lässt. Die Erzählung wurde lange als alter Text erachtet, der Judas Hass auf Edom widerspiegelt.[471] Denn in der weit weniger spektakulären Parallele in 2 Kön 14,7 werden lediglich 10.000 Gegner in der Schlacht getötet und ein unbekannter Ort namens „Sela" (סֶלַע) eingenommen. Der Ortsname bedeutet „Fels" und wird daraufhin von Amazja in „Jokteel" (יָקְתְאֵל) umbenannt. Diese Namensätiologie führt die Chronik nicht auf. Doch viele Forscher haben hier dennoch einen Rückgriff auf die Königebücher beobachtet. Offenbar erschafft die Chronik eine ätiologische Erzählung, die den Stadtnamen „Jokteel" verständlich macht.[472] Laut Willi führt sie „Jokteel" auf die Vokabel „Töten" (קטל) zurück. Das י sei die Kurzform für JHWH, so dass die Chronik „Jokteel" als „JHWH tötet" deutet. Sie kombiniert nun die die 10.000 Gefallenen, den Städtenamen „Felsen" (סֶלַע) und die Information, dass „JHWH tötet" und konstruiert daraus eine grausige Geschichte, die den unbekannten Städtenamen erklärt.[473]

### 8.2.2 2 Chr 25: Edoms Götter und Amazjas Untergang

Dem Sieg folgt in der Chronik die Wende mit abschließender Niederlage gegen Israel, während in den Königebüchern Sieg und Niederlage unverbunden nebeneinander stehen. Die Wende zum Schlechten findet in 2 Chr 25,14 abrupt statt. Trotz des Sieges und der rigorosen Vernichtung der Edomiter stellt Amazja deren Götter auf und kniet sich betend vor ihnen nieder (וַיַּעֲמִידֵם לוֹ).[474] Psychologisierende Deutungen wie die von Ben Zvi betrachten dieses Vorgehen als völlig irrational und unberechenbar. Laut Wellhausen wird aber vor allem das Verhalten theologisch kritisiert: „Erbeutete Götzen eines überwundenen Volkes zieht er

---

**471** Vgl. Curtis, Commentary, S. 440; Williamson, 1 and 2 Chronicles, S. 328; McKenzie, 1–2 Chronicles, S. 326.

**472** Vgl. Rudolph, Chronikbücher, S. 283; Japhet, 2 Chronik, S. 318.

**473** Vgl. Willi, Auslegung, S. 118; Williamson, 1 and 2 Chronicles, S. 329 f.; Galling, Bücher, S. 144.

**474** Die Forschung hat diskutiert, ob Amazja nicht wie ein altorientalischer König fremde Gottheiten von unterlegenen Völkern importiert. Damit wollte man besiegte Völker befrieden, indem ihre Religion anerkannt wurde. Doch Amazja stellt sie privat auf, obwohl Dtn 7,5; 12,3 dies streng verbietet. Vgl. Myers, II Chronicles, S. 145; Dillard, 2 Chronicles, S. 201; Rudolph, Chronikbücher, S. 283; McKenzie, 1–2 Chronicles, S. 323.

in dem Augenblicke dem Jahve vor, als letzterer jene besiegt hatte".[475] Der Text liefert laut Kratz eine theologisch stringente Begründung für die Niederlage gegen Israel. Damit werden auch die in 2 Kön 14,4 geschilderten Kultvergehen ausgelegt. Während dort das Volk auf den Kulthöhen opfert, konstruiert die Chronik hier daraus Amazjas individuellen Abfall. Sie bereitet damit auf dessen törichtes Verhalten in 2 Chr 25,17–22 vor, als er Israel herausfordert.[476]

Amazjas Frevel wecken in 2 Chr 25,15 „JHWHs Zorn" (אַף יְהוָה). Doch der Zorn entfaltet sich mit Verzögerung, obgleich der Vers endgültigen Strafcharakter hat.[477] Aber zuerst folgt darauf eine retardierende Prophetenwarnung, die eine Umkehr ermöglicht und Gottes Zorn unterbricht. Ebenso ist der Übergang von 2 Chr 25,16.17 gestört. Denn erst in 2 Chr 25,17 berät Amazja über den Krieg (וַיִּוָּעַץ). Das wiederholt die vorherige Beratschlagung mit dem Propheten. 2 Chr 25,17 erweckt also den Anschein, als hätte es das Gespräch mit dem Propheten gar nicht gegeben. Zudem reagiert Amazja überhaupt nicht auf die Ankündigung seines Verderbens. Diese Gründe sprechen dafür, dass auch dieser Prophetendialog ein Nachtrag der zweiten Schicht ist.

Das Prophetengespräch von 2 Chr 25,15 f. kreist wortspielartig um die Ratschläge (עֵצָה/יוֹעֵץ).[478] Gottes Ratschlag, den der Prophet mitteilt, steht der menschlichen Empfehlung der Berater gegenüber. Laut Becker zieht Amazja den menschlichen Ratschlag dem göttlichen vor, da er den Propheten nicht als Ratgeber akzeptiert. Das erklärt seinen Abfall, da er zuvor die menschlichen Edomiterstatuen anbetet. Während er in 2 Chr 25,10 auf Gottes Wort und nicht auf menschliche Machtmittel wie fremde Soldaten vertraut hat, so handelt er nun im „offene[n] Widerspruch"[479] gegen JHWH. Die Verse ziehen auf diese Weise die Auslegung der Niederlage vor. Sie sagen explizit Amazjas Untergang an, da er auf Götter vertraut, die ihn nicht retten können, wie es ebenso in Jes 37,12 formuliert ist. Durch die Ergänzung ist sich Amazja seines Abfalls bewusst, da er Gottes Rat zur Umkehr ausschlägt und folgerichtig seine Strafe verdient.[480]

---

475 Wellhausen, Prolegomena, S. 201. Vgl. Ben Zvi, House, S. 73 f.
476 Vgl. Kratz, Komposition, S. 34; Rudolph, Chronikbücher, S. 283; Wellhausen, Prolegomena, S. 201.
477 "[R]etribution is not the immediate sequel of the Lord being angry" (Williamson, 1 and 2 Chronicles, S. 330).
478 Vgl. Williamson, 1 and 2 Chronicles, S. 327; Japhet, 2 Chronik, S. 319; McKenzie, 1–2 Chronicles, S. 324–326.
479 Galling, Bücher, S. 144. Vgl. Becker, 2 Chronik, S. 84.
480 Vgl. Myers, II Chronicles, S. 145; Williamson, 1 and 2 Chronicles, S. 330; Galling, Bücher, S. 144.

So fordert Amazja hochmütig Joas, den König von Israel, zum Kampf heraus. Joas' Antwort erfolgt zweigeteilt. Zunächst antwortet er mit einer Fabel über Zeder und Dornbusch in 2 Chr 25,18, bevor er in 2 Chr 25,19 auf das Schlachtgesuch eingeht.[481] Viele Forscher haben die Fabel als Geringschätzung Judas gedeutet. Doch meist wundern sich Exegeten schlichtweg über die Fabel, die kaum zum Text passt und wenig sinnvoll erscheint. Was bedeutet die Aufforderung: „Gib doch deine Tochter für meinen Sohn zur Frau". Ist das ernst gemeint oder ist dies Spott, wie Galling fragt? Hat das überhaupt etwas mit der Kriegsaufforderung zu tun? Wer ist das Tier aus dem Libanon, das nur hier auftaucht und offenbar eine dritte Partei suggeriert, obgleich im Text die Israeliten ohne Hilfe siegen?[482]

Noch gravierender ist, dass zwischen 2 Chr 25,18.19 kein Übergang stattfindet, da eine Konjunktion fehlt. So stehen die Aussagen „und er zertritt den Dornbusch" (וַתִּרְמֹס אֶת־הַחוֹחַ) und „du sagst, siehe" (אָמַרְתָּ הִנֵּה) unverbunden nebeneinander. Man hat den Eindruck, dass erst 2 Chr 25,19 auf Amazjas Brief antwortet. Israels König unterstellt Amazja dort Ehrsucht und Hochmut, die aus dem Sieg gegen Edom entstehen. Die Antwort kommt also ganz ohne Verweis auf die Fabel aus.

Zudem zeigt der Vergleich zwischen Königebuch und Chronik, dass 2 Chr 25,19 gegenüber 2 Kön 14,11 viele erleichternde Glättungen vornimmt. So fügt die Chronik gleich zu Beginn „Siehe, du sagst" und die Temporalangabe „jetzt" (עַתָּה) ein. Damit ist der Text stärker an die Kriegsbedrohung angepasst. Ebenso wird die Hybris durch das Streben nach Ehre in 2 Chr 25,19 im Hiphil von לְהַכְבִּיד hervorgehoben.[483] Aber ausgerechnet die sperrigen Fabeln in 2 Chr 25,18 und 2 Kön 14,10 sind buchstabengleich. Dabei wäre doch zu erwarten, dass die Chronik gerade hier glättet, wenn es unverständlich wird. Darum sei die These aufgestellt, dass die Fabel in der Chronik durch Fortschreibungen gewachsen ist. Erst später wurde sie in den Königbüchern nachgetragen, um die Texte einander anzugleichen.

Die Fabel ergibt nur Sinn, wenn man Hinzufügungen postuliert, die sich vor allem syntaktisch begründen lassen. Der Satzbau von 2 Chr 25,17 stellt einen antithetischen Parallelismus dar, der vom Mittelteil syntaktisch wie inhaltlich entscheidend gestört wird. Ohne den Imperativ „Gib doch deine Tochter für meinen Sohn zur Frau" nimmt der Text eine Deutung von Amazjas hochmütigem Brief vor:

---

**481** Die Forschung hat die Fabel als Reminiszenz an die Krönung von Abimelech in Jdc 9,7–21 betrachtet, da dort ebenso Dornbusch und Zeder auftreten. Der Dornbusch will in Jdc 9,15 die Zedern verbrennen. Doch ansonsten haben die Texte keine Gemeinsamkeiten. Vgl. McKenzie, 1–2 Chronicles, S. 324; Würthwein, Könige, S. 371 f.

**482** Vgl. Willi, Auslegung, S. 140; Japhet, 2 Chronik, S. 320 f.; Dillard, 2 Chronicles, S. 201.

**483** Vgl. Japhet, 2 Chronik, S. 319.

„Der Dornenstrauch, der im Libanon ist, sendet zur Zeder, die im Libanon steht ...
Und das Tier des Felds, das im Libanon lebt, läuft über ihn und zertritt den Dornenstrauch"
(הַחוֹחַ אֲשֶׁר בַּלְּבָנוֹן שָׁלַח אֶל־הָאֶרֶז אֲשֶׁר בַּלְּבָנוֹן ... וַתַּעֲבֹר חַיַּת הַשָּׂדֶה אֲשֶׁר בַּלְּבָנוֹן וַתִּרְמֹס אֶת־הַחוֹחַ)

Der Dornbusch sendet zur Zeder wie Amazja zum König von Israel. Damit greift die Fabel die Vokabel „Senden" (שָׁלַח) in 2 Chr 25,17 auf. Als Reaktion auf die Herausforderung wird der Dornbusch niedergetrampelt, womit die Israeliten auf Judas Kampfansage antworten. Die Fabel stellt somit eine Warnung des Starken an den Schwachen dar, nicht übermütig zu werden.[484] Israels König formuliert einen Vers später in 2 Chr 25,19 in seiner Antwort genau eine solche Warnung. Die Fabel legt demnach ursprünglich den Folgevers 2 Chr 25,19 aus. Die kurze Geschichte passt dabei tendenzkritisch zur zweiten Schicht. Beide Bäume sind nämlich im Libanon beheimatet, scheinen also denselben Ursprung zu haben. Vor allem in der zweiten Schicht der Abija-Rede in 2 Chr 13,12 lässt sich die Darstellung Israels als abgefallener Bruder, der denselben Ursprung wie Juda hat, beobachten. Von daher wird hier die Verwandtschaft der Bruderstaaten veranschaulicht.

Unkenntlich wird die Darstellung durch den Inhalt der Sendung, die besagt, die Tochter solle dem Sohn zur Frau gegeben werden. Die Hochzeit mit dem Ziel, eine Allianz zu schmieden, tritt abrupt als neues Motiv hinzu. Dieses gestaltet die Aufforderung zum Kampf in ein Bündnisgesuch um.[485] Die dritte Schicht nimmt damit auf Passagen Bezug, die in 2 Chr 25,8bα.10.13 Bündnisse mit Israel geißeln und die Plünderungen als Strafe dafür einfügen. Durch die Ergänzung trampeln die ausgesonderten Israeliten Juda nieder wie das Tier den Dornbusch. Das stellt also eine Warnung vor einem Pakt mit Israel dar. Somit enthält die Fabel Deutungen sowohl von der zweiten als auch von der dritten Chronikschicht.

Der restliche Verlauf des Textes nach der Fabel folgt überwiegend der Parallele in den Königebüchern. Auffälligkeiten treten immer dann auf, wenn es um die Niederlage gegen Israel geht. So wird in 2 Chr 25,20 Judas Niederlage doppelt begründet: einmal damit, dass die Niederlage von Gott kam und zum anderen, dass Juda edomitische Götter suchte. Die zweite Begründung „denn sie suchten die Götter Edoms" ist ursprünglich, da sie sich auf den Götzendienst in 2 Chr 25,14 bezieht. Diese theologische Erklärung der Grundschicht bietet eine Ursache für Amazjas Abfall, wie Willi hervorhebt.[486] Dass Gott Juda in Israels Hand gegeben habe, greift dagegen die andere Begründung des Prophetenspruchs der zweiten

**484** Vgl. Würthwein, Könige, S. 372.
**485** Vgl. Japhet, 2 Chronik, S. 320 f.
**486** Vgl. Willi, Auslegung, S. 173; de Wette, Glaubwürdigkeit, S. 130.

Schicht in 2 Chr 25,16 auf. Diese syntaktisch auffällige Deutung integriert diesen Prophetenspruch.[487]

Einen ähnlichen Fall bietet 2 Chr 25,24. Die Israeliten stehlen die Tempelgeräte, die unter Jojada entstanden. In 2 Chr 25,24 ist hinzugefügt, dass der Tempelschatz von dem Mann „Obed-Edom" (עֹבֵד אֱדוֹם) verwaltet wurden. Die Information steht nicht in 2 Kön 14,14. Williamson hat die Notiz als Glosse klassifiziert.[488] Denn der Name „Obed-Edom" bedeutet „Diener Edoms", womit auf die edomitischen Götzen verwiesen wird.[489] Der Schatz ist in schlechter edomitscher Obhut und geht darum verloren. Dadurch werden Israels Plünderungen nachträglich gedeutet.

Auch Amazjas Ende hat einige Auffälligkeiten zu bieten. In 2 Chr 25,25 findet sich ein seltener Königssynchronismus aus 2 Kön 14,17, der den Tod des Nordreichkönigs bekannt gibt. Viele Exegeten erachten das als mechanische Kopie oder Nachtrag, was aber unwahrscheinlich ist.[490] Vielmehr stellt der Vers kompositorisch die Einleitung für Amazjas Ende in 2 Chr 25,27 dar. Die Niederlage Judas gegen Israel ist nur ein einmaliges Ereignis, da aus ihr keine Abhängigkeit wie unter Atalja folgt. Die Judäer selbst bestraften ihren König durch einen Putsch, bei dem Amazja in Lachisch getötet wird. Die Verschwörung in 2 Chr 25,27 stellt demnach Gottes Strafe für Amazjas Abfall dar.

Interessant gestaltet sich zuletzt Amazjas ambivalente Todesnotiz, die eine gewisse Ehrerbietung zeigt, da er nicht in Lachisch begraben, sondern zu seinen Vätern umgebettet wird. Aber gegenüber 2 Kön 14,20 wird der Name „Jerusalem" gestrichen und auch der Titel „Stadt Davids" ungewöhnlich in „Stadt Judas" (בְּעִיר יְהוּדָה) geändert. Drei Erklärungen schlägt die Forschung dazu vor. Einige Exegeten betrachten erstens die „Stadt Judas" als weiteren Titel für Jerusalem, für den es Belege außerhalb des Alten Testaments gebe, und erkennen somit keine veränderte Textaussage. Diese Deutung ignoriert aber das bewusste Vermeiden des Namens „Jerusalem". Zweitens wurde der Titel als Textverderbnis gewertet. Schon die LXX passte den Titel an 2 Kön 14,20 an und spricht von der „Stadt Davids" (πόλις Δαυιδ). Allerdings stellt das wie der erste Vorschlag eine Harmonisierung dar.[491] Die überzeugendste Option schlägt drittens Japhet vor. Sie vertritt die These, dass Amazja durch sein Begräbnis „in einer nicht näher genannten

**487** „Sie" (הִיא) bezieht sich wohl auf Amazjas Verhalten in 2 Chr 25,16 und „Hand" (בְּיָד) steht ohne Bezugswort. Vgl. Myers, II Chronicles, S. 145.

**488** Der Name findet sich in 1 Chr 15,18; 26,15. Vgl. Becker, 2 Chronik, S. 84; Williamson, 1 and 2 Chronicles, S. 331.

**489** Vgl. McKenzie, 1–2 Chronicles, S. 325; Ben Zvi, House, S. 78.

**490** Vgl. Willi, Auslegung, S. 64; Rudolph, Chronikbücher, S. 280; Galling, Bücher, S. 145.

**491** Vgl. Becker, 2 Chronik, S. 85; Galling, Bücher, S. 145; Curtis, Commentary, S. 447; McKenzie, 1–2 Chronicles, S. 325; Kalimi, Geschichtsschreibung, S. 93f.; Williamson, 1 and 2 Chronicles, S. 331.

‚judäischen Stadt' die konsequente Fortsetzung [...] seine[s] Abfall[s] von JHWH"[492] erlebt. Mit der Stadt Judas könnte theoretisch auch Jerusalem gemeint sein. Das wird bewusst offen gelassen. Diese Mischung aus partieller Bewunderung und Verwerfung schließt den Bogen zur Ausgangsbewertung in 2 Chr 25,2, die Amazja als halbherzig betrachtet, weswegen auch seine Ehrerbietung bei der Bestattung reduziert wird.

## 8.3 Theologiegeschichtliche Entwicklung: überflüssige sowie strafbare Bündnisse

Die Textprobleme von 2 Chr 25 sind mit den gängigen Denkfiguren der Chronikforschung nicht zu greifen. Vor allem die Thesen der "Immediate Retribution" oder dass das Nordreich Israel per „Dogma"[493] immer negativ agiere, werden hier in Frage gestellt. In seiner theologiegeschichtlichen Wachstumsgeschichte lassen sich die Botschaften von 2 Chr 25, die die Niederlage gegen Israel unterschiedlich deuten, differenzieren.

Die Grundschicht nimmt wie in 2 Chr 24 eine Zweiteilung der Herrschaft vor, die Amazjas ambivalente Bewertung in 2 Chr 25,2.28 untermauert. So sind Amazja und Joas mittelmäßige Könige, die nicht an Jojada herankommen. Amazjas Abfall wird durch die Anbetung der edomitischen Götzen greifbar gemacht, die den Wendepunkt seiner Biographie darstellt. Die Kultvergehen des Volks aus Kapitel 2 Kön 14 werden allein Amazja zugeschoben. Das Volk, das laut 2 Kön 14,4 auf Höhen opfert, bleibt unberücksichtigt. Die Chronik konzentriert sich ganz auf Amazjas Schicksal.

Das Strafgericht vollzieht ausgerechnet das Nordreich Israel. Hier orientiert sich die Chronik an der Vorlage. Die Schilderung deutet darauf hin, dass die Niederlage gegen Israel als unproblematisch erachtet wurde. Israel stellt somit Gottes Strafwerkzeug dar wie in 2 Chr 22,7 das Haus Jehu. Dabei ist zu betonen, dass das Strafgericht aber nicht Judas Selbstständigkeit gefährdet. Es gibt also keine verwerfliche Abhängigkeit gegenüber Israel, wie es unter Josaphat bis Atalja der Fall war.

Die lineare Teilung in eine gute und eine schlechte Herrschaftszeit gerät durch die zweite Schicht ins Wanken, da sie Korrekturen und Erweiterungen vornimmt. Die gute Zeit wird durch die Musterungsnotizen und die Hinrichtung von Joas' Mördern ausgeschmückt. Die sofortige Vergeltung schiebt sich durch das Auftreten der Propheten retardierend auf. Dazu wird vor allem das Verhältnis

---

492 Japhet, 2 Chronik, S. 324.
493 Japhet, 2 Chronik, S. 316. Vgl. Rudolph, Chronikbücher, S. 281.

von Israel und Juda problematisiert und neu gelesen. Die Musterung betont energisch, ein Bündnis bleibe verboten, so lange Israel von JHWH abgefallen ist. Auch belegt die Glosse in 2 Chr 25,20aβγ, dass die Niederlage gegen Israel von späteren Redaktoren als Problem angesehen wurde. So betont der Redaktor immer wieder, dass die Niederlage gegen das Nordreich allein von Gott kommt.[494] Das Prophetengespräch integriert die zentralen Themen der zweiten Schicht, dass man nur Gott trauen darf und nicht irdischen Machtmitteln wie fremden Soldaten. Die Gegenüberstellung der anonymen Propheten verdeutlicht dabei Amazjas innere Haltung, also seine anfängliche Demut und seinen späteren Hochmut. An der Annahme von Gottes Wort entscheidet sich demnach Amazjas Schicksal.

Die dritte Schicht bringt die Periodisierung des Textes endgültig durcheinander. Zunächst untermauert sie die JHWH-Treue in 2 Chr 25,4 durch ein Tora-Zitat. Das ist aber auch das einzige, das sie an Amazjas Darstellung als positiv erachtet, da die Musterung der Israeliten auch die gute Phase seiner Herrschaft befleckt. Schon den Versuch, ein Bündnis mit Israel einzugehen, wertet sie als Abfall von JHWH und bestraft ihn dafür. Damit wurde Amazja bereits beim Edomiter-Feldzug untreu gegenüber JHWH. Die dritte Schicht formuliert deshalb den Prophetenspruch und die Fabel zu Warnungen vor Bündnissen mit Israel um, die den Endtext stark unverständlich machen.

## 8.4  Fazit: Amazjas Bündnis mit Israel im Wandel der Bewertung

Bei Amazja greifen die gängigen Denkfiguren der textsynchronen Chronikexegese wie die "Immediate Retribution" oder das angebliche Dogma der Israel-Juda-Feindschaft nicht mehr. So entpuppt sich der Chroniktext als Schatzkammer mit vielen verschiedenen Auslegungen, die einander widersprechen. Die vielen Deutungen der Forschung lassen sich nun in Redaktionsstufen ausdifferenzieren. So entwickelt sich Israel vom Strafwerkzeug Gottes in der Grundschicht zum verbotenen Bündnispartner. Letztlich ist sogar der Versuch eines Bündnisses strafbar. Ebenso wird Amazjas Fehlverhalten unterschiedlich bewertet. Zunächst wird sein Verhalten in eine gute und eine schlechte Zeit periodisiert. Die Zweiteilung der Herrschaft baut die zweite Schicht durch die Annahme und Ablehnung des Prophetenwortes aus. Doch die dritte Schicht stellt Amazja gänzlich ambivalent dar. Er präsentiert sich somit als kontroverser König, bei dem in jeder Textschicht Neudeutungen vorgenommen werden.

---

494 Vgl. Rudolph, Chronikbücher, S. 283; Myers, II Chronicles, S. 144; Japhet, 2 Chronik, S. 320.

# 9  2 Chr 26 Ussia

## 9.1  Ussia – ein guter Herrscher, der aber selbst opfern möchte?

König Ussia ist ein ambiavalent beurteilter König, der viele Eigenheiten auf-weist. Zuerst sind seine unterschiedlichen Namen zu nennen. Die Königebücher nennen ihn „Asarja", die Chronikbücher hingegen „Ussia".[495] Ussias/Asarjas Herrschaft wird in beiden Texten ambivalent dargestellt. Laut den Königebüchern in 2 Kön 15,1–7 hat Asarja zwar Erfolge vorzuweisen, über die aber im Detail nicht berichtet wird. Er regiert über 52 Jahre und wird in 2 Kön 15,2f. auch positiv bewertet, da er das Rechte in JHWHs Augen tut. Doch laut 2 Kön 15,4f. opfert das Volk weiterhin auf den Höhen und Gott schlägt Asarja mit Aussatz, so dass er in einem abgesonderten Haus leben muss. Derweil regiert sein Sohn Jotam schon zu seinen Lebzeiten. Nur diese wenigen Angaben machen die Königebücher in sieben Versen zu Asarja.[496]

Die Chronik widmet sich dem König in 2 Chr 26 dagegen ausführlicher. Zwar erkennt man viele Passagen aus 2 Kön 15,1–7 wieder, doch stehen sie nur am Anfang in 2 Chr 26,3f. und am Ende in 2 Chr 26,20–23. Dazwischen findet sich viel Chroniksondergut. Ussias Herrschaft wird chronologisch in eine gute und schlechte Zeit periodisiert. Die überwiegende Zeit von Ussias Herrschaft in 2 Chr 26,1–15 wird dabei positiv dargestellt. In dieser Epoche untersteht er laut 2 Chr 26,5 einem Mann mit Namen „Secharja", der ihn als Mentor zur Gottessuche anleitet. Diese Symbiose ermöglicht eine politische Expansion, die Ussias Ruhm bis nach Ägypten bekanntmacht (2 Chr 25,5–8) sowie eine erfolgreiche Innenpo-litik (2 Chr 25,9–15). Vor allem hat die Forschung seine Erfolge in der Landwirt-schaft in 2 Chr 26,10 betont, die aber eine Randnotiz darstellen, da sie nur einen

---

495 Der Name „Ussia" (עֻזִּיָּהוּ) setzt sich aus den Vokabeln „Kraft" (עֹז) und dem JHWH-Namen zusammen, der „JHWH ist Kraft" bedeutet. Der Name „Asarja" (עֲזַרְיָה) bedeutet „JHWH ist Hilfe". Beide Namen sind leitmotivisch im Text verankert. Rudolph erachtet „Ussia" als Zweitname und „Asarja" als Hauptname. Laut Ackroyd trägt Ussia in der Chronik seinen Namen, um eine Ver-wechslung mit dem Hohepriester Asarja auszuschließen. Vgl. Ackroyd, I & II Chronicles, S. 167; Rudolph, Chronikbücher, S. 283.

496 בֵּית הַחָפְשׁוּת in 2 Chr 26,21 bedeutet wörtlich „Haus der Freiheit". Der Ausdruck ist wohl ein Euphemismus, der den Tabucharakter des Hauses für Ausgestoßene unterstreicht. Vgl. Rudolph, Ussias Haus, S. 418; McKenzie, 1–2 Chronicles, S. 330; Japhet, 2 Chronik, S. 338; Dillard, 2 Chro-nicles, S. 211.

Vers unter den Bau- und Militärmaßnahmen ausmachen.[497] Somit stellt Ussias Regierung zunächst eine Ära des Wachstums und Wohlergehens dar. Das wird leitmotivisch durch die Vokabel „Erstarken" (חָזַק) zum Ausdruck gebracht.

Der Umschlagpunkt seiner Herrschaft geschieht in 2 Chr 26,16. Ussia wird vorgeworfen, dass aus seiner Stärke Hochmut entstanden ist. Er beschließt, selbst auf dem Räucheraltar zu opfern. Die Chronik schildert eine dramatische Begebenheit, bei der Ussia auf dem Weg zum Altar von einem Priester namens Asarja und 80 weiteren Priestern aufgehalten wird. Mit der Räucherpfanne in der Hand wird Ussia darüber zornig. Da bricht plötzlich Aussatz auf seiner Stirn aus. Die Priester treiben den nun unreinen König hinaus und auch Ussia beeilt sich panisch, den heiligen Tempelbezirk zu verlassen. Danach lebt er bis zum Tod als Aussätziger abgesondert, wie es Lev 13,45 f. gebietet, so dass sein Sohn Jotam in 2 Chr 26,21 die Regierung übernimmt.[498]

Während in den Königebüchern der Aussatz als Gottesstrafe unerwartet auftritt, ist in der Chronik „die Sache kein Rätsel mehr"[499]. Die Chronikbücher veranschaulichen die Ursache von Ussias Aussatz, indem sie schildern, wie er entstand. So durchläuft Ussia wie seine Vorgänger Joas und Amazja eine Entwicklung vom positiven zum negativen Herrscher.

Die Chronik hat damit die Frevel der Rauchopfer, die das Volk auf den Höhen in 2 Kön 15,4 vollziehen, auf Ussia übertragen. Aus der Notiz der Kultvergehen des Volkes wird eine lehrhafte Exempel-Geschichte eines frommen Königs kreiert, der seine kultische Kompetenz überschreitet und zu stolz ist, sich korrigieren zu lassen.[500] Deswegen nimmt er ein schlimmes Ende.

Die Forschung hat anhand der Chronik vorrangig historische Fragen erörtert. Vor allem Ussias Bauten und deren Zuverlässigkeit stehen zur Diskussion.[501] Zwar gilt die Darstellung den meisten Exegeten als literarisches Chronikkonstrukt, doch vermuten viele dahinter alte Quellen, die vielleicht sogar aus der Zeit Ussias

---

**497** Dass Ussia ein Schutzpatron der Landwirtschaft sei, wie es gelegentlich in der Forschung steht, ist daher übertrieben. Vgl. Dillard, 2 Chronicles, S. 209–211; Rudolph, Chronikbücher, S. 285; Myers, II Chronicles, S. 153; Levin, 2 Chronicles 10–36, S. 257; Galling, Bücher, S. 147; Jonker, 1 & 2 Chronicles, S. 255; Becker, 2 Chronik, S. 86; Welten, Geschichte, S. 24 f.

**498** Vgl. Williamson, 1 and 2 Chronicles, S. 340; Klein, 2 Chronicles, S. 380; Japhet, 2 Chronik, S. 335.

**499** Wellhausen, Prolegomena, S. 201. Vgl. Noth, Überlieferungsgeschichtliche Studien, S. 160; Galling, Bücher, S. 147 f.; Ackroyd, I & II Chronicles, S. 172.

**500** Vgl. Becker, 2 Chronik, S. 87; Klein, 2 Chronicles, S. 377; McKenzie, 1–2 Chronicles, S. 330 f.; Levin, 2 Chronicles 10–36, S. 259; Steins, Abschlußphänomen, S. 412.

**501** In die Diskussion wird das Erdbeben zu Ussias Lebzeiten in Am 1,1; Zech 14,5 einbezogen. Vgl. Ackroyd, I & II Chronicles, S. 168; Levin, 2 Chronicles 10–36, S. 237–263; Frevel, Geschichte, S. 229.

stammen. Dabei wird wie so oft die historische Zuverlässigkeit der Chroniktexte diskutiert.[502] Hingegen finden sich bisher nur wenige Ansätze, die zuvor die Einheitlichkeit des Textes prüfen. Dieser nun folgende Schritt ist aber nötig, um eine Basis für die Debatte über die Historizität des Geschilderten zu haben.

## 9.2 Prüfung der Texteinheitlichkeit

### 9.2.1 2 Chr 26: Ussias Außen- und Innenpolitik unter Gottes Segen

Gleich zu Anfang des Kapitels sticht die auffällige, doppelte Altersangabe von 2 Chr 26,1.3 ins Auge.[503] Zweimal wird gesagt, dass Ussia 16 Jahre alt war, als er König wurde. Die erste Angabe in den Versen 2 Chr 26,1 f. erzählt von den Umständen der Inthronisation und berichtet von Ussias ersten Maßnahmen als König. Diese Aktionen geschehen alle noch vor der regulären Vorstellung in 2 Chr 26,3, die sein Alter, seine Regierungszeit und den Namen seiner Mutter nennt. Die Inthronisation geschieht in 2 Chr 26,1 f. durch das Volk, welches Ussia anstelle seines Vorgängers Amazja zum König krönt. Ussia habe die Stadt Elat an Juda zurückgebracht, worauf in 2 Kön 14,22 verwiesen wird. Doch dort bringt nicht Ussia, sondern der Vorgängerkönig Amazja Elat an Juda zurück. In 2 Chr 26,1 f. wird also zwischen Amazja und Ussia eine Überleitung hergestellt. 2 Chr 25,27 f. berichtete von einer Volksverschwörung gegen den Vorgänger. Das Volk, das Amazja vertrieben hat, krönt Ussia in 2 Chr 26,1 zum Nachfolger, offenbar noch bevor Amazja stirbt. Die Chronikdarstellung entreißt Amazja den Bau von Elat in 2 Chr 25 und schiebt ihn seinem Nachfolger in 2 Chr 26,2 zu. Diese Argumente deuten auf einen Nachtrag hin, der Amazjas Errungenschaften in die Regierungszeit Ussias verschiebt.

Dagegen gehört der Vers 2 Chr 26,3 zum Grundbestand des Textes, der Ussia einleitend vorstellt. Die Verse 2 Chr 26,1 f. sind hingegen tendenzkritisch der zweiten Schicht zuzuordnen, die die Kapitel 2 Chr 25; 26 verbinden und auf Ussias positive Maßnahmen in 2 Chr 26,5–15 vorgreifen.

---

**502** Vgl. Raney, History as Narrative, S. 139 f.; Goettsberger, Bücher, S. 327 f.; Dillard, 2 Chronicles, S. 206; Zeron, Anmassung, S. 65 f.; Rudolph, Chronikbücher, S. 284–286; Wellhausen, Prolegomena, S. 204; Williamson, 1 and 2 Chronicles, S. 332; Weinberg, Mitwelt, S. 139; Welten, Geschichte, S. 90; Klein, 2 Chronicles, S. 377; De Vries, 1 and 2 Chronicles, S. 356.358; Japhet, 2 Chronik, S. 329; Noth, Überlieferungsgeschichtliche Studien, S. 141–143; Welten, Geschichte, S. 24 f.63–66.90.162.
**503** Goettsberger erachtet diesen Text als alte ungeglättete Quelle. Vgl. Goettsberger, Bücher, S. 325 f.; Dillard, 2 Chronicles, S. 206; McKenzie, 1–2 Chronicles, S. 328.

Ussias Ära beginnt in 2 Chr 26,4 mit der positiven Bewertung: „Und er tat, was recht war in den Augen JHWHs". Doch erfolgt sogleich die Einschränkung „nach allem, was sein Vater Amazja getan hatte." Dessen Herz war laut 2 Chr 25,2 nicht ungeteilt bei JHWH, da er nach gutem Beginn eine Kehrtwende zum Schlechten vollzog.[504] Damit verweisen die Verse 2 Chr 26,16–23 auf Ussias unrühmliches Ende. Er wird letztlich ebenso abfallen wie sein Vater.

Ab 2 Chr 26,5 findet sich Chroniksondergut im Text. Galling klassifiziert davon 2 Chr 26,6–15 als sekundäre Zusätze, leider ohne dies zu begründen. Tendenziell liegt er mit der Vermutung zwar richtig, doch müssen 2 Chr 26,5.8 gesondert diskutiert werden.[505]

Bei genauerem Hinsehen stellt 2 Chr 26,5 Ussias Gottessuche zweimal vor. Zunächst sucht Ussia Gott unter dem Mentorat von Secharja, der ihn JHWHs Schauungen verstehen lässt. Doch Secharja tritt nur in diesem Vers auf, ohne dass „JHWHs Schauungen" (רְאֹת הָאֱלֹהִים) konkretisiert werden. Danach verschwindet der Mentor Secharja wieder. Diese Figur orientiert sich am Priester Jojada aus 2 Chr 24, der ebenso König Joas zunächst erfolgreich unterweist und ihn zur Gottessuche animiert,[506] so dass die erste Hälfte von Joas' Herrschaft gelingt. Nach Jojadas Tod fällt er allerdings von JHWH ab und seine Herrschaft nimmt ein schlechtes Ende. Damit soll Ussia mit Joas parallelisiert werden. Doch der Umschwung kommt in 2 Chr 26,16 noch ganz ohne Secharja aus. Denn dort wird Ussia Hochmut vorgeworfen, ohne dass von dem Mentor Secharja die Rede ist.[507]

Zudem ist die Erwähnung Secharjas in 2 Chr 26,5 auffällig, da das Ende des Verses ganz allgemein resümiert: „Und in den Tagen, als er JHWH suchte, ließ es Gott gelingen". Die Information klappt nach und weist auf Ussias Abfall in 2 Chr 26,16 voraus. Die Folgeverse entfalten dieses allgemeine Resümee, da ab 2 Chr 26,6 seine Herrschaft detailliert dargestellt wird. Darum ist die nachgeklappte Notiz in 2 Chr 26,5 ursprünglich, da die umliegenden Verse die Information auslegen. Die Gottessuche wird nun durch Ussias politische Expansion konkretisiert.

---

504 Vgl. Japhet, 2 Chronik, S. 330. Beachtet man den gewachsenen Charakter von 2 Chr 25 nicht, so verwundert die Bewertung. So sieht Galling hier einen mechanischen Abschreibfehler vorliegen, bei dem vergessen werde, dass Amazja kein guter König sei. Vgl. Galling, Bücher, S. 146; De Vries, 1 and 2 Chronicles, S. 356. Die Analyse von 2 Chr 25 hat allerdings ergeben, dass Amazja erst durch spätere Redaktionen durchgängig negativ dargestellt wird.
505 Vgl. Galling, Bücher, S. 145 f.
506 Vgl. Becker, 2 Chronik, S. 86; Japhet, 2 Chronik, S. 330; McKenzie, 1–2 Chronicles, S. 328.
507 Secharjas Botschaft orientiert sich an seinem Namen. Denn der bedeutet „Gedenke JHWH" (זְכַרְיָהוּ). Die Figur des Secharja ist laut Ackroyd aus Jes 8,2 entlehnt. Vgl. Ackroyd, I & II Chronicles, S. 167–169; Dillard, 2 Chronicles, S. 208. Auch Jojadas Sohn in 2 Chr 24,20, der in der zweiten Schicht auftritt, heißt „Secharja".

Er setzt sich gegen biblische Dauerfeinde wie die Philister, Ammoniter und Araber durch und erreicht eine gewaltige Ausdehnung im Süden. Diese Gebietserweiterung stellt das Gegenstück zur Expansion des Nordreichs unter Jerobeam II. dar, der in 2 Kön 14,25 das Nordreich Israel zu einer Blüte geführt hat. Auch wenn die Chronik davon nichts erzählt, so markieren Judas Erfolge ein bewusstes Gegengewicht zu den Erfolgen des Nordreichs. Dabei werden mit den Philistern, Arabern und Ammonitern traditionelle Feinde des Gottesvolkes bezwungen, die schon seit David Kontrahenten waren.[508] Die Araber und Philister entrichteten in 2 Chr 17,11 unter Josaphat Tribute und stellten in 2 Chr 21,16 Jorams Feinde dar.[509] Ebenso tritt das Motiv, dass die fremden Völker Tribute zahlen, auch in 2 Chr 32,23 wiederkehrend auf. Diese Darstellungen gehören allerdings zu den Schlachten und Militärkonflikten der zweiten Schicht, in denen auch das typische Bauen auftaucht.[510] Auf diese Weise werden kapitelübergreifende Zusammenhänge kreiert, die für die zweite Schicht charakteristisch sind. Hier sticht die Pointe in 2 Chr 26,8 heraus, die da lautet: „und sein Name drang bis dorthin, wo es nach Ägypten geht, denn er war überaus mächtig geworden" (כִּי־הֶחֱזִיק עַד־לְמָעְלָה). Dass sich Ussias Ruhm bis nach Ägypten ausbreitet, verweist auf Salomo. Dessen Ruhm reichte laut 2 Chr 7,8 bis an Ägyptens Grenze heran.[511] Die Darstellung kommt also in 2 Chr 26,8 zum Höhepunkt und akzentuiert Ussias Ruhm. Die Verse 2 Chr 26,5a.6–8a wollen diese Pointe durch Siege im Ausland vorbereiten. Ussia erweist sich dabei als so erfolgreich, dass er sogar im Ausland Städte errichtet. So stellt Ussia den Status von Großisrael wieder her. Doch das kommt allein durch Gottes Hilfe zustande, wie 2 Chr 26,7 ausdrücklich festhält. Auffällig ist dabei das Wortspiel bei der Formulierung „Gott half ihm" (וַיַּעְזְרֵהוּ הָאֱלֹהִים), womit auf Ussias Namen in den Königebüchern „Asarja" (עֲזַרְיָה) angespielt wird, der „JHWH ist Hilfe" bedeutet. Damit wird betont, dass die Erfolge einzig auf Gottes Segen basieren.[512]

Doch trotz des Höhepunkts von Ussias Ruhm in 2 Chr 26,8 geht nun die Beschreibung von Ussias Erfolgen weiter. Die Innenpolitik, die vor allem Baumaßnahmen und eine Heeresschau umfasst, wird als Zeit der Stärke präsentiert, doch ist sie auffällig von 2 Chr 26,8.15 f. eingerahmt. Laut McKenzie ist vor allem das Verb „stark sein" (חָזַק) in 2 Chr 26,8.15 gedoppelt.[513]

---

508 1 Chr 14,8–17; 2 Chr 17,11; 20,1. Vgl. Galling, Bücher, S. 147; Ackroyd, I & II Chronicles, S. 168 f.; Dillard, 2 Chronicles, S. 207.
509 In 2 Chr 20,1 kämpft Josaphat gegen die Ammoniter.
510 2 Chr 11,5 f.; 14,5 f.; 17,12; 26,9 f.; 27,3 f.; 32,5; 33,14.
511 2 Chr 8,17 f. Vgl. McKenzie, 1–2 Chronicles, S. 327 f.
512 Vgl. Williamson, 1 and 2 Chronicles, S. 335; Raney, History as Narrative, S. 139.
513 Vgl. McKenzie, 1–2 Chronicles, S. 329; Ackroyd, I & II Chronicles, S. 168; Becker, 2 Chronik, S. 86; Dillard, 2 Chronicles, S. 207; Williamson, 1 and 2 Chronicles, S. 332.

Denn der Vers 2 Chr 26,15 „Und sein Name ging hinaus in die Ferne, denn ihm war wunderliche Hilfe zuteilgeworden, bis er erstarkte" (עַד כִּי־חָזָק) wiederholt die Formulierung, die in 2 Chr 26,8 steht: „Und sein Name ging hinaus in die Ferne, denn ihm war wunderliche Hilfe zuteilgeworden, bis er erstarkte". Daher konkurriert 2 Chr 26,15 als zweiter Höhepunkt mit 2 Chr 26,8 und die Verse 2 Chr 26,8.15 sind keine verbindende Klammer, sondern vielmehr eine Dublette, da sich Ussias Name, Gottes Hilfe und das Erstarken in 2 Chr 26,7 f.15 zweimal verbreiten. Hier liegt eine literarische Wiederaufnahme vor, die eingefügt wurde, um Ussias Innenpolitik in 2 Chr 26,9–15 durch Bauten und Siege auszuschmücken.

### 9.2.2  2 Chr 26: Wie gravierend ist Ussias versuchtes Opfer?

2 Chr 26,16 markiert den Umschlagpunkt von Ussias Herrschaft,[514] da seine Stärke ambivalent dargestellt wird: „Und als er erstarkte (וּכְחֶזְקָתוֹ), da wurde sein Herz hochmütig, bis es verderblich handelte." Seiner Stärke, die zuvor positiv besetzt war, wird jetzt eine negative Seite hinzugefügt.[515] In 2 Chr 26,16–23 zeigen sich die Brüche erst bei genauem Lesen. Eindeutig ist allein, dass Ussia mit dem Versuch des Brandopfers eine Grenze überschreitet. Die Kernfrage lautet aber, wie schwerwiegend diese Vergehen sind. Hierzu liefert der Text unterschiedliche Antworten. Vor allem die Bestattungsnotiz in 2 Chr 26,23 ist kontrovers, da hier eine positive und eine negative Wertung miteinander vermischt sind.

Über Ussias Grab ist viel diskutiert worden, zumal im 19. Jahrhundert eine Grabtafel für Ussia bei Ausgrabungen gefunden wurde. Darum wurden zahlreiche Debatten geführt, ob die Chronik von einer Umbettung Ussias berichte und ob sie Kenntnisse über außerbiblische Quellen besitze wie die Grabtafel.[516] Doch bevor man den Text vorschnell mit historischen Diskussionen überfrachtet, muss die unklare Beerdigungsnotiz in 2 Chr 26,23 besprochen werden, die da lautet: „Und sie begruben ihn bei seinen Vätern auf dem Grabfeld für die Könige, denn sie sagten: ‚Er ist ein Aussätziger.'"

Das Begräbnis „bei seinen Vätern" stößt sich mit der Lokalisierung „auf dem Grabfeld für die Könige". Denn die Formulierung „bei seinen Vätern" deutet darauf hin, dass er wie die Könige in der Königsgruft begraben wurde. Hingegen legt das unbekannte „Grabfeld" das Gegenteil nahe, nämlich dass Ussia außer-

---

**514** Vgl. Goettsberger, Bücher, S. 328.
**515** Vgl. De Vries, 1 and 2 Chronicles, S. 356; Japhet, 2 Chronik, S. 334 f.
**516** Vgl. Galling, Bücher, S. 147 f.; Becker, 2 Chronik, S. 88; Willi, Auslegung, S. 122; Levin, 2 Chronicles 10–36, S. 262 f.; Donner, Geschichte, S. 285.

halb einer Gruft bestattet wurde.[517] Das hat Konsequenzen für seine Bewertung. Ein Begräbnis in der Königsgruft impliziert in der Chronik eine positive Würdigung von Ussias Herrschaft. Ein Begräbnis außerhalb zieht hingegen eine negative Bewertung nach sich. Beide Informationen stehen unvereinbar nebeneinander und sind textsynchron nicht auflösbar. Klein schlägt darum vor, „bei seinen Vätern" (עִם־אֲבֹתָיו) als Nachtrag anzusehen, da die Erzählung Ussia als schlechten König präsentiert. Ussia, der sich wie Jerobeam I. über Toragesetze hinwegsetzt und selbst opfern will, wird das Begräbnis vorenthalten.[518]

Aber diese Formulierung entstammt der Parallele aus 2 Kön 15,7, in der es heißt: „Und sie begruben ihn bei seinen Vätern in der Stadt Davids." Hier wird Ussia regulär bei seinen Vätern in der Gruft begraben. Auch in der Chronik findet sich parallel dieser Text.[519] Nur ergänzt die Chronik danach: „Auf dem Grabfeld für die Könige, denn sie sagten: ‚Er ist ein Aussätziger'" (מְצוֹרָע הוּא). Dabei überrascht die Begründung des Aussatzes, da dieser in der Hebräischen Bibel nur eine Angelegenheit der Lebenden ist, die separiert werden sollen wie Ussia in 2 Chr 26,11.[520] Dass auch die Gräber der Aussätzigen abgesondert sind, ist zumindest nicht bekannt. Daher wird Ussias Bestrafung hier auf seinen Tod ausgeweitet. Ihm wird noch einmal nachträglich die letzte Ehre entzogen. Darum sei dafür plädiert, die Passage „auf dem Grabfeld für die Könige, denn sie sagten: ‚Er ist ein Aussätziger'" als Zusatz zu klassifizieren.[521] Ursprünglich wurde Ussia analog zu den Königebüchern bei seinen Vätern begraben.

Dieser Befund führt zur Frage, wie schwerwiegend die Chronikgrundschicht Ussias Verhalten in 2 Chr 26,16–23 einschätzt. Die besten Beobachtungen dazu finden sich bei Zwickel. Er fand heraus, dass im Text durchgehend eine „mehrfache Begründung für das Fehlverhalten des Königs"[522] genannt wird. Zwickel trennt sie in ethische und kultische Frevel. Ursprünglich standen die ethischen Frevel im Text, die Ussias Übermut im Fokus haben. Diese wurden darauf durch kultische Frevel ergänzt.

So erzählt 2 Chr 26,16 f. davon, dass Ussia in den Tempel mit dem Ziel eindringt, dort selbst zu opfern. Es stellen sich ihm aber 80 JHWH-Priester und ein Priester mit Namen „Asarja" in den Weg. Sie sagen ihm, dass es ihm nicht zusteht, zu opfern, sondern allein den Priestern, „den Söhnen Aarons, die geheiligt sind,

---

517  Vgl. Japhet, 2 Chronik, S. 338; De Vries, 1 and 2 Chronicles, S. 357.
518  Vgl. Klein, 2 Chronicles, S. 380; Rudolph, Chronikbücher, S. 286.
519  In 2 Kön 15,7 wird er in der „Stadt Davids" (בְּעִיר דָּוִד) begraben.
520  Lev 14,3–8; Num 12,14 f. Vgl. Japhet, 2 Chronik, S. 339.
521  Vgl. Goettsberger, Bücher, S. 330.
522  Zwickel, Räucherkult, S. 321.

Rauchopfer darzubringen". Zwickel hat mit guten Gründen die Klassifizierung der Priester als „geheiligte Söhne Aarons" als spätere Hinzufügung herausgearbeitet. Denn ansonsten werden die Priester immer neutral als „Priester" (כֹהֵן) bezeichnet. Daher findet hier eine Zuspitzung auf die Leviten statt, die an Num 18,1–7 erinnert. Dort werden die Söhne Aarons und Levis aufgefordert, im Zeltheiligtum Dienst zu tun, während Fremde laut Num 18,4 draußen bleiben sollen. Ebenso sind Bezüge zu Ex 30,7–10 erkennbar, in denen der regelmäßige Räucherdienst als Aufgabe der Aaroniden vorgestellt wird. Die Bezugnahmen verweisen auf die Ergänzungen der dritten Schicht.[523] Denn dort werden der aaronidische und levitische Gottesdienst stets harmonisch zusammengefasst. Auf diese Weise werden Ussias Kultfrevel unterstrichen, da er sich damit dem reinen aaronidisch-levitischen Gottesdienst entgegenstellt.[524]

Nach 2 Chr 26,18 erfolgt aber eine zweite, ganz andere Begründung: „Verlass das Heiligtum, denn du handelst treulos, und es wird dir nicht zur Ehre gereichen vor JHWH, Gott". Dieser Vers ist vielen Exegeten rätselhaft,[525] doch stellt er die eigentliche Pointe des Textes dar. Er warnt Ussia, nicht aus Übermut etwas Schlechtes zu tun, das gegen Gottes Willen ist. Ussia will JHWH offenbar ehren, nur wählt er den falschen Weg, weswegen er übermütig selbst opfert. Genau das wird ihm auch in 2 Chr 26,16 vorgeworfen. Darum realisiert sich hier Ussias Hochmut. Der Hochmut als ethisches Vergehen war ursprünglich und wurde erst sekundär in 2 Chr 26,18 (בְּנֵי־אַהֲרֹן הַמְקֻדָּשִׁים לְהַקְטִיר) kultisch untermauert.

2 Chr 26,19 schildert darauf, dass als Strafe Gottes auf Ussias Stirn der Aussatz ausbricht. Die Darstellung ist stark von der Mirjam-Erzählung in Num 12,1–15 beeinflusst. Die Verse 2 Chr 26,19 f. sind von diversen Dubletten durchzogen. Auf den ersten Blick scheint Ussias Aussatz dort gedoppelt aufzutreten.[526] So heißt es in 2 Chr 26,19: „Und es brach Aussatz auf seiner Stirn hervor". Im Folgevers 2 Chr 26,20 wenden sich die Priester ihm zu und es wird ein zweites Mal konstatiert: „Und siehe, er war aussätzig an seiner Stirn". Doch das steht nicht in Spannung zueinander, sondern stellt eine stilistische Anpassung an Num 12,10 dar. Dort bekommt Mirjam, die Mose nicht die Treue hält, genau nach demselben

---

**523** 2 Chr 13,9–11. Vgl. Zwickel, Räucherkult, S. 321; Galling, Bücher, S. 147; Dillard, 2 Chronicles, S. 210.

**524** Die Klassifikation der Priester als Aaroniden passt tendenzkritisch zu den Nachträgen der dritten Schicht, die Ussia als Gegner der Leviten deklarieren. Ebenso wird Asarja in 2 Chr 26,20 als „Hohepriester" (הָרֹאשׁ כֹהֵן) bezeichnet, während er in 2 Chr 26,17 noch generell den Titel des Priesters trägt. Vergleichbar wurde der Priester Jojada in 2 Chr 24,6.11 durch die Zusätze der dritten Schicht zum Hohepriester stilisiert.

**525** Vgl. Zwickel, Räucherkult, S. 321.

**526** Vgl. De Vries, 1 and 2 Chronicles, S. 357.

Schema Aussatz.[527] An dieser Stelle lautet der Text: „Mirjam war aussätzig wie Schnee; und Aaron wandte sich zu Mirjam um, und siehe, sie war aussätzig." Daher erfolgt die Beschreibung von Ussias Aussatz analog dazu. Ussias Schicksal aktualisiert und adaptiert die Exodustradition, in der Mirjam für ihre Untreue mit Separierung gestraft wird.

Hingegen tritt in 2 Chr 26,19 eine gravierende Spannung auf, die Ussias Zorn doppelt schildert: „Und Ussia wurde zornig. Und in seiner Hand war eine Räucherpfanne zum Räuchern. Und da wurde er zornig über die Priester". Dieser Vers beinhaltet eine Dublette. Zu Versbeginn stellt er Ussias Zorn alllgemein fest, während er am Ende konkretisiert, gegen wen sich dieser Zorn richtet. Ussia ist auf den Torakult und seine Priester wütend und hält „die Räucherpfanne zum Räuchern" in seiner Hand. Der seltene Terminus „Räucherpfanne" (מִקְטֶרֶת) stellt einen Bezug zur Vision in Ez 8,11 her.[528] In dieser Vision schaut Ezechiel viele Kultfrevel, die im Tempel geschehen. So opfern die 70 Ältesten genau mit dieser Räucherpfanne in der Hand. Mittels dieses Utensils wird Ussia analog zu Ez 8 als Frevler dargestellt.

Zudem erhöht die Pfanne die Dramatik des Geschehens, da Ussia schon kurz vor der Opferung steht. Dies erinnert an den Nordreichkönig Jerobeam I., der in 1 Kön 12,33–13,6 eigenmächtig mit einer Pfanne in der Hand opfert, um seinen eigenen Kult zu etablieren. Ähnlich liegt am Ende von 2 Chr 26,19 eine „übertrieben genaue Ortsangabe"[529] vor. Der Aussatz bricht „vor den Priestern im Haus JHWHs beim Räucheraltar" aus. Für die Handlung ist aber einzig „im Haus JHWHs" (בְּבֵית יְהוָה) als Lokalisierung wichtig.[530] Wenn Ussia sich vor dem Räucheraltar befindet, dann steht er wie Jerobeam kurz vor dem Opfervollzug. Das schließt an die Zusätze der dritten Schicht an, die in 2 Chr 26,18 f. Ussias Kultfrevel hervorheben. Ohne die Räucherpfanne und den Zorn über die Priester lautete der Text ursprünglich:

> „Und Ussia wurde zornig. Und da brach Aussatz auf seiner Stirn im Haus JHWHs hervor. Und Asarja und alle Priester wandten sich ihm zu. Und siehe, er war aussätzig an seiner Stirn und sie trieben ihn von dort. Und er beeilte sich auch, herauszukommen, denn JHWH hatte ihn geschlagen."

---

**527** Vgl. Ackroyd, I & II Chronicles, S. 171 f.
**528** Zeron sieht Bezüge zu den unerlaubten Opfern der Aaroniden. Dort werden aber ganz andere Begriffe verwendet und die Opfernden werden durch Feuer vernichtet. Lev 10,1 f. Vgl. Zeron, Anmassung, S. 68.
**529** Zwickel, Räucherkult, S. 321.
**530** Die Formulierung „vor den Priestern" ist überflüssig, da sich die Priester ihm gleich danach zuwenden. Zwickel dagegen erachtet diese streitbare Angabe als unproblematisch. Vgl. Zwickel, Räucherkult, S. 321.

Die Parallele zu Mirjam zeigt, dass die Chronik die Aktion als Zeichen des Hoch-
mutes bewertet. Aber dennoch verdammt sie Ussia und seine Herrschaft nicht
vollständig, sondern bestraft seinen Übermut.[531] So beeilt sich der unreine Ussia,
aus dem Tempel herauszukommen, um diesen nicht zu beschmutzen. Aus diesem
Grund wird Ussia darum auch regulär in der Gruft begraben, da er seine Strafe am
Lebensende erhalten hat. Die Chronik kritisiert darum hauptsächlich die Über-
schreitung seiner Kompetenzen, erachtet ihn aber nicht als völlig unfromm. Denn
wie Wellhausen nachvollziehbar sagt, muss der König die Priester schützen, aber
in ihre Aufgaben darf er sich niemals einmischen.[532]

### 9.2.3 2 Chr 26: Ein von den Leviten geliehenes Heer

Die Innenpolitik Ussias in 2 Chr 26,9–15 weist viele Auffälligkeiten auf. Leitmotivisch durchziehen diese Verse die vielen Türme (מִגְדָּלִים), die der König in
2 Chr 26,9 erst an den Toren von Jerusalem, dann in 2 Chr 26,10 in der Wüste
errichtet. Schließlich stellt er auf ihnen laut 2 Chr 26,15 mysteriöse Kriegsmaschinen auf (חֹשֵׁב מַחֲשֶׁבֶת חִשְּׁבֹנוֹת). Damit wird die Stadtmauer nach der Zerstörung
unter Amazja in 2 Chr 25,23 wiederaufgebaut und verstärkt. All diese Bauten sind
als Zeichen von Gottes Segen zu verstehen.[533]

Die Verse 2 Chr 26,11–13 hingegen befassen sich mit dem Heer, das in großen
Zahlen beschrieben wird. Judas Armee wird hier in ihre Einheiten ausdifferenziert[534]
und einem namentlich genannten Schreiber, einem Verwalter und einem der
Obersten des Königs unterstellt. Diese Verse erinnern stark an die Einsetzung der
levitischen Verwalter in 2 Chr 19,8, die Rechtsstreitigkeiten im Volk lösen sollen.
Ähnlich lässt auch Jojada in 2 Chr 23,2 die Leviten im Volk sammeln. Bei Josia
kontrollieren levitische Beamte in 2 Chr 34,12 die Arbeit am Tempel und bereiten
in 2 Chr 35,5 auf das Passah vor. Genau dieselbe Übertragung der Organisation
von Kult und Militär an die Leviten vollzieht sich in 2 Chr 26,11–13. Auch hier treten
namentlich genannte Verwalter in genannten Ämtern auf, die von Leviten beklei-
det werden. Vor allem betont 2 Chr 26,13, dass die riesige Armee von 307.500 Soldaten dazu da ist, um dem „König gegen den Feind zu helfen" (לַעְזֹר לַמֶּלֶךְ עַל־הָאוֹיֵב)
und Krieg zu führen. 2 Chr 26,11 spricht hingegen allgemein davon, dass Ussia ein

531 Vgl. De Vries, 1 and 2 Chronicles, S. 356.
532 Vgl. Wellhausen, Prolegomena, S. 185.
533 Vgl. Rudolph, Chronikbücher, S. 285; Klein, 2 Chronicles, S. 377; McKenzie, 1–2 Chronicles,
S. 329.
534 Vgl. Galling, Bücher, S. 147.

kriegstreibendes Heer besitzt (וַיְהִי לְעֻזִּיָּהוּ חַיִל עֹשֵׂה מִלְחָמָה). Hier beobachtet de Vries eine Spannung.[535] In 2 Chr 26,11 liegt das Heer in den Händen der Verwalter, die dem König ihre Heeresmacht leihen. Damit unterstehen sie ihm aber nicht.

Die Spannung tritt auch im Folgevers 2 Chr 26,13 auf. Dort steht ein doppeltes Objekt: „Und Ussia beschaffte ihnen, dem ganzen Heer, Schilde und Spieße". Als Objekte stehen „ihnen" (לָהֶם) und „das ganze Heer" (לְכָל־הַצָּבָא) also unverbunden nebeneinander. Die Vokabel „Heer" bezieht sich auf 2 Chr 26,11. Das „ihnen" hingegen verweist auf die von den Verwaltern organisierten „Heerscharen". Das doppelte Objekt „ihnen" möchte das kriegstreibende Heer der levitischen Verwalter integrieren. Ursprünglich stand wohl allein das Heer aus 2 Chr 26,11 im Zentrum, das in 2 Chr 26,14 mit Waffen, Bogen und Schleudersteinen versorgt wurde. Das Thema des Militärs leitet zum Folgevers 2 Chr 26,15 über, der wieder von den Türmen spricht, beziehungsweise von den viel diskutierten Kriegsmaschinen darauf. Ob die dubiose Maschine allein einen sicheren Anhaltspunkt für die Datierung der Chronik gibt, wie Welten annimmt, bleibt unsicher, da die Vokabel der Kriegsmaschine (חִשְּׁבֹנוֹת מַחֲשֶׁבֶת) ein Hapaxlegomenon der Hebräischen Bibel darstellt. Dementsprechend ist bisher nicht bekannt, wie eine solche aussieht und wann und von wem sie erfunden wurde.[536] Darum kann zusammengefasst werden, dass die Baunotizen der zweiten Schicht in 2 Chr 26,9 f. und die knappe Heeresnotiz in 2 Chr 26,11 um ausführliche Angaben in 2 Chr 26,11–13 erweitert wurden, um die Leviten zu Befehlshabern des Heeres zu erheben, die Ussia ihre Stärke lediglich verleihen.

## 9.3 Theologiegeschichtliche Entwicklung: Einsicht sowie harte Strafen für Kultvergehen

Die Untersuchung hat ergeben, dass die Chronik keine alte Geschichte über Ussia aufgreift. Der Chroniktext hat mit den archäologischen Fragen über das Grab des historischen Ussia nichts zu tun. Die Grundschicht stellt vielmehr eine eklektische Adaptierung von bekannten biblischen Texten und somit eine deutende Lesehilfe für 1 Kön 15,1–7 dar. Sie erklärt, warum Ussia trotz positiver Bewertung

---

**535** Vgl. De Vries, 1 and 2 Chronicles, S. 356.

**536** Welten zufolge sei das Auftreten der Maschinen ein Anachronismus, da solche Waffen erst ab 400 bis 350 v. Chr. auftreten. Vgl. Welten, Geschichte, S. 111–114; Dillard, 2 Chronicles, S. 209; Becker, 2 Chronik, S. 87. Gegen diese Datierung hat es vielfach Einspruch gegeben, da die Maschine schwer identifizierbar ist. Vgl. Ackroyd, I & II Chronicles, S. 168; Klein, 2 Chronicles, S. 376; Williamson, 1 and 2 Chronicles, S. 338; Rudolph, Chronikbücher, S. 286.

mit Aussatz zu Grunde geht.[537] Wie bei seinen Vorvätern Joas und Amazja wird die Regierungszeit in eine gute und eine schlechte Phase periodisiert.[538] Ebenso wie in den Königebüchern wird die gute Phase nicht dargestellt, sondern allein die überambitionierten Kultbemühungen zum Thema des Textes auserkoren. Die Erzählung zeigt, wie aus JHWH-Treue Übermut entstehen kann, der Ussia dazu verleitet, seine Kompetenzen zu überschreiten und Priesteraufgaben zu übernehmen. Da er die Warnungen überhört, wird er mit Aussatz gestraft und wie Mirjam in Num 12 ausgeschlossen. Zusammenfassend gibt Ussia allen Herrschern ein warnendes Beispiel, sich nicht zu viel anzumaßen und seine Kompetenzen nicht zu überschreiten. Somit präsentiert die Grundschicht Ussia wie seine Vorgänger Joas und Amazja als mittelmäßigen König, dessen Herz nur halbherzig JHWH gehört.[539]

Die zweite Schicht hat offenbar Sympathie für Ussia. Darum schildert sie viele positive Maßnahmen seiner Außen- und Innenpolitik und verlegt die Eroberung Elats in Ussias gute Phase vor. Dort finden sich leitmotivisch viele Anspielungen auf JHWHs Hilfe, die deutlich machen, dass alle Erfolge auf JHWHs Segen basieren.[540] So erfindet die zweite Schicht mit Secharja einen Mentor, der wie der große Jojada in 2 Chr 24 Ussia zur Gottessuche anleitet. Die gute Phase bei Ussia ist vor allem durch Expansion gegenüber den traditionellen biblischen Feinden wie den Philistern, Arabern und Ammonitern gekennzeichnet, so dass sein Ruhm an denjenigen des Großreiches unter David und Salomo heranreicht. Auf diese Weise wird die Macht von Gottes Segen deutlich. Das stellt einen Gegenpol zur Expansion des Nordreichs unter Jerobeam II. dar, der zeitgleich regiert. Ussias Regierung verschafft dem Land somit Stabilität, da er Juda durch Türme schützt, die sowohl Stadt und Land mit mächtigen Kriegsmaschinen sichern.

Dagegen hegt die dritte Schicht große Antipathie gegenüber Ussia, da sie die kultischen Vergehen als gravierend empfindet. Ussia wird in die Nähe von Jerobeam I. gerückt, der Opferpraktiken vollführt, die im Gegensatz zum Kult der Tora stehen. Darum verweigert diese Schicht Ussia das Begräbnis in der Königsgruft. Zuvor schmückt sie Ussias Innenpolitik levitisch aus, indem sie religiöse Gruppen zu Anführern der Armee erklärt, die dem König ihre Unterstützung gewähren. Dies erhebt die Priester, die sich dem König in den Weg stellen, nun zu mächtigen levitischen Hohepriestern und Befehlshabern von großen Streitkräften.

---

**537** Vgl. Willi, Auslegung, S. 175; Japhet, 2 Chronik, S. 328.
**538** Vgl. Ackroyd, I & II Chronicles, S. 166; Williamson, 1 and 2 Chronicles, S. 333.
**539** Vgl. Dillard, 2 Chronicles, S. 207.
**540** Vgl. Ackroyd, I & II Chronicles, S. 168; McKenzie, 1–2 Chronicles, S. 331.

## 9.4 Fazit: Ussia als mittelmäßiger, guter und frevelnder Herrscher

In der Grundschicht wollte Ussia übermütig opfern, weswegen er mit Aussatz gestraft wird. Er hat Gottes Segen zu wenig als Geschenk gewürdigt und sich zu viel auf seine eigene Stärke eingebildet, weswegen er selbst opfern will. Darum ist er wie seine Vorgänger Joas und Amazja ein mittelmäßiger König. Diese knappe Warnung vor Übermut wird von der zweiten Schicht durch konkrete Taten erweitert, die die Auswirkungen von Gottes Segen durch Erfolge im In- und Ausland greifbar machen. Die dritte Schicht dagegen sieht Ussias Versuch der Opferung als Verletzung der Kultreinheit an. Er wird in die Nähe zu Kultfrevlern wie Jerobeam I. gestellt und seine Handlungen werden mit den Schreckensvisionen in Ez 34 parallelisiert. Theologiegeschichtlich lässt sich an Ussia ein sehr wechselhafter Auslegungsprozess beobachten, der die Taten des Königs kontrovers bewertet.

# 10  2 Chr 27 Jotam

## 10.1  Jotam – gut, kurz, aber ohne Tiefe?

Jotam gehört zu den am wenigsten besprochenen Königen der Chronikforschung, da seine Herrschaft in 2 Chr 27 in nur neun Versen thematisiert wird. Während er in den Königebüchern ambivalent dargestellt wird, schildert ihn die Chronik als positiven Herrscher.

Zu Beginn seien die kurzen Texte zu Jotam in der Chronik und den Königebüchern überblicksartig vorgestellt. Die Schilderung in 2 Kön 15,32–38 ist noch kürzer als in 2 Chr 27. Jotam regiert laut 2 Kön 15,32 zur Zeit des „syrisch-ephraimitischen Krieges". 2 Kön 15,37 berichtet davon, dass JHWH Rezin, den König von Aram, und Pekach, den König von Israel, gegen Juda aussendet. Das stellt den Auftakt der Auseinandersetzung dar, die in 2 Kön 15,37; 16,5–9 beschrieben wird. Doch Begebenheiten aus Jotams Leben werden nicht erzählt. 2 Kön 15,33 erwähnt nur seine Lebensdaten und seine Herkunft. Jotam gilt als positiver König, der tut, was in JHWHs Augen recht ist. Im Anschluss stehen in 2 Kön 15,35 zusammenhanglos Notizen, dass das Volk dennoch auf Höhen opfert, während Jotam das obere Tor im Tempel baut, bevor er laut 2 Kön 15,38 stirbt.

Die Chronikversion ist parallel zum Königebuch aufgebaut, weist aber Erweiterungen auf. Der Text der Königebücher findet sich nun als Rahmen, während in der Mitte in 2 Chr 27,3–6 viel Sondergut steht. Auch in 2 Chr 27,1 wird Jotam mit Lebensdaten, Regierungszeit und seiner Mutter Jeruscha, der Tochter Zadoks, vorgestellt. Den „syrisch-ephraimitischen Krieg" übergeht die Chronik.[541] 2 Chr 27,2 erwähnt, dass Jotam wie sein Vater Ussia handelt, aber nicht in den Tempel geht. Dadurch steht Jotams Handeln nur zur positiven Zeit Ussias in 2 Chr 26,1–15 in Kontinuität, hingegen distanziert er sich von den Freveln seines Vaters. Dennoch werden auch in 2 Chr 27,2 die Verfehlungen des Volkes kurz konstatiert. Hier wie im weiteren Ablauf folgt die Chronik dann dem Aufbau der Königebücher. Analog errichtet Jotam in 2 Chr 27,3 das obere Tor am Tempel. Nun aber folgt Sondergut. So baut Jotam weiter an der Mauer des Ophel, der wohl in Jerusalem liegt, und errichtet in 2 Chr 27,4 Städte in Judas Gebirge sowie Burgen und Türme in den Wäldern. Darauf zählt 2 Chr 27,5 Jotams Kriege gegen die Ammoniter auf, denen er einen hohen Tribut an Silber und Korn für drei Jahre auferlegt. In 2 Chr 27,6 findet sich die Pointe des Textes, nämlich dass Jotam erstarkte, da er seine Wege vor Gott ausrichtete. Nach dem Verweis auf die Königebücher in 2 Chr 27,7 allerdings

---

541 Vgl. Japhet, 2 Chronik, S. 340–342; Jonker, 1 & 2 Chronicles, S. 258.

stutzt man, da es in 2 Chr 27,8 heißt: „25 Jahre war er alt, als er König wurde, und er regierte 16 Jahre in Jerusalem". Die Information ist unpassend, weil sie bereits in 2 Chr 27,1 genannt wurde. Daraufhin wird Jotam in Jerusalem bestattet.

Jotams Regierung verläuft also gut, aber konfliktlos. Vielleicht ist das der Grund für das Desinteresse der Forschung. Die Botschaft des Textes lautet lediglich: Jotam hat Erfolg, weil er fromm ist. Es werden keine Begebenheiten erzählt, obwohl die Chronik sonst gerne aus den kurzen Angaben der Königebücher neue Geschichten konstruiert.

Die Exegeten heben darum meist die kapitelübergreifenden Zusammenhänge von 2 Chr 27 hervor. Das Kapitel zu Jotam stellt ein Scharnier zwischen seinem Vorgänger Ussia und seinem Nachfolger Ahas dar.[542] König Jotam „ist stark" (חָזַק), wie es leitmotivisch in 2 Chr 27,5 f. heißt, analog zu Ussia in 2 Chr 26,8 f.15. Aus dessen Stärke wurde jedoch Übermut. Jotam demonstriert hingegen, wie man Gottes Segen dauerhaft erhält, indem man konsequent Gott sucht. Dagegen wird der schlechte Nachfolgekönig Ahas von JHWH wieder abfallen. Daraus lässt sich schließen, dass Jotams Verdienste nicht auf seine Nachfolger übertragbar sind. Auf diese Weise entsteht in der Chronik eine kapitelübergreifende Königsära, die überwiegend positiv geprägt ist, deren Errungenschaften Ahas jedoch zunichte machen wird.[543] Doch bevor der Kontext von Jotam besprochen wird, soll die Einheitlichkeit von 2 Chr 27 betrachtet werden.

## 10.2 Prüfung der Texteinheitlichkeit

2 Chr 27 wurde bislang kaum auf Textwachstum untersucht. Allein Kurt Galling deklarierte das Sondergut in 2 Chr 27,3b–5 und die Bemerkung „und alle seine Kriege" in 2 Chr 27,7 als Fortschreibung. Willi hat diesen Vorschlag berechtigt kritisiert, da Galling lediglich in 2 Chr 27,6 eine „auffallende Stellung"[544] vorliegen sieht, weswegen er die Verse zuvor als Nachtrag klassifiziert. Gallings Aussonderung erklärt aber nicht die größte Spannung des Textes. Der Schluss in 2 Chr 27,8

---

**542** Vgl. Ackroyd, I & II Chronicles, S. 171 f.; Kratz, Komposition, S. 29.

**543** Die Chronikforschung hat dafür die Denkfigur der "immediate retribution" verantwortlich gemacht, die jeden König einzeln zur Rechenschaft zieht. Darum sehen bei Jotam viele Exegeten das Prophetenwort aus Ez 14,12–20 erfüllt, das propagiert, dass der Gerechte nur sich selbst rettet, aber sein Volk oder seine Kinder nicht vor dem Verderben bewahren kann. Hier sei entgegnet, dass Ezechiel nichts mit Jotam zu tun hat, da weder Zitate oder Anspielungen vorliegen, so dass der Ezechiel-Text keine Referenzgröße für 2 Chr 27 darstellt. Vgl. McKenzie, 1–2 Chronicles, S. 333; De Vries, 1 and 2 Chronicles, S. 361; Dillard, 2 Chronicles, S. 216.

**544** Galling, Bücher, S. 149.

„25 Jahre war er alt, als er König wurde, und er regierte 16 Jahre in Jerusalem" doppelt sich mit der Einleitung in 2 Chr 27,1 „25 Jahre war Jotam alt, als er König wurde, und 16 Jahre war er König in Jerusalem. Und der Name seiner Mutter war Jeruscha, die Tochter Zadoks". Willi charakterisiert den Vers mit Recht als „dublettenhafte Wiederaufnahme des Fadens"[545].

Rudolph erklärt die Wiederholung textkritisch: 2 Chr 27,8 sei „scheinbar eine Wiederholung von v. 1, deren Zweck unerklärlich bliebe [..., doch] ist [sie] in Wirklichkeit [eine] falsch in den Text geratene Randglosse zu [König Ahas in 2 Chr 28,1a], die die dortigen 20 Jahre in 25 korrigieren wollte."[546] Ähnlich meint Japhet, dass hier wohl eine Glosse vorläge, die Jotams kurze Geschichte verlängere.[547] 2 Chr 27,8 sei dementsprechend entweder eine fehlerhafte Dittographie oder eine Glosse. Doch sind diese Erklärungen wenig plausibel, da die Altersangabe weder korrigiert wird noch der Text sich durch die Vorstellungsformel ernsthaft verlängert.

Andere Forscher dagegen erachten die Doppelung als „kompositorische Eigenart"[548] der Chronik. McKenzie und Kalimi werten die Wiederholung als literarische Rahmung, die Jotams Regierung umklammert.[549] Klein bemerkt zurecht, dass die Beerdigung in 2 Chr 27,9 bei diesem Rahmen aber fehlt. Dieses Argument spricht gegen eine durchdachte Komposition, die die Wiederholung erklärt. So beschreibt Williamson den Sachverhalt von 2 Chr 27,8 viel zutreffender als "unnecessary repetition"[550]. Auch die LXX empfand die Doppelung genauso störend. Darum strich sie 2 Chr 27,8, um den Text zu glätten.[551]

Obwohl die literarische Dublette sehr offensichtlich zu Tage tritt, schrecken viele Forscher davor zurück, den Text dazwischen als späteren Nachtrag zu klassifizieren, weil die Chronik parallel zu den Königebüchern aufgebaut ist. Doch sei hier erwogen, dass der Text in den Königebüchern erst durch spätere Nachträge ergänzt wurde. Darum sei vorgeschlagen, die Verse 2 Chr 27,1–7 als Nachtrag auszusondern, die den Text der Königebücher in die Chronik integrieren.

---

545 Willi, Auslegung, S. 175. Vgl. Jonker, 1 & 2 Chronicles, S. 259; Myers, II Chronicles, S. 157.
546 Rudolph, Chronikbücher, S. 286.
547 Vgl. Japhet, 2 Chronik, S. 343.
548 Becker, 2 Chronik, S. 89.
549 Vgl. Kalimi, Geschichtsschreibung, S. 255; McKenzie, 1–2 Chronicles, S. 332.
550 Williamson, 1 and 2 Chronicles, S. 343. Vgl. Klein, 2 Chronicles, S. 388.
551 Vgl. Klein, 2 Chronicles, S. 384; Goettsberger, Bücher, S. 331.

## 10.3 Theologiegeschichtliche Entwicklung: Gestrichener König sowie Vollender von Ussias Taten

Da 2 Chr 27,1–7 ein Nachtrag darstellt, hat die Grundschicht überhaupt kein Interesse an Jotam und erwähnt ihn nur der Vollständigkeit halber. Denn über ihn berichtet sie ausschließlich seine Regierungs- und Lebensdaten und die Bestattungsnotiz in 2 Chr 27,8 f. Der rätselhafte Text in 2 Kön 15,32–38 ist der Grundschicht zu unergiebig. Darum leitet sie gleich zum kontroversen König Ahas über. Ein vergleichbarer Fall liegt in 2 Chr 21 bei König Joram vor, bei der die Chronikgrundschicht den Erzählstoff auslässt. Später werden in beiden Texten von der zweiten Schicht der Chronik noch Stoffe der Königebücher eingefügt, um die Texte einander anzugleichen.

Im Folgenden wird dargestellt, wie die zweite Schicht den Erzählstoff der Königebücher und ihre theologischen Topoi in den Text integriert. Damit stellt sie buchübergreifend Zusammenhänge her. Jotam fungiert dadurch als Übergangsfigur zwischen seinem Vater Ussia und seinem Sohn Ahas.[552]

Schon die Abstammung seiner Mutter Jeruscha von einem Mann namens Zadok enthält bereits eine theologische Implikation, da Jotam nun eine priesterlich-fromme Herkunft aufweist.[553] Auch die Charakterisierung Jotams in 2 Chr 27,2 ist auffällig. Hier wird er analog wie sein Vater Ussia gelobt, dass er das Richtige in JHWHs Augen tut. Ussias Kultverfehlungen sind davon ausgenommen. Damit steht Jotam allein mit Ussias Frömmigkeit in Kontinuität. Ausgeklammert werden bei dieser Bewertung allerdings die Frevel des Volkes, die weiterhin fortbestehen, wie McKenzie zutreffend beobachtet.[554] Das weicht von der Intention der Grundschicht ab. Laut dieser kann ein König nur dann ein guter Herrscher sein, wenn er solche Frevel verhindert. Doch hier haben die Fehler des Volkes keinerlei Folgen.[555] Die zweite Schicht übernimmt diesen Vers vor allem darum, um Chronik und Königebücher einander anzugleichen. Das ist vor allem syntaktisch zu beobach-

---

552 Jotam regiert bereits in den letzten Jahren seines aussätzigen Vaters Ussia. Wie viele Jahre das dauerte, kann wegen fehlender Angaben nicht geklärt werden. Vgl. Japhet, 2 Chronik, S. 341; Galling, Bücher, S. 148.

553 Vielleicht wurde der Text von 2 Chr 27,1 nicht aus 2 Kön 15,33 abgeschrieben. Möglicherweise wurde umgekehrt der Text in die Königebücher nachgetragen, um die Texte anzugleichen. Schließlich entfällt der Name der Mutter in 2 Chr 27,8. Viele Exegeten sehen hier ein Bezug zur Liste in 1 Chr 5,38. Vgl. Galling, Bücher, S. 148 f.; Ackroyd, I & II Chronicles, S. 172. Es kann aber auch generell auf Zadok verwiesen werden. Vgl. Klein, 2 Chronicles, S. 386.

554 Vgl. Japhet, 2 Chronik, S. 342; Galling, Bücher, S. 149; McKenzie, 1–2 Chronicles, S. 332.

555 Vgl. Japhet, 2 Chronik, S. 341 f.; Becker, 2 Chronik, S. 89; Klein, 2 Chronicles, S. 386.

ten. So bieten 2 Kön 15,35 und 2 Chr 27,2 einen parallelen Aufbau, der sich an den Ausdrücken „nur" (רַק) und „noch das Volk" (עוֹד הָעָם) strukturiert.

Gleich darauf erwähnen 2 Chr 27,3 f. die Baumaßnahmen, die leitmotivisch die zweite Schicht mit der Vokabel „Bauen" (בָּנָה) durchziehen.[556] Wie in 2 Kön 15,35 wird hier von der Errichtung des oberen Tors im Tempel berichtet. Auf diese Weise werden Jotams Baumaßnahmen eingeleitet, die Judas Stabilisierung durch Ussia in 2 Chr 26,9 f. fortsetzen.[557] Häufig werden das Tempeltor und die Arbeiten am Ophel in der Forschung auf ihre Historizität untersucht. Doch weist das Tor am Tempel zahlreiche biblische Parallelen auf.[558] Damit sind die Baumaßnahmen Teil des toposartigen Bauens, das auf Gottes Segen fußt, somit theologische Motive der zweiten Chronikschicht.[559]

Außerhalb von Jerusalem errichtet Jotam Städte und Burgen und die leitmotivischen Türme ganz analog zu 2 Chr 26,9–11.14 f., um die Verteidigung des Landes auf die Wälder und das Gebirge auszuweiten.[560] Damit setzt er Ussias Maßnahmen fort. Dieser hatte in der zweiten Schicht in 2 Chr 26,10 in der Wüstenregion Städte errichtet, nun baut Jotam im Gebirge und im Wald. Auch der militärische Sieg über die Ammoniter und ihre Tribute in 2 Chr 27,5 sind beliebte Topoi der zweiten Schicht, die Gottes Segen dokumentieren. Damit tritt Jotam in die Fußstapfen seines Vaters Ussia, der in 2 Chr 26,6–8 Siege erringt.[561] Die Diskussion über die Historizität dieses Krieges ist darum überflüssig,[562] da auch die Ammoniter ein klassischer biblischer Feind des Gottesvolks sind. Zudem entrichteten sie schon in der zweiten Schicht bei Ussia in 2 Chr 26,8 Tribut.[563] Interesanterweise wird der „syrisch-ephraimitische Krieg" in diesem Kapitel von der Chronik nicht erwähnt und erst in 2 Chr 28 unter Ahas thematisiert.[564]

---

556 Vgl. Welten, Geschichte, S. 29; De Vries, 1 and 2 Chronicles, S. 360.

557 Vgl. Galling, Bücher, S. 149; Rudolph, Chronikbücher, S. 287; Dillard, 2 Chronicles, S. 215.

558 Jer 20,2; 26,10; 36,10; 37,13; 38,7; Sach 14,10. Vgl. Becker, 2 Chronik, S. 89; Goettsberger, Bücher, S. 331. Der Ophel ist dagegen unbekannt. Vgl. Dillard, 2 Chronicles, S. 215; Levin, 2 Chronicles 10–36, S. 267 f.

559 Vgl. Japhet, 2 Chronik, S. 342; Noth, Überlieferungsgeschichtliche Studien, S. 141; Williamson, 1 and 2 Chronicles, S. 342. Anders Rudolph, Chronikbücher, S. 287; Myers, II Chronicles, S. 157.

560 Welten argumentiert, dass damit die Grenzen der nachexilischen Provinz Juda markiert seien und die Angabe eine Rückprojektion aus der Zeit des Chronisten darstelle. Vgl. Welten, Geschichte, S. 28.

561 Vgl. Ackroyd, I & II Chronicles, S. 172; Galling, Bücher, S. 149; Dillard, 2 Chronicles, S. 215; Goettsberger, Bücher, S. 331; Rudolph, Chronikbücher, S. 288.

562 Vgl. Noth, Überlieferungsgeschichtliche Studien, S. 142; Wellhausen, Prolegomena, S. 203.

563 Jdc 10 f. Vgl. Klein, 2 Chronicles, S. 387.

564 Vgl. Becker, 2 Chronik, S. 89; Rudolph, Chronikbücher, S. 288; Dillard, 2 Chronicles, S. 215.

Abschließend findet sich im Vers 2 Chr 27,6 ein Fazit: „Und Jotam erstarkte, denn seine Wege richtete er vor dem Angesicht JHWHs, seines Gottes, aus". Dieser Vers fasst Jotams Bau- und Militärerfolge zusammen, die er als „Lohn für seine Frömmigkeit"[565] und Stärke erhalten hat. Während Ussia wegen seiner Erfolge übermütig wird, kann Jotam sie durchgängig erhalten und greift nicht übergriffig in das Kultgeschehen ein.[566]

Somit lassen sich zusätzlich zum offenen Bruch in 2 Chr 27,8 tendenzkritisch viele Leitmotive der zweiten Schicht entdecken, die es erforderlich machen, die Verse 2 Chr 27,1–7 zum Nachtrag dieser Redaktionsstufe zu erklären.

## 10.4 Fazit: Vom übergangenen König zum König des Glanzes

Die Nachträge der zweiten Schicht in 2 Chr 27,1–7 weiten Judas Blüte aus, die unter Ussia begann. Juda gelangt baupolitisch und militärisch unter Jotam zu neuem Glanz, wodurch Judas Erfolg ein Gegengewicht zum blühenden Nordreich unter Jerobeam II. darstellt. Judas Gloria wird durch den göttlichen Segen wiederhergestellt, der in der Ära Ussias und Jotams das Land nach innen stärkt und nach außen mit großen Siegen zu Ruhm verhilft. Vom übergangenen König wird Jotam durch diese Ergänzungen zum vorbildhaften Herrscher, der in kompendienhafter Kürze die Glanzzeit Judas weiterführt.

---

**565** Rudolph, Chronikbücher, S. 288. Vgl. Welten, Geschichte, S. 27. Laut Weinberg werde damit Jotams freier Willen betont. Dieser wird aber überhaupt nicht im Text thematisiert, da Jotam einzig und allein Gottes Willen erfüllt. Vgl. Weinberg, Mitwelt, S. 260.

**566** Vgl. Japhet, 2 Chronik, S. 343; Jonker, 1 & 2 Chronicles, S. 259. Den Querverweis in 2 Chr 27,7 betrachtet Kalimi als Kurzzusammenfassung der chronistischen Jotam-Darstellung. Denn seine Wege und Kriege werden in 2 Chr 27,5 f. dargestellt, wodurch die Ergänzungen der zweiten Schicht zusammengefasst werden. Vgl. Kalimi, Geschichtsschreibung, S. 174; Rudolph, Chronikbücher, S. 288.

# 11  2 Chr 28 Ahas

## 11.1  Ist Ahas der schlechteste König überhaupt?

In 2 Chr 28 erreicht die Chronik offenbar ihren Tiefpunkt. Zumindest die Forschung hat König Ahas zum schlechtesten Herrscher der Chronikbücher gekürt,
da seine Vergehen eine besondere Qualität des Abfalls aufweisen. Schon in den
ersten Versen in 2 Chr 28,2–4 werden seine Kultfrevel zusammengetragen.[567] Ahas
fertigt Gussbilder in 2 Chr 28,2 f. für die Baale an, lässt Höhenopfer durchführen
und schreckt sogar vor Menschenopfern im Tal Ben-Hinnom nicht zurück. Dabei
verschont er nicht einmal seine eigenen Söhne, die er durch das Feuer gehen lässt.
Laut 2 Chr 28,4 opfert er außerhalb des Tempels quasi an jedem erdenklichen Ort
des Landes: auf Bergen, Hügeln und unter jedem grünen Baum.[568]

Am Ende des Kapitels treibt Ahas das Ganze auf die Spitze. Erst lässt er in
2 Chr 28,21 den Tempel für Tribute plündern, dann opfert er den Göttern von
Damaskus in 2 Chr 28,23. Das schlimmste Vergehen stellt aber in 2 Chr 28,24 die
Schließung des Tempels und die Zerstörung seiner liturgischen Geräte dar. Stattdessen werden in 2 Chr 28,25 Altäre in ganz Juda errichtet.[569]

Zwischen diesen außergewöhnlichen Kultfreveln am Anfang und am Ende
steht eine Ära voller Niederlagen. Erst wird Ahas in 2 Chr 28,5 von den Aramäern
besiegt, dann in 2 Chr 28,5b–15 vom Nordreich Israel, woraufhin in 2 Chr 28,16–21
die Edomiter, aber auch die Philister über Juda herfallen.[570] Sogar die Assyrer,
die Ahas um Hilfe bittet, bedrängen ihn laut Chronik, statt ihm zu helfen. Unter
diesen Gesichtspunkten stellt die Chronik seine Regierung als politisches Fiasko
dar, das von religiösem Chaos umrahmt ist.[571] Auf den ersten Blick übernimmt
Ahas in der Tat die Rolle von Manasse, der in den Königebüchern als der schlech-
teste König gilt.

Damit bewertet die Chronik Ahas ganz anders, als es die Königebücher tun.
Zwar wird er auch dort als JHWH-ferner König kritisiert, da er analog in 2 Kön 16,1–4
viele der Kult-Frevel vollführt, von denen auch die Chronik berichtet. Aber im
Anschluss daran hat er militärische Erfolge vorzuweisen, ohne dass seine reli-

---

567 Vgl. Smelik, Representation, S. 173.

568 Vgl. Curtis, Commentary, S. 457. Dtn 12,2; 1 Kön 14,23; 2 Kön 17,10; Jer 2,20; 3,6–13.

569 Vgl. Steins, Abschlußphänomen, S. 122.

570 Wegen der Frevel und der Niederlage gegen die Philister wird Ahas oft mit Saul (1 Chr 10) in
Verbindung gebracht. Vgl. Williamson, 1 and 2 Chronicles, S. 344; Mosis, Untersuchungen, S. 188;
Becker, 2 Chronik, S. 92.

571 Vgl. Smelik, Representation, S. 180 f.; McKenzie, 1–2 Chronicles, S. 334; Japhet, 2 Chronik,
S. 347; Rudolph, Chronikbücher, S. 291 f.

giösen Verfehlungen von Gott bestraft würden. Denn Rezin, der König von Aram, und Pekach, der König von Israel, ziehen zwar in 2 Kön 16,5 f. zur Belagerung aus, können Ahas aber – anders als in der Chronik – nicht besiegen. Diese als „syrisch-ephraimitischer Krieg" bekannte Auseinandersetzung entschärft Ahas durch geschicktes diplomatisches Taktieren.[572] Er schickt Schätze des Tempels und des Könighauses in 2 Kön 16,7 f. an den Assyrerkönig Tiglat-Pileser. Durch dieses Geschenk greift die Großmacht Assur in den Konflikt entscheidend ein, besiegt in 2 Kön 16,9 Israel und die Aramäer und tötet Arams König Rezin. Damit wird das Ende des Nordreichs unter König Hosea in 2 Kön 17 eingeleitet.

Ahas besiegt demnach seine Feinde, ohne selbst kämpfen zu müssen. Darauf vollzieht er viele fragwürdige Handlungen, die aber alle unbestraft bleiben. In 2 Kön 16,10 f. begibt er sich zum Bündnispartner Tiglat-Pileser, der sich in Damaskus aufhält, und schickt dem Priester Uria die Maße des dortigen Altars. Sogleich errichtet der Priester eine Kopie des Altars aus Damaskus im JHWH-Tempel in Jerusalem in 2 Kön 16,11 f. Ahas ordnet darauf an, dass die Morgen- und Abendopfer auf diesem neuen Altar vorgenommen werden sollen, während der Bronzealtar in 2 Kön 16,14 f. verschoben wird und in Zukunft allein den Opfern von König Ahas vorbehalten bleibt. Ahas wagt es also, selbst zu opfern. Noch dazu werden auf seinen Befehl hin weitere Baumaßnahmen in 2 Kön 16,16–18 vorgenommen. Der Tempel wird aber nicht wie in der Chronik verschlossen, sondern Ahas modernisiert ihn nach assyrischen Vorbildern. Doch nicht nur Ahas' Maßnahmen verstören, sondern vielmehr die laut Wellhausen gehorsame, „willfährige Ausführung des Priesters"[573], da von Uria oder dem Jerusalemer Kultpersonal keinerlei Widerspruch oder Tadel zu hören ist. Ahas wird hier weder gerügt noch gestraft.

Die Chronik prangert Ahas' Taten viel stärker an und schreibt den Bericht der Königebücher dramatisch um. Zwar ist der Text der Vorlage noch in einigen Versen erkennbar, aber insgesamt hat sich die Endfassung der Chronik deutlich von ihr entfernt. Die Chronik tilgt den Bruch zwischen Ahas' Kultvergehen und seiner erfolgreichen Politik und überhäuft ihn dagegen mit zahllosen Strafen für seine Kultpraktiken. Seine Konflikte, aus denen er in den Königebüchern schadlos hervorging, werden nun zu verheerenden Niederlagen umgestaltet.[574] Gleichzeitig betont die Chronik seine Kultvergehen noch stärker, indem sie die Kopie des Altars aus Damaskus als Fremdgötterei und als Abfall vom JHWH-Glauben deutet. Somit tritt Ahas nun als gottloser Fanatiker auf, der unbelehrbar seine Fehler wiederholt.[575]

---

572 Jes 7,1; Hos 5,8–14.
573 De Wette, Glaubwürdigkeit, S. 252.
574 Vgl. Amar, Chaotic Writing, S. 351; Klein, 2 Chronicles, S. 393; Smelik, Representation, S. 166.
575 Vgl. Jonker, 1 & 2 Chronicles, S. 261; Amar, Chaotic Writing, S. 351; Rudolph, Chronikbücher, S. 289.

Es verwundert darum nicht, dass die Forschung die Umgestaltung in der kultlastigen Theologie der Chronik begründet sah.[576] Ahas wird „[a]m unbarmherzigsten [...] zugerichtet"[577], wie Wellhausen spottend urteilt. Denn 2 Kön 16 zeige, dass der Kult und das Heiligtum in Juda keineswegs autonom waren, wie es die deuteronomistische Geschichtsschreibung propagiert, da die Priester den Befehl des Königs gehorsam und widerspruchslos ausführen. Diese ganze Geschichte sei dem kultpedantischen Autor der Chronik „vollkommen unfaßbar"[578]. Darum fälschte er wieder einmal die Historie, denn „[a]n der Person eines Menschen liegt ih[r] nichts, an der unbeugsamen Einheit des mosaischen Kultus alles"[579].

Neuere Ansätze hingegen heben ebenso die Denkfiguren der "individual responsibility" und "immediate retribution" für Ahas' Scheitern hervor. Jeder König sei für sein Schicksal selbst verantwortlich. Darum könne er auch nicht von den Verdiensten seines Vorgängers Jotam profitieren.[580] Außerdem gilt Ahas als Musterbeispiel für Unbelehrbarkeit, denn obgleich er immer wieder für seine Fehler bestraft wird, lernt er nichts daraus. Überraschend lässt sich dagegen das Nordreich vorbildlich von einem JHWH-Propheten belehren und schickt die Gefangenen aus Juda zurück.

Viele dieser Deutungen finden sich bis heute in der Forschung. Doch bei genauem Lesen können sie viele Probleme des Textes nicht klären, da dessen Textaufbau sehr chaotisch ist. Nahezu alle Forscher sind sich darin einig, dass der Textaufbau oft unlogisch und fragmentarisch daherkommt.[581] Darum soll nun die Einheitlichkeit des Textes geprüft werden.

## 11.2  Prüfung der Texteinheitlichkeit

### 11.2.1  2 Chr 28: Ist die Israelepisode Fremdkörper oder Höhepunkt?

Auffälligkeiten weist die Israel-Episode in 2 Chr 28,5b–15 auf, in der das Nordreich Israel das Südreich Juda besiegt, ausplündert und die Gefangenen versklaven möchte. Doch bei der Rückkehr werden die Israeliten von dem JHWH-Propheten Oded aufgehalten, der sie zur Rückgabe der Gefangenen auffordert, da JHWH

---

**576**  Vgl. McKenzie, 1–2 Chronicles, S. 336.
**577**  Wellhausen, Prolegomena, S. 189.
**578**  Wellhausen, Prolegomena, S. 189.
**579**  Wellhausen, Prolegomena, S. 189.
**580**  Vgl. McKenzie, 1–2 Chronicles, S. 339; Dillard, 2 Chronicles, S. 221.
**581**  Vgl. Amar, Chaotic Writing, S. 364; Jonker, 1 & 2 Chronicles, S. 261.

verboten hat, die Brüder zu versklaven. Ungewöhnlich einsichtig und reumütig schicken die Israeliten daraufhin die Gefangenen nach Juda zurück.

Die Forschung bewertet diese Perikope sehr unterschiedlich. Rudolph erachtet die Geschichte als störendes Element, die aus der Komposition des Kapitels herausfalle und inhaltlich „merkwürdig genug"[582] sei, da das Nordreich Israel sonst durchgängig schlecht agiert. Dagegen sieht Amar diese Episode als eigentlichen Kern des Textes an. Er möchte anhand der Gliederung eine Ringkomposition das Kapitel herausarbeiten. Nach A) der Eröffnung in 2 Chr 28,1, B) den Kultfreveln in 2 Chr 28,2–4, C) den Kriegen in 2 Chr 28,5–7 steht im Zentrum des Textes 2 Chr 28,8–15 die judäische Gefangenschaft und die Umkehr des Nordreichs. Denn darauf würden in 2 Chr 28,16–21 in C') wieder Kriege, in 2 Chr 28,22–25 in B') weitere Kultfrevel und in 2 Chr 28,26 f. in A') der Abschluss folgen.[583] Die Ringkomposition möchte den chaotischen Text thematisch ordnen. Ebenso sieht Williamson die Israel-Erzählung von vielen Topoi und Charakteristika der Chronik durchzogen, insbesondere von den zentralen Themen Umkehr und Halsstarrigkeit. Daher erachten viele Forscher die Israel-Erzählung als Kern von 2 Chr 28.[584]

Zunächst muss die Erzählung im Kontext des gesamten Kapitels betrachtet werden. Schon in der Einleitung finden sich viele Besonderheiten. Zunächst wird Ahas parallel zu 2 Kön 16,2 vorgestellt. Besonders ist aber die Charakterisierung aus 2 Chr 28,1 f.: „Doch er tat nicht das, was recht war in den Augen JHWHs, wie sein Vater David. Sondern er ging auf den Wegen der Könige von Israel und er machte auch Gussbilder für die Baale." Zwar mag an dieser Stelle die Spannung weniger markant als sonst sein, doch der Hinweis aus 2 Kön 16,2 „wie sein Vater David" (כְּדָוִיד אָבִיו) ist für die Texte der Grundschicht untypisch, da sie die Verweise der Königsbücher auf die Frömmigkeit Davids tilgt und stattdessen oft von der JHWH-Frömmigkeit der Könige spricht.[585] Dabei werden in der Forschung die Verweise auf David pauschal als Chronikcharakteristika erachtet. Die Pointe der Bewertung liegt an dieser Stelle aber nicht im Vergleich mit David, sondern im Vorwurf in 2 Chr 28,2: „Sondern er ging auf den Wegen der Könige von Israel und er machte auch Gussbilder für die Baale". Das fügt 2 Chr 28,2 gegenüber den Königebüchern neu hinzu. Der Verweis auf David unterbricht demnach die Pointe, dass Ahas den Königen von Israel folgt,[586] deren Herrschaft zu dieser Zeit

---

582 Rudolph, Chronikbücher, S. 289.
583 Vgl. Amar, Chaotic Writing, S. 363.
584 Vgl. McKenzie, 1–2 Chronicles, S. 339; Smelik, Representation, S. 175; Williamson, 1 and 2 Chronicles, S. 344.
585 2 Chr 14,1; 1 Kön 15,11.
586 2 Chr 11,15; 21,6; 22,3 f. Vgl. Japhet, 2 Chronik, S. 348; Levin, 2 Chronicles 10–36, S. 275; Evans, Prophecy, S. 153; Rudolph, Chronikbücher, S. 289; Goettsberger, Bücher, S. 332 f.

untergeht. Der Verweis auf David ist darum tendenzkritisch als Hinzufügung der zweiten Schicht zu werten. Bei Hiskia beginnt im Folgekapitel in 2 Chr 29,2 der große Einschub zur Tempelrenovierung ebenso mit einem Verweis darauf, dass Hiskia dem großen David nachgefolgt sei. Daher stellt der Verweis auf den Kultkönig David eine sekundäre Gegenüberstellung dar, die die Kultferne von Ahas und die Kulttreue von Hiskia kontrastiert.

Die übrigen Verse 2 Chr 28,2–4 haben ihre Parallele in 2 Kön 16,3 f., wobei die Chronik weitere Frevel hinzufügt, die das sündige Treiben von Ahas stärker betonen. Mit den Gussbildern für die Baale handelt Ahas wie Jerobeam I. in 1 Kön 12,28–33, der Gussbilder für seine Stiere errichtet, und Ahab, der in 1 Kön 16,29–32 den Baalkult pflegt. Damit werden Ahas' Handlungen mit den schlimmsten Taten der Nordreichskönige verglichen.[587] Diese Frevel werden im Folgenden dargestellt, wobei sich kleine Änderungen beobachten lassen. In 2 Chr 28,3 opfert Ahas mehrere Söhne, während im Königebuch nur von einem Sohn die Rede ist. Zudem werden die Opfer im Tal Geb-Hinnom lokalisiert. Diese Opferstätte schafft der fromme Josia in 2 Kön 23,10 ab. In 2 Chr 33,6 wird sie noch vom schlechten Manasse benutzt. Ahas' Frevel stellen somit einen Querschnitt der negativsten Taten der Königszeit dar.[588]

Darauf folgt nun in 2 Chr 28,5 der „syrisch-ephraimitische Krieg". Aus der abgewendeten Bedrohung in 2 Kön 16,5–9, bei der Juda Kampfhandlungen entgehen kann, konstruiert die Chronik eine „gewaltige[...] Niederlage"[589]. Diesmal wird Juda gleich zweifach sowohl von Aram als auch von Israel vernichtend geschlagen. Gleich doppelt beschreibt der Beginn von 2 Chr 28,5 die Niederlage als Strafhandlung Gottes, der Juda in die Hand der Feinde übergibt.[590] Erst überreicht Gott sie in 2 Chr 28,5 in die Hände der Aramäer mit dem Kurzresümee der Schlacht: „Und sie schlugen ihn und sie nahmen von ihnen eine große Menge gefangen. Und sie brachten sie nach Damaskus." Doch dann übergibt Gott König Ahas ein zweites Mal in die Hände anderer Feinde:[591] „Und auch in die Hand des Königs von Israel wurde er gegeben, der ihm eine schwere Niederlage beibrachte." Darauf folgt die ausführliche Darstellung, die bis 2 Chr 28,15 andauert, in der zwar ebenso von Judas Gefangennahme berichtet wird, aber viel ausführlicher

---

**587** Dtn 9,12; 27,15 verbieten Gussbilder. Vgl. von Rad, Geschichtsbild, S. 59; Amar, Chaotic Writing, S. 355; Ackroyd, I & II Chronicles, S. 174; Smelik, Representation, S. 171.
**588** Der Terminus „Verbrennen" (בער) ist expliziter statt „durchs Feuer gehen lassen" (הֶעֱבִיר בָּאֵשׁ). 2 Kön 17,17; 21,6; Jer 7,31; 19,5; Ez 16,20 f.; Ps 106,37. Das Tal Geb-Hinnom wird neutestamentlich als Höllenort gedeutet. Vgl. McKenzie, 1–2 Chronicles, S. 335; Curtis, Commentary, S. 457.
**589** Becker, 2 Chronik, S. 90.
**590** Vgl. Mosis, Untersuchungen, S. 187; De Vries, 1 and 2 Chronicles, S. 363.
**591** Vgl. Micheel, Prophetenüberlieferungen, S. 60.

und theologischer, als es die kurze Notiz vom Anfang in 2 Chr 28,5 tut. Dagegen erfährt man über die Gefangenen, die nach Aram verschleppt werden, nichts; ihr Schicksal bleibt unbekannt.[592] Merkwürdigerweise unterscheidet der Text aber grundsätzlich zwischen Israeliten und Aramäern, die in den Königebüchern doch eine Allianz bilden.[593] Auch syntaktisch fällt die Einleitung mit „und auch" (וְגַם) auf,[594] da damit häufig Nachträge begonnen werden: Der kurzen Schlachtnotiz in 2 Chr 28,5 wird eine lange Parallelgeschichte in 2 Chr 28,5b–15 hinzufügt, die das Verhältnis zwischen Juda und Israel breit entfaltet.

Die Geschichte, die nun folgt, operiert mit großen Zahlen an Toten und Gefangenen. Laut 2 Chr 28,6 werden 120.000 Judäer getötet und in 2 Chr 28,8 200.000 Frauen, Söhne und Töchter gefangen genommen. Die Zahlen sind nicht historisch zu verstehen,[595] sondern theologisch und tendenzkritisch mit der zweiten Schicht zu verbinden. Denn dort finden Schlachten in derartigen Größenordnungen statt, die nun das gewaltige Ausmaß der Katastrophe deutlich machen. Dass Juda laut 2 Chr 28,6 Gott verlassen habe (עָזַב), stellt ein Leitmotiv der zweiten Schicht dar und begründet hier Israels Sieg. Dass Israel nun aber Sklaven halten möchte, ruft den Widerspruch des JHWH-Propheten Oded[596] in 2 Chr 28,9 hervor, der sich dem Heer des Nordreichs mit einer Rede entgegenstellt. Die hochtheologische Rede ist im Stile eines JHWH-Propheten der zweiten Schicht verfasst. Mit Hilfe dieser Rede gelangt Israel zu der Erkenntnis,[597] dass der Sieg gottgewollt war, aber die geplante Versklavung sich gegen Gottes Wille richte.

Diese positive Darstellung des Nordreichs steht damit in starker Spannung zum Textanfang in 2 Chr 28,2–4, in dem Ahas wie ein frevelnder Nordreichkönig dargestellt wird, der Feueropfer ausführt und Gussbilder anbetet, wie es die schlimmsten Könige Jerobeam und Ahab getan hätten. Deswegen ist laut Kratz die Israel-Erzählung von einem „sonderbare[n] Interesse an den Vorgängen im Norden"[598] gekennzeichnet. Die Verse entsprechen nicht der negativen Darstellung der Eingangsverse, in der Ahas wie ein israelitischer Frevler präsentiert wird.

Laut dem Propheten Oded siegen die Israeliten durch Gottes Fügung. Doch durch das Morden tun sie mehr, als ihnen erlaubt ist. Wegen der Versklavung der Judäer machen sie sich vor Gott schuldig, da Sklaverei unter Brüdern verboten

---

**592** Vgl. Levin, 2 Chronicles 10–36, S. 276.

**593** Vgl. Galling, Bücher, S. 151; Ackroyd, I & II Chronicles, S. 175.

**594** Vgl. Amar, Chaotic Writing, S. 359.

**595** Vgl. Ackroyd, I & II Chronicles, S. 177; McKenzie, 1–2 Chronicles, S. 336; Japhet, 2 Chronik, S. 351.

**596** Vgl. Noth, Überlieferungsgeschichtliche Studien, S. 134; Rudolph, Chronikbücher, S. 290.

**597** Vgl. Kegler, Prophetengestalten, S. 495; Micheel, Prophetenüberlieferungen, S. 62.

**598** Kratz, Komposition, S. 35. Vgl. Goettsberger, Bücher, S. 334.

ist.[599] Das Nordreich soll nun erkennen, dass es einzig als JHWHs Strafwerkzeug für Juda agiert. Denn nur dadurch konnte Israel über Juda siegen. Oded betont in seiner Rede auffällig stark die Bruderschaft zwischen Juda und Israel und appelliert an die verwandtschaftliche Einheit beider Reiche. Israel soll darum laut 2 Chr 28,11 ein weiteres Gottesgericht vermeiden, da JHWH ihm wegen seiner Vergehen ohnehin zürnt. Die Rede überzeugt die Adressaten, denn Israel realisiert, dass Juda das Brudervolk darstellt, das man nun in die Freiheit zurückführen muss.[600]

Odeds Rede greift sehr stark auf die Reden anderer Chronikpropheten zurück,[601] die Kerntexte der zweiten Schicht darstellen. So verbietet auch der Prophet Schemaja Juda in 2 Chr 11,1–4.13–17, in den Krieg gegen den Bruder Israel zu ziehen, da Gott dies nicht zulasse.[602] Ebenso unterstreicht Abija in 2 Chr 13,12 den Bruderstatus zwischen Juda und Israel und appelliert an den gemeinsamen Gott der Väter.[603] Abija hat Juda für die Gottestreue gelobt und Israel in 2 Chr 13,5–12 scharf kritisiert, da es JHWH verlassen habe. In 2 Chr 13 ignoriert Israel die Mahnungen, woraufhin die Schlacht gegen Juda verloren geht. Doch in 2 Chr 28,13 sieht Israel seine Fehler ein. So gestehen die führenden Männer des Nordreichs, dass ihre Schuld den brennenden Zorn Gottes hervorbrachte. Darum sprechen sie reumütig ein Bekenntnis, dass die Schuld, die auf ihnen lastet, nicht noch größer werden soll, um JHWHs Zorn abzuwenden. Laut Williamson findet hier ein kompletter Rollentausch zwischen Nord- und Südreich statt. Das Nordreich, das zuvor stets der uneinsichtige Frevler war, übernimmt die Rolle von Juda, das sich häufig von den Propheten überzeugen ließ.[604] Dieses Schuldeingeständnis bereitet in der Chronik auf die Mission im Norden vor, so dass unter Hiskia und Josia in 2 Chr 30,6; 35,17 wieder Israeliten aus dem Nordreich zum Jerusalemer Tempel zurückkehren.[605]

In den Versen 2 Chr 28,14 f. folgen den Worten Taten und die Israeliten zeigen Barmherzigkeit. Der Gehorsam gegenüber dem Propheten überwindet den alten

---

599 Ex 21,2; Lev 25,46; Dtn 15,12–18. Vgl. Williamson, 1 and 2 Chronicles, S. 346; Ackroyd, I & II Chronicles, S. 176.

600 Das Wortspiel des Kapitels sind die Leitvokabeln 2 Chr 28,8 „Gefangen nehmen" (שָׁבָה) und „Zurückgeben" (שׁוּב) in 2 Chr 28,11.15. Vgl. Williamson, 1 and 2 Chronicles, S. 343.346; McKenzie, 1–2 Chronicles, S. 336.

601 Vgl. Curtis, Commentary, S. 458 f.

602 Vgl. Dillard, 2 Chronicles, S. 219; Klein, 2 Chronicles, S. 400.

603 Vgl. Japhet, 2 Chronik, S. 353.

604 Vgl. Levin, 2 Chronicles 10–36, S. 279; Kalimi, Geschichtsschreibung, S. 86; Japhet, 2 Chronik, S. 350; McKenzie, 1–2 Chronicles, S. 337; Jonker, 1 & 2 Chronicles, S. 263; Dillard, 2 Chronicles, S. 219.

605 Vgl. Galling, Bücher, S. 151 f.; Williamson, 1 and 2 Chronicles, S. 343 f.

Konflikt zwischen Juda und Israel.[606] Interessanterweise agieren dabei die Könige Judas und Israels in 2 Chr 28,5b–15 nicht selbst.[607] Weder Ahas noch der Nordreichkönig treten in der Erzählung auf. Die handelnden Figuren sind die Leute aus Ephraim in 2 Chr 28,12, die alles organisieren und ausführen lassen. Das Nordreich handelt bereits so, als gebe es die dortige sündhafte Monarchie nicht mehr. Auf diese Weise verlässt diese Geschichte völlig den Kontext des „syrisch-ephraimitischen Krieges" und entwirft die Idee eines geläuterten Nordreichs, das sich langsam seiner Wurzeln bewusst wird und sich zur Umkehr bewegen lässt.[608] Wie Willi zutreffend deutet, ist die Darstellung gegen das Königtum des Nordreichs geschrieben, öffnet sich aber dem dortigen Volk, wenn dieses von seinen Freveln ablässt.[609]

Wie am Anfang in 2 Chr 28,5 weist das Ende der Juda-Israel-Erzählung in 2 Chr 28,15.16 vergleichbare Spannungen auf. Denn obwohl die Judäer in ihre Heimat entlassen werden und die Israeliten nach Samaria zurückkehren, sendet Ahas in 2 Chr 28,16 zum König von Assur, um Hilfe zu holen. Genauso geschieht es ganz analog in 2 Kön 16,7.[610] Doch dort tut er es, um gegen die anrückenden Aramäer und Israeliten Unterstützung zu erhalten. In 2 Chr 18,16 ist der Konflikt aber bereits geklärt, da Israel abzieht und auf die Geiseln verzichtet. Warum ruft Ahas erst jetzt um Hilfe, wenn die Gefahr doch schon abgewendet wurde?[611]

Wie sind die Befunde auszuwerten? Einige Exegeten erachten Odeds Auftreten in 2 Chr 28,5–7 als Nachtrag aus einer älteren Quelle.[612] Doch zwischen Israels Erfolgen in 2 Chr 28,5–8 und Odeds Rede liegen keine Spannungen vor. Wie Micheel zeigt, bereitet die Israel-Schlacht die Rede des Propheten vor, da sie all die Übertretungen des Nordreichs aufnimmt und auf Israels Schuldeingeständnis

---

**606** So werden die Gefangenen würdevoll freigegeben, da sie Kleidung, Speise und zu Trinken bekommen, gesalbt werden und die Ermatteten auf Eseln nach Jericho zurückgebracht werden. Vgl. Galling, Bücher, S. 152; Japhet, 2 Chronik, S. 354; Rudolph, Chronikbücher, S. 291. Über das Verhältnis zu Lk 10,25–37 vgl. Becker, 2 Chronik, S. 92; Dillard, 2 Chronicles, S. 223; Jonker, 1 & 2 Chronicles, S. 265; Kalimi, Geschichtsschreibung, S. 83 f.
**607** Vgl. McKenzie, 1–2 Chronicles, S. 336; Japhet, 2 Chronik, S. 351; De Vries, 1 and 2 Chronicles, S. 364.
**608** Vgl. De Vries, 1 and 2 Chronicles, S. 363; Rost, Vorgeschichte, S. 116.
**609** Vgl. Willi, Auslegung, S. 192.
**610** Vgl. Rudolph, Chronikbücher, S. 291; Curtis, Commentary, S. 455.
**611** Laut Galling sind die Verse durcheinandergeraten. Darum stellt er die Verse um: 2 Chr 28,17.16.21.20. Dadurch kommt zuerst die Bedrängnis, auf die dann das Hilfegesuch folgt. Gallings Konjekturen haben aber weder Textzeugen noch erklären sie, wie die Verse an ihre jetzige Position gelangten. Vgl. Galling, Bücher, S. 152 f.
**612** Vgl. Kratz, Komposition, S. 35; Rudolph, Chronikbücher, S. 289; Japhet, 2 Chronik, S. 351 f.

überleitet.[613] Zudem ist die Bezeichnung Israels als Bruderstaat nicht unbekannt, sondern trägt die Handschrift der zweiten Chronikschicht. Deshalb wird hier kein fremder Text integriert. Vielmehr ist die gesamte Bruderperikope zwischen Juda und Israel in 2 Chr 28,5b–15 ein literarischer Nachtrag der zweiten Schicht, der durch Brüche am Anfang und am Ende des Berichtes erkennbar ist. Die Grundschicht der Chronik hat die Niederlage gegen Israel nicht erwähnt, da sie sich vorrangig für die Aramäer, insbesondere für den Altar von Damaskus interessiert, der dort in den Schlussversen thematisiert wird. Da die Grundschicht die Aramäer zur siegreichen Partei umgestaltet, hat sie für Israel als Sieger keine Verwendung, um so weniger, da das Nordreich kurz vor seinem Untergang steht. Auf genau diesen Untergang spielt dagegen die Grundschicht durchgehend subtil an. Darum beurteilt sie König Ahas in den Einleitungszitaten in 2 Chr 28,1–4 mit den Charakteristika der schlimmsten Nordreichskönige. So muss Juda in 2 Chr 28,5 unter Ahas auch Deportationen erleiden, die bereits Vorboten des Exils von Israel, aber auch von Juda sind. Daher finden sich viele Anspielungen in der Grundschicht, die Judas Vergehen im Stile Israels präsentieren. Dies soll zeigen, dass der Weg Israels der Weg des Untergangs ist.[614]

### 11.2.2 2 Chr 28: Kriegschaos und Ahas' Hilfegesuch

Durch die Aussonderung des Israel-Konfliktes in 2 Chr 28,5b–15 irritiert Ahas' Hilfegesuch an den König von Assur nicht mehr. Analog zu 2 Kön 16,7 ruft Ahas in der Not die Assyrer um Hilfe. Doch die Antwort auf das Schreiben verzögert sich. Erst in 2 Chr 28,20 zieht der Assyrerkönig Tiglat-Pileser herauf, den die Chronik fälschlich als „Tilgat-Pilneser" (תִּלְגַת פִּלְנְאֶסֶר) bezeichnet.[615] Er kommt aber nicht, um zu helfen, sondern um Ahas zu bedrängen. Zuvor werden in 2 Chr 28,17–19 zwei Überfälle der Edomiter und Philister geschildert. Diese dreifache Heimsuchung durch Edomiter, Philister und Assyrer weicht stark von der biblischen Überlieferung des „syrisch-ephraimitischen Krieges" ab.[616] Die theologische Pointe in 2 Chr 28,19 lautet, dass Ahas bei all den Katastrophen nicht Gott um Hilfe fragt, sondern sie bei den Assyrern sucht. Das zieht „ein weiteres Gottesgericht"[617] als

---

613 Vgl. Micheel, Prophetenüberlieferungen, S. 61; McKenzie, 1–2 Chronicles, S. 336.
614 Vgl. Dillard, 2 Chronicles, S. 219; Williamson, 1 and 2 Chronicles, S. 345f.
615 Vgl. McKenzie, 1–2 Chronicles, S. 337; Jonker, 1 & 2 Chronicles, S. 266; Dillard, 2 Chronicles, S. 223.
616 Jes 7; 2 Kön 16,6. Vgl. Ackroyd, I & II Chronicles, S. 178; Williamson, 1 and 2 Chronicles, S. 346.348.
617 Galling, Bücher, S. 152. Vgl. Klein, 2 Chronicles, S. 395; McKenzie, 1–2 Chronicles, S. 335.

Strafe nach sich. Doch auffällig ist die große Lücke zwischen Ahas' Hilfegesuch in 2 Chr 28,16 und der Antwort in 2 Chr 28,20 f. Sie erfolgt erst nach den Schlachten in 2 Chr 28,17–19, wodurch sich eine merkwürdige Reihenfolge ergibt. Zunächst wird das Hilfegesuch in 2 Chr 28,16 und erst danach die Bedrohung durch die Edomiter genannt. Den Charakter eines Nachtrags hat in 2 Chr 28,17 der Satzbeginn „und wieder" (וְעוֹד), der die Schilderung der Schlachten gegen die Edomiter und Philister einleitet. Laut Galling wird die Niederlage gegen die Edomiter analog zur Niederlage gegen die Aramäer in 2 Chr 28,5 dargestellt. Auch sie führen Gefangene weg, wodurch die Katastrophe ein vergleichbares Ausmaß annimmt.[618]

Wichtig ist vor allem der Konflikt mit den Philistern im Folgevers, da nun die Feinde an allen Fronten Judas einfallen. Die Philister besiedeln dabei viele Städte Judas. Die Niederlage überrascht vor allem, da Ahas laut Jes 14,28 f. noch als „Rute (שֵׁבֶט) der Philister" bezeichnet wird. Dem Titel nach scheint er diese besonders oft geschlagen zu haben. Die Chronik liefert dazu eine Gegendarstellung und lässt die Philister Ahas besiegen. Damit wird auf das vorherige Kapitel zurückgegriffen. Dort besiegte Ussia die Philister laut 2 Chr 26,6–10.[619] Jetzt wird das von Ussia in 2 Chr 26,10 bebaute Land wieder von den Philistern weggenommen. Damit zerstört Ahas' Gottlosigkeit alle Errungenschaften mit einem Schlag. All die Baumaßnahmen, die Ussia in 2 Chr 26 vornimmt, sind Zusätze der zweiten Schicht. Damit wird in 2 Chr 28,17–19 kapitelübergreifend Judas glanzvolle Ära beendet.[620]

Die theologische Pointe in 2 Chr 28,19 deutet den Einfall in 2 Chr 28,17 f. als Strafe für die Zügellosigkeit, die in Juda herrschte, sowie für Ahas' Treulosigkeit gegenüber JHWH.[621] Doch trotz des abschließenden Charakters der Pointe fährt die Erzählung fort. Die Forschung hat die in 2 Chr 28,17–19 angesprochenen Probleme registriert. So bezeichnet De Vries den Text als konfuse, lückenhafte Kompo-

---

**618** Vgl. Galling, Bücher, S. 152; Kratz, Komposition, S. 35. Die Edomiter treten ganz anders auf als in 2 Kön 16,6. Dort vertreiben die Aramäer die Judäer aus Elat, so dass sich die Edomiter ansiedeln. Vgl. Amar, Chaotic Writing, S. 362; Welten, Geschichte, S. 174.

**619** Vgl. Rudolph, Chronikbücher, S. 291; Klein, 2 Chronicles, S. 402; Japhet, 2 Chronik, S. 356 f.; Levin, 2 Chronicles 10–36, S. 280; Williamson, 1 and 2 Chronicles, S. 346.

**620** Für die Städteliste in 2 Chr 28,18 wird gelegentlich eine historische Quelle vermutet. Doch gehören sie wie die Namenslisten in 2 Chr 28,7.12 zu den späten Ergänzungen der dritten Schicht. Nur die Schefela wird unter Ussia in 2 Chr 26,10 genannt. Daher bestand die Liste wohl nur aus den Oberbegriffen Schefela und Negev. Vgl. Galling, Bücher, S. 152 f.; Noth, Überlieferungsgeschichtliche Studien, S. 142.

**621** Die Zuchtlosigkeit erinnert an die Errichtung des goldenen Kalbes in Ex 32,25. Vgl. Klein, 2 Chronicles, S. 403; Japhet, 2 Chronik, S. 356. Ahas wird dabei bewusst als „König von Israel" bezeichnet, um auf das Ende des Nordreichs zu verweisen. Ähnlich formuliert auch 2 Chr 28,23, dass Ahas ganz Israel zu Fall bringt. Vgl. von Rad, Geschichtsbild, S. 31; Williamson, 1 and 2 Chronicles, S. 344; Galling, Bücher, S. 153.

sition. Er erachtet das allerdings als unproblematisch, da das theologische State-
ment des Chroniktextes wichtiger sei als ein stringenter Handlungsablauf. In
ähnlicher Weise meint Amar, dass diese chaotische Darstellung ein literarisches
Mittel sei, um Ahas' Hilflosigkeit zu zeigen.[622]

Diese Spannungen kann man aber besser durch Fortschreibungen der
zweiten Schicht in 2 Chr 28,17–19 erklären. In der Grundschicht orientiert sich
der Text am Ablauf der Königebücher, deren Inhalt sie aber völlig neu deutet. Die
ursprüngliche Version sah darum folgendermaßen aus: Juda wird in 2 Chr 28,5
von Aram als Strafe Gottes für die Vergehen in 2 Chr 28,2–4 geschlagen. Aufgrund
dieser Notsituation ruft Ahas die Assyrer in 2 Chr 28,16 zu Hilfe, die in 2 Chr 28,20
auf das Gesuch antworten. Doch statt als Helfer kommen die Assyrer als neue
Bedränger.[623] Denn Tiglat-Pileser „zog gegen ihn und bedrängte ihn, statt ihn zu
unterstützen."[624] In der Grundschicht liegt der Fokus also auf der Hilfe, die Ahas
nicht zu Teil wurde. Laut 2 Chr 18,21 werden die Assyrer vielmehr angelockt und
„rücken in feindlicher Absicht vor [...und] gewinnen [...] mühelos ihre Schätze,
die ihnen der König selber ausliefert"[625]. Das Bestechungsgeld in 2 Kön 16,8 wird
in der Chronik als Schutzgeld gedeutet, womit Juda hofft, sich selbst retten zu
können. So raubt Ahas in 2 Chr 28,21 sowohl den Tempel, das Königshaus und
die Fürsten aus, um die Assyrer abzuwehren. Diese Notlage weist ebenso auf
die kommende Bedrängnis der Assyrer unter Sanherib in 2 Chr 32 voraus.[626] In
den Königebüchern sind die Assyrer dagegen unter Ahas in 2 Kön 16 noch Verbündete, während sie sich erst unter Hiskia in 2 Kön 18 zu Feinden entwickeln.
In der Chronik agieren die Assyrer dagegen durchgängig als Judas Feinde. Die
Grundschicht glättet dabei auch die problematischen Tribute des Nachfolgekö-
nigs Hiskia. Denn in den Königebüchern zahlt dieser in 2 Kön 18,14–17 Tribut an
die Assyrer, um sie aufzuhalten. Hingegen streicht die Chronik diese Zahlungen
bei Hiskia und schiebt sie dem schlechten König Ahas zu.[627] Als Alternative hätte
Ahas sich Gott zuwenden sollen. Während Ahas Tribute zahlt und fremde Götter
anbetet, beten Hiskia und Jesaja gemeinsam zu JHWH und erwirken dadurch
in 2 Chr 32,20 Judas Errettung aus der Not. In der Chronik wird jede politische
Dimension des Konfliktes gestrichen, allein die religiöse Haltung des Königs
zu JHWH erwirkt den Erfolg gegen die Assyrer. Die Zuwendung zu Gott gerät im

---

622 Vgl. De Vries, 1 and 2 Chronicles, S. 363; Amar, Chaotic Writing, S. 360.
623 Vgl. Rudolph, Chronikbücher, S. 291; McKenzie, 1–2 Chronicles, S. 335.
624 Zur Übersetzung vgl. Hom, To or Against, S. 560–564.
625 Wellhausen, Prolegomena, S. 201.
626 Vgl. Japhet, 2 Chronik, S. 357; Curtis, Commentary, S. 455; Klein, 2 Chronicles, S. 405.
627 2 Chr 16,2 f.; 1 Kön 15,18 f. Vgl. Levin, 2 Chronicles 10–36, S. 279; McKenzie, 1–2 Chronicles,
S. 338.

Endtext durch die Israel-Erzählung und die Niederlagen aus dem Blickfeld, da Ahas' Bestrafung und Halsstarrigkeit im Zentrum stehen.[628]

### 11.2.3 2 Chr 28: Der geschlossene Tempel und der Damaskuskult

2 Chr 28,22 leitet nun zu den letzten Kultvergehen über, derer sich Ahas schuldig macht. Laut Chronik agiert Ahas durch die Bedrängnis „noch treuloser gegen JHWH", wodurch die schweren Vergehen aus 2 Chr 28,2–4 gesteigert werden. Das zeigt sich zunächst in 2 Chr 28,23 bei der Opferung für die fremden Götter von Damaskus. In 2 Kön 16,10 wird lediglich der Altar aus Damaskus im JHWH-Tempel nachgebaut. Die Chronik dagegen präsentiert das Geschehen als Akt der Fremdgötterei. Danach werden in 2 Chr 28,24 f. die Tempelgeräte zerstört und der Tempel verschlossen. Das markiert den absurden Höhepunkt von Ahas' Vergehen.[629]

In der Forschung wird aber vor allem das letzte Vergehen diskutiert, das den Schlusspunkt von 2 Chr 28 markiert. So bringt Ahas den Jerusalemer Kult zum Erliegen, da er den Salomonischen Tempel schließt. Die Forschung liefert dazu viele plastische Vergleiche und Beschreibungen, um diese absonderlichen Taten darzustellen. So wird Ahas als zweiter Jerobeam bezeichnet, der den heiligen Tempel verschmäht.[630] Dagegen werden die Opfer für die Götter von Damaskus im Tempel von der Forschung kaum beachtet. Dabei liegt hier eine Spannung vor, die an der Einheitlichkeit des Textes zweifeln lässt. Denn was kritisiert die Chronik eigentlich an Ahas: das Schließen des Tempels oder die Fremdgötterei darin?

Das Zuschließen des Tempels hat schließlich keine Parallele in den Königebüchern, der Damaskusaltar hingegen schon. Ahas' Besuch in der geschlagenen Stadt Damaskus in 2 Kön 16,10 deutet 2 Chr 28,23 neu. Die komplexe Geschichte des Altarbaus nach dem Vorbild des Altars in Damaskus und all die Veränderungen in 2 Kön 16,10–18, die den Tempel im assyrischen Stil modernisieren, werden nun mit einem Vers umgedeutet: Ahas habe bewusst Fremdgötterei betrieben. Denn in 2 Chr 28,23 sagt Ahas selbst:[631] „Ja, die Götter der Könige von Aram, sie helfen ihnen. Ich will Schlachtopfer darbringen und sie werden mir helfen." Ahas' Handeln wird dabei von der falschen Suche nach Hilfe dominiert, die das gesamte

---

**628** Darum wird Manasse in 2 Chr 33,12 von der Forschung häufig als Widerpart von Ahas betrachtet, da Manasse umkehrt, während Ahas weiter gottlos bleibt. 2 Sam 22,7; Ps 18,7; 107,6.13.19.28. Vgl. Japhet, 2 Chronik, S. 357.

**629** Vgl. De Vries, 1 and 2 Chronicles, S. 365.

**630** Vgl. Rudolph, Chronikbücher, S. 292; Jonker, 1 & 2 Chronicles, S. 265; Dillard, 2 Chronicles, S. 224; Klein, 2 Chronicles, S. 406; Curtis, Commentary, S. 456.

**631** Vgl. Evans, Prophecy, S. 155; Japhet, 2 Chronik, S. 358; Curtis, Commentary, S. 455.

Kapitel 2 Chr 28 durchzieht. Dabei offenbart der König ein oberflächliches Gottes-bild, das hier kritisiert wird.[632] Die Götter der siegreichen Aramäer will er selbst anbeten, damit er endlich Hilfe erhält, die ihm die Assyrer verwehrt haben. Ahas setzt seinen falschen Weg also konsequent fort. Erst bittet er menschliche Herr-scher um Hilfe, dann deren Götter. Er verkennt damit, dass die Niederlage eine Strafe JHWHs gewesen ist (2 Chr 28,5). Auf diese Weise vergrößert er seine Schuld, die in das vernichtende Endurteil in 2 Chr 28,23 mündet: „Doch sie brachten ihn zu Fall und ganz Israel". Dieses Urteil schließt den Bogen zu seinem sündhaften Verhalten in 2 Chr 28,1–4. Ahas benimmt sich wie ein Nordreichkönig, deswe-gen geht er zusammen mit dem Nordreich unter, weswegen die Chronik den Titel „Israel" verwendet. Darum erhält er auch keine Hilfe, weil diese nur von JHWH kommen kann. Diese Feststellung stellt die Pointe des Kapitels dar, da sie die Gründe für Ahas' Misserfolge zusammenfasst.

Doch der Text fährt in 2 Chr 28,24 mit der bekannten Schließung des Tempels fort. Alle Geräte des Gotteshauses werden zerschlagen und die Tore versperrt. Überall in Jerusalem und in ganz Juda werden laut 2 Chr 28,24 f. Altäre errich-tet, um anderen Göttern Rauchopfer darzubringen, die JHWH weiter zum Zorn reizen. Kompositorisch stellt 2 Chr 28,23 bereits den Schlusspunkt dar, weswe-gen das Schließen des Tempels Nachtragscharakter hat. Zudem stellt Rudolph mit Recht fest, dass das Zuschließen keine Konsequenzen nach sich zieht, da es am Ende heißt, dass Ahas JHWH reizt, ohne dass darauf etwas geschieht. Zuvor wurde jedes Vergehen konsequent bestraft, jetzt aber, wo Ahas' Frevel auf ihrem Höhepunkt sind, unterbleibt die göttliche Reaktion.[633] Außerdem ist die erneute Errichtung der Höhen eine Dublette. Denn bereits zu Beginn von 2 Chr 28,4 heißt es: „Und er brachte Schlachtopfer dar und er verbrannte sie auf den Höhen und auf den Hügeln und unter jedem grünen Baum". Dass er sie jetzt nochmal neu errichtet, stellt also eine Wiederholung von etwas dar, das Ahas schon die ganze Zeit zuvor praktiziert.

Die Höhenopfer stehen dazu mit dem neuen Altar im Tempel in Konkur-renz. 2 Chr 28,23 spricht von der Opferung an die Götter von Damaskus, womit die aramäischen Einflüsse im Tempel neu gedeutet werden. Das Gotteshaus wird also in eine synkretistische Opferstätte für fremde Gottheiten transformiert, die die Kultreinheit in Jerusalem verletzt.[634] Wenn Ahas den Tempel jedoch schließt, dann beendet er de facto die Verehrung der aramäischen Götter, die laut

**632** Hier sind Bezüge zu Amazja in 2 Chr 21 beobachtbar. Vgl. de Wette, Glaubwürdigkeit, S. 107.
**633** Vgl. Rudolph, Chronikbücher, S. 293; Japhet, 2 Chronik, S. 359; Smelik, Representation, S. 171.
**634** Vgl. Lynch, Monotheism, S. 91; Myers, II Chronicles, S. 164.

2 Chr 28,23 im Heiligtum stattfand. Die Kulthöhen verletzen die Kulteinheit, der Altarbau dagegen die Kultreinheit.

Ein letztes Argument für einen Nachtrag stellt der auffallende Bezug zum Nachfolgekönig Hiskia dar, den die zweite Schicht in 2 Chr 29,2–31,20 als Tempelerneurer auftreten lässt. Die hier kurz angehängte Schließung des Gotteshauses bildet die Grundlage für die ausführliche Restauration und Wiedereinweihung des Tempels unter Hiskia. Aus diesen Gründen sind die prominenten Verse 2 Chr 28,24 f. als Nachtrag zu klassifizieren. Sie stellen einen kapitelübergreifenden Zusammenhang her, da sie einerseits Ahas zu einem der gottlosesten Herrscher und andererseits Hiskia zum positiven Gegenpart stilisieren.[635] Darum wird Ahas in 2 Chr 28,27 anders als in 2 Kön 16,20 nicht in der Königsgruft begraben. Diese Korrektur der Chronik gegenüber dem Königebuch ist nahezu logisch, da Ahas für all seine Vergehen diese Ehre vorenthalten werden muss.[636]

### 11.2.4  2 Chr 28: Namentliche Helden von Israel

Für Gesprächsstoff in der Forschung sorgen die Namenslisten der Israeliten in 2 Chr 28,7.12. In 2 Chr 28,7 wird Sichri, ein Held des Nordreichs, erwähnt, der den Sohn von Ahas, den Vorsteher des Hauses und den Stellvertreter des Königs, tötet.[637] Da die Titel in der Chronik ungewöhnlich sind, betrachten einige Forscher den Vers als alte Quellennotiz aus der Ahas-Zeit.[638] Doch da die Niederlage gegen Israel ohnehin eine sekundäre theologische Auslegung darstellt, ist der Vers als späterer Einschub zu deklarieren, „der die Szene durch Eigennamen verlebendigt"[639], wie Galling schreibt. Denn natürlich wird das Ausmaß der Niederlage greifbarer, wenn sich unter den Opfern hohe Oberhäupter befinden.

Ähnlich treten in 2 Chr 28,12 die Häupter der Söhne Ephraims nach Odeds Rede dem Heer entgegen und bekräftigen die Rede des Propheten. Diese Leute heißen Asarja, Berechja, Jehiskija und Amasa. Laut Rudolph könne die Chronik diese Liste „nicht erdichtet haben"[640]. Doch stellt dies laut De Vries mit Recht kein relevantes Argument dar, da sich die Historizität eines Ereignisses keines-

---

**635** Vgl. Steins, Abschlußphänomen, S. 151; Klein, 2 Chronicles, S. 406.
**636** Vgl. Japhet, 2 Chronik, S. 359; McKenzie, 1–2 Chronicles, S. 338; Willi, Auslegung, S. 122 f. In der LXX wird Ahas laut 2 Chr 28,27 nicht einmal in der Davidstadt bestattet worden.
**637** 1 Chr 8,19. Vgl. Curtis, Commentary, S. 458; McKenzie, 1–2 Chronicles, S. 336.
**638** Vgl. Japhet, 2 Chronik, S. 351; Levin, 2 Chronicles 10–36, S. 278; Myers, II Chronicles, S. 162.
**639** Galling, Bücher, S. 151.
**640** Rudolph, Chronikbücher, S. 289.

falls allein auf Namenslisten stützt.[641] Zudem ist zu konstatieren, dass die Liste schlecht in den Kontext eingebettet ist. So zählt sie die Namen nach den Söhnen Ephraims (בְּנֵי־אֶפְרַיִם) ohne Konjunktion auf, wodurch das Satzgefüge gesprengt wird. Am Versende schließt der Satz ab mit „vor diejenigen, die vom Feldzug zurückkamen" (עַל־הַבָּאִים מִן־הַצָּבָא). Das setzt den Versanfang fort. Darum sind die Namenslisten in 2 Chr 28,7.12 literarische Nachträge der dritten Schicht, die das Geschehen konkretisieren und verlebendigen.

## 11.3  Theologiegeschichtliche Entwicklung: falsche Hilfs- gesuche sowie gottloser Fanatismus

Das Leitthema der Grundschicht stellt die falsche Hilfe von Menschen, und die wahre Hilfe, die von Gott kommt, einander gegenüber. Ahas wird dabei in den Eingangsversen 2 Chr 28,1–4 mit den Attributen der frevelnden Nordreichskönige sehr negativ präsentiert. Seine Vergehen stellen eine Zusammenstellung der gravierenden Freveltaten Israels dar. Mit diesen Anspielungen auf die schlechtesten Könige Israels verweist der Text implizit auf den Untergang des Nordreichs, der parallel zu Ahas' Wirken stattfindet. Ahas' Kultverbrechen führen dazu, dass Gott sein Volk Juda in die Hände seiner Feinde fallen lässt. Laut Chronik verliert Juda den „syrisch-ephraimitischen Krieg", der sich in 2 Chr 28,5 auf die Niederlage gegen Aram beschränkt. Ahas ist nicht in der Lage, Gott als Ursache der Niederlage zu erkennen. Vielmehr sucht er in 2 Chr 28,16 menschliche Unterstützung bei den Assyrern, die in 2 Chr 28,20 zwar kommen, doch ihn ihrerseits bedrängen. Die Assyrer verursachen demnach nur noch mehr Probleme, da ihnen der Tempelschatz als Schutzgeld geopfert werden muss. Dass Ahas den Tempel in 2 Chr 28,21–23 an den assyrischen Kult anpasst, bewertet die Grundschicht als Apostasie, die laut 2 Chr 28,27 zu seinem Untergang und einem Tod in Unehre führt.

Die Eingriffe der zweiten Schicht prägen den Endtext enorm und weichen von der Grundschicht ab. Sie integrieren das zuvor Übergangene, nämlich die militärische Auseinandersetzung zwischen Juda und Israel in 2 Chr 28,5b–15, die kapitelübergreifend die spätere Umkehr des Nordreichs unter Hiskia und Josia einleitet, bei der die Israeliten wieder zum Passah nach Jerusalem ziehen. Die Israeliten wandeln sich darum vom Strafwerkzeug JHWHs zu barmherzigen Brüdern. Sie hören wieder auf Gottes Wort, das der Prophet Oded ihnen verkündet hat. Dieser gelebten Umkehr des sonst gottlosen Nordens steht Ahas' Halsstarrigkeit gegen-

---

641 Vgl. De Vries, 1 and 2 Chronicles, S. 367; Ackroyd, I & II Chronicles, S. 175 f.

über. Ahas sündigt weiter. Damit offenbart er sich als gottloser Fanatiker, der die Umkehr zu Gott blind und undankbar ausschlägt.

Durch weitere Einfälle der Edomiter und Philister bricht in 2 Chr 28,17–19 ein strafendes Chaos von allen Seiten über Ahas herein. Der Ungehorsam gegenüber JHWH führt dazu, dass Juda von Feinden bezwungen wird, die die guten Könige zuvor noch bändigen konnten. Somit ruiniert Ahas die Verdienste seiner Vorgänger. Das besondere Interesse am Kult wird vor allem am Ende deutlich. Den Kultvergehen der Grundschicht wird die Schließung des salomonischen Tempels in 2 Chr 28,24 f. hinzugefügt, die die Kulteinheit aufs Schärfste verletzt. Damit wird zugleich die Grundlage zur Tempelwiedereröffnung unter Hiskia in 2 Chr 29,2–31,20 gelegt. Die zweite Schicht gestaltet Ahas' Regierung als Tiefpunkt der Chronik, Hiskias Regierung hingegen als Höhepunkt. Die dritte Schicht beschränkt sich auf die Verlebendigung der Chronik durch Namens- und Städtelisten in 2 Chr 28,7.12.18.

## 11.4 Fazit: Ahas' Entwicklung zum schlechtesten König der Chronik

Durch das Textwachstumsmodell kann man Ahas' Vergehen differenzierter einordnen als textsynchron. Der Text war ursprünglich viel knapper und als Lesehilfe der Königebücher zu 2 Kön 16 gedacht. Deswegen hält sich die Grundschicht eng an den Aufbau der Vorlage. Das Szenario, den Verlauf und das Schicksal von Ahas in 2 Kön 16 deutet sie aber grundlegend um. Daran lässt sich zeigen, wie stark die Chronikdarstellung theologisch geprägt ist und dass sie weder ein historisches Interesse verfolgt noch sich an historischen Quellen orientiert.[642] Der Leser soll die eigentliche Intention des problematischen Königebuches erkennen: Wahre Hilfe kann man nicht von Menschen erhalten, sondern nur von Gott.

Die zweite Schicht erweitert Ahas' Frevel und stellt ihn als fanatischen Gottlosen dar, der sich anders als das Nordreich dauerhaft von JHWH abwendet. Aus dem König, der nach falscher Hilfe sucht, wird der uneinsichtige Frevler, der trotz aller Strafen nicht lernen will. Ahas präsentiert sich im Endtext als schlechtester König der Chronik überhaupt, da er mit der Schließung des Tempels das größte Verbrechen vollführt.

---

**642** Vgl. Curtis, Commentary, S. 461.

# 12  2 Chr 29–32 Hiskia

## 12.1 Hiskias wundersame Rettung als Folge der Tempelrenovierung?

König Hiskia zählt zu den populärsten Herrschern der Chronik. In vier Kapiteln wird seine Herrschaft geschildert. Nur von David und Salomo berichtet die Chronik noch ausführlicher. Hiskia ist für die gründlichen Kultreformen in 2 Chr 29,2–31,21 bekannt.[643] Hingegen wird die berühmte Belagerung Jerusalems durch die Assyrer in 2 Chr 32 deutlich knapper und anders als in den Königebüchern dargestellt. Aus diesem Grund erachtet die Forschung die Kultmaßnahmen als Kern der Hiskia-Erzählung. Im Gegensatz zur knappen Erzählung von der Belagerung werden die Kultmaßnahmen sehr weitschweifig und detailliert beschrieben. Die Reformen schildern erst die Tempelrestauration in 2 Chr 29, dann das spektakuläre Passahfest in 2 Chr 30 und schließlich die Versorgung der Priester und Leviten in 2 Chr 31. Als Ergebnis folgt der politische Lohn für Hiskias Kultbemühungen, da JHWH die Belagerung Sanheribs in 2 Chr 32 abwendet und die Assyrer schlägt. Wer sich also um JHWHs Tempel, den Kult und seine levitischen Priester kümmert, der erfährt Gottes segnende Hilfe.[644] Die Chronik baut die spärlichen Notizen aus 2 Kön 18,4–6, die Hiskias Kultmaßnahmen nur knapp andeuten, nun stark aus. Er gilt darum als zentrale und vorbildhafte Heldenfigur der Chronik. Vor allem erachten religionsgeschichtlich interessierte Exegeten Hiskia als paradigmatischen Kultstifter, da in seine Instruktionen spätere Kultpraktiken rückprojiziert seien. Ebenso werden in vielen Forschungsarbeiten die Bezüge zu anderen biblischen Texten erörtert, insbesondere zum Reformer Josia. Die kontrovers diskutierte Frage nach der Historizität[645] der Schilderungen ist wichtig, soll aber erstmal zurückgestellt werden. Die folgenden Kapitel prüfen zunächst die Einheitlichkeit des Textes. Erst auf dieser Basis können derartige Debatten sinnvoll geführt werden. Historische Diskussionen werden erst dann fruchtbar, wenn der Grundbestand von den Erweiterungen des Textes getrennt werden kann.

Der Text, der eine Fülle an Themen aufweist, lässt Hiskias Reformen in 2 Chr 29,2 beginnen. Gleich nach Amtsantritt öffnet der König wieder den Tempel,

---

643 Und so streitet die Forschung, ob seine Kultbemühungen mehr an Salomo oder an David anschließen. Vgl. Dillard, 2 Chronicles, S. 227 f.; McKenzie, 1–2 Chronicles, S. 339 f.; Throntveit, When Kings Speak, S. 121–125.

644 Vgl. Williamson, 1 and 2 Chronicles, S. 380; Welch, Work, S. 97; Dillard, 2 Chronicles, S. 228.

645 Vgl. Mason, Preaching, S. 97; Wellhausen, Prolegomena, S. 187.190; Goldingay, Theologian, S. 116; Dyck, Ideology, S. 111; Dillard, 2 Chronicles, S. 228; Willi, Auslegung, S. 212; Williamson, 1 and 2 Chronicles, S. 350; De Vries, 1 and 2 Chronicles, S. 387.

der unter Ahas verschlossen war. Dazu versammeln sich die Priester und Leviten in 2 Chr 29,4 vor dem Gotteshaus. Dann redet Hiskia in 2 Chr 29,5–11 explizit zu den Leviten und fordert sie auf, den Tempel wieder zu eröffnen. In 2 Chr 29,15 gehen daraufhin erst die Leviten, dann in 2 Chr 29,16 auch die Priester in den Tempel. Nach kurzer Zeit haben die Priester ihre Arbeiten vollendet, so dass sie in 2 Chr 29,18 f. die Wiedereröffnung verkünden. Darauf werden in 2 Chr 29,20–24 die ersten Brandopfer für ganz Israel dargebracht. Nun organisiert Hiskia in 2 Chr 29,25–30 im Tempel die Liturgie der Leviten, ehe die Opfer in 2 Chr 29,31–36 fortgesetzt werden. Laut 2 Chr 29,32–34 werden dafür so viele Tiere geschlachtet, so dass die Leviten in 2 Chr 29,34 den Priestern helfen müssen, da sich noch nicht genug Priester geheiligt haben, um opfern zu können.

Nach Eröffnung des Tempels lädt Hiskia in 2 Chr 30,1 Juda, aber auch das Nordreich in Gestalt von Ephraim und Manasse zum Passah nach Jerusalem ein, obwohl er sich erst in 2 Chr 30,2–5 dazu mit den Obersten berät. In 2 Chr 30,6–9 wird der Inhalt eines Briefes dargelegt, der sich an das Nordreich richtet und zur Umkehr zu JHWH aufruft. Doch die Reaktion in 2 Chr 30,10–14 fällt unterschiedlich aus. Ganz Juda erscheint, während nur wenige aus Israel der Einladung folgen. 2 Chr 30,15 stellt nun die Brandopfer des Passahs vor, die in 2 Chr 30,16–22 detailliert präsentiert werden. Insbesondere die Teilnahme der kultisch unreinen Gäste aus dem Norden stellt eine Herausforderung dar, die die Leviten bewältigen. Sie unterstützen zunächst die Priester, dazu schlachten sie das Passah für die unreinen Leute aus dem Nordreich (2 Chr 30,17). Hiskia bittet laut 2 Chr 30,18 f. im Gebet, dass JHWH den unreinen Gästen vergebe, wenn sie ihr Herz ganz auf Gott richten. Da Gott die Bitte erfüllt, feiern alle gemeinsam das Fest sieben Tage lang. In 2 Chr 30,23–26 beschließt die Gemeinde, ein zweites Mal mit sehr vielen Opfern zu feiern. In 2 Chr 30,26 wird das Fest als das größte seit Salomo gelobt.

2 Chr 31 beschäftigt sich mit den Auswirkungen der Feierlichkeiten. In 2 Chr 31,1 werden erst einmal in Juda, dann aber auch im Nordreich die Fremdkulte getilgt. Danach thematisiert das Kapitel die dauerhafte Versorgung der Priester. Vorbildlich spendet Hiskia in 2 Chr 31,2 f. viele Brandopfer. Das Volk animiert er in 2 Chr 31,4–6 ebenso zu Opferspenden, die die Tora vorgibt. Darauf bringt das Volk in 2 Chr 31,7–10 sehr viele Opfer, so dass ein Überschuss entsteht, der verwaltet werden muss. Dafür sorgen darauf in 2 Chr 31,11–20 namentlich genannte Leviten.

Am Schluss des Kapitels findet sich eine allgemeine Bewertung von Hiskias Taten. Laut 2 Chr 31,20b–21 tat Hiskia, was gut und recht vor JHWH ist. Bei seinem Dienst im Tempel, beim Studium der Tora und bei seinen Befehlen suchte er Gott und hatte Erfolg. Im Anschluss wird nun mit vielen Änderungen im Vergleich zu 2 Kön 18 der Angriff Sanheribs auf Jerusalem geschildert. Sanherib plant laut 2 Chr 32,1 in Lachisch den Angriff. Hiskia hingegen bereitet sich darauf in 2 Chr 32,2–8 vor. Er verschüttet erst den Brunnen, dann baut er die Mauern aus und bringt seine Armee in Stellung. Dabei ermutigt er Juda, auf JHWH zu vertrauen, da die militärische Übermacht der Assyrer Gott nichts anhaben könne. Nun schickt Sanherib in 2 Chr 32,10–15 Boten vor die Stadtmauern von Jerusalem, die das Volk mit Reden verunsichern sollen. Sie betonen die Übermacht der Assyrer gegenüber allen Völkern der Erde. Da Assur alle feindlichen Götter bezwungen habe, solle Juda nicht Hiskia und JHWH vertrauen. 2 Chr 32,16–20 schildert die Lästerreden, die Gott als „Machwerk von Menschhänden" (2 Chr 32,19) bezeichnen. Hiskia und der Prophet Jesaja wenden sich in der argen Bedrängnis zu Gott und flehen um Hilfe. Da geschieht die wunderhafte Rettung: JHWH schickt seinen Boten ins Assyrerlager, der das Heer vernichtend schlägt. So zieht der König von Assur in 2 Chr 32,21 in Schande ab, während Hiskia Ruhe hat. Nach diesem eindrucksvollen Sieg erhält er Anerkennung und Geschenke. Doch das Ende des Berichts nimmt viele Anspielungen auf 2 Kön 20 vor, die aber sehr gedrungen und vage bleiben. So berichtet 2 Chr 32,24 von Hiskias Krankheit. Nach seinem Gebet gewährt Gott ihm ein Wunderzeichen, worauf der König zweifach reagiert. Zunächst sei Hiskia laut 2 Chr 32,25–30 wegen des Zeichens hochmütig geworden. Da er sich anschließend aber demütigt, kann er JHWHs Zorn auf später verschieben. Hiskias letzte Jahre werden darum als erfolgreiche Zeit mit reger Bautätigkeit beschrieben. Ein zweites Mal wird das Wunderzeichen in 2 Chr 32,31 thematisiert. Gesandte aus Babylon kommen nun herauf. Die Chronik deutet den Besuch als göttliche Prüfung Hiskias, um herauszufinden, ob er Gott weiterhin treu sei. Der Ausgang dieser Prüfung bleibt zwar offen, doch schildert 2 Chr 32,23 nach Hiskias Tod eine der größten Begräbnisfeiern der Chronik, bei der Hiskia in der Gruft der Könige bestattet wird.

## 12.2  Prüfung der Texteinheitlichkeit

### 12.2.1  2 Chr 29: Die Kultreform als großer Nachtrag

Viele Forscher hinterfragen die Einheitlichkeit der heterogenen Kapitel 2 Chr 29–32. Sowohl in der deutsch- als auch in der englischsprachigen Exegese werden zahlreiche Ansätze und Modelle geboten, die – mal kleiner, mal größer – Ergänzungen in 2 Chr 29–32 postulieren. Grund dafür sind zahlreiche auffällige Doppelungen und Mehrfachüberlieferungen, die sich in nahezu jedem Kapitel finden. Laut Steins ist darum eine diachrone Differenzierung des Textes nötig, um die Kohärenzprobleme zu klären.[646] Alle bisherigen Modelle eint dabei der Gedanke, dass es ein ursprüngliches Skelett von 2 Chr 29–32 gab, das die Kultreformen in 2 Chr 29–31 und die

---

646 Vgl. Steins, Abschlußphänomen, S. 132; McKenzie, 1–2 Chronicles, S. 340.

Bewahrung gegenüber den Assyrern in 2 Chr 32 enthielt. Die nun vorgeschlagene Lösung stellt dieses Skelett in Frage, da die Erweiterungen viel umfassender sind.

Die Fortschreibung beginnt bei Hiskias Vorstellung, die auf den ersten Blick unauffällig wirkt. 2 Chr 29,1 nennt formelhaft die Daten seiner Regierung, worauf in 2 Chr 29,2 die positive Bewertung folgt: „Und er tat, was recht war in den Augen JHWHs, nach allem, was sein Vater David getan hatte". Die Forschung hat den Vers vor allem als Ehrentitel der Chronik aufgefasst, der Hiskias Rang hervorhebt.[647] Hiskia pflegt den Kult im Stil des chronistischen David. So eröffnet er laut 2 Chr 29,3 nach seinem Amtsantritt den Tempel neu. Damit beginnen die üppigen Kultmaßnahmen in den nächsten drei Kapiteln.[648]

Doch tritt eine auffällige Wiederholung der Einleitung an viel späterer Stelle in 2 Chr 31,20 auf. Dort heißt es: „Er tat, was gut und recht und treu war vor JHWH, seinem Gott." Zu diesem Vers finden sich in der Forschung nur wenige Angaben. Meistens wird die Angabe als Resümee seiner Reformen betrachtet, die die Kultmaßnahmen umrahmen. So behaupten beispielsweise Steins, Williamson und McKenzie, dass 2 Chr 29,2 und 2 Chr 31,20 f. die kultischen Maßnahmen wohlüberlegt ummanteln.[649] Doch sie beschreiben damit den Sachverhalt nicht treffend. Denn hier handelt es sich schlichtweg um eine Wiederholung der einleitenden Bewertung aus 2 Chr 29,2, die einen bereits besprochenen Sachverhalt doppelt beschreibt.

Somit werden die Kultmaßnahmen von einer literarischen Wiederaufnahme umklammert, die verdächtig ist. Die rahmenden Verse haben dabei unterschiedlichen Charakter. 2 Chr 31,20 f. formuliert im Stil einer generellen Bewertung Hiskias Beziehung zu Gott, wie es die Chronikgrundschicht meist am Anfang einer jeden Königsära tut.[650] Dagegen führt 2 Chr 29,2 zu den Kultmaßnahmen Hiskias hin, da die Erwähnung Davids auf das Thema des Kultes verweist. Die Bezugnahme auf David in 2 Chr 29,2 ist für die Chronikgrundschicht ungewöhnlich. Generell tritt sie vor allem in der zweiten und dritten Schicht auf, die David als Kultkönig präsentiert.

Dagegen bescheinigt der hintere Rahmenvers in 2 Chr 31,21 König Hiskia nun positive Leistungen mit drei Leitvokabeln. Erstens tue er den Dienst im Haus Gottes (עֲבוֹדַת בֵּית־הָאֱלֹהִים), zweitens halte er die Tora (תּוֹרָה) und drittens folge er Gottes Befehl (מִצְוָה). Im Endtext scheinen die Reformen die Kapitel 2 Chr 29–31 zusammenzufassen, da viele Motive dieser Kapitel gebündelt werden. Doch ist der Vers

---

**647** Vgl. Jonker, 1 & 2 Chronicles, S. 268; Japhet, 2 Chronik, S. 365.
**648** Vgl. Williamson, 1 and 2 Chronicles, S. 351.
**649** Vgl. Williamson, 1 and 2 Chronicles, S. 377; Steins, Abschlußphänomen, S. 110; McKenzie, 1–2 Chronicles, S. 347; Allen, 1, 2 Chronicles, S. 366.
**650** 2 Chr 14,1; 22,4; 24,2; 25,2; 26,4.

wirklich ein Textresümee? Der Blick in die Parallele in 2 Kön 18,1–6 liefert wichtige Hinweise darauf, dass zwischen dem Anfang in 2 Chr 29,1 und 2 Chr 31,20 f. ein enger Zusammenhang besteht. Der Vergleich ergibt einen parallelen Aufbau, bei dem aber Kürzungen und neue theologische Akzente zu beobachten sind. In diesem Stil ist das gesamte Kapitel 2 Chr 32 verfasst. Dort sind ebenso Kürzungen und theologische Neuformulierungen feststellbar. Dabei bleibt aber die Vorlage der Königebücher immer noch deutlich zu erkennen.[651]

| 2 Kön 18,1–6 | 2 Chr 29,1; 31,20 f. |
|---|---|
| **2 Kön 18,1 f.** Und es geschah im dritten Jahr Hoseas, des Sohnes Elas, des Königs von Israel, da wurde Hiskia König, der Sohn des Ahas, des Königs von Juda. 25 Jahre war er alt, als er König wurde, und er regierte 29 Jahre in Jerusalem; und der Name seiner Mutter war Abi, die Tochter Secharjas. | **2 Chr 29,1** Hiskia wurde König, als er 25 Jahre alt war, und er regierte 29 Jahre in Jerusalem. Und der Name seiner Mutter war Abija, die Tochter Secharjas. |
| **2 Kön 18,3** Und er tat, was recht war in den Augen JHWHs, in allem, was sein Vater David getan hatte. | **2 Chr 31,20** Und er tat, was gut und recht und treu war vor JHWH, seinem Gott. |
| **2 Kön 18,4** Er beseitigte die Höhen und zerschlug die Gedenksteine und rottete die Aschera aus und schlug die eherne Schlange, die Mose gemacht hatte, in Stücke. Denn bis zu jenen Tagen hatten die Israeliten ihr Rauchopfer dargebracht, und man nannte sie Nehuschtan. | **2 Chr 31,21** Und bei jedem Werk, das er anfing im Dienst für das Haus Gottes und in der Tora und im Befehl, seinen Gott zu suchen, handelte er von ganzem Herzen und er hatte Erfolg. |
| **2 Kön 18,5** Auf JHWH, den Gott Israels, vertraute er. Und nach ihm hat es seinesgleichen nicht gegeben unter allen Königen von Juda noch unter denen, die vor ihm waren. | |
| **2 Kön 18,6** Er hing JHWH an, er wich nicht davon ab, ihm nachzufolgen. Und er bewahrte seine Gebote, die JHWH dem Mose geboten hatte. | |

---

651 Vgl. Japhet, 2 Chronik, S. 420.

So fällt auf, dass 2 Chr 29,1 die Datierung in 2 Kön 18,1 f. zusammenfasst und den Königssynchronismus übergeht. 2 Chr 31,20 steht parallel zur Bewertung in 2 Kön 18,3, setzt aber andere Akzente. Denn Hiskia tut, was gut und recht ist – allerdings allein vor Gott und nicht vor David. Die Bewertungen der Chronikgrundschicht tilgen die Bezüge zu David, wie man bei Abija, Josaphat oder Amazja sehen kann.[652] Ihr ist allein das Verhältnis zu Gott wichtig und nicht zu David. Darum entspricht 2 Chr 31,20b dem Stil einer Bewertung der Chronikgrundschicht.

Zuletzt fasst 2 Chr 31,21 die Verse von 2 Kön 18,4–6 zusammen, deren Ablauf mit markanten Änderungen integriert wird.[653] So nennt 2 Kön 18,4 einige Kultmaßnahmen, wie die Vernichtung der Höhen, der Aschera und der bronzenen Schlange. Parallel dazu spricht 2 Chr 31,21 ganz allgemein vom Dienst im Gotteshaus. Die Entfernung der Kulthöhen wird erst später in 2 Chr 32,12 genannt, hingegen wird Moses Kupferschlange aus 2 Kön 18,4 übergangen, da dieser Kultgegenstand der Chronik nicht genehm ist. Darum werden die Kultbemühungen in 2 Chr 31,21 ohne Details als Dienst am Tempel bezeichnet (עֲבוֹדַת בֵּית־הָאֱלֹהִים). Die Verse 2 Kön 18,5 f. berichten von Hiskias Gottessuche, die die Chronik mit dem Leitmotiv der Grundschicht zusammenfasst, dass er Gott von ganzem Herzen gesucht habe (לִדְרשׁ לֵאלֹהָיו בְּכָל־לְבָבוֹ). 2 Kön 18,6 betont nun, dass Hiskia JHWHs Gebote hielt, die Mose befohlen hat. Die Chronik fasst das erleichternd als Befehle (מִצְוָה) der Tora zusammen.

Der Vergleich ergibt: Hiskias Vorstellung in 2 Kön 18,4–6 wird in 2 Chr 31,21 als Kurzzusammenfassung neu formuliert, wie Japhet mit Recht konstatiert.[654] Darum stellen 2 Chr 29,1; 31,20 f. Hiskias Einleitung dar. Doch warum ist der Text derart zerrissen? Dieser Umstand lässt ein großes Textwachstum vermuten, das die Einleitung unterbricht. Ebenso begründet sich dadurch auch der Stilwechsel zwischen den völlig eigenständigen Texten über die Hiskia-Reformen in 2 Chr 29–31 und dem Sanherib-Kapitel in 2 Chr 32, das sich eng an der Vorlage orientiert. Erst die Darstellung der üppigen Kulterweiterungen in 2 Chr 29,2b–31,20a hat den neuen Stil in den Text hineingebracht. Somit fasst 2 Chr 31,20 f. Hiskias vorherige Kultmaßnahmen nicht zusammen, sondern 2 Chr 29,2b–31,20a sind umgekehrt Auslegungen dieser Verse. Ursprünglich stellte diese Einleitung Hiskia vor, um auf das Kapitel 2 Chr 32 vorzubereiten, in dem die Rettung aus der Not thematisiert wird. Darum war Hiskia in der Chronik also ursprünglich nicht vorrangig Kultkönig, sondern pflegte „nur" ganz allgemein den Tempel. Der Kult stellt darum noch

---

**652** 2 Chr 13; 17,4; 25,2. Vgl. Japhet, 2 Chronik, S. 365.

**653** Vgl. McKenzie, 1–2 Chronicles, S. 347.

**654** Vgl. Japhet, 2 Chronik, S. 416.

nicht das Hauptthema des Textes dar, weshalb in 2 Chr 32 weder Leviten erscheinen noch der Kult eine Rolle spielt. Die langen Passagen in 2 Chr 29–31, die den Endtext so stark prägen, sind de facto eine Auslegung der knappen Kultnotizen in 2 Chr 31,21. Durch die ausführlichen Interpretationen wird nun eine Nebensache zum Hauptthema des Textes.

Den Nachtragscharakter sieht man besonders im Folgevers 2 Chr 32,1, den die Forschung traditionell als Verknüpfung zwischen 2 Chr 29–31 und 2 Chr 32 wertet. Dort steht: „Nach diesen Ereignissen und dieser Treue kam Sanherib, der König von Assur". Damit beginnt die Belagerung. Auffällig ist vor allem der theologische Begriff „Treue" (אֱמֶת).[655] Dieser Terminus ist in dem Kontext ungebräuchlich und stellt eine eingeschaltete Deutung dar, die die Kulteintragungen in 2 Chr 29–31 integrieren soll. Denn Sanheribs Einfall stellt so manche theologische Deutung in Frage, die die Forschung zu Grundprinzipien der Chronik erklärt hat. So meint Japhet, militärische Angriffe hätten in der Chronik Strafcharakter, obwohl das bei Hiskia völlig unangebracht sei.[656] Denn wieso sollte Hiskia gestraft werden, wenn er doch intensiv den Kult pflegt? So fragt Williamson: "It might […] seem strange to use deliverance from an invasion as an example of blessing"[657]. McKenzie zufolge sorgt die Vokabel „Treue" dafür, dass die Invasion nicht als Strafe Gottes verstanden werden soll.[658] Diese Spannung erklärt sich durch das Textwachstum an dieser Stelle. In der Grundschicht gab es das Problem noch nicht. Nach der Einleitung folgte sofort die Belagerung und damit die Rettung aus der Not.

Zuletzt hat die Untersuchung zum Vorgängerkapitel in 2 Chr 28 ergeben, dass das Zuschließen des Tempels durch Ahas in 2 Chr 28,24 f. ein Vers der zweiten Schicht ist, weshalb 2 Chr 31,21 auch nicht von einem verschlossenen Tempel berichtet. Aus diesen Gründen wurde in 2 Chr 29,2b–31,20a eine große Fortschreibung vorgenommen.

### 12.2.2 2 Chr 32: Hiskias Vorbereitung auf Sanheribs Invasion

Wie reagiert nun Hiskia auf die Bedrohung durch Sanherib? Zunächst fällt auf, dass die Chronik die Gefahr völlig anders darstellt als die Königebücher. Während die Assyrer in 2 Kön 18,13 Juda komplett erobert und vor Jerusalem steht, sind sie in der Chronik überhaupt noch nicht im Land, sondern stehen vor Lachisch

---

655 Mögliche andere Übersetzungen wären „Beständigkeit", „Verlässlichkeit", „Wahrheit".
656 Vgl. Japhet, 2 Chronik, S. 423; Kalimi, Geschichtsschreibung, S. 25 f.
657 Williamson, 1 and 2 Chronicles, S. 378.
658 Vgl. McKenzie, 1–2 Chronicles, S. 348.

und wollen es erst erobern, wie 2 Chr 32,9 berichtet. Juda befindet sich also in Erwartung einer großen Bedrohung. Jeglicher politische Kontext aus den Königebüchern wird dabei getilgt. Dort schließt Hiskia noch diverse Bündnisse und sendet Sanherib in 2 Kön 18,14–17 sogar Teile des Tempelschatzes als Tribut. Das alles spielt in der Chronik keine Rolle, wie McKenzie zutreffend schreibt: "[S]ince it would hardly square with the Chronicler's stress on relying solely on Yahweh."[659] Die Chronik gestaltet das Geschehen zum theologischen Lehrstück der JHWH-Treue um. Der mächtige Kriegsherr Sanherib zieht heran und greift weniger Juda an, sondern vielmehr JHWH selbst.

Der Text berichtet zunächst in 2 Chr 32,1 aus der Perspektive Sanheribs, der den Entschluss zur Eroberung fasst. Der Plan wird aber erst in 2 Chr 32,9 fortgeführt. Dazwischen stellt 2 Chr 32,2–8 Hiskias umfassende Verteidigungsmaßnahmen dar, die Rudolph als „materielle und [...] geistige Vorbereitung auf den Angriff"[660] charakterisiert. Zunächst nimmt er in 2 Chr 32,3 f. eine Kriegsberatung vor und lässt die Wasserquellen vor der Stadt zuschütten. In 2 Chr 32,5 f. erfolgt darauf das große Aufrüsten. Jerusalem und die Vorstadt Millo werden mit Mauern und Türmen verstärkt und Feldherrn dort stationiert. Doch auch moralisch stärkt Hiskia sein Volk mit Siegesgewissheit. So hält er in 2 Chr 32,7 f. eine flammende Rede, die dazu aufruft, sich nicht zu fürchten. Denn trotz der Größe der Assyrer sei JHWH größer als alle seine Feinde. Der Text über die Vorbereitungen auf die Belagerung wirft allerdings Fragen auf. Von einigen Exegeten wird er aus guten Gründen in seiner Einheitlichkeit angezweifelt. Wie Galling entdeckte, berichtet 2 Chr 32,30 ein zweites Mal von der Verstopfung der Gewässer in 2 Chr 32,4. Aufgrund der Doppelung erklärt er 2 Chr 32,2–8 zum Nachtrag.[661] Gallings These lässt sich mit folgenden Argumenten ausbauen.

Hiskias Vorbereitungen in 2 Chr 32,2–8 spielen bei den Schilderungen des Krieges keine Rolle. In 2 Chr 32,9–21 werden keine Mauern und Krieger erwähnt, es wird auch nicht gekämpft. In der Chronik kommt das Heer der Assyrer nicht einmal bis an Jerusalem heran. Lediglich ein paar Gesandte stehen vor den Stadtmauern. So gehört das Aufrüsten eher in den Kontext der Königebücher oder des Jesaja-Buches. Dort belagern die Assyrer direkt die Stadt, weswegen ein Zuschütten der Gewässer und die Verstärkung der Mauern sinnvoll wäre. In der Chronik sind sie für den Handlungsverlauf überflüssig, da das Kriegsszenario ein anderes ist.

---

**659** McKenzie, 1–2 Chronicles, S. 348. Vgl. Welten, Geschichte, S. 31.
**660** Rudolph, Chronikbücher, S. 311.
**661** Vgl. Noth, Überlieferungsgeschichtliche Studien, S. 139; Ackroyd, Exegete, S. 11; Galling, Bücher, S. 165.

Weiterhin treten einige tendenzkritische Auffälligkeiten auf, die nahelegen, dass die Verse zu den Fortschreibungen der zweiten Schicht gehören. Wie McKenzie feststellt, baut Hiskia den Millo analog zu David und Salomo aus. Wie Williamson beobachtet, startet Hiskia ganz analog zu Asa in 2 Chr 14,5–7 üppige Bauvorhaben, um sich auf Kriegszeiten vorzubereiten. Doch derartige Aktivitäten haben sich als festes Motiv der zweiten Schicht erwiesen. Große Baumaßnahmen und ein starkes Militär demonstrieren, dass die Regierung des Königs unter Gottes Segen steht.

Wie von Rad beobachtet, setzt sich die Chronik vor allem mit dem Jesaja-Buch auseinander, das Hiskias Baumaßnahmen kritisiert.[662] In der Chronik stehen diese mit dem gottgefälligen Handeln völlig im Einklang. Diese Harmonie stellt aber eine bedeutende Neuinterpretation von Jes 22,8–11 dar. Denn dort wirft Jesaja Hiskia vor, nicht genug auf Gott zu vertrauen, sondern auf Mauern, Wassergräben und Militär. Die Chronikdarstellung korrigiert diese Schelte, denn Hiskia hebt in seiner Rede Gott als Ursache allen Erfolgs hervor. Seine Rede dominiert die Vokabel „Erstarken" (חָזַק), die wortspielartig den Namen des Königs auslegt. Hiskia (יְחִזְקִיָּהוּ) verbreitet in der Ansprache die Botschaft seines Namens, denn der bedeutet „JHWH ist stark". Wortspiele mit der Namensbedeutung sind vor allem bei Asa und Josaphat ein Kennzeichen der zweiten Schicht gewesen, in der Josaphat entsprechend seinem Namen Richter einsetzte und Asa verbotenerweise Ärzten vertraute.[663] Genauso agiert Hiskia nun nicht unsicher wie in 2 Kön 18,14–17, sondern verbreitet Gottvertrauen und Siegessicherheit. Die Rede in 2 Chr 32,7 gilt laut Dillard darum als Zusammenfassung des Heiligen Krieges[664]:

> „Seid stark und mutig! Fürchtet euch nicht und seid nicht verzagt vor dem König von Assur und auch nicht vor der ganzen Menge, die mit ihm ist, denn mit uns ist ein Größerer als mit ihm."

Dieser Text weist viele Parallelen zu anderen prominenten Chronikreden der zweiten Schicht auf. So redet in 2 Chr 20,15 der Prophet Jahasiel ganz analog[665]: „Fürchtet euch nicht, erschreckt nicht vor der großen Menge. Denn es ist nicht euer Kampf, sondern Gottes." Die Vokabel „Menge" (הָמוֹן) stellt ein Leitmotiv der zweiten Schicht dar (2 Chr 13,8; 14,10; 20,2.12.24). Denn diese zahlenmäßig große

---

662 Vgl. McKenzie, 1–2 Chronicles, S. 348; Williamson, 1 and 2 Chronicles, S. 378; von Rad, Levitische Predigt, S. 119; De Vries, 1 and 2 Chronicles, S. 391.
663 2 Chr 16,12; 29,4 f.
664 Dtn 31,6; Jos 1,9; 10,25; 2 Kön 6,16; Jes 7,14; 8,8–10; Jer 17,5. Vgl. Williamson, 1 and 2 Chronicles, S. 382; Dillard, 2 Chronicles, S. 257; McKenzie, 1–2 Chronicles, S. 349.
665 Vgl. Japhet, 2 Chronik, S. 427.

Menge an irdischem Militär zieht überlegen dem Gottesvolk entgegen, ohne es zu besiegen. Ebenso wird Sanheribs Heer mit dem Zitat aus Jer 17,5 als „Arm aus Fleisch" bezeichnet,[666] der Juda nichts anhaben kann, da Gott auf Judas Seite steht. Durch die zweite Schicht wird die Schlacht gegen die Assyrer als Heiliger Krieg deklariert. Die Rede verbindet demnach Bautätigkeit mit Gottvertrauen. Dadurch wird Hiskias Bautätigkeit rehabilitiert, für die er im Jesaja- und Königebuch gescholten wird.

Doch die Siegessicherheit dieser Rede findet sich im späteren Erzähltext nicht wieder. In 2 Chr 32,20 reagiert Hiskia auf die Lästereien der Assyrer nicht souverän wie in der Rede, sondern er und Jesaja beten und schreien gemeinsam zu Gott. Wie schon bei Abija in 2 Chr 13,14 und Josaphat in 2 Chr 18,31 ist das „Schreien" (צעק) zu Gott eine Bitte um Errettung aus höchster Bedrängnis analog zu Ex 2,23; 14,10 beim Auszug aus Ägypten. Umzingelt von Feinden vertraut das Volk dort allein auf Gott, von dem es sich Rettung erhofft. Ebenso wird hier in 2 Chr 32,21 durch das Schreien aus tiefster Not Gottes Eingreifen aktiviert: „Und JHWH sandte einen Boten und der zerschmetterte alle tapferen Krieger und den Anführer und den Obersten im Lager des Königs von Assur." Das Eingreifen Gottes wird hier gegenüber dem Königebuch besonders hervorgehoben, da JHWH den strafenden Boten sendet.[667] Die Chronik macht deutlich, dass Gott selbst die Lästereien beantwortet und er allein sein Volk aus der Not rettet, so dass die Assyrer in Schande umkehren müssen.[668]

Damit stellt das alleinige Vertrauen auf JHWH die Kapitelpointe von 2 Chr 32 dar, die allerdings ohne Vorbereitung auskommt. Hiskias Stärke gründet nicht auf seinen militärischen Fähigkeiten, sondern allein auf Gottvertrauen.[669] Dieses wird aber laut Williamson erheblich gestört, wenn Hiskia selbst menschliche Hilfsmittel wie Mauern und Militär benutzt, um sich auf den Einfall vorzubereiten. Ebenso fragt McKenzie mit Recht, warum der König aufrüstet, wenn doch Gott selbst eingreift.[670] Demzufolge sind die Militärvorbereitungen in 2 Chr 32,2–8 als

---

**666** Jes 31,1.3. Vgl. McKenzie, 1–2 Chronicles, S. 349; Japhet, 2 Chronik, S. 427.

**667** In 2 Kön 19,35 greift der Engel von selbst ein. Die Chronik betont, dass der Engel nur nach Gottes Befehl agiert.

**668** Sanherib stirbt in der Chronik gleich darauf, noch dazu im Haus des Gottes, der ihn nicht rettet, wodurch seine Rede in 2 Chr 32,13 f. wieder aufgenommen wird. Vgl. McKenzie, 1–2 Chronicles, S. 350; Kalimi, Geschichtsschreibung, S. 33.

**669** Vgl. Japhet, 2 Chronik, S. 424; Jonker, 1 & 2 Chronicles, S. 276.

**670** In der Forschung wird das Problem oft nicht zufriedenstellend gelöst, sondern harmonisiert. Japhet meint, dass Gott zwar meist helfe, wenn man ihm vertraue. Doch darauf könne sich Hiskia nicht verlassen, weswegen er sich auf den Angriff vorbereiten muss. Vgl. Japhet, 2 Chronik, S. 424; McKenzie, 1–2 Chronicles, S. 348; Williamson, 1 and 2 Chronicles, S. 380.

Hinzufügung anzusehen. In der Grundschicht hat Hiskia sich überhaupt nicht auf den Angriff vorbereitet, sondern erst in der Not zu Gott geschrien und ihm somit vorbildhaft vertraut.

Die große Rede Sanheribs in 2 Chr 32,10–15 stellt die zentrale Frage des Kapitels, nämlich worauf sich Juda im Angesicht der größten Bedrohung stützt. Sie weist eine Argumentationskette auf, die mit Sanheribs These in 2 Chr 32,11 beginnt, dass Hiskias JHWH-Vertrauen in die Irre und ins Verderben führe. Sanherib will also das Vertrauen auf Gott erschüttern und erwähnt die Taten, die er und seine Vorgänger anderen Ländern angetan haben, ohne dass deren Götter die Völker erretten konnten (2 Chr 32,13). Assur wird als Macht präsentiert, die alle Völker und Götter überwinden kann.[671] Darauf aufbauend kulminiert die Rede in 2 Chr 32,15 in der Aufforderung an Juda, sich nicht von Hiskia belügen zu lassen: „Denn kein Gott aus irgendeiner Nation und eines Königreichs konnte sein Volk erretten aus meiner Hand und von der Hand meiner Väter, so wird euer Gott euch nicht erretten aus meiner Hand". Sanherib setzt hier JHWH mit Göttern gleich, die nicht helfen konnten.

Mitten in dieser Rede fragt Sanherib in 2 Chr 32,12 etwas abrupt: „Ist es nicht Hiskia, der seine Höhen und seine Altäre entfernen ließ, und der zu Juda und Jerusalem gesagt hat: ‚Vor einem Altar allein sollt ihr euch niederwerfen und auf ihm Rauchopfer darbringen?'" Die Frage verweist auf Hiskias Tempelpflege in 2 Chr 31,21.[672] Damit ist dieser Vers durch seine Vorlage in 2 Kön 18,22 zu erklären und gehört trotz des Themenwechsels zur Grundschicht. JHWH wird als besonders schwach dargestellt, da er im Vergleich zu anderen Göttern nur eine Kultstätte besitzt. Judas Gott wird in 2 Chr 32,19 mit einem Zitat aus Dtn 4,28 als besonders schwaches „Machwerk aus Menschenhänden" (מַעֲשֵׂה יְדֵי הָאָדָם) deklariert. Zusammengefasst stellt die Chronik den Angriff Sanheribs als völlige Infragestellung JHWHs dar, der als schwächster aller Götter verspottet wird.[673]

---

671 Vgl. McKenzie, 1–2 Chronicles, S. 350; Japhet, 2 Chronik, S. 430.

672 Hier sind leichte Glättungen des Textes erkennbar. So verbrennen die Judäer in der Chronik auf dem Altar und werfen sich nicht nieder, wodurch stärker der Ritus des Brandopferns betont wird. Zudem wird die geographische Angabe von Juda und Jerusalem nur einmal erwähnt und nicht umständlich gedoppelt wie in 2 Kön 18,22. Vgl. Japhet, 2 Chronik, S. 430.

673 Vgl. Williamson, 1 and 2 Chronicles, S. 384; Rudolph, Chronikbücher, S. 313. Als Nachtrag erweist sich zudem 2 Chr 32,17. Dort schickt Sanherib Briefe, in denen er JHWH verhöhnt: „Wie die Götter der Völker der Erde, nicht ihr Volk retten konnten aus meiner Hand, so wird Hiskias Gott sein Volk nicht aus meiner Hand erretten." Der Text wiederholt die Rede der Gesandten aus 2 Chr 32,15. Doch findet hier ein Subjektwechsel statt. Jetzt redet Sanherib selbst, da das Prädikat in der dritten Person Singular steht. Gleich im Anschluss in 2 Chr 32,18 reden aber wieder die Gesandten zum Volk vor den Toren in Jerusalem und die Szenerie aus 2 Chr 32,16 wird fortgesetzt. Der Einschub fügt Sanheribs eigene Lästereien hinzu, um seine Feindschaft zu JHWH auszubauen.

Doch JHWH belohnt in 2 Chr 32,16–19 das Vertrauen Hiskias und vernichtet die frevelnden Assyrer.

### 12.2.3 2 Chr 32: Hiskias Ende im Wirrwarr an Anspielungen

Die Verse 2 Chr 32,24–33, die die problematische Seite von Hiskias Spätwerk thematisieren, werden von der Forschung bisher eher weniger beachtet.[674]

Als Frage stellt sich, wie Hiskia auf den Sieg gegen Sanherib reagiert. Bleibt er auf Gottes Wegen oder wird er hochmütig? Hiskia genießt laut 2 Chr 32,23 den Respekt aller Völker durch Geschenke, wie sie früher Salomo, Josaphat und Ussia erhalten haben.[675] Der angeblich schwache Gott JHWH verschafft seinem Schützling Hiskia und sich selbst nun die überregionale Anerkennung. Doch darauf erfolgt die knappe Erwähnung von Hiskias Krankheit in 2 Chr 32,24. Die Chronik geht dabei aber nur auf die Punkte ein, die ihr theologisch wichtig sind.[676] Sie setzt beim Leser die Kenntnis der gesamten Geschichte von Hiskias Erkrankung, die in 2 Kön 20,1–11 geschildert wird, voraus. Es wird weder Jesajas Todesvorhersage erwähnt noch Jesajas magische Heilung. Auch das göttliche Zeichen, bei dem der Schatten zurückwandert, wird nicht erläutert. Aus dieser Geschichte berichtet die Chronik allein über Hiskias Bittgebet, dessen Erhörung sie als Wunderzeichen deutet. Die Details von Jesajas Heilung klammert sie bewusst aus und konzentriert sich ganz auf die Macht des Gebets, das zur Heilung führt. Es handelt sich also hier um eine Lesehilfe für die problematische Wunderheilung in den Königebüchern.[677] Hiskias Gebet wird als weitere Hinwendung zu JHWH gedeutet wie das Schreien zu Gott in der Not. Die Errettung aus der Krankheit erfährt also eine positive Bewertung.

Doch nun wird Hiskias Verhalten problematisiert analog zur Parallele in 2 Kön 20,12–19. Dort kommen babylonische Gesandte, um die Wunderheilung anzusehen. Hiskia zeigt den Gästen folgenschwer seinen Reichtum und seine Schätze. Jesaja wirft ihm in 2 Kön 20,16–18 vor, auf diese Weise die Babylonier als Feinde anzulocken, auch wenn diese erst später tatsächlich anrücken. Hiskias Leichtsinn hat damit einen Anteil an der späteren Eroberung Judas durch Nebukadnezar.

Die Chronik deutet diese problematische Episode nun zweifach. Zuerst bietet sie in 2 Chr 32,25 f. eine deutende Lesehilfe zu 2 Kön 20,12–19, die Hiskias Ver-

---

674 Vgl. De Vries, 1 and 2 Chronicles, S. 393.
675 1 Chr 29,23; 2 Chr 9,23 f.; 17,11; 26,8. Vgl. Ackroyd, Exegete, S. 10 f.
676 Vgl. McKenzie, 1–2 Chronicles, S. 350.
677 Vgl. Galling, Bücher, S. 166; Weinberg, Mitwelt, S. 246.

halten kritisiert. So erfolgt auf das Wunderzeichen die abrupte Bemerkung, dass Hiskia undankbar und hochmütig den Zorn Gottes provozierte, indem er den Babyloniern stolz seinen Tempelschatz zeigt. Diese Aktion wird als Vergehen gedeutet.[678] Der Zorn Gottes, den er damit auf sich zieht, verweist auf die spätere Eroberung Jerusalems durch die Babylonier. Doch darauf folgt plötzlich eine positive Deutung. Die Eroberung wird aufgeschoben, da sich Hiskia demütigt. Das stellt eine neue Deutung dar, die nicht in den Königebüchern steht.[679] Durch die Demut, die die Chronik einschiebt, wird Hiskia als guter Herrscher präsentiert, der seine Fehler einsieht und umkehrt. Die folgenden Verse in 2 Chr 32,27–30, die Hiskias darauffolgende Bauten und seinen Reichtum detailliert darstellen, untermauern diese Einschätzung. Sie sind eine Eigenkomposition der Chronik.[680]

Doch die geschilderte Passage sorgt für Diskussionsstoff. Laut Forschung ist es für die Chronik untypisch, dass Vergehen erst viele Generationen später bestraft werden. Das widerspreche der angeblichen Denkfigur der "immediate retribution".[681] Auch debattiert die Forschung, wie Hiskias Reichtum zu bewerten sei. Für Goettsberger stellt sein Vermögen ein Kennzeichen des Hochmuts dar. Rudolph hingegen betrachtet den Reichtum überzeugend als Folge von Gottes Segen, wie es auch in den lobenden Baumaßnahmen in 2 Chr 32,2–8 der Fall war.[682] Die Bauberichte im Stil der zweiten Schicht dokumentieren somit Hiskias Erfolg und schließen das Kapitel 2 Chr 32 positiv ab. 2 Chr 32,30 endet mit dem Fazit, dass Hiskia „Erfolg hatte" (וַיַּצְלַח), womit die Bauphasen und Hiskias Reichtum eindeutig positiv bewertet werden.[683] Dennoch hat der vorbildlich fromme Hiskia, der laut 2 Chr 31,21 Gott mit ganzem Herzen sucht, durch seinen Hochmut Schuld an Judas Untergang.

Doch noch verwirrender sind die folgenden Verse, die eine zweite Deutung enthalten. Denn jetzt, wo alles vorbei sein sollte, treten völlig überraschend in 2 Chr 32,31 wieder Gesandte aus Babylon auf, um nach dem Wunder in 2 Chr 32,24

---

678 Goettsberger, Bücher, S. 362. Vgl. Williamson, 1 and 2 Chronicles, S. 386 f.

679 Vgl. McKenzie, 1–2 Chronicles, S. 350; Rudolph, Chronikbücher, S. 313.

680 2 Chr 12,6 f.12; 13,18; 28,19; 32,26; 36,16.

681 Vgl. Williamson, 1 and 2 Chronicles, S. 386; Bae, Suche, S. 28. Die Krankheit stellt vor allem in der zweiten Schicht eine Strafe für die Sünde dar. Darum wird die Krankheit durch Hiskias Hochmut motiviert. Vgl. Dillard, 2 Chronicles, S. 259; Ackroyd, Exegete, S. 10. 2 Chr 16,7–12; 21,18 f.; 26,19–21.

682 Vgl. Rudolph, Chronikbücher, S. 313; Japhet, 2 Chronik, S. 433; Mosis, Untersuchungen, S. 191; Goettsberger, Bücher, S. 362.

683 Vor allem die Vokabel „Gelingen" (צלח) legt nahe, dass Hiskia den Test bestanden hat, da der Terminus bei David und Salomo eine chronistische Leitvokabel darstellt: 1 Chr 22,11.13; 2 Chr 7,11. Vgl. Japhet, 2 Chronik, S. 437.

zu fragen, das in Juda geschehen ist. Das irritiert, da die Verse 2 Chr 32,25 f. diesen Text schon gedeutet haben.[684] Hier beginnt eine konkurrierende Interpretation zu 2 Chr 32,25–30. Sie stellt den Besuch der Gesandten nicht negativ dar, sondern als Suche nach einem Wunderzeichen, wofür sich die Babylonier als Sterndeutervolk interessieren. Damit wird Hiskia große Ehre erwiesen, da seine Heilung nun zu einem Ereignis von internationalem Rang transformiert wird.[685] Vom Untergang Judas wird hier nicht gesprochen, sondern verklausuliert gedeutet: „Da hatte Gott ihn verlassen, um ihn zu testen, ob er alles erkannte, was in seinem Herzen war". Der Vers geht sehr vorsichtig auf Jesajas Kritik an Hiskia in 2 Kön 20,17 ein und legt diese sehr freundlich aus. Der Besuch der Babylonier sei eine Versuchung Gottes, mit der er seinen Schützling Hiskia prüft, ob sein Herz ganz bei JHWH sei. Ein Resultat der Prüfung wird zwar nicht geschildert, aber im Text finden sich viele positive Signale für einen erfolgreichen Ausgang. So erfährt Hiskia eine sehr positive Begräbnisdarstellung. 2 Chr 32,33 komponiert ein überragendes Begräbnis, das in der Parallele von 2 Kön 20,21 fehlt. So wird Hiskia an exponierter Stelle beim Aufgang der Gruft beigesetzt.[686] Zudem wurde die Frage nach Hiskias Herzenshaltung durch die Eingangsbewertung in 2 Chr 31,21 bereits beantwortet. Dort heißt es: „Und bei jedem Werk, das er anfing im Dienst für das Haus Gottes und in der Weisung und im Gebot, seinen Gott zu suchen, handelte er von ganzem Herzen und hatte Erfolg." Somit geht die Chronik auf die Krankheit und den Besuch der Babylonier in den Königebüchern positiv ein und legt die Kritik als Test Hiskias aus. Da er die Prüfung wohl besteht, wird Hiskia durchgehend positiv dargestellt.[687] Die Dimension des zukünftigen Untergangs durch die Babylonier wird hingegen übergangen.

Diese nun nachklappende Deutung von Hiskias Wirken in 2 Chr 32,31 knüpft ursprünglich an die Erwähnung des Wunderzeichens in 2 Chr 32,24 an und stellt Hiskias Schattenseite als erfolgreiche Prüfung Gottes dar. Die Verse 2 Chr 32,25 f. imitieren zwar den Stil der Grundschicht, bewerten das Geschehen aber anders. Sie kritisieren den König als hochmütig und loben aber seine Demütigung, wie es in der zweiten Schicht üblich ist.

---

684 Galling stellt die Verse textkritisch willkürlich um. Dennoch ist ihm Recht zu geben, dass 2 Chr 32,31 im Raum schwebt. Vgl. Galling, Bücher, S. 166.

685 Vgl. Myers, II Chronicles, S. 393; McKenzie, 1–2 Chronicles, S. 350.

686 Vgl. Japhet, 2 Chronik, S. 439; Williamson, 1 and 2 Chronicles, S. 388.

687 Vgl. Goettsberger, Bücher, S. 363; De Vries, 1 and 2 Chronicles, S. 393; Dillard, 2 Chronicles, S. 259.

### 12.2.4  2 Chr 29: Priester und Leviten – Wer reinigt den Tempel?

Durch die Ergänzungen entwickelt sich Hiskia zum Kultkönig. Wie in 2 Chr 32,2–8.25–30 zu sehen ist, wollen die Fortschreibungen Hiskia auf seine Heldentaten konkret vorbereiten. Späteren Redaktoren war das Vertrauen auf Gott allein zu vage, weshalb sie dem Randthema der Tempelpflege größere Aufmerksamkeit widmeten, um das Gottvertrauen durch Kultmaßnahmen greifbar zu machen. So orientiert sich Hiskia laut 2 Chr 29,2 an David, dem Kultstifter schlechthin. Schnellstmöglich wird der Tempel wiedereröffnet, den laut der zweiten Schicht sein Vorgänger Ahas verschlossen hatte.[688]

Doch wer den Tempel wiederherstellt, lässt sich nicht eindeutig feststellen. Laut 2 Chr 29,4 werden Priester und Leviten gerufen, die aber in 2 Chr 29–31 oft konkurrieren und selten gleichberechtigt agieren.

Zunächst stehen die Leviten im Fokus, ohne dass die Priester erwähnt werden. Hiskias Rede in 2 Chr 29,5–11 richtet sich in 2 Chr 29,5 nur an die Leviten mit dem Auftrag, alles Unreine heraus zu schaffen und sich zu heiligen. Wie Büchler herausfand, wird in 2 Chr 29,5 der Befehl zur Heiligung nach Dtn 10,8; 18,5 als göttliches Toragebot formuliert.[689] Die Selbstheiligung der Leviten stellt im Folgenden ein Leitmotiv des Textes dar. Somit ist diese Gruppe gegenüber den anderen Priestern privilegiert.

2 Chr 29,6–9 blicken auf die Zeit von Ahas' Gottesferne zurück.[690] Bedeutsam ist hier der Vorwurf, dass Juda JHWH „verlassen" (עָזַב) habe.[691] Diese Vokabel taucht vor allem in Passagen bei Abija in 2 Chr 13,10 f. auf. Dort hat die dritte Schicht detailliert die Brandopfer und den Kult beschrieben. Alle Abläufe, die in Abijas Tempel vorbildlich funktionierten, sind bei Ahas nun defekt.[692] Das ruft JHWHs Zorn hervor, der Jerusalem in einen Ort des Schreckens vor allen Völkern verwandelt.[693] Analog zu Asa in 2 Chr 15,12 fordert Hiskia darum einen Bund Judas

**688** Vgl. Jonker, 1 & 2 Chronicles, S. 268; Williamson, 1 and 2 Chronicles, S. 352; De Vries, 1 and 2 Chronicles, S. 373; Galling, Bücher, S. 156; Noth, Überlieferungsgeschichtliche Studien, S. 157 f.; Rudolph, Chronikbücher, S. 294.
**689** Vgl. Dillard, 2 Chronicles, S. 232; Büchler, Tempelmusik, S. 110; Williamson, 1 and 2 Chronicles, S. 353; McKenzie, 1–2 Chronicles, S. 342.345; Japhet, 2 Chronik, S. 370.
**690** So verweisen die Verse 2 Chr 29,4–11 auf 2 Chr 28,5–8. Vgl. Kalimi, Geschichtsschreibung, S. 189 f.
**691** Vgl. Dillard, 2 Chronicles, S. 234; McKenzie, 1–2 Chronicles, S. 341.
**692** Vgl. Williamson, 1 and 2 Chronicles, S. 353; Mason, Preaching, S. 99; Galling, Bücher, S. 156; Rudolph, Chronikbücher, S. 295; Murray, Dynasty, S. 87.
**693** Dtn 28,25.41; Jer 15,4; 19,8; 25,9.18; 29,18; 34,17; Ez 23,46.

mit JHWH, um einen Neubeginn zu ermöglichen.[694] Der Kultverfall führt schnell ins politische Desaster, da ohne Kult Gottes Segen fernbleibt. 2 Chr 29,11 endet daraufhin mit dem Appell zur Eile, weil JHWH die privilegierten Leviten erwählt habe, ihm Rauchopfer darzubringen. In 2 Chr 29,12.15 erfolgt deren Ausführung nun durch die Leviten, die sich heiligen und in JHWHs Haus gehen, um es zu reinigen, wie Hiskia befohlen hat.[695]

Doch der Folgevers 2 Chr 29,16 irritiert. Denn nun tritt die andere Gruppe auf: „Und die Priester gingen ins Innere des Hauses JHWHs, um es zu reinigen. Und sie schafften alles Unreine heraus, das sie im Tempel JHWHs fanden, in den Hof des Hauses JHWHs und die Leviten nahmen es entgegen, um es in den Kidron-Bach zu schaffen." Priester und Leviten tun also genau das gleiche, so dass laut Goettsberger in 2 Chr 29,15.16. „Doppeldarstellungen"[696] der Tempelreinigung vorliegen. Die Priester dürfen das eigentlich nicht, denn schließlich erging der Auftrag allein an die Leviten. Aber diesen Befehl ignorieren die Priester völlig. Auch die Forderung, sich zu heiligen, ehe man in den Tempel geht, spielt für die Priester offenbar keine Rolle. Doch auch das Ergebnis bleibt ebenso überraschend. Denn in 2 Chr 29,16 stehen die Leviten vor dem Tempel und nehmen die unreinen Kultgegenstände der Priester entgegen, um sie in das Kidron-Tal zu schaffen. Das entspricht nun keiner der zuvor genannten Anweisungen, sondern stellt eine Synthese zwischen Priester- und Leviten-Aktivität dar.

Die Forschung hat die Konkurrenz zwischen Leviten und Priestern erkannt und drei Lösungen vorgeschlagen. Vor allem die Vertreter, die die Einheitlichkeit der Chronik propagieren, harmonisieren die Unterschiede zwischen Priestern und Leviten und setzen beide gleich.[697] Ansonsten müsse man entweder die Leviten oder die Priester als Zusätze aussondern. Die Forschung hat seit Büchler und Welch zumeist die Priester als sekundär deklariert, da die Rede sich an die Leviten richte.[698] Steins und Galling behaupten hingegen, dass die Leviten erst durch die Rede in den Text integriert wurden. Das Hineingehen der Priester in 2 Chr 29,16

---

**694** JHWH wird beim Bund ungewöhnlich mit ל gekennzeichnet, um Gott als Ranghöheren zu klassifizieren. Vgl. Japhet, 2 Chronik, S. 368; von Rad, Levitische Predigt, S. 120; Galling, Bücher, S. 156.

**695** Die genealogische Leviten-Liste in 2 Chr 29,12–14 kann einen Nachtrag darstellen, um die Leviten mit Namen auszuführen. Vgl. Willi, Auslegung, S. 199; Petersen, Late Israelite Prophecy, S. 81; Williamson, 1 and 2 Chronicles, S. 353; Wellhausen, Prolegomena, S. 187; Japhet, 2 Chronik, S. 369.

**696** Goettsberger, Bücher, S. 346.

**697** Vgl. Welch, Work, S. 121; Rudolph, Chronikbücher, S. 293; Japhet, 2 Chronik, S. 366; Bae, Suche, S. 120; Williamson, 1 and 2 Chronicles, S. 353.

**698** Vgl. Welch, Work, S. 103 f.; Büchler, Tempelmusik, S. 109.

sei durch die Rede an die Leviten störend, schließe aber ideal an 2 Chr 29,4 an.[699]
Ohne Rede und die Erwähnung der Leviten in 2 Chr 29,4 wurden ursprünglich
allein die Priester vor dem Tempel versammelt, die hineingingen, um mit der
Arbeit zu beginnen. Der Text kommt demnach ohne die Anweisung zur Tempelreinigung aus, da in 2 Chr 29,16 die Priester selbstständig von dieser berichten.
Die Priester vollenden ihr Werk in kurzer Zeit (2 Chr 29,36), wodurch sich ihr Eifer
zeigt. Laut Welch setzt diese Reinigung andere Schwerpunkte als Hiskias Rede.[700]
Es werden vor allem die Tempelgeräte wiederhergerichtet, die Ahas weggewor-
fen hat. Auffällig werden dabei in 2 Chr 29,17 die Kultmaßnahmen unterbrochen
und die Heiligung eingeschoben. Nachdem die Priester in 2 Chr 29,16 reinigen und
den Tempel betreten, wird in 2 Chr 29,17 mit der Zeitangabe von zwei mal acht
Tagen festgehalten, dass sie sich zunächst allgemein heiligen, ehe sie die Vorhalle
JHWHs betreten. Wie Steins bemerkt, gingen aber in 2 Chr 29,15 die Leviten zuvor
in den Tempel hinein. Damit wird aber die Zweiteilung der Reinigung ignoriert.[701]
Aus diesem Grund ist die Leviten-Ansprache in 2 Chr 29,5–15 eine abgeschlossene
Einheit, die die Tempel-Reinigung in 2 Chr 29,16–19 korrigiert. Die Heiligung,
die auch in 2 Chr 29,17.19 (וְהִקְדִּ֫שׁוּ)[702] nachgetragen wird, verankert die kultische
Vorrangstellung der Levitenliturgie gegenüber den Priestern. Darum liegt in
2 Chr 29,5–15 ein Nachtrag vor.

Da der Tempel wieder hergerichtet ist, kann nun das Brandopfer vollzogen
werden. 2 Chr 29,20 f. berichtet davon, dass Hiskia und die Stadtobersten in den
Tempel gehen, um das Sündopfer für Judas Königtum darzureichen.[703] Das vollziehen in 2 Chr 29,20–24 die Priester auf dem Altar, indem sie das Schlachten und
das Versprengen des Blutes übernehmen. In 2 Chr 29,24 wird dabei das Sündopfer sogar für ganz Israel durchgeführt. Sehr wahrscheinlich schließt der Titel
„Israel" das Nordreich dabei mit ein. Das leitet laut Williamson auf das folgende
Kapitel 2 Chr 30 über. Dort stoßen Teile der Nordreichsbewohner hinzu, womit das
Sündopfer für das gesamte Gottesvolk Israel gilt.[704]

Doch nun wird ein zweites Mal die Opferung geschildert. Die Verse 2 Chr 29,25–
30 unterbrechen den Handlungsverlauf und beschreiben detailliert Hiskias Vorbereitung für diesen Festakt. Laut Petersen treten die Priester nun wieder gegenüber den Leviten zurück. Letztere werden in 2 Chr 29,25 f. von Hiskia aufgestellt,

---

**699** Vgl. Galling, Bücher, S. 156; Steins, Abschlußphänomen, S. 121.
**700** Vgl. Welch, Work, S. 115; Williamson, 1 and 2 Chronicles, S. 355.
**701** Vgl. Steins, Abschlußphänomen, S. 118.
**702** Das Herrichten der Geräte in 2 Chr 29,19 wird um die Heiligung erweitert.
**703** Vgl. Steins, Abschlußphänomen, S. 132; Galling, Bücher, S. 156; Japhet, 2 Chronik, S. 372 f.
**704** Vgl. McKenzie, 1–2 Chronicles, S. 352; Williamson, 1 and 2 Chronicles, S. 356–358.

um die Liturgie nach Davids und Gads Ordnung zu spielen.[705] Das verwundert
natürlich, denn laut Galling hätte die Ordnung der Liturgie vor der Opferung in
2 Chr 29,20–24 genannt werden müssen. So berichten die Verse 2 Chr 29,25–27 von
Anweisungen für die Opfer in 2 Chr 29,21.24, die eigentlich schon abgeschlossen
sind. Somit liegen in 2 Chr 29,21.27 Dubletten vor.[706] Im selben Duktus umrahmt
in 2 Chr 29,28–30 die Leviten-Liturgie die Brandopferzeremonie. So folgt auf das
Opfer die Anbetung der gesamten Gemeinde, woraufhin Hiskia die Leviten in
2 Chr 29,30 mit dem Lobpreis beauftragt. Hier stechen viele Gemeinsamkeiten zu
2 Chr 29,5–15 ins Auge. Auch hier ordnet Hiskia wie ein „Zeremonienmeister"[707]
das Fest nach levitischen Satzungen, die auf David zurückgeführt werden. Der
Gesang und das Gebet der Leviten werden somit zum Hauptthema des Textes.
Dagegen gerät das Sündopfer aus dem Blickfeld, wie Petersen zu Recht feststellt,
so dass statt der Opferhandlung der reine und korrekte levitische Gottesdienst
im Zentrum steht.[708] Dabei spielen die Priester, die ja beim Opfern die Hauptaufgabe des Blut-Sprengens innehaben, kaum noch eine Rolle. Erst 2 Chr 29,31
greift wieder die Opferproblematik auf, wodurch der Hauptfaden der Geschichte
weitergeführt wird. Auf diese Weise werden die Sündopfer um Schlacht- und
Dankopfer ergänzt, die das Volk spontan und freiwillig darbringt.[709] Dieser Vers
schließt somit ideal an 2 Chr 29,24 an und führt das Opfern als zentrales Thema
des Kapitels fort. Daher sind 2 Chr 29,25–30 spätere Ausführungen, die die Opfer
in 2 Chr 29,24.31 zu einem levitischen Gottesdienst umarbeiten.

Doch bei den Brandopfern in 2 Chr 29,32–34 wird den Priestern laut Rudolph
eine „moralische Ohrfeige"[710] verpasst. Aufgrund der exorbitanten Zahl der Opfer-
tiere können die Priester die Aufgabe nicht mehr erledigen, so dass die Leviten
sie unterstützen müssen. Das greift, wie Williamson beobachtet hat, wieder auf
2 Chr 29,15 zurück.[711] In diesen nachgetragenen Versen heiligen sich die Leviten,
so dass sie jetzt den Priestern das Opfern abnehmen können, denn die Priester müssen sich noch heiligen. Hingegen haben die Leviten das schon erledigt.
Zusätzlich werden die Angaben zu den Brandopfern in 2 Chr 29,32f.35 gedop-

**705** 1 Chr 25,1; 29,29. Vgl. McKenzie, 1–2 Chronicles, S. 343; Williamson, 1 and 2 Chronicles, S. 358;
Petersen, Late Israelite Prophecy, S. 82; Dillard, 2 Chronicles, S. 232.
**706** Vgl. Galling, Bücher, S. 157; Dillard, 2 Chronicles, S. 235; Hänel, Recht, S. 46; Steins,
Abschlußphänomen, S. 132; De Vries, 1 and 2 Chronicles, S. 375.
**707** Japhet, 2 Chronik, S. 376.
**708** Vgl. Petersen, Late Israelite Prophecy, S. 83; Büchler, Tempelmusik, S. 97 f.
**709** Vgl. Galling, Bücher, S. 157; Japhet, 2 Chronik, S. 377.
**710** Rudolph, Chronikbücher, S. 298.
**711** Die Opferung durch die Leviten überrascht, da sie nach Lev 1,5 f. nicht nötig ist. Vgl. Curtis,
Commentary, S. 469; Williamson, 1 and 2 Chronicles, S. 359.

pelt. Im Gegensatz zu den konkreten Zahlen steht in 2 Chr 29,35 die allgemeine Notiz, dass es Brand-, Dank- und Trankopfer in Mengen gab, zu denen Hiskia in 2 Chr 29,31 aufgerufen hatte. Somit wird die allgemeine Auflistung der Brandopfer in 2 Chr 29,31.35 durch 2 Chr 29,32–34 auf den levitischen Kult präzisiert.

Der Text schließt in 2 Chr 29,35 mit dem Fazit ab, dass der Dienst am Haus JHWHs geordnet war. Es wird festgehalten, dass die Wiedereröffnung des Tempeldienstes abgeschlossen ist und dass sich das Volk darüber freut. Damit haben laut 2 Chr 29,36 die Priester durch Gottes Segen mit ihrer schnellen Reinigung den Tempel in kurzer Zeit wiederhergestellt.[712]

### 12.2.5  2 Chr 30: Passah mit Israel – Wie soll man mit unreinen Gästen umgehen?

Für 2 Chr 30 hat sich die Forschung seit jeher stark interessiert. Hier wird ein großes Passah gefeiert, zu dem auch Israeliten aus dem Norden eingeladen werden. Doch das große und spektakuläre Fest und die Teilnahme der Israeliten sind auffällig, da es mit dem Passah des großen Königs Josia konkurriert.[713] Denn laut 2 Chr 35,18 heißt es:

> „Ein Passah wie dieses wurde aber in Israel nicht gefeiert seit den Tagen des Propheten Samuel. Denn alle Könige von Israel hatten kein Passah gefeiert wie das, das Josia feierte."

Wenn Josias Passah unvergleichlich ist, wieso feiert Hiskia dann ein derart ausführliches Passah? Offenbar weiß der Erzähler von Josias Passah nichts von einem ähnlich großen Fest Hiskias. Das liefert weitere Indizien dafür, dass die Passah-Darstellung nachgetragen ist.[714]

Das Kapitel beginnt mit den Festvorbereitungen in 2 Chr 30,1–14. Außergewöhnlich ist die Einladung an den Rest des untergegangenen Nordreichs, das Passah mitzufeiern. Es kommt in 2 Chr 30,10 somit zur partiellen Wiedervereinigung von Salomos Großisrael, da aus allen Teilen des alten Großreiches Menschen nach Jerusalem strömen. Juda erscheint vollzählig;[715] aus Israel kommen nur wenige, da die Mehrzahl der dortigen Bevölkerung die Einladung hochmütig

---

712 Vgl. Dillard, 2 Chronicles, S. 237; McKenzie, 1–2 Chronicles, S. 343.

713 Über die Historizität von Hiskias Passah vgl. Williamson, 1 and 2 Chronicles, S. 361–365; Dillard, 2 Chronicles, S. 240 f.; Steins, Abschlußphänomen, S. 139.

714 Vgl. Kratz, Komposition, S. 35; Galling, Bücher, S. 159; de Wette, Glaubwürdigkeit, S. 542.

715 Vgl. Williamson, 1 and 2 Chronicles, S. 366.369; Galling, Bücher, S. 160; Japhet, 2 Chronik, S. 393; Rudolph, Chronikbücher, S. 299; Bae, Suche, S. 25; Jonker, 1 & 2 Chronicles, S. 267.

ablehnt. Die Israeliten jedoch, die kommen, werden in einigen Zeilen des Textes als kultisch unrein bewertet. Diese Stelle weist demnach Spannungen auf, die auf weitere Fortschreibungen in 2 Chr 30 hinweisen.[716]

Schon die ersten Verse des Kapitels erscheinen problematisch, da Hiskia gleich zweimal in 2 Chr 30,1.5 dazu aufruft, das Passah in Jerusalem zu feiern. In 2 Chr 30,1 verschickt er Briefe als Einladungen nach Juda, Israel, Ephraim und Manasse. Das Absenden der Boten suggeriert, dass die Planungen schon abgeschlossen sind. Doch die Beratungen für die Einladung werden wieder nachträglich in 2 Chr 30,2–5 geschildert. McKenzie bezeichnet die Verse 2 Chr 30,2–5 zurecht als "flashback"[717], da der Termin der Einladung problematisiert wird. So soll das Passah laut 2 Chr 30,2 im zweiten Monat gefeiert werden. So sehen es die Ausnahmeregeln für dieses Fest in Num 9,6–12 vor. Wer kultisch unrein ist oder sich im Ausland aufhält, soll laut Num 9,11 das Passah in der zweiten Woche des zweiten Monats feiern. Daher fällt schon die Wahl des Termins auf, da darin das Thema der kultischen Unreinheit anklingt. Das nimmt sowohl den Erzählfaden der Reinheit und Unreinheit zwischen Priestern und Leviten wieder auf und bereitet auch auf das Hinzukommen von unreinen Gästen aus dem Nordreich vor. Das Passah wird dadurch zum Ausnahmefall. Dieser steht mit 2 Chr 30,5b in Konflikt, wie Japhet und Steins bemerkt haben. Dort heißt es: „Denn lange hatten sie [das Passah] nicht getan, wie es geschrieben steht". Das suggeriert vielmehr eine reguläre Passahfeier. Mit der terminlichen Verschiebung wird es aber gerade irregulär gefeiert. So differenzieren 2 Chr 30,2–5a die allgemeine Einladung an das Nordreich in 2 Chr 30,5b, indem sie das Thema der kultischen Unreinheit einfügen.[718]

Nach der Schilderung der Einladung ziehen sowohl in Juda als auch in Israel Laufboten mit Exemplaren von Hiskias Brief umher, dessen Inhalt in den Versen 2 Chr 30,6b–9 zitiert wird. Für den Handlungsverlauf ist er entbehrlich, da schon in 2 Chr 30,1 zum Passah eingeladen wurde. Doch der Brief in 2 Chr 30,6b–9 richtet sich exklusiv nur an das Nordreich, obwohl er laut 2 Chr 30,1 auch an Juda adressiert sein müsste. Ferner ist er weniger eine Einladung, sondern vielmehr ein genereller Appell zur Umkehr, der das Nordreich zu JHWH, dem Gott seiner Väter, und zu seinem Heiligtum zurückruft.[719] Die Forschung hat den Brief darum als

---

**716** Vgl. Steins, Abschlußphänomen, S. 139–152.

**717** McKenzie, 1–2 Chronicles, S. 343. Vgl. De Vries, 1 and 2 Chronicles, S. 380; Japhet, 2 Chronik, S. 384.

**718** Vgl. Williamson, 1 and 2 Chronicles, S. 366; Steins, Abschlußphänomen, S. 144 f.

**719** „Der Gott Abrahams, Isaaks und Israels" greift auf Ex 3,6.15 zurück und betont die gemeinsame Erzväter-Tradition von Juda und Israel. Vgl. Mason, Preaching, S. 104; Williamson, 1 and 2 Chronicles, S. 366–368; McKenzie, 1–2 Chronicles, S. 344 f.

levitische Predigt klassifiziert, die weit über ihren Anlass hinausgeht. Charakteristisch dafür sind die vielen biblischen Mischzitate, besonders aus Sach 1,3 f. und Mal 3,7, die aus ihrem prophetischen Kontext gelöst und generalisiert werden. In 2 Chr 30,7 verweist Hiskias Brief auf seine Rede aus 2 Chr 29,6, die dazu aufruft, mit den Sünden der Väter zu brechen.[720]

Leitmotivisch dominiert die Vokabel „Umkehren (שׁוּב) zu JHWH"[721] den Brief. Die Umkehr hat laut 2 Chr 30,9 die Heimkehr der deportierten Exilanten zur Folge.[722] Somit formuliert der Brief in 2 Chr 30,7–9 Bedingungen für die ursprünglich offene Einladung zum Passah in 2 Chr 30,1.6. So sollen aus Israel bitte nur die JHWH-Getreuen kommen. Daraus lässt sich ableiten, dass eine offene Einladung an Israel für spätere Redaktoren ein theologisches Problem darstellte. Der Brief sorgt dafür, dass die kultischen Voraussetzungen gewährleistet sind, damit die Frommen aus Israel am Fest teilnehmen können.

Ebenso werden laut 2 Chr 30,14 die Fremdaltäre in Jerusalem ausgelöscht. Die Entfernung der Altäre wird nach Ende des Passahfestes in 2 Chr 31,1 in ganz Juda durchgeführt.[723] Doch zuvor erwähnt der Text diverse Opfer. Die Festivitäten beginnen in 2 Chr 30,15 und schildern den Passahbeginn, bei dem die Brandopfer dargebracht werden. Auffällig ist hier die Länge des zweiten Teilsatzes von 2 Chr 30,15, der drei Prädikate aneinanderreiht: „Und die Priester und Leviten hatten sich geschämt und geheiligt und sie brachten die Brandopfer in JHWHs Haus." Dass die Leviten nun auch opfern, steht in Konflikt mit 2 Chr 29,24, wo es nur die Priester tun. Ebenso verwirrt die Information, dass sich die vorbildhaften Leviten schämen. Das Schämen soll sich wohl eher auf die Priester beziehen, schließt hier aber die Leviten ein. Diese sind als Subjekte, inklusive des Schämens und der Heiligung, nachgetragen, um den Erzählfaden der dritten Schicht fortzuführen und die Leviten am Brandopfer zu beteiligen. Ursprünglich lautet 2 Chr 30,15 darum lediglich: „Und die Priester brachten die Brandopfer in JHWHs Haus". Die Einschübe leiten die folgenden Verse 2 Chr 30,16–22 ein, die wieder die Rolle der Leviten ausdifferenzieren.

In 2 Chr 30,16–22 agieren die Leviten als Protagonisten und erhalten in 2 Chr 30,22a ein gesondertes Lob. In den Versen klären die „allezeit diensteifrigen

---

**720** Vgl. Japhet, 2 Chronik, S. 387–391; Galling, Bücher, S. 159; Thronveit, When Kings Speak, S. 41.

**721** 2 Chr 7,14; 36,13. Vgl. Murray, Dynasty, S. 87; Japhet, 2 Chronik, S. 391.

**722** Dtn 10,16. Vgl. McKenzie, 1–2 Chronicles, S. 345; Japhet, 2 Chronik, S. 389.

**723** Das macht Ahas' Höhenopfer in 2 Chr 28,4.25 rückgängig. Vgl. Rudolph, Chronikbücher, S. 301; Williamson, 1 and 2 Chronicles, S. 369; Galling, Bücher, S. 160; Japhet, 2 Chronik, S. 394; Steins, Abschlußphänomen, S. 149. Die Kulttilgung setzt sich in 2 Chr 31,1 im ganzen Land fort. Die Kultreinigung des Tempels weitet sich auf die Stadt und schließlich auf das Land aus.

Leviten"[724] zusammen mit Hiskia das Reinheitsproblem, da sie für die unreinen Israeliten das Passah-Opfer schlachten und der König ein Bittgebet an JHWH richtet, so dass die Israeliten nun teilnehmen können. Alle die Vorgänge geschehen laut 2 Chr 30,16 nach den Geboten der Tora, auch wenn dort ein solcher Befehl nirgends steht, sondern vielmehr in Ez 43,18–27; 44,27; 45,18–23 Parallelen hat.[725]

Die Forschung hat diese Darstellung nun als Beleg dafür gesehen, dass der Chronist doch kein Kultpedant sei. Besonders in 2 Chr 30,18 f. bewerte JHWH die Gottessuche höher als die Kultreinheit. Damit wird der Sachverhalt aber nicht treffend beschrieben. Der levitische Kult und das Fürbittengebet Hiskias sind ganz klar die kultischen Bedingungen dafür, dass die Gäste am Passah teilnehmen dürfen, da diese immer noch ein „verunreinigte[s] Israel"[726] darstellen. Darum wird die Rückkehr zu JHWH nur durch den korrekt durchgeführten Kult möglich.[727]

Diese Schilderungen entsprechen dem Tenor der übrigen Verse in 2 Chr 30,16–26, welche die levitischen Festivitäten detailliert beschreiben. Dort fallen einzig zwei Verse auf, die den ursprünglichen Ablauf wiedergeben. Wie Büchler entdeckt hat, klappt in 2 Chr 30,22b die Information nach „Und sie aßen das Festopfer sieben Tage, und opferten Dankopfer und sie dankten JHWH, dem Gott ihrer Väter." Der Satz nimmt auf das vorherige Levitenlob keinen Bezug. Büchler zufolge müssten auch syntaktisch die zuvor erwähnten Leviten das Subjekt des Verses sein. Das sind sie aber nicht, sondern die feiernde Gemeinde. Daher stehen die Verse unverbunden nebeneinander. Diese Aufzählung mit Fest- und Dankopfern knüpft vielmehr an 2 Chr 30,15 an, die mit der Nennung der Brandopfer beginnt. Die Gemeinde brachte also verschiedene Opfer dar. Ursprünglich verlief der Textablauf reibungslos, ehe durch die Nachträge die Reinheit der Israeliten in 2 Chr 30,16–22a zur Vorbedingung wurde.[728]

Gleich darauf wird in 2 Chr 30,23–26 das Fest ungewöhnlicherweise verlängert, da nun auch Hiskia und die Obersten noch tausend Tiere spenden. Diese Mengen übertreffen die große Zahl an Tieropfern aus 2 Chr 29,32 f. und demonstrieren die überschwängliche Freude und Frömmigkeit der Feiernden. Doch auch hier tritt die charakteristische Heiligung der dritten Schicht auf. So haben sich von den Priestern endlich viele geheiligt, womit ihr Konflikt mit den Leviten

---

**724** Rudolph, Chronikbücher, S. 301.

**725** Vgl. Hänel, Recht, S. 49; Williamson, 1 and 2 Chronicles, S. 370; Japhet, 2 Chronik, S. 396; Curtis, Commentary, S. 475; McKenzie, 1–2 Chronicles, S. 342.

**726** Willi, Auslegung, S. 192.

**727** Vgl. De Vries, 1 and 2 Chronicles, S. 381; McKenzie, 1–2 Chronicles, S. 345 f.; Rudolph, Chronikbücher, S. 303; Williamson, 1 and 2 Chronicles, S. 351; Japhet, 2 Chronik, S. 396–398.

**728** Vgl. Büchler, Tempelmusik, S. 115.

abgeschlossen wird. Die Priester haben sich demzufolge gebessert und sich an
den Leviten als Mentoren orientiert.[729] Summarisch werden alle Gruppen in
2 Chr 30,25 genannt, die am Fest teilhaben. Das schließt sowohl Israel und Juda
als auch weitere Fremde ein, denen der levitische Kult eine Teilnahme ermöglicht.
Abschließend wird in 2 Chr 30,26 auf Salomo verwiesen, der laut 2 Chr 7,1–10 ein
solches Doppelfest zur Einweihung des Tempels gefeiert hat. Hiskia wird damit
in der Tradition Salomos geehrt,[730] womit die Geschichte eigentlich beendet sein
müsste. Doch auch hier in 2 Chr 30,27 „hinkt [ein Vers] nach"[731], wie Galling entdeckte, da nun das Volk gesegnet wird. Der Segen, der doch eigentlich noch zur
Feier gehört, kommt jetzt unpassend, da die Festivitäten schon beendet sind. Alle
diese Ungereimtheiten deuten darauf hin, dass der Segen ursprünglich auf die
isolierten Opfer in 2 Chr 30,22b folgte, wie es Goettsberger vorschlägt.[732] Dazu
treten die Leviten mit den Priestern auf, ohne dass beide Gruppen syntaktisch
verbunden sind: „die Priester Leviten" (הַכֹּהֲנִים הַלְוִיִּם). Hier liegt keine Construc-
tus-Verbindung vor, wie es einige Handschriften und spätere Übersetzungen
erleichternd vorschlagen. Die Leviten werden vielmehr nachgetragen, um sie am
Segen zu beteiligen. Aus diesen Befunden lässt sich ableiten, dass die zweite Feier
in 2 Chr 30,23–26 ein Nachtrag der dritten Schicht darstellt.

Das ursprüngliche Ende des Passahs wird in 2 Chr 31,1 beschrieben. Selbstständig zieht dort das Volk in die Heimat und reißt die Höhen und Kultaltäre ab,
wie es Dtn 7,5 vorschreibt. In 2 Chr 30,14 setzt sich die in Jerusalem begonnene
Altarvernichtung im Land fort.[733] Umstritten ist allerdings das geographische
Ausmaß der Maßnahmen, da dazu zwei Angaben in 2 Chr 31,1 genannt werden. Im
ersten Versteil zieht das Volk nur in die Städte Judas. Im zweiten Teil werden die
Höhen und Altäre in Juda und Benjamin sowie in Ephraim und Manasse getilgt,
wodurch Juda nun doppelt lokalisiert wird. Kratz nimmt mit guten Gründen an,
dass die zweite Nennung ein Nachtrag sei. Der zweite Versteil berichtet von Kultreinigungen in Großisrael. Das steht in Spannung zur Feststellung in 2 Chr 30,10 f.,
dass nur eine Minderheit nach Jerusalem zog, während die meisten Bewohner
den JHWH-Kult verlachten. Daher weiten die Kultreinigungen das Geschehen auf
Großisrael aus. Ursprünglich beschränkten sie sich aber nur auf Juda.[734]

**729** Vgl. Japhet, 2 Chronik, S. 400.
**730** Vgl. Williamson, 1 and 2 Chronicles, S. 351.360.371; Rudolph, Chronikbücher, S. 305; De
Vries, 1 and 2 Chronicles, S. 387.
**731** Galling, Bücher, S. 160.
**732** Vgl. Goettsberger, Bücher, S. 351; Williamson, 1 and 2 Chronicles, S. 371.
**733** Vgl. Japhet, 2 Chronik, S. 406; Kalimi, Geschichtsschreibung, S. 116; Galling, Bücher, S. 162;
McKenzie, 1–2 Chronicles, S. 346; Dillard, 2 Chronicles, S. 249.
**734** Vgl. Kratz, Komposition, S. 35; Rudolph, Chronikbücher, S. 305 f.

Zusammenfassend lässt sich sagen, dass das gemeinsame Passah von Juda und Israel ursprünglich ganz unproblematisch geschildert wird. Das Fest wird mit den Kulttilgungen in Jerusalem und Juda in Beziehung gesetzt und beinhaltet verschiedene Opfer sowie den Priestersegen. Die Anwesenheit der Israeliten wird durch die dritte Schicht problematisiert und durch levitische Zusätze gerechtfertigt.[735] Nun sorgt die levitische Liturgie für die Reinheit des Festes, wodurch die Darstellung des Festes aber sehr kompliziert wird.

### 12.2.6  2 Chr 31: Die Aufstellung der Leviten als Folge des Festes

Eher am Rande der Forschung steht die nun folgende Priester- und Leviten-Aufstellung Hiskias in 2 Chr 31,2–20. Sie hat Anhangscharakter und schließt sich nur lose an die Feier an.[736] Sie gehört zur dritten Schicht, da sie die Versorgung der Leviten und Priester thematisiert, also die Frage nach den Folgen des einmaligen Festes. Hiskia stellt wie in 2 Chr 29,25 die Priester erst auf, um ihre Versorgung zu organisieren, wie es David und Salomo in 1 Chr 24 und vor allem 2 Chr 8,14 taten. Die überschwängliche Euphorie des Festes wird nun in regelmäßige Spenden überführt. Hiskia geht dabei wie David und Salomo mit gutem Beispiel voran und spendet in 2 Chr 31,3 seinen Anteil, um die täglichen Brandopfer zu ermöglichen.[737]

Für die übrige Versorgung der Priestergruppen animiert er in 2 Chr 31,4 das Volk nach den Geboten der Tora. In 2 Chr 31,5 f. bringen die Judäer nun viele Opfer, wie sie vor allem Dtn 14,22–29 fordern. Nach 2 Chr 31,7 werden die gespendeten Felderträge, sowie Abgabenzehnte an Fleisch ganze vier Monate gestapelt.[738] So entstehen riesige Opferberge, die wie in 2 Chr 30,21.25 f. Hiskias Erfolg dokumentieren. Darauf bestätigt der Oberpriester Asarja in 2 Chr 31,10, dass nun mehr als genug zu essen da sei. Darum werden Kammern eingerichtet, um die Vorräte zu konservieren. Die Namenslisten zeigen abschließend, wie eine musterhafte Kult-

---

**735** Vgl. Japhet, 2 Chronik, S. 383.
**736** Vgl. De Vries, 1 and 2 Chronicles, S. 383; Dillard, 2 Chronicles, S. 251.
**737** Neh 10,35–39; 12,47; 13,10–13; 14,22–29; Mal 3,8–10. Vgl. Williamson, 1 and 2 Chronicles, S. 373 f.; Rudolph, Chronikbücher, S. 306; Lynch, Monotheism, S. 93. Viele Vorschriften wie der Zehnte sind häufig unverständlich, da dafür keine Anleitung gegeben wird. Vgl. Becker, 2 Chronik, S. 102; Steins, Abschlußphänomen, S. 159; Bae, Suche, S. 137; Japhet, 2 Chronik, S. 407; Galling, Bücher, S. 162 f.; Williamson, 1 and 2 Chronicles, S. 373.
**738** Ex 23,16; Dtn 12,5–12.17; 14,22–27; 18,4; Lev 2,11 f. Vgl. McKenzie, 1–2 Chronicles, S. 346 f. Die „Bewohner von Jerusalem" sind eine Glosse, da später eindeutig ganz Juda Abgaben darbringt. Vgl. Japhet, 2 Chronik, S. 408 f.

organisation dauerhaft gelingt. Die Auflistung appelliert darum, den Kult toragemäß nach Hiskias Vorbild zu organisieren.[739]

## 12.3 Theologiegeschichtliche Entwicklung: Gottvertrauen sowie Tempelpflege als Gründe der Errettung

Es hat sich gezeigt, dass der Hiskia-Erzählstoff der Königebücher für die Chronikgrundschicht eine Herausforderung darstellt: Er ist lang, komplex und theologisch oft problematisch. Durch starke Auslassungen und dezente Glättungen
wird der Hiskia-Stoff in der Chronik stringenter nacherzählt, um den Kern der
Geschichte, Hiskias unerschütterliches Gottvertrauen, herauszuarbeiten.[740]
Dabei genießt das Königebuch höchsten Respekt, da sich die Grundschicht ganz
eng an den Ablauf hält und auch auf das problematische Verhalten Hiskias verweist und es neu deutet. Besonders bei der Heilung Hiskias wird der Charakter der
Chronik als Lesehilfe der Königebücher deutlich, da der Chroniktext ohne die Parallele völlig unverständlich ist. Die Abwendung der Assyrer-Belagerung und die
Heilung Hiskias werden als Vorbild für wahres Gottvertrauen angesehen, das alle
Bedrohungen überwinden kann.[741] Das stellt die Chronik bei Hiskias Heilungsgeschichte als Kernaussage heraus und deutet Hiskia somit durchgängig positiv.

Vom Kultkönig des Endtextes ist die Grundschicht aber weit entfernt, da
der Kult nur ein Randthema in Vers 2 Chr 31,21 ist, der Hiskia als JHWH-treuen
König darstellt. Auffällig taucht der Prophet Jesaja nur als Nebenfigur auf. Das
hat mehrere Ursachen. Einerseits zweifelt Jesaja in Jes 22 und in 2 Kön 19 f. Hiskias
Gottvertrauen an. Darum spricht ihm Jesaja in 2 Kön 19,1–9 erst durch sein Gebet
Gottvertrauen zu und der König muss seine Fehler korrigieren.[742] Zudem erscheint
dem Verfasser Jesajas Heilung in 2 Kön 20,1–11 wohl zu magisch. Die Chronik übergeht oft das Problematische und konzentriert sich ganz auf Hiskias Gottvertrauen.

---

**739** Auch in den Listen sind Nachträge möglich. So ist laut 2 Chr 31,12 Konanja Vorsteher über die
Hebopfer, laut 2 Chr 31,14 ist es hingegen Kore. Ebenso stehen die Abschlussverse in 2 Chr 31,16.18
im Konflikt miteinander. Zunächst sollen alle Männer aufgeführt werden, die älter als drei Jahre
sind. Doch laut 2 Chr 31,18 werden die Leviten mit ihren ganzen Familien aufgezeichnet. Hier
könnte man weiter literarkritisch differenzieren. Doch der Übersicht halber werden die Listen der
dritten Schicht zugerechnet. Vgl. Becker, 2 Chronik, S. 104; Steins, Abschlußphänomen, S. 160–
163; Japhet, 2 Chronik, S. 413; Willi, Auslegung, S. 195.199; Williamson, 1 and 2 Chronicles, S. 376;
Weinberg, Weltbild, S. 427.
**740** Vgl. Galling, Bücher, S. 165 f.
**741** Vgl. Goettsberger, Bücher, S. 362; Rudolph, Chronikbücher, S. 313.
**742** Vgl. Japhet, 2 Chronik, S. 421; Galling, Bücher, S. 166.

Somit wird die wunderhafte „Prophetengeschichte"[743] zu einem theologischen Lehrstück des Gottvertrauens umgearbeitet, in dem Jesaja lediglich als Mitbeter agiert.

Die zweite Schicht definiert Hiskias Gottvertrauen ganz anders. Sie lenkt den Blick von Hiskias Notsituation hin zu seiner Friedenszeit, in der er umfassende Kultmaßnahmen vollführt. Darum erweitert sie die spärlichen zwei Notizen dazu in 2 Chr 31,21; 32,12 deutlich. Das soll Hiskias Frömmigkeit greifbarer und gegenwärtiger machen. Der davidisch-salomonische Kult stellt somit für alle Zeiten die alltägliche Brücke von Gott zu seinem Volk Juda dar. Hiskias Bewahrung ist der Lohn für seine besonders intensive Kultpflege. Daher wird Hiskia in Analogie zu David, Salomo und Josia als König dargestellt, der den Kult paradigmatisch wiedereinsetzt. Hiskia hat nicht nur den Tempel in den Urzustand versetzt, sondern sogar ein Passah gefeiert, bei dem es zu einer teilweisen Wiederherstellung Großisraels kommt. So besinnen sich einige aus dem Nordreich auf ihre Herkunft und kehren zum Jerusalemer Tempel zurück. In der zweiten Schicht transportiert Hiskia somit eine verlässlichere Botschaft als in der Grundschicht, die „nur" sein Gottvertrauen in Notzeiten zeigt. König Hiskia weist durch den Kult einen sicheren Weg zu JHWH, der auf jede Lebenslage stabil vorbereitet.

Die dritte Schicht verstärkt diese Tendenz, auch wenn sie überwiegend Erläuterungen in den Text einbaut, die die Priesterhierarchie korrigierend ausdifferenzieren und den reinen Levitenkult propagieren. Damit wird die kultische Reinheit, die vor allem die Leviten innehaben, zum zentralen Motiv. So müssen sich nicht nur die Priester reinigen, sondern vor allem auch die unreinen Teilnehmer aus dem Nordreich. Wie in anderen Texten der dritten Schicht ist eine stärkere Distanz zum Nordreich als in der zweiten Schicht spürbar. Denn die Israeliten sind nur durch levitische Extramaßnahmen und Bittgebete integrierbar. Der Kult wird dadurch noch stärker levitisch begründet und verlebendigt viele weitere Kultvorschriften. Sie treten vor allem beim Passah in den Vordergrund, das nun en détail dargestellt wird. Dem König verbleibt dabei die Rolle des Kultorganisators, der die Leviten gewähren lässt und sie versorgt.

## 12.4 Fazit: Aus Gottvertrauen erwächst der levitische Kult

Hiskias Text weist den umfassendsten Erweiterungsprozess der hier untersuchten Könige auf. Seine kultischen Aktivitäten sind erst im Nachhinein durch die große Einschaltung in 2 Chr 29,2b–31,20a zum Hauptthema des Textes geworden.

---

**743** Japhet, 2 Chronik, S. 363.

Ursprünglich war das Kapitel ein Lehrstück des JHWH-Vertrauens. Die Assyrer rücken heran und greifen nicht militärisch, sondern theologisch JHWHs Stärke fundamental an. Durch die fromme Hinwendung zu Gott im Schreien aus der Not und später durch das Gebet kann Hiskia das Unheil abwenden, da Gott eingreift und seine Stärke offenbart.

Diese wohlwollende Interpretation wird von der zweiten Schicht kultisch erweitert. Das Gottvertrauen soll an konkreten Maßnahmen sichtbar werden. Darum wird vor der Errettung der Jerusalemer Tempel wiederhergestellt und in Betrieb genommen. Zudem werden militärische Bauten und damit Hiskias Ruhm ausgebaut. Darum kommen zum Passahfest auch Leute aus dem Nordreich, so dass Hiskias Bedeutung an diejenige des großen Josia heranreicht, der ebenso Passah feierte und im Nordreich missionierte.

Der dritten Schicht sind diese Maßnahmen etwas übereifrig, da sie die Anwesenheit von Israeliten aus dem Norden als Gefahr der Kultreinheit wertet. Sie fügt viele Extramaßnahmen hinzu, die einen reinen levitschen Kult propagieren. Das einmalige Fest wird mit vorbildhaften Instruktionen ausgeweitet, um einen dauerhaften Kult zu etablieren.

# 13  2 Chr 33 Manasse und Amon

## 13.1  Manasse: Der schlechteste König als reumütiger Sünder?

„¹¹ Weil Manasse, der König von Juda, diese Gräuel verübt und Schlimmes getan hat – mehr als alles, was die Amoriter taten, die vor ihm waren – und auch Juda durch seine Götzen zur Sünde verführte, ¹² darum, so spricht JHWH, der Gott Israels, siehe, ich will Unheil über Jerusalem und Juda bringen, dass jedem, der es hört, beide Ohren gellen.“

So lautet das eindeutige Urteil über Manasse in 2 Kön 21,11 f. „Keinen schlimmeren Herrscher kennt das Buch der Könige als Manasse“[744]. Seine Provokationen in 2 Kön 21,1–26 entfesseln Gottes Zorn, der Judas Vernichtung ankündigt. Deswegen kann auch der große Josia nach ihm das Blatt nicht mehr wenden. So wird nach dem Nordreich Israel auch das Südreich Juda fallen und Gott sowohl Jerusalem als auch seinen Tempel der Zerstörung preisgeben.[745] Damit markieren sowohl Manasse als auch sein Sohn Amon den Tiefpunkt der Königszeit.

Detailliert berichten die Königebücher davon, dass Manasse die Maßnahmen seines Vorgängers Hiskia in 2 Kön 21,3 wieder zurücknimmt und Höhenaltäre erbaut. Zudem errichtet er als erster König Judas eine Aschera im Jerusalemer Tempel, wie es Brauch bei den Nordreichskönigen war (1 Kön 16,33). Dazu gesellen sich zahlreiche Vergehen, die 2 Kön 21,2–16 auflistet: Anbetung des Himmelsheers, Errichtung von Altären im Tempelbezirk, der eigene Sohn stirbt als Feueropfer, Zauberei, Wahrsagerei, Beschwörung und Blutvergießen. So handelt Juda laut 2 Kön 21,9 schlimmer als die gottlosen Nationen, vor denen Gott es zuvor beschützen musste.

Doch die schlechte Darstellung Manasses in den Königebüchern, die die ältere Forschung einfach übernahm, wurde in den letzten Jahren in Frage gestellt. Laut Frevel sei Manasse „der in der Forschung bisher wohl am meisten unterschätzte judäische König“[746]. Schließlich regierte er 55 Jahre lang in Jerusalem, länger als alle anderen Könige zuvor und danach. Zudem deutet eine Neubewertung vieler archäologischer Befunde darauf hin, dass viele Bauten, die man lange seinem Vorgänger Hiskia zuschrieb, unter Manasse errichtet wurden. So erfährt der historische Manasse in der Forschung eine Rehabilitation, bei der seine Regentschaft als Zeit des langen Friedens beschrieben wird, in der es zu einer Blüte Judas gekommen sei. Manasse habe demzufolge den letzten Aufschwung

---

744  Wellhausen, Prolegomena, S. 201. Vgl. Japhet, 2 Chronik, S. 443.
745  2 Kön 21,11–15; 23,25–27.
746  Frevel, Geschichte, S. 261.

der Assyrer genutzt, um das Land wiederaufzubauen, das unter seinem Vorgänger
Hiskia zerstört wurde.[747]

Doch die Rehabilitation Manasses erfolgt nicht erst in der Moderne. Schon in
der Rezeption des antiken Judentums und in der biblischen Überlieferung lassen
sich Traditionen feststellen, die von der Darstellung der Königebücher stark
abweichen. Am bekanntesten sind das Manassegebet und ein weiteres Gebet des
Herrschers, das in Qumran gefunden wurde. Beide sind apokryphe und wohl
antike Texte, in denen Manasse seine Sünden bekennt und JHWH um Verzeihung
bittet. Er wird hier als König der Demut dargestellt. Spätere Generationen schrie-
ben seine Geschichte fort und blieben nicht beim negativen Urteil der Königebücher stehen.[748] Diese antike Tradition der Rehabilitation Manasses wurde sehr
von 2 Chr 33 geprägt.[749] Zunächst sündigt Manasse auch in 2 Chr 33,1–10 ganz
analog zu dem Königebuch und vollzieht nur mit kleinen Änderungen dieselben
Schandtaten wie in 2 Kön 21. So fällt die Bewertung in 2 Chr 33,9 ähnlich hart wie
in 2 Kön 21,11 aus: „Manasse aber verführte Juda und die Bewohner Jerusalems,
mehr Böses zu tun als die Völker, die JHWH vor den Israeliten vertilgt hatte."

Doch ab 2 Chr 33,11–17 berichtet die Chronik Sondergut, das von Manasses
Umkehr erzählt. Da Manasse nach 2 Chr 33,10 nicht auf JHWHs Ratschlag hört,
ziehen in 2 Chr 33,11 die Assyrer herauf, um den König mit Haken (בַּחֹחִים) und
doppelten Ketten gefangen zu nehmen. Der Haken stellt offenbar einen Nasen-
ring dar, so dass er wie Vieh nach Babylon verschleppt wird.[750] Dort erfolgt in
2 Chr 33,12 Manasses Umkehr: „Und als er so bedrängt war, da flehte er zu JHWH,
seinem Gott. Und er demütigte sich sehr vor dem Gott seiner Väter." Auf das Gebet
in 2 Chr 33,13 folgt die Erhörung durch Gott, der ihn nach Jerusalem zurückkehren
lässt. So erkennt Manasse aus seiner Errettung in 2 Chr 33,13, dass JHWH wahr-
haft Gott ist (כִּי יְהוָה הוּא הָאֱלֹהִים). Daraus erfolgt eine Blütezeit (2 Chr 33,14–17). Der
Herrscher baut Mauern und reinigt den Tempel sowie die ganze Stadt von Kultvergehen. Zu guter Letzt fordert er das Volk zum Dienst für JHWH auf. Doch das
Volk opfert weiter auf den Höhen, auch wenn es sich um Opfer für JHWH handelt.
Damit soll das Vergehen zumindest teilweise entschuldigt werden.

Es folgen nun Querverweise auf andere Schriften in 2 Chr 33,18 f., die auffällig
lang sind und die sowohl auf Manasses große Taten als auch auf seine Sünden

---

747 Vgl. Rainey, Manasse, S. 149; Frevel, Geschichte, S. 261 f.
748 Vgl. Oßwald, Gebet, S. 15–28; Leicht, Manasse-Gebet, Sp. 714 f.; Jonker, 1 & 2 Chronicles,
S. 283.
749 Vgl. Ben Zvi, Reading, S. 122.130.
750 Vgl. Japhet, 2 Chronik, S. 443; Dillard, 2 Chronicles, S. 268.

verweisen.[751] Lediglich die Darstellung des Begräbnisses in 2 Chr 33,20 bleibt laut McKenzie eher negativ. So wird Manasse in seinem Haus begraben (וַיִּקְבְּרֻהוּ בֵיתוֹ).[752] In 2 Kön 21,18 wird er dagegen im Garten von Usa bestattet. Beide Bestattungen erachten viele Exegeten als Missbilligung seiner Person, da nur gute Herrscher in der Gruft des Hauses Davids beigesetzt werden. Darum würden beide Texte Manasse das königliche Begräbnis verweigern.[753] Der Chronikendtext stellt Manasse ambivalent als einen König mit positiven wie negativen Phasen dar.

Doch wie kommt die Chronik dazu, ausgerechnet Manasse positive Eigenschaften zuzuschreiben? Laut Williamson wird er schließlich zum "most explicit and dramatic example of the efficacy of repentance in the whole of the Chronicler's work"[754]. Manasse ist der einzige König, der erst schlecht regiert und sich dann zum Guten bekehrt.[755] Die Forschung liefert dafür zwei Erklärungen.[756] Einige Wissenschaftler erachten die Chronikdarstellung als historisch zuverlässiges Zeugnis, das sich mit den archäologischen Entdeckungen zu Manasses Baumaßnahmen belegen lasse. Da Manasses Regierungszeit wohl weitaus positiver war als die Königebücher behaupten, enthalte die Chronik alte Quellen und Überlieferungen, die Manasse differenzierter darstellen. Andere Forscher hingegen bewerten die Darstellung als theologische Erfindung. Die Denkfigur der "immediate retribution" verbiete es der Chronik, Manasse als Urheber von Judas Untergang zu betrachten, wie es die Königebücher tun. Denn jede Generation sei für ihr Wohl und ihr Verderben selbst verantwortlich,[757] wie man am Nachfolger Amon beobachten könne, der wieder den schlechten Weg einschlägt. Damit betone die Chronik Manasses individuelles Handeln, um zu zeigen, dass jeder König aufs Neue seine Beziehung zu Gott gestalten muss.[758] Auch spräche die chronistische Denkfigur der "immediate Retribution" gegen eine 55-Jahre währende Herrschaft Manasses, da eine so lange Regierung ein Zeichen des göttlichen Segens

---

**751** Vgl. Rudolph, Chronikbücher, S. 318; De Vries, 1 and 2 Chronicles, S. 399; Schniedewind, Source Citations, S. 455.

**752** Neh 2,3. Galling belegt, dass בַּיִת hier für „Haus" steht. Vgl. Galling, Bücher, S. 169.

**753** Vgl. McKenzie, 1–2 Chronicles, S. 35; Goettsberger, Bücher, S. 366.370; Wellhausen, Prolegomena, S. 189; Ben Zvi, Reading, S. 136 f.; Dillard, 2 Chronicles, S. 269; Williamson, 1 and 2 Chronicles, S. 396.

**754** Williamson, 1 and 2 Chronicles, S. 389.

**755** Sonst sind die abgefallenen Könige in der Chronik erst gute Herrscher, ehe der Abfall ihre Regierung beschädigt. 2 Chr 10–12; 24; 25; 26. Vgl. Japhet, 2 Chronik, S. 442; Ben Zvi, Reading, S. 125.

**756** Vgl. Curtis, Commentary, S. 498.

**757** Vgl. Becker, 2 Chronik, S. 111; McKenzie, 1–2 Chronicles, S. 357; Levin, 2 Chronicles 10–36, S. 376; Steins, Abschlußphänomen, S. 482.

**758** Vgl. Weinberg, Mitwelt, S. 261; Ben Zvi, Reading, S. 137.

sei. Julius Wellhausen wertet die Chronikversion daher als „vollkommen durch-sichtige[s] Intermezzo"[759]. Sie liefere eine theologische Erfindung, um Manasses lange Herrschaft zu legitimieren.[760] Dadurch wird der König sowohl bestraft als auch für seine spätere Demut belohnt. Demzufolge sei das Manasse-Kapitel keine historische Darstellung, sondern repräsentiere typische Chroniktheologie. Die allermeisten Forscher versuchen beide Positionen zu vereinen. Sie behaupten, dass die Chronik einerseits auf historische Fakten verweise, aber andererseits die Darstellung durch die gängige Chroniktheologie geprägt sei. So wertet beispiels-weise Frevel 2 Chr 33 „als theologische Konstruktion [..., die] mit der teilpositiven Wertung näher an der historischen Wirklichkeit [liegt] als das negative Pauschal-urteil der Deuteronomisten"[761].

Dennoch bleiben Fragen offen. Wie passt Manasses schlechtes Begräbnis in 2 Chr 33,20 mit seiner Demut zusammen? Und was sollen in 2 Chr 33,17 die einzig-artigen Höhenopfer des Volkes für JHWH ausdrücken? Die folgende Prüfung der Texteinheitlichkeit wird diese Fragen beantworten.

## 13.2 Prüfung der Texteinheitlichkeit

### 13.2.1 2 Chr 33: Manasses Reinigung ohne Folgen?

Der Text in 2 Chr 33 weist eine Vielzahl von Spannungen auf. Auffällig ist einer-seits die große Nähe und andererseits die große Distanz zwischen 2 Chr 33 und 2 Kön 21. So werden Manasses Frevel in 2 Chr 33,1–9 fast identisch mit den Ver-gehen von 2 Kön 21,1–11 beschrieben. Die Phase seiner Umkehr in 2 Chr 33,11–17 hingegen ist völlig frei von allen bekannten Berichten verfasst. Darum gilt sie gemeinhin als die Pointe des Chroniktextes. Doch das Ende in 2 Chr 33,18–20 lehnt sich wieder stark an 2 Kön 21,17 f. an. Schließlich wird Manasse trotz seiner einzig-artigen Umkehr zum Guten nicht in der Gruft beigesetzt. Diese Art der Bestattung ist in der Chronik als Ehrverweigerung für schlechte Könige zu verstehen. Auch fehlt am Ende eine explizite Bewertung Manasses. Eine derartige Einschätzung findet sich am ehesten in den Querverweisen von 2 Chr 33,18 f., die ein ambivalen-tes, aber überwiegend positives Fazit ziehen, da Manasses Umkehr seine Fehler

---

**759** Wellhausen, Prolegomena, S. 202.

**760** Vgl. Myers, II Chronicles, S. 199; Rudolph, Chronikbücher, S. 317 f.; McKenzie, 1–2 Chro-nicles, S. 354; Dillard, 2 Chronicles, S. 267.

**761** Frevel, Geschichte, S. 262. Vgl. Schniedewind, Source Citations, S. 460 f.; Japhet, 2 Chronik, S. 445; Welten, Geschichte, S. 33.

wettmacht. Doch warum steht so ein maßgebliches Urteil „nur" in den Querverweisen? Diese Auffälligkeit und das verweigerte Königsbegräbnis in 2 Chr 33,20 stellen Indizien dafür dar, dass einige Passagen am Textende Manasse negativ bewerten und von einer demutsvollen Umkehr nichts wissen.

Doch für Spannungen sorgt inbesondere Manasses Tilgung der Götzen in 2 Chr 33,15, die folgendermaßen beschrieben wird:

> „Und [Manasse] schaffte die fremden Götter und den Götzen aus dem Haus JHWHs und alle Altäre weg, die er auf dem Berg des Hauses JHWHs und in Jerusalem gebaut hatte. Und er warf sie heraus vor die Stadt."

Bei seinem Nachfolger Amon sind allerdings weiterhin Götzen vorhanden, da es in 2 Chr 33,22 heißt: „Und er tat Böses in den Augen JHWHs, wie es Manasse, sein Vater, getan hatte und allen Götzenbildern, die Manasse, sein Vater, gemacht hat, opferte Amon und diente ihnen." Diese Aussage verwundert nach der Kulttilgung in 2 Chr 33,15. Kratz, Becker und Galling fragen mit Recht, welchen Götzen Amon eigentlich opfert, wenn sie doch abgebaut wurden.[762] Manasses Kultbereinigung bleibt also folgenlos, da seine Götzen bei Amon fortbestehen. Viele Forscher erklären diese Spannung historisch. Laut Dillard habe Manasse einen Rückfall erlitten, den die Chronik nicht berichtet, sondern nur indirekt durch die Verweigerung des Begräbnisses andeutet. Becker und Rudolph überlegen, ob nicht Amon selbst neue Götzen im Stile Manasses errichtet hat.[763] Doch all diese Überlegungen wollen den Bruch zwischen 2 Chr 33,15.22 kaschieren. Laut 2 Chr 33,22 bestehen schließlich Manasses Götzen (הַפְּסִילִים אֲשֶׁר עָשָׂה מְנַשֶּׁה אָבִיו) fort. Erst unter König Josia in 2 Chr 34,10–12.33 werden das ganze Land sowie der Tempel gereinigt.[764] Während 2 Chr 33,17 nur die Höhen als Makel nennt, sind es bei Amon und Josia Manasses Götzen insgesamt, die weiterhin existieren.

Die Höhen, die laut 2 Chr 33,17 fortbestehen, sind besonders, da sie relativ positiv bewertet werden. Levin charakterisiert den Vers als korrigierende Entschuldigung für Manasses Höhen, da es den Anschein hat, als seien die Opfer dort immerhin an JHWH adressiert.[765] Doch ist das eine akzeptable Entschuldigung? Es existiert sonst kein biblischer Beleg dafür, dass JHWH Höhenopfer akzeptiert, selbst wenn sie an ihn adressiert wären. Jedes Höhenopfer ist immer ein Verstoß gegen die Kultzentralisation und wird durchgehend verdammt (Lev 26,30;

---

**762** Vgl. Kratz, Komposition, S. 36; Galling, Bücher, S. 169.
**763** Vgl. Dillard, 2 Chronicles, S. 269; Becker, 2 Chronik, S. 114; Rudolph, Chronikbücher, S. 318.
**764** Japhet und Jonker sind darum der Meinung, dass Josia nur die Höhen aus 2 Chr 33,17 reinigt, die noch übrig geblieben seien. Vgl. Japhet, 2 Chronik, S. 451 f.; Jonker, 1 & 2 Chronicles, S. 282.
**765** Vgl. Levin, 2 Chronicles 10–36, S. 379; Kratz, Komposition, S. 36.

Num 33,52). So kritisiert der erste Versteil „Doch das Volk opferte auf den Höhen" fundamental das Volk. Hingegen die zweite Satzhälfte „jedoch nur JHWH, ihrem Gott" (רַק לַיהוָה אֱלֹהֵיהֶם) beschwichtigt die Opferung. Diese Bearbeitung will die Aussage der ersten Satzhälfte korrigieren. Das gelingt aber nur bedingt, da die Höhen in der Tora unabhängig von ihrer Intention immer ein Vergehen gegen JHWH darstellen.

Auch kompositorisch weist der Vers Auffälligkeiten auf. Die Verse 2 Chr 33,11–16 haben Manasses Umkehr und damit sein Individualschicksal im Fokus. Das Volk dagegen wird in 2 Chr 33,9 f. zuletzt thematisiert. Daher ist der Bezug zum Volk am Ende der erfolgreichen Demütigung Manasses sehr sperrig und klappt nach. Die Höhenopfer in 2 Chr 33,17 führen thematisch die letzte Erwähnung des Volkes in 2 Chr 33,10 fort: „Und JHWH sprach zu Manasse und seinem Volk, doch sie achteten nicht darauf." Dieser Vers fasst paraphrasierend JHWHs Untergangs-rede aus 2 Kön 21,10–15 zusammen. Diese Gerichtsrede JHWHs wird hier voraus-gesetzt und nicht wiedergegeben.[766] Dagegen berichtet nur die Chronik von einer Reaktion des Volkes. Es beachtet JHWHs Rede in 2 Chr 33,10 nicht und praktiziert stattdessen in 2 Chr 33,17 Kultvergehen durch Höhenopfer.

Diese engen Bezüge werden durch 2 Chr 33,11–16 gesprengt, die eine neue The-matik, nämlich Manasses Umkehr, einführen. Manasses Demut ist darum durch Kultvergehen in 2 Chr 33,10.17 ummantelt. Die merkwürdige Stellung der Opfer im Text erklärt sich also durch den Nachtrag von Manasses Umkehr. Doch da die Höhenopfer des Volkes nach der Konversion einen schlechten Schlusspunkt mar-kieren, werden sie in 2 Chr 33,17b als JHWH-Opfer deklariert, um eine versöhnli-che Pointe zu schaffen. Zusammenfassend lässt sich sagen, dass das Fortbestehen der Höhen und der Zusammenhang zwischen 2 Chr 33,10.17a darauf hindeuten, dass Manasses Demut und seine Kultreinigungen in 2 Chr 33,11–16 spätere Ergän-zungen des Textes sind. Ursprünglich bestanden Manasses „Götzen" auch zur Zeit Amons fort, wie 2 Chr 33,22 sagt, und wurden erst von Josia entfernt. Damit folgt die Grundschicht dem Aufbau von Kapitel 2 Kön 21, dessen Ablauf sie deutend nacherzählt.

Die gerade beschriebenen Spannungen wurden von der Forschung zwar registriert, doch einzig Kratz vermutet in 2 Chr 33,11–17 zu Recht Nachträge. Viel zentraler als im Endtext war ursprünglich Vers 2 Chr 33,9: „Manasse aber ver-führte Juda und die Bewohner Jerusalems, mehr Böses zu tun als die Völker, die JHWH vor den Israeliten vertilgt hatte". Diese Information stellt laut Japhet eine rahmende Zusammenfassung von Manasses schlechter Zeit dar.[767] Sie greift auf

**766** 2 Chr 33,18 verweist auf „die Worte der Seher, die zu ihm sprachen im Namen JHWHs."
**767** Vgl. Kratz, Komposition, S. 36; Japhet, 2 Chronik, S. 446.449.

die „Gräuel der Nationen" (כְּתוֹעֲבוֹת הַגּוֹיִם) in 2 Chr 33,2 zurück und überbietet sie sogar. Der Vers bietet die ursprüngliche Bewertung Manasses, die am Schluss des Kapitels fehlt. Ursprünglich stand sie kurz vor der negativ konnotierten Bestattungsnotiz, die jetzt erst in 2 Chr 33,19 f. zu finden ist.

Gottes Gerichtsbotschaft aus 2 Kön 21,10–15 wird in 2 Chr 33,10.17a sehr dezent neu gedeutet. Im Königebuch verkünden Propheten das Kommen von JHWHs Gericht über Juda. Die Chronik hingegen berichtet nur vom Gotteswort an sein Volk, ohne den Untergang zu erwähnen. Der Fokus liegt vielmehr auf der unangemessenen Reaktion des Volkes, das Gottes Rede nicht beachtet, sondern Götzen dient. Manasse und Juda lassen darum ursprünglich jede Möglichkeit zur Umkehr verstreichen.[768] Doch die zweite Schicht will genau das ändern, indem sie den Haupttäter Manasse von seinen Vergehen umkehren lässt.[769]

Spuren der zweiten Schicht treten zuletzt im sehr langen Querverweis in 2 Chr 33,18 f. auf:

> „[18] Und die übrige Geschichte Manasses und sein Gebet zu seinen Göttern/seinem Gott und die Worte der Seher, die zu ihm sprachen im Namen JHWHs, des Gottes Israels. Siehe, das steht in der Geschichte der Könige von Israel. [19] Und sein Gebet und wie er erhört wurde und all seine Sünde und seine Untreue und die Stätten, auf denen er Höhen baute und Ascheren und Götterbilder aufstellen ließ, bevor er sich demütigte. Siehe, das steht geschrieben in der Geschichte des Sehers."

Hier wird doppelt auf zwei Bücher rekurriert: „Die Geschichte der Könige von Israel" in 2 Chr 33,18 und die „Geschichte des Sehers" in 2 Chr 33,19. Dazu wird sowohl auf den Erzählstoff von 2 Chr 33,1–17 als auch auf 2 Kön 21 angespielt.[770] Zunächst berichtet 2 Chr 33,18 von Manasses Gebet „zu seinen Göttern"/„seinem Gott" und von der Prophetenrede in 2 Kön 21,10–15. Dagegen schildert 2 Chr 33,19 sein erhörtes Gebet in 2 Chr 33,12, seine Sünden aus 2 Chr 33,3–7 und seine Demut in 2 Chr 33,12 f.

---

**768** Vgl. Japhet, 2 Chronik, S. 442.449; von Rad, Geschichtsbild, S. 12.

**769** Weiterhin stehen innerhalb von Manasses Umkehr in 2 Chr 33,10–17 häufig die Baumaßnahmen in 2 Chr 33,14 in der Kritik. Dieser Vers wird oft umgestellt oder als früherer oder späterer Nachtrag gewertet, da er zwischen dem Gebet Manasses und seinen Reformen störend sei. Die Umstellungen Rudolphs und Goettsbergers sind, wie Welten herausarbeitet, textkritisch ohne Belege. Wirkliche Brüche treten nicht auf, da auch Rehabeam, Asa, Josaphat und Hiskia in 2 Chr 11;14;17;32 sowohl profane wie religiöse Baumaßnahmen vornehmen. Vgl. Rudolph, Chronikbücher, S. 317; Kratz, Komposition, S. 36; Goettsberger, Bücher, S. 369; Welten, Geschichte, S. 33.

**770** Vgl. De Vries, 1 and 2 Chronicles, S. 399; Japhet, 2 Chronik, S. 453; Willi, Auslegung, S. 239; Kalimi, Geschichtsschreibung, S. 175,

Zu diesen komplizierten Versen liegt bereits eine Vielzahl an literarkritischen Vorschlägen vor.[771] Anknüpfen kann man an Schniedewinds Ansatz, der literarische Wiederaufnahmen entdeckt.[772] Er erkennt, dass Manasses Gebete doppelt auftreten. 2 Chr 33,18 spricht vom „Gebet zu seinem Gott/seinen Göttern" (וּתְפִלָּתוֹ אֶל־אֱלֹהָיו) und 2 Chr 33,19 „Und sein Gebet und wie er erhört wurde" (וּתְפִלָּתוֹ וְהֵעָתֶר־לוֹ). Beide Gebete offenbaren unterschiedliche Akzentuierungen. So verweisen sie nicht beide auf das Demutsgebet in 2 Chr 33,13. Lediglich 2 Chr 33,19 betont die Erhörung durch Gott, von der auch 2 Chr 33,13 spricht. Doch worauf spielt das Gebet zu „seinem Gott/seinen Göttern" aus 2 Chr 33,18 an? Schniedewind hat hier mit Blick auf die Konkordanz festgestellt, dass der Gottesbegriff neutral formuliert wird. In Jon 1,5 ruft ein jeder Schiffsmann in der Not „zu seinen Göttern" und auch Jes 8,19 stellt die Frage, ob nicht jedes Volk „seine Götter" befragt. Damit ist nicht JHWH gemeint, sondern die Götter der anderen Völker. Der Ausdruck verweist also auf Manasses Anbetung der unterschiedlichsten Götter in 2 Chr 33,3. Die Angabe steht in Konkurrenz mit dem zweitem Gebet in 2 Chr 33,13, das sich demutsvoll an JHWH richtet. Das JHWH-Gebet soll Manasses frühere Anbetung der Fremdgötter demnach korrigieren. Genauso werden in 2 Chr 33,19 Manasses Schandtaten aufgezählt, die aber von der Formulierung „bevor er sich demütigte" (לִפְנֵי הִכָּנְעוֹ) ummantelt werden. Das bewertet Manasses Sünden als temporäres Ereignis.[773]

2 Chr 33,18 f. nimmt mehrere Relativierungen vor, die Manasses Demut unterstützen sollen. Ursprünglich verwies der Text allerdings auf weitere Kultfrevel, aber vor allem auf JHWHs gewichtiges Untergangsorakel in 2 Kön 21,10–15, das ignoriert wurde. Die Ergänzungen am Schluss des Kapitels integrieren zum einen die Zusätze aus 2 Chr 33,11–16, zum anderen formulieren sie eine ambivalente Beurteilung Manasses. Dessen ursprünglich negative Bewertung in 2 Chr 33,9 ist durch die Erweiterungen in die Mitte des Textes gerückt und wird durch die Bewertung des Querverweises ersetzt, die Manasses Konversion integriert.

Durch Fortschreibungen erklären sich damit die verschiedenen Bewertungen Manasses und die Spannungen am Ende des Kapitels. Wie schon Kratz bemerkte, wird Manasse in der Chronik ursprünglich als Herrscher von außergewöhnlich

---

[771] Curtis erachtet 2 Chr 33,19 als späten Zusatz, da er auf das apokryphe Manasse-Gebet verweise. Wahrscheinlicher ist das Gegenteil, dass das Manasse-Gebet erst aus diesem Vers entwickelt wurde. Vgl. Curtis, Commentary, S. 499; Levin, 2 Chronicles 10–36, S. 383; Leicht, Manasse-Gebet, Sp. 714; Levin, 2 Chronicles 10–36, S. 379; Galling, Bücher, S. 169.

[772] Vgl. Schniedewind, Source Citations, S. 456 f. Willi erachtet die Dubletten als typisch chronistischen Stil. Vgl. Willi, Auslegung, S. 240.

[773] Vgl. Schniedewind, Source Citations, S. 457–460.

schlechter Qualität dargestellt. Im Grunde liegen die Königebücher und die Chronikgrundschicht in ihrer Intention sehr eng beieinander. Erst die Zusätze der zweiten Schicht machen Manasse zu einem König, der zu Gott umkehrt.

### 13.2.2 2 Chr 33: Ist Amon Manasses Kontrast- oder Parallelfigur?

Manasses Nachfolger Amon hingegen wird in den Könige- und Chronikbüchern ausschließlich negativ dargestellt. Durch seine Kürze wirkt der Text wie ein Anhang zu Manasses Regentschaft, ehe der große Josia auftritt. In den Königebüchern setzt Amon Manasses schlechte Taten fort, da er laut 2 Kön 21,20 den bösen Wegen Manasses folgt, seinen Götzen dient und somit – laut 2 Kön 21,22 – JHWH verlässt. Die Verse 2 Kön 21,23 f. berichten, dass Amon von Verschwörern ermordet wird. Die Mörder werden wiederum vom „Volk des Landes" getötet, so dass die davidische Thronfolge erhalten bleibt und Amons Sohn Josia als legitimer Herrscher folgt.[774] Die Chronikbücher in 2 Chr 33,21–25 folgen dieser Darstellung und ergänzen in 2 Chr 33,23 lediglich ein Detail, wonach Amon sich nicht wie sein Vater Manasse vor Gott demütigt.[775] Damit wird seine Halsstarrigkeit unterstrichen. Anders als Manasse lernt er nicht aus seinen Fehlern, sondern sündigt weiterhin gegen JHWH. Amon präsentiert sich somit als Kontrastfigur zu seinem Vater.[776]

Da die Kulttilgungen bei Manasse in 2 Chr 33,11–16 aber spätere Ergänzungen sind, stellen sie den Verweis auf seine Umkehr in 2 Chr 33,23 in Frage. Sind Manasse und Amon doch keine Kontrastfiguren? Denn abseits von 2 Chr 33,23 betonen viele Charakterisierungen die Kontinuität zwischen Manasses und Amons Bosheit, da letzterer in 2 Chr 33,22 den alten Götzen opfert.[777] Zudem stirbt Amon in 2 Chr 33,24 genauso wie Manasse in 2 Chr 33,20 in seinem eigenen Haus. Diese Notizen zeigen, dass beide Herrscher unehrenhaft und damit nicht in der Königsgruft bestattet wurden. Manasse und Amon sind demnach kein Gegensatzpaar, sondern als schlechte Könige Parallelfiguren. Der Verweis auf Manasses Demut in 2 Chr 33,23 ist demzufolge als Nachtrag zu klassifizieren, um Manasses Konversion zu integrieren. Auf diese Weise wird die ursprüngliche Kontinuität zwischen Manasse und Amon gebrochen und ersterer von letzterem abgehoben.

---

774 Vgl. Japhet, 2 Chronik, S. 454.
775 Vgl. Galling, Bücher, S. 169.
776 Vgl. De Vries, 1 and 2 Chronicles, S. 401; Becker, 2 Chronik, S. 114.
777 Vgl. Dillard, 2 Chronicles, S. 264; Levin, 2 Chronicles 10–36, S. 376; Ben Zvi, Reading, S. 138; Myers, II Chronicles, S. 199.

Auffälligkeiten weist zudem Amons Ermordung durch seine Diener auf. Die Verschwörung wird durch das „Volk des Landes" (עַם־הָאָרֶץ) gerächt.[778] Die Rache des Volkes an den Verschwörern in 2 Chr 33,25 gilt gemeinhin als Übernahme aus den Königebüchern. Diese Episode weist aber viele chroniktypische Motive auf, weshalb der Text wohl umgekehrt erst nachträglich in die Königebücher übernommen wurde, um beide Bücher einander anzugleichen.[779] Die Verschwörung gegen Amon gehört aus folgenden Gründen zur zweiten Schicht der Chronik. Auffälligerweise werden die Verschwörer vom „Volk des Landes" in 2 Chr 33,25a getötet. Einige Forscher überlegen, ob das „Volk des Landes" nicht ein terminus technicus sei, der eine bestimmte Gruppe wie einen Elitezirkel oder das Proletariat repräsentiere. Diese Spekulationen haben aber wenig historischen Gehalt, da der Terminus in der Chronik oft auftritt und wohl allgemein die Bevölkerung bezeichnet.[780] Doch warum streckt das Volk die Diener nieder? Das bedarf einer Erklärung, denn Amons Tod wird als Tyrannenmord dargestellt. In der Logik der Chronik darf man sündhafte Herrscher beseitigen, da die Ermordung die gerechte göttliche Strafe für ihre Verfehlungen darstellt. Ein vergleichbarer Fall wird bei Joas in 2 Chr 24,25–27 aufgeführt. Wie im Fall Amons wird auch der schlechte König Joas durch die Verschwörung seiner Diener ermordet. Ähnlich wie in 2 Chr 33,25a tötet der Nachfolgekönig die Mörder, obwohl sie als göttliches Strafwerkzeug auftreten. Dieser Fall wiederholt sich bei Manasse und deutet auf eine buchübergreifende Fortschreibung der zweiten Schicht hin, die die Ermordung davidischer Könige generell kritisiert.[781] Auch bei einem Putsch muss die davidische Thronfolge eingehalten werden, da der Bezug zu David als Kultstifter wichtig bleibt. Aus diesen Gründen gehört die Ermordung der Verschwörer zur zweiten Schicht. Der große

---

**778** Im Anschluss entfallen der Querverweis und die Bestattungsnotiz. Einige Exegeten begründen das durch Textverderbnis beim Abschreibevorgang, da 2 Kön 21,24.26 mit der Vokabel „an seiner statt" (תַּחְתָּיו) enden. So habe die Chronik die gleichen Enden versehentlich zusammengezogen und damit ausgelassen. Plausibler erscheint die Deutung Japhets und Gallings, dass die Chronik schnell zu Josia übergehen möchte und darum die Beerdigungsnotiz ausspart. Vgl. Japhet, 2 Chronik, S. 454; Galling, Bücher, S. 169; Rudolph, Chronikbücher, S. 316.
**779** Denn in den Königebüchern werden Amons Tod und Josias Inthronisation in 2 Kön 21,24.26 doppelt aufgelistet. So heißt es in 2 Kön 21,24 analog zu 2 Chr 33,25: „Und das Volk des Landes erschlug alle, die sich gegen König Amon verschworen hatten. Und so machte das Volk des Landes Josia, seinen Sohn, zum König." Nicht in der Chronik findet sich die Passage aus 2 Kön 21,26 „Und man begrub ihn in seinem Grab im Garten Usas. Und sein Sohn Josia wurde an seiner Stelle König". Diese Doppelung entsteht durch den Nachtrag von 2 Kön 21,24, der der Chronik entnommen ist.
**780** 2 Chr 23,13.20 f.; 26,21; 36,1. Vgl. Ackroyd, I & II Chronicles, S. 199; Dillard, 2 Chronicles, S. 270.
**781** 2 Chr 25,3 f. Vgl. Goettsberger, Bücher, S. 371.

König Josia soll laut zweiter Schicht vom Volk rechtmäßig gekrönt werden und nicht von Revolutionären, die gegen das Haus Davids rebellieren. Darum müssen die Verschwörer in 2 Chr 33,25a sterben.

## 13.3 Theologiegeschichtliche Entwicklung: Verursacher sowie Überwinder des Untergangs

Welche Rolle spielt Manasse in der Grundschicht, wenn nun seine Umkehr wegfällt? Ist er einfach nur ein schlechter König oder lösten seine Taten Judas Untergang aus wie in 2 Kön 21?

Die Chronikforschung hat sich seit jeher dafür stark gemacht, dass Manasse nicht für den Untergang Judas verantwortlich sei wie in den Königebüchern. Ahas, der den Tempel verschließt, übernehme hingegen die Rolle des schlechtesten Königs.[782] Die Frage nach den Folgen der Frevel ist schwierig zu beantworten. Die Chronik deutet die Ankündigung des Propheten aus 2 Kön 21,10–15 nur an, nimmt aber im Gegensatz zu 2 Kön 23,26 keine Wertung des Erzählers vor, die die Schuldfrage explizit klärt.

Nun hat die vorliegende Untersuchung ergeben, dass Manasses Bewertung eng an die Schilderungen der Königebücher gekoppelt ist. Dementsprechend stellt auch Manasses Auftritt eine Zäsur dar.[783] Denn er agiert auch in der Chronik außergewöhnlich schändlich und verkörpert somit eine neue Qualität des Abfalls, da er die „Gräuel der Nationen" nach Juda bringt, die seine Herrschaft in 2 Chr 33,2.9 umrahmen. Damit muss sogleich ein Vorurteil der Chronikforschung revidiert werden. Häufig wird behauptet, dass die Chronik eine Distanz zum deuteronomistischen Denken aufweise.[784] Doch gerade die Verse 2 Chr 33,1–9 sind mit geringfügigen Änderungen aus 2 Kön 21,1–9 übernommen und strotzen vor Verweisen auf das Buch Deuteronomium. Ein angeblicher chronistischer Neuentwurf, der sich davon distanziert, liegt hier keinesfalls vor.

Für die „Gräuel der Nationen" (תוֹעֲבֹת הַגּוֹיִם) stehen Dtn 18,9–12 Pate.[785] Dort befiehlt Gott für die Landnahme „nicht so abscheulich zu handeln wie jene Nationen" (Dtn 18,9). Die im Folgenden aufgelisteten Freveltaten erscheinen allesamt auch bei Manasse in 2 Chr 33,6: Er lässt seinen Sohn durchs Feuer gehen, treibt

---

**782** Vgl. McKenzie, 1–2 Chronicles, S. 353; Dillard, 2 Chronicles, S. 268.

**783** So werden seit Manasse die Namen der Königsmütter nicht mehr genannt, obwohl ihr Name parallel dazu in 2 Kön 21,1 auftaucht. Vgl. Galling, Bücher, S. 168; Becker, 2 Chronik, S. 111.

**784** Vgl. Japhet, 2 Chronik, S. 442; Steins, Abschlußphänomen, S. 482.

**785** Vgl. von Rad, Geschichtsbild, S. 59; Japhet, 2 Chronik, S. 446 f.; Kalimi, Geschichtsschreibung, S. 117; McKenzie, 1–2 Chronicles, S. 354.

Zauberei, Beschwörung und Magie. All das tut er, um Gott zu reizen und ihn zu erzürnen (לְהַכְעִיסוֹ). Die Chronik hält sich hier eng an die Vorlage aus 2 Kön 21,6 und ergänzt lediglich das Tal Ben-Hinnom als Ort der Frevel, der aus 2 Kön 23,10 entnommen ist.[786]

Ein markanter Unterschied zu den Königebüchern stellt Manasses Fremdgötterverehrung in 2 Chr 33,3–5 dar. Er errichtet die Altäre für Baale und Ascheren. 2 Kön 21,3 hatte mit Verweis auf Ahab nur von einem Baal und einer Aschera im Singular gesprochen. Wie Dörrfuss feststellt, ist der Plural der Chronik eine stilistische Anpassung. Während 2 Kön 21 die konkrete Errichtung der Aschera und dem assyrischen Himmelsheer im Jerusalemer Tempel problematisiert, synthetisiert die Chronik Ascheren, Baale und das Himmelsheer zu einem polytheistischen Heer an Fremdgöttern. Diese werden in 2 Chr 33,4 f. sowohl im als auch um den Tempel herum aufgestellt. Wie in 2 Kön 21,4 wird die Fremdgötterei im Tempel mit Gottes Verheißung aus 2 Chr 6,6 kontrastiert: „Hier soll mein Name sein auf ewig" (יִהְיֶה־שְׁמִי לְעוֹלָם). Durch diese Anspielung unterstreicht der Text Manasses Anmaßung.[787]

Ebenso errichtet Manasse in 2 Chr 33,7 ein „Götterbild der Götzen" (פֶּסֶל הַסֶּמֶל) anstelle der Aschera im Tempel, wie 2 Kön 21,7 berichtet. Die Chronik interessiert sich also nicht für den assyrischen Kult, sondern passt den Text durch den Terminus „Götze" an die Sprache des Deuteronomiums an.[788] Damit verweisen die Frevel auf zahlreiche Verbote der Tora wie Ex 20,4 f./Dtn 5,8 und Lev 26,1. Wie Dörrfuss belegt, stellt vor allem der Text in Dtn 4,16–25, der vor dem Götzendienst warnt, eine wichtige Bezugsgröße dar. Der Begriff „Götze" bezeichnet in Dtn 4 ein jegliches Abbild von Menschen und Tieren.[789] Ebenso sei laut Dtn 27,15 jeder verflucht, der so etwas aufstellt. Daher werden Manasses Taten pauschal als Götzendienst verstanden, den das Deuteronomium verbietet.

Das stellt Gottes Schutzversprechen aus 2 Chr 6,6 in Frage, das in 2 Chr 33,7 f. zitiert wird.

> „[7] In diesem Haus und in Jerusalem, welche ich erwählt habe von allen Stämmen Israels, will ich meinen Namen niederlegen auf ewig. [8] Ich werde Israels Fuß nie mehr vertreiben lassen aus dem Land, das ich euren Vätern bestimmt habe, wenn sie nur darauf achten, alles zu tun, was ich ihnen befohlen habe, die Tora, alle Gebote und Rechtsbefehle von Mose."

---

**786** Der Vers 2 Chr 33,6 setzt sich aus den Vergehen aus Jer 7,31; 19,5 f.; 32,35 zusammen. Vgl. McKenzie, 1–2 Chronicles, S. 354; Kalimi, Geschichtsschreibung, S. 73.

**787** Vgl. Dörrfuss, Mose, S. 238; Japhet, 2 Chronik, S. 447.

**788** Wahrscheinlich werden die Details zum Assyrerkult als unerheblich angesehen. Vgl. Galling, Bücher, S. 168.

**789** Vgl. Japhet, 2 Chronik, S. 448; Dörrfuss, Mose, S. 239.

Besonders 2 Chr 33,8 wird gegenüber 2 Kön 21,8 an die deuteronomistische Phraseologie in Dtn 4,8 angepasst, wie Kalimi herausfand.[790] Denn in den Königebüchern ist nur vom „ganzen Gesetz, das mein Knecht Mose ihnen geboten hat", die Rede. Die Chronik erweitert den Satz mit den „Geboten und Rechtsbefehlen von Mose", die in Dtn 4,8 stehen.

Dennoch wird auf die Prophetenrede und damit auf Gottes Gerichtsankündigung in 2 Chr 33,10 nur verwiesen.[791] Relativiert oder verschweigt das Manasses Frevel? Nein, die Chronik konzentriert sich auf die ausbleibende Reaktion nach diesem Orakelspruch. Damit hebt sie Manasses Missachtung und die unreinen Höhenopfer des Volkes hervor, die den göttlichen Gerichtsbeschluss töricht ignorieren. Auf diese Weise wird ein Kontrast zu Josia hergestellt, der in 2 Chr 34,19.26–28 auf die Ankündigung des Unheils emotional reagiert und sich vor Gott demütigt. Josias Verhalten bewegt Gott, weswegen dieser das Unheil verschiebt. Manasse hingegen ändert sein Verhalten nicht. Demnach agiert er auch in der Chronik als schlechtester Herrscher Judas. So sind schon in 2 Chr 33,2 Judas Frevel schlimmer als die der umliegenden Nationen. Diese Charakterisierung stellt einen Superlativ dar, der sich bei keinem anderen König der Chronik findet.[792] Dazu kommen in 2 Chr 33,6 Provokationen, die Gottes Zorn hervorrufen. So stellt sich abschließend die Frage, an welcher Textstelle der angekündigte Zorn Gottes zum Ausbruch kommt.

Wie in den Königebüchern ist dazu Josias Buchentdeckung und Huldas Orakel genauer in den Blick zu nehmen. In 2 Chr 34,21 spricht Josia nach dem Buchfund vom großen Zorn JHWHs, der sich ergossen habe, weil die Väter dessen Wort nicht befolgt hätten. Und JHWH sagt durch Hulda in 2 Chr 34,25 ganz explizit, dass Juda anderen Göttern Rauchopfer dargebracht habe, um ihn zum Zorn zu reizen. Es wird genau dieselbe Vokabel „zum Zorn reizen" (כָּעַס) verwendet wie in 2 Chr 33,6. Und die Rauchopfer an andere Götter verweisen auf die Höhenopfer in 2 Chr 33,17. Daher sind auch in der Chronik Manasses Provokationen folgenreich. Gottes Zorn kommt Generationen später zum Ausbruch und zwar durch Nebukadnezar, der Juda ins Exil verschleppt. Somit interpretiert die Chronikgrundschicht Manasses Schuld in 2 Chr 33,1–10 analog zu den Königebüchern. Manasse hat demnach Gott am heftigsten provoziert, da er die fremden Götter in JHWHs Tempel holte.

---

[790] Dtn 11,32; Lev 26,46; Neh 10,30; 2 Kön 17,37; Mal 3,22; Esr 7,10. Vgl. Kalimi, Geschichtsschreibung, S. 115.

[791] Propheten sind in der Chronikgrundschicht aber ohnehin Randfiguren wie Jesaja in 2 Chr 32,20.

[792] In der Forschung gilt hingegen Ahas als schlechterer König. Vgl. Jonker, 1 & 2 Chronicles, S. 281; McKenzie, 1–2 Chronicles, S. 358; Williamson, 1 and 2 Chronicles, S. 393.

Damit werden all die Thesen einer angeblichen "immediate retribution" als chronistische Denkfigur widerlegt. Genau wie in den Königebüchern entbrennt die Wut Gottes geschichtstheologisch erst viel später, nämlich durch die Strafe des Exils. Ebenso findet in der Chronikgrundschicht keine Abkehr von der deuteronomistischen Theologie der Königebücher statt.[793] Sie nimmt vielmehr starke Anpassungen an die deuteronomistische Phraseologie vor, insbesondere an die Götzenverehrung in Dtn 4, die Manasse besonders zum Vorwurf gemacht wird.

Für die Passagen der zweiten Schicht in 2 Chr 33,11–16 wurde zumeist ein historischer Hintergrund vermutet, da der Text an die neueren Erkenntnisse der biblischen Archäologie anknüpft. Manasses Bauten in 2 Chr 33,14 sind die letzten Baumaßnahmen, von denen die Chronik berichtet.[794] Manasse entwickelt die äußere Mauer um Jerusalem, die im Westen lokalisiert ist. Ebenso setzt er Heerführer in allen Städten Judas ein. Über die Historizität dieser Maßnahmen wird intensiv diskutiert. Himbaza beispielsweise will anhand von archäologischen Diskussionen über die genannte äußere Mauer Jerusalemns in 2 Chr 33,14 belegen, dass diese von Manasse errichtet wurde. Die Geschichte von der Umkehr Manasses sei eine ätiologische Erzählung, die den Bau dieser Mauer erkläre.[795] So fordert er die Exegeten auf, die Baumaßnahmen als historisches Ereignis anzuerkennen. Demnach hätte der Verfasser der Chronik gewusst, dass diese Mauer von Manasse errichtet wurde. Diese These kann sich ebenso auf die archäologischen Befunde der langen Friedenszeit unter Manasse stützen.

Dennoch ist Skepsis angebracht, da schon in der Grundschicht deutlich wird, dass sich die Chronik für historische Zeitgeschichte, wie die Kultdetails der Assyrer, nicht interessiert. Daher käme ein aufkeimendes historisches Interesse in der zweiten Schicht sehr unerwartet. Zudem sind Notizen zu Baumaßnahmen in der Chronik sehr typisch. Welten betont, dass diese stereotyp nur in den positiven Wirkungsphasen der Könige auftreten.[796] So entstehen viele Bauten in der frommen Zeit von Rehabeam in 2 Chr 11,5 f., von Asa in 2 Chr 14,5 f., von Josaphat in 2 Chr 17,12, von Jotam in 2 Chr 27,4 und von Hiskia in 2 Chr 32,5. Sie sind also keinesfalls zu trennen vom theologischen Verhalten der Könige, wie es Himbaza tut. Die Baumaßnahmen sind also Folge von Gottes Segen, der aus Manasses Demut entspringt.[797] Auch in anderen Chronikpassagen verlegt Manasse Heerführer

---

**793** Laut Japhet sei die Chronik gegen eine aufgeschobene oder kumulative Schuld. Vgl. Japhet, 2 Chronik, S. 449.
**794** Vgl. Ben Zvi, Reading, S. 133.
**795** Vgl. Himbaza, Mur, S. 283–294.293.
**796** Vgl. Welten, Geschichte, S. 10.
**797** Vgl. McKenzie, 1–2 Chronicles, S. 356.

in die befestigten Städte, um das Land abzusichern. Gleiches tun Rehabeam in 2 Chr 11,23 und Josaphat in 2 Chr 17,2; 19,5.

Die Baumaßnahmen sind ein buchübergreifendes Leitmotiv, das tendenz-kritisch zur zweiten Schicht gehört, um gute Entscheidungen der Herrscher mit Friedenszeiten zu belohnen, in denen gebaut werden kann. Damit ist Himbazas These zurückzuweisen. Es wurde unter Manasse wohl historisch viel erbaut, aber daran hatte die zweite Chronikschicht kein Interesse und wohl auch keine Kennt-nis. So schrieb sie Manasse Baumaßnahmen einfach zu, da diese ihn theologisch in ein positives Licht rücken. Aus diesem Grund ist der historische Wert dieser Notiz gering und die Übereinstimmungen von Chronikbericht und Archäologie sind zufällig.[798]

Eine ähnlich gestrickte Debatte entbrannte um 2 Chr 33,11. Wurde Manasse wirklich von den Assyrern deportiert? Da einige außerbiblische Quellen über den König existieren, hat man für die Deportation einen historischen Kern vermutet, wenn auch über die Art und Weise sowie über den Anlass der Reise nach Babylon sehr vielfältig spekuliert wird.

Dillard listet drei Putschversuche auf, aufgrund derer Manasse von den Assy-rern deportiert worden sein könnte: 1) der Putsch von Shamash-shum-ukin in Babylon (652 bis 648 v. Chr.), 2) die Rebellion von Abdimilkutte aus Sidon und Sanduarri von Kundu und Sizu (677 v. Chr.) oder 3) die Rebellion von Baal von Tyrus, der mit den Ägyptern paktierte (675 bis 673 v.Chr.).[799] In diese Umsturzver-suche im großen Reich der Assyrer hätte Manasse verwickelt sein können. Sein Name findet sich schließlich auf der assyrischen Liste der Könige von Hatti. Dort sind alle jene Könige aufgelistet, die gezwungen wurden, Tribut für den Bau der Hauptstadt Ninive zu entrichten. Diesen Tribut könnte man durchaus als Strafe für die Rebellion betrachten, die die Chronik andeutet. Da auch andere Könige zeitweilig von den Assyrern deportiert wurden, um dann wieder eingesetzt zu werden, deckt sich auf den ersten Blick die Chronikdarstellung mit der Herr-schaftspraxis der Assyrer.[800]

Andere Forscher erwägen hingegen, dass der Chronikbericht einen diploma-tischen Pflichtbesuch Manasses nach Babylon als Deportation darstellt. Judas König hatte den Assyrern Rechenschaft abzulegen und Ehre zu erweisen, die er ihnen als Vasall schuldig war.[801] Vielen Forschern erscheint es wenig plausibel, dass Manasse wirklich rebellierte. Abgesehen vom Chronikbericht finden sich

---

[798] Vgl. Noth, Überlieferungsgeschichtliche Studien, S. 141.
[799] Vgl. Dillard, 2 Chronicles, S. 265.
[800] Vgl. Rudolph, Chronikbücher, S. 317; Japhet, 2 Chronik, S. 443.
[801] Vgl. McKenzie, 1–2 Chronicles, S. 355.

dafür keine Indizien. Die Liste von Hatti bestätigt lediglich, dass er regulär Tribut zahlte, den aber alle Könige von Juda unter den Assyrern entrichten mussten. Hingegen zeigt der Bericht von 2 Kön 21 Manasses Offenheit für den assyrischen Einfluss, was sich auch durch archäologische Funde belegen lässt.[802] Daher deuten der Text der Königebücher und die archäologischen Befunde eher auf Manasses Bündnistreue hin.

Es existieren also auch hier gewichtige Argumente, die den Text als theologische Auslegung klassifizieren.[803] 2 Chr 33,12 spricht von einer Selbstdemütigung (כנע), einem Leitmotiv der zweiten Chronikschicht. Rehabeam demütigt sich vor dem Einfall der Ägypter, der daraufhin weniger verheerend ausfällt. Ebenso demütigt sich Hiskia, nachdem ihm Gott mit Konsequenzen gedroht hatte, und erwirkt dadurch ebenfalls eine Milderung der Strafe (2 Chr 12,6 f.; 32,26). Inspiriert wird diese Darstellung vor allem durch Josias vorbildhafte Demütigung, als er vom Gottesgericht erfährt (2 Chr 34,27). Der zweiten Schicht ist es offenbar ein Anliegen, dieses Motiv bei vielen Königen buchübergreifend zu verbreiten. Herrscher wie Amon, die sich nicht demütigen, erhalten darum keine Hilfe, woraus letztlich ihr Untergang erwächst. Der in Ketten gelegte Manasse stellt ein besonders eindrückliches Beispiel der Demut dar, da er trotz schlimmster Vergehen schließlich doch noch zu Gott findet.[804]

Doch warum sich ausgerechnet Manasse demütigt, ist sehr umstritten. Die Forschung wählt hier wie so oft die "immediate retribution" als Königsweg aller Erklärungen. Der Chronik sei es ein Dorn im Auge gewesen, dass ein schlechter König wie Manasse 55 Jahre lang regiert. Seit jeher wird darum immer wieder die These vertreten, dass die Chronik die Jahrzehnte währende Regierungszeit Manasses legitimieren möchte, da diese ein theologisches Problem darstelle. Allerdings erheben Ben Zvi und Mosis berechtigte Einwände gegen dieses Urteil. Bei genauerer Betrachtung lassen sich nämlich gute Könige mit kurzer Ära und schlechte Könige mit langer Lebenszeit ausfindig machen. So trifft Ben Zvis These zu, dass der Chronik die Länge der Regierungszeit völlig egal ist.[805]

Eine alternative Lösung, die Williamson vorschlägt, ist hingegen viel besser im Text begründet.[806] Manasses Schicksal verweist auf das kommende Exil Judas und präsentiert einen Weg, wie man dieses überleben kann. Ausgerechnet nach

---

**802** Vgl. Galling, Bücher, S. 168; Uehlinger, Kultreform?, S. 57–89.

**803** Vgl. Schniedewind, Source Citations, S. 450; Williamson, 1 and 2 Chronicles, S. 391–393.

**804** Vgl. Ben Zvi, Reading, S. 132. Die Verschleppung weist zudem deutliche Bezüge zu Ez 19,9 auf. Vgl. Williamson, 1 and 2 Chronicles, S. 393; Ackroyd, I & II Chronicles, S. 198.

**805** Vgl. Japhet, 2 Chronik, S. 443; Ben Zvi, Reading, S. 123–125; Mosis, Untersuchungen, S. 194.

**806** Williamson sieht den Text vielmehr als "typological pattern of exile and restoration" (Williamson, 1 and 2 Chronicles, S. 389). Vgl. De Vries, 1 and 2 Chronicles, S. 399 f.

Babylon wird Manasse in 2 Chr 33,11 verschleppt, obwohl die Stadt zu dieser Zeit nicht die Hauptstadt der Assyrer ist. Hier liegt kein Schreibfehler vor, sondern ein Vorgriff auf Judas Deportation durch die Babylonier.[807] Manasse personifiziert darum Judas künftiges Schicksal, wie Ben Zvi zutreffend deutet, da er schon einmal im Voraus das harte Exil, aber auch die Restauration Judas erleben darf.[808] Damit geben diese Verse eine Erklärung, die weit über die Grundschicht hinausgeht. Das Exil wird nicht nur historisch-theologisch erklärt, sondern es wird gezeigt, wie man es übersteht: durch Demut, Gebet und die Hinwendung zu Gott. Dieser lässt sich durch solche Maßnahmen bewegen und schickt den König aus Gnade zurück nach Juda. Dort bereinigt Manasse laut 2 Chr 33,15–17 seine Fehler. Damit demonstriert sein Schicksal, wie man auch nach den schlimmsten Fehlern die Möglichkeit erhält, zu Gott zurückzukehren.[809] Somit wandelt sich die Geschichte des schlimmsten Abfalls zur Umkehrerzählung, die von einer Konversion berichtet. Wie Ben Zvi sagt: "The story of Manasseh inspired not only repentance but also hope for a future."[810] Gott hat Juda aus dem Exil herausgeführt und die Restauration ermöglicht, wie man schon bei Manasse sehen konnte. So kann man sich zu jeder Zeit und in jeder Notlage Gott zuwenden und Rettung erlangen, wie es die zweite Schicht leitmotivisch festhält.[811]

## 13.4 Fazit: Vom Verursacher zum Überwinder des Exils

2 Chr 33 präsentiert sich als gewachsener Text, der die Frage nach den Ursachen des Exils unterschiedlich beantwortet. Die Darstellung fußt nicht etwa auf alten Quellen, sondern dokumentiert den theologiegeschichtlichen Wandel zur Schuldfrage des Exils. Die Grundschicht orientiert sich stark an 2 Kön 21 und stellt Manasse als schlechtesten König Judas dar. Sein Götzendienst entfacht Gottes Zorn und verursacht Judas Exil. Geschichtstheologisch wird das Exil als Strafe für das Brechen der göttlichen Gebote des Deuteronomiums erklärt.

Die zweite Schicht hingegen konzentriert sich auf die Frage, wie Juda das Exil überstehen konnte und lässt Manasse bereits das Exil durchlaufen. Sein Verhalten ist hierfür vorbildlich, da er sich in aller Demut Gott zuwendet. Gott

---

**807** Vgl. Galling, Bücher, S. 168; Williamson, 1 and 2 Chronicles, S. 390.
**808** Vgl. Ben Zvi, Reading, S. 134; McKenzie, 1–2 Chronicles, S. 355.
**809** Vgl. Dillard, 2 Chronicles, S. 264; De Vries, 1 and 2 Chronicles, S. 400; Rudolph, Chronikbücher, S. 317.
**810** Ben Zvi, Reading, S. 134. Vgl. McKenzie, 1–2 Chronicles, S. 358.
**811** Vgl. Williamson, 1 and 2 Chronicles, S. 389; Ackroyd, I & II Chronicles, S. 198; Lynch, Monotheism, S. 94; Jonker, 1 & 2 Chronicles, S. 282; Schniedewind, Source Citations, S. 459.

erhört darum auch das Gebet des größten Sünders und lässt ihn wieder nach Hause kommen. Dort erhält er die Möglichkeit zur Besserung, wodurch er das Land wieder aufbauen kann.[812] Damit wird die Demut generell als bester Weg der Krisenbewältigung präsentiert.[813] So vollzieht sich in der zweiten Chronikschicht der Wandel von der negativen Darstellung hin zur positiven Manasserezeption im antiken Judentum, die Manasse als König der Umkehr darstellte.

---

812 Vgl. Ben Zvi, Reading, S. 131.
813 Vgl. Schniedewind, Source Citations, S. 453.

# 14  2 Chr 34–35 Josia

## 14.1  Josias Glanz und schmählicher Tod als Problem der Chronik

Josia, der letzte große Monarch Judas, ist sowohl in den Könige- als auch in den Chronikbüchern ein rätselhafter König, da seine Darstellung theologisch vielfach fragwürdig und herausfordernd ist. So erwirbt Josia herausragende Verdienste für den JHWH-Kult. Ebenso entdeckt er Gottes Tora wieder und verpflichtet das gesamte Volk darauf, so dass es zu einer letzten Blüte Judas kommt. Doch erfährt er gleichzeitig, dass JHWH Judas Untergang längst beschlossen hat. Zuletzt töten ihn die Ägypter sehr plötzlich. Trotz Josias Frömmigkeit lässt Gott sowohl ihn als auch später Juda untergehen, um das Unheil zu vollstrecken. Somit stellt Josia eine Lichtgestalt dar, die in unheilvollen Zeiten agiert und rätselhaft sterben muss.[814]

Eingangs sei die Josia-Darstellung aus 2 Kön 22f. vorgestellt, da sich die Kapitel 2 Chr 34f. eng an den Ablauf der Königebücher halten und der Text mit Einschüben erweitert wird. Die Chronik arbeitet sich an den Problemen mit neuen Auslegungen ab.[815]

Die Königebücher präsentieren Josia von Beginn an als Kultreformer. So tat er laut 2 Kön 22,2 das, was recht in den Augen JHWHs war, und wandelte auf Davids Wegen, woraus die Instandsetzung des Tempels in 2 Kön 22,3–7 resultiert. Dabei ereignet sich der spektakuläre Fund der Tora in 2 Kön 22,8–10, aus der Josia vorgelesen wird. Josia erschreckt über die Worte der Tora so heftig, dass er seine Kleider in 2 Kön 22,11 zerreißt. Doch die Worte bedürfen offenbar weiterer Erklärung, weswegen er die Prophetin Hulda befragen lässt. Hulda verkündet zwei JHWH-Sprüche: Einerseits verkündet sie in 2 Kön 22,15–17 Judas Ende, da JHWH Judas Fremdgötterei endgültig bestrafen will. Doch für Josia hat sie andererseits in 2 Kön 22,18–20 ein mildes Urteil parat. Seine Reue und Demut werden also vor JHWH belohnt, indem dieser das Ende Judas verschiebt und Josia einen Tod in Frieden verheißt.

Darauf lässt Josia vor Juda in 2 Kön 23,1–3 die ganze Tora verlesen, und verpflichtet das Volk zu einem Bund mit JHWH. Nun beginnt der Hauptschwerpunkt des Textes. 2 Kön 23,4–20 stellt Josia als Zerstörer des falschen Kultes vor, da er aus dem Tempel in Jerusalem, aber auch in Juda und dem untergegangenen Nordreich

---

**814** Vgl. Ackroyd, I & II Chronicles, S. 200; Kratz, Komposition, S. 37; McKenzie, 1–2 Chronicles, S. 364.

**815** Vgl. Galling, Bücher, S. 172; Jonker, 1 & 2 Chronicles, S. 291; Japhet, 2 Chronik, S. 459.

alle Kultformen abreißt und schändet, die nicht toragemäß sind. Darunter sind auch Kultstätten, die auf Jerobeam II. (2 Kön 23,15), aber auch auf die Verfehlungen des großen Salomo (2 Kön 23,13) zurückgehen. Diese Aktionen münden in einem herausragenden Passah in 2 Kön 23,21 f., wie es kein König zuvor gefeiert habe.

Die Darstellung zeigt Josia unbestreitbar als König des Kultes. Dennoch bleiben einige Fragen offen. Laut 2 Kön 22,3 ließ Josia erst ab dem 18. Jahr seiner Regierung den Tempel ausbessern. Doch was tat er vor der Reform? Ließ er den Tempel zunächst verkommen, wie es seine Vorgänger taten? Zudem ist er laut Königebuch mehr Zerstörer von Fremdkulten, als dass er den JHWH-Kult pflegt. So wird in den kurzen Versen 2 Kön 23,21–23 das unvergleichliche Passah lediglich angerissen. Diese knappe Erwähnung geht kompositorisch unter, da zuvor die Fremdkulttilgung viel mehr Raum einnimmt. So bleibt die Zeit vor Josias Entdeckung der Tora unbekannt und es bleibt offen, wie sein unvergleichliches Passah aussah.

Ebenso bereitet das berühmte, überschwängliche Lob Josias in 2 Kön 23,25 Probleme:

> „Vor Josia gab es keinen König wie ihn, der zu JHWH umgekehrt wäre mit seinem ganzen Herzen und mit seiner ganzen Seele und mit seiner ganzen Kraft nach der Tora des Mose. Und nach ihm ist keiner aufgetreten, der ihm gleich war."

Doch gleich darauf entbricht der Gotteszorn im folgenden Vers 2 Kön 23,26:

> „Doch JHWH ließ nicht ab von seinem großen, glühenden Zorn, der in ihm entbrannt war über Juda wegen alledem, womit Manasse ihn gereizt hatte."

Josia weist durch seine herausragende Frömmigkeit eine außergewöhnliche Gottesnähe auf. Dabei agiert er aber gleichzeitig in einer Zeit des Unheils, in der sich Gott nicht mehr zur Umkehr bewegen lässt, da sein Zorn unumstößlich feststeht. Die Chronik muss sich also mit der Ambivalenz von Gottes Nähe und Gottes Ferne auseinandersetzen.

Am Ende stirbt Josia einen gewaltsamen Tod. In 2 Kön 23,29 f. zieht der ägyptische Pharao Necho herauf. Nüchtern heißt es: „Und der König Josia zog ihm entgegen; aber Necho tötete ihn bei Megiddo, als er ihn sah." Dieser Text hat Anhangscharakter und lässt fragen, wieso der zuvor untadelige JHWH-treue König Josia einfach so abrupt getötet wird.[816] Zudem hatte Hulda ihm in 2 Kön 22,20 verkündet: „Du wirst versammelt werden in deinen Gräbern in Frieden". Doch Josia stirbt

---

**816** Vgl. Steins, Abschlußphänomen, S. 212; Spieckermann, Juda unter Assur, S. 138.

fern der Heimat gewaltsam in Megiddo. Aus welchen Gründen hält Gott plötzlich nicht mehr zu seinem Schützling? Alle diese Fragen werden in der Chronikdarstellung thematisiert und in einen neuen Bericht transformiert.

Gleich zu Beginn schildert die Chronik Josias Jugend als Zeit der Kultmaßnahmen in der Tradition Davids. In 2 Chr 34,2–7 reinigt er erst Juda und dann das Nordreich vom unreinen Kult. Danach stellt er in 2 Chr 34,8–17 den Tempel wieder her, wobei die Tora gefunden wird, über deren Flüche Josia heftig erschrickt (2 Chr 34,18–21). Das Hulda-Orakel wird analog zum Text der Königebücher in 2 Chr 34,22–28 geschildert. Im Anschluss daran versammelt Josia das Volk zu einem Bundesschluss in 2 Chr 34,32, ehe er in 2 Chr 34,33 ein zweites Mal gen Norden zieht, um die Gräuel zu zerstören.

In 2 Chr 35 setzt sich Josias kultisches Interesse fort. So wird die kurze Passah-Notiz der Königebücher nun breit entfaltet. 2 Chr 35,1–19 liefert eine detaillierte Darstellung, wie Josia die Brandopfer einsetzt und vor allem die Leviten im Tempel aufstellt. Am Ende kommen auch Israeliten aus dem Nordreich hinzu. Alle feiern zusammen das Fest der ungesäuerten Brote sieben Tage lang. Doch nach dem Abschluss dieser Feier wandelt sich die positive Stimmung des Textes, denn nun wird Josias Tod dargestellt, allerdings deutlich anders als in den Königebüchern. In 2 Chr 35,20 zieht Necho, der König der Ägypter, herauf, um in Karkemisch zu kämpfen. Josia geht ihm entgegen. Da fragt ihn Necho in 2 Chr 35,21:

> „Was habe ich mit dir zu tun, König von Juda? Nicht gegen dich komme ich heute, sondern gegen das Haus, das mit mir Krieg führt. Und Gott hat mir Eile geboten. Lass ab von Gott, der mit mir ist, damit er dich nicht verdirbt."

Doch Josia hört in 2 Chr 35,22f. nicht auf die Rede, sondern verkleidet sich und kämpft in Meggido gegen Necho. Da treffen ihn in 2 Chr 35,23 Bogenschützen, so dass er ausruft: „Bringt mich fort, denn ich bin schwer verwundet." Josia stirbt, nachdem man ihn nach Jerusalem gebracht hat. Dort werden Klagelieder angestimmt und der große König intensiv betrauert.

Der Chroniktext ist also nicht losgelöst vom Königebuch zu betrachten, da er sich an den Problemen des Textes abarbeitet. Doch auch innerhalb der Darstellung lassen sich in der Chronik Spannungen erkennen, die gegen die Einheitlichkeit des Textes sprechen.

## 14.2  Prüfung der Texteinheitlichkeit

### 14.2.1  2 Chr 34: Josias fromme Jugend und seine Tempelrestauration

Die Chronik stellt Josias frühe Jahre in 2 Chr 34,1–7 in einer Mischung aus Neukomposition und textgenauer Reformulierung Parallele dar.[817] Vor allem das Sondergut in 2 Chr 34,3–7 beschreibt detailliert Josias Taten, bevor er die Tora entdeckte. Die Chronik präsentiert den jungen Josia als König, der schon vor dem Auffinden der Tora voller Eifer Gott sucht, wie Galling und Williamson mit Recht deuten.[818] Wellhausen erachtet diese Verse als Beleg für einen „transcendenten, allem werden und wachsen enthobenen Mosaismus"[819]. Schon vor dem Auffinden der Tora hat Josia deren Gebote gepflegt. So sehen viele Exegeten diese Verse als Folge des auffälligen Davidlobes an, das sowohl in 2 Chr 34,2 als auch in 2 Kön 22,2 steht: „Und er ging auf den Wegen Davids, seines Vaters. Und er wich nicht ab zur Rechten noch zur Linken." Der außergewöhnliche Josia ist damit quasi die Reinkarnation des großen Kultkönigs David.[820] Um diesem Lob gerecht zu werden, beginnt Josias Gottessuche bereits im achten Jahr seiner Herrschaft, im Alter von sechzehn Jahren. Mit der Volljährigkeit im 20. Lebensjahr vollzieht er umfassende Maßnahmen. In 2 Chr 34,3–5 reinigt er zunächst den Kult in Juda und Jerusalem und dann im untergegangenen Nordreich in 2 Chr 34,6 f., ehe er nach Jerusalem zurückkehrt.[821]

Frühestmöglich mit Beginn der Volljährigkeit unterbindet Josia den Götzendienst. Das verdeutlicht die neue Geisteshaltung des jungen Königs. Somit wird die Tora nicht erst im entweihten Tempel gefunden, sondern schon zuvor praktiziert.[822] Dies verändert die Dramaturgie der Darstellung. Denn die Entdeckung des Buches, die in den Königebüchern den Ausschlag für Josias gutes Handeln bot, wird dadurch relativiert.[823] Dadurch stehen Josias Maßnahmen im Blickpunkt und nicht sein Gesetzesfund. Letzterer ist also kein „auslösender Faktor [für Josias Biographie], sondern nur noch dessen Bestandteil"[824]. Dabei ist die Jerusalemer

---

**817** Vgl. Becker, 2 Chronik, S. 115.

**818** Vgl. Galling, Bücher, S. 173; Williamson, 1 and 2 Chronicles, S. 397.

**819** Wellhausen, Prolegomena, S. 198.

**820** Vgl. Ackroyd, I & II Chronicles, S. 200. Sein Auftreten als frommer Jüngling hat Parallelen zum jungen Salomo in 1 Kön 3,7, der sich bei seinem Amtsantritt als „Junge" (נַעַר) bezeichnet. Vgl. Galling, Bücher, S. 172.

**821** Vgl. McKenzie, 1–2 Chronicles, S. 360; Noth, Überlieferungsgeschichtliche Studien, S. 178.

**822** Vgl. Williamson, 1 and 2 Chronicles, S. 398; Rudolph, Chronikbücher, S. 321; Japhet, 2 Chronik, S. 459.

**823** Esr 9 f.; Neh 8–10. Vgl. Ackroyd, I & II Chronicles, S. 201.

**824** Becker, 2 Chronik, S. 116.

Tempelreinigung, die auch in 2 Kön 23,4 geschildert wird, eher ein Nebenaspekt. Josia säubert vorrangig das gesamte Land, das wie bei Salomo Nord- und Südreich umfasst.

Die Reinigung wird im Gegensatz zu den Königebüchern neu formuliert. Dort geschieht sie erst in 2 Kön 23,4–20 nach dem Fund der Tora. Die Chronik verlegt die Maßnahmen in Josias Jugend. Zunächst fasst sie die umfangreichen Passagen des Textes aus dem Königebuch zusammen und ordnet sie neu an.[825] So werden allgemein im Plural Höhen, Altäre, Ascheren und Statuen vernichtet sowie die Gräber derer entweiht, die diese Opfer darbrachten.[826] Die unverständlichen oder fragwürdigen Beseitigungen von Salomos Kultgegenständen oder die Hurereien, die auch sonst in der Chronik fehlen, werden übergangen.[827]

Dennoch weisen Josias jugendliche Maßnahmen einige Probleme auf. Besonders die Verse 2 Chr 34,7.8 prallen aufeinander. In 2 Chr 34,8 erfolgt eine letzte Reinigung im 18. Jahr. Dort wird im Tempel und im Land gereinigt (לְטַהֵר הָאָרֶץ וְהַבָּיִת), wie es nur die Chronik erzählt. Die Reinigung (טהר) wird im Piel berichtet, um den durativen Aspekt zu betonen. Sie dauert immer noch an, obwohl sie laut 2 Chr 34,7 schon seit sechs Jahren beendet sein müsste. Zudem ist ausgerechnet der Tempel noch nicht instandgesetzt. Dabei wäre das bei kultischen Maßnahmen eigentlich an erster Stelle zu erwarten, wie Galling korrekt beobachtet. Es geschieht aber zuletzt. Doch am merkwürdigsten ist Josias heftiges Erschrecken über den Text der Tora, da er zuvor ihre Gebote mit seinen Maßnahmen im ganzen Land bestens erfüllt hat.[828] Dazu tritt Josia eine zweite Reise in den Norden an, bei der er laut 2 Chr 34,33 wieder alle „Gräuel" (הַתּוֹעֵבוֹת) in Israel entfernt. Wie Japhet sagt, nennt der Text aber für die zweite Reise kein nachvollziehbares Motiv, warum die gereinigten Kulte wieder aufs Neue gesäubert werden müssen. Das Volk sei laut 2 Chr 34,33 nämlich fromm, da es unter Josia nicht von JHWH abweicht. Daher erweist sich die zweite Reinigung im Norden als schlichtweg überflüssig. So steht die fromme Jugend Josias kompositorisch in Spannung zum weiteren Erzählverlauf. In der Chronik werden also Handlungen vorgezogen,[829] die erst nach dem Auffinden der Tora sinnvoll sind.

---

**825** Vgl. Williamson, 1 and 2 Chronicles, S. 399; Japhet, 2 Chronik, S. 463; Goettsberger, Bücher, S. 373.

**826** Ex 32,20. Vgl. McKenzie, 1–2 Chronicles, S. 360; Japhet, 2 Chronik, S. 461.

**827** Ebenso wird das Grab des Gottesmanns aus dem Nordreich nicht erwähnt. 1 Kön 13,1–32; 2 Kön 23,15–18.

**828** Vgl. Galling, Bücher, S. 176.

**829** Vgl. Rudolph, Chronikbücher, S. 319; Steins, Abschlußphänomen, S. 215 f.; Kratz, Komposition, S. 43.

Ebenso ist der Davidbezug in zweierlei Sicht problematisch. Erstens scheint das Lob nicht recht gewählt. Weicht Josia wirklich weder zur Rechten noch zur Linken vom frommen Weg Davids ab? Das Urteil passt nicht zu Josias Ende in 2 Chr 35,20–23, bei dem er den Gottesbefehl missachtet und sich den Ägyptern in den Weg stellt, weswegen er getötet wird. Es stimmt also nicht, dass Josia niemals von Gott abgewichen sei. Zweitens wäre ein derartiger Verweis auf David in der Chronikgrundschicht sehr untypisch. Die Herrscher werden in der Grundschicht an ihrer JHWH-Frömmigkeit gemessen und nicht an David. Erst durch spätere Schichten wird der Verweis auf David wieder eingeführt. Er spielt beispielsweise eine Rolle in 2 Chr 29,2 bei Hiskia, als dieser die Kultmaßnahmen einleitet, die sich bis 2 Chr 31,20 erstrecken. In beiden Texten werden Josia oder Hiskia als Kultpfleger in Davids Tradition vorgestellt, wie es für die zweite Schicht charakteristisch ist. So stellt der Davidbezug am Versende von 2 Chr 34,2 eine Einleitung für die Fortschreibungen in 2 Chr 34,3–7 dar.[830] Ursprünglich wurde Josia chroniktypisch in 2 Chr 34,2 lediglich gelobt, dass er tat, was in den Augen JHWHs recht war.

Aufgrund der genannten Argumente liegen in 2 Chr 34,2b–7 Nachträge vor, die Josias Kultmaßnahmen in seine Jugend vorverlegen. Diese Verse zerstören die Gesamtkomposition der Erzählung, die wie im Königebuch mit der Reinigung des Tempels begann. Ursprünglich war also auch im Chroniktext der Gesetzesfund im dramatischen 18. Regierungsjahr Josias das zentrale Ereignis. Denn in diesem Jahr geschehen sowohl die Tempelrestauration als auch das Passah in 2 Chr 34,8; 35,19. Die Wiederherstellung des Tempels weist zwar eine große Textnähe zu 2 Kön 22,3–8 auf, ist aber ebenso durch viel Chroniksondergut geprägt. Viele Forscher erachten letzteres als Zentrum des Textes. Zunächst orientiert sich der Chroniktext am Königebuch und nimmt lediglich stilistische Umstellungen vor. So wird Josias Befehl, den Tempel auszubessern, in der Chronik gleich im Erzähltext umgesetzt.[831] Die konkreten Ausführungen zum Tempelbau lassen aber oft stutzen. So heißt es in 2 Chr 34,9:

> „Und sie gaben Geld, das in das Haus Gottes gebracht wurde, das die Leviten, Schwellenwächter, gesammelt hatten von Manasse und Ephraim und von dem ganzen Rest Israels und von ganz Juda und Benjamin und den Bewohnern Jerusalems."

Hier stört, dass Leviten und Schwellenwächter unverbunden nebeneinanderstehen (הַלְוִיִּם שֹׁמְרֵי הַסַּף).[832] An dieser Stelle lohnt sich ein Blick zur Parallele in 2 Kön 22,4, wo analog derselbe Sachverhalt steht. Allerdings wird dort nur

---

830 Vgl. Japhet, 2 Chronik, S. 462.
831 Vgl. Rudolph, Chronikbücher, S. 321; Williamson, 1 and 2 Chronicles, S. 400.
832 Vgl. De Vries, 1 and 2 Chronicles, S. 407.

von „Schwellenwächtern" gesprochen, die das Geld vom Volk sammeln.[833] In 2 Chr 34,9 wird das Volk durch die Chronik in die Stämme des früheren Großisraels ausdifferenziert. Das untergegangene Nordreich wird dabei als „Rest von Israel" (שְׁאֵרִית יִשְׂרָאֵל) bezeichnet. Doch die Leviten werden syntaktisch schlecht verbunden vor die Türhüter in den Text hineingeschoben. Offenbar sind die Türhüter der Chronik suspekt. Das gleiche Phänomen ließ sich bei Jojadas Revolution gegen Atalja in 2 Chr 23,4–6 beobachten. Deswegen werden sie als priesterliche Leviten klassifiziert, damit der Tempel nicht von unreinen Leuten betreten wird.[834] Die Chronik legt hier die kultische Reinheit normativ fest, da alle Aufgaben von reinen Leviten übernommen werden. Dies ist auch in den nächsten Versen zu beobachten.[835]

2 Chr 34,10 f. legt die Hierarchie der Tempelbaumeister dar.[836] Diese beginnt beim höchsten Amt, den Werkmeistern, die im Tempel eingesetzt sind. Darauf folgen die Werkmeister, die im Haus Reparaturen vornehmen.[837] 2 Chr 34,11 schildert nun die Arbeit von Zimmer- und Bauleuten. Diese reparieren nicht nur den Tempel, sondern noch weitere Häuser, die die Könige von Juda hatten verfallen lassen. Daher erweitert und konkretisiert die Chronik nun die Darstellung von Josias Restauration.[838] In 2 Chr 34,12 schließt die Auflistung mit dem Fazit ab: „Und die Männer handelten dabei in Treue bei der Arbeit." Dieses finale Resümee lobt ihre Treue (אֱמוּנָה) und beendet die JHWH-konforme Vorbereitung.

Doch nach dieser abschließenden Notiz folgt eine weitere Differenzierung in 2 Chr 34,12 f., die die Leviten als Oberaufseher deklariert. Diese Hierarchisierung unterbricht den Ablauf, der erst die oberen Instanzen und dann die Arbeiter nennt. Nun werden noch levitische Musiker, Schreiber, Verwalter und die genannten Torwächter hinzugefügt.[839] Sie stellen eine übergeordnete Kontrollinstanz über alle Arbeiter dar, die zuvor noch selbstständig handelten. Sie müssen nach Ansicht dieser Verse dennoch kontrolliert werden. Selbstständig agierende Arbei-

---

833 Vgl. Williamson, 1 and 2 Chronicles, S. 400; Rudolph, Chronikbücher, S. 320; Dillard, 2 Chronicles, S. 279.

834 Vgl. Japhet, 2 Chronik, S. 465f.; Becker, 2 Chronik, S. 116. Ob damit die Zeitumstände des Verfassers wiedergegeben werden, wie viele Forscher für 2 Chr 34 f. oft behaupten, ist nicht überprüfbar. Vgl. Williamson, 1 and 2 Chronicles, S. 400f.; McKenzie, 1–2 Chronicles, S. 363.

835 Vgl. Williamson, 1 and 2 Chronicles, S. 406.

836 Den ursprünglichen Konflikt in 2 Kön 12,9, der auf die Untätigkeit der Priester verweist, hat die Chronik getilgt. Vgl. de Wette, Glaubwürdigkeit, S. 67.

837 Die Unterscheidung zwischen den zwei Gruppen an Werksführern, die gedoppelt auftreten, erklärt sich durch die Vorlage von 2 Kön 22,5. Vgl. Steins, Abschlußphänomen, S. 220.

838 Vgl. Williamson, 1 and 2 Chronicles, S. 400; Welten, Geschichte, S. 40.

839 Vgl. McKenzie, 1–2 Chronicles, S. 361; Japhet, 2 Chronik, S. 467.

ter im Tempel sind laut Galling „bedenklich"[840], da sie die Kultreinheit gefährden. Im weiteren Handlungsverlauf treten die Leviten als vermeintliche Oberaufseher jedoch nie auf. Wie Steins beobachtet, verteilen darum die Werksführer laut 2 Chr 34,10.17 das Geld, obwohl das eigentlich Aufgabe der Leviten wäre.[841] Darum liegt bei der Auflistung in den Versen 2 Chr 34,12 f. ein Nachtrag vor.

Es ist erkennbar, dass das Volk, das in 2 Chr 34,9–11 Geld spendet, und die Arbeiter bei der Tempelrenovierung den Leviten untergeordnet werden. Dafür sorgen aber erst die Nachträge der dritten Schicht in 2 Chr 34,9.12 f. Auch später sind die Leviten bei allen kultischen Angelegenheiten federführend vertreten. So werden sie in 2 Chr 34,30 bei der Aufzählung des Volkes hinzugefügt, das zum Tempel zieht, um an diesem Ort in den Bund mit JHWH einzutreten.[842]

Aus diesen Befunden lässt sich ableiten, dass die Kultreformen Josias in der Grundschicht noch nicht den Kern des Kapitels ausmachten, sondern das Auffinden der Tora. Die Grundschicht hat in 2 Chr 34 nur dezente Korrekturen vorgenommen und orientiert sich eng an der Vorlage aus 2 Kön 22. Erst die Erweiterungen haben den Schwerpunkt auf Josias Kultmaßnahmen verlagert. Damit wird natürlich auch das populäre Passah in 2 Chr 35,1–19 in Frage gestellt, das nun auf seine Texteinheitlichkeit untersucht werden soll. Welche dieser üppigen Kultmaßnahmen gehört zum Kern der Geschichte?

### 14.2.2  2 Chr 35: Josias Passah als Zentrum seiner Handlungen?

Mit Josias Passah wird zum letzten Mal eine spektakuläre Festdarstellung in der Chronik geschildert, die vor allem kultgeschichtlich interessant ist. Selbst de Wette, der die Berichte der Chronik meist als ahistorisch erachtet, diskutiert, inwieweit der Text den Kult zur Zeit Josias oder später wiedergibt. Als sensus communis der Forschung gilt, das Passah als Kernstück von 2 Chr 34 f. anzusehen. So ergeben Jonkers textpragmatische Analysen, dass das Passah vor allem durch die Datierungen in 2 Chr 35,1.17.19 hervorgehoben wird.[843] Und auch eine Gliederung des Textes bestätigt, dass die ausführlichen Feierlichkeiten den Schwerpunkt von 2 Chr 35 markieren.

---

840 Galling, Bücher, S. 175.
841 Vgl. Steins, Abschlußphänomen, S. 221.
842 In 2 Chr 34,31 wird der Bund „vor" (לִפְנֵי) JHWH geschlossen, womit auf frühere Bünde rekurriert wird. Vgl. Japhet, 2 Chronik, S. 473.
843 Vgl. de Wette, Glaubwürdigkeit, S. 113; Alfrink, Schlacht, S. 181; Jonker, King Josiah, S. 23.25.

Die Einheitlichkeit der Anweisungen ist stark umstritten, da viele Doppelungen den Text prägen, weswegen bereits viele literarkritische Vorschläge in der Forschung kursieren. Die große Vielfalt der Vorschläge eint, dass es eine ursprüngliche Passah-Darstellung gegeben habe, die mit vielen detaillierten Einzelzusätzen erweitert wurde.[844] Diese Annahme gilt es jetzt zu prüfen.

Generell lässt sich beobachten, dass die kurze Passah-Notiz aus 2 Kön 23,21.22 mit Änderungen zwar übernommen wird, doch nun ist sie weit auseinandergerissen und umrahmt in 2 Chr 35,1.18 die gesamte Darstellung.[845] 2 Chr 35,1 hält allgemein mit einer Datierung fest, dass das Passah in Jerusalem gefeiert wurde. 2 Chr 35,18 bewertet Josias Passah als unvergleichliches Fest, wie es seit den Tagen Samuels nicht gefeiert wurde.[846] Dazwischen findet sich in 2 Chr 35,2–17 umfangreiches Chroniksondergut. Diese Passagen gliedern sich wie folgt: Josia erteilt in 2 Chr 35,2–6 zunächst Anweisungen für das Passah. Darauf folgt in 2 Chr 35,7–10 eine Aufzählung von exorbitant großen Tierspenden. Die Verse 2 Chr 35,11–15 schildern detailliert die Schlachtopfer des Passahs. 2 Chr 35,16 schließt mit der summarischen Bemerkung ab:

> „So war der ganze Dienst JHWHs an diesem Tag geordnet, um das Passah zu feiern und Brandopfer auf dem Altar JHWHs darzubringen gemäß dem Befehl des Königs Josia."

Wie De Vries und Büchler beobachtet haben, suggeriert dieser Vers den Abschluss der Feierlichkeiten. Doch folgt darauf die Angabe, dass die hinzugekommenen Israeliten in 2 Chr 35,17 das Fest noch sieben Tage weiter feiern.[847] Diese Information hängt laut Steins wie ein Anhang in der Luft und stellt einen denkbar schlechten Abschluss dar.[848]

Dazu lohnt sich ein Blick auf die Erzählstruktur der Passah-Darstellung. Denn Jonker zufolge durchziehen mehrere Zeitebenen den Text.[849] Zunächst stellt 2 Chr 35,1 generalisierend mit einer Datierung fest, dass das Passah in Jerusalem gefeiert wurde. Diese erste Ebene betont die temporalen und lokalen Rahmenbedingungen des einmaligen Festes. Das Passah wird gesetzeskonform am 14. Tag

---

844 Vgl. Steins, Abschlußphänomen, S. 223; Jonker, King Josiah, S. 25; Hardmeier, Joschija in der Klimax, S. 81–83.

845 Vgl. Williamson, 1 and 2 Chronicles, S. 403.

846 Hierbei entfällt der Bezug zu den Richtern in 2 Kön 23,22. Vgl. Japhet, 2 Chronik, S. 491.

847 Vgl. De Vries, 1 and 2 Chronicles, S. 414; Büchler, Brandopfer, S. 122.

848 Vgl. Steins, Abschlußphänomen, S. 228.

849 Jonker differenziert im Text auf textsynchroner Ebene mehrere Zeitebenen, die auf unterschiedlichen Kommunikationsebenen basieren. Vgl. Jonker, King Josiah, S. 37.44.

des ersten Monats gefeiert, wie es Ex 12,6 vorschreibt.[850] Im Gegensatz zum Königebuch hebt die Chronik dabei hervor, dass die Feier in Jerusalem stattfindet, wie Japhet beobachtet. Damit wird betont, dass das Passah gemäß der Kultzentralisation im Tempel am richtigen Ort stattfindet.[851] Ebenso liegt der Vers 2 Chr 35,17 auf dieser Ebene, der nun nachgeklappt in der Luft hängt. Auch dort findet sich eine Temporalangabe, die besagt, dass das Passahfest mit dem Fest der ungesäuerten Brote sieben Tage lang gefeiert wird und zwar auch von den Israeliten aus dem Nordreich, die nach Jerusalem gekommen sind. Somit sind 2 Chr 35,1.17 durch eine gemeinsame temporale Ebene verbunden. Das Hinzutreten der Israeliten stellt Chroniksondergut dar und knüpft an Josias Mission im Nordreich an. So wird der „Rest Israels" in 2 Chr 34,31–33 dazu animiert, zu JHWH zurückzukehren. Die dortige Mission erweist sich offenbar als erfolgreich, denn sie mündet darin, dass in 2 Chr 35,17 auch die Israeliten zur Passahfeier nach Jerusalem kommen. Damit werden die Leitmotive von 2 Chr 34 f. fortgeführt. Die Chronik stellt also das Passahfest als Höhepunkt und Abschluss der Missionierung in Süd- und Nordreich dar. Judas Bund mit JHWH führt zur Versöhnung mit den Israeliten und endet in der Passahfeier des gesamten Gottesvolkes, das die Rückkehr zu JHWH zelebriert.

Dagegen liegen die Verse 2 Chr 35,2–16 auf einer anderen Ebene. Sie wollen detailliert vor allem den korrekten Ablauf des Passah-Opfers in 2 Chr 35,11–16 darstellen und verweisen auf viele Bestimmungen der Tora. Josia setzt in 2 Chr 35,3–6 Passah-Ordnungen ein, die in der Tradition von Mose, David und Salomo stehen.[852] Damit stellen Josias Gebote die göttliche Passah- und Tempelordnung wieder her, die die großen Anführer Israels erlassen haben. Das ist auch syntaktisch sichtbar, da der Terminus „Ordnung" (עֲבֹדָה) als Leitvokabel in 2 Chr 35,2.16 den Text umrahmt. Diese Ordnungen dominieren als Schwerpunkt den Text und drängen die Ankunft der Israeliten in 2 Chr 35,17 in den Hintergrund.

Zudem ist die zeitversetzte Anordnung in 2 Chr 35,2–6 auffällig, da sie mit 2 Chr 35,1 in Konflikt steht. So fasst 2 Chr 35,1 zusammen, dass das Passah geschlachtet wurde. Die darauffolgenden Instruktionen Josias in 2 Chr 35,2–6 gehen aber einen Schritt zurück und ordnen das Passah erst einmal an. Die Anweisungen zum Fest erfolgen also nach der Feststellung, dass das Passah bereits geschlachtet wurde. Von der Abfolge her wäre diese Angabe aber vor 2 Chr 35,1

---

850 In 2 Kön 23,21 wird hingegen der Befehl in wörtlicher Rede wiedergegeben, dass das Passah auf der Basis des Bundesbuchs zu feiern ist. Vgl. Williamson, 1 and 2 Chronicles, S. 404.

851 Vgl. Japhet, 2 Chronik, S. 483; Frei/Koch, Reichsidee, S. 279.

852 Vgl. McKenzie, 1–2 Chronicles, S. 363 f.; Japhet, 2 Chronik, S. 485; Lynch, Monotheism, S. 203; Maskow, Tora, S. 237.

sinnvoller. Doch erst in 2 Chr 35,11 wird das Passah vollzogen. Die Angabe stellt somit eine Dublette zu 2 Chr 35,1 dar, die das Schlachten wiederholt.

Eine weitere Doppelung findet bei der Schlachtung durch die Leviten statt.[853] 2 Chr 35,1 erwähnt das Opfern ganz allgemein. Dagegen wird in 2 Chr 35,2–16 penibel festgelegt, dass das Schlachten hauptsächlich von den Leviten übernommen und von den zweitrangigen Priestern unterstützt wird, die in 2 Chr 35,11 lediglich das Blut sprengen.[854] Das erinnert an Hiskias Passah aus 2 Chr 29–31, bei dem ähnliche auslegende Differenzierungen auftreten.[855] Während Hiskias Fest noch spontan eingerichtet wurde, wird das Passah jetzt für spätere Feiern organisiert. Darum liegt an der Stelle ein redaktioneller Großeingriff vor, der die kurze Passah-Notiz in 2 Chr 35,1 breit auslegt. In der Grundschicht hingegen standen die jetzt weit auseinanderstehenden Verse 2 Chr 35,1.18 ursprünglich ähnlich beieinander wie in der Parallele 2 Kön 23,21.22. Neu in der Grundschicht ist in 2 Chr 35,17 die Pointe, dass zum Passah Israeliten kommen, wodurch die Mission im Nordreich abgeschlossen ist.

Weiterhin lässt sich der enge Zusammenhang von 2 Chr 35,1.17 durch die Passah-Gebote aus Lev 23,5 f. bekräftigen.

> „[5] Im ersten Monat, am Vierzehnten des Monats, zwischen den zwei Abenden, ist ein Passah für JHWH. [6] Am fünfzehnten Tag dieses Monats ist das Fest der ungesäuerten Brote für JHWH; sieben Tage sollt ihr ungesäuertes Brot essen.“

Die Zeitangaben aus 2 Chr 35,1.17 datieren das Passah und das Fest der ungesäuerten Brote genau an diese Tage. 2 Chr 35,1.17 und Lev 23,5 f. sind also parallel aufgebaut, um Josias Toratreue zu untermauern. Der enge Bezug dieser Verse ist in der Textendgestalt durch die Erweiterungen aber kaum noch erkennbar.

Somit lässt sich hier dasselbe Phänomen feststellen wie in 2 Chr 34. Erst durch redaktionelle Nachträge wird Josia zum König des Kultes.[856] Ursprünglich sollte

---

**853** Viele Anordnungen an die Leviten gehen über den Kontext der Passahfeier hinaus. So ist Josias Anweisung in 2 Chr 35,3, dass die heilige Lade nicht mehr gehütet werden soll, ein Fremdkörper des Textes, weswegen die Leviten am Passah teilnehmen dürfen. Die Lade wird bereits seit Salomo in 2 Chr 5 nicht mehr getragen und spielt auch sonst keine Rolle in der Darstellung in 2 Chr 10–36. Vgl. Galling, Bücher, S. 178 f.; Williamson, 1 and 2 Chronicles, S. 405; Jonker, 1 & 2 Chronicles, S. 293; Japhet, 2 Chronik, S. 484.
**854** Vgl. Steins, Abschlußphänomen, S. 222; Rudolph, Chronikbücher, S. 325.
**855** Vgl. Galling, Bücher, S. 179. Auch in 2 Chr 35,18 steht ein Nachtrag. Nach der Betonung des unvergleichlichen Passahs werden am Versende die Akteure des Passahs aus 2 Chr 35,2–16 ergänzt: „Und die Priester und die Leviten und ganz Juda und Israel, das sich einfand, und die Bewohner von Jerusalem“.
**856** Vgl. Büchler, Brandopfer, S. 119; Kratz, Komposition, S. 36.

das Passah zum Versöhnungsfest mit dem Norden deklariert werden, das Josias Glanzzeit abschließt. Daher stellt 2 Chr 34 f. eine deutende Lesehilfe für 2 Kön 22 f. dar. Durch dezente, aber markante Änderungen wird die Aussöhnung mit Israel zum Leitmotiv von Josias Herrschaft erhoben.

### 14.2.3  2 Chr 35: Brandopfer oder Kultinstallation? Josias komplexes Passah

Auf Endtextebene betont der Nachtrag vorrangig die Bedeutung der Leviten, die die wichtigsten kultischen Aufgaben übernehmen und den Kult korrekt durchführen. Die Darstellung unterteilt sich dabei in Josias Einteilung der Dienste in 2 Chr 35,2–6 und den Ablauf der Passahfeier in 2 Chr 35,7–15. Doch der Bericht über die Zuständigkeiten von Priestern und Leviten ist spannungsgeladen.[857]

Gleich die Einleitung hat eine doppelte Ausrichtung. Josia weist zunächst den Priestern in 2 Chr 35,2 allgemein ihre Aufgaben im Dienst JHWHs zu. Doch in 2 Chr 35,3–6 spricht er nur zu den Leviten,[858] die andere Aufgaben zugunsten des Dienstes im Haus JHWHs abgeben sollen. In dieser Ansprache werden detaillierte Ausdifferenzierungen vorgenommen. Dabei werden die Priester nicht mehr erwähnt. Hingegen erklärt Josia in 2 Chr 35,3 den Dienst im Tempel zur alleinigen Aufgabe der Leviten, ebenso das Schlachten des Passahs in 2 Chr 35,6. Dadurch wird die allgemeine Notiz in 2 Chr 35,1 entfaltet,[859] wonach der Dienst der Leviten in 2 Chr 35,9–15 nach den Instruktionen von 2 Chr 35,4–6 geordnet wird.

Doch zuvor beginnen die Vorbereitungen auf das Passahmahl. Hier spendet der fromme Josia in 2 Chr 35,7 mehr als 30.000 Tiere. Das Passah wird zunächst für das Volk geopfert. Josia erweist sich als besonders großzügig. Das erinnert tendenzkritisch an die zweite Schicht, bei der große Zahlen bei Schlachten und Opferspenden üblich sind. Doch die folgenden Opfer der Obersten in 2 Chr 35,8 werden hingegen dreifach für das Volk, für die Priester und Leviten gespendet (לָעָם לַכֹּהֲנִים וְלַלְוִיִּם). So erhalten die „Fürsten des Gotteshauses" (נְגִידֵי בֵית הָאֱלֹהִים) fast 3.000 Tiere und übergeben sie an die Priester. In 2 Chr 35,9 spenden wieder Oberste, die nun aber Levitenfürsten (שָׂרֵי הַלְוִיִּם) sind, exklusiv für die Leviten 5.500 Tiere. Dass die Obersten nun Levitenfürsten sind, überrascht, da sie davor noch allgemein Oberste (וְשָׂרָיו) waren. Dazu fallen ihre Spenden in 2 Chr 35,8 auf.

---

857  Vgl. Steins, Abschlußphänomen, S. 221–225; Rudolph, Chronikbücher, S. 325.
858  Vgl. Williamson, 1 and 2 Chronicles, S. 405; Japhet, 2 Chronik, S. 484.
859  Vgl. Galling, Bücher, S. 178; Willi, Auslegung, S. 200; Steins, Abschlußphänomen, S. 222.

„Und seine Obersten gaben freiwillige Spenden für das Volk, für die Priester und die Leviten. Hilkia und Sacharja und Jehiel, die Fürsten des Gotteshauses, sie überreichten den Priestern für die Passahopfer 2.600 Stück Kleinvieh und 300 Rinder."

In 2 Chr 35,8 liegt ein Einschub vor, der die Opfer an die Leviten in 2 Chr 35,9–15 integrieren will. Die Obersten spenden dadurch dreifach für Volk, Priester und Leviten. Doch nur die ersten Spenden knüpfen an die Spenden für das Volk in 2 Chr 35,7 an. Die Opfer an die Priester und die mit Namen aufgelisteten Leviten verweisen auf 2 Chr 35,9–15. Doch das Versende klappt nun nach: „Sie überreichten den Priestern für die Passahopfer 2.600 Stück Kleinvieh und 300 Rinder", womit die Opfer analog zu 2 Chr 35,7 zusammengefasst werden. Die Obersten überreichen sie den Priestern.

Darum liegt hier ein späterer Einschub vor, der Josias Passahspenden für das Volk in 2 Chr 35,7 f. auslegt. Die Spende der Obersten des Volkes wird in 2 Chr 35,8 durch die Spenden für die Priester und Leviten unterbrochen. Das bereitet auf die größere Opfergabe der Leviten in 2 Chr 35,9 vor. Daher konkretisiert die Ergänzung in 2 Chr 35,8, wer denn konkret die Obersten im Volk sind, wie Steins meint.[860] Es sind Fürsten des Gotteshauses, also die kultisch reinen Leviten. Die Organisation des Passahs ist dadurch vom Volk unabhängig, da die Fürsten und die Priester allesamt Leviten sind.

Die folgenden Verse in 2 Chr 35,11–15 lassen die Leviten die Hauptaufgabe des Schlachtens übernehmen, während die Priester lediglich das Blut sprengen. Galling hat erkannt, dass dadurch das Passah in 2 Chr 35,7 ausdifferenziert wird. Dabei werden viele Gebote harmonisiert, um die Tora-Gemäßheit der Reformen zu zeigen. So wird das Passah in 2 Chr 35,13 sowohl gekocht als auch gebraten. Damit sollen die unterschiedlichen Vorgaben in Dtn 16,7 und Ex 12,8 f. verbunden werden.[861] Willi bezeichnet diese Synthesen als „Schriftkonformitätsklauseln"[862], die die Rechtmäßigkeit des Geschehens durch mehrere Bibel-Zitate untermauern, selbst wenn die Bibelstellen sich widersprechen.[863] Die Leviten bereiten das Passah dabei für alle ihre Einheiten vor, die im Tempel an Aufgaben gebunden sind, wie die Sänger in 2 Chr 35,15, die nun befreit musizieren können, da ihre Opfer von den Leviten übernommen werden.[864] In diesen Versen wird Josias Rede in 2 Chr 35,3–6

---

860 Vgl. Steins, Abschlußphänomen, S. 227.
861 Vgl. Williamson, 1 and 2 Chronicles, S. 403; Rudolph, Chronikbücher, S. 327; Galling, Bücher, S. 179.
862 Willi, Leviten, S. 86.
863 Vgl. Willi, Leviten, S. 86 f. Ähnlich harmonisiert die LXX in Dtn 16,7, so dass das gekochte Passah auch gebraten wird. Vgl. Kalimi, Geschichtsschreibung, S. 143.
864 Vgl. Galling, Bücher, S. 179; Williamson, 1 and 2 Chronicles, S. 407.

umgesetzt, da die Leviten antreten und das Passah vorbereiten. Die Spenden an die Leviten in 2 Chr 35,8 und die Ordnungen in 2 Chr 35,9–15 setzen demnach Josias Anweisungen aus 2 Chr 35,3–6 um, wodurch die Aufstellung konkretisiert wird.[865]

Am Ende der Passahdarstellung treten noch einmal Auffälligkeiten hervor. Der Text mündet in der Feststellung in 2 Chr 35,16, dass der Dienst JHWHs geordnet war. Doch bereits 2 Chr 35,10 hat dies identisch konstatiert. Darum stellt die Information eine Dublette dar, die einen neuen Aspekt hervorhebt.[866] Während in 2 Chr 35,10 die Ordnungen für die Leviten und Priester differenziert unterteilt werden, hält 2 Chr 35,16 lediglich ganz allgemein fest, dass der Passah-Dienst geordnet war. 2 Chr 35,16 stellt damit das ursprüngliche Ende der zweiten Schicht dar, das das Brandopfer konstatiert. Die Erweiterungen differenzieren die Levitenordnung und -liturgie im Tempel aus.

Ursprünglich sollte also die Frömmigkeit Josias durch die knappe Organisation des Passahfestes in 2 Chr 35,2 und durch die hohe Zahl an Opferspenden in 2 Chr 35,7.8bβ demonstriert werden.[867] Die dritte Schicht schaltet jedoch Josias Rede in 2 Chr 35,3–6 ein, die den Dienst der Leviten ordnet, so dass alle Tempelangelegenheiten einem reinen Kult entsprechen. Daher lassen sich hier ähnliche Wachstumsprozesse beobachten, wie bei Hiskia in 2 Chr 29–31. Erst wurden die Brandopfer ergänzt, daraus wurde umfassend der levitische Kult eingesetzt.

## 14.3 Theologiegeschichtliche Entwicklung: Paradigmenkönig sowie Kultkönig

Ohne die Zusätze liefert die Grundschicht in 2 Chr 34 f. eine auslegende Lesehilfe von 2 Kön 22 f. Dabei werden vor allem die Schwerpunkte neu geordnet. Zunächst konstatiert 2 Chr 34,1 f., dass Josia das Rechte in JHWHs Augen tat, wie es für Könige üblich ist, die positiv bewertet werden. Dass er aber mit Verweis auf David weder zur Rechten noch zur Linken abweicht, kam erst durch die zweite Schicht in den Text. Auch am Ende von 2 Chr 35 fehlt das überschwängliche Lob aus 2 Kön 23,25, dass es nie einen König gab, der Josia gleicht. Die Chronikgrundschicht verweigert derartige Superlative, da Josia vor seinem Tod in 2 Chr 35,21 f. von JHWHs Befehl abweicht.[868] Schaut man genau hin, dann taucht das Lob transformiert aber am

---

**865** So wird der Befehl aus 2 Chr 35,6 in 2 Chr 35,14 umgesetzt. Vgl. De Vries, 1 and 2 Chronicles, S. 414.

**866** Vgl. Steins, Abschlußphänomen, S. 226; Japhet, 2 Chronik, S. 488.

**867** Vgl. Willi, Auslegung, S. 201.

**868** Vgl. Jonker, King Josiah, S. 32; Ackroyd, I & II Chronicles, S. 199.

Ende des Kapitels in 2 Chr 34,33 auf. So heißt es dort über die erfolgreich missionierten Israeliten des Nordreichs: „Alle seine Tage wichen sie nicht ab von JHWH, dem Gott ihrer Väter." Damit wird das Lob Josias auf seine Mission übertragen.

Laut Grundschicht liegt Josias Verdienst darin, dass ihm die Missionierung in Juda, aber auch im Rest des Nordreichs gelang. Damit knüpft er an die großen Könige David und Salomo an, da er Großisrael wieder partiell vereinen kann.[869] Josias Ende wird zwar kritisch dargestellt, aber dass er Juda und sogar das Nordreich zu JHWH zurückgebracht hat, wird als wichtigste Leistung hervorgehoben. Der Schwerpunkt der Darstellung verschiebt sich also von der Person Josias hin zu seinen glanzvollen Taten des Bundes und der Mission. Die Kulttilgungen stellen in diesem Kapitel kein zentrales Thema dar. Dagegen wird Josias Tempelrestauration stärker beleuchtet. So findet die ungewöhnliche Buchentdeckung bei einer größeren Restauration statt. Dazu ergänzt 2 Chr 34,11, dass Holz, Steine und Baumaterialien besorgt werden, um die Häuser auszubessern, die die Könige Judas haben verfallen lassen. Josia bemühte sich also schon vor dem Fund der Tora um den Tempelkult, anders als es die Parallele in 2 Kön 22 berichtet. Die Kultreformen machen demnach nicht den Schwerpunkt der Darstellung aus.

Neben vielen Zusammenfassungen beim Tempelbau werden in der Grundschicht ebenso die Kulttilgungen Josias aus 2 Kön 23,5–16.19 f. im Vers 2 Chr 34,33 resümiert: „Josia entfernte alle Gräuel aus allen Ländern, die den Israeliten gehörten."[870] Die Kultmaßnahmen werden verkürzt berichtet, da sie den Handlungsverlauf in die Länge ziehen. Die Grundschicht setzt also ganz andere Schwerpunkte als der Endtext. Sie stellt die ganzen Kultmaßnahmen und Details kurz und knapp dar. Doch durch die Fortschreibungen kommen sie überproportional in den Text zurück.

Nicht der Kult, sondern JHWHs Bund mit dem Gottesvolk stellt den Höhepunkt von Josias Taten in 2 Chr 34 dar. Der Fund der Tora führt zum neuen Bund, in den in 2 Chr 34,30 die Bewohner Jerusalems und Judas eintreten, bevor in Israel missioniert wird.[871] Josia will das gesamte Salomonische Großreich Israel wieder zu Gottes Volk machen. Aus diesem Grund werden die Kulttilgungen im Nordreich aus 2 Kön 23 in den Kontext einer Bekehrung gestellt. Josia kommt also weniger als feindlicher Zerstörer in das Nordreich, sondern als Missionar, der die Herzen der Israeliten zu JHWH zurückführen kann. Damit haben sich Nord- und Süd-

---

**869** Vgl. Williamson, 1 and 2 Chronicles, S. 402.

**870** Weitere Glättungen und Änderungen des Textes treten in 2 Chr 34 auf. So fasst 2 Chr 34,12 zusammen, dass die Arbeiter im Tempel in Treue handeln, während in 2 Kön 22,7 komplexer die Modalitäten der Bezahlung erklärt werden. Vgl. Wellhausen, Prolegomena, S. 197; Hanspach, Inspirierte Interpreten, S. 93.

**871** Die Leviten wurden hier anstelle der Propheten nachgetragen, die in 2 Kön 23,2 stehen.

reich im Glauben wiedervereinigt, wodurch die Reichsteilung unter Rehabeam in 2 Chr 10–12 aufgehoben wird. So wird der Begriff „Israel" im Verlauf des Textes immer stärker für die Einheit des theologischen Gottesvolks aus Süd- und Nordreich verwendet. Schließlich feiert in 2 Chr 35,18 das ganze „Israel" als Einheit gemeinsam Passah. Auf diese Weise werden die Kulttilgungen im Norden zur letztmaligen Vereinigung des Gottesvolkes transformiert.

Nach der Darstellung von Josias Glanzseite wird ab 2 Chr 35,20 schnell zu seinem Tod übergeleitet, der viel Kritik am König enthält. Dazu muss geklärt werden, wie sein Tod auf dem Schlachtfeld mit Huldas Orakel in Beziehung steht, das ihm einen Tod in Frieden verheißen hat.

Huldas Spruch in 2 Chr 34,14–19, das einzige Orakel einer Frau im Alten Testament, markiert eine Kernstelle, die sowohl in den Königebüchern als auch in der Chronik explizit Judas Ende ankündigt. Die Chronik hat den Text vielfach präzisiert oder vereinfacht. So wird in 2 Chr 34,14 die „Tora" gleich zu Beginn als „Tora JHWHs, die von der Hand des Mose gegeben war", bezeichnet. In 2 Chr 34,18 liest Schafan dem König (וַיִּקְרָא־בוֹ)[872] die „Worte der Tora" (דִּבְרֵי הַתּוֹרָה) vor, während es in 2 Kön 22,16 noch allgemein „Worte des Buches" waren.[873] Als Josia diese Flüche hört,[874] reagiert er heftig, so dass er in 2 Chr 34,19 seine Kleider zerreißt als Zeichen seines Schreckens. Huldas Orakel in 2 Chr 34,25 wiederholt nur noch einmal den Sachverhalt, den Josia in 2 Chr 34,21 bereits angesprochen hatte: Der Zorn JHWHs wird sich ergießen und unaufhaltsam kommen. Das erste Orakel in 2 Chr 34,23–25 spricht die Vernichtung Judas aus. Ganz explizit werden der Abfall von Gott und die Opfer für fremde Götter als Gründe genannt, die Gottes Vernichtung hervorrufen.[875]

Doch das emotionale Zerreißen seiner Kleider lobt Hulda, da Josia sein Herz erweicht und sich demütigt. Das erwirkt Milderung für Josia: „Und deine Augen werden nicht all das Unheil sehen, das ich über diesen Ort und seine Bewohner

---

**872** In 2 Kön 22,10 heißt es: „Er las es ihm vor" (וַיִּקְרָאֵהוּ). Die Änderung der Chronik in וַיִּקְרָא־בוֹ wurde intensiv diskutiert hinsichtlich der Frage, welche Passagen vorgelesen werden oder welchen Umfang die Tora habe. Doch 2 Chr 34,18 nimmt bloß eine stilistische Änderung vor. Auch in Jer 36,6.8.10.13 wird וַיִּקְרָא־בוֹ verwendet. Dieser Ausdruck bedeutet schlichtweg „vorlesen". Von daher sagt die Formulierung nichts über Inhalt und Form der Tora aus. Vgl. Curtis, Commentary, S. 508; Goettsberger, Bücher, S. 376 f.; Japhet, 2 Chronik, S. 468 f.; Galling, Bücher, S. 175; Wellhausen, Prolegomena, S. 197; Willi, Thora, S. 105; Ackroyd, I & II Chronicles, S. 202; Dillard, 2 Chronicles, S. 281; Hanspach, Inspirierte Interpreten, S. 92.
**873** Vgl. Williamson, 1 and 2 Chronicles, S. 402; Maskow, Tora, S. 237.
**874** 2 Chr 34,24 schreibt präziser von „Flüchen" (הָאָלוֹת), statt von „Worten des Buches" (כָּל־דִּבְרֵי הַסֵּפֶר).
**875** Das geht auf Judas Höhenopfer und die Tatenlosigkeit des Volkes trotz des JHWH-Spruchs unter Manasse zurück. 2 Chr 33,10.19.

bringen werde." Dazu wird ihm ein Tod in Frieden verheißen: „Siehe ich werde dich zu deinen Vätern versammeln und du wirst zu deinen Gräbern versammelt werden in Frieden." Doch warum redet Hulda vom Tod „in Frieden" (בְּשָׁלוֹם), wenn Josia doch in einer kriegerischen Auseinandersetzung sein Leben verliert?[876]

Das Orakel liefert gedoppelte Botschaften.[877] So richtet sich der erste Spruch in 2 Chr 34,23 wenig respektvoll an Josia als „Mann, der euch zu mir gesandt hat". Dieser erste Spruch beantwortet Josias Fragen aus 2 Chr 34,21 und erklärt das Ausmaß von Gottes Zorn. Die Chronik streicht in der Antwort in 2 Chr 34,25 dabei die Formulierung, dass sich Gottes Zorn „entzünde" (נִצְּתָה) aus 2 Kön 22,17 und ersetzt sie dadurch, dass sich dieser „ergieße" (וַיִּתְּכוּ). Damit verwenden Anfrage und Urteil dieselbe Vokabel. So bestätigt Huldas Spruch Josias Frage in 2 Chr 34,21, dass sich JHWHs Zorn ausgegossen habe.[878] Manasses Kultfrevel in 2 Chr 33,1–5 hatten laut 2 Chr 33,6 Gott zum Zorn gereizt und nun ergießt sich dieser als Antwort. Doch in 2 Chr 34,26 ergeht gleich danach der zweite Spruch, diesmal direkt an den „König von Juda", ein Titel, der Josia mehr Respekt zollt. Das zweite Orakel relativiert den ersten, endgültigen Unheilsspruch. Gott lässt sich durch Josias Verhalten erweichen und klammert das Schicksal des Königs vom Untergang aus. Dadurch wird aus der Unheilsprophezeiung ein Lob für den gottgefälligen Josia. Das beantwortet die Frage nach Gottes Gerechtigkeit. Gott ist gerecht, da er sowohl Judas Sünde bestraft, doch gleichzeitig den frommen Josia verschont.[879]

Diese Spannungen zwischen den Orakelsprüchen kommen zustande, da die Chronik sie aus 2 Kön 22,15–20 übernimmt. Sie bindet aber das zweite Orakel viel stärker in den Kontext von 2 Chr 35 ein. Hierzu muss man Josias Tod untersuchen und die zentrale Frage klären, ob er trotz der Schlacht in Frieden stirbt. Denn in den Königebüchern wird das zweite Orakel nicht erfüllt. Dort wird ebenso ein Tod in Frieden verheißen, doch in 2 Kön 23,29 f. heißt es lakonisch:

---

**876** Vgl. Dillard, 2 Chronicles, S. 281 f.; Kalimi, Geschichtsschreibung, S. 329.

**877** Vgl. De Vries, 1 and 2 Chronicles, S. 408.

**878** Zu weiteren kleineren Glättungen in den Sprüchen vgl. Hanspach, Inspirierte Interpreten, S. 92.

**879** Vgl. Japhet, 2 Chronik, S. 472; Williamson, 1 and 2 Chronicles, S. 401; De Vries, 1 and 2 Chronicles, S. 408; Hanspach, Inspirierte Interpreten, S. 97. In 2 Chr 34,27 ist folgender Satzteil auffällig: „[Weil] du dich gedemütigt hast vor Gott, als du seine Worte gehört hast gegen diesen Ort und gegen seine Bewohner." Darauf folgt „und weil du dich gedemütigt hast vor mir und zerrissen hast deine Kleider". Die doppelte Demütigung vor Gott ist eine Dublette. Die erste Demütigung vor Gott verlässt die Ebene des Gottesspruchs, da sie „Gott" als externes Objekt bezeichnet. Gott spricht aber selbst zu Josia. Dazu passt nur der zweite Spruch: „Weil du dich vor mir gedemütigt hast". Der Nachtrag will das Unheil gegen Juda aus dem ersten Spruch auch in den zweiten Spruch integrieren. Vgl. Kalimi, Geschichtsschreibung, S. 241.

„In seinen Tagen zog der Pharao Necho, der König von Ägypten, zum König von Assur hinauf an den Euphratstrom. Und der König Josia ging ihm entgegen; aber Necho tötete ihn bei Megiddo, als er ihn sah. Und seine Knechte führten ihn auf einem Wagen tot von Megiddo fort und brachten ihn nach Jerusalem und begruben ihn in seinem Grab."

Es gibt in der Forschung eine rege Auseinandersetzung über die historische Bedeutung dieser Verse. Oft wird die Formulierung in 2 Kön 23,29 וַיֵּלֶךְ הַמֶּלֶךְ יֹאשִׁיָּהוּ לִקְרָאתוֹ mit „Und der König Josia zog ihm entgegen" übersetzt, um ein kriegerisches Aufeinandertreffen zu suggerieren.[880] Doch der Ausdruck bedeutet neutraler ein „Entgegengehen" und ist kein militärischer Terminus.[881] Viele Exegeten haben darum vorgeschlagen, dass Josia und Necho zum Treffen verabredet waren. Necho, der auch den nächsten König Judas absetzen wird, tötet als höhergestellte Instanz Josia als untergeordneten Vasallen. Josias Tod kommt nicht durch einen Kampf, sondern wohl durch eine Art Hinrichtung zu Stande.[882] Letztlich müssen aber die Art und Weise und die Hintergründe offen gelassen werden. Denn darüber sagt 2 Kön 23 nichts.[883] So bleibt nur festzuhalten, dass Huldas zweites Orakel mit Josias gewaltsamen Tod in dem Königebüchern in Konflikt stehen.

Die Chronik erzählt den Tod ganz anders nach und ergänzt eine Erzählung, die Josias Tod auffällig differenziert. Die Chronik inszeniert eine Schlacht zwischen Josia und Necho bei Megiddo, in der Josia von Bogenschützen getroffen wird. Daher ruft er in 2 Chr 35,23 f. aus:

„[23] ‚Bringt mich fort, denn ich bin schwer verwundet.' [24] Und seine Diener hoben ihn aus dem Streitwagen in das zweite Gefährt, das er hatte, und sie brachten ihn nach Jerusalem. Und er starb und wurde begraben in den Gräbern seiner Väter und ganz Juda und Jerusalem trauerten um Josia."

Er stirbt also nicht im Kampf, sondern zu Hause und wird explizit in den „Gräbern seiner Väter" (בְּקִבְרוֹת אֲבֹתָיו) bestattet, wie es Hulda in 2 Chr 34,28 angekündigt hatte. Die Chronik lässt Josia also nicht im Krieg sterben. Er erleidet im Kampf eine tödliche Verletzung, der er aber erst in Jerusalem erliegt.[884] Der Text fügt weiterhin ein würdevolles Begräbnis bei seinen Vätern hinzu, um Josias Kultbemühungen zu loben.[885] Die Todesdarstellung von 2 Chr 35 lässt Huldas zweiten

**880** Vgl. Frost, Death, S. 376; Spieckermann, Juda unter Assur, S. 149.
**881** Gen 24,65; 32,7. Vgl. Talshir, Three Deaths, S. 215.
**882** Vgl. Talshir, Three Deaths, S. 217 f.; Welch, Death of Josiah, S. 257.
**883** Vgl. Williamson, 1 and 2 Chronicles, S. 410.
**884** Vgl. Dennerlein, Bedeutung, S. 226 f.; Talshir, Three Deaths, S. 220.
**885** Vgl. Jonker, Huldah's Oracle, S. 6; Goettsberger, Bücher, S. 379; Becker, 2 Chronik, S. 124.

Spruch somit wahr werden und löst den Widerspruch von Orakelspruch und Tod auf.[886]

Der historische Gehalt dieser Darstellung ist somit nicht durch historische Quellen motiviert.[887] Häufig wird die babylonische Chronik, die 1907 von Cyril J. Gadd entdeckt wurde, mit dem Chroniktext in Beziehung gesetzt. Denn in der babylonischen Chronik zieht Necho nicht gegen die Assyrer, wie es 2 Kön 23,29 behauptet, sondern eilte ihnen gegen Babylon zu Hilfe. Dass Necho in 2 Chr 35,21 davon redet, dass er „gegen das Haus, das mit mir Krieg führt," (אֶל־בֵּית מִלְחַמְתִּי) zieht, wird oft als Bezug zur babylonischen Chronik interpretiert, die die histori- schen Feldzüge Nechos auflistet. Dadurch erkläre sich laut Williamson die unge- wöhnliche Rede des Pharaos, in der der Ägypter JHWHs Willen verkündet. Necho benutze darum den neutralen Gottesbegriff (אֱלֹהִים), weil sich sein JHWH-Spruch in der verlorenen Quelle auf eine ägyptische Gottheit bezog. Erst die Chronik habe den Spruch mit JHWH in Verbindung gesetzt.[888]

Andere Forscher hingegen stellen die These auf, dass der Chronikbericht mi- draschartig aus vielen Bibelstellen konstruiert sei.[889] Dafür spricht, dass die kom- plexe Darstellung Josias Sterben mit Huldas Orakel in Einklang bringen möchte. Doch auch das Schlachtszenario in 2 Chr 35,20 fußt auf biblischen Texten. So geht Necho den Weg nach Karkemisch am Euphrat, da in Jer 46,2 steht, dass er in dieser Stadt gegen Nebukadnezar kämpft. Daher bezieht sich die Information über Nechos Feldzug nicht auf die babylonische Quelle, sondern stellt eine Anglei- chung an Jer 46,2 dar. Dabei ist eine Glättung bei der Lokalisierung des Kampfes zu bemerken. Es findet laut 2 Chr 35,22 die Schlacht in der Ebene bei Megiddo statt und nicht mehr in der Stadt selbst, wie es 2 Kön 23,29 behauptet. Das liefert realistische Rahmenbedingungen für eine größere Auseinandersetzung.[890]

Dass der ausländische König Necho die göttliche Warnung in 2 Chr 35,21 ausspricht, mag erstmal ungewöhnlich sein, doch liefert seine Rede eine Erklä- rung für Josias Tod.[891] Necho verletzt Josia nun nicht mehr ohne Grund wie in den Königebüchern. Es wird vielmehr klargestellt, dass Necho ihn gar nicht töten

---

**886** Vgl. Ackroyd, I & II Chronicles, S. 204; Dillard, 2 Chronicles, S. 292.
**887** Deswegen nennt Niehr die Chronik völlig zu Recht als tertiäre Quelle, die nichts über den historischen Josia aussagt, sondern nur ein Zeugnis der Rezeption darstellt. Vgl. Niehr, Reform des Joschija, S. 36; Myers, II Chronicles, S. 205 f.; Spieckermann, Juda unter Assur, S. 17–21.
**888** Vgl. Williamson, 1 and 2 Chronicles, S. 411; Talshir, Three Deaths, S. 213 f.; Alfrink, Schlacht, S. 174 f.; De Vries, 1 and 2 Chronicles, S. 418; Rudolph, Chronikbücher, S. 331 f.
**889** Vgl. Alfrink, Schlacht, S. 181.
**890** Vgl. Japhet, 2 Chronik, S. 481; Talshir, Three Deaths, S. 214.216.219; Becker, 2 Chronik, S. 123 f.
**891** Vgl. Galling, Bücher, S. 180; Ackroyd, I & II Chronicles, S. 205; Talshir, Three Deaths, S. 231. In 3 Esra 1,26 f. wird Nechos Warnung darum in den Mund des Propheten Jeremia gelegt.

will, sondern andere Ziele hat. Folglich hat Josia selbst Schuld an seinem Tod. Gleichzeitig macht Necho deutlich, dass er in Gottes Auftrag handelt. Somit erhebt sich Josia nicht nur ohne Not gegen einen anderen König, sondern gegen Gott selbst. Damit liefert die Chronikgrundschicht theologisch schlüssige Argumente, die Josias Tod nachvollziehbar machen.[892] Während Josia beim Fund der Tora demütig wurde, bleibt er diesmal stur und verhält sich wie der Nordreichskönig Ahab in 2 Chr 18,29.

Im Wortlaut identisch handelt Josia in 2 Chr 35,23 analog zu Ahab bei seinem Tod: Er verkleidet sich, um in der Schlacht nicht erkannt zu werden.[893] Doch wieder bringt das heimtückische Verkleiden keinen Erfolg, da Josia trotzdem von Bogenschützen getroffen wird. Um die Parallelität zu unterstützen, wiederholt Josia die letzten Worte Ahabs aus 2 Chr 18,33: „Bringt mich fort, denn ich bin schwer verwundet." Wie Ahab wird er aus der Schlacht gezogen und stirbt in seiner Heimatstadt.

Aus diesem Grund ist die Todesdarstellung eindeutig ein „Mosaik"[894] aus vielen Bibeltexten, die Josias Tod nachvollziehbar machen. Die Chronik lässt hier also deutliche Kritik an Josia erklingen, der sich gegen JHWHs Willen auflehnt und die Fehler der Nordreichskönige wiederholt, indem er wie Ahab agiert. Damit liefert die Chronik bei aller Wertschätzung für Josia auch die Überleitung für den Untergang des Gottesvolkes. Genau wie er wird sich König Zedekia in 2 Chr 36,13 gegen Gott und gegen Nebukadnezar empören und Jeremias Orakel überhören. Darum bietet Josias Verhalten ein chronistisches Paradigma, an dem sich gute und schlechte Herrschaft zeigt, wie Williamson zusammenfasst.[895] Ein guter König muss sein Volk zu JHWH führen. Josia gelingt dabei das Meisterstück, nicht nur Juda, sondern auch den abgefallenen Norden in den Bund mit JHWH zu integrieren, wie es unter David und Salomo üblich war. Die gute Herrschaft basiert auf Kultpflege und Toragehorsam. Doch gleichzeitig zeigt Josia, wie alle Errungenschaften schlagartig verfallen, wenn man Gottes Warnung ausschlägt und JHWH-ferne Wege wählt, wie es das Nordreich getan hat. Darum lebt Josia sowohl den Heils- wie Unheilsweg einer jeden Herrschaft vor.

Nach einem letzten Hoch folgt nun der tiefe Fall, der Judas irdische Monarchie beenden wird. Da Josia insgesamt dennoch positiv bewertet wird, werden in 2 Chr 35,25 Klagelieder von Jeremia gesungen, die sich als fester Brauch etablie-

---

892 Vgl. Wellhausen, Prolegomena, S. 202; Becker, 2 Chronik, S. 123; Begg, Death, S. 2; Japhet, 2 Chronik, S. 492 f.; Dillard, 2 Chronicles, S. 292; Frost, Death, S. 381; Williamson, 1 and 2 Chronicles, S. 408.
893 Vgl. Curtis, Commentary, S. 517.
894 Japhet, 2 Chronik, S. 493.
895 Vgl. Williamson, 1 and 2 Chronicles, S. 401.

ren. Trauerlieder über Josia lassen sich allerdings weder im Jeremia-Buch noch anderswo finden.[896] Darum soll dieser Pseudoverweis Josias großen Ruhm ausschmücken.

Die zweite Schicht hat große Sympathie für Josia, baut in 2 Chr 34,2–7 seine religiöse Jugend aus und trägt die Kulttilgungen nach, die der Grundschicht weniger wichtig waren. Dadurch entstehen die mehrfachen Reinigungen im Nordreich.[897] Ebenso werden beim Passah Josias Organisation und seine Opferbereitschaft in 2 Chr 35,2.7.8bβ.16 hervorgehoben. Josia selbst legt die organisatorische Grundlage des Passahs, dem die Obersten begeistert nachfolgen. Damit werden Josias Maßnahmen an das kultische Königtum Davids angeschlossen, auf dessen Wegen er seit seiner Jugend wandelt. Durch seine kultischen Bemühungen wird Josias Ruhm ausgebaut. Dass die zweite Schicht sonst nicht in den Text eingreift, lässt sich damit erklären, dass sie mit der Darstellung zufrieden ist. Josia gilt ihr vor allem wegen seiner Demut und seiner Gottessuche als vorbildhafter Herrscher.

Jonker hat die These aufgestellt, dass Huldas Orakel für die gesamte Chronik von großer Bedeutung sei. Dort finden sich in 2 Chr 34,25–27 die Leitvokabeln „suchen" (דָּרַשׁ), „verlassen" (עָזַב) und das „sich demütigen" (כנע), die dank der zweiten Schicht in ganz 2 Chr 10–36 zu finden sind.[898] Diese Möglichkeit zur Umkehr sorgt für viele Modifikationen und tritt häufig als Leitmotiv auf, mit dem die zweite Schicht viele Texte umgearbeitet hat.[899] Denn in der zweiten Schicht treten die genannten Vokabeln und die demutsvolle Umkehr oder das Gottverlassen durchgehend auf, um andere Könige neu zu bewerten. Folglich will die zweite Schicht Josias Bewahrung vor dem Exil paradigmatisch auf die gesamte Chronik ausbreiten.

Die dritte Schicht knüpft an die Kultergänzungen der zweiten Schicht an, da sie vor allem das Passah zur Hauptsache des Textes ausgestaltet. Sie deklariert die Tempelrestauration (2 Chr 34,12 f.) und die Tempelordnung des Passahs (2 Chr 35,3–6.9–15) zur Angelegenheit der Leviten, ähnlich wie man es bei Hiskias Passah beobachten kann. Dadurch wird die kultische Reinheit und Toragemäßheit von Josias Maßnahmen unterstrichen. Josia überlässt dauerhaft den Leviten völlige Autonomie im Tempel.

---

**896** Jer 22,10–12 verkündet sogar das Gegenteil, dass man um Tote nicht weinen soll. Vgl. Ackroyd, I & II Chronicles, S. 205; Myers, II Chronicles, S. 216; McKenzie, 1–2 Chronicles, S. 365; Talshir, Three Deaths, S. 234; Williamson, 1 and 2 Chronicles, S. 410.

**897** Vgl. Rofé, Acts of Nahash, S. 131 f.

**898** Vgl. Jonker, Huldah's Oracle, S. 1–7.

**899** Vgl. Dillard, 2 Chronicles, S. 281; Williamson, 1 and 2 Chronicles, S. 402.

## 14.4  Fazit: Vom Paradigmenkönig zum Kultkönig

Zusammengefasst kann festgehalten werden, dass die Grundschicht in 2 Chr 34 f. eine Lesehilfe für 2 Kön 22 f. darstellt, deren Probleme sie durch Schwerpunktverlagerungen auslegt. Josia wird als letzter positiver König charakterisiert, der gleichzeitig den Untergang Judas einleitet. Somit ist er also ein ambivalenter König, der Juda trotz Gottes Unheilsplan ein letztes Mal zur Blüte führt. Aber das wird auf Josias Lebenszeit eingeschränkt, wodurch sich Judas Ende bereits ankündigt.[900] Dazu wird eine theologische Begründung für Josias mysteriösen Tod verfasst, die das Ende Judas als Abfall von JHWH deutet, wie er im Nordreich praktiziert wurde. Paradigmatisch führt das Schicksal Josias vor, dass Gehorsam gegenüber JHWH zu Glanzzeiten führt, doch Ungehorsam in den Untergang.

Josia ist aus diesen Gründen der zentrale König von 2 Chr 10–36. Das Hulda-Orakel motiviert viele Fortschreibungen der zweiten Schicht, da Josias Demut hier zum Leitmotiv für viele Umschlagpunkte wird. Dazu baut die zweite Schicht seine kultischen Maßnahmen bei der Tempelrenovierung, beim Passah und bei den Kulttilgungen aus. Die dritte Schicht knüpft daran an und präsentiert Josia als Schirmherrn des reinen Levitenkultes. Folglich wird Josia erst durch umfassende Redaktionen zu dem Kultkönig des Endtextes.

---

**900** Vgl. Becker, 2 Chronik, S. 119; McKenzie, 1–2 Chronicles, S. 363.

# 15  2 Chr 36 Judas Untergang

## 15.1  Einleitung: Judas Ende und der Beginn einer neuen Ära?

Das letzte Kapitel der Chronikbücher ist eines der kompaktesten überhaupt, da hier vier Könige abgehandelt werden. Man gewinnt dadurch den Eindruck, dass die Chronik das Ende Judas so kurz wie möglich darstellen und zum prominenten Schluss des Kapitels kommen möchte, nämlich der chronistischen Exilsdeutung und dem Kyrosedikt. Zuvor werden nur sehr geraffte Kurzfassungen der letzten Könige Judas aus den Königebüchern geboten, während das Ende den Blick auf das Exil und die Zeit danach lenkt, da das Kyrosedikt auf den Wiederaufbau des Tempels in den Büchern Esra und Nehemia verweist.[901]

Das Kapitel lässt sich dementsprechend in die vier Herrscher und die finalen Schlussnotizen gliedern. Die Darstellung der ersten drei Könige hat lediglich Fußnotencharakter, da sie jeweils nur wenige Verse umfasst. Allesamt sind die Herrscher von ausländischen Königen abhängig und fast alle erhalten die negative Bewertung, dass sie tun, was schlecht ist in den Augen JHWHs (וַיַּעַשׂ הָרַע בְּעֵינֵי יְהוָה אֱלֹהָיו). Es werden nun keine Angaben mehr zur Herkunft, zur Beerdigung oder den Taten der Könige getätigt, wie es zuvor üblich war.

Die Verse 2 Chr 36,1–4 schildern die Regentschaft von König Joahas, Josias Sohn. Er wird vom Volk in 2 Chr 36,1 eingesetzt, doch nach nur drei Monaten von den Ägyptern wieder abgesetzt und nach Ägypten verschleppt, während das Volk in 2 Chr 36,3 eine Strafe von 100 Kikkar Silber und einem Kikkar Gold zahlen muss. Joahas erfährt weder eine Bewertung noch wird weiterhin irgendetwas über seine kurze Regierungszeit erwähnt. Die Ägypter setzen Jojakim als Nachfolger in 2 Chr 36,4 ein. Dieser regiert in Zeiten des politischen Umbruchs, da Ägyptens Hegemonie schwindet. Darum ziehen die Babylonier herauf, die Jojakim in 2 Chr 36,6 nach Babylon deportieren. Auch sein Nachfolger, König Jojachin, der nur drei Monate und zehn Tage regiert, wird in 2 Chr 36,10 nach Babylon gebracht. So wiederholt sich bei Jojakim und Jojachin durchgängig das gleiche Muster: Das schlechte Verhalten der Könige zieht Invasionen ausländischer Mächte nach sich. Diese Vorgänge werden minimalistisch dargestellt. Lediglich die Gefangennahme der Könige, ihre Wegführung ins Exil und mehrmals der Abtransport der Tempelgeräte nach Babylon werden geschildert.[902]

Eine Ausnahme bildet der in der Chronik letzte Regent Zedekia in 2 Chr 36,11–20, dessen Darstellung laut McKenzie, Riley und Levin ein finales Kompendium

---

901 Vgl. Galling, Bücher, S. 182; Begg, Fate, S. 79; Japhet, 2 Chronik, S. 497.
902 Vgl. Mosis, Untersuchungen, S. 206 f.; Klein, 2 Chronicles, S. 537.

der Chroniktheologie sei.[903] Hier finden sich detailliertere Informationen. Zedekia, der ebenso als schlechter Herrscher dargestellt wird, habe sich sowohl gegen den Propheten Jeremia als auch gegen Nebukadnezar in 2 Chr 36,12 f. verstockt und sei nicht zu Gott umgekehrt. Doch obgleich nun auch in 2 Chr 36,14 das Volk und die Priester schlechte Taten vollführen, eröffnet Gott Juda noch eine letzte Möglichkeit zur Umkehr. JHWH sendet in 2 Chr 36,15 f. Boten, da er Mitleid mit seinem Volk und seiner Wohnstätte hat. Als jedoch seine Boten verspottet werden, entzündet sich Gottes Zorn in 2 Chr 36,17–20. Er schickt die Babylonier, die unter der Bevölkerung von jung bis alt ein Massaker anrichten, die Schätze des Tempels und Könighauses in 2 Chr 36,18 plündern und in 2 Chr 36,19 die Stadtmauern, die Häuser der Stadt und auch den Tempel niederreißen. 2 Chr 36,20 berichtet daraufhin, dass die Übriggebliebenen versklavt und nach Babylon geführt werden, bis die Perser an die Macht kommen.

Steck sieht bei Zedekia das Grundmuster der Chroniktheologie, die vor allem die Bedeutung der Propheten hervorhebt, zusammengefasst. Zunächst erfolgt die Darstellung der Vergehen in 2 Chr 36,14. Daraufhin werden in 2 Chr 36,15 Boten gesandt, da Gott immer die Möglichkeit zur Umkehr eröffnet. Weil das Volk sie allerdings verspottet und damit JHWH abweist, vollzieht sich das Strafgericht JHWHs über sein Volk.[904] Auf diese Weise wird das Exil als Strafe Gottes gedeutet. Allerdings liefert die Chronik in den letzten Versen noch weitere Deutungen des Exils. So heißt es in 2 Chr 36,21:

„Damit sich das Wort JHWHs erfüllte im Mund Jeremias bis das Land seine Sabbate ersetzt bekam. All die Tage der Verwüstung lag es brach, bis 70 Jahre voll waren."

Dieser Vers gilt vielen Exegeten als zentraler Text, der den „Mythos des leeren Landes" mitbegründet.[905] Judas Land sei leer, damit es sich von den Gräueln der Bewohner erholen könne. Doch nach Ablauf der 70 Jahre folgt zuletzt das Kyrosedikt, das in 2 Chr 36,23 zur Rückkehr aufruft:

„So spricht Kyros, der König von Persien: Alle Königreiche der Erde sind mir gegeben von JHWH, dem Gott des Himmels. Und er hat mich beauftragt, ihm ein Haus in Jerusalem zu bauen, das in Juda liegt. Wer immer von euch aus seinem Volk ist, JHWH, sein Gott, ist mit ihm. Er ziehe hinauf!"

---

**903** Vgl. McKenzie, 1–2 Chronicles, S. 372; Levin, 2 Chronicles 10–36, S. 453; Riley, King and Cultus, S. 140 f.
**904** Vgl. Steck, Geschick, S. 65; Williamson, 1 and 2 Chronicles, S. 415.
**905** Vgl. Levin, 2 Chronicles 10–36, S. 465; Barstad, Empty Land, S. 40.

Mit der Aufforderung an die Exilanten hinaufzuziehen, endet die Chronik etwas abrupt, findet aber im Buch Esra, das die Rückkehr aus dem Exil schildert, seine Fortsetzung.[906] Der Schluss der Chronik verweist auf ein hoffnungsvolles, neues Zeitalter, das dem Gottesvolk einen Neubeginn mit der Errichtung des zweiten Tempels bietet.[907]

Insgesamt lässt sich feststellen, dass die Chronik bei den ersten Königen Joahas bis Jojachin sehr eng auf die Königebücher zurückgreift.[908] Beim letzten König Zedekia verweist sie aber auf weitere biblische Texte. Zuletzt häufen sich auffällig die Deutungen des Exils. Darum soll nun geprüft werden, inwiefern hier durch Fortschreibungen eine theologiegeschichtliche Debatte über das Ende Judas geführt wird.

## 15.2 Prüfung der Texteinheitlichkeit

### 15.2.1 2 Chr 36: Joahas – eine Kurzdarstellung

König Joahas, über den die Königebücher nur wenige Verse in 2 Kön 23,30–34 berichten, wird in der Chronik fast parallel, aber leicht gekürzt in 2 Chr 36,1–4 dargestellt. Er wird vom Volk gekrönt. Über seine Wahl erfährt man aber nichts. Allerdings stößt die Krönung durch das Volk auf Widerspruch von den Ägyptern.[909] Nach drei Monaten greifen die Ägypter, die zuvor seinen Vater Josia töteten, strafend ein und setzen Jojakim ein. Joahas wird hingegen nach Ägypten verschleppt, ohne dass sein Schicksal weiter Erwähnung fände.

Es fällt auf, dass der Text den Plot der Königebücher übernimmt, aber einige Details streicht.[910] Wie bei allen anderen Königen seit Manasse wird hier die Angabe zur Mutter ausgespart, ebenso seine Salbung durch das Volk. Selbst seine

---

**906** Vgl. Dillard, 2 Chronicles, S. 298.

**907** Vgl. Mason, Preaching, S. 119; McKenzie, 1–2 Chronicles, S. 367; Williamson, 1 and 2 Chronicles, S. 416; Raney, History as Narrative, S. 183; Riley, King and Cultus, S. 155.

**908** Vgl. Kratz, Komposition, S. 43; Williamson, 1 and 2 Chronicles, S. 417.

**909** Vgl. Galling, Bücher, S. 183; McKenzie, 1–2 Chronicles, S. 368.

**910** Dabei orientiert sich die Chronik stark an den Königebüchern. So wird in 2 Chr 36,3 die Formulierung aus 2 Kön 23,33 übernommen: „Sie setzten ihn ab" (וַיְסִירֻהוּ). Hier fehlt an sich das Objekt „von seiner Herrschaft" (מִמְּלֹךְ) aus 2 Kön 23,33. Das irritiert einige Forscher. Aber wahrscheinlich setzt die Chronik diesen Ausdruck aus den Königebüchern voraus, und verweist nur lose darauf. Vgl. Levin, 2 Chronicles 10–36, S. 445.

schlechte Bewertung aus 2 Kön 23,32 entfällt. Das verwundert, da diese Einschät-
zungen der Darstellung der Chronik entsprochen hätte.[911]

Auch Joahas' Tod bleibt nebulös, da die Vorgänge im Exil unklar bleiben. So
meinen Forscher, dass er entweder in Ägypten stirbt oder einfach aus dem Blickfeld verschwindet, da er das Heilige Land verlässt.[912] Doch wahrscheinlicher ist
wie bei allen folgenden Königen, dass die Chronik „nun zum Abschluß der vorexi-
lischen Zeit drängte [und Joahas] nicht wichtig genug war"[913]. Einzig ein Exzerpt
seiner Regierung bleibt übrig. Damit wird einmal mehr demonstriert, dass das
davidische Königshaus seit Josias Tod nur noch ein instabiler Spielball ausländischer Großmächte ist.[914]

### 15.2.2  2 Chr 36: Jojakim – Deportation des Königs anstelle eines Blutbades

Jojakim, ein ebenso schlechter König, weist ein vergleichbares Schicksal auf, da
auch er verschleppt wird, ohne dass man erfährt, wie es ihm in Babylon ergeht.
Generell bleibt der Tod von König Jojakim biblisch sehr unkonkret. Die Königebücher deuten an, dass er kurz vor der Belagerung der babylonischen Heere in
2 Kön 24,6 f. stirbt.[915] Die Chronik schweigt darüber und lässt sein Schicksal offen.

Jojakim wird in der Chronik zunächst von den Ägyptern eingesetzt, die seinen
Namen von „Eljakim" in „Jojakim" ändern. Über den Namen werden einige Diskussionen geführt, da „Jojakim" das Tetragramm enthält. Doch ob es sich um
eine JHWH-Ehrerweisung handelt, wie die ältere Forschung annimmt, lässt sich
nicht belegen. Im Endtext wird er eindeutig als schlechter Herrscher klassifiziert,
weswegen er seinem Namen in keiner Weise gerecht wird. Aus diesem Grund ist

---

**911** Vgl. Williamson, 1 and 2 Chronicles, S. 413; Japhet, 2 Chronik, S. 494 f.499; Rudolph,
Chronikbücher, S. 334. Dazu wird in der Forschung über Joahas' Familienstatus debattiert, da
er laut Chronik von seinem Bruder Jojakim verdrängt wird. Hier wird gerne auf die Liste in
1 Chr 3,15 als Grundbestand der Chronik oder gar als historisches Ereignis verwiesen. Das Urteil
ist aber nicht fundiert, da sich derartige Genealogien in 2 Chr 10–36 als Nachträge entpuppt
haben. Vgl. McKenzie, 1–2 Chronicles, S. 368; Levin, 2 Chronicles 10–36, S. 453; Curtis, Commentary, S. 519.
**912** Vgl. Myers, II Chronicles, S. 219; McKenzie, 1–2 Chronicles, S. 368; Levin, 2 Chronicles 10–36,
S. 456 f.
**913** Rudolph, Chronikbücher, S. 334. Vgl. Becker, 2 Chronik, S. 125.
**914** Vgl. Willi, Auslegung, S. 100; Jonker, 1 & 2 Chronicles, S. 302.
**915** Vgl. Wellhausen, Prolegomena, S. 202. Laut Flavius Josephus wird er hingegen von Nebukadnezar getötet. Ant. X,6. Vgl. Levin, 2 Chronicles 10–36, S. 457 f.; Rudolph, Chronikbücher, S. 335;
Dillard, 2 Chronicles, S. 300.

die Namensänderung aus den Königebüchern übernommen, um seinen Vasallen-status gegenüber den Ägyptern zu betonen.[916]

Laut 2 Kön 24,7 endet allerdings die ägyptische Vorherrschaft endgültig, da die Babylonier die Hegemonie in Juda übernehmen. Doch die Chronik verzichtet auf jegliche politische Details, weil sie sich dafür nicht interessiert.[917] Jojakims Missetaten werden nicht berichtet, obwohl die Königebücher in 2 Kön 23,36–24,7 einige Vergehen auflisten. Es wird nur zusammengefasst, dass er vor Gott Schlechtes tat, weswegen er deportiert wird.

Die Königebücher kennen dagegen keine Deportation. Dort stürmen Vasallenheere der Babylonier heran, schlagen Juda in 2 Kön 24,1–5 vernichtend und richten Blutbäder an. Die Chronik hingegen lässt keine Vasallen aufziehen, sondern König Nebukadnezar selbst. Sie stellt das Schicksal der Stadt nicht dar, sondern konzentriert sich allein auf die Deportation des Königs. In 2 Kön 24,2f. wird an dieser Stelle auf Manasses Frevel verwiesen. In der Chronik findet sich hingegen kein expliziter Verweis darauf. Die Chronikforschung wertet das als Rehabilitation Manasses in 2 Chr 33, da er dort Buße tut und somit nicht mehr als schlechtester König Judas gelte.[918] Dem sei widersprochen, da die vorliegende Studie ergeben hat, dass Manasses Konversion ein Nachtrag ist. Zudem treten später bei der Darstellung von Judas Untergang in 2 Chr 36,11–20 viele literarische Verweise auf Manasses Kultfrevel auf.

Auffällig ist in 2 Chr 36,7 die Erwähnung der Tempelgeräte, die nach Babylon gebracht werden. Diese Information steht nicht in den Königebüchern. Die Chronik hingegen möchte das Thema des Kultes in den Text integrieren. Das sorgt allerdings für Irritation, da gleich dreimal in diesem Kapitel zu lesen ist, dass die Tempelgeräte nach Babylon kommen: einmal unter Jojakim in 2 Chr 36,7, dann unter Jojachin in 2 Chr 36,10 und noch einmal unter Zedekia in 2 Chr 36,18. Das Leerräumen des Tempels vor seiner Zerstörung blickt auf die Zeit nach der Katastrophe voraus, in die Ära des Wiederaufbaus vom Jerusalemer Tempel. Dazu ist der Erhalt der alten Geräte wichtig, um Kontinuität zu bewahren. Das Leerräumen des Tempels steht nicht in den Königebüchern und stellt darum ein neues Thema dar. Wie Kratz herausarbeitet, wird damit auf das Buch Daniel verwiesen, da es in Dan 1,2 heißt:[919]

---

916 Vgl. Goettsberger, Bücher, S. 390; Curtis, Commentary, S. 519; Levin, 2 Chronicles 10–36, S. 455; Galling, Bücher, S. 183.

917 Vgl. Rudolph, Chronikbücher, S. 335; Kalimi, Geschichtsschreibung, S. 85.

918 Die doppelten Ketten (וַיַּאַסְרֻ֨הוּ בַּֽנְחֻשְׁתַּ֔יִם) werden in 2 Chr 33,11 von der zweiten Schicht verwendet, um Manasses Exil nach Babylon darzustellen. Vgl. Ben Zvi, Reading, S. 132; Galling, Bücher, S. 183.

919 Vgl. Kratz, Translatio, S. 264; Japhet, 2 Chronik, S. 501f.; Becker, 2 Chronik, S. 126; McKenzie, 1–2 Chronicles, S. 369; Williamson, 1 and 2 Chronicles, S. 413.

„Und der Herr gab Jojakim, den König von Juda, und einen Teil der Geräte des Hauses Gottes in seine [a.d.R. Nebukadnezars] Hand, und er brachte diese in das Land Schinar, in das Haus seines Gottes; er brachte die Geräte in das Schatzhaus seines Gottes."

2 Chr 36,7 integriert nachträglich diese Darstellung, indem sie bereits unter Jojakim König Nebukadnezar die Geräte des Jerusalemer Tempels in das babylonische Gotteshaus legen lässt. Damit werden die mehrfachen Überführungen der Tempelgeräte vorweggenommen, die noch folgen. Aus diesen Gründen gehört diese Textstelle zu den Nachträgen der zweiten Schicht, die buchübergreifende Zusammenhänge zu Dan 1,2 herstellt.

### 15.2.3  2 Chr 36: Jojachin – der Erhalter der Daviddynastie als Randfigur

König Jojachin, der in den Königebüchern die zentrale Gestalt des Exils ist, wird in 2 Chr 36,9 f. als bedeutungslose Randfigur dargestellt. Die Chronik berichtet weder Details von der ersten Belagerung durch Nebukadnezar selbst, noch Jojachins Kapitulation oder die Deportation der Obersten von Jerusalem in 2 Kön 24,10–16.[920] Ebenso bleibt unerwähnt, dass er am Ende des Buches im Exil in 2 Kön 25,27–30 begnadigt und gut versorgt wird. Die Chronik reduziert alles darauf, dass er lediglich drei Monate und zehn Tage regierte, schlecht handelte und dass Nebukadnezar ihn mit Tempelgeräten verschleppen ließ. Das erste Exil wird also völlig marginalisiert und ist kaum erkennbar, da die Chronik allein die Verschleppung des Königs schildert. Damit weist sein Schicksal, das er wie sein Vorgänger Jojakim allein durchleben muss, auf das kommende Exil seines Volkes voraus.[921]

Die Deportation der Tempelgeräte, die bei Jojakim in 2 Chr 36,7 sekundär war, gehört diesmal wohl zum Grundbestand, da sie eine Parallele in 2 Kön 24,13 hat und zumindest dafür sorgt, dass nicht alle Schätze vernichtet werden, wodurch das große Exil unter Zedekia vorbereitet wird.[922] Ganz offensichtlich bleibt aber bei Jojachins Darstellung das Desinteresse am Fortbestand der Daviddynastie, wie es Becker und Mosis treffend zusammengefasst haben. Während Jojachin in den Königebüchern als zentrale Figur auftritt, der im Exil die königliche Linie auf-

---

**920** Vgl. Japhet, 2 Chronik, S. 503; Levin, 2 Chronicles 10–36, S. 460; Rudolph, Chronikbücher, S. 336.
**921** Vgl. Noth, Überlieferungsgeschichtliche Studien, S. 143; McKenzie, 1–2 Chronicles, S. 369; Ackroyd, I & II Chronicles, S. 207.
**922** Vgl. Galling, Bücher, S. 183 f.

rechterhält, ist er in den Chronikbüchern marginalisiert. Offenbar stellt Jojachin nur ein historisches Phänomen dar, an dem die Chronik kein Interesse hatte.[923]

### 15.2.4 2 Chr 36: Judas Untergang unter Zedekia

Die Ära Zedekias stellt das Finale der Chronik dar. Wie schon bei seinen Vorgängern fasst der Bericht auch bei diesem Herrscher die Darstellung von 2 Kön 24,18–25,7 stark zusammen.[924] Zedekias Verschleppung, der Tod seiner Söhne, das Schicksal seines Nachfolgers Gedalja: All diese Geschichten übergeht die Chronik. Dennoch widmet sie seinem Wirken neun Verse, deutlich mehr als seinen Vorgängern.

Zunächst hält sich der Text genau an die Vorlage in den Königebüchern. So entsprechen 2 Chr 36,11 f. den Versen in 2 Kön 24,18 f. Zedekia, der elf Jahre lang regiert, wird in 2 Chr 36,12 negativ bewertet, womit sich die Muster seiner Vorgängerkönige wiederholen. Doch im zweiten Versteil von 2 Chr 36,12 tritt als Chroniksondergut das Leitthema der Demut vor Gott und dem Propheten Jeremia in den Text hinzu. Zedekias Rebellion gegen Nebukadnezar aus 2 Kön 24,1 stellt laut Chronik eine Auflehnung gegen Gott dar, da ihn der Babylonierkönig zuvor bei Gott schwören lässt. Der Text spricht in 2 Chr 36,13 von der Verstockung und Verhärtung Zedekias, der nicht zu Gott umkehren will.[925] Zedekia lehnt ganz bewusst den Befehl Nebukadnezars und damit den Willen Gottes ab. Doch während zuvor nur die Schicksale der Könige im Blickpunkt standen, schildert 2 Chr 36,14 Verunreinigungen im Tempel, die auch vom Volk und sogar erstmalig von oberen Priestern begangen werden. Damit übernehmen Volk und Priester eine Art Kollektivschuld, die den Untergang auslöst.[926]

Doch diese Schuld löst noch nicht den Beginn der Katastrophe aus. Denn darauf erfolgt ab 2 Chr 36,15 zunächst eine Warnung Gottes. JHWH sendet noch einmal Boten aus, da er Mitleid mit dem Volk und seinem Tempel hat. Erst das Ausschlagen dieser Hilfe lässt den Untergang beginnen, da das Volk die Propheten und die Boten verlacht und verspottet. Das Motiv der Umkehr verweist auf Jer 37,2. Die Bezüge zu Jeremia werden im Folgenden immer stärker und stellen

---

**923** Vgl. Becker, 2 Chronik, S. 124; Mosis, Untersuchungen, S. 212 f.; Myers, II Chronicles, S. 220; Riley, King and Cultus, S. 151.

**924** Vgl. Galling, Bücher, S. 184; Levin, 2 Chronicles 10–36, S. 461.

**925** Dtn 2,30. Vgl. McKenzie, 1–2 Chronicles, S. 370; Becker, 2 Chronik, S. 127; Williamson, 1 and 2 Chronicles, S. 415 f.; Levin, 2 Chronicles 10–36, S. 461; Galling, Bücher, S. 184; Goettsberger, Bücher, S. 394.

**926** Vgl. Becking, Pawn, S. 259; Williamson, 1 and 2 Chronicles, S. 415 f.; Mosis, Untersuchungen, S. 33.

für viele Chronikforscher die Kernaussage des Kapitels dar.[927] Becker zufolge kritisiert die Chronik weniger die Sünden, sondern hauptsächlich die nicht erfolgte Umkehr zu JHWH. Da Juda in 2 Chr 36,15 f. im vollen Bewusstsein die Boten Gottes ablehnt, erfolgt nun die Strafe mit voller Härte. Die Chronik zeigt beim finalen Desaster Zedekias grundlegend, woran so viele Könige zuvor scheiterten und letztlich die Monarchie in Juda zu Grunde ging.[928]

Nach dieser vergebenen Chance vollzieht sich in 2 Chr 36,17–21 JHWHs Zorn.[929] Gottes Strafe bricht vom Ablauf her ganz analog zu 2 Kön 25,1 aus. In 2 Chr 36,17 ziehen die Babylonier mit ihrem König herauf und töten Männer, Frauen, Alte und Kinder im Heiligtum. Die Darstellung ist von Ez 9,5–7 beeinflusst. Dort wird denselben Menschengruppen der Tod im Heiligtum angekündigt. Die prophetische Schreckensvision wird nun beim Untergang Jerusalems Realität.[930] Im Anschluss daran erfolgt die Plünderung der Stadt in 2 Chr 36,18. Die Babylonier rauben sowohl den gesamten Schatz des Tempels als auch die Schätze des Königs und der Oberschicht. Danach wird das Haus Gottes verbrannt, die Mauern von Jerusalem werden niedergerissen und die Paläste mit den Schätzen vernichtet. Die letzte erzählerische Notiz fasst in 2 Chr 36,20 das Exil zusammen:

> „Und den Rest, der vom Schwert übrig blieb, führte er ins Exil nach Babel. Und sie wurden ihm und seinen Söhnen zu Sklaven, bis das Königreich der Perser zur Herrschaft kam.“

Gegenüber den Königebüchern fallen folgende Änderungen auf: Es gibt keine Differenzierung wie in 2 Kön 25,11 f., wo das Volk ins Exil gehen muss, während noch Gärtner und Ackerleute zurückbleiben. Hier gehen alle, die noch am Leben sind. Die darauffolgende Geschichte mit dem Statthalter Gedalja und der Begnadigung Jojachins bleibt unerwähnt und wird in 2 Chr 36,20 als Zeit der Sklaverei zusammengefasst. Die Chronik konzentriert den Bericht ohne Abschweifungen auf das Exil.[931] Doch trotz des erkennbaren Bemühens um Stringenz weist der Text einige Spannungen auf.

Betrachtet man Zedekias Darstellung, so tritt das auffälligste Problem in 2 Chr 36,12 nach der Bewertung auf, dass der König vor Gott schlecht handelte.

---

**927** Vgl. Japhet, 2 Chronik, S. 506; Hanspach, Inspirierte Interpreten, S. 158; Rudolph, Chronikbücher, S. 337; Mason, Preaching, S. 137.237; Welch, Work, S. 42.

**928** Vgl. Becker, 2 Chronik, S. 126; Ackroyd, I & II Chronicles, S. 208. Propheten und Boten werden hier synonym verwendet. Vgl. Becking, Pawn, S. 260; Mason, Preaching, S. 121; Willi, Auslegung, S. 228; Steck, Geschick, S. 74; Hanspach, Inspirierte Interpreten, S. 157.

**929** Vgl. McKenzie, 1–2 Chronicles, S. 370; De Vries, 1 and 2 Chronicles, S. 421 f.

**930** Vgl. Japhet, 2 Chronik, S. 507 f.; Raney, History as Narrative, S. 181.

**931** Vgl. Galling, Bücher, S. 184.

Doch der Vorwurf lautet sonderbar: „Er demütigte sich nicht vor dem Propheten Jeremia" (לֹא נִכְנַע מִלִּפְנֵי יִרְמְיָהוּ הַנָּבִיא). Im Anschluss ist der Text schwer zu übersetzen, denn dort steht „vom Mund JHWHs" (מִפִּי יְהוָה). Das wird meist frei mit „von dessen Mund JHWH sprach" übersetzt. Diese populäre Hilfsübersetzung leitet sich vor dem Hintergrund von Jer 37,2 ab.[932] Dort heißt es: „die Worte JHWHs, die er durch den Propheten Jeremia geredet hatte" (דִּבְרֵי יְהוָה אֲשֶׁר דִּבֶּר בְּיַד יִרְמְיָהוּ הַנָּבִיא). Allerdings wird dieser Spruch in anderen Worten formuliert als in der Chronik. Doch selbst wenn man diese Hilfsübersetzung akzeptiert, so geraten hier viele Exegeten ins Stocken. Jonker fragt mit Recht, warum hier Jeremia aufgeführt wird, da sich die Bewertung der Könige ansonsten an Gott misst. Auch greift Jeremia im Folgenden gar nicht als Person in den Handlungsverlauf ein. Zudem hat die Grundschicht an Propheten wenig Interesse, so dass sie beispielsweise den großen Jesaja in 2 Chr 32,20 zum Mitbeter Hiskias degradiert.[933] Warum sollte sich Zedekia also vor Jeremia demütigen und nicht vor Gott?

Galling meint darum, hier liege ein Einschub vor. Ursprünglich demütigte sich Zedekia nicht vor Jeremia, sondern vor JHWH (נִכְנַע מִלִּפְנֵי יְהוָה), wie es auch bei Amon in der Chronik steht.[934] Die Passage „Jeremia, der Prophet von dessen Mund" wurde eingefügt, um auf den berühmten Jeremia-Spruch in 2 Chr 36,21 vorzubereiten, der weissagt, dass das Land 70 Jahre im Exil als Sabbatzeit brachliegen soll.

Die Propheten und Boten, die ab 2 Chr 36,14 f. auftreten, wenden sich an das Volk und die Priester. Inhaltlich wird hier ein Perspektivwechsel vorgenommen. Jetzt agiert das Volk, während zuvor nur König Zedekia im Fokus des Berichtes stand. Inhaltlich werden Zedekias Fehler aufs Neue wiederholt. Wie der König zeigt auch das Volk fehlende Demut. Außerdem hört es nicht auf Gott, der die Möglichkeit zur Umkehr eröffnet und Propheten schickt, wie es das Jeremia-Buch in Jer 7,25; 25,3 f.; 29,19 mehrfach berichtet. Wie bei Jeremia werden hier ebenso die Propheten verspottet, bis keine Heilung mehr möglich ist. Nachdem Volk, Priestern und König, also alle schlecht gehandelt haben, bricht JHWHs Zorn hervor, wie es in 2 Chr 36,17 heißt:[935]

---

**932** Vgl. Levin, 2 Chronicles 10–36, S. 449; Williamson, 1 and 2 Chronicles, S. 416; Kalimi, Geschichtsschreibung, S. 179 f.

**933** Vgl. Jonker, 1 & 2 Chronicles, S. 306; Levin, 2 Chronicles 10–36, S. 461; Rudolph, Chronikbücher, S. 337; Beentjes, Tradition, S. 95.

**934** 2 Chr 33,23. Vgl. Galling, Bücher, S. 184.

**935** Jer 14,19; 26,5. Vgl. Goettsberger, Bücher, S. 394; McKenzie, 1–2 Chronicles, S. 370; Auld, Prophets, S. 76; Micheel, Prophetenüberlieferungen, S. 81.

> „Da ließ er über sie heraufziehen den König der Chaldäer und der tötete ihre jungen Männer
> durch das Schwert im Haus ihres Heiligtums. Und er verschonte weder Jüngling noch Jung-
> frau, weder Alte noch Hochbetagte. Sie alle gab er in ihre Hand."

Viele Forscher wie Curtis oder Ackroyd fragen grundsätzlich, wer eigentlich das
Subjekt der letzten Verse darstellt.[936] Ist es Gott oder Nebukadnezar? Inhaltlich ist
die ganze Zeit JHWH Akteur des Geschehens, der sowohl in 2 Chr 36,17 die Feinde
heraufziehen lässt als auch sein Volk nicht verschont. JHWH übergibt sie alle in
die Hand Nebukadnezars und seiner Armee.

Auffällig ist in 2 Chr 36,18 f. die Erwähnung der Tempelgeräte. Wie bei Jojakim
und Jojachin werden auch hier die Schätze des Tempels nach Babylon überführt.
Der Transport wird recht ausführlich geschildert, alle großen und kleinen Geräte
des Gotteshauses (וְכֹל כְּלֵי בֵית הָאֱלֹהִים הַגְּדֹלִים וְהַקְּטַנִּים) werden zusammen mit den
Schätzen des Königs und seiner Fürsten nach Babylon gebracht. Die Könige-
bücher berichten in 2 Kön 25,12–17 hingegen von Plünderungen, aber auch von
Beschädigung oder Zerstörung der Geräte und Schätze im Salomonischen Tempel.
Die Notiz der Chronik hingegen setzt einen anderen Akzent. Sie betont die Vollständigkeit der Überführung, da wirklich alle Geräte unversehrt nach Babylon
gebracht werden. Damit hebt sie die Kontinuität zwischen altem und neuem Gotteshaus hervor. Durch die Entnahme aller Geräte kann man den Tempel nach der
Rückkehr wieder mit den alten Gerätschaften bestücken. Doch ein Vers später
heißt es in 2 Chr 36,19:

> „Und sie verbrannten das Haus Gottes und sie rissen die Mauer von Jerusalem nieder. Und
> alle seine Paläste verbrannten sie im Feuer und alle seine kostbaren Geräte vernichteten
> sie."

Was aber ist an kostbaren Geräten verbrannt, wenn kurz zuvor alles komplett
nach Babylon gebracht wurde, wie Riley konstatiert?[937] Damit wird letztlich etwas
ganz anderes suggeriert, nämlich dass die Zerstörung der Tempel- und Palastge-
bäude mit dem Verlust von Schätzen und auch Tempelgeräten einherging. Hier
wird der vernichtende Untergangscharakter der Eroberung wesentlich stärker
betont als im vorherigen Vers. Der Verlust der „kostbaren Geräte" (כְּלֵי מַחֲמַדֶּיהָ)
verweist auf Jes 64,10. Dort heißt es:

> „Unser heiliges und herrliches Haus, worin unsere Väter dich lobten, ist ein Raub des
> Feuers, und alle unsere Kostbarkeiten sind zu Trümmern geworden."

---

**936** Vgl. Curtis, Commentary, S. 523; Ackroyd, I & II Chronicles, S. 209; Galling, Bücher, S. 184.
**937** Vgl. Riley, King and Cultus, S. 143.

Genau in solchem Feuer verbrennen auch die Tempelgeräte in 2 Chr 36,19, wodurch das große Ausmaß der umfassenden Zerstörung hervorgehoben wird.

Die Differenz zwischen Errettung und Vernichtung der Tempelgeräte lässt sich am besten durch Fortschreibung erklären. Der vollständige Transfer der Kultgeräte in 2 Chr 36,18 ist sekundär, da er die Vernichtung der kostbaren Geräte, die 2 Chr 36,19 berichtet, ungeschehen machen will. Wenn alle Geräte schon fort sind, schmerzt die Vernichtung des Tempelgebäudes weniger. Vielmehr wird eine Perspektive auf Rückführung der Geräte in den neuen Tempel eröffnet. Dabei liegt ein Rückgriff auf das Prophetenbuch Jeremia vor. Dort heißt es in Jer 27,22 über die Geräte, die im Tempel übrig geblieben sind:

> „Sie sollen nach Babel gebracht werden und sollen dort bleiben bis zu dem Tag, an dem ich mich ihrer annehme [...] und sie wieder heraufbringe zurück zu diesem Ort."

Die jeremianischen Prophezeiungen, die die Hoffnung auf die Tempelrestauration aufrecht erhalten, relativieren die Klage über die Zerstörung Jerusalems in 2 Chr 36,19.

Dabei sollte allerdings beachtet werden, dass nicht alle Geräte verloren gegangen waren. Denn zur Grundschicht der Chronik gehörte ja auch die kurze Notiz in 2 Chr 36,10, nach der Jojachin mit den kostbaren Geräten des Hauses JHWHs nach Babylon kam. Die Angabe gehört wohl zum Grundbestand, da sie eine Parallele in 2 Kön 24,12f. hat. Laut Chronikgrundschicht sind demzufolge nicht alle Geräte des Tempels verloren, sondern sie befinden sich teilweise bereits bei Nebukadnezar, der selbst als Gottes Werkzeug agiert. Dennoch kann man auf jeden Fall beobachten, dass die Redaktoren der zweiten Schicht die partielle Vernichtung von Tempelgeräten in 2 Chr 36,19 als problematisch empfanden. Darum ergänzt sie, dass bereits unter Jojakim in 2 Chr 36,7 ein erster Teil der Geräte nach Babylon transferiert wurde, wodurch der Zusammenhang mit dem Buch Daniel hergestellt wird. Um die Angelegenheit in 2 Chr 36,18 aber zu vereindeutigen, wird die vollständige Rettung aller Geräte und Schätze der Zerstörung vorangestellt. Die Grundschicht ging dagegen von Verlusten aus, wie sie auch die Königebücher in 2 Kön 25,13–17 schildern.

### 15.2.5  2 Chr 36: Das Kyros-Edikt als separates Ende der Chronik?

Die prominentesten Verse des Kapitels stehen am Schluss. Es besteht nahezu Konsens, dass hier Fortschreibungen vorliegen. Traditionell werden die letzten beiden Verse in 2 Chr 36,22f. mit dem Kyrosedikt als Nachtrag klassifiziert. Somit stellen sie die Verbindung der Chronikbücher und dem Buch Esra her. Kyros' wegweisendes Edikt befiehlt den Wiederaufbau des Tempels, der sich auch in Esr 1,1–3 wiederfindet. Man ist sich weitgehend einig, dass diese letzten Verse Nachträge sind und 2 Chr 36,21 das ursprüngliche Ende der Chronik mit dem Jeremia-Spruch markiert:[938]

> „Damit sich das Wort JHWHs erfüllte im Mund Jeremias, bis das Land seine Sabbate ersetzt bekam. All die Tage der Verwüstung lag es brach, bis 70 Jahre voll waren."

Es werden drei verschiedene Optionen in der Forschung diskutiert, wie diese Doppelung am Ende der Chronik und am Anfang von Esra zustande kommt.[939] 1) Gemäß der älteren Forschung setzte sich die Chronik ursprünglich in Esra und Nehemia fort. Dieses große Buch, das seit Noth als „Chronistisches Geschichtswerk" in der Forschung kursiert, sei bei der Kanonisierung getrennt worden, so dass Esra und Nehemia nun an einer völlig anderen Stelle stehen als die Chronikbücher.[940] Aufgrund der Trennung der eigentlich zusammengehörigen Bücher wurden die ersten Zeilen aus Esr 1,1–3 am Ende der Chronik nachgetragen. 2) Andere Exegeten interpretieren das Kyrosedikt ebenso als Folge der Kanonisierung, aber mit einer neuen Zielrichtung. Da die Chronik am Schluss des Kanons steht, habe es ein würdiges und hoffnungsvolles Ende gebraucht, das die Restauration des Tempels verheißt.[941] Darum sei das Zitat in Esr 1,1–3 nachgetragen worden, um den Kanon positiv enden zu lassen. 3) Eine weitere These lautet, dass die Chronik und das Buch Esra ursprünglich getrennte Bücher waren. Erst die Schlussverse von 2 Chr 36,22 f. hätten die Verbindung sekundär hergestellt.[942]

Abgesehen vom Schluss in 2 Chr 36,22 f. wurde der Text zuvor von den meisten Forschern bislang als Chronikgrundbestand erachtet. Dagegen sticht Gallings These heraus, der diese gängige These bestreitet und für 2 Chr 36 eine jeremianische Redaktion annimmt. Darum stellt er das traditionelle Ende in 2 Chr 36,21 in Frage und meint, dass das Exil ursprünglich kein Thema der Chronik gewesen sei.[943] Galling liefert dafür wichtige Beobachtungen, auf die sich aufbauen lassen.

---

938 Vgl. Frevel, Geschichte, S. 302; Steins, Abschlußphänomen, S. 64; Kratz, Komposition, S. 37; Dillard, 2 Chronicles, S. 298; Jonker, 1 & 2 Chronicles, S. 309; Riley, King and Cultus, S. 149 f.

939 Vgl. Mason, Preaching, S. 119; Steins, Abschlußphänomen, S. 63–67.

940 Vgl. Noth, Überlieferungsgeschichtliche Studien, S. 110–216; Mosis, Untersuchungen, S. 211; Galling, Bücher, S. 184; Curtis, Commentary, S. 525; Goettsberger, Bücher, S. 396; Pohlmann, Korrespondenzen, S. 326; Kalimi, Geschichtsschreibung, S. 9.

941 Vgl. Rudolph, Chronikbücher, S. 338. Das Ende sei eine „zionistische [...] Parole" (Becker, 2 Chronik, S. 128).

942 Vgl. Ackroyd, I & II Chronicles, S. 210; Kalimi, Geschichtsschreibung, S. 322.

943 Vgl. Galling, Bücher, S. 185; Kartveit, Interface, S. 402 f.

Auf den ersten Blick scheint 2 Chr 36,21 das Zentrum des Chronikabschlusses zu sein, da 2 Chr 36,21 alle wichtigen Leitmotive der umliegenden Verse bündelt: die Verweise auf Jeremia, die Deutung des Exils als Zeit des Sabbats und die damit verbundenen 70 Jahre des Exils.

Die Bezüge zu Jeremia treten in diesem Vers sehr vielfältig zu Tage.[944] Am offensichtlichsten scheinen sie zu Jer 29,10 und zu Jer 25,11 f. zu sein, da dort die 70 Jahre genannt werden. So heißt es in Jer 29,10 über das Exil:

> „Denn so spricht JHWH: Erst wenn siebzig Jahre für Babel voll sind, werde ich mich euer annehmen und mein gutes Wort einlösen und euch an diesen Ort zurückbringen."

Vergleichbar drückt es Jer 25,11 f. im Strafgericht über Babylon aus:[945]

> „[11] Und dieses ganze Land wird zur Trümmerstätte, zur Wüste werden; und diese Nationen werden dem König von Babel dienen siebzig Jahre lang. [12] Und es wird geschehen, wenn siebzig Jahre voll sind, suche ich am König von Babel und an diesem Volk ihre Schuld heim, Spruch JHWHs, und am Land der Chaldäer; und ich werde es für immer verwüsten."

Die Chronik fasst das Exil symbolisch mit der runden Zahl 70 zusammen.[946] Das Land ist derweil leer, wie es vor allem Lev 26,31–35 beschreibt, da das Exil eine Zeit des Sabbats für Juda sei:[947]

> „[31] Und ich werde eure Städte zu Trümmerhaufen machen und eure Heiligtümer öde machen, und ich werde den beschwichtigenden Geruch eurer Opfer nicht riechen wollen. [32] Und ich werde das Land verwüsten, dass eure Feinde, die sich darin niederlassen, sich darüber entsetzen werden. [33] Euch aber werde ich unter die Völker zerstreuen, und ich werde das Schwert hinter euch herziehen. Euer Land wird eine Öde und eure Städte werden ein Trümmerhaufen sein. [34] Dann endlich wird das Land seine Sabbate ersetzt bekommen, all die Tage seiner Verödung, während ihr im Land eurer Feinde seid. Dann endlich wird das Land ruhen und seine Sabbate ersetzt bekommen. [35] All die Tage seiner Verödung wird es ruhen, was es nicht an euren Sabbaten geruht hat, als ihr darin wohntet."

---

**944** Vgl. Hanspach, Inspirierte Interpreten, S. 160.

**945** Kratz wendet hier ein, dass Jer 25,11 f. weniger im Fokus sei, da das Exil Judas nicht im Mittelpunkt stünde. Aufgrund der Nähe der 70 Jahre und dem Motiv des Dienens scheint mir aber eine Kompilation aus beiden Zitaten wahrscheinlicher. Vgl. Kratz, Translatio, S. 262; Pohlmann, Korrespondenzen, S. 326.

**946** Gen 46,27; Dtn 10,22; Jdc 1,7; 1 Sam 6,19; Ps 90,10; Jes 23,15–17. Vgl. Wellhausen, Prolegomena, S. 114.381; Kartveit, Interface, S. 397 f.

**947** Vgl. Kratz, Translatio, S. 261–263; Levin, 2 Chronicles 10–36, S. 464. Rechnungen, dass das Exil laut Chronik 70 Jahre ging, sowie historische Rekonstruktionen sind für die Chronik unerheblich, da die theologische Abhandlung daran kein Interesse hat. Vgl. Dillard, 2 Chronicles, S. 301; Williamson, 1 and 2 Chronicles, S. 418; Noth, Überlieferungsgeschichtliche Studien, S. 157.

Somit stellt 2 Chr 36,21 eine Synthese aus der Jeremia-Weissagung der 70 Jahre und der Darstellung des Exils als Sabbatzeit für das heilige Land aus Levitikus her. Das verwüstete Land, eine „tabula rasa, ein von Menschen völlig entleerter Raum"[948], soll sich reinigen und erholen, bevor es das Gottesvolk wieder in Besitz nehmen kann. Dadurch wird die Toratradition mit der Prophetie zu einer prägnanten Interpretation des Exils verbunden, die es als Ruhezeit Judas kennzeichnet.[949] Allerdings stellt der Gedanke einer Sabbatruhe eine völlig neue Deutung in der Chronik dar. In den Versen zuvor galt das Exil nur als eine Strafe für Judas Vergehen, nicht aber als Sabbatruhe.

Trotzdem gilt vielen Forschern 2 Chr 36,21 als Ende der Chronik. Der Vers erneuere das Anrecht auf das verlorene Land, da das Exil nur eine temporäre Ruhezeit in Judas Geschichte darstelle. Damit werde komprimiert und positiv auf die Restauration der Perserzeit verwiesen.[950] Doch stellt dieser Vers wirklich ein geeignetes Ende für ein Buch dar? Williamson hat beobachtet, dass der Vers vielmehr eine Brückenfunktion hat und Bezüge zwischen 2 Chr 36,20.22 f. herstellt.[951] So lässt sich feststellen, dass 2 Chr 36,21 mit dem Versende von 2 Chr 36,20 eng verbunden ist. Dort heißt es:

> „Und sie wurden ihm und seinen Söhnen zu Sklaven, bis das Königreich der Perser zur Herrschaft kam."

Auch dieser Vers ist stark mit dem Buch Jeremia verknüpft. Sowohl in Jer 25,11 als auch in 2 Chr 36,20 steht, dass Juda den Babyloniern einen bestimmten Zeitraum dienen muss. Und damit wird wieder auf die Idee des 70-jährigen Exils verwiesen, das erst unter den Persern endet. So ist das Jeremia-Zitat in 2 Chr 36,21 nicht vom Versende in 2 Chr 36,20b zu trennen, sondern bildet damit eine Einheit.

Doch auch das Kyrosedikt in 2 Chr 36,22 f. greift auf den Text zuvor und vor allem auf weitere Jeremia-Zitate zurück, wie viele Exegeten festgestellt haben. Denn es erfüllt die Vorhersagen Jeremias. Dabei greift es auf den Transfer der Tempelgeräte nach Babylon in 2 Chr 36,18 zurück, um den Wiederaufbau des Tempels zu initiieren. Die Sicherstellung allein wäre sehr unvollständig. Darum

---

948 Galling, Bücher, S. 185.
949 Lev 26,31–35; Jer 44,22. Vgl. Jonker, Exile, S. 709; Frevel, Geschichte, S. 272; Klein, 2 Chronicles, S. 544; Barstad, Empty Land, S. 40; Myers, II Chronicles, S. 223; von Rad, Geschichtsbild, S. 115; Becker, 2 Chronik, S. 128; Lynch, Monotheism, S. 256; Japhet, 2 Chronik, S. 510 f.; Dillard, 2 Chronicles, S. 302.
950 Vgl. de Wette, Glaubwürdigkeit, S. 45; Jonker, Exile, S. 712.714; McKenzie, 1–2 Chronicles, S. 367.371.
951 Vgl. Williamson, 1 and 2 Chronicles, S. 418; Jonker, Exile, S. 707.

nennt 2 Chr 36,22 f. einen konkreten Plan für die Rückführung, der aus Jer 27,21 f. entlehnt ist:

> „²¹ Denn so spricht JHWH Zebaoth, der Gott Israels, über die Geräte, die in JHWHs Haus und im Haus des Königs von Juda und in Jerusalem übrig geblieben sind: ²² Sie sollen nach Babel gebracht werden und sollen dort bleiben bis zu dem Tag, da ich mich ihrer annehme, Spruch JHWHs, und ich sie heraufhole und sie an diesen Ort zurückbringe."

Der ganz von Gott erfüllte Kyros führt genau dieses Jeremia-Zitat an, als er sein Edikt ausspricht. Er errichtet den Tempel in Jerusalem, an den die Geräte, die seit 2 Chr 36,18 nach Babylon gebracht wurden, zurückkehren können. Besonders das Heraufholen der Geräte (וְהַעֲלִיתִים) in Jer 27,22 erinnert sehr an den Schluss von 2 Chr 36,23. Dort heißt es: „Er ziehe hinauf" (וְיַעַל), auch wenn sich das bei Jeremia auf die Geräte bezieht und nicht auf das Volk wie in 2 Chr 36,23. In 2 Chr 36,22 f. erfüllt das Kyrosedikt den göttlichen Jeremia-Spruch aus 2 Chr 36,12 (יִרְמְיָהוּ הַנָּבִיא מִפִּי), vor dem sich Zedekia hätte demütigen sollen, und ruft zur Rückkehr nach Jerusalem auf. In 2 Chr 36,18 werden die Tempelgeräte dafür in Sicherheit gebracht und in 2 Chr 36,20b–23 wird dieses Leitmotiv des Schlusskapitels nun voll entfaltet.

Darum kann 2 Chr 36,21 nicht das Ende der Chronik sein, da der Vers das Kyros-Edikt braucht, durch das sich Gottes Wort laut 2 Chr 36,22 erfüllt (לִכְלוֹת). Auf diese Weise transformieren die Verweise auf Jeremia in der zweiten Schicht Gottes Gericht zu einem Akt der Gnade.[952] Darum gehören die Verse zusammen. Das gesamte Ende von 2 Chr 36,20b–23 ist also ein Nachtrag der zweiten Schicht, der das Leitmotiv der Umkehr für die Darstellung des Exils nutzt.

Dass das Kyrosedikt mit den Versen zuvor zusammenhängt, dafür sprechen ergänzend weitere stilistische Beobachtungen. So sind die Verse 2 Chr 36,21 f. parallel zueinander aufgebaut, wie Beentjes entdeckte. Übergreifend werden ähnliche Vokabeln verwendet wie „Königreich" (מַלְכוּת) in 2 Chr 36,20.22, wie Ruffing bemerkt.[953] Zudem sind die Zitate aus Esr 1,1–3 in 2 Chr 36,23 bereits stilistisch an die Chronik angepasst. So ist der Gottestitel „JHWH, sein Gott ist mit ihm" (יְהוָה אֱלֹהָיו עִמּוֹ) in 2 Chr 36,23 ein häufiger chronistischer Langtitel von „sein Gott ist mit ihm" (אֱלֹהָיו עִמּוֹ) aus Esr 1,3.[954] All diese Beobachtungen stützen die These, dass

---

**952** Vgl. Micheel, Prophetenüberlieferungen, S. 67; De Vries, 1 and 2 Chronicles, S. 423. Die Vokabel „erfüllen" (כָּלָה) verweist auf zentrale Chronikstellen wie 1 Chr 28,20; 2 Chr 7,11. Vgl. Mason, Preaching, S. 122; Galling, Bücher, S. 185.

**953** Vgl. Beentjes, Tradition, S. 133; Kartveit, Interface, S. 396; Ruffing, Jahwekrieg, S. 45.

**954** Ebenso wird der Ausdruck aus Esr 1,1 „vom Mund Jeremias" (מִפִּי יִרְמְיָה) in 2 Chr 36,21 zu „im Mund Jeremias" (יִרְמְיָהוּ בְּפִי). Dasselbe geschieht in der Transformation von 1 Kön 22,22 f. zu

2 Chr 36,22 f. nicht separat an das Ende der Chronik angefügt wurden, sondern Teil der zweiten Schicht sind.

Ursprünglich endete die Chronik nicht in 2 Chr 36,21, sondern offensichtlich in 2 Chr 36,20: „Und den Rest, der vom Schwert übrig blieb, führte er ins Exil nach Babel." (וַיֶּגֶל הַשְּׁאֵרִית מִן־הַחֶרֶב אֶל־בָּבֶל). Das mag nüchtern klingen, entspricht aber durchaus der Logik der Chronikgrundschicht. Denn bisher hatte der Text keinerlei Interesse an den Vorgängen im Exil geäußert.[955] Alle Könige, die bereits in 2 Chr 36 ins Exil gingen, verschwinden einfach aus dem Fokus der Chronik. Der Schwerpunkt des Kapitels liegt vielmehr darauf, dass Gottes Gericht durch Kultvergehen und fehlende Gottessuche nicht mehr aufgeschoben wird. Eine Perspektive darüber hinaus wird nicht geboten. Da die Chronik alle Erzählungen der Königebücher gestrichen hat, die Jojachins Schicksal im Exil oder das Ergehen der Bevölkerung unter Gedalja thematisieren, ist es konsequent, mit der Notiz der Katastrophe zu enden, dass Gott Juda ins Exil führt. Der Vers besitzt zudem eine Parallele in 2 Kön 25,11: „Und so führte man Juda von seinem Boden fort in die Verbannung" (וַיֶּגֶל יְהוּדָה מֵעַל אַדְמָתוֹ). Damit bleibt sich die Grundschicht treu. Sie legt die Königebücher als Lesehilfe aus und stellt die Frage, wieso Gott das Exil zuließ.[956] Wie Juda aus dem Exil herauskommt, stellt darum erst eine Folgefrage der zweiten Schicht dar.

Daraus lässt sich ableiten, dass die Chronikgrundschicht ursprünglich nicht mit Esra und Nehemia, sondern nur mit den Königebüchern verbunden war.[957] Auch die kanonische Endposition der Chronik im Masoretischen Kanon dürfte für die Schlussposition des Kyrosediktes keine Rolle spielen. Die Verbindung zwischen den Chronikbüchern und Esra-Nehemia stellt erst die zweite Schicht her. Das Kyrosedikt eröffnet eine nachexilische Perspektive, indem es Juda in die Hand der ausländischen Perserkönige übergibt.[958]

---

2 Chr 18,21 f. Darum wird der Text der Königebücher an den Sprachgebrauch der Chronik angeglichen. Vgl. Levin, 2 Chronicles 10–36, S. 467; Knauf, Verhältnis, S. 16; Lynch, Monotheism, S. 256; Kartveit, Interface, S. 399; Riley, King and Cultus, S. 153.

**955** Vgl. Rudolph, Chronikbücher, S. 337; Japhet, 2 Chronik, S. 509.

**956** Vgl. Frevel, Geschichte, S. 273.

**957** Auch das Buch Esra interessiert sich wohl nicht für die Chronik, sondern will die prophetische Literatur der Königebücher fortsetzen, wie Knauf in seinem überzeugenden Aufsatz zum Verhältnis von 2 Kön 25,27–30 und Esr 1,1–3 zeigt. Vgl. Knauf, Verhältnis, S. 16 f.

**958** Vgl. Klein, 2 Chronicles, S. 546; Lynch, Monotheism, S. 257.

## 15.3 Theologiegeschichtliche Entwicklung: knapper Vollzug des Untergangs sowie Hoffnung auf Restauration

Ursprünglich sah das Ende der Chronik anders aus. Die Grundschicht hat von den letzten Königen nur wenig zu berichten, da sie bei Josia schon die entscheidende Deutung des Exils vorgenommen hat.[959] Josia bringt als letzter Herrscher das Volk zu JHWH, seinem Gott, womit der König den Unheilsbeschluss Gottes verschieben kann, da er sich vor Gott demütigt und das Volk den Kult erneuert. Doch diese Aufschiebung hebt Gottes Zorn nicht auf, weshalb sich dieser unter Zedekia vollzieht. Das Haus Davids ist ohnehin de facto entmachtet, da seit Josias Abfall die Großmächte der Ägypter und Babylonier die judäischen Könige nach Belieben ein- und absetzen. Die Chronik hat also ein klar universalistisches Ende, da anstelle der versagenden Daviddynastie ausländische Großmächte die Mittlerposition zwischen Gott und seinem Volk übernehmen. Dies ist zu allen Zeiten die Aufgabe eines Königs.[960] Deswegen erhalten die ausländischen Großmächte die göttliche Legitimation, das Gottesvolk zu regieren.

Wie stark die Bezüge zum Josia-Kapitel sind, kann man vor allem beim letzten König Zedekia sehen, der die Gegenfigur zu Josia darstellt. Trotz seines schlechten Handelns lehnt er sich gegen Nebukadnezar auf. Da die Demütigung in 2 Chr 36,13 unterbleibt, die Josia in 2 Chr 34,19.27 noch erbrachte, vollzieht sich das Gottesgericht. Zur Strafe schickt Gott erst die letzten Könige und dann das ganze Volk ins Exil. Das Land ist laut Chronik danach leer, da alle ins Exil müssen. Aber aufgrund des Desinteresses am gesamten Exilsverlauf sollte man von Thesen Abstand nehmen, dass die Chronikgrundschicht eine ausgefeilte Theologie des leeren Landes vertrete. Eine Deutung oder Exilstheologie, die erklärt, wie das Gottesvolk die Verbannung überstand, bietet die Grundschicht nicht. Das Exil und die Zeit nach dem Untergang des Königtums stehen generell nicht im Zentrum, da der Thron Gottes laut 1 Chr 17,14 ohnehin unveränderlich ist und die Könige darauf wechseln. Weil ausländische Mächte nun die Herrschaft übernommen haben, gehört den Davididen die Herrschaft über Juda seit Josias Ende ohnehin nicht mehr.[961] Die Chronikgrundschicht spiritualisiert vielmehr die Exilserzählung als Beziehungsdrama zwischen Gott und seinem Volk, das mit der Verschleppung seine Katastrophe findet.

---

**959** Vgl. Galling, Bücher, S. 183; Raney, History as Narrative, S. 179; Riley, King and Cultus, S. 141.
**960** Vgl. von Rad, Geschichtsbild, S. 10; Mason, Preaching, S. 118; Riley, King and Cultus, S. 143. Begg sieht dagegen die davidische Restauration im Fokus des Textes, da das Schicksal der exilierten Monarchen offenbleibt und die Genealogien aus 1 Chr 3,17 f. Fortbestand suggerieren. Vgl. Begg, Fate, S. 81–85.
**961** Vgl. Kratz, Translatio, S. 173.176.

Diese Zuwendung des Volks durch Kulttreue und innige Gottessuche bei Josia steht den Verfehlungen des Volkes unter Zedekia gegenüber, das Kultfrevel im Tempel vollzieht und die Propheten Gottes in der Tradition Manasses aus 2 Chr 33 verhöhnt. Manasse hatte laut 2 Chr 33,2 den Kult verunreinigt mit den „Gräueln der Völker" (תּוֹעֲבוֹת הַגּוֹיִם). Dieselben Gräuel vollführen nun die Priester und das Volk in 2 Chr 36,14, die „Untreue auf Untreue" (לִמְעוֹל־מַעַל) ansammeln, wie auch Manasse in 2 Chr 33,19 Untreue vollführt hat. Es wird also kurz vor dem Untergang explizit auf Manasses Frevel verwiesen. Das unterstützt die These, dass diese Vergehen in 2 Chr 33,1–10 von besonderer Qualität sind und Gott außergewöhnlich provozieren. Die Chronik verzichtet zwar auf den direkten Verweis auf Manasses Schuld in 2 Kön 21,11–15, doch stellt sie literarisch den Bezug her, da die Frevel JHWHs Zorn hervorrufen. Daher verursachen sowohl in den Königebüchern wie in der Chronik Manasses Sünden das Ende von Juda.

Zusammengefasst lässt sich konstatieren, dass die Chronik Judas Untergang durch ein Mosaik aus vielen biblischen Textmotiven darstellt. Da wird zunächst Zedekias Rebellion gegen Nebukadnezar als Halsstarrigkeit gegen Gott gedeutet, genauso wie auch bei Josia in 2 Chr 35,21 f. Denn auch dieser hörte nicht auf den ausländischen König Necho, der Gottes Wort verkündete.[962] Neben der verpassten Umkehr des Königs kommen bei Zedekia die Vergehen des Volkes in 2 Chr 36,14–16 hinzu. Priester und Volk verunreinigen den Tempel, indem sie wie Manasse die Kultfrevel fremder Völker in den Tempel holen. Doch auf Gottes Warnung in 2 Chr 36,15 f., der Mitleid mit seinem Volk und dem Tempel hat, reagiert die Menge nur mit Spott, wie es Jer 7,25; 25,3 f.; 29,19 darstellt.[963] Ebenso entsprechen die Ignoranz gegenüber den Propheten und die Kultvergehen den Freveln zur Zeit Manasses. Als Gott zum Volk und zu Manasse redet, achten sie ebenso nicht darauf (2 Chr 33,10), sondern bringen Höhenopfer dar (2 Chr 33,17). Damit wiederholen sich unter Zedekia Manasses Frevel und die verweigerte Umkehr zu JHWH.

Beim dramatischen Untergang Judas kommt JHWH seinem Volk trotz Unheilsbeschluss immer wieder entgegen. So konnte Josia den Untergang in 2 Chr 34,19.27 zumindest aufschieben, doch Zedekia verspielt die letzte Möglichkeit zur Umkehr. Auf diese Weise wird das Exil geschichtstheologisch als Strafe für Manasses Vergehen gedeutet. Der Untergang resultiert aus Kultvergehen und mangelnder Gottessuche, die alles Entgegenkommen Gottes ignoriert. Es sind also nicht die Kultfrevel allein, die die Chronik anprangert, sondern die fehlende Gottessuche, die zu Judas Untergang führt. Dabei wird auf viele biblische Traditionen verwiesen. Der Tempel und viele Geräte werden vernichtet, womit sich die Schreckensvisionen

---

962 Ez 17,13. Vgl. Kalimi, Geschichtsschreibung, S. 180.
963 Vgl. Maier, Jeremia als Lehrer, S. 150.

und Klagen aus Ez 9,5–7 und Jes 64,10 realisieren. Damit präzisiert die Chronik-grundschicht die Deutung des Untergangs in den Königebüchern.

Für die zweite Schicht ist das ausgeschlagene Entgegenkommen Gottes eine Kernstelle, die viele Fortschreibungen motiviert. JHWHs Angebot zur Umkehr an sein Volk wird auf weitere Könige ausgeweitet, die die Möglichkeit haben, entweder halsstarrig Gottes Botschaft zu ignorieren oder sie anzunehmen. Die zweite Schicht baut das Motiv der Demut kapitelübergreifend aus. Die Demut wird zum Leitmotiv der zahlreichen Propheten, die am Vorbild Huldas geschichtsübergreifend dazu aufrufen, zu Gott umzukehren. Als Schlusspunkt ergänzt die zweite Schicht noch weitere jeremianischen Zusätze. Durch den Jeremia-Spruch wird die Perspektive einer Umkehr zu Gott noch stärker eröffnet, die jederzeit selbst im Angesicht des Untergangs noch möglich ist. Da selbst Manasse als schlechtester König in 2 Chr 33,12 zu Gott umkehrt, zeigt sich in der zweiten Schicht die Universalität von Gottes Zuwendung. Gott lässt sich jederzeit erreichen, womit die Perspektive des Exils und der Zeit danach stärker ins Bewusstsein rückt. Darum wird hier ein Blick in eine fernere Zukunft geworfen. Nach dem Exil kommt nämlich die Restauration durch die Perser, von der die Bücher Esra und Nehemia erzählen.

Aus diesem Grund wird in der zweiten Schicht der Darstellung der Grund-schicht widersprochen, dass ein Teil der Tempelgeräte von den Babyloniern zerstört wurde. In 2 Chr 36,7.18 wurde ergänzt, dass die Geräte behutsam und mehrfach nach Babylon transportiert wurden, um unter Kyros zurückgebracht zu werden. Gott selbst legt damit die Grundlage für den Wiederaufbau des Tempels. Das Exil, das eine Sabbatzeit von 70 Jahren darstellt, ist für Juda eine Zeit der Erholung. Danach kann das Land wiederaufgebaut werden. Der Untergang hat somit nicht das letzte Wort. Die Fortsetzung von Juda findet in Esra und Nehemia statt. Auf diese Bücher wird mit dem Zitat aus Esr 1,1–3 verwiesen.

Die dritte Schicht hingegen nimmt keine Ergänzungen vor, da sich der Einfluss des reinen levitischen Kultes beim Untergang des Tempels schlecht zeigen lässt.

## 15.4 Fazit: Vom Untergang Judas zum Wiederaufbau des Tempels

Die Grundschicht konzentrierte sich noch ganz auf den Untergang Judas, den sie bei Zedekia als Finale des Beziehungsdramas zwischen JHWH und seinem Volk darstellt. Trotz der mehrfachen Ankündigung des Untergangs und der Kultfre-vel des Volkes kommt Gott Juda ein letztes Mal entgegen. Doch die Propheten werden nur verspottet. Darum bricht der Untergang herein und verschont auch den Tempel und seine verbliebenen Geräte nicht. Diese Verse wollen das Ende der Königebücher auslegen und haben am Exil kein großes Interesse.

Diese Darstellung ändert sich fundamental durch die wenigen Zusätze der zweiten Schicht, die das Exil zum Hauptthema von 2 Chr 36 machen. Die Kultgeräte werden mehrfach und damit vollständig nach Jerusalem transferiert. Durch die Zitate aus Jeremia legen die Schlussverse in 2 Chr 36,20b–23 das Fundament für den Wiederaufbau des Tempels unter den Persern. Diese Maßnahmen werden in den Büchern Esra und Nehemia geschildert und erschaffen das sogenannte „Chronistische Geschichtswerk". Der Jerusalemer Tempel und der Kult der Tora stellen also die kontinuierliche Konstante in diesen bewegten Zeiten dar, die alle Krisen überdauern.

# III  Auswertung

# 1 Fazit

## 1.1 Ergebnis – Drei Schichten statt ein Chronist

Wie die vorliegende Untersuchung ergeben hat, sind in den untersuchten Kapiteln 2 Chr 10–36 durchgängig kapitelübergreifende Wachstumsprozesse zu konstatieren, die markante Textspannungen verursachen. Drei Redaktionsschichten lassen sich differenzieren: 1) die Grundschicht, die als Chronistischer Historiker (ChrH) eine Lesehilfe zu den Königebüchern darstellt, 2) eine prophetische Schicht (ChrP), die den davidischen Kult und das Hulda-Orakel zu Leitmotiven ausgestaltet und 3) eine levitische Schicht, die einen reinen levitischen Kult propagiert (ChrL). Der Textbestand der einzelnen Schichten sowie deren Theologie in 2 Chr 10–36 soll nun summarisch dargestellt werden.

## 1.2 Grundschicht: Chronistischer Historiker (ChrH)

### 1.2.1 Textbestand in 2 Chr 10–36

Die Chronikgrundschicht hatte noch einen ganz anderen Charakter als der Endtext, da sie ohne ausufernde davidische oder levitische Kultinteressen auskommt. Für die Reichsteilung in 2 Chr 10 macht sie zunächst allein den durchgängig schlechten und törichten Rehabeam verantwortlich, der mit der weisen Politik Salomos bricht (2 Chr 12,9), woraus der Abfall des Nordens resultiert. Unter den folgenden Königen etabliert sich nach der Teilung des Reichs der Staat Juda. Zunächst werden Jerobeam I. und Israel trotz doppelter Heeresstärke im Krieg gegen Juda von Gott selbst geschlagen (2 Chr 13,3.15 f.). Dabei spielt der laut Königebücher schlechte König Abija keine Rolle. Vielmehr zeigt der Bericht, wie Gott sich fürsorglich um sein Gottesvolk Juda kümmert, das aus tiefer Not zu ihm „schreit" (צעק) (2 Chr 13,14a). Gott erweist sich in der Not als wahrer Herrscher, der Juda vor den abgefallenen Israeliten beschützt und den Spalter Jerobeam tötet (2 Chr 13,20). Somit wird die Zeit unter Abija neu und positiv gedeutet, indem die Leerstellen der Königebücher ausgefüllt werden. Diese stellen Abija als schlechten König dar und berichten nur vage von einem Krieg mit Israel. Hingegen übergeht die Chronik Abija als Person und widmet sich dem Bruderkrieg zwischen Juda und Israel. Auf diese Weise wird die offene Frage nach dem Tod Jerobeams geklärt. Abija mag ein schlechter König sein, doch in seiner Ära etabliert sich Juda.

Sein Nachfolger Asa ist der erste gute König Judas (2 Chr 14,1–4), der sich durch die Pflege der Tora und des Kultes Verdienste erwirbt. Er kann die Gefahr

https://doi.org/10.1515/9783110698534-003

einer militärischen Intervention des Nordreichs abwenden, indem er dieses durch Tribute an die Großmacht der Aramäer zum Rückzug zwingt (2 Chr 16,1–6). Dieses Vorgehen wird aber noch nicht wie im Endtext beanstandet, sondern kritiklos geschildert wie in den Königebüchern. Im Zuge der ausführlichen Darstellung seines Begräbnisses in 2 Chr 16,14 wird hingegen Asas frommes Leben gelobt. Somit ist seine Regentschaft ein erster Höhepunkt in Judas Geschichte.

Josaphat, der im Endtext zu den herausragenden Königen gehört, wird in der Grundschicht hingegen ambivalent eingeschätzt. Zwar wird er als guter Herrscher charakterisiert, der Gott sucht (2 Chr 17,3–5), aber er verschwägert sich mit dem Königshaus Ahab aus Israel (2 Chr 18,1). Dadurch entsteht langfristig eine unheilvolle Allianz, die Juda in schwere Not bringen wird. Josaphat selbst wird für seine Gottessuche belohnt. In der Schlacht erhört Gott explizit sein Rufen und rettet ihn aus dem Gefecht (2 Chr 18,31), während der verräterische Ahab stirbt. Doch am Ende seiner Regentschaft opfert Judas Volk auf Höhen und ein weiteres Schiffsbauprojekt mit dem Königreich Israel scheitert (2 Chr 20,33.35–37). Durch die Verschwägerung bleiben auch die folgenden Herrscher Joram und Ahasja mit Israels Königshaus verbunden. An diesen schlechten Königen hat die Chronik wenig bis gar kein Interesse. Sie erwähnt bei Joram nur die Lebensdaten (2 Chr 21,20). Auch die Herrschaft Ahasjas, der bei der Ausrottung des Hauses Ahab stirbt, wird lediglich paraphrasiert und negativ bewertet (2 Chr 22,4–12). Die Chronik lässt Ahasja vor seinem Tod explizit in Samaria in 2 Chr 22,9 gefangen nehmen, um zu zeigen, dass das Bündnis mit dem Nordreich in den Untergang führt. Ausführlich wird die Herrschaft Ataljas dargestellt, die als Nordreichprinzessin Judas Königshaus ausrotten will.

In der tiefsten Krise tritt der Priester Jojada auf, der die Regentschaft de facto übernimmt. Jojada ist in der Grundschicht eine zentrale Figur. Er versammelt die Obersten des Volkes und bringt den jungen Joas durch eine Verschwörung auf den Thron (2 Chr 23,16). Joas, der aus davidischem Herrschergeschlecht stammt, ist dabei nur eine Nebenfigur. Denn Jojada vollzieht die Revolution, merzt den Baaltempel aus (2 Chr 23,17) und ist Joas' Mentor (2 Chr 24,2). So renoviert er den Tempel und wird nach seinem Tod sogar in der Königsgruft begraben (2 Chr 24,15 f.).

Doch nach diesem glanzvollen Höhepunkt und nach dem Tod des Mentors Jojada fällt Joas von Gott ab. Er leitet die Ära des Mittelmaßes ein, die sich unter Amazja und Ussia fortsetzt. Alle diese Könige sind zu Beginn ihrer Ära fromm, leisten sich aber schwere Vergehen, so dass ihr Herz nicht ungeteilt bei JHWH bleibt (2 Chr 25,2.28). So flammt unter Joas der Höhenkult wieder auf (2 Chr 24,17 f.) und Amazja betet edomitische Götter an (2 Chr 25,14 f.). Ussia war ursprünglich auch ein guter König. Die Grundschicht stellt daher seine Baumaßnahmen als Gegengewicht zur Blüte des Nordreichs unter Jerobeam II. dar (2 Chr 26,5–7). Doch da Ussia versucht, selbst auf dem Altar zu opfern, erleidet er Aussatz und muss abgeschieden und allein bis zu seinem Tod leben (2 Chr 26,20 f.).

Nachdem die Grundschicht die Geschichte des Königs Jotam in 2 Chr 27 – bis auf seine Lebensdaten – übergeht, vollzieht sie eine radikale Neulesung des „syrisch-ephraimitischen Krieges". Der erfolgreiche Verlauf in den Königebüchern wird nun zur Niederlage transformiert. Die Grundschicht lässt Ahas gegen die Aramäer schwere Niederlagen erleiden, während Israel nicht vorkommt. Die Assyrer, die Ahas um Hilfe bittet, kommen hingegen als Feinde und bedrängen ihn, statt zu helfen. Zuletzt errichtet Ahas nicht nur den Altar aus Damaskus im Jerusalemer Tempel, wie es die Königebücher schildern, sondern betet assyrische Götter an, da er sich von ihnen Hilfe erwartet (2 Chr 28,21–23). Der Text ist somit ein Lehrstück über die falsche menschliche Hilfe. Ahas wird dabei mit den Attributen der schlimmsten Könige Israels charakterisiert. Israels Untergang wird mit dem Niedergang von Ahas in 2 Chr 28,1–4.23 parallelisiert, womit auf das Ende des Nordreichs markant angespielt wird.

Hiskia hingegen stellt eine Gegenfigur zu Ahas dar und ist die Inkarnation des Gottvertrauens. Der Assyrer Sanherib rückt weniger als militärischer Gegner gegen Juda heran, sondern vielmehr als Feind JHWHs. Er beschwört das Volk, von Gott abzufallen und ihm nicht zu vertrauen (2 Chr 32,10). Doch gegen all die beschworenen Zweifel schreien Hiskia und Jesaja zu Gott, woraufhin dieser seine Feinde schlägt (2 Chr 32,20). Dabei wird Jesajas magische Heilungsgeschichte, bei der der Schatten rückwärts wandert, als göttliche Prüfung gedeutet, die Hiskia besteht. Damit zeigt Hiskia seine Frömmigkeit vor der ganzen Welt (2 Chr 32,24.31). Sein Verhalten ist somit ein Beispiel des Gottvertrauens in der Not. Seine ausführlichen Kultmaßnahmen sind hingegen noch kein Bestandteil der Grundschicht.

Auch sein Nachfolger Manasse kommt noch ohne die Konversion aus, für die der Chronikendtext bekannt ist. Seine Taten stellen wie in den Königebüchern eine neue Qualität des Abfalls dar (2 Chr 33,9), da er den Tempel als Gottes Wohnstätte schändet. Analog zur Darstellung in den Königebüchern verunreinigt er den Tempel und ruft damit den Zorn Gottes hervor, den das Hulda-Orakel verkündet (2 Chr 33,6; 36,12–16). Nachdem sein Sohn Amon ihm nachfolgt, offenbart sich Gottes Zorn beim letzten großen König Josia, der paradigmatisch zeigt, wodurch sich eine gute und eine schlechte Herrschaft auszeichnet. Ihm gelingt es, den Rest des untergegangenen Nordreichs zu einem Bund mit Gott zu motivieren (2 Chr 34,33). Daher ist Josia als Erneuerer des Bundes zu begreifen. So kommen erstmals seit Salomo Nordreichbewohner nach Jerusalem zurück und feiern das Passah als Bundesschluss mit Gott (2 Chr 35,17). Da Josia den Tempel renoviert (2 Chr 34,8), auf die Tora hört (2 Chr 34,21) und die Einheit von Juda und Israel wiederherstellt (2 Chr 35,17 f.), wird ihm als letztem König ein gutes Ende durch Huldas Orakel verheißen (2 Chr 34,27). Die Chronik stellt Josias Tod so dar, dass das Orakel in Erfüllung geht und Josia in Jerusalem in Ehre sterben kann (2 Chr 35,24). Doch sein Ende bedeutet gleichzeitig die Einleitung von Judas Untergang. Josia stellt sich dem vorbeiziehenden ägyptischen Herrscher Necho in den Weg. Der Ägypter will im Auftrag Gottes weiterziehen und ihn gar nicht angreifen. Doch Josia lehnt sich gegen ihn und damit gegen Gott auf. Er verkleidet sich und redet auf die gleiche Weise, wie es der Nordreichkönig Ahab im Krieg in Ramot Gilead getan hat (2 Chr 18,29.33). Die Parallelität zu Ahab demonstriert, dass Josia Gott verlassen hat. Somit wird sein Tod als Widerspenstigkeit gegen Gott gedeutet, die zu seinem Ende führt (2 Chr 35,21–23). Auf diese Weise demonstriert die Grundschicht am Beispiel Josias die Herrschaft eines guten und eines schlechten Herrschers. Der gute Herrscher vertraut Gott und den Geboten der Tora, der schlechte verlässt Gott und geht unter.

Da die Grundlage für Judas Untergangs gelegt ist, werden die letzten Könige in 2 Chr 36 dementsprechend nur knapp dargestellt. Sie sind Spielbälle ausländischer Herrscher, die de facto regieren. Zuletzt begehen König Zedekia, die Priester und das Volk gemeinsam Kultfrevel, wie sie auch Manasse vollführte, und schlagen Gottes Warnung durch die Propheten aus. Darum wird Jerusalem zerstört, der Tempel und die Stadt verbrennen (2 Chr 36,19). Der Untergang orientiert sich dabei an den Prophetenworten aus Ez 9,5–7 und Jes 64,10: die Stadt wird vernichtet, Leichen liegen im Heiligtum, der Tempel und die Geräte sind verwüstet. Die Chronik endet also mit dem Untergang (2 Chr 36,20a) und schildert nicht das Ende des Exils, da das berühmte Kyrosedikt noch nicht im Text steht.

### 1.2.2 Theologie: Eine deutende Lesehilfe und ein Buch des Glaubens

Die Chronikgrundschicht ist als Lesehilfe der Samuel- und Königebücher zu charakterisieren. Eine Auswahl von Texten aus diesen Büchern wird dabei nacherzählt. Die Darstellung ist oft wörtlich an der Vorlage orientiert, nimmt aber meist kleine, aber inhaltlich markante Änderungen vor. Dass die Chronik die Königebücher kürzt und vieles daraus im Detail neuerzählt, heißt keinesfalls, dass sie die Königebücher ersetzen möchte. Sie setzt sie vielmehr voraus. Besonders bei der Heilungsgeschichte Hiskias, die als Zeichen Gottes gedeutet wird (2 Chr 32,24.31), kann man sehen, wie die Chronik problematische Passagen lediglich anreißt und ihnen eine neue Deutung verleiht. Dieser Text ist nur verständlich, wenn die Vorlage aus den Königebüchern bekannt ist. Denn 2 Kön 20,1–11 erzählt die Geschichte, dass der Schatten der Uhr rückwärts wandert. Die Chronik deutet das abstrakt als „Zeichen Gottes". Diese magische, für die Chronik problematische Handlung wird vorausgesetzt und nun als Prüfung Gottes interpretiert. Daraus folgt, dass die Grundschicht einen sehr heteronomen Charakter hat und sich eng an die Samuel- und Königebücher bindet. Die Chronikgrundschicht möchte die Geschichten also nicht streichen, sondern ihre theologische Quintessenz hervorheben. Darum führt sie auch die Querverweise am Ende einer jeden Herrschaftszeit ein, um auf die Königebücher als normative Quelle zu verweisen.

Folglich muss die Chronikgrundschicht im Zusammenhang mit der Kanonisierung verstanden werden. Die Samuel-und Königebücher sind weitgehend abgeschlossen und genießen zunehmend kanonischen Rang. Aber viele Passagen sind unverständlich oder theologisch problematisch geworden. Die Chronik liefert eine auslegende Lesehilfe, die die Intention der kanonisch werdenden Bücher zusammenfassen soll. Die Chronikgrundschicht wagt es demnach nicht mehr, die Samuel- und Königebücher fortzuschreiben, sondern lagert ihre Deutung in einen separaten Text aus, der in Auswahl zitiert und dezent erweitert und korrigiert wird. Damit ist die Entstehung der Chronik ein deutliches Indiz dafür, dass die Fortschreibungen der Samuel- und Königebücher im Wesentlichen an ihr Ende gekommen sind und die Auslegung in separate Literatur wie die der Chronik vergelagert wird.

Was ist das wichtigste Anliegen der Grundschicht? Es ist vor allem das Bemühen um Stringenz. Im langen, widersprüchlichen Text der Samuel-Königebücher soll ein plausibler Erzählablauf herausgearbeitet werden, so dass ein roter Faden erkennbar wird. Ein König, der gut bewertet wird, muss auch gute Taten vollführen. Gleichwohl müssen schlechte Taten auch bestraft werden und sich in der Bewertung niederschlagen. Umschlagpunkte in der Herrschaft werden eingefügt, wenn der König offenbar vom richtigen Weg abgekommen ist. Gradmesser ist dabei die Herzensfrömmigkeit eines jeden Königs. Er muss mit ungeteiltem Herzen tun, was in den Augen JHWHs recht ist. Nur dann handelt es sich um einen guten König. Markante Kennzeichen sind dabei die Vorstellungsformel und die Beerdigungsnotiz, die deutlich stringenter als in den Königebüchern in Beziehung zur Erzählung stehen. So erhält Ahas in den Königebüchern zwar eine schlechte Bewertung (2 Kön 16,1–4), ist aber politisch erfolgreich, da er Juda aus dem „syrisch-ephraimitischen Krieg" heraushalten kann (2 Kön 16,5–19). Die Chronik stellt Ahas dagegen als erfolglosen Herrscher dar, so dass die Darstellung der schlechten Bewertung in 2 Chr 28,27 entspricht. Darum wird er nicht in der Königsgruft beerdigt und erleidet im Leben zahllose Niederlagen, wodurch der Erzählverlauf mit der Bewertung harmonisiert wird.

Der rote Faden, den die Chronikgrundschicht in die Geschichte Judas einflechten möchte, stellt das Vertrauen auf Gott dar. Die intensive Hinwendung zu seinem Gott garantiert dem Volk seine Errettung aus jeder Not. Die Chronikgrundschicht ist darum ein Buch des Glaubens, das die Geschichte Judas als Beziehungsdrama zwischen Gott und seinem Volk präsentiert. Gott zu vertrauen, heißt, ihn zu suchen, indem die Tora praktiziert wird, wie man es vor allem beim

Hulda-Orakel sehen kann. Doch das ist nicht allein auf den Kult beschränkt, sondern auf die Herzensfrömmigkeit, die vor allem Josia zeigt, als er von Gottes Verwerfung hört. In vielen Textstellen ist der Kult darum nicht das entscheidende Thema. Bei Abija oder Hiskia reicht das Schreien zu Gott (צָעַק) in der Not aus, um Gott zum Eingreifen zu bewegen. Es zeigt sich, dass dieses Exodusmotiv, das in den Königebüchern fehlt, in die Geschichte Judas übergreifend integriert wird, um Juda, Josaphat und Hiskia mehrfach vor dem Untergang zu retten (2 Chr 13,14; 18,31; 32,20). Natürlich ist auch die toragemäße Kultpflege ein Ausdruck des Vertrauens auf Gott, worin die Pointe der Chronikgrundschicht liegt.

Dabei fällt auf, dass die vielfach langatmigen Ausführungen zu Kultmaßnahmen gekürzt werden wie bei Josia in 2 Chr 34,33, um das Wesentliche zu zeigen: die Hinwendung zu Gott. Ebenso ist eine Distanz zu den oft wundersamen Propheten zu beobachten, die man vor allem an der Darstellung Jesajas sehen kann (2 Chr 32,24.31). Seine Zeichenhandlungen werden an den Rand gedrängt und nicht ausgeführt. Seine Funktion als Mitbeter in der Bedrohung wird hingegen in 2 Chr 32,20 betont. Diese Gebete führen zur Errettung durch Gott. Vergleichbar dazu ist die Prophetin Hulda in 2 Chr 34,27 Verkünderin von Gottes Wort. Da sich Josia Gottes Spruch zu Herzen nimmt, erwirkt er seine Errettung vor dem Untergang. Die Zeichenhandlungen der Propheten weichen also dem Vertrauensverhältnis zu Gott, das sie fordern. Dazu agieren sie als Verkündiger von Gottes Wort, wie es in der Tora steht.

Ebenso wird die Rolle des Herrschers entscheidend verändert, da das Königtum Davids durch Gottes Königtum ersetzt wird. Der irdische Herrscher ist nur ein Mittler zu Gott und muss das Volk zu seinem eigentlichen König führen, zu JHWH selbst. In der Natansverheißung in 1 Chr 17,14 wird die Verheißung an das Haus Davids entscheidend modifiziert. Gott verspricht Davids Thron nicht mehr ewigen Bestand, wie es in 2 Sam 7,12–16 steht. Vielmehr werden der Thron Gottes und das irdische Herrschaftsgeschlecht voneinander getrennt. Allein Gottes Thron ist ewig, die irdischen Herrscher darauf sind lediglich Platzhalter. Besonders gut ist das bei der Krönung von König Joas in 2 Chr 23,20 zu sehen. Hier nimmt Joas nicht selbst auf dem Thron Platz wie in 2 Kön 11,19, sondern wird von Jojada darauf gesetzt. Folglich wird Gottes Herrschaft transzendiert, da sie unabhängig von der Dynastie Davids fortbesteht und Gott der eigentliche Herrscher Judas bleibt. So reagiert JHWH in 2 Chr 13,15 selbst auf das Flehen des Volkes und schlägt die Feinde aus dem Nordreich. Ein großes Interesse am untergegangenen davidischen Geschlecht ist also nicht zu beobachten. Vor allem beim Priester Jojada in 2 Chr 23 kann man sehen, dass die Chronik auch Nicht-Davididen als königliche Herrscher darstellt, indem sie ihm für seine Verdienste ein großes Begräbnis in der Königsgruft zuschreibt (2 Chr 24,15 f.). Zudem regieren seit Josias Ermordung de facto nicht mehr die judäischen Könige, sondern die ausländischen

Monarchen (2 Chr 36), die die Könige ein- und absetzen und dabei oft selbst im Auftrag Gottes handeln (2 Chr 35,21; 36,13). Somit stellt der Thron JHWHs die Mittlerstelle von Gott und Volk dar, auf der die Davididen nur temporär Platz hatten. Er ist also als transzendenter Thron ewig, nicht aber die irdischen Herrschaftshäuser.

Wird ein Herrscher seiner Aufgabe nicht gerecht, dann scheitert er. Fehlende Frömmigkeit, das Brechen der Tora-Gebote und somit mangelndes Vertrauen auf Gott münden demnach in Misserfolg. Den Inbegriff für all das Negative stellt das Nordreich dar. Israel verlässt nach dem Bruch mit Jerobeam in 2 Chr 10 den Gottesbund vollständig und erlangt denselben Status wie die anderen Fremdvölker, die Juda bedrohen. Israel verlässt Gott und setzt allein auf menschliche Machtmittel und Fremdgötterei. Dementsprechend wird das Bündnis Judas mit dem Haus Ahab immer wieder zum Gegenstand immenser Kritik. Ahabs Verhalten gilt der Chronik als Grundmuster der JHWH-Ferne, die zum Untergang führt (2 Chr 28,1–4; 35,23 f.). Erst nach dem Untergang des Nordreichs gibt es eine Umkehr vom Rest Israels, der zu JHWH zurückkehrt.

Die Synthese aus guter und schlechter Herrschaft lässt sich vor allem bei Josia in 2 Chr 34 f. beobachten, dessen Regentschaft paradigmatisch sowohl gut als auch schlecht bewertete Herrschaftsphasen in sich vereint. Josia erneuert in seiner guten Phase in 2 Chr 34,32; 35,17 f. den Bund Gottes und vereint Juda und Israel in Jerusalem wieder zum Passah. Doch später bricht er mit Gottes Weisung und stellt sich dem Ägypter Necho entgegen. Halsstarrig handelt Josia genau wie Ahab, so dass er die Fehler des Nordreichs wiederholt, Gott nicht vertraut und darum untergeht (2 Chr 35,22–24).

Der Untergang des Hauses Davids in 2 Chr 36 orientiert sich in der Grundschicht stark an den Königebüchern. Manasse ist der König, der laut 2 Chr 33,9 Gott mehr gereizt hat als alle Regenten zuvor. Das Hulda-Orakel offenbart Josia Gottes Zorn und Vernichtungsbeschluss in 2 Chr 34,25. Der König kann in 2 Chr 34,28 lediglich eine Aufschiebung erwirken. Hier lässt sich erkennen, dass die Chronik Gründe für Judas Exil liefern möchte. Eine Theologie des leeren Landes oder eine Darstellung, wie Juda das Exil überstand, liegt in der Grundschicht noch nicht vor, da das Exilsschicksal nicht thematisiert wird. Vielmehr konzentriert sich die Chronikgrundschicht auf die Frage nach der Ursache von Judas Untergang und beantwortet sie wie folgt: Gott selbst hat den Untergang als Strafe für die Vergehen von Manasse herbeigeführt, dessen Kultfrevel und Gottesferne alles davor Gewesene in den Schatten gestellt haben. Trotz der Warnungen der Propheten wiederholen Zedekia und das Volk diese Vergehen, so dass der Untergang folgt.

Die Botschaft dieses Beziehungsdramas zwischen Gott und seinem Volk ist ein Appell für die Gegenwart, nicht die Fehler der Vergangenheit zu wiederholen, sondern Gott mit ganzem Herzen zu suchen und ihm zu vertrauen, wie es die Tora lehrt. Da die Chronikgrundschicht keine ewigen Herrscherhäuser kennt, gilt ihre Botschaft für alle Zeiten. Gott wird sein Volk aus aller Not erretten, wenn es sich ihm mit ganzem Herzen zuwendet.

## 1.3 Zweite Schicht: Chronistische Prophetenredaktion (ChrP)

### 1.3.1 Textbestand in 2 Chr 10–36

Die zweite Schicht versieht die Grundschicht mit vielen Ergänzungen und Neu-deutungen. Die Darstellung vieler Könige wird markant umgearbeitet, wodurch viele biographische Wendepunkte in den Text gelangen. Sie werden vor allem durch chronistische Prophetenfiguren verursacht, die den Endtext stark prägen.

Gleich der erste König Rehabeam wird als paradigmatischer König darge-stellt. Offenbar wurde es von dem Verfasser der zweiten Schicht als störend emp-funden, dass die beiden ersten Könige Rehabeam und Abija zur Etablierung Judas nichts beitragen. Darum wird bei Rehabeam ergänzt, dass laut 2 Chr 12,12 auch „in Juda Gutes war". Rehabeams Baumaßnahmen werden ausführlich erwähnt (2 Chr 11,5.11 f.). Es ist der zweiten Schicht sehr wichtig, Rehabeams Bautätigkeit als Gegengewicht zu den in 1 Kön 12,25 beschriebenen Bauten von Jerobeam I. im Nordreich herauszustellen. Auch lässt sich am Auftreten der Propheten die Frömmigkeit Rehabeams ablesen. Zunächst folgt er den Worten des Propheten Schemaja, nach denen kein Krieg mit den Brüdern aus Israel sein soll (2 Chr 11,1–4). Laut 2 Chr 12,1 fällt er aber abrupt von JHWH ab, wodurch der Angriff der Ägypter motiviert wird. Hier verweist die zweite Schicht auf das Ende der Chronik, da der Angriff der Ägypter mit dem Angriff der Babylonier unter Zedekia paral-lelisiert wird. Doch da Rehabeam nun wieder auf den Propheten Schemaja hört und sich demütigt, kann die Vollstreckung des Zorns in letzter Sekunde aufge-halten werden (2 Chr 12,5–8). Somit wird der Weg des Untergangs und der Erret-tung gleich zu Beginn der geteilten Monarchie paradigmatisch vorgestellt, um auf Judas Ende zu verweisen. Schon der erste König Judas zeigt, wie man den Untergang generell abwendet, nämlich durch Demut und Hinwendung zu Gott.

Auch die folgenden Darstellungen werden entscheidend verändert. Das Leitthema ist nun das sich „Stützen auf Gott" (נִשְׁעַנּוּ עַל־יְהוָה), das aus der Grund-schicht des Abija-Textes übernommen (2 Chr 13,18) und nun bei den Königen Asa (2 Chr 14,10) und Josaphat (2 Chr 16,7 f.) kapitelübergreifend behandelt wird. Abija, der als Person in der Grundschicht noch keine Rolle spielte, wird nun zum Volksrepräsentanten, der eine große Rede vor der Schlacht hält. Durch seine Ansprache verwandelt er Judas Notsituation in pure Siegesgewissheit. Dabei wird das Schreien aus der Not in 2 Chr 13,14 zu einem liturgischen Kriegsgeschrei in

2 Chr 13,14 f. transformiert, da nun eine Kulttrompete aus Num 10,1–10 Gottes Eingreifen veranlasst. Wie beim König zuvor findet eine intensive Auseinandersetzung mit dem Nordreich statt. Israel wird aufgerufen, nicht gegen J̄HWH, den Gott der Väter (2 Chr 13,12), zu kämpfen. Daher ist Israel nicht mehr Fremdvolk wie in der Grundschicht, sondern der Bruder, mit dem Juda durch den gemeinsamen Gott trotz seines Abfalls verbunden bleibt. In 2 Chr 13,5.8 wird proklamiert, dass Gott das Haus Davids zur Herrschaft bestimmt hat. Das verleiht der davidischen Dynastie eine große Bedeutung, da sie den wahren JHWH-Kult stiftet und hütet.

König Asa, der in der Grundschicht noch eine sehr positive Bewertung erfährt, wird nun scharf kritisiert. Im Fokus der Kritik steht seine Geldzahlung an die Aramäer, die daraufhin die Israeliten angreifen und zum Rückzug aus Juda zwingen (2 Chr 16,3). Höchstwahrscheinlich erinnert diese Finesse zu stark an den „syrisch-ephraimitischen Krieg" unter dem verhassten Ahas. Daher wird das Verhalten Asas als Abfall von JHWH gewertet. Das Kapitel schildert mehrere Schlachten, in denen das Gottvertrauen mit dem falschen Vertrauen auf irdische Hilfe kontrastiert wird. Zunächst stützt sich Asa wie Abija auf Gott und führt einen Heiligen Krieg (2 Chr 14,8–14), in dem JHWH die Schlacht zugunsten von Juda entscheidet. Die darauffolgende Phase der Ruhe im Land gibt Asa die Möglichkeit, Juda weiter auszubauen und Gott zu suchen (2 Chr 15,8). Den Tribut an die Aramäer geißelt der Prophet Hanani dagegen in 2 Chr 16,7–10 als Zeichen mangelnden Vertrauens auf Gott, worauf Asa mit Gewalt am Propheten antwortet und auch bei Krankheiten nicht Gott, sondern Heiler sucht (2 Chr 16,12).

Josaphat hingegen wird durch die zweite Schicht von einem ambivalenten Herrscher zum Vorbildkönig umgestaltet. Josaphat, der wie sein Name sagt, JHWHs Recht unter das Volk bringt, ist zunächst ein idealer König, der das Volk zu Gott führt. Die zweite Schicht stilisiert ihn zu einem Antipoden Ahabs, wodurch das kritisierte Bündnis mit dem Nordreich kaschiert werden soll (2 Chr 17,1b–2). Wie seine Vorgänger vollführt Josaphat einen großen Heiligen Krieg in 2 Chr 20,1–30, der alle Kriege zuvor in den Schatten stellt. Diesmal sorgt Gott sogar dafür, dass die Feinde sich gegenseitig töten (2 Chr 20,23 f.), so dass Juda überhaupt nicht kämpfen muss. Die negativen Begebenheiten, die aus dem Bündnis mit dem Hause Ahab entstehen, werden dadurch an den Rand gedrängt (2 Chr 20,31–37). Zuvor schildert die zweite Schicht ausführlich, wie sich Josaphat JHWH zuwendet, was ihm Ruhm durch gelungene Bauvorhaben einbringt. Folglich ist Josaphat ein vorbildhafter König, der zeigt, wie man erfolgreich aus dem fehlerhaften Bündnis mit Ahab lernt und zu JHWH umkehrt.

Die Geschichte von König Joram, den die Grundschicht übergangen hat, wird nun als Paradebeispiel eines gottlosen Herrschers in den Text integriert, dem Elia per Brief den Untergang vorhersagt (2 Chr 21,6–19). Wichtig ist vor allem der in 2 Chr 21,7 formulierte Zusammenhang, dass die Monarchie bei diesem gottlosen

Herrscher nur fortbesteht, weil Gott versprochen hat, das Haus Davids auch weiterhin zu stützen. Damit wird wiederum der hohe Stellenwert der davidischen Dynastie als Kultstifterin unterstrichen.

Jorams Nachfolger Ahasja und Jojada erhalten nur ein paar kapitelübergreifende Glossen. Der Priester Jojada ist zentral, da er als Mentor des Königs und Volksführer Vorbild für viele Prophetenfiguren ist. Zudem restauriert er den Tempel und reformiert den Kult, wie es auch Hiskia in 2 Chr 29–31 und Josia in 2 Chr 34 f. tun werden.

Die Ausführungen zu den nachfolgenden, mittelmäßigen Königen Joas, Amazja und Ussia, die alle nach frommer Frühphase von JHWH abfallen, werden vor allem durch das Auftreten von Propheten erweitert. So beschreibt die zweite Schicht Joas' negativ bewertete Regierungsphase genauer (2 Chr 24,19–22.24). Joas tötet nun den Propheten, der Sohn seines Mentors Jojada war, und weist dessen Rede zurück. Damit schlägt er die Warnung aus und ist sich seines Abfalls von JHWH ganz bewusst. Am Beispiel Amazjas werden dagegen Annahme und Ablehnung des Prophetenwortes und die jeweiligen Folgen demonstriert. Als Amazja gemeinsam mit dem Nordreich in den Krieg ziehen will, verbietet ihm das ein Prophet, da Israel Gott verlassen habe (2 Chr 25,5–10). Der König hört zunächst darauf. Als der Prophet hingegen das Aufstellen von Statuen edomitischer Götter beklagt, weist Amazja die Kritik zurück, weswegen er daraufhin untergeht (2 Chr 25,15b–16).

Die Darstellung der Könige Ussia und Jotam im Folgenden ist positiv, ehe die Gottlosigkeit von König Ahas alle Verdienste zunichtemacht. So werden Ussias gute Taten durch Errungenschaften wie Türme, Städtebau und Kriegsmaschinen ergänzt (2 Chr 26,9–10.14 f.). Ebenso werden bei Jotam kompendienartig positive Topoi wie Baumaßnahmen und Heilige Kriege integriert (2 Chr 27,2–7). Große Eingriffe nimmt die zweite Schicht bei Ahas vor, den sie nun als schlechtesten König Judas darstellt. Seine Frevel gehen soweit, dass er es in 2 Chr 28,24 f. sogar wagt, den Tempel zuzuschließen. Um seine Gottlosigkeit zu zeigen, werden noch zahlreiche weitere Niederlagen vor allem gegen Israel hinzugefügt (2 Chr 28,5–15.17–19). Als die Israeliten einige Judäer als Sklaven fortführen wollen, greift der JHWH-Prophet Oded ein und ruft das Nordreich auf, die Brüder nicht zu versklaven (2 Chr 28,9–11), woraufhin Israel gehorcht. Die Befolgung des Prophetenwortes demonstriert, dass selbst das gottlose Israel in der Lage ist, umzukehren (2 Chr 28,13–15). Ahas hingegen frevelt fanatisch weiter, weswegen das Verschließen des Tempels den Tiefpunkt der Geschichte darstellt.

Darauf folgt Hiskia, der entsprechend der Grundschicht vorbildhaft ist, weil er Gott auch in großer Not vertraut. Dieses Vertrauen wird nun in 2 Chr 29–31 durch Kultmaßnahmen konkretisiert. Hiskia bereitet seine spektakuläre Errettung durch Kultaktivitäten vor, wobei er sich an Davids Instruktionen orientiert. Er öffnet und reinigt den Tempel (2 Chr 29,2), so dass wieder Brandopfer vorgenommen werden können (2 Chr 29,17–19). Diese Opfer schaffen Sühne für ganz Israel (2 Chr 29,24). So schickt Hiskia wie später Josia Briefe in den Norden, um Israel zum Passah nach Jerusalem einzuladen. Daraufhin ziehen tatsächlich einige Israeliten nach Juda und feiern das Passah eine Woche lang (2 Chr 30,11.15.22b). Im Anschluss daran wird ganz Juda von allen Kultfreveln gereinigt (2 Chr 31,1), ehe die Assyrer heranrücken. Hiskia bereitet sich nun mit Baumaßnahmen auf die Schlacht vor: Wasserquellen werden verschüttet, Mauern errichtet und verstärkt (2 Chr 32,2–6). Dazu spricht Hiskia wie Abija zum Volk und verkündet Siegesgewissheit, da Gott über alles Menschenwerk siege (2 Chr 32,7 f.). Der König ist sich Gottes Unterstützung dank seiner Kultmaßnahmen nun sicher. Nach der Errettung fügt die Chronik am Ende noch eine zweite Deutung zu Hiskias Wunderheilung hinzu. Hiskia fällt in 2 Chr 32,25–30 ab, demütigt sich aber, wodurch er wie Josia und Rehabeam Gottes Zorn abwenden kann. Die Chronik lässt ihn darauf Städte bauen und betont seinen Reichtum. Erst durch die zweite Schicht wird Hiskia zum König des Kultes, der durch Kultmaßnahmen, Bauten und Demut seine Errettung und Heilung vorbereitet. Er vereint alle wichtigen Elemente der positiven Könige Abija, Josia und Jojada und wird dadurch zur zentralen Figur der zweiten Schicht. Er zeigt, wie man durch davidische Kulttreue und Umkehr zu JHWH die schlimmste Krise meistern kann.

Am stärksten arbeitet die zweite Schicht die Darstellung Manasses um. Dieser ist in der Grundschicht der am schlechtesten bewertete König. Doch nun demütigt er sich im Exil, betet zu Gott und wird sogar erhört (2 Chr 33,11–13). Folglich kann selbst der JHWH-fernste König bei ehrlicher Demut zu JHWH zurückfinden. Diese Episode nimmt ebenfalls das Exil in Babylon vorweg und zeigt, wie man es überwinden kann. Durch seine Demut kehrt Manasse erfolgreich zurück und ermöglicht so eine Restauration des Landes (2 Chr 33,14–16). Sein Nachfolger Amon hingegen wird ihm als schlechter König gegenübergestellt, da er sich nicht demütigt (2 Chr 33,23).

Bei König Josia finden sich nun wenige Nachträge. Seine Darstellung ist vielmehr Vorlage für die meisten Erweiterungen der zweiten Schicht. Das Hulda-Orakel in 2 Chr 34,23–28 mit den Leitvokabeln „suchen" (דָּרַשׁ), „verlassen" (עָזַב) und die intensive „Demütigung" (כנע) Josias werden durch die zweite Schicht zu buchübergreifenden Leitmotiven ausgestaltet. Hulda als Prophetin, die die Tora auslegt, steht Pate für die Propheten der zweiten Schicht. Bei Josia ergänzt die zweite Schicht genau an den Stellen, an denen die Grundschicht aus stilistischen Gründen die langen Kultpassagen streicht. So fügt sie viele religiöse Maßnahmen wieder ein (2 Chr 34,2–7), die sich jetzt an Davids Kultvorschriften orientieren. Zudem wird die kurze Passahnotiz ausgeweitet, um das spontane Passah Hiskias nun mit Josias dauerhaften Regeln zu ergänzen (2 Chr 35,16).

Auffällig sind im letzten Kapitel in 2 Chr 36 die vielen Verweise auf Jeremia. So werden weitere Jeremia-Bezüge in 2 Chr 36,12.18.20b–23 integriert. Die Strafe des Exils ist laut zweiter Schicht nur temporär, da es in 2 Chr 36,20b–23 als siebzigjährige Sabbatzeit von Juda gedeutet wird. Diese Kompilation aus Jer 29,10 und Lev 26,31–35 ermöglicht einen Ausblick in die Perserzeit. Die zweite Schicht fügt in 2 Chr 36,7.18 die Information hinzu, dass die Tempelgeräte vollständig nach Babylon gebracht werden, während die Grundschicht noch von einer Zerstörung vieler Geräte ausging. Das stellt die Grundlage für die Restauration des Tempels nach dem babylonischen Exil dar. Damit verweist die Chronik auf die Bücher Esra-Nehemia, die die erfolgreiche Restauration schildern. In der zweiten Schicht entsteht das „Chronistische Geschichtswerk", das auf die Krise eine hoffnungsvolle Restauration folgen lässt.

### 1.3.2 Theologie: Kult und Demut vor den Propheten als Weg zu Gott

Die zweite Schicht gestaltet die Chronik zu einem Buch der Umkehr und des Kultes um. Sie greift dabei auf viele Motive der Grundschicht zurück: die JHWH-Schlacht unter Abija (2 Chr 13,3.13–18), die Tempelrenovierung unter Jojada und Josia (2 Chr 23,17; 24,12–14; 34,8–12) und das Hulda-Orakel (2 Chr 34,23–28). So wird das Grundmuster der Schlacht unter Abija aufgenommen und bei späteren Schlachten wiederholt, in denen das JHWH-treue Heer völlig unterlegen gigantischen Heeren gegenübersteht, aber letztlich durch Gottes Eingreifen siegt. Ebenso sind die rigorose Kulttilgung und die Wiederherstellung des salomonischen Tempels unter Jojada Vorbild für viele Kultmaßnahmen. Aber vor allem werden das Hulda-Orakel in 2 Chr 34,23–28 und Josias intensive Demut in 2 Chr 34,19 buchübergreifend in die Chronik eingetragen. Die Botschaft, dass sich Gott durch entsprechende Handlungen zum Aussetzen des Untergangs bewegen lässt, propagieren die Propheten nun in der gesamten Königszeit.

Folglich erhält die Chronik erst durch die Fortschreibungen der zweiten Schicht viele kapitelübergreifende Topoi. Damit werden an vielen Stellen die Schilderungen einzelner Kapitel neu gedeutet und stärker in Beziehung zueinander gesetzt als in der Grundschicht. So bilden beispielsweise die Kapitel über die drei Könige Abija, Asa und Josaphat eine Einheit, die das Vertrauen auf Gott in großen Schlachten thematisiert.

Charakteristisch sind die häufigen Wendepunkte, die viele Herrscher ambivalent auftreten lassen. Die zweite Schicht ist von einer Theologie der Umkehr geprägt, die eine entscheidende Neuinterpretation vollzieht. Das existentielle Gottvertrauen in der Not wird noch viel stärker durch den Kult greifbar gemacht. Die Ausführung des JHWH-Kultes, den David stiftete, ist ein zuverlässiger Weg, mit dem man Gottes Unterstützung erhalten kann. Das Königtum Davids, das in der Grundschicht unwichtig war, erhält dadurch einen hohen Rang, denn schließlich gilt dieser Herrscher als Kultstifter des Salomonischen Tempels (2 Chr 13,5.8; 21,7; 23,3; 28,1; 29,2; 34,2). Der Bezug zu David leitet darum durchgehend kultische Maßnahmen ein oder bewertet die Kultfrevel im Kontrast zu den Vorgaben. Daher wird das Haus Davids nun zum Hüter jenes Kultes, der Gottes Vertrauen greifbar und jederzeit zugänglich macht.

Die Propheten, die Gott zu allen Zeiten schickt, orientieren sich dabei an dem Orakel der Prophetin Hulda in 2 Chr 34,23–28. Sie verkündet dem treuen Josia, der nach JHWHs Weisung in der Tora „sucht" (דָּרַשׁ), dass Gott seinen Zorn über Juda ergießen werde, weil es ihn „verlassen" (עָזַב) hat und anderen Göttern Rauchopfer darbrachte, obwohl die Götter laut 2 Chr 34,25 doch nur Menschenwerk seien. Laut 2 Chr 34,27 „demütigt" (כנע) sich Josia und erweicht sein Herz vor Gott. Alle Propheten der Chronik, die die Könige vor Abfall warnen, rufen zu dieser Demut auf oder ermahnen die Regenten, weiter zu Gott zu halten. Sie geißeln die Missetaten, bieten damit aber immer einen Ausweg aus der Krise, so dass sich jeder König bekehren kann. Dies ist darum für alle Zeiten gültig, da Gott in jeder Epoche seine Boten schickt. In der Forschung wird dieses Phänomen oft als "immediate retribution" oder „Vergeltungsdogma" gedeutet, um die Plötzlichkeit der Wendepunkte zu erklären. Doch das beschreibt das Problem nicht präzise, da der zeitliche Aspekt nicht entscheidend ist, sondern die Umkehr zu Gott in der Krise und die Ausführung des davidischen Kultes. Von daher verschärft die zweite Schicht den Tun-Ergehen-Zusammenhang radikal, der schon in der Grundschicht stark dominiert.

An Ahas und Hiskia lässt sich eindrücklich zeigen, wie in der zweiten Schicht das Gottvertrauen dargestellt wird. Ahas ersucht um falsche irdische Hilfe und wendet sich vom davidischen Kult ab, woraus Strafen und zuletzt sein Untergang resultieren (2 Chr 28,5–15.17–19). Hingegen fragt Hiskia als Gegenpol dazu nur nach Gott (2 Chr 32,2–8) und wendet sich dem Kult intensiv zu (2 Chr 29,2–31,20). Das legt die Grundlage dafür, dass Gott ihn vor den mächtigen Assyrern bewahrt.

So verbreitet die zweite Schicht viele Motive der Grundschicht auf die gesamte Chronik. Juda steht nun in seiner Geschichte permanent vor dem Untergang, wie man schon am ersten König Rehabeam sehen kann (2 Chr 12,1.3–9), der Juda gleich zu Beginn der Monarchie durch seinen Abfall an den Rand der Katastrophe bringt. Doch laut den Ergänzungen der zweiten Schicht bietet sich immer die Möglichkeit der Errettung aus tiefster Not und Schuld. Vor allem Manasse verkörpert die Demut (2 Chr 33,10–17), da er Gott trotz seiner Verbrechen zur Umkehr bewegen kann. Durch die Sendung seiner Propheten wendet sich JHWH dem Volk nun immer wieder zu. Und vor allem am Ende der Chronik gibt die zweite Schicht Hoffnung, da sie auf die Restauration unter den Persern verweist (2 Chr 36,20b–

23). Damit wird das Leitthema zu Ende geführt, dass die Errettung nur durch Umkehr zu Gott geschehen kann. Erfolg oder Scheitern liegen somit in der Verantwortung eines jeden Herrschers, da dieser die Botschaft des Propheten annehmen oder ablehnen kann, wie man bei Asa und Amazja sieht (2 Chr 15,1 f.7 f.16; 16,7–10; 25,5–10.15 f.). Jeder König entscheidet sich auf diese Weise ganz bewusst für sein Heil oder Unheil.

Die Umkehr bringt sichtbare Erfolge hervor. So berichtet die zweite Schicht von Baumaßnahmen, militärischen Siegen und Machterweisen, wie man sie kompendienartig bei Jotam findet (2 Chr 27,1–7). Gott erweist seine Hilfe in großen Kriegen, die meist liturgisch entschieden werden. So löst bei Abija der Einsatz von Kultinstrumenten Gottes Eingreifen aus (2 Chr 13,14b–15a). Die umliegenden Völker lassen Juda in Frieden, ja sind sogar voll Bewunderung und bringen ehrfurchtsvoll Geschenke. In diesen Zeiten prosperiert das Königtum durch Erfolge in Wirtschaft, Militär und prestigereiche Bauphasen. Bei Untreue vergeht der Glanz abrupt und die Nachbarvölker fallen über Juda her. So werden die Errungenschaften von Ussia und Jotam (2 Chr 26,6–8a.9–10.14 f.; 27,1–7) unter Ahas schlagartig zunichte gemacht (2 Chr 28,5–8). Laut der zweiten Schicht ist der Glanz somit nur Folge des Glaubens, hat aber ohne Glauben keinen Bestand.

Eine besondere Rolle kommt dem Nordreich Israel zu, das nun eine positivere Stellung zugewiesen bekommt als in der Grundschicht. Während es dort seit der Reichsteilung in die Gruppe der fremden Völker eingereiht wird, betont die zweite Schicht immer wieder, dass Israel der abgefallene Bruder Judas sei (2 Chr 11,4; 13,12; 28,11). Aufgrund der Verwandtschaft wird es Juda unter Rehabeam auch verboten, gegen das Nordreich in den Krieg zu ziehen. Aber ein Bündnis bleibt ebenso untersagt (2 Chr 29,2), solange Israel den Gott der Väter verlassen hat. Doch unter Ahas vollzieht Israel die Umkehr und hört auf Gott (2 Chr 28,13–15). Damit kehren einige Israeliten nun schon unter Hiskia (2 Chr 30,11) nach Jerusalem zurück und das abgefallene Brudervolk wendet sich letztlich wieder seinem Gott zu.

Insgesamt dokumentieren sich in der zweiten Chronikschicht entscheidende Prozesse der Kanonisierung. So wird die Chronik nun mit den Büchern Esra und Nehemia verbunden. Es lassen sich daraus buchübergreifende Redaktionsprozesse im Kanon der Ketubim ableiten, die sich als Buchgruppe etablieren.

## 1.4 Dritte Schicht: Chronistische Levitenredaktion (ChrL)

### 1.4.1 Textbestand in 2 Chr 10–36

Die dritte Schicht verstärkt das Leitthema des Kultes in der Chronik immens. Ihr Hauptinteresse besteht darin, einen toragemäßen Kult zu propagieren, der von den Leviten getragen wird, die in Eintracht mit anderen Priestergruppen agieren. Dementsprechend setzt sie hauptsächlich dort ein, wo es in der Grundschicht oder zweiten Schicht um Kultfragen geht.

Vor allem in den Erzählungen nach der Reichsteilung integriert sie die Geschichte der Leviten. Dementsprechend finden sich bei Rehabeam (2 Chr 11,13–17) und Abija (2 Chr 13,9–12) Darstellungen, in denen Jerobeam das ewige Wohnrecht der Leviten bricht und eigene Priester für seinen Kult einsetzt. Daraufhin wandern die Leviten aus dem Nordreich aus und gehen nach Jerusalem, um Rehabeam zu unterstützen. Dadurch wird Juda zum levitischen Bollwerk und allein zum wahren Gottesvolk. Die Darstellung betont so den Abfall des Nordreichs und erhebt Rehabeam zum Schutzpatron der Leviten sowie zum Gegenpol von Israel. Dementsprechend fügen 2 Chr 13,6 f. auch in Abijas Rede noch einmal eine Erklärung an, die Rehabeams Härte gegenüber dem Nordreich zur Jugendsünde relativiert und ihn als Opfer seiner Berater stilisiert. Die negative Haltung gegenüber dem Nordreich wird hingegen durch starke Polemik intensiviert.

König Asa wurde in der Grundschicht erst positiv, in der zweiten Schicht aber negativ bewertet. Nun integriert die dritte Schicht wieder positive Aspekte, wodurch sich im Endtext ein Aufeinanderprallen von positiven und negativen Deutungen ergibt. So fügt die dritte Schicht Asas Schwur vor Gott und zahlreiche Kultinstruktionen ein (2 Chr 15,9–15). Auch erweitert sie die Rede des Propheten Asarja durch weitere Ergänzungen (2 Chr 15,3–6), die Asas Verhalten nun positiv werten. Allerdings ist die Botschaft der Ansprache durch die Erweiterungen kaum noch verständlich.

Bei König Josaphat wird die positive Interpretation der zweiten Schicht durch weiteres Lob unterstrichen. So erhalten die Leviten politische Macht, um ihre Reformen zu organisieren. Eine zentrale Stellung haben sie im Krieg inne, da ihre Liturgie Gottes Eingreifen erwirkt und Juda siegen lässt (2 Chr 20,19.21 f.). Damit stabilisieren die Leviten die Etablierung von Juda als wahrem Volk JHWHs. Sie übernehmen Königsaufgaben und organisieren alle religiösen Angelegenheiten vom Kult bis zur Lehre (2 Chr 17,7–9).

Die Leviten treten mit der dritten Schicht ebenso bei der Revolution gegen Atalja und bei der Wiedereinweihung des Tempels unter Jojada und Joas entscheidend auf. Sie treiben die Revolution voran (2 Chr 23,2) und Jojada übergibt ihnen die Kontrolle über den Tempel (2 Chr 23,18). Hier ist deutlich zu erkennen, dass die Anwesenheit des Volkes im Tempel als störend empfunden wird. Die dritte Schicht macht die Leviten zu unbekannten Torwächtern (2 Chr 23,4–8), die darauf aufpassen, dass kein Unreiner das Gotteshaus betritt (2 Chr 23,6). So wird die Autarkie des Tempels betont. Volk und König dürfen sich nie in die Belange der Priester einmischen.

Eine neue Bewertung wird bei Amazjas versuchtem Kriegsbündnis mit Israel vorgenommen. So hatte die zweite Schicht ein solches Bündnis eingefügt (2 Chr 25,3–10), das Amazja aber wegen der Warnung eines JHWH-Propheten letztlich nicht eingegangen ist. In der zweiten Schicht wurde noch hervorgehoben, dass Amazja auf das Prophetenwort hört. Die dritte Schicht hält dagegen schon den Versuch eines Bündnisses mit Israel für strafbar und lässt die verstoßenen Israeliten bereits in Amazjas positiver Zeit das Land plündern (2 Chr 25,10b.13). Auch wird die Fabel des Dornenstrauchs ergänzt, wodurch die Botschaft des Textes unverständlich wird (2 Chr 25,18).

Bei Ussia wird der Versuch des Königs, selbst im Tempel zu opfern, nun scharf kritisiert. In der Grundschicht bricht beim Versuch der Opferung Aussatz auf seinem Kopf aus. Deswegen flieht Ussia reumütig aus dem Tempel. Die dritte Schicht fügt weitere negative Attribute in 2 Chr 26,19 hinzu. Jetzt opfert Ussia wie der Nordreichkönig Jerobeam I. mit einer Räucherpfanne. Auch das Begräbnis in der Königsgruft wird Ussia in 2 Chr 26,23 nun verweigert. Er wird vom ambivalenten König zum Kultfrevler umgestaltet. Hier liegen also korrigierende Neuinterpretationen in dem Sinne vor, dass die Verletzung der Kultreinheit härter bestraft wird.

Ein großer Eingriff wird bei Hiskia in den Kapiteln 2 Chr 29–31 vorgenommen. Beim Passah übernehmen die Leviten die Hauptverantwortung (2 Chr 29, 5–15.25–30.32–34). Wieder ist die Kultreinheit das zentrale Thema, da die Leviten durch Kultmaßnahmen und Bittgebete dafür sorgen (2 Chr 30,2–5.16–22), dass die kultisch unreinen Israeliten aus dem Nordreich überhaupt am Passah teilnehmen können. Auch bei Josia erhalten die Leviten bei der Renovierung des Tempels in 2 Chr 34,12 f. und beim Passah (2 Chr 35,3–6.9–15) mit der Umarbeitung eine Vorrangstellung unter allen Priestern.

### 1.4.2 Theologie: Der autonome, levitische, reine Kult als Grundlage Judas

Es lässt sich beobachten, dass die dritte Schicht vielfach für starke Brüche im Text sorgt, da ihre Ausführungen vergleichsweise langatmig sind und inhaltlich oft nicht zum Kontext passen. Das erschwert die Lesbarkeit des Chronikendtextes stark und macht ihn gelegentlich unverständlich.

Die dritte Schicht spitzt die Geschichte Judas auf das levitische Gesetz zu. Dadurch erhält sie ihr kultpedantisches Profil. Alle religiösen Angelegenheiten werden dank dieser Schicht von den Leviten organisiert. Folglich vervielfältigen sich die Beschreibungen von kultischen Maßnahmen. Die Leviten werden den Priestern als Anführer vorangestellt und übernehmen vom König die Tempelorganisation sowie die Volksmission. Dementsprechend tritt die Schicht meistens bei Kultschilderungen wie bei Hiskia, Josia und Jojada hervor und ist so vor allem in Texten zu positiv beurteilten Königen und Kultfragen präsent. Bei Judas Untergang tritt sie nicht auf, da sich dort der Einfluss der Leviten schlecht zeigen lässt.

Ihr Schwerpunkt liegt darauf, eine Geschichte der Leviten zu verfassen, die unter den ersten Königen von Rehabeam bis Josaphat in 2 Chr 10–20 nach Juda einwandern. Diese Herrscher sind Schutzpatrone, da sie die Leviten aufnehmen und diese zu Stabilisatoren von Juda als wahrem Gottesvolk machen. Das hebt Juda gegenüber dem gottlosen Israel heraus. Die Vergehen des Nordreiches werden dadurch noch stärker geächtet, als es in der zweiten Schicht der Fall war. Die kultische Unreinheit Israels lässt sich nicht durch Mission oder Demut gegenüber Propheten aufheben, sondern nur durch levitische Reinigungsriten, die Sühne erwirken (2 Chr 30,16–22a). Daher findet erst im letzten Entstehungsstadium der Chronik jene Zuspitzung auf die kultische Dimension statt, für die das Buch so bekannt ist. Hier wird vor allem die Konzeption des davidischen Kultes der zweiten Schicht aufgenommen und weitergeführt. Andere Priestergruppen werden neben den Leviten gelegentlich erwähnt, aber alle agieren ohne Streitigkeiten und als harmonische Einheit.

Der besondere Schwerpunkt dieser Schicht ist die Wahrung der Kultreinheit durch die Leviten. Am deutlichsten wird das bei Jojadas Revolution sichtbar (2 Chr 23,5b–6.19b). Dort soll nämlich nicht das Volk im Tempel agieren, sondern allein die levitischen Priester. Ebenso wird schon der geplante Pakt Amazjas (2 Chr 25,8bα.13) mit dem unreinen Nordreich bestraft, genauso wie die beabsichtigte Opferung durch Ussia und sein Eindringen in den heiligen Tempelbereich in 2 Chr 26,23 stark sanktioniert werden. Schon der Versuch eines Kultvergehens oder eines falschen Bündnisses wird als hartes Verbrechen geahndet.

Dabei werden sehr oft Namenslisten integriert. Sie dienen dazu, viele Gruppen des Textes greifbar zu machen und oft in die Nähe von Leviten zu rücken. Damit werden die Leviten zum Trägerkreis des kultischen und politischen Lebens. Möglich ist, dass im Zusammenhang mit diesen Listen weitere Redaktionsschichten vorliegen. Aufgrund der besseren Übersichtlichkeit werden sie aber der dritten Schicht zugerechnet.

Die Stoßrichtung der dritten Schicht weist mit der Intention der Grundschicht nur noch wenig Gemeinsamkeiten auf. Das inkonkrete Vertrauen auf Gott in der Not wird in der dritten Schicht viel zu unpräzise, wenn nicht gar als verdächtig empfunden. Vielmehr knüpft sie bei den Kulterweiterungen der zweiten Schicht an und spitzt sie auf den reinen levitischen Kult zu. In der dritten Schicht tritt somit eine Tendenz zur Verselbstständigung des korrekten JHWH-Kultes auf, bei dem sich der König und das Volk nicht einmischen dürfen. Erst in der letzten Schicht der Chronik wird allein am korrekt ausgeführten Kult Israels Geschick bewertet.

# 2 Datierung

## 2.1 Einleitung: Die Chronik – spätpersisch oder hellenistisch?

Die Entstehungszeit eines Textes der Hebräischen Bibel datieren zu wollen, gehört traditionell zu den schwierigsten Aufgaben der alttestamentlichen Forschung. Hinsichtlich der Chronikbücher, die meistens zu den späten Büchern gezählt werden, weisen die Datierungsvorschläge eine große Spanne auf: Sie reichen vom 5. bis ins 2. Jahrhundert v. Chr. hinein.[1] Es bleibt umstritten, ob die Chronik vor der Eroberung der syro-palästinischen Landbrücke durch Alexander den Großen im Jahre 332 v. Chr. noch unter persischer Herrschaft[2] verfasst wurde oder ob sie bereits nach 332 v. Chr. in hellenistischer Zeit entstand.[3] Hier den Übergang zu greifen, ist eine Grundfrage der Chronikforschung. Die Urteile gehen bekanntlich weit auseinander. Viele Exegeten geben zu, dass bisher keine klaren Kriterien gefunden wurden, um die Perserzeit von der hellenistischen Epoche zu unterscheiden.[4] Auch setzt sich – anders als in der früheren Forschung angenommen – die These durch, dass es offenbar keinen klaren Umbruch in der Literatur gab. Stattdessen ist ein kontinuierlicher Übergang zwischen den Epochen realistischer.[5]

---

1 Zur Übersicht der Datierungsvorschläge vgl. De Vries, 1 and 2 Chronicles, S. 8.

2 Für die Datierung in die Perserzeit vgl. Levin, Audience, S. 229; Weinberg, Mitwelt, S. 16; Welch, Work, S. 155.157.168; von Rad, Geschichtsbild, S. 67.71; Rudolph, Chronikbücher, S. X; Kalimi, Chronikbuch und seine Chronik, S. 8.15; Jonker, 1 & 2 Chronicles, S. 8.

3 Vgl. Wellhausen, Prolegomena, S. 165 f.; Japhet, 1 Chronik, S. 54.

4 Vgl. Ackroyd, I & II Chronicles, S. 25 f.; Becker, 1 Chronik, S. 7; Klein, 1 Chronicles, S. 16; Knoppers, I Chronicles 1–9, S. 116; Hanspach, Inspirierte Interpreten, S. 13; Jonker, Defining All-Israel, S. 67.

5 "In this study, I presuppose a Persian period dating but my proposal could be adapted to fit a Hellenistic date insofar as there was a degree of structural continuity in the relationship between the imperial power before and after Alexander" (Dyck, Ideology, S. 33). Vgl. Albertz, Religionsgeschichte, S. 606.

Doch das Hauptproblem für die Datierung ist die Chronik selbst. Sie liefert nur spärliche Anhaltspunkte für ihre Entstehungszeit.[6] Hingegen widmet sie sich der biblischen Historie mit zahlreichen Anspielungen auf ältere Schriften der Hebräischen Bibel. Die Verfasser der Chronik sind eher schriftgelehrte Editoren und Exegeten des Kanons, die sich kaum auf ihre Zeitgeschichte beziehen. So muss man Indizien zur Entstehung im Text selbst mit viel Mühe aufspüren.[7]

Die Debatte wird dabei besonders durch die Suche nach Anspielungen auf die Zeitumstände der Chronik dominiert, mit denen man deren Entstehungszeit greifen möchte.[8] Darunter sind viele Indizien zu Standardargumenten geworden, die sich in nahezu jedem Kommentar wiederfinden.[9] Im Folgenden werden zunächst die bekannten Argumente der Chronikdatierung erörtert, die sich vor allem mit Zeitanspielungen in der Chronik befassen.

## 2.2 Zeitgeschichtliche Hinweise in der Chronik

Besonders bei Exegeten, die die Chronik früh datieren, wird der Text mithilfe der Bücher Esra und Nehemia eingeordnet. Dementsprechend wird das Ende der Chronik in 2 Chr 36,21–23 oft als frühester Entstehungszeitpunkt beziehungsweise terminus a quo verstanden.[10] Die These basiert auf der Vorstellung eines „Chronistischen Geschichtswerks", welches ein einziger Autor zusammen mit den Büchern Esra und Nehemia in der frühen nachexilischen Periode verfasst habe.[11] Auf dieser Basis hat man auch außerhalb der Chronik in den Büchern Esra und Nehemia Anhaltspunkte für die Entstehungszeit des gesamten „Chronistischen Geschichtswerks" gesucht. Das setzt natürlich eine Anbindung an

---

6 Vgl. Jendrek, Hinwendung, S. 18; Steins, Zur Datierung, S. 85; Bae, Suche, S. 167.

7 Vgl. McKenzie, 1–2 Chronicles, S. 29; Knoppers, I Chronicles 1–9, S. 92; de Wette, Glaubwürdigkeit, S. 22 f.

8 Vgl. Mosis, Untersuchungen, S. 16. Wellhausen meint beispielsweise, dass Hiskia wie ein perserzeitlicher König handelt. Vgl. Wellhausen, Prolegomena, S. 119; Welten, Geschichte, S. 196. Die Kategorie Zeitbezug lässt sich aber weit dehnen und bleibt oft unpräzise. Nach Hanspach und Willi propagiere die Chronik angeblich eine davidischen Rückkehr und entstand in der frühen Perserzeit. Vgl. Hanspach, Inspirierte Interpreten, S. 9 f.; Willi, Auslegung, S. 10.

9 Vgl. Kaiser, Literaturgeschichte, S. 31; Lynch, Monotheism, S. 49.51.

10 Vgl. Jonker, Defining All-Israel, S. 66; Hanspach, Inspirierte Interpreten, S. 9; Curtis, Commentary, S. 5; Williamson, Israel, S. 83.

11 Die These, dass Esra oder Nehemia die Autoren der Chronik seien, wurde schon seit der mittelalterlichen Rabbinertradition postuliert. Vgl. Jonker, Defining All-Israel, S. 68; Kalimi, Chronikbuch und seine Chronik, S. 6.

diese beiden Bücher voraus.[12] Die These eines „Chronistischen Geschichtswerks", die vor allem Martin Noth in die Diskussion brachte,[13] ist in den letzten
Jahrzehnten stark ins Wanken geraten, da die Chronikbücher einerseits und
Esra-Nehemia andererseits immer mehr als separate Werke betrachtet werden,
die erst einmal unabhängig voneinander entstanden sind. Und auch die vorlie-
gende Studie hat ergeben, dass erst die zweite Schicht die Verbindung zwischen
Chronik und Esra-Nehemia herstellt. Vor allem durch das sekundäre Kyros-
edikt in 2 Chr 36,22 f. werden die Bücher zusammengefügt. Das „Chronistische
Geschichtswerk" ist folglich erst eine Kreation des Redaktors der zweiten Schicht.
Die Chronik war ursprünglich ein selbstständiges Werk.[14] Vom „Chronistischen
Geschichtswerk" als Autorenkonzept sollte aus diesem Grund Abstand genom-
men werden. Folglich entfallen dadurch alle Hinweise aus Esra und Nehemia als
Anhaltspunkte für eine Datierung der frühesten Fassung der Chronik und sollen
hier nicht diskutiert werden.[15]

Ähnlich verhält es sich mit den Genealogien, die gerne zu Datierungszwecken
herangezogen werden. Als indirekter Verweis auf die Autorschaft wird die Genealogie Serubbabels in 1 Chr 3,19–24 gewertet, der um 520 v. Chr. gelebt haben soll.[16]
Auf Grundlage der Nachkommensliste, die nach MT sechs Generationen umfasst,
wird die Jahreszahl errechnet. Nimmt man das Jahr 520 v. Chr. als Ausgangspunkt
und berechnet, dass eine Generation circa 20 Jahre umfasst, so ergibt sich eine
Berechnung von 520 v. Chr. addiert mit 20 mal 6 Jahren. Dementsprechend errech-
nen die Vorschläge den Entstehungszeitraum der Chronik zwischen 450 bis 350
v. Chr.[17] Problematisch daran ist nicht nur, dass die Liste ohne jede Datierung und
Alterszahl auskommt, sondern auch, dass diese Angaben von außen herangetra-
gen werden. Natürlich variiert die Berechnung, wenn man für eine Generation
eine andere Zahl als 20 Jahre veranschlagt. Doch ebenso ist die Zuverlässigkeit
der Liste umstritten. In der LXX ist die Genealogie dagegen viel länger, so dass

---

**12** Vgl. Noth, Überlieferungsgeschichtliche Studien, S. 150; Ackroyd, Age, S. 8; Galling, Bücher,
S. 14; Throntveit, When Kings Speak, S. 97; Wellhausen, Prolegomena, S. 165; Goettsberger,
Bücher, S. 4; Weinberg, Mitwelt, S. 282.
**13** Vgl. Noth, Überlieferungsgeschichtliche Studien, S. 110–179.
**14** „Die Hypothese des chronistischen Geschichtswerkes ist also richtig und falsch zugleich, je
nachdem, auf welcher Redaktionsstufe man sich bewegt" (Kratz, Komposition, S. 93.329). Vgl.
Schmid, Literaturgeschichte, S. 187; Steins, Abschlußphänomen, S. 443.491; Kalimi, Abfassung-
zeit, S. 224 f.
**15** Vgl. Dyck, Ideology, S. 30. Anders Oeming, Das wahre Israel, S. 206–218.
**16** Vgl. Levin, Audience, S. 243; Frevel, Geschichte, S. 306–308.
**17** Vgl. Dyck, Ideology, S. 32; Riley, King and Cultus, S. 26; Throntveit, When Kings Speak, S. 98;
Williamson, Israel, S. 83; Dirksen, 1 Chronicles, S. 6.

die Folge bis auf 12 Generationen gerechnet wird.[18] Die Liste fußt demzufolge auf einer sehr vagen Quellenbasis.

Wie die Forschung bereits erkannt hat, sind die zahlreichen Listen stets erweiterbar gewesen. Sie werden als stilistisches Mittel verwendet, um Personengruppen greifbarer zu machen, zu verlebendigen und einander zuzuordnen. Zudem führen die Listen in 2 Chr 10–36 keinesfalls in die früheste Entstehungszeit der Chronik, da es sich um die spätesten Zusätze der dritten Schicht handelt.[19] Aus diesen Gründen entfällt auch Serubbabels Genealogie als Argument für eine Datierung.

Etwas ergiebiger, aber ähnlich unpräzise für eine Datierung ist die Erwähnung einer Persermünze aus 1 Chr 29,7. Dort tritt ein Anachronismus auf, der für die Chronikdatierung sehr gerne herangezogen wird. Es werden Dareiken erwähnt, persische Münzen. In 1 Chr 29 motiviert David das Volk, für den Tempel zu spenden. Das Volk gibt in 1 Chr 29,7 neben Gold auch 10.000 Dareiken. Diese Summe kann das Volk an sich gar nicht spenden, da es sich um eine persische Währung handelt, die erst Jahrhunderte später in Umlauf kam. Sie geht auf Darius I. zurück, der von 521 bis 486 v. Chr. regierte. Die Erwähnung bietet immerhin ein Indiz für den frühesten Zeitpunkt der Chronikentstehung. Allerdings bleibt der Verweis sehr vage, da die Münze bis zur Mitte des vierten Jahrhunderts v. Chr. im Umlauf war. Ebenso wurden damit nicht nur die Münzen bezeichnet, sondern auch deren Wert oder Gewicht. Aus diesen Gründen eignet sich die Erwähnung der Münze nicht als Kriterium für eine präzise Datierung.[20]

Da die Geschichte des Nordreichs nicht erzählt wird, der Fokus angeblich stark auf Davids Königtum ausgerichtet ist und der Jerusalemer Kult vielfach betont wird, charakterisiert die Sekundärliteratur die Chronik oft als Polemik gegen das Nordreich. Dieses Argument wird besonders von den Spätdatierern verwendet. Viele Exegeten meinen, dass damit die zeitgenössischen Debatten über den Konflikt zwischen Nord- und Südreich Einzug in die Chronik gefunden haben. Dieser Konflikt eskalierte im 2. Jahrhundert v. Chr., als Johannes Hyrkan das Heiligtum auf dem Garizim im Jahr 129 v. Chr. zerstörte.[21]

Mit Recht haben viele Forscher eingewendet, dass der Konflikt zwischen dem Kultheiligtum auf dem Garizim und dem Jerusalemer Kult schon älter sei. In älteren biblischen Schriften finden sich bereits Debatten, die die Einheit und

---

**18** Vgl. Bae, Suche, S. 162.
**19** Vgl. Klein, 1 Chronicles, S. 15 f.
**20** Vgl. Throntveit, When Kings Speak, S. 98; Kalimi, Abfassungszeit, S. 229; Dyck, Ideology, S. 31; Hanspach, Inspirierte Interpreten, S. 11; Rudolph, Chronikbücher, S. X; Williamson, Israel, S. 84; Klein, 1 Chronicles, S. 15; Hübner, Numismatik, Sp. 432.
**21** Vgl. Mathys, Zeitgeist, S. 48 f.; Welten, Geschichte, S. 200; Willi, Auslegung, S. 192 f.

Reinheit des Kultes schon intensiv diskutieren.[22] Daraus lässt sich ableiten, dass das Konkurrenzheiligtum auf dem Garizim nicht erst unter den Makkabäern als Problem der Jerusalemer Gemeinde betrachtet wurde.[23]

Wichtiger ist aber zu beachten, dass die vermeintliche antisamaritanische Polemik in vielen Schichten der Chronik nicht auftritt.[24] Ebenso stellt die Behauptung, dass die Geschichte des Nordreichs gestrichen würde,[25] eine Fehlinterpretation dar. Die Grundschicht ist nämlich eine Lesehilfe der Königebücher, die die Texte nicht wirklich streicht, sondern in Auswahl nacherzählt. Die Erzählungen der Königebücher werden aber selbstverständlich vorausgesetzt. Die Kultfrevel und der Regierungsstil des Nordens sind dabei buchübergreifend wichtige Themen, wie man bei Josia, Atalja und Josaphat sehen kann. Doch wichtiger ist das Finale der Grundschicht, bei dem sich Israel und Juda unter Josia wiedervereinen.[26] Auch die zweite Schicht, die in prophetischen Reden die Israel-Problematik thematisiert, betont immer wieder die Verwandtschaft Judas und Israels. Sie ruft die Brüder aus dem Norden zur Rückkehr nach Jerusalem auf, die die Israeliten vorbildhaft unter Ahas in 2 Chr 28,9–15 vollziehen.[27] Diese beiden Schichten haben also die harmonische Versöhnung zwischen Nord- und Südreich zum Ziel. Dagegen betont besonders die dritte Schicht die Kultvergehen des Nordreichs und unterstreicht, dass man mit dem gottlosen, abgefallenen Norden unter keinen Umständen paktieren oder deren Kult dulden darf. Am ehesten trifft die Charakterisierung der Polemik folglich für die dritte Schicht zu. Erst diese verleiht der Chronik den polemischen Ton gegen das Nordreich, dessen Kult als unrein und gottlos abgetan wird.

Daher greift das Kriterium der antisamaritanischen Polemik nur im Kontext der dritten Schicht. So lässt sich schlussfolgern, dass die Anspielungen auf die Zeitgeschichte nur wenige Anhaltspunkte für eine Datierung der Chronik bieten. Da diese Datierungsversuche eher unergiebig waren, sollen nun die textimmanenten Kriterien untersucht werden, die sich vor allem durch die Beziehungen zu anderen Texten ergeben.[28]

---

**22** Vgl. Albertz, Religionsgeschichte, S. 607.
**23** Vgl. Dyck, Ideology, S. 34; Williamson, Israel, S. 84. Zum Verhältnis der Heiligtümer vgl. Kratz, Geschichte, S. 186–273.
**24** Vgl. Becker, 1 Chronik, S. 10.
**25** Vgl. Galling, Bücher, S. 15; Dyck, Ideology, S. 35.38.
**26** Vgl. Bae, Suche, S. 189.
**27** Vgl. Braun, 1 Chronicles, S. XXVI.XXVIII.
**28** Vgl. Steins, Zur Datierung, S. 86.

## 2.3 Textimmanente Datierungskriterien

### 2.3.1 Terminus a quo – Die Quellen der Chronik und Priesterstreitigkeiten

Philologisch betrachtet, ist das Hebräisch der Chronikbücher eine späte Form des biblischen Hebräisch. Die Plene-Schreibung, einige perserzeitliche Lehnwörter und aramäische Einflüsse durchziehen den Text,[29] der schon deshalb deutlich später als die Königebücher verfasst sein muss. Die Bücher Esra, Nehemia,[30] Esther und Daniel weisen eine ähnliche Sprache auf, so dass die Entstehungszeit mit diesen Büchern zusammenhängt. Doch McKenzie fragt zu Recht, was das konkret bedeutet, da man die Kategorie des spätbiblischen Hebräisch schlecht verorten kann, weil sie höchstens dazu taugt, die Bücher in der Perserzeit einzuordnen.[31] Daher bleibt die Kategorie des spätbiblischen Hebräisch noch zu allgemein.

Konkretere Ergebnisse bringt die Auseinandersetzung mit den biblischen Schriften, die der Chronik vorlagen.[32] Die Königebücher als Teil des Deuteronomistischen Geschichtswerks müssen schon bei der Abfassung der Grundschicht weitgehend abgeschlossen gewesen sein, weswegen ein Zeitraum vor 400 v. Chr. unwahrscheinlich ist.[33] Somit ist der Kanon für die Datierung eine sehr wichtige Bezugsgröße, da die Auslegung der Königebücher nicht mehr innerhalb ihrer selbst, sondern in einem eigenen Buch als kommentarhafte Lesehilfe erfolgt.

Ebenso muss die Tora weitgehend fertig vorgelegen haben, da das Interesse aller Schichten der Chronik darin besteht, die Inhalte der Königebücher mit der Tora zu verbinden. Die Chronik möchte in allen Textschichten eine Geschichte nach den „Regeln der kanonischen Tora"[34] verfassen.

Welche Autoren trieben die Kanonisierungsprozesse so stark voran? Vor allem das Auftreten der Leviten in der Chronik wurde vielfach als priesterlich-levitisches Zeugnis verstanden. Nur diese Gruppe ist in der Chronik für Tempel-Verwaltung, Lehre, Prophetie und Musik verantwortlich. Sie soll demnach die Chronik

---

**29** Vgl. Galling, Bücher, S. 14; Kalimi, Chronikbuch und seine Chronik, S. 9 f.
**30** Vgl. Myers, I Chronicles, S. LXXXVIII.
**31** Vgl. McKenzie, 1–2 Chronicles, S. 24 f.; Dyck, Ideology, S. 32; Knoppers, I Chronicles 1–9, S. 102.
**32** Die Debatte um alte außerbiblische Quellen, die sich angeblich in der Chronik wiederfinden, soll hier nicht fortgeführt werden, da sie in den Forschungskapiteln der Arbeit widerlegt wurde. Die Ergänzungen sind theologische Auslegungen anderer Bibeltexte. Vgl. Welten, Geschichte, S. 195 f.
**33** Vgl. Römer, So-Called Deuteronomistic History, S. 179; von Rad, Geschichtsbild, S. 57; Weinberg, Mitwelt, S. 278 f.; Becker, 1 Chronik, S. 8; Welten, Geschichte, S. 199.
**34** Albertz, Religionsgeschichte, S. 612.

als Abschluss des Kanons verfasst haben, um ihre Vormachtstellung unter allen Priestergruppen zu proklamieren.[35] Hingegen sind in den Büchern der Tora noch intensive Auseinandersetzungen zwischen Priestergruppen beobachtbar, vor allem zwischen den Leviten und den Aaroniden. Einmal werden die Leviten gerügt, ein anderes Mal hervorgehoben und dann wieder zu Priestern zweiter Klasse degradiert. Wie Harald Samuels Untersuchung zeigt, ist in der Tora ein "frozen dialogue" zwischen unterschiedlichen Priestertraditionen sichtbar.[36]

Es scheint sich in der biblischen Literatur indes weniger um levitische Priesterkreise zu handeln, deren Auftreten historisch genau datierbar und verortbar wäre. Denn was sich die jeweiligen Schriften/Bücher unter den Leviten vorstellen, differiert erheblich von Textstufe zu Textstufe.[37] Ob es sich um konkrete Personen, greifbare Gruppen oder gar um eine Idealisierung des wahren Priestertums handelt, muss je nach Text und Redaktionsstufe entschieden werden.

Harald Samuel hat überzeugend dargelegt, dass die Leviten in den spätesten Bestandteilen der Tora immer mehr eine ideale Priesterklasse verkörpern. Die Chronik schaut offenbar auf die Debatten in der Tora zurück und stellt daraus Synthesen her.[38] Denn die Leviten haben hier durch die dritte Schicht eine Führungsrolle erhalten. Vor allem im Spätstadium der Tora-Redaktion sind Kompromisse und Synthesen aus sich einander widersprechenden Bibeltexten festzustellen. Samuel konstatiert dabei eine allgemeine „Levitisierung"[39] des Priestertums, die die Leviten zu einer abstrakten und idealen Priesterklasse erhebt.

Die Chronik ist Teil dieser Entwicklung, da sie die Leviten sehr idealisiert darstellt. Sicher sind die Datierungen der Endredaktion von Königebüchern und Tora ebenso diskutabel, aber es kristallisiert sich heraus, dass die Chronik an den Endredaktionen des Kanons entscheidend beteiligt war, so dass ein Entstehungszeitraum vor dem Jahr 400 v. Chr. auszuschließen ist.[40]

Diese grobe Einschätzung ist bei der Datierung der dritten Schicht zu präzisieren, da die Idee eines Leviten-Priestertums erst dort auftritt. Sie macht die Leviten zu Protagonisten, die alle ihnen von der Tora zugesprochenen Machtansprüche realisieren. Wie Samuel ausführt, werden sie hier als Priester dargestellt, die vor

---

**35** Vgl. Williamson, 1 and 2 Chronicles, S. 17; Weinberg, Mitwelt, S. 278; Labahn, Levi/Leviten; Steins, Abschlußphänomen, S. 429.
**36** Gen 29; Ex 2; 4,14; 32,25–29; Lev 25,32–34; Num 1,49–53; Dtn 10,8; 17,9.18; 18,1; 21,4 f.; 24,8; 26,12; 27,9.12; 31,9.25–29; 33,8–11. Vgl. Samuel, Von Priestern, S. 403.
**37** Vgl. Samuel, Von Priestern, S. 405.
**38** Vgl. Samuel, Von Priestern, S. 244 f.270.389.392.
**39** Samuel, Von Priestern, S. 404.
**40** Vgl. McKenzie, 1–2 Chronicles, S. 31.

allem den Tempel vor unbefugtem Betreten und falschem Kult schützen.[41] Darum praktizieren die Leviten einen reinen und vollständigen JHWH-Kult. Durch die „Levitisierung" des Tempelpersonals wird das Priestertum abstrakt idealisiert.[42] Vergleichbares tritt bei der Namensgebung des Buchs „Levitikus" auf, in dem die Leviten trotz des Buchtitels keine große Rolle spielen. Durch den Namen werden die dortigen Gesetze aber als idealer levitischer Kult klassifiziert.[43]

Die Verfasser der Chronik sind daher weniger mit levitischen Priestergruppierungen zu identifizieren, die ihre Rechte propagieren. Vielmehr handelt es sich um Schreiberschulen von Tora-Redaktoren, die ideale Priester für einen reinen Tempelkult kreieren. Darum besteht eine große Nähe zwischen den Endredaktoren der Tora und den Verfasserkreisen der Chronik. Es handelt sich um dasselbe geistige Milieu und um ähnliche Schreiberzirkel, die an den Endphasen des Kanons beteiligt waren.[44]

### 2.3.2 Terminus ad quem – Die Bücher, die die Chronik voraussetzen

Für den spätesten Zeitpunkt der Entstehung, den terminus ad quem, ist ein Blick in die Rezeptionsgeschichte notwendig. Die Chronik wurde laut der Mehrheit der Forschung ab dem zweiten Jahrhundert v. Chr. gelesen, da von dieser Zeit an Chronikmotive in anderen Schriften auftreten. Im Folgenden sind darum die wichtigsten Texte zu diskutieren, die von der Forschung als Rezeptionsquelle favorisiert werden.

Innerbiblisch gilt die Daviddarstellung in Sir 47,2–11 häufig als Ankerpunkt der Datierung,[45] da sich hier angeblich die Kultorganisation aus 1 Chr 15 f. wiederfinde. Die These, dass das in die Jahre 190 bis 180 v. Chr. datierte Buch Jesus Sirach die Chronik rezipiert habe, ist allerdings wenig fundiert.[46] Sie fußt allein darauf, dass David laut Sir 47,9 f. täglich Psalmensänger vor den Altar stellt, womit auf die umfassenden Anordnungen Davids in 1 Chr 15 f. verwiesen würde. Obgleich dies sehr häufig in der Sekundärliteratur postuliert wird, liegen kaum

---

**41** Der Chronik liegt kein „genuin pro-levitisches Interesse zugrunde als vielmehr der Schutz des Tempels vor unbefugtem Zutritt durch Sicherstellung der Tatsache, daß *alles* Kultpersonal (genealogisch) qualifiziert [ist]" (Samuel, Von Priestern, S. 391).

**42** Vgl. Steins, Abschlußphänomen, S. 391.440.

**43** Vgl. Samuel, Von Priestern, S. 405.

**44** Vgl. Samuel, Von Priestern, S. 147.

**45** Vgl. Jonker, 1 & 2 Chronicles, S. 8; Hanspach, Inspirierte Interpreten, S. 9; Welten, Geschichte, S. 200; Steins, Abschlußphänomen, S. 493.

**46** Vgl. Witte, Jesus Sirach, S. 556–567; Sauer, Jesus Sirach, S. 483–504.

konkrete Bezüge vor, die auf eine direkte Rezeption hinweisen. Die Formulierung in Jesus Sirach ist viel zu allgemein gehalten, wie Steins mit Recht hervorgehoben hat.[47]

Ähnlich verhält es sich mit der außerbiblischen Schrift Eupolemos, die angeblich die LXX-Übersetzung der Chronik kennt.[48] Auch hier wird der Verweis gern angeführt, ohne dass ein konkreter Textvergleich die Beziehungen untermauert. Die betreffende Schrift, um 158/157 v. Chr. verfasst,[49] bietet im zweiten Kapitel eine Beschreibung von Salomos Tempel, die vom Stil her durchaus Ähnlichkeiten mit der Chronik aufweist, da sie Superlativ an Superlativ reiht und einen vergoldeten Tempel von gigantischem Ausmaß und mit Tausenden von Opfern beschreibt.[50] Ein detaillierter Vergleich soll hier nicht vorgenommen werden, doch schon bei der ersten Lektüre divergiert die chronistische Tempelbeschreibung an vielen Stellen, so dass eine direkte Bezugnahme kaum auszumachen ist. Es lässt sich höchstens konstatieren, dass im zweiten Jahrhundert v. Chr. die Tendenz zur Idealisierung des davidischen Tempels weit verbreitet war. Doch wie Steins und Albertz zurecht festgestellt haben, sind die Bezüge nicht so eindeutig, um zu behaupten, dass Eupolemos die Chronik voraussetze.[51]

Nachdem sich Eupolemos und Jesus Sirach als ungeeignete Ankerpunkte der Datierung erwiesen haben, soll nun kurz auf das Buch 3 Esra eingegangen werden. Es ist sicher, dass es in unmittelbarer Beziehung zur Chronik steht, da das Kapitel 3 Esra 1 auf den Schlusskapiteln der Chronik in 2 Chr 35 f. basiert.[52] Das Buch 3 Esra wird von Frank M. Cross als wichtiger Motor für die Entstehung der Chronikbücher und des „Chronistischen Geschichtswerks" gewertet. Cross liefert ein literarkritisches Modell, das vor allem im englischsprachigen Raum rezipiert wurde. Demzufolge ist die Chronik in einem dreistufigen Prozess entstanden. Der Entstehungsprozess beginnt laut Cross schon in der frühen Perserzeit unter Serubbabel im Jahre 520 v. Chr. in „Chr¹". Eine hebräische Vorlage von 3 Esra sei maßgeblich an den um 400 v. Chr. erfolgten Fortschreibungen von „Chr²" und „Chr³" beteiligt gewesen.[53] Die Frühdatierung und das Autorenkonzept des „Chronistischen Geschichtswerks" sind, wie erörtert wurde, aber sehr unwahrschein-

---

**47** Vgl. Steins, Abschlußphänomen, S. 492.

**48** Vgl. Dyck, Ideology, S. 32; Goettsberger, Bücher, S. 5; Rudolph, Chronikbücher, S. X; Klein, 1 Chronicles, S. 13; Knoppers, I Chronicles 1–9, S. 106.

**49** Vgl. Veltri, Eupolemos, Sp. 1660 f.

**50** Vgl. Rießler, Schrifttum, S. 328–332; Walter, Fragmente, S. 99–108.

**51** Vgl. Steins, Abschlußphänomen, S. 492; Schmid, Literaturgeschichte, S. 187.

**52** Vgl. Pohlmann, 3. Esra-Buch.

**53** Vgl. Cross, Reconstruction, S. 11–15; McKenzie, Redactor, S. 72; Hanspach, Inspirierte Interpreten, S. 10; Mason, Preaching, S. 8.

lich. Das Modell fußt darüber hinaus auf hypothetischen Rückübersetzungen. Viel plausibler scheint die Gegenthese zu sein, dass die Bücher Chronik, Esra und Nehemia von 3 Esra zusammengeführt wurden, um die Nähe zu unterstreichen.[54] Diese These postuliert auch die Mehrheit der Forscher für den Text, der wohl Ende des zweiten Jahrhunderts v. Chr. in griechischer Sprache verfasst wurde. Daher ist 3 Esra keine Vorlage, sondern eine Auslegung, die das Ende der Chronik kommentiert.[55] Für die Datierung lassen sich wenige Rückschlüsse ziehen, da die Chronik zuvor übersetzt wurde, ehe sie in den griechischen Text 3 Esra Eingang fand.[56]

Stärker greifbar ist der Einfluss der Chronikbücher auf die 1. und 2. Makkabäerbücher, da sich hier mehrere Bezüge wiederfinden. Aus der Chronik werden zentrale Motive aufgegriffen, die in den Krisenzeiten des Hellenismus wichtig waren.[57]

In 2 Makk, das wohl zwischen 159 und 132 v. Chr. entstand,[58] sind vornehmlich die Schlachtendarstellungen von der zweiten Chronikschicht geprägt. Besonders die Abija-Schlacht in 2 Chr 13 stellt eine wichtige Bezugsgröße dar, die 2 Makk immer wieder aufgreift. Wie bei den Schlachten der zweiten Chronikschicht beginnen die Kriege mit Reden, die dazu aufrufen, nicht zu verzagen und auf den Gott der Vorfahren zu vertrauen. Die Gegner verlassen sich auf irdische Waffen und Machtmittel, das Gottesvolk hingegen allein auf JHWH, der durch sein Eingreifen jeden Angriff zunichtemacht. Die hoffnungslos unterlegene Partei des Gottesvolks steht gigantischen Heeren gegenüber. Doch Juda siegt durch Gottes Eingreifen, das durch die heilige Liturgie ausgelöst wird, vor allem durch das Musizieren auf Trompeten.[59]

---

54 Vgl. Raney, History as Narrative, S. 30f.; Knoppers, I Chronicles 1–9, S. 106.

55 Vgl. Kalimi, Chronikbuch und seine Chronik, S. 11; Schmid, Literaturgeschichte, S. 187; Japhet, 1 Chronik, S. 28f.

56 Ob eine hebräische Vorlage von 3 Esra existiert, bleibt umstritten. Vgl. Langlois, Esra, S. 791.

57 Vgl. Kellermann, Verständnis, S. 87–89; Schwienhorst, Eroberung Jerichos, S. 134.

58 Vgl. Goldstein, II Maccabees, S. 47.

59 2 Makk 8,16–18; 9,5f.; 12,20–26; 15,25f. Ebenso ist die Tempeleinweihung in 2 Makk 10,3 an Abijas Rede in 2 Chr 13,11 orientiert. Genauso wird in 2 Makk 3,26–29 das Betreten des Tempels verboten. Gott bestraft hier mit Krankheiten die Eindringlinge. Dieser Vorgang erinnert an Ussias Betreten des Tempels in 2 Chr 26,16–23. Das Motiv der Demut, das bei der Chronik stets dafür sorgt, dass Gott jedem reumütigen Sünder entgegenkommt, wird bei Antiochos' Krankheit in 2 Makk 9,12f. aufgenommen, aber umgedeutet. Antiochos IV. bekehrt sich auf dem Sterbebett zu Gott und bittet um Gnade, die ihm aber nicht gewährt wird. Das zeigt, dass selbst Gottes Vergebung bei Antiochos' Freveln Grenzen kennt.

Diese Bezüge finden sich auch in 1 Makk wieder, das wohl nach dem Tod von Johannes Hyrkan um 104 v. Chr. entstand.[60] Viele Schlachten weisen das analoge Muster aus kleinem Gottesheer, übermächtigen Feinden, Reden und der Errettung Gottes durch die göttliche Liturgie auf.[61]

Auf gleiche Weise ist der Einfluss der Chronik in der Kriegsrolle 1QM beobachtbar, da hier einzelne Motive und vor allem die Schlachtendarstellungen aufgegriffen werden.[62] Ähnlich wie in der Chronik haben die Leviten eine führende Rolle in der Schlacht inne. Gott ergreift für die Söhne des Lichts ebenso Partei, wie er es in der Chronik tut. Dabei fällt auf, dass die Leviten als Priester durch das Blasen der Kriegstrompeten in Col 3,1–11; 7,14–16; 8,9.15 das Geschick im Kampf lenken. Pate steht hier Abijas Schlacht in 2 Chr 13, bei der ebenso Trompeten das Eingreifen Gottes erwirken. In 1QM ist allerdings die apokalyptisch-liturgische Schlachtordnung bereits viel abstrakter und elaborierter ausgebaut als in der Chronik oder den Makkabäerbüchern.

Daraus lässt sich ableiten, dass ab der Mitte des 2. Jahrhunderts v. Chr.[63] die chronistischen Schlachtdarstellungen eine Faszination auf wichtige Texte der jüdischen Literatur ausübten und die Idee des Heiligen Krieges im apokalyptischen und politischen Gewand enorm beförderten.[64] Damit kristallisiert sich die Mitte des zweiten Jahrhunderts v. Chr. als spätester Zeitpunkt, terminus ad quem, für die Schlussfassung der Chronik heraus. Da sie in dieser Zeit rezipiert wurde, muss sie bis dahin vorgelegen haben.[65]

---

**60** Vgl. McKenzie, 1–2 Chronicles, S. 29; Knoppers, I Chronicles 1–9, S. 106; Tilly, 1 Makkabäer, S. 48.

**61** 1 Makk 3,54 f.; 4,1–35; 5,31; 11,68–74; 16,8. Die Schaubrote aus 1 Makk 1,21–23 entstammen 2 Chr 13,4–12.

**62** Vgl. Duhaime, War texts, S. 82.106.

**63** Über die Datierung der Kriegsrolle zwischen 150 und 50 v. Chr. vgl. Xeravits/Porzig, Qumran-literatur, S. 280.

**64** Vgl. Knoppers, I Chronicles 1–9, S. 107 f.; Labahn, Levi/Leviten; Mathys, Zeitgeist, S. 109. Vergleichbare Wachstumsprozesse liegen in Jos 6 vor. Vgl. Schwienhorst, Eroberung Jerichos, S. 127.134.141 f.

**65** Steins hingegen verortet die Chronik und die Makkabäerbücher in dieselbe Zeit. Dabei ignoriert er aber, dass die Makkabäerbücher oft auf der Chronik aufbauen und ihre Motivik deutlich weiterdenken. Vgl. Steins, Abschlußphänomen, S. 496–498; Kellermann, Verständnis, S. 87.

## 2.4 Hellenismus in der Chronik

### 2.4.1 Die zweite Schicht – Nationalgeschichtsschreibung im biblischen Gewand

Es soll nun versucht werden, die Chronik mithilfe der Schichtung präziser zu datieren, da die bisherigen Erkenntnisse auf einen Entstehungszeitraum von 400 bis 200 v. Chr. schließen lassen. Da in diesem Zeitraum der Übergang von der persischen zur hellenistischen Zeit stattfindet, soll erörtert werden, inwiefern dieser Epochenumbruch in der Chronik greifbar ist. Das führt zur Kernfrage der Datierung alttestamentlicher Schriften: Wie kann man Texte aus der Perserzeit von Texten aus der hellenistischen Zeit unterscheiden?[66]

Bisher wurde ersichtlich, dass die Chronik in der hellenistischen Zeit eine entscheidende Rolle für die Entwicklung des Heiligen Krieges spielte, da die Makkabäerbücher und die Kriegsrolle die Chronik für ihre Schlachtdarstellungen nutzen. Dennoch gilt sie vielen Exegeten als un-hellenistisch.[67] Weder würde sie sich mit der dortigen Philosophie auseinandersetzen, noch sei überhaupt eine Spur von hellenistischem Einfluss im Buch auffindbar. Aufgrund des Fehlens von griechischem Wortschatz wird die Chronik darum häufig als spätpersisches Buch interpretiert, in dem ein hellenistischer Einfluss allerhöchstens am Horizont auf-schimmert.[68] Und wie eingangs erwähnt, finden sich in der Tat wenig explizite Anspielungen auf Zeitumstände.

Als geeignetes Mittel, um diese These zu überprüfen, dient der kulturge-schichtliche Vergleich von Chroniktexten mit Schriften aus der Zeit des Hellenis-mus. Peter Welten und insbesondere Hans-Peter Mathys haben hierzu wichtige Arbeit geleistet. Beide Forscher sind zu dem Ergebnis gekommen, dass die Chronik sich sehr ausführlich und intensiv mit dem Hellenismus beschäftigt. Peter Welten untersuchte in seiner Monographie „Geschichte und Geschichtsdarstellung in den Chronikbüchern"[69] die Topoi der Bauberichte,[70] der Landwirtschaft sowie die Kriegs- und Militärtechnik. Hans-Peter Mathys, der daran anknüpft, nimmt den bisher umfassendsten kulturgeschichtlichen Vergleich vor, indem er in dem Beitrag „Chronikbücher und hellenistischer Zeitgeist"[71] die These aufstellt, dass die Chronik ein hellenistischer Geschichtsentwurf auf biblischer Grundlage sei.

---

66 Vgl. Knoppers, I Chronicles 1–9, S. 101.
67 Vgl. Williamson, Israel, S. 83.
68 Vgl. Jonker, 1 & 2 Chronicles, S. 8; Mathys, Zeitgeist, S. 58.
69 Vgl. Welten, Geschichte.
70 Vgl. Welten, Geschichte, S. 193.
71 Mathys, Zeitgeist, S. 41–155. Vgl. Maskow, Tora, S. 56.

Interessant ist, dass die Arbeiten von Welten und Mathys ohne Schichtung des Textes auskommen. Aber wenn die beiden Forscher von den Charakteristika der Chronik sprechen, dann thematisieren sie nach den Erkenntnissen dieser Studie weitgehend die Topoi der zweiten Schicht, weshalb ihre Thesen leicht auf deren Charakteristika angewendet werden können.

Mathys entwickelt seine Überlegungen durch Vergleiche mit griechischen Nationalgeschichtsschreibungen von Berossos, Manetho und Hekataios von Abdera, die nach den Eroberungszügen Alexanders des Großen entstehen. Die Gattung erlebt allgemein nach 332 v. Chr. einen deutlichen Aufschwung. Mathys erklärt diese Entwicklung als Reaktion auf den Schock, den Alexanders bahnbrechender Siegeszug verursachte.[72] Auch die Chronik reiht sich in die Nationalgeschichtsschreibungen ein, bietet dabei aber laut Mathys eine Besonderheit. Sie ist verfasst mit „bewußte[m] A-Hellenismus[...,] einem Schuß Antihellenismus [... oder anders formuliert, sie durchzieht] ein großes Maß an unbewußtem Hellenismus."[73] Das erklärt das Fehlen von expliziten Anspielungen auf die Umstände der Entstehungszeit.

Mathys stellt darum die These auf, die Chronik übertrage viele Leistungen Alexanders auf die Könige Judas.[74] Damit bilde die teils glorreiche biblische Geschichte Judas einen Gegenpol zu Alexanders Königtum und dem seiner Nachfolger. Auf diese Weise werde sich der eigenen jüdischen Identität in Zeiten des hellenistischen Umbruchs und der Bedrängnis vergewissert.[75] Die Chronik biete somit Orientierung in Zeiten der Unsicherheit, indem sie auf die biblische Geschichte verweist, die den Ruhm der hellenistischen Herrscher übersteigt.[76]

Das lässt sich insbesondere mit Blick auf die zweite Schicht präzisieren. Diese bietet genau die Motive, die Mathys als Charakteristika der gesamten Chronik klassifiziert. Sie versucht noch viel stärker als die Grundschicht die elementaren Prinzipien der Geschichte herauszuarbeiten. Darum überträgt sie sowohl Huldas Orakel an Josia in 2 Chr 34,24–28 als auch die wunderhafte Errettung Judas unter Abija in 2 Chr 13 auf die gesamte Geschichte der Chronik. In der zweiten Schicht finden sich gigantische Schlachten, ausführliche Baumaßnahmen und Heeresinformationen. Juda entwickelt sich zur politischen Großmacht, die ein Gegengewicht zu Alexanders Erfolg darstellt.[77] Durch diese Redaktion wird die

---

72 Vgl. Mathys, Zeitgeist, S. 51.60–67.76.
73 Mathys, Zeitgeist, S. 58.
74 Vgl. Mathys, Zeitgeist, S. 58 f.
75 Vgl. Mathys, Zeitgeist, S. 59; Kegler, Prophetengestalten, S. 496; Steins, Abschlußphänomen, S. 516.
76 Vgl. Mathys, Zeitgeist, S. 83.
77 Vgl. Mathys, Zeitgeist, S. 83–85.

Chronik laut Mathys „Nationalgeschichtsschreibung mit [...] einer ausgeprägten Geschichtsphilosophie, kurz: ein typisches Produkt ihrer Zeit"[78].

Trotz aller Neuschöpfungen bindet sich die Chronik dabei an die biblischen Berichte. Als Beispiel wählt Mathys die Zusammenstellung der biblischen Armeen. In der Chronik treten gigantische Heere des Gottesvolkes auf, die sich an den Truppen Athens, Spartas und Alexanders orientieren mit all ihren Einteilungen und Waffen.[79] Doch es fehlen verschiedene Waffengruppen wie beispielsweise Reiterheere, was Mathys damit erklärt, dass solche in der biblischen Überlieferung zuvor nicht auftreten. Für die Darstellung des chronistischen Heers braucht es darum stets einen „biblischen Aufhänger"[80]. Darum kategorisiert Mathys die chronistische Armee des Gottesvolks zutreffend mit der Formel: „Alexanders Heer minus die Waffengattungen, welche im Alten Testament fehlen."[81]

Die Diskussion wird dabei seit langem von Ussias ominöser Verteidigungsmaschine in 2 Chr 26,15 dominiert, die Peter Welten als Hinweis für eine Datierung in die erste Hälfte des dritten Jahrhunderts interpretierte.[82] Die Maschine auf den Mauern, mit der man Steine und Pfeile schießen kann, mag als Kriterium für eine Datierung strittig sein.[83] Es bleibt unklar, welches historische Gerät die Maschine genau darstellen soll.[84] Doch betrachtet man das Auftreten von Kriegsmaschinen zu dieser Zeit allgemein, dann lässt sich seit der Zeit Alexanders ein verstärktes Interesse daran feststellen. Alexanders Feldzüge waren von neuartiger Technik geprägt, mit denen er Festungsstädte wie Gaza und Tyrus eroberte.[85] Diese neuartige Kriegsmaschinerie prägte den Ruf von Alexanders großen Heeren. Die Besonderheit der Maschinen relativiert sich aber, sobald bereits der viel frühere König Ussia ähnliche Kriegsgeräte besaß.[86] Die Neuerungen Alexanders sind damit bloß ein Abklatsch der Technik, die das Gottesvolk zu seiner Glanzzeit besaß. Auf diese Weise wird die hellenistische Kriegstechnik in eine biblische Darstellung überführt.[87]

Ähnlich verhält es sich mit den Festungsbauten, die laut der zweiten Schicht seit Beginn der Königsherrschaft in Juda errichtet wurden. Die Anlagen spiegeln

---

78 Mathys, Zeitgeist, S. 59.
79 Vgl. Mathys, Zeitgeist, S. 87.89.
80 Mathys, Zeitgeist, S. 87.
81 Mathys, Zeitgeist, S. 87.
82 Vgl. Welten, Geschichte, S. 200.
83 Vgl. Oeming, Das wahre Israel, S. 44 f.; Dyck, Ideology, S. 33; Williamson, Israel, S. 84 f.
84 Vgl. Mathys, Zeitgeist, S. 92.
85 Vgl. Mathys, Zeitgeist, S. 94.
86 Vgl. Mathys, Zeitgeist, S. 93.98.
87 Vgl. Mathys, Zeitgeist, S. 135.

die umfangreichen hellenistischen Baumaßnahmen wider.[88] Nach dem Siegeszug Alexanders entstehen viele Türme und militärische Bauten als Zeichen der
Macht der Eroberer. „Die zahlreichen Notizen des Chronisten zum Festigungsbau
der judäischen Könige bilden also den Reflex auf die gleiche Tätigkeit der fremden
Landesherren."[89]

Die topoiartigen, riesigen Schlachten und Armeen der zweiten Chronikschicht sind also eine Reaktion auf die großen hellenistischen Heere, die im 4.
bis 3. Jahrhundert v. Chr. durch die Kriege zwischen Seleukiden und Ptolemäern
eine permanente Bedrohung darstellten.[90] Die zweite Schicht der Chronik betont
dabei die Frömmigkeit als alleinigen Garanten allen Erfolges. Denn trotz der
großen Heeresausmaße wird eine Schlacht einzig und allein durch das Gottvertrauen des Volkes entschieden, wie es vor allem die Reden in dieser Schicht zum
Ausdruck bringen. Darum sind die gigantischen Armeen letztlich Dekoration, da
die Frömmigkeit jede militärische Macht schlägt und Niederlagen allein die Folge
fehlenden Glaubens sind.[91]

Als Fazit stellt Mathys fest, dass die Chronik „das erste und älteste alttestamentliche Buch [ist], das sich *ausführlich* mit dem Hellenismus auseinander-
setzt"[92]. Nun kann dieses Urteil präzisiert werden, da vor allem die zweite Schicht
auf die Leitfragen der hellenistischen Propaganda mit einem biblischen Epos
antwortet.[93] Was Alexander für sich beansprucht, das schreibt die Chronik dem
judäischen Königshaus Davids zu. Dabei werden die hellenistischen Triumph-
merkmale in Militär und Bauten mit biblischen Topoi verbunden, aber dennoch
der Demut vor Gott untergeordnet.[94] Ein König aus dem Hause Davids organisiert
zwar sein Heer und sein Land in den Dimensionen eines hellenistischen Herrschers, aber die Erfolge dienen nur zu Gottes Ruhm und basieren allein auf der
Frömmigkeit. Fehlt der Glaube, dann zerrinnen die Errungenschaften schlagartig. Eine glanzvolle Herrschaft verkündet darum allein Gottes Ruhm in der Welt.

---

**88** Vgl. Mathys, Zeitgeist, S. 103–105.
**89** Mathys, Zeitgeist, S. 105. Weitere Bezüge sieht Mathys in der Darstellung der Landwirtschaft
unter Ussia in 2 Chr 26,10. Diese Thematik ist ebenso in der hellenistischen Literatur verankert,
beispielsweise bei Xenophons Oeconomicus. Die Landwirtschaft ist in der Chronik zwar kein
zentrales Thema. Dennoch ergänzen diese Ausführungen die wichtigen Argumente zuvor. Vgl.
Mathys, Zeitgeist, S. 50.110.118–124.
**90** Vgl. Steins, Abschlußphänomen, S. 494; Welten, Geschichte, S. 200; Ruffing, Jahwekrieg,
S. 361 f.
**91** Vgl. Mathys, Zeitgeist, S. 137.155.
**92** Mathys, Zeitgeist, S. 134.
**93** Vgl. Steins, Abschlußphänomen, S. 500; Mathys, Zeitgeist, S. 134.
**94** Vgl. Mathys, Zeitgeist, S. 134.139.

JHWH ist der wahre Herrscher seines Volkes, das es dadurch mit jeder Großmacht und Hochkultur aufnehmen kann.[95] Die zweite Schicht schweigt bewusst über den historischen Hellenismus ihrer Zeit, sondern stellt die biblische Überlieferung als Gegengewicht dar.[96] Hier werden viele hellenistische Topoi aufgenommen, aber in einen biblischen Geschichtsentwurf transformiert, der eine Synthese aus vielen biblischen Texten darstellt.[97]

Aufgrund der Übereinstimmungen mit den hellenistischen Nationalgeschichtsschreibungen lässt sich die zweite Schicht in die frühhellenistische Zeit ins frühe 3. Jahrhundert v. Chr. datieren,[98] auf jeden Fall nach der Eroberung des syro-palästinischen Gebietes durch Alexander.

### 2.4.2 Die dritte Schicht – Sorge um den reinen Kult am Vorabend der Hasmonäer

Von diesem Ankerpunkt aus lassen sich Datierungen für die anderen Schichten ableiten. Dementsprechend ist auch die dritte Schicht ein Zeugnis des Hellenismus. Als Kriterien kommen zum einen die Nordreichspolemik in Frage, die die Unvereinbarkeit der abgefallenen Israeliten mit dem frommen Juda hervorhebt, zum anderen die Zuspitzung auf die kultischen Fragen. Juda wird in guten Zeiten zum Ort, an dem die Leviten unbeschränkte Macht in religiösen Fragen ausüben. Kriege werden zu Prozessionen umgestaltet, in denen stets die levitische Liturgie den Sieg bringt. Die dritte Schicht wurde daher zu Beginn des zweiten Jahrhunderts v. Chr. geschrieben, in der der Streit um die unterschiedlichen Tempel des Judentums sich zuspitzte und die Frage nach kultischer Reinheit besonders zentral wurde.[99]

Häufig hat die Forschung konstatiert, dass die Makkabäer die Darstellung der Bedrängnisse und Frevel, die die Chronik schildert, in ihrer Gegenwart modernisieren. Die Kriegsrolle und die Makkabäerbücher interpretieren viele Motive weiter, da sie Konflikten ihrer Gegenwart mit Hilfe der Chronik Ausdruck verleihen konnten.[100] Das intensive Bemühen um den korrekten Kult und die Nordreichspolemik führen darum höchstwahrscheinlich bereits in den Vorabend der hasmonäischen Zeit. Daher liegt es nahe, dass die dritte Schicht der Chronik um 200 v. Chr.

---

95 Vgl. Mathys, Zeitgeist, S. 141 f.
96 Vgl. Albertz, Religionsgeschichte, S. 622; Schmid, Literaturgeschichte, S. 187.
97 Vgl. Steins, Abschlußphänomen, S. 494; Mathys, Zeitgeist, S. 134.
98 Vgl. Kellermann, Verständnis, S. 49.
99 Vgl. Dyck, Ideology, S. 36; Albertz, Religionsgeschichte, S. 620.
100 Vgl. Kellermann, Verständnis, S. 87.

verfasst wurde. In dieser Zeit wurde die Frage nach dem Schutz des Tempels vor Plünderungen immer akuter. Unter dem seleukidischen Herrscher Antiochos III. wurde der Jerusalemer Tempelkult zunächst protegiert, so dass unter dem Hohepriester Simeon II. (215 bis 196 v. Chr.) Steuerfreiheit und Reinheitsgebote für das Gotteshaus galten.[101] Später jedoch plünderte Antiochos III. vermehrt die Tempel in seinen Ländern, weswegen er 187 v. Chr. bei der Plünderung des Tempels von Susa ermordet wurde. Die peniblen Anweisungen der dritten Chronikschicht antworten offenbar auf die Debatten dieser Zeit, indem sie die Leviten zum reinen Tempelpersonal erklärt, das im Haus Gottes völlig autonom agiert. Der Tempel ist nun vor dem Einfluss aller irdischen Herrscher geschützt und jede Unreinheit durch unbefugtes Betreten wird verhindert. Der Kult bleibt also rein, wenn man sich auf die göttliche Tora stützt und sich von jedem Fremdkult abwendet.[102] Darum ist eine Datierung in der Zeit um 200 v. Chr. wahrscheinlich,[103] wobei zu beachten ist, dass die dritte Schicht durchaus noch einzelne Nachträge enthält. Einzelne Texte der dritten Schicht können damit auch in die hasmonäische Zeit hineinreichen.[104]

### 2.4.3 Die Grundschicht – Frühhellenistisch oder spätpersisch?

Am schwierigsten ist die Grundschicht zu datieren, da sie als Lesehilfe der Samuel-Königebücher sehr eng an den Vorlagentext gebunden ist und somit die wenigsten Hinweise über die Zeitumstände preisgibt.[105] Auch diese Schicht ist geprägt von dem Bemühen um eine Geschichte, die der Tora entspricht. Ihre Intention ähnelt damit bereits sehr der zweiten Schicht, da die Grundfragen in beiden Schichten dieselben sind. Beide möchten einen roten Faden in die biblische Geschichtsdarstellung einweben. So arbeitet die Chronikgrundschicht das Vertrauen auf Gott in der Not als existentielles Thema heraus, das sowohl die Tora als auch die Königebücher verbindet. Sie demonstriert, dass die Frömmigkeit der großen Könige in Judas Glanzzeiten mündete. Persönliche Frömmigkeit und JHWH-Religion werden daher als Einheit propagiert,[106] die Ruhe und Frieden entstehen lässt, wenn man König und Volk am Gott der Väter und den Geboten

---

101 Vgl. Frevel, Geschichte Israels, S. 331 f.
102 Vgl. Kellermann, Verständnis, S. 89; Steins, Abschlußphänomen, S. 496.
103 Auch das starke Interesse an Genealogien gilt als hellenistisch. Vgl. McKenzie, 1–2 Chronicles, S. 30.
104 Vgl. Galling, Bücher, S. 15 f.; Witte, Schriften, S. 532.
105 Vgl. Welten, Geschichte, S. 205.
106 Vgl. Steins, Zur Datierung, S. 89.

seiner Tora festgehalten wird.[107] Der König stammt dabei nicht aus einer göttlichen Dynastie, sondern sitzt als irdischer Platzhalter auf dem Thron. Er hat die Aufgabe, sein Volk zu Gott zu führen. Schließlich ist Gott der wahre König seines Volks. Darum bietet auch die Chronikgrundschicht Orientierung und Selbstvergewisserung, indem sie eine Synthese der biblischen Literatur vollzieht. Dieses Anliegen entspricht der Integration der Tora in den Kanon als Enneateuch im 4. Jahrhundert v. Chr.[108] Zudem treffen weitere Merkmale zu, die Mathys als Charakteristika der hellenistischen Literatur bezeichnet. So werden die Herrscher vor allem durch ihr Begräbnis bewertet und große Könige erhalten umfangreiche Zeremonien,[109] die durchaus hellenistischen Bestattungen nachempfunden sind.[110] Auch treten hier wunderhafte Schlachten wie in 2 Chr 13 auf, in denen Gott sein Volk vor übermächtigen Heeren rettet. Daraus kann man zusammenfassen, dass beide Schichten eine große Nähe aufweisen und wohl zur selben Schreiberschule gehören.

Dennoch ist zwischen der Grundschicht und der zweiten Schicht auch eine Distanz erkennbar. Das viel stärkere Interesse der zweiten Schicht am korrekten Kult, die vielfachen Neubewertungen bei Königen wie Josaphat, Asa und Amazja, sowie die Integration der Prophetenbücher als Größe des Kanons zeigen einen deutlichen Zeitabstand zwischen Grundschicht und zweiter Schicht.

Die Schreiberkreise der Grundschicht stammen aus derselben Schule oder einem ähnlichen geistigen Milieu wie die der zweiten Schicht. Sie sind aber doch deutlich früher in der frühhellenistischen oder endpersischen Zeit zu verorten. Genauer ist der Zeitpunkt nicht greifbar. Deswegen sei als Entstehungszeitraum die Epoche der Eroberung der syro-palästinischen Landbrücke unter Alexander um 332 v. Chr. vorgeschlagen.

## 2.5 Fazit: Die Chronik als Buch des Kanons in der hellenistischen Zeit

Die Entstehung der Chronik lässt Rückschlüsse auf die langen Kanonisierungsprozesse zu, die sich vorrangig im Zeitalter des Hellenismus vollziehen. Diese Vorgänge kann man mit Hilfe der Schichtung des Textes differenzieren.[111] Die Chronik ist in der Tat das „,kanonischste' Buch unter den ,Schriften'"[112] der Heb-

---

107 Vgl. Welten, Geschichte, S. 171.
108 Vgl. Kratz, Komposition, S. 329 f.; Mathys, Zeitgeist, S. 77.
109 2 Chr 16,14; 32,33; 35,24 f.
110 Vgl. Mathys, Zeitgeist, S. 132–134.
111 Vgl. Steins, Abschlußphänomen, S. 417; Schmid, Literaturgeschichte, S. 187.
112 Steins, Abschlußphänomen, S. 506.

räischen Bibel, wie Steins mit Recht hervorhebt. Sie antwortet auf die Anfragen des Hellenismus mit einer eigenen Nationalgeschichtsschreibung, die auf dem biblischen Kanon beruht. Dabei vollzieht sie eine Synthese aus biblischen Traditionen, denen sie ihren eigenen theologischen Stempel aufdrückt.[113] Sie ist das Buch, das mit Kompilation Übersicht im unübersichtlichen Kanon schaffen möchte.[114]

Die erste Schicht bindet vor allem die Tora und die Königebücher in der Zeit des Alexanderzuges um 332 v. Chr. aneinander. In der hellenistischen Ära integriert die zweite Schicht im frühen 3. Jahrhundert v. Chr. die Prophetenbücher und erschafft das „Chronistische Geschichtswerk" mit den Büchern Esra und Nehemia, womit sich die „Schriften"/Ketubim als dritter Teil des Kanons des Alten Testaments etablieren.[115] Die dritte Schicht ergänzt um 200 v. Chr. den reinen levitischen Kult und die Polemik gegen den Nordreichskult. Die Chronik möchte also zu unterschiedlichen Zeiten Einheit in den biblischen Traditionen schaffen.[116] Damit ist sie ein unverzichtbares Zeugnis der „Auslegungsdynamik[, die] selbst im Alten Testament verankert worden ist"[117].

# 3 Abschluss

„Warum sollen wir uns hier die Mühe geben"[118]? fragte 1806 Willhelm Martin Leberecht de Wette in seinen Studien zur Chronik. Dasselbe fragt man sich auch heute, über 200 Jahre später. Ist es der Mühe wert, die Chronik auf Einheitlichkeit und Textwachstum zu prüfen? Die Methode mag oft beschwerlich sein. Doch die Ergebnisse liefern wichtige Impulse für die historisch-kritische Exegese und setzen die bisherigen Beobachtungen der Forschung in einen präziseren und differenzierteren Kontext.

Als Ergebnis sind umfassende Fortschreibungen zu verzeichnen, die das Textkorpus von 2 Chr 10–36 in drei Hauptschichten unterteilen. Es lässt sich konstatieren, dass die seit dem 19. Jahrhundert gängige These von der Einheitlichkeit der Chronik die gravierenden Textspannungen nicht hinreichend erklärt. Die Chronik

---

113 Vgl. Goettsberger, Bücher, S. 11; Knoppers, I Chronicles 1–9, S. 93; Mathys, Zeitgeist, S. 59.
114 Vgl. Albertz, Religionsgeschichte, S. 612; Steins, Abschlußphänomen, S. 514.517.
115 Vgl. Steins, Zur Datierung, S. 89; Noth, Überlieferungsgeschichtliche Studien, S. 155.
116 Vgl. Steins, Zur Datierung, S. 501 f. Willi bezeichnete den Stil der Chronik als „Musiv-Stil" (Willi, Auslegung, S. 440).
117 Schmid, Literaturgeschichte, S. 190.
118 De Wette, Glaubwürdigkeit, S. 132.

durchläuft trotz ihrer späten Entstehungszeit in der frühen hellenistischen Zeit (oder sogar noch in der späten persischen Epoche) einen umfassenden Wachstumsprozess in der hellenistischen bis vormakkabäischen Zeit. Die vorliegende Studie demonstriert, dass das Phänomen des Textwachstums auch in der theologischen Literatur des Hellenismus noch stark verbreitet war.[119] Dieser Prozess gestaltet sich als Auslegung der Auslegung. Die Grundschicht der Chronik ist eine deutende Lesehilfe der Königebücher, die Judas Geschichte nach den „Regeln der kanonischen Tora"[120] verfasst, die einen roten Faden in den Text hineinwebt und so den Untergang der Monarchie erklärt. In hellenistischer Zeit wird durch die zweite Schicht der Text zur biblischen Nationalgeschichtsschreibung umgearbeitet als Reaktion auf die hellenistischen Historiografien. Der Fokus verschiebt sich auf die Frage, wie Juda das Exil erfolgreich überstanden hat. Aus diesem Grund werden die Umkehrtheologie und kultische Reinheit im Text betont sowie deren Ertrag in Gestalt von Bautätigkeiten und großen Siegen hervorgehoben. In der letzten Schicht wird ein idealer, levitischer Kult in Judas Geschichte integriert, da nur der toragetreue und autonome Kult Grund und Ursache allen Erfolges ist. Theologiegeschichtlich entwickelt sich also aus der Ätiologie des Untergangs im Sinne einer Theodizee eine immer stärkere Zuspitzung auf eine Theologie der Umkehr und des Kultes.

Bisher wurde in der Forschung das Textwachstum vor allem in den Büchern der Tora und den Vorderen Propheten untersucht, während bei der spätbiblischen Literatur die Annahme vorherrschte, hier lägen einheitliche Werke vor, die gleichsam eine Synthese aus dem biblischen Kanon zögen. Diese Position ist anhand dieser Studie gründlich zu überdenken. Textwachstum findet keinesfalls nur in der Tora und den Prophetenbüchern statt, sondern auch in der Chronik. Diese ist folglich kein einheitlicher synthetisch-kanonischer Text, wie es Knoppers meint.[121] Im Gegenteil, in der Chronik, wie in der Kanonwerdung im Allgemeinen verlaufen beide Prozesse gleichzeitig: Die Synthese der biblischen Bücher auf dem Wege zum Kanon entsteht erst durch Fortschreibung in den unterschiedlichen Textbereichen. Somit sind auch die alten Urteile des 19. Jahrhunderts zu revidieren, nach denen die Chronik einfach nur eine späte Nachahmung der Königebücher sei. Sie ist nicht nur ein Zeugnis der Rezeption, sondern enthält selbst den Beginn ihrer eigenen vielfältigen Rezeptionsgeschichte. Als Theologiegeschichte

---

**119** Daher bietet es sich für zukünftige Studien an, die vorgetragenen Ergebnisse auf die restlichen Chroniktexte hin zu überprüfen, weiterzuführen und zu modifizieren. Dazu sollten vor allem die apokryphe Literatur, die Texte von Qumran, aber auch neutestamentliche Schriften stärker auf Textwachstum untersucht werden.
**120** Albertz, Religionsgeschichte, S. 612.
**121** Vgl. Knoppers, I Chronicles 1–9, S. 90–93.

lässt sich die Theologie der Chronikbücher nun differenzierter beschreiben. Die Chronik demonstriert die Wandelbarkeit aller Geschichtsdeutung. Vorbilder der Frömmigkeit in der größten Not wie Hiskia werden zu Kultkönigen transformiert. Aber es werden auch Könige, die ursprünglich positiv gedeutet wurden wie etwa Asa, negativ bewertet, da seine militärischen Schachzüge späteren Generationen als Gottesverrat gelten. Hingegen werden Bösewichte wie Manasse zu Vorbildern der Umkehr stilisiert, die ihre Frömmigkeit neuentdecken.

Die Studie belegt, wie stark die biblische Geschichte von der Theologie und Auslegung ihrer Schreiber geprägt ist. Durch das in der Chronik rekonstruierbare Textwachstum kann man diesen spannenden Prozess erfassen und an einem prominenten Beispiel nachvollziehen.

# IV  Textübersichten 2 Chr 10–36

Die Übersetzung der bearbeiteten Texte wird im Folgenden abgedruckt. Hebräische Zitate, die in der Arbeit zu finden sind, werden in Klammern wiedergegeben. Parallelstellen und Textstellen, die im Fließtext der Arbeit erwähnt wurden, finden sich am rechten Rand des jeweiligen Verses.

Die Schichten des Textes sind durch folgende Schrifttypen kenntlich gemacht.
1. Schicht
2. **Schicht**
3. *Schicht*

# 1  2 Chr 10–12 Rehabeam

## 2 Chr 9

³¹ Und Salomo legte sich zu seinen Vätern. Und man begrub ihn in der Stadt seines Vaters David. Und Rehabeam, sein Sohn, wurde König an seiner Stelle.

1 Kön 11,43

## 2 Chr 10

¹ Und Rehabeam ging nach Sichem, denn nach Sichem war ganz Israel gekommen, um ihn zum König zu machen.

1 Kön 12,1

² Und es geschah, als Jerobeam, der Sohn von Nebat, das hörte – denn er war in Ägypten, wohin er vor dem König Salomo geflohen war – da kehrte Jerobeam zurück aus Ägypten. (וַיָּשָׁב יָרׇבְעָם מִמִּצְרָיִם)

1 Kön 12,2;<br>Bas III,11,43–45;<br>12,24a–z

³ Und sie sandten hin und ließen ihn rufen. Und Jerobeam kam und ganz Israel, und sie sprachen zu Rehabeam:

1 Kön 12,3

⁴ „Dein Vater hat unser Joch schwer gemacht. Doch jetzt erleichtere den harten Dienst deines Vaters und sein schweres Joch, welches er auf uns gelegt hat, und wir werden dir dienen."

1 Kön 12,4

⁵ Und er sprach zu ihnen: „Noch drei Tage, dann kommt zurück zu mir". Und so ging das Volk.

1 Kön 12,5

⁶ Da beratschlagte sich der König Rehabeam mit den Alten, welche Diener unter Salomo, seinem Vater, waren, als er noch am Leben war: „Wie ratet ihr, diesem Volk zu antworten?"

1 Kön 12,6

⁷ Und sie sprachen zu ihm: „Wenn du freundlich bist zu diesem Volk und sie gut behandelst und zu ihnen freundliche Worte sprichst, dann werden sie dir Diener sein allezeit."

1 Kön 12,7

⁸ Doch er verwarf den Rat der Alten, den sie ihm gegeben hatten, und er befragte die Jungen, die mit ihm groß geworden waren und vor ihm standen.

1 Kön 12,8

⁹ Und er sprach zu ihnen: „Was ratet ihr, dass wir diesem Volk zur Antwort geben, die da zu mir sagten: ‚Erleichtere das Joch, das dein Vater auf uns gelegt hat.'"

1 Kön 12,9

¹⁰ Und die Jungen, die mit ihm groß geworden waren, sprachen zu ihm: „So sollst du sagen zu dem Volk, welches spricht zu dir: ‚Dein Vater hat unser Joch schwer gemacht, aber du erleichtere unser Joch.' So sollst du sagen zu ihnen: ‚Mein kleiner Finger ist dicker als die Hüften meines Vaters'.

1 Kön 12,10

https://doi.org/10.1515/9783110698534-004

<sup>11</sup> Und jetzt hat mein Vater auf euch ein schweres Joch gelegt, doch ich werde euer Joch noch schwerer machen. Mein Vater hat euch gezüchtigt mit Peitschen, ich aber werde euch mit Skorpionen züchtigen."  1 Kön 12,11

<sup>12</sup> Und Jerobeam und das ganze Volk kamen zu Rehabeam am dritten Tag, wie der König geredet hatte, als er sagte: „Kehrt zurück zu mir am dritten Tag."  1 Kön 12,12

<sup>13</sup> Und der König antwortete ihnen hart. Und der König Rehabeam verließ den Rat der Alten.  1 Kön 12,13

<sup>14</sup> Und er sprach zu ihnen nach dem Rat der Jungen: „Ich will schwer machen euer Joch. Und ich will es noch schwerer machen. Mein Vater hat euch mit Peitschen gezüchtigt, ich aber werde euch mit Skorpionen züchtigen."  1 Kön 12,14

<sup>15</sup> **Und der König hörte nicht auf das Volk, denn es war gefügt von Gott, damit JHWH sein Wort erfüllte, welches er durch Ahija, den Siloniter, zu Jerobeam, dem Sohn des Nebat, gesprochen hatte.** (וְלֹא־שָׁמַע הַמֶּלֶךְ אֶל־הָעָם כִּי־הָיְתָה נְסִבָּה מֵעִם הָאֱלֹהִים לְמַעַן הָקִים יְהוָה אֶת־דְּבָרוֹ אֲשֶׁר דִּבֶּר בְּיַד אֲחִיָּהוּ הַשִּׁלוֹנִי אֶל־יָרָבְעָם בֶּן־נְבָט)  1 Kön 12,15

<sup>16</sup> Und ganz Israel sah, dass der König nicht auf sie hörte und das Volk wandte sich zum König: „Was haben wir für einen Teil an David? Wir haben kein Erbe am Sohn Isais. Zu deinen Zelten, Israel! Und jetzt sieh nach deinem Haus, David!". Und ganz Israel ging zu seinen Zelten.  1 Kön 12,16

<sup>17</sup> Und über die Israeliten, die in den Städten Judas wohnten, wurde Rehabeam König.  1 Kön 12,17

<sup>18</sup> Und der König Rehabeam sandte Hadoram aus, der Frondienstbeaufseher war. Und es steinigten ihn die Israeliten, so dass er starb. Und der König Rehabeam eilte schnell auf den Wagen, um nach Jerusalem zu fliehen.  1 Kön 12,18

<sup>19</sup> Und Israel brach mit dem Haus Davids bis auf den heutigen Tag.  1 Kön 12,19

## 2 Chr 11

<sup>1</sup> **Und Rehabeam kam nach Jerusalem und er versammelte das Haus Juda und Benjamin, 180.000 auserlesene Krieger, um mit Israel Krieg zu führen, um das Königreich an Rehabeam zurückzubringen.**  1 Kön 12,21; 2 Chr 12,3

<sup>2</sup> **Und es geschah das Wort JHWHs an Schemaja, dem Mann Gottes:**

1 Kön 12,22

<sup>3</sup> **„Sprich zu Rehabeam, dem Sohn Salomos, dem König von Juda und zu ganz Israel in Juda und Benjamin:** (כָּל־יִשְׂרָאֵל בִּיהוּדָה וּבְנְיָמִן)

1 Kön 12,23

<sup>4</sup> **So spricht JHWH: ‚Ihr sollt nicht hinaufziehen** (וְלֹא־תִלָּחֲמוּ) **und sollt nicht kämpfen mit euren Brüdern! Kehrt um, ein jeder in sein Haus, denn von mir ist dieses Wort geschehen.'" Und sie hörten die Worte JHWHs und sie kehrten zurück und zogen nicht gegen Jerobeam.**

1 Kön 12,24; 14,30; 2 Chr 12,15; 13,12; Dtn 1,42

<sup>5</sup> **Und Rehabeam wohnte in Jerusalem und er baute** *Städte zu Festungen in Juda aus.* (וַיִּבֶן עָרִים לְמָצוֹר בִּיהוּדָה)

1 Kön 12,25

<sup>6</sup> *Und er baute Bethlehem und Etam und Tekoa*

<sup>7</sup> *und Bet-Zur, und Socho, Adullam,*

<sup>8</sup> *und Gat und Marescha und Sif*

<sup>9</sup> *und Adorajim und Lachisch und Aseka*

<sup>10</sup> *und Zora und Ajalon und Hebron, die da sind*

**in Juda und Benjamin befestigte Städte.** (אֲשֶׁר בִּיהוּדָה וּבְבִנְיָמִן עָרֵי מְצֻרוֹת)

<sup>11</sup> **Und er verstärkte die Festungen und er setzte in ihnen Fürsten ein und brachte Vorräte von Speise, Öl und Wein hinein,**

<sup>12</sup> **und in jede Stadt Schilde und Speere. Und er machte sie überaus stark. Und Juda und Benjamin gehörten ihm.**

<sup>13</sup> *Und die Priester und die Leviten, welche in ganz Israel waren, stellten sich bei ihm ein aus allen ihren Gebieten.*

2 Chr 13,9 f.; 15,8 f.

<sup>14</sup> *Denn die Leviten hatten ihre Ortschaften und ihren Besitz verlassen und sie gingen nach Juda und Jerusalem, weil Jerobeam und seine Söhne sie vom Priesterdienst JHWHs verstoßen hatten.*

Lev 25,32–34

<sup>15</sup> *Denn er bestellte Priester für die Höhen und für die Bocks-dämonen und Kälber, die er gemacht hatte.*

<sup>16</sup> *Und nach ihnen folgten aus allen Stämmen Israels die, die ihr Herz darauf richteten, JHWH, den Gott Israels, zu suchen. Sie kamen nach Jerusalem, um JHWH, dem Gott ihrer Väter, zu opfern.*

<sup>17</sup> *Und sie befestigten das Königtum Juda und sie bestärkten Rehabeam, den Sohn Salomos, drei Jahre lang. Denn drei Jahre lang gingen sie auf dem Weg Davids und Salomos.*

¹⁸ *Und Rehabeam nahm sich Mahalat zur Frau, die Tochter Jerimots, des Sohnes Davids, und Abihail, der Tochter Eliabs, des Sohnes Isais.*
¹⁹ *Und sie gebar ihm Söhne, Jeusch und Schemarja und Saham.*
²⁰ *Und nach ihr nahm er Maacha, die Tochter Absaloms. Und sie gebar ihm Abija und Attai und Sisa und Schelomit.*

2 Chr 13,2;
1 Kön 15,2.10

²¹ *Und Rehabeam liebte Maacha, die Tochter Absaloms, mehr als alle seine Frauen und Nebenfrauen, denn er hatte 18 Frauen und 60 Nebenfrauen. Und er zeugte 28 Söhne und 60 Töchter.*
²² *Und Rehabeam setzte Abija, den Sohn der Maacha, als Oberhaupt ein, als Fürsten unter seinen Brüdern, um ihn zum König zu machen.*
²³ *Und er war verständig (וַיָּבֶן) und verteilte alle seine Söhne in alle Gebiete Judas und Benjamins und in alle befestigten Städte und er gab ihnen Nahrung in Menge und er suchte ihnen eine Menge Frauen.*

## 2 Chr 12

¹ **Und es geschah, als die Herrschaft Rehabeams gefestigt und er stark geworden war, da verließ er die Tora JHWHs und ganz Israel mit ihm.** (וַיְהִי כְּהָכִין מַלְכוּת רְחַבְעָם וּכְחֶזְקָתוֹ עָזַב אֶת־תּוֹרַת יְהוָה וְכָל־יִשְׂרָאֵל עִמּוֹ)

1 Kön 14,25;
Ps 89,31; 119,53;
Prov 4,2; 28,4;
Jer 9,12

² Und es geschah im fünften Jahr des Königs Rehabeam, da zog Schischak, der König von Ägypten, gegen Jerusalem hinauf, denn sie hatten treulos gegen JHWH gehandelt. (כִּי מָעֲלוּ בַּיהוָה)

1 Chr 10,13;
2 Chr 26,16;
28,19.22;
Lev 5,15.21;
Num 5,6; 31,16;
Jos 22,22.31

³ **Mit 1.200 Wagen und 60.000 Reitern und zahllosem Volk, das mit ihm aus Ägypten kam: Libyer, Sukkiter und Kuschiter.**
⁴ **Und er eroberte die befestigten Städte, die zu Juda gehörten, und er kam bis nach Jerusalem.**
⁵ **Und Schemaja, der Prophet, ging zu Rehabeam und den Obersten Judas, welche versammelt waren in Jerusalem vor Schischak. Und er sprach zu ihren: „So spricht JHWH zu euch. Ihr habt mich zurückgelassen (עזב). Und darum überlasse (עזב) ich euch der Hand Schischaks."**
⁶ **Da demütigten (כנע) sich die Fürsten Israels und der König und sie sprachen: „Gerecht ist JHWH."** (צַדִּיק יְהוָה)

Ps 11,7; 145,17;
Dan 9,14

⁷ **Und als JHWH sah, dass sie sich demütigten, da geschah das Wort JHWHs an Schemaja: „Sie haben sich gedemütigt, darum will ich sie nicht vertilgen, und ich will ihnen in Kürze Rettung bringen. Und mein Zorn soll sich nicht auf Jerusalem durch Schischak über Jerusalem ergießen.**    2 Chr 34,25

⁸ **Doch sie werden ihm Diener sein, damit sie meinen Dienst kennen lernen und den Dienst der Königreiche der Länder."**

⁹ **Und Schischak, der König von Ägypten, zog hinauf nach Jerusalem.** (וַיַּעַל שִׁישַׁק מֶלֶךְ־מִצְרַיִם עַל־יְרוּשָׁלַ͏ִם)    1 Kön 14,26
Und er nahm die Schätze aus JHWHs Haus und die Schätze des Könighauses und das alles nahm er weg. Und er nahm die goldenen Schilde weg, die Salomo angefertigt hatte.

¹⁰ Und der König Rehabeam fertigte an ihrer Stelle bronzene Schilde. Und er übergab sie in die Hand der Obersten der Leibwächter, die das Tor des Könighauses bewachten.    1 Kön 14,27

¹¹ Und es geschah, wann immer der König in das Haus JHWHs ging, da kamen die Leibwächter und sie trugen sie hinauf. Und sie brachten sie auf das Wachzimmer der Leibwächter zurück.    1 Kön 14,28

¹² **Und weil er sich selbst demütigte, da wandte sich der Zorn JHWHs von ihm ab, so dass er ihn nicht völlig vernichtete. Denn es war auch in Juda Gutes.**

¹³ Und der König Rehabeam    1 Kön 14,21
**erstarkte** (וַיִּתְחַזֵּק) **in Jerusalem**    2 Chr 1,1; 13,21;
und er war König. (וַיִּתְחַזֵּק רְחַבְעָם הַמֶּלֶךְ בִּירוּשָׁלַ͏ִם וַיִּמְלֹךְ) (Ursprüng-    17,1; 21,4; 27,6;
lich: Und Rehabeam, der Sohn Salomos, war König in Juda    32,5
[וּרְחַבְעָם בֶּן־שְׁלֹמֹה מָלַךְ בִּיהוּדָה]).
Denn Rehabeam war 41 Jahre alt, als er König wurde, und er regierte 17 Jahre in Jerusalem, der Stadt, welche JHWH erwählt hatte, um seinen Namen dort wohnen zu lassen von allen Stämmen in Israel. Und der Name seiner Mutter war Naama, die Ammoniterin.

¹⁴ Und er tat, was schlecht war, denn er richtete sein Herz nicht    1 Kön 14,22;
darauf, JHWH zu suchen. (וַיַּעַשׂ הָרָע כִּי לֹא הֵכִין לִבּוֹ לִדְרוֹשׁ אֶת־יְהוָה)    Lev 5,15.21;
¹⁵ Und die Geschichten Rehabeams, die früheren und späteren,    Num 5,6; 31,16;
sind die nicht aufgeschrieben im Buch Schemajas, des Prophe-    Jos 22,22.31;
ten und Iddo, des Sehers, und auch das Geschlechtsregister?    1 Kön 14,29 f.
Und die Kriege Rehabeams und Jerobeams währten alle Tage.    Hi 11,13; Ps 10,17;
   57,8; 78,8.37;
   108,2; 112,7

$^{16}$ Und Rehabeam legte sich zu seinen Vätern und er wurde begraben in der Stadt Davids und es wurde Abija, sein Sohn, König an seiner Stelle. 1 Kön 14,31

Legende
1. Schicht: Rehabeam tat, was schlecht war
2. **Schicht: Rehabeams Demut**
3. *Schicht: Städte, Leviten*

# 2  2 Chr 13 Abija

## 2 Chr 13

$^1$ Und im 18. Jahr des Königs Jerobeam wurde Abija König über Juda. 1 Kön 15,1

$^2$ Drei Jahre war er König in Jerusalem und der Name seiner Mutter war Michajahu, die Tochter Uriels von Gibeah. Und es war Krieg zwischen Abija und zwischen Jerobeam. 1 Kön 15,2.6

$^3$ Und Abija eröffnete den Krieg (וַיֶּאְסֹר אֲבִיָּה אֶת־הַמִּלְחָמָה) mit der Armee von 400.000 auserlesenen Männern. Und Jerobeam stellte sich gegen ihn zum Kampf mit 800.000 auserlesenen Männern, die stark im Krieg waren.

> $^4$ **Und Abija stellte sich oben auf den Berg Zemarajim, der im Gebirge Efraim liegt. Und er sprach: Hört auf mich, Jerobeam und ganz Israel.** (שְׁמָעוּנִי יָרָבְעָם וְכָל־יִשְׂרָאֵל)
>
> $^5$ **Wisst ihr denn nicht, dass JHWH, der Gott Israels, das Königtum über Israel auf ewig dem David** (מַמְלָכָה לְדָוִיד עַל־יִשְׂרָאֵל) **gegeben hat, ihm und seinen Söhnen** 2 Sam 7,16
>
> > *durch einen Salzbund?* (בְּרִית מֶלַח) Num 18,19
> >
> > $^6$ *Doch Jerobeam, der Sohn Nebats, ein Diener Salomos, der Sohn des Davids, erhob sich und rebellierte gegen seinen Herrn.* 2 Chr 10
> >
> > $^7$ *Und es sammelten sich um ihn ruchlose Männer, Söhne der Ruchlosigkeit, und sie machten sich stark gegen Rehabeam, den Sohn Salomos, und Rehabeam war jung und schwachen Herzens,* (נַעַר וְרַךְ־לֵבָב) *so dass er nicht standhalten konnte vor ihnen.* 1 Chr 22,5; 29,1
>
> $^8$ **Und jetzt sagt ihr, dass ihr bestehen könnt vor dem Königtum JHWHs, das in der Hand der Söhne Davids** 1 Chr 17,14; Dtn 4,34

**ist,** (מַמְלֶכֶת יְהוָה בְּיַד בְּנֵי דָוִיד) **da ihr eine große Menge seid und goldene Kälber mit euch sind, die Jerobeam für euch als Götter gemacht hat.** (אֲשֶׁר עָשָׂה לָכֶם יָרָבְעָם לֵאלֹהִים)

⁹ *Habt ihr nicht die Priester JHWHs herausgeworfen* (הֲלֹא הִדַּחְתֶּם אֶת־כֹּהֲנֵי יְהוָה)*, die Söhne Aarons und die Leviten, und ihr habt euch Priester gemacht wie die Völker der Länder. Ein jeder, der da kommt, um seine Hand zu füllen mit einem Jungstier und sieben Widdern, der ist ein Priester für die Nicht-Götter.* (לֹא אֱלֹהִים)

2 Chr 11,13–17; 2 Kön 19,18; Jes 37,19; Hos 8,6

¹⁰ *Wir aber, JHWH ist unser Gott, wir haben ihn nicht verlassen. Und als Priester dienen JHWH die Söhne Aarons und die Leviten sind im Dienst.*

¹¹ *Und sie bringen JHWH Brandopfer Morgen für Morgen und Abend für Abend und Räucherwerk dar. Und das Schaubrot ist auf dem reinen Tisch und der goldene Leuchter und seine Lampen, um sie Abend für Abend anzuzünden. Denn wir bewahren den Dienst JHWHs, unseres Gottes, ihr aber habt ihn verlassen.*

Ex 30,7 f.

¹² **Siehe, bei uns ist Gott an der Spitze und seine Priester** (כֹּהֵן) **und Kriegstrompeten, um Lärm zu machen gegen euch.** (וַחֲצֹצְרוֹת הַתְּרוּעָה לְהָרִיעַ עֲלֵיכֶם) **Söhne Israels, ihr sollt nicht kämpfen mit JHWH, dem Gott eurer Väter,** (יְהוָה אֱלֹהֵי אֲבֹתֵיכֶם) **denn ihr könnt nicht Erfolg haben.**

Ex 3,15; 2 Chr 11,1–4; 28

¹³ Und Jerobeam ließ zum Hinterhalt umdrehen, um ihnen in den Rücken zu fallen. Und sie waren vor Juda und der Hinterhalt hinter ihnen.

¹⁴ Und als Juda sich umwandte, siehe, da war für sie die Schlacht vorne und hinten. Und sie schrien zu JHWH (וַיִּצְעֲקוּ לַיהוָה) **und die Priester spielten die Trompeten** (חֲצֹצְרוֹת).

¹⁵ **Und die Männer Judas erhoben ein Kriegsgeschrei.** (וַיָּרִיעוּ) אִישׁ יְהוּדָה) **Und es geschah, als die Männer Judas das Kriegsgeschrei erhoben,** da schlug Gott Jerobeam (וְהָאֱלֹהִים נָגַף אֶת־יָרָבְעָם) und ganz Israel vor Abija und Juda.

2 Chr 18,31; 32,13; 1 Kön 22,32; Ex 14,9–31; 1 Sam 15,11; Num 10,9 f.

¹⁶ Und die Söhne Israels flohen vor Juda und Gott gab sie in ihre Hand.

¹⁷ Und Abija und sein Volk fügten ihnen eine große Niederlage bei und es fielen von Israel, erschlagen, 500.000 auserlesene Männer.

¹⁸ Und so wurden die Söhne Israels gedemütigt (וַיִּכָּנְעוּ בְנֵי־יִשְׂרָאֵל) an jenem Tag und die Söhne Judas erstarkten, denn sie stützten sich auf JHWH, (נִשְׁעֲנוּ עַל־יְהוָה) den Gott ihrer Väter.

> ¹⁹ *Und Abija verfolgte Jerobeam und er eroberte von ihm die Städte Bethel und seine Tochterstädte und Jeschana und seine Tochterstädte und Efrajin und seine Tochterstädte.*

²⁰ Und Jerobeam behielt keine Stärke mehr in den Tagen Abijas. Und JHWH schlug ihn, und er starb.

> ²¹ *Und Abija wurde stark. Und er nahm 14 Frauen und er zeugte 22 Söhne und 16 Töchter.*  1 Chr 14,3–7; 1 Kön 14,10; 15,29

²² Und die übrigen Geschichten Abijas und seine Wege und seine Reden sind geschrieben im Midrasch des Propheten Iddo.  1 Kön 15,7

²³ Und Abija legte sich zu seinen Vätern. Und sie begruben ihn in der Stadt Davids. Und sein Sohn Asa wurde an seiner Stelle König. **In seinen Tagen hatte das Land zehn Jahre Ruhe.**  1 Kön 15,8

Legende
1.   Schicht: Die Errettung durch Schreien
2.   **Schicht: Die Errettung durch Kultinstrumente**
3.   *Schicht: Levitische Rückblicke auf die Reichsteilung*

# 3  2 Chr 14–16 Asa

## 2 Chr 14

¹ Und Asa tat, was gut und recht war in den Augen JHWHs, seines Gottes. (וַיַּעַשׂ אָסָא הַטּוֹב וְהַיָּשָׁר בְּעֵינֵי יְהוָה אֱלֹהָיו)  1 Kön 15,11; Dtn 12,28

² Und er entfernte die fremden Altäre und die Kulthöhen (הַבָּמוֹת). Und er zerbrach die Mazzeben und er hieb die Ascheren um.  1 Kön 15,12; Dtn 12,3

³ Und er sprach zu Juda, dass es JHWH, den Gott ihrer Väter, suchen soll und das Gesetz und das Gebot tun soll.

⁴ Und er entfernte von allen Städten Judas die Höhen (הַבָּמוֹת) und die Räucheraltäre. Und das Königreich hatte Ruhe unter ihm.

> ⁵ **Und er baute befestigte Städte in Juda, denn das Land hatte Ruhe. Und es war gegen ihn kein Krieg in jenen Jahren, denn JHWH verschaffte ihnen Ruhe.**

⁶ Und er sprach zu Juda: „Lasst uns diese Städte ausbauen und mit einer Mauer und Türmen, Toren und
Riegeln umgeben, solange das Land vor uns frei ist.
Denn wir haben JHWH gesucht, unseren Gott. Wir
haben gesucht, und er hat uns Ruhe gegeben (הֵנִיחַ) um
uns herum." Und sie bauten und sie hatten Erfolg.

1 Chr 22,18 f.;
2 Sam 7,1.11

⁷ Und Asa gehörte ein Heer, das Langschild und Speer
trug: aus Juda 300.000 und von Benjamin 280.000,
die trugen Schild und spannten den Bogen. Alle diese
waren tüchtige Krieger.

⁸ Und Zerach, der Kuschiter, zog gegen sie aus mit
einem Heer von 1.000 mal 1.000 Mann und 300 Wagen.
Und er kam bis Maresha.

2 Chr 13

⁹ Und Asa zog ihm entgegen. Und sie stellten sich in
Schlachtordnung auf im Tal Zefata bei Marescha.

¹⁰ Und Asa rief zu JHWH, seinem Gott. Und er sprach:
„JHWH, keiner ist wie du, der helfen kann zwischen
einem Mächtigen und einem Kraftlosen. Hilf uns,
JHWH, unser Gott, denn auf dich vertrauen wir und in
deinem Namen sind wir gegen diese Menge gezogen.
JHWH, du bist unser Gott, kein Mensch kann etwas
ausrichten gegen dich."

¹¹ Und JHWH schlug die Kuschiter vor Asa und vor Juda
und die Kuschiter flohen.

¹² Und Asa und das Volk, das mit ihm war, verfolgten sie
bis nach Gerar. Und es fielen die Kuschiter, dass unter
ihnen nicht ein Überlebender war. Denn sie wurden
erschlagen vor JHWH und vor seinem Heer. Und sie
trugen sehr große Beute heraus.

¹³ Und sie schlugen alle Städte um Gerar, denn der
Schrecken JHWHs (פַּחַד־יְהוָה) war auf ihnen. Und sie
plünderten alle Städte, denn große Beute war in ihnen.

Jes 2,10.19.21

¹⁴ Und auch die Zeltlager bei den Herden schlugen sie
und führten eine Menge von Schafen und Kamelen weg
und kehrten nach Jerusalem zurück.

## 2 Chr 15

¹ Und auf Asarja, den Sohn Odeds, kam der Geist Gottes.

² Und er ging hinaus, Asa entgegen. Und er sprach zu ihm: „Hört auf mich Asa, und ganz Juda und Benjamin. JHWH ist mit euch, wenn ihr mit ihm seid. Und wenn ihr ihn sucht (דָּרַשׁ), wird er sich von euch finden lassen. Wenn ihr ihn verlasst, wird er euch verlassen.

1 Chr 22,18 f.; 28,8 f.

> ³ Und lange Zeit war Israel ohne wahren Gott und ohne einen Priester, der sie lehrte, und ohne Gesetz.
>
> ⁴ Und in seiner Not kehrte es um zu JHWH, dem Gott Israels. Und sie suchten ihn, und er ließ sich finden von ihnen.
>
> ⁵ In jenen Tagen gab es keinen Frieden für den, der hinausgeht und den, der hereingeht, denn große Verwirrungen kamen über alle Bewohner der Länder.
>
> ⁶ Und es stieß Nation an Nation und Stadt an Stadt, denn Gott brachte sie in Verwirrung (הָמַם) durch allerlei Bedrängnis.

Ex 14,24

⁷ Ihr aber seid stark, lasst eure Hände nicht niedersinken, denn es gibt einen Lohn für euer Tun!"

⁸ Als Asa diese Worte und die Prophezeiung des Propheten Oded hörte, erstarkte er. Und er ließ wegbringen die Abscheulichkeiten aus dem ganzen Land Juda und Benjamin und aus den Städten, die er eingenommen hatte im Gebirge Ephraim. Und er erneuerte den Altar JHWHs, der in der Vorhalle JHWHs war.

> ⁹ Und er versammelte ganz Juda und Benjamin und alle Fremdlinge, die aus Ephraim und Manasse und aus Simeon bei ihnen waren. Denn in großer Zahl waren sie aus Israel zu ihm übergelaufen, als sie sahen, dass JHWH, sein Gott, mit ihm war.

Jer 50,4; 2 Chr 35,1–19

> ¹⁰ Und sie versammelten sich in Jerusalem im dritten Monat des 15. Jahres der Königsherrschaft Asas.

Ex 19,1

> ¹¹ Und sie opferten JHWH an jenem Tag von der Beute, die sie heimgebracht hatten, 700 Rinder und 7.000 Schafe.
>
> ¹² Und sie traten in den Bund, (וַיָּבֹאוּ בַבְּרִית) um JHWH zu suchen, den Gott ihrer Väter, mit ihrem ganzen Herzen und mit ihrer ganzen Seele.

¹³ *Und jeder, der JHWH nicht suchte, den Gott Israels,*    Dtn 17,2–7;
*sollte umgebracht werden, vom Kleinsten bis zum*    13,6–10
*Größten, vom Mann bis zur Frau.*
¹⁴ *Und sie schworen JHWH mit lauter Stimme und in*
*Freudenjubel mit Lärmtrompeten und Hörnern.*
¹⁵ *Und es freute sich ganz Juda über den Schwur. Denn*
*von ganzem Herzen schworen sie und sie suchten ihn mit*
*ganzem Willen. Und er ließ sich von ihnen finden und*
*JHWH schaffte ihnen Ruhe ringsumher.*

¹⁶ Und auch Maacha, die Mutter von König Asa, setzte er als    1 Kön 15,13
Gebieterin ab, die für die Aschera ein Götzenbild gemacht
hatte. Und Asa haute das Götzenbild um. Und er zermalmte es
und verbrannte es im Kidron-Tal.

¹⁷ Doch die Kulthöhen verschwanden nicht aus Israel. (וְהַבָּמוֹת    1 Kön 15,14
לֹא־סָרוּ מִיִּשְׂרָאֵל) Doch das Herz Asas war ungeteilt alle seine
Tage. (לְבַב־אָסָא הָיָה שָׁלֵם כָּל־יָמָיו)

¹⁸ Und er ließ die heiligen Gaben seines Vaters und seine hei-    1 Kön 15,15
ligen Gaben in das Haus Gottes bringen: Silber, Gold und
Geräte.

¹⁹ Und es war kein Krieg bis zum 35. Jahr von Asas Regierung.    1 Kön 15,16

## 2 Chr 16

¹ Und im 36. Jahr von Asas Regierung zog Bascha hinauf, der    1 Kön 15,17
König von Israel, gegen Juda herauf. Und er baute Rama, um
Asa, den König von Juda, nicht die Möglichkeit zu geben,
hinaus- oder hereinzuziehen.

² Und Asa nahm Silber und Gold von den Schätzen des Hauses    1 Kön 15,18
JHWHs und des Königshauses. Und er sandte zu Ben-Hadad,
dem König von Aram, der in Damaskus wohnte und ließ ihm
sagen:

³ „Es sei ein Bund zwischen mir und dir und zwischen meinem    1 Kön 15,19
Vater und deinem Vater. Siehe, ich sende dir Silber und Gold.
Geh, zerbrich deinen Bund mit Bascha, dem König von Israel,
dass er von mir abzieht."

⁴ Und Ben-Hadad hörte auf den König Asa und er sandte seine    1 Kön 15,20
Heerführer gegen die Städte Israels. Und sie schlugen Ijon,
Dan, Abel-Maijm und alle Vorratsspeicher der Städte Naftalis.

⁵ Und es geschah, als Bascha das hörte, da hörte er auf, Rama    1 Kön 15,21
zu bauen und er stellte seine Arbeit ein.

⁶ Und der König Asa holte ganz Juda und sie trugen die Steine und das Holz von Rama weg, mit denen Bascha gebaut hatte, und er baute damit Geba und Mizpa.    1 Kön 15,22

⁷ **Und zu jener Zeit ging Hanani, der Seher, zu Asa, dem König von Juda. Und er sprach zu ihm: „Da du dich auf den König von Aram gestützt (נִשְׁעֶן) hast und dich nicht auf JHWH, deinen Gott, gestützt hast, deshalb ist das Heer des Königs von Aram deiner Hand entkommen.**    2 Chr 13,18

⁸ **Waren nicht die Kuschiter und die Libyer ein riesiges Heer mit Wagen und mit Reitern in großer Menge? Da du dich auf JHWH gestützt hast, gab er sie in deine Hand.**

⁹ **Denn JHWHs Augen kreisen über die ganze Erde, um sich stark zu erweisen an denen, deren Herz ungeteilt bei ihm ist. Du hast hierin töricht gehandelt, denn von nun an wirst du Kriege haben."**    Sach 4,10

¹⁰ **Und Asa wurde ärgerlich über den Seher. Und er steckte ihn in das Gefängnis, denn er war wütend auf ihn. Zu jener Zeit misshandelte Asa einige von dem Volk.**

¹¹ Und siehe die Geschichte Asas, die frühere und spätere, sie steht aufgeschrieben im Buch der Könige von Juda und Israel.    1 Kön 15,23

¹² **Und im 39. Jahr seiner Regierung erkrankte Asa an seinen Füßen. Seine Krankheit war überaus schwer. Und auch in seiner Krankheit suchte er nicht JHWH, sondern Ärzte.**

¹³ Und Asa legte sich zu seinen Vätern und er starb im 41. Jahr seiner Regierung.    1 Kön 15,24

¹⁴ Man begrub ihn in seiner Grabanlage, die er sich in der Stadt Davids gegraben hatte. Und man legte ihn nieder in die Grabstätte, die gefüllt war mit Balsam und Salben nach der Art der Salbenmischung. Und sie entzündeten für ihn ein sehr großes Feuer.    1 Kön 15,24; Jer 34,5

Legende

1.  Schicht: Asa als guter König
2.  **Schicht: Asas Triumph und Asas Fall**
3.  *Schicht: Asas positives Geschick und Judas Schwur*

# 4  2 Chr 17–20 Josaphat

**2 Chr 17**

¹ Und es wurde Josaphat, sein Sohn, König an seiner statt: Und er erstarkte (וַיִּתְחַזֵּק)

**gegenüber Israel.** (עַל־יִשְׂרָאֵל)

**² Und er setzte ein Kriegsheer in allen befestigten Städten Judas ein. Und er setzte Besatzungstruppen im Land Juda und in den Städten Ephraims ein, die sein Vater Asa erobert hatte.**

2 Chr 15,8; 18,1–3; 20,35–37

³ Und JHWH war mit Josaphat, **denn er wandelte auf den früheren Wegen** *Davids,* **seines Vaters und er suchte nicht die Baale.**

2 Chr 16; 20,32

⁴ Denn er suchte den Gott seines Vaters und er lebte nach seinen Geboten **und nicht, wie man in Israel tut.**

⁵ Und JHWH befestigte (וַיָּכֶן) die Herrschaft in seiner Hand **und ganz Juda brachte Josaphat Geschenke. Und ihm war viel Reichtum und Ehre zuteil.**

**⁶ Und sein Herz gewann Mut auf den Wegen JHWHs und er ließ die Höhen und die Ascheren aus Juda wieder entfernen.**

2 Chr 19,4

*⁷ Und im dritten Jahr seiner Herrschaft sandte er seine Obersten aus: Ben-Chail, Obadja, Sacharja, Netanel und Michaja, damit sie in den Städten Judas lehren.*

*⁸ Und mit ihnen die Leviten Schemaja, Natanja, Zebadja, Asahel, Schemiramot, Jonathan, Adonija, Tobija und Tob-Adonija, die Leviten und mit ihnen die Priester Elischama und Jehoram.*

*⁹ Und sie lehrten in Juda und sie hatten mit sich das Buch der Tora JHWHs (סֵפֶר תּוֹרַת־יְהוָה) und sie gingen umher in allen Städten Judas und sie lehrten im Volk.*

2 Chr 34,14 f.

**¹⁰ Und es lag der Schrecken JHWHs (פַּחַד יְהוָה) über allen Königreichen der Länder, die rings um Juda waren, so dass sie nicht gegen Josaphat kämpften.**

2 Chr 14,13; 17,10; 20,29

**¹¹ Und von den Philistern brachte man zu Josaphat Tribut und Silber als Abgabe und auch die Araber brachten zu ihm Kleinvieh: 7.700 Widder und 7.700 Ziegenböcke.**

¹² **Und Josaphat wurde immer größer, bis er überaus groß war, und er baute in Juda Burgen und Vorratsstädte.**

¹³ **Und er hatte große Arbeiten in den Städten Judas**

*und in Jerusalem Kriegsleute, kriegstüchtige Männer.*

*¹⁴ Und dies sind ihre Dienste entsprechend ihren Sippen: aus Juda waren Anführer über Tausend: Adna, der Oberste, und mit ihm waren 300.000 kriegstüchtige Männer.*

*¹⁵ Und an seiner Seite war Johanan, der Oberste, und mit ihm 280.000.*

*¹⁶ Und neben ihm Amazja, der Sohn Sichris, der sich freiwillig für JHWH gestellt hatte, und mit ihm 200.000 kriegstüchtige Männer.*

*¹⁷ Und aus Benjamin: Eliada, ein kriegstüchtiger Mann, und mit ihm waren 200.000 Bogen- und Schildträger.*

*¹⁸ Und neben ihm war Jehosabad, und mit ihm 180.000 zum Heerdienst Gerüstete.*

*¹⁹ Diese waren es, die dem König dienten außer denen, die der König in die befestigten Städte von ganz Juda gelegt hatte.*

## 2 Chr 18

¹ Und Josaphat hatte Reichtum und Ehre in Fülle und er verschwägerte sich mit Ahab.

² Und nach einigen Jahren zog er hinab zu Ahab nach Samaria. Und Ahab schlachtete ihm Kleinvieh und Ochsen in Fülle und dem Volk, das mit ihm war, und er verleitete (סות) ihn, gegen Ramot-Gilead hinaufzuziehen. | 1 Kön 22,2

³ Und Ahab, der König von Israel, sprach zu Josaphat, dem König von Juda: „Willst du mit mir gehen nach Ramot-Gilead?" Und er sprach zu ihm: „Ich bin wie du, und mein Volk ist wie dein Volk: mit dir in den Kampf!" | 1 Kön 22,4

*⁴ Und Josaphat sagte zum König von Israel: „Suche doch zuerst das Wort JHWHs."* | 1 Kön 22,5

*⁵ Und der König von Israel versammelte Propheten, 400 Mann, und er sprach zu ihnen: „Sollen wir nach Ramot Gilead in den Kampf ziehen oder soll ich es lassen?"* | 1 Kön 22,6

*Und sie sprachen: „Zieh hinauf, denn Gott wird es in die*
*Hand des Königs geben."*

⁶ *Und Josaphat sprach: „Gibt es hier sonst noch einen*　1 Kön 22,7
*Propheten JHWHs, durch den wir ihn befragen können?"*

⁷ *Und der König von Israel sprach zu Josaphat: „Einen*　1 Kön 22,8;
*gibt es, durch den man JHWH fragen kann, doch ich*　Dtn 18,21f.;
*hasse ihn. Denn er weissagt mir nicht Gutes, sondern*　1 Kön 18
*alle Tage Schlechtes. Er heißt: Micha ben Jimla." Und*
*Josaphat sprach: „Der König soll so nicht sprechen."*

⁸ *Und der König von Israel rief einen Hofbeamten (סָרִיס).*　1 Kön 22,9
*Und er sprach: „Eile zu Micha Ben Jimla!"*

⁹ **Und der König von Israel und Josaphat, der**　1 Kön 22,10
**König von Juda, saßen ein jeder auf seinem**
**Thron in königlichen Kleidern und sie saßen**
**auf dem freien Platz an der Toröffnung von**
**Samaria. Und alle Propheten weissagten vor**
**ihnen.**

¹⁰ **Und Zedekia, der Sohn von Kenaana, machte**　1 Kön 22,11
**eiserne Hörner und er sprach: „So spricht**
**JHWH: mit diesen wirst du Aram niederstoßen,**
**bis du sie vernichtet hast."**

¹¹ **Und alle Propheten weissagten so: „Zieh**　1 Kön 22,12
**hinauf nach Ramot-Gilead und sei erfolgreich!**
**Und JHWH wird es in die Hand des Königs**
**geben."**

¹² Und der Bote (מַלְאָךְ), der gegangen war, um　1 Kön 22,13
Micha zu rufen, spricht zu ihm: „Siehe, die
Worte der Propheten sind einstimmig gut für
den König. Lass doch dein Wort so sein wie
eines von ihnen und sage Gutes an."

¹³ Und Micha sprach: „So wahr JHWH lebt,　1 Kön 22,14
was mein Gott spricht, werde ich sagen."

¹⁴ *Und er ging zum König und der König sprach zu ihm:*　1 Kön 22,15
*„Micha, sollen wir nach Ramot-Gilead in den Kampf*
*ziehen oder soll ich es lassen?" Und er sprach: „Zieht*
*hinauf und seid erfolgreich. Und sie werden in eure Hand*
*gegeben."*

¹⁵ *Und der König sprach zu ihm: „Wie viele Male noch*　1 Kön 22,16
*muss ich dich beschwören, dass du zu mir nichts sagst*
*als nur die Wahrheit im Namen JHWHs?"*

<sup>16</sup> *Und er sprach: „Ich sehe ganz Israel verstreut über die Berge wie Schafe, die keinen Hirten haben. Und es sprach JHWH: ‚Diese haben keinen Herren: ein jeder kehre um in sein Haus in Frieden.'"* (בְּשָׁלוֹם אִישׁ־לְבֵיתוֹ יָשׁוּבוּ)

1 Kön 22,17

<sup>17</sup> *Und der König von Israel sprach zu Josaphat: „Habe ich es dir nicht gesagt? Er weissagt mir nichts Gutes, sondern nur Böses!"*

1 Kön 22,18

<sup>18</sup> Und er sprach: „Darum hört das Wort JHWHs, ich sah JHWH auf seinem Thron sitzen. Und das ganze Heer des Himmels stand zu seiner Rechten und seiner Linken.

1 Kön 22,19; Jes 6,1f.

<sup>19</sup> Und JHWH sprach: ‚Wer will Ahab, den König von Israel, betören, dass er hinaufzieht und fällt in Ramot-Gilead?' Da sagte einer dies und der andere das.

1 Kön 22,20

<sup>20</sup> Und ein Geist trat hervor und er stellte sich vor JHWH und sprach: ‚Ich will ihn betören. Und JHWH sprach zu ihm: Womit?'

1 Kön 22,21; Jes 6,8

<sup>21</sup> Und er sprach: ‚Ich will hinausgehen und ich werde ein Lügengeist im Mund aller seiner Propheten sein.' Und er sprach: ‚Du sollst betören und wirst es können! Geh hinaus und handle so!'

1 Kön 22,22; 1 Chr 21,1; Hi 1f.

<sup>22</sup> Und jetzt siehe, JHWH hat einen Lügengeist in den Mund dieser deiner Propheten gegeben, denn JHWH spricht Unheil über dich."

1 Kön 22,23

<sup>23</sup> **Und Zedekia, der Sohn von Kenaana, trat hinzu und schlug Micha auf die Wange und er sagte: „Auf welchem Weg ist denn JHWHs Geist** (רוּחַ־יְהוָה) **von mir gewichen, um mit dir zu sprechen?"**

1 Kön 22,24

<sup>24</sup> **Und Micha sprach: „Siehe du wirst es sehen an jenem Tag, an dem du von Kammer zu Kammer läufst, um dich zu verstecken."**

1 Kön 22,25

<sup>25</sup> *Und der König von Israel sprach: „Nehmt Micha und bringt ihn zurück zu Amon, dem Obersten der Stadt und zu Joas, dem Sohn des Königs,*

1 Kön 22,26

<sup>26</sup> *und sprecht: ‚So spricht der König: Werft diesen in das Gefängnis und gebt ihm nur wenig Brot und wenig Wasser zu essen, bis ich zurückkehre in Frieden.'"*

1 Kön 22,27; 2 Chr 19,1

²⁷ *Und Micha sprach: „Wenn du wirklich in Frieden*
*zurückkehrst, dann hat JHWH nicht durch mich gespro-*
*chen.“*

**Und er sprach: „Hört, ihr Völker alle!“**

²⁸ Und der König von Israel und Josaphat, der König von Juda,
zogen hinauf nach Ramot-Gilead.

²⁹ Und der König von Israel sprach zu Josaphat: „Ich verkleide
mich und gehe in die Schlacht. Und du, zieh deine Kleider
an.“ Und der König von Israel verkleidete sich (הִתְחַפֵּשׂ) und sie
zogen in die Schlacht.

³⁰ Und der König von Aram befahl den Wagenführern, die bei
ihm waren: „Ihr sollt nicht die Kleinen oder die Großen angreifen, sondern allein den König von Israel.“

³¹ Und es geschah, als die Wagenführer Josaphat sahen, da
sprachen sie: „Dies ist der König von Israel“ und sie kreisten
ihn ein, um ihn zu bekämpfen. Und Josaphat schrie (זָעַק) und
JHWH half ihm. Und Gott lenkte sie fort (סות) von ihm.

³² Und als die Wagenführer sahen, dass es nicht der König von
Israel war, da wandten sie sich von ihm ab.

³³ Und ein Mann spannte seinen Bogen aufs Geratewohl und
traf den König von Israel zwischen die Schuppen und zwischen
Schuppenpanzer und Gurte. Und er sprach zu dem Wagenlenker: „Wende um und bring mich heraus aus der Schlacht, denn
ich bin schwer verwundet.“

³⁴ Und der Kampf wurde heftig an jenem Tag und der König von
Israel stand aufrecht im Wagen gegenüber den Aramäern bis
zum Abend. Und er starb zu der Zeit, da die Sonne unterging.

## 2 Chr 19

¹ Und Josaphat, der König von Juda, kehrte in Frieden in sein
Haus nach Jerusalem zurück. (וַיָּשָׁב יְהוֹשָׁפָט מֶלֶךְ־יְהוּדָה אֶל־בֵּיתוֹ
בְּשָׁלוֹם לִירוּשָׁלָ͏ִם)

² **Und es ging Jehu, der Seher, der Sohn von Hanani,**
**ihm entgegen und er sagte zum König Josaphat: „Willst**
**du dem Gottlosen helfen und die lieben, die JHWH**
**hassen? Und deswegen liegt der Zorn von JHWH auf dir.**
³ **Doch es wurde auch Gutes an dir gefunden, denn du**
**hast die Ascheren aus dem Land weggebracht und dein**
**Herz darauf gerichtet, Gott zu suchen.“**

Randverweise:
1 Kön 22,28; 2 Chr 19,1
Mi 1,2
1 Kön 22,29
1 Kön 22,30
1 Kön 22,31
1 Kön 22,32; 2 Chr 13,13; 16,1–6
1 Kön 22,33
1 Kön 22,34
1 Kön 22,35 f.
2 Chr 16,7
2 Chr 17,6

⁴ Und Josaphat wohnte in Jerusalem.

**Und er wandte sich um und zog unter das Volk aus (וַיֵּצֵא) von Beer-Scheba bis zum Gebirge Ephraim. Und er führte sie zurück zu JHWH, dem Gott ihrer Väter. (וַיְשִׁיבֵם אֶל־יְהוָה אֱלֹהֵי אֲבוֹתֵיהֶם)**

⁵ **Und er setzte Richter im Land ein, in allen befestigten Städten Judas, Stadt für Stadt.**          Ex 18,13–22

⁶ **Und er sprach zu den Richtern: „Seht, was ihr tut, denn ihr richtet nicht im Auftrag der Menschen, sondern für JHWH. Und er ist mit euch, wenn ihr Recht sprecht.**

⁷ **Und jetzt sei der Schrecken JHWHs über Euch! Achtet darauf und handelt danach! Denn bei JHWH, unserm Gott, gibt es keine Ungerechtigkeit und kein Ansehen der Person und keine Bestechungsannahme.“**

⁸ *Und auch in Jerusalem setzte Josaphat (יְהוֹשָׁפָט) Leviten und Priester und von den Familienoberhäuptern Israels ein für das Gericht JHWHs und für den Rechtsstreit;* **und sie kehrten um nach Jerusalem. (וַיָּשֻׁבוּ יְרוּשָׁלָ͏ִם)**

⁹ *Und er befahl ihnen: „So sollt ihr handeln in der Furcht JHWHs, in Treue und mit ungeteiltem Herzen.*

¹⁰ *Und jeder Streit, der vor euch kommt von euren Brüdern, die da wohnen in ihren Städten, zwischen Blut und Blut, zwischen Weisung und Geboten, zwischen Ordnungen und Rechtsordnungen. Ihr sollt sie verwarnen, damit sie nicht schuldig werden an JHWH, dass kein Zorn über euch und eure Brüder kommt: So sollt ihr verfahren und euch nicht schuldig machen.*

¹¹ *Und siehe Amarja, der Hohepriester, steht über euch in jeder Angelegenheit JHWHs und Zebadja, der Sohn Ismaels, der Fürst über das Haus Judas für jede Angelegenheit des Königs und die Leviten sind Verwalter über euch: Seid stark, und handelt, so wird JHWH mit dem Guten sein.“*

## 2 Chr 20

¹ **Und es geschah danach, da kamen zum Krieg gegen Josaphat die Moabiter und Ammoniter und mit ihnen einige von [den Ammonitern].**

² **Und man kam und man berichtete Josaphat: „Eine große Menge kommt auf dich zu von jenseits des Meeres, von Aram; und seht, sie sind in Hazzon-Tamar, das ist in En-Gedi."**

³ **Und Josaphat fürchtete sich und wendete sein Angesicht darauf, JHWH zu suchen und er rief ein Fasten über ganz Juda aus.**

⁴ **Und Juda versammelte sich, um JHWH zu ersuchen. Sogar von allen Städten Judas kamen sie, um JHWH zu ersuchen.**

⁵ **Und Josaphat stand in der Gemeinde Judas und Jerusalems im Haus JHWHs vor dem neuen Vorhof.**

⁶ **Und er sprach: „JHWH, Gott unserer Väter: Bist du nicht der Gott im Himmel, und herrschst über alle Königtümer der Völker? Und in deiner Hand ist Kraft und Macht. Und niemand kann gegen dich bestehen.**

⁷ *Hast du, unser Gott, nicht die Bewohner dieses Landes vor deinem Volk Israel vertrieben und es den Nachkommen Abrahams, deines Freundes, gegeben auf ewig?*

⁸ *Und sie ließen sich darin nieder und sie bauten dir darin ein Heiligtum für deinen Namen und sagten:*

⁹ *Wenn Unglück über uns kommt, Schwert, Gericht oder die Pest oder Hunger, so wollen wir doch vor dieses Haus treten, denn dein Name ist in diesem Haus. Und wir schreien zu dir aus unserer Not, damit du hörst und errettest.*    2 Chr 6,29 f.

¹⁰ **Und jetzt siehe, die Ammoniter und Moabiter und die vom Gebirge Seir**

*, unter die zu gehen du Israel nicht erlaubt hast, als sie aus dem Land Ägyptens kamen. Sie sind ihnen ausgewichen und haben sie nicht vertilgt.*    Dtn 2,1–9

¹¹ *Und siehe, sie vergelten es uns, indem sie kommen, um uns von deinem Besitz zu vertreiben, den du uns zum Besitz gegeben hast.*    Dtn 1,8

¹² **Unser Gott, willst du nicht über sie richten, denn wir haben keine Kraft vor dieser großen Menge, die da gegen uns zieht. Und wir wissen nicht, was wir tun sollen, sondern richten unsere Augen auf dich."**    1 Chr 29,11f.

¹³ **Und ganz Juda stand vor JHWH, auch die Kinder und ihre Frauen, und ihre Söhne.**

<sup>14</sup> **Und Jahasiel, der Sohn Sacharjas,**

> *der Sohn Benajas, der Sohn Jehiels, der Sohn Mattanias,*     1 Chr 16,4 f.
> *des Leviten, von den Söhnen Asafs,*

**auf ihn kam der Geist JHWHs mitten in der Versammlung.**

<sup>15</sup> **Und er sprach: „Hört zu, ganz Juda und Bewohner**     Dtn 3,22
**von Jerusalem und König Josaphat, so spricht JHWH zu**
**euch: ‚Fürchtet euch nicht, und habt keine Angst vor**
**dieser großen Menge. Denn es ist nicht euer Kampf,**
**sondern Gottes.'**

<sup>16</sup> **Zieht morgen gegen sie herab. Und seht, sie kommen**
**die Anhöhe Ziz hinauf und ihr werdet sie finden am**
**Ende des Bachtals vor der Wüste Jeruel.**

<sup>17</sup> **Doch es ist nicht an euch, deswegen zu kämpfen.**
**Stellt euch auf und seht die Errettung JHWHs (יְשׁוּעַת**
**יְהוָה) an euch, Juda und Jerusalem! Fürchtet euch nicht,**
**und habt keine Angst. Sondern zieht ihnen morgen**
**entgegen und JHWH wird mit euch sein."**

<sup>18</sup> **Und Josaphat warf das Angesicht auf die Erde. Und**
**ganz Juda und die Bewohner Jerusalems fielen vor**
**JHWH nieder, um sich vor JHWH zu verneigen.**

> <sup>19</sup> *Und die Leviten standen auf von den Kehatitern und*     1 Chr 16
> *von den Korachitern, um JHWH, den Gott Israels, mit*
> *sehr lauter Stimme zu preisen.*

<sup>20</sup> **Und sie standen auf (וַיַּשְׁכִּימוּ) am Morgen und sie zogen**
**hinaus in die Wüste Tekoa und als sie hinausgingen, da**
**stellte sich Josaphat auf und sprach: „Hört mich, Juda**
**und ihr Einwohner Jerusalems. Vertraut auf JHWH,**
**euren Gott, und ihr werdet bestehen und vertraut auf**
**seine Propheten, und ihr werdet Erfolg haben."**

> <sup>21</sup> *Und er beratschlagte sich mit dem Volk und er ließ*     1 Chr 16,34
> *Sänger für JHWH aufstellen, die Loblieder sangen in hei-*
> *ligem Schmuck, und sie zogen vor den Kriegsgerüsteten*
> *voraus und sprachen: „Preiset JHWH, denn ewig währt*
> *seine Gnade!"*
>
> <sup>22</sup> *Und zu der Zeit, da sie mit Jubel und Lobgesang be-*
> *gannen, da legte JHWH Hinterhalte gegen die Ammoni-*
> *ter und Moabiter und die vom Gebirge Seir, die gegen*
> *Juda gezogen waren und sie wurden geschlagen.*

²³ Und es standen die Ammoniter und Moabiter gegen die Gebirgsleute von Seir auf, um den Bann zu vollstrecken und um sie zu vertilgen. Und als sie fertig waren mit den Gebirgsleuten von Seir, da halfen sie, sich gegenseitig zu vernichten.
²⁴ Und Juda ging zum Aussichtspunkt der Wüste und sie sahen sich nach der Menge um. Und siehe, es lagen Leichen auf dem Boden und niemand war entkommen.
²⁵ Und es kamen Josaphat und sein Volk, um die Beute zu plündern. Und sie fanden an ihnen in großer Menge Besitztümer, Kleider und kostbare Geräte und sie plünderten für sich, dass man sie nicht mehr tragen konnte. Und drei Tage plünderten sie die Beute, so groß war sie.
²⁶ Und am vierten Tag versammelten sie sich im Tal Beracha, denn dort lobten sie JHWH. Deshalb nennt man den Namen des Ortes bis heute Tal Beracha.
²⁷ Und alle Männer von Juda und Jerusalem kehrten zurück und Josaphat war an ihrer Spitze, um nach Jerusalem zurückzukehren in Freude, denn JHWH hatte ihnen Freude bereitet gegenüber ihren Feinden.
²⁸ Und sie kamen nach Jerusalem mit Harfen und Lyren und Trompeten zum Haus JHWHs.
²⁹ Und der Schrecken Gottes fiel auf alle Königtümer der Länder, als sie hörten, dass JHWH gegen die Feinde Israels gekämpft hatte.
³⁰ Das Königtum Josaphats hatte aber Ruhe, denn sein Gott verschaffte ihm Ruhe ringsum.

³¹ Und Josaphat war König über Juda. Er war 35 Jahre alt, als er König wurde. Und er regierte 25 Jahre in Jerusalem und der Name seiner Mutter war Asuba, Tochter des Schilhi. | 1 Kön 22,42

³² Und er ging auf dem Weg seines Vaters Asa und wich nicht davon ab, zu tun, was recht war in den Augen JHWHs. | 1 Kön 22,43; 2 Chr 17,7–9; 19,4–11

³³ Die Kulthöhen aber verschwanden nicht, und noch immer wandte das Volk sein Herz nicht dem Gott seiner Vorfahren zu. | 1 Kön 22,44

³⁴ Und die übrige Geschichte Josaphats, die frühere und spätere, siehe, die ist geschrieben in der Geschichte Jehus, des Sohnes von Hanani, die in das Buch der Könige von Israel aufgenommen wurde. | 1 Kön 22,46

³⁵ Danach verbündete sich Josaphat, der König von Juda, mit Achasja, dem König von Israel, | 1 Kön 22,50

**der handelte gottlos.** (הִרְשִׁיעַ) — 2 Chr 19,2

³⁶ **Er verbündete sich mit ihm,** (חבר) — 1 Kön 22,49

um Schiffe zu bauen, um nach Tarsis zu fahren und sie bauten Schiffe in Ezion-Gebor.

³⁷ **Und Elieser, der Sohn Dodawas von Marescha, prophezeite Josaphat: „Weil du dich mit Achasja verbündet hast** (חבר)**, zerbricht JHWH deine Werke."** — 1 Kön 22,49

Doch die Schiffe zerbrachen und sie konnten nicht nach Tarsis fahren.

Legende
1. Schicht: Josaphat als ambivalenter König
2. **Schicht: Josaphat als Kulttilger und Volkslehrer**
3. *Schicht: Idealisierung Josaphats als Lehrer der Tora*

---

1. *Micha-Schicht: Die wahre JHWH-Prophetie liegt beim Außenseiter*
2. **Micha-Schicht: Micha gegen Zedekia**
3. Micha-Schicht: Thronratsvision mit Lügengeist
4. **Micha-Schicht: Micha-Glosse**

# 5 2 Chr 21 Joram

**2 Chr 21**

¹ Und Josaphat legte sich zu seinen Vätern und er wurde bei seinen Vätern begraben in der Stadt Davids und Joram, sein Sohn, wurde König an seiner statt. — 1 Kön 22,51

² *Und er hatte Brüder, die Söhne Josaphats: Asarja, Jehiel, Sacharja, Asarjahu, Michael, Schefatja. Diese alle waren die Söhne Josaphats, des Königs von Israel.* — 2 Chr 11,18–23

³ *Und ihr Vater gab ihnen viele Geschenke an Silber und Gold und an Kostbarkeiten, dazu befestigte Städte in Juda. Und er gab die Königsherrschaft an Joram, denn er war der Erstgeborene.*

⁴ *Und Joram erhob sich gegen die Herrschaft seines Vaters. Und er erstarkte. Und er tötete alle seine Brüder mit dem Schwert und auch einige von den Obersten Israels.* — 2 Chr 22,10–12

⁵ Und 32 Jahre war Joram alt, als er König wurde, und acht Jahre lang regierte er in Jerusalem.

2 Kön 8,17;<br>1 Kön 22,49

**⁶ Und er wandelte (וַיֵּלֶךְ בְּ) auf dem Weg der Könige Israels, wie es das Haus Ahabs tat, denn die Tochter Ahabs war seine Frau. Und er tat, was böse war in den Augen JHWHs.**

2 Kön 8,18

**⁷ Doch JHWH wollte das Haus Davids (בֵּית דָּוִיד) nicht vernichten wegen des Bundes, den er mit David geschlossen hatte, und weil er zugesagt hatte, dass er ihm und seinen Söhnen alle Tage eine Leuchte (נִיר) geben wolle.**

2 Kön 8,19;<br>1 Kön 11,36; 15,4;<br>2 Chr 13,5.8

**⁸ Und in seinen Tagen fiel Edom von der Herrschaft Judas ab und sie krönten einen zum König über sich.**

2 Kön 8,20

**⁹ Da zog Joram hinüber mit seinen Obersten (שָׂרָיו) und alle Kriegswagen mit ihm. Und es geschah, als er aufbrach des Nachts, da schlug er Edom, das ihn und die Obersten der Kriegswagen eingekreist hatte.**

2 Kön 8,21

**¹⁰ Doch Edom fiel von Judas Herrschaft ab bis zum heutigen Tag. Damals, in jener Zeit, fiel auch Libna von seiner Herrschaft ab, denn er hatte JHWH, den Gott seiner Väter, verlassen.**

2 Kön 8,22

**¹¹ Und er errichtete auch Höhen in den Bergen Judas und er stiftete die Bewohner Jerusalems zur Prostitution an und er verführte (וַיַּדַּח) Juda.**

2 Kön 17,21;<br>Ez 16,16

**¹² Und da kam zu ihm ein Schreiben von dem Propheten Elia: „So spricht JHWH, der Gott Davids, deines Vaters: ,Weil du nicht gewandelt bist auf den Wegen Josaphats, deines Vaters, und den Wegen Asas, des Königs von Juda,**

**¹³ sondern gewandelt bist auf dem Weg der Könige von Israel und Juda und die Bewohner Jerusalems zur Hurerei verführst (זָנָה) – nach den Hurereien des Hauses Ahab**

*– und auch weil du deine Brüder, das Haus deines Vaters, die besser waren als du, getötet hast.*

**¹⁴ Siehe, JHWH wird eine große Plage über dein Volk bringen und deine Söhne und deine Frauen und all deinen Besitz.**

**¹⁵ Und du wirst eine schwere Krankheit haben, eine Krankheit deiner Eingeweide, bis deine Eingeweide durch die Krankheit im Laufe der Zeit heraustreten.'"**

¹⁶ **Und JHWH erweckte gegen Joram den Geist der Phi-lister und der Araber, die neben den Kuschitern waren.**
¹⁷ **Und sie zogen hinauf nach Juda und sie brachen dort ein. Und sie nahmen weg allen Besitz, den man im Haus des Königs fand, und auch seine Söhne und seine Frauen. Und es wurde kein Sohn übriggelassen, außer Joahas, den jüngsten seiner Söhne.**
¹⁸ **Und nach all diesem schlug (נְגָף) ihn JHWH in seinen Eingeweiden mit einer Krankheit, die nicht heilbar war.** Dtn 28,25–29; 2 Chr 17,7–10
¹⁹ **Und es geschah im Laufe der Zeit, und zwar zur Zeit des Endes, da traten binnen zweier Tage seine Einge-weide bei seiner Krankheit heraus, und er starb an bösen Umständen. Und sein Volk bereitete ihm kein Feuer, wie für seine Väter ein Feuer bereitet wurde.** 2 Chr 16,14; 17,12; 21,19
²⁰ **Und 32 Jahre war er, als er König wurde, und acht Jahre regierte er in Jerusalem.** 2 Kön 8,17.24

Und er wandelte im Nichtgefallen. (וַיֵּלֶךְ בְּלֹא חֶמְדָּה) Und sie begruben ihn in der Stadt Davids, doch nicht in den Gräbern der Könige.

Legende
1. Schicht: Die Errettung durch Schreien in der Not
2. **Schicht: Die Errettung durch Kultinstrumente**
3. *Schicht: Levitische Rückblicke auf die Reichsteilung*

# 6  2 Chr 22 Ahasja

**2 Chr 22**
¹ **Die Bewohner Jerusalems machten Ahasja, seinen jüngsten Sohn, zum König an seiner statt. Denn alle Älteren tötete die Streifschar, die mit den Arabern in das Lager gekommen war.** 2 Kön 8,24

Und Ahasja, der Sohn Jorams, wurde Judas König.
² Und Ahasja war 42 Jahre alt, als er König wurde. Und ein Jahr war er König in Jerusalem. Und der Name seiner Mutter war Atalja, die Tochter Omris. 2 Kön 8,26
³ **Und auch er wandelte auf dem Weg des Hauses Ahab, denn seine Mutter war seine Beraterin (יוֹעֵץ) zu gottlo-sem Handeln.**

⁴ Und er tat, was böse war in den Augen JHWHs wie das Haus Ahab. Denn diese waren ihm Berater (יוֹעֵץ) nach dem Tod seines Vaters zu seinem Verderben.

⁵ Und auch befolgte er ihren Rat (בַּעֲצָתָם) und ging zu Joram, dem Sohn Ahabs, dem König von Israel, in den Kampf gegen Hasael, den König von Aram, nach Ramot-Gilead. Und die Aramäer verwundeten Joram.

⁶ Und er kehrte um, um seine Wunden heilen zu lassen in Jesreel, die ihm in Rama geschlagen wurden, als er gegen Hasael kämpfte, den König von Aram. Und Ahasja, der Sohn von Joram, der König von Juda, kam herunter, um nach Joram, dem Sohn Ahabs, in Jesreel zu sehen, weil er krank war.

⁷ Und von Gott war der Untergang Ahasjas gefügt, dass er zu Joram ging. Und als er gekommen war, da zog er mit Joram aus gegen Jehu, den Sohn Nimschis, den JHWH gesalbt hatte, um das Haus Ahabs auszurotten.

⁸ Und es geschah, als Jehu am Haus Ahabs Gericht übte, da fand er die Obersten des Hauses Judas und die Söhne der Brüder Ahasjas, die Ahasja dienten, und er tötete sie.

⁹ Und er suchte Ahasja und sie nahmen ihn gefangen, als er sich in Samaria versteckt hatte, und sie brachten ihn zu Jehu und töteten ihn.

**Und sie begruben ihn, denn sie sagten** (כִּי אָמְרוּ)**: „Er ist ein Sohn Josaphats, der JHWH mit seinem ganzen Herzen suchte."**

Und es gab im Haus Ahasjas keinen, der stark war, das Königtum zu erhalten.

¹⁰ Als aber Atalja, die Mutter Ahasjas, sah, dass ihr Sohn tot war. Da machte sie sich auf und tötete die königliche Nachkommenschaft des Hauses Juda.

¹¹ Und Joseba, die Tochter des Königs, nahm Joas, den Sohn Ahasjas. Und sie stahl ihn aus der Mitte der Söhne des Königs, die getötet werden sollten. Und sie gab ihn zu der Amme in die Bettenkammer. Und so versteckte ihn Joseba, die Tochter des Königs Joram, **die Frau Jojadas des Priesters** (אֵשֶׁת יְהוֹיָדָע) – denn sie war die Schwester Ahasjas – vor Atalja. Und sie konnte ihn nicht töten.

¹² Und er war bei ihnen sechs Jahre im Haus Gottes versteckt, aber Atalja war Königin über das Land.

2 Kön 8,27

2 Kön 8,28

2 Kön 8,29

2 Chr 17–20

2 Kön 11,1

2 Kön 11,2; Ex 1f.

2 Kön 11,3

## 2 Chr 23

¹ Und im siebten Jahr erstarkte Jojada. Und er holte die Obers-      2 Kön 11,4
ten der Hundert (שָׂרֵי הַמֵּאוֹת)

> *– Asarja, den Sohn Jorams, und Ismael, den Sohn*      1 Chr 1–9
> *Johanans, und Asarja, den Sohn Obeds, und Maaseja,*
> *den Sohn Adajas, und Elischafat, den Sohn Sichris – zu*
> *einem Bund.*
> ² *Und sie zogen in Juda umher. Und sie sammelten die*
> *Leviten aus allen Städten Judas und die Familienober-*
> *häupter von Israel. Und sie kamen nach Jerusalem.*

³ Und es schloss die ganze Versammlung einen Bund im Haus      2 Kön 11,4
Gottes mit dem König. Und er sprach zu ihnen: „Siehe, der
Sohn des Königs soll König sein

**, wie da spricht JHWH zu den Söhnen Davids. (**כַּאֲשֶׁר דִּבֶּר
יְהוָה עַל־בְּנֵי דָוִיד**)**

⁴ Und das ist es, was ihr tun sollt: Ein Drittel von Euch, die am      2 Kön 11,5
Sabbat antreten,

> *die Priester und Leviten,* (לַכֹּהֲנִים וְלַלְוִיִּם)      2 Kön 11,6.9;

soll Torhüter an den Schwellen sein.      1 Chr 9,14–28;
⁵ Und ein Drittel soll im Haus des Königs sein und ein Drittel      15 f.; 26,17–19
am Grundtor      2 Chr 8,14

> *und das ganze Volk soll in den Vorhöfen des Hauses*
> *JHWHs sein.*
> ⁶ *Doch niemand soll in das Haus JHWHs gehen. Denn*
> *nur die Priester und die diensttuenden Leviten, die*
> *sollen gehen, denn sie sind heilig. Und das ganze Volk*
> *soll die Vorschriften JHWHs erfüllen.*

⁷ Und      2 Kön 11,8.11

> *die Leviten*

(sie) sollen den König umgeben, jeder mit seinen Waffen in
seiner Hand. Und wer da hineingeht in das Haus, soll getötet
werden. Und ihr sollt bei dem König sein, wenn er hineingeht
und wenn er hinausgeht.
⁸ Und      2 Kön 11,9

> *die Leviten*

und ganz Juda tat(en), was Jojada, der Priester, befohlen hatte
und ein jeder nahm seine Männer zusammen, die da zum
Sabbat antraten und denen, die am Sabbat abtraten,

> *denn der Priester Jojada hatte die Abteilungen nicht ent-*
> *lassen.*

⁹ Und der Priester Jojada gab den hundert Obersten die Speere und Klein- und Großschilde, die dem König David gehört hatten, die im Haus Gottes waren.

2 Kön 11,10; 2 Chr 5,1

¹⁰ Und er stellte das ganze Volk auf und zwar einen jeden mit seiner Waffe in seiner Hand von der rechten Seite des Hauses bis zur linken Seite des Hauses, bis zum Altar und zum Haus hin, rings um den König herum.

2 Kön 11,11

¹¹ Und sie führten den Sohn des Königs hinaus und setzten ihm die Krone auf und gaben ihm die Ordnung. Und sie machten ihn zum König. Und Jojada und seine Söhne salbten ihn und sie sprachen: „Es lebe der König!"

2 Kön 11,12

¹² Und Atalja hörte den Lärm des Volkes, das da herbeilief und den König pries, da kam sie zum Volk in das Haus JHWHs.

2 Kön 11,13

¹³ Und sie sah: Und siehe, da stand der König auf seinem Podest im Eingang und die Obersten und die Trompeter waren beim König. Und alles Volk des Landes freute sich und blies die Trompeten.

2 Kön 11,14

*Und die Sänger mit den Musikinstrumenten standen da, und sie leiteten den Lobgesang.*

1 Chr 6,16 f.
2 Chr 5,12 f.; 7,6

Und Atalja zerriss ihre Kleider und sie sprach: „Verrat, Verrat!"

¹⁴ Und der Priester Jojada ging hinaus zu den Obersten Hundert, den Vorgesetzten des Heeres. (שָׂרֵי הַמֵּאוֹת פְּקוּדֵי הַחַיִל) Und er sprach zu ihnen: „Führt sie hinaus durch die Reihen. Und wer ihr folgt, der soll durch das Schwert getötet werden!", denn so hatte der Priester gesagt: „Ihr sollt sie nicht töten im Haus JHWHs."

2 Kön 11,15

¹⁵ Und man legte Hand an sie und sie ging zu dem Eingang des Rosstores am Könighaus. Und sie töteten sie dort.

2 Kön 11,16

¹⁶ Und Jojada schloss einen Bund zwischen sich und dem ganzen Volk und zwischen dem König, dass sie das Volk JHWHs werden.

2 Kön 11,17

¹⁷ Und das ganze Volk (עַם) kam zum Haus des Baals und sie rissen es nieder und sie zerschlugen seine Altäre und seine Bilder. Und Mattan, den Priester des Baals, töteten sie vor den Altären.

2 Kön 11,18

*¹⁸ Und Jojada legte die Wachen von JHWHs Haus in die Hand der Priester, der Leviten, die David für das Haus JHWHs eingeteilt hatte, damit sie JHWH Brandopfer opferten, wie in der Tora Moses geschrieben steht, mit Freude und mit Gesang gemäß Davids Anweisung.*

1 Chr 16,40; 23,30 f.

¹⁹ Und er stellte die Torhüter des JHWH-Hauses auf,

*damit nicht hereinkomme, der irgendwie unrein war.*

²⁰ Und er nahm die Obersten der Hundertschaft, und die Mächtigen und die Gebieter im Volk und das ganze Volk des Landes. Und der König wurde aus dem Haus JHWHs heruntergeleitet. Und sie kamen durch das obere Tor des Könighauses. Und sie setzten den König auf den Thron des Königtums. (וַיּוֹשִׁיבוּ אֶת־הַמֶּלֶךְ עַל כִּסֵּא הַמַּמְלָכָה)

²¹ Und das ganze Volk des Landes freute sich und die Stadt hatte Ruhe und Atalja töteten sie mit dem Schwert.

2 Kön 11,19; 1 Chr 17,14

2 Kön 11,20

Legende
1.  Schicht: Jojadas Revolution
2.  **Schicht: Glossen der zweiten Schicht**
3.  *Schicht: Leviten halten den Tempel rein*

# 7  2 Chr 24 Joas

**2 Chr 24**

¹ Und sieben Jahre war Joas alt, als er König wurde. Und vierzig Jahre lang war er König in Jerusalem und der Name seiner Mutter war Zibja aus Beer-Scheba.

2 Kön 12,1–2

² Und Joas tat, was recht war in den Augen JHWHs alle Tage des Priesters Jojada. (כָּל־יְמֵי יְהוֹיָדָע הַכֹּהֵן)

2 Kön 12,3

³ Und Jojada gab ihm zwei Frauen und er zeugte Söhne und Töchter.

2 Chr 22,8–10

⁴ Und es geschah danach, dass es Joas am Herzen lag, das Haus JHWHs zu erneuern.

2 Kön 12,5

⁵ *Und er versammelte die Priester und Leviten. Und er sprach zu ihnen: „Zieht hinaus in die Städte Judas und sammelt von ganz Israel Silber, um das Haus eures Gottes auszubessern von Jahr zu Jahr. (שָׁנָה בְּשָׁנָה) Und ihr sollt euch eilen mit der Sache." Doch die Leviten beeilten sich nicht.*

2 Kön 12,5–7; 22,4

⁶ *Und der König rief Jojada, das Oberhaupt, (הָרֹאשׁ) und er sagte zu ihm: „Warum hast du die Leviten nicht bedrängt, dass sie aus Juda und aus Jerusalem die Abgabe bringen, die Mose, der Diener JHWHs, Israels*

2 Kön 12,8 f.; Ex 30,12–20

*Versammlung für das Zelt des Zeugnisses* (אֹהֶל הָעֵדוּת)
*auferlegt hat."*

⁷ Denn die gottlose Atalja und ihre Söhne sind in das Haus Gottes eingebrochen und haben auch alle heiligen Gaben von JHWHs Haus für die Baale verwendet. | 2 Chr 23,17

⁸ Und der König befahl es und so machten sie einen Kasten und stellten ihn draußen am Tor des JHWH-Hauses auf. | 2 Kön 12,10

⁹ *Und man rief in Juda und in Jerusalem aus, dass man JHWH die Gabe bringen soll, die Mose, der Diener Gottes, Israel in der Wüste auferlegt hatte.*

¹⁰ Und alle Obersten und das ganze Volk freuten sich. Und sie brachten und füllten den Kasten, bis er voll war. | 2 Chr 23,16–21; 1 Chr 29,9

¹¹ *Und es geschah jedes Mal, als man den Kasten durch die Leviten zur Verwaltung des Königs brachte, da sahen sie, dass viel Silber da war, da kamen der Schreiber des Königs und der Beauftragte des Hohepriesters und sie leerten den Kasten und sie trugen ihn zurück an seinen Platz. So taten sie es Jahr um Jahr.* (שָׁנָה בְּשָׁנָה) | 2 Kön 12,11; Ex 38,25 f.

Und sie sammelten viel Silber. (וַיַּאַסְפוּ־כֶסֶף לָרֹב)

¹² Und der König und Jojada gaben es dem Werkmeister für die Arbeit des JHWH-Hauses und sie warben Steinhauer und Handwerker an, um das Haus JHWHs zu erneuern und auch Eisen- und Bronze-Schmiede, um das Haus JHWHs auszubessern. | 2 Kön 12,12

¹³ Und die Werkmeister arbeiteten und die Ausbesserung des Werkes ging voran in ihrer Hand und sie stellten das Gotteshaus in seinen Maßen wieder her und sie verstärkten es. | 2 Kön 12,13

¹⁴ Und als sie fertig waren, da brachten sie vor den König und Jojada den Rest des Silbers. Und sie machten Geräte für das Haus JHWHs, Geräte des Dienstes und Brandopfer und Schalen und goldene und silberne Geräte. Und so geschah es, dass sie regelmäßig Brandopfer opferten im Haus JHWHs alle Tage Jojadas. (כֹּל יְמֵי יְהוֹיָדָע) | 2 Kön 12,14

¹⁵ Und Jojada wurde alt und er war satt der Tage (וַיִּשְׂבַּע יָמִים) und er starb, | 1 Chr 29,28

**130 Jahre alt war er, als er starb.**

¹⁶ Und man begrub ihn in der Stadt Davids mit den Königen, denn Gutes hatte er in Israel getan und für Gott und sein Haus. | 1 Chr 17

¹⁷ Und nach dem Tod Jojadas gingen die Obersten Judas und sie verneigten sich vor dem König. Da hörte der König auf sie.

¹⁸ Und da verließen (עָזַב) sie das Haus JHWHs des Gottes ihrer Väter und sie dienten den Ascheren und den Götzen. Und es kam der Zorn (קֶצֶף) über Juda und Jerusalem wegen dieser ihrer Schuld.

2 Kön 12,4; Dtn 12

**¹⁹ Und er sandte Propheten unter sie, um sie zurückzubringen zu JHWH und sie warnten sie, doch sie hörten nicht darauf.**

**²⁰ Und so kam der Geist Gottes über Secharja, den Sohn des Priesters Jojadas. Und er trat vor das Volk und er sprach zu ihnen: „So spricht Gott: Warum übertretet ihr die Gebote JHWHs? So werdet ihr nicht Erfolg haben, denn ihr habt JHWH verlassen und darum verlässt er euch."**

**²¹ Und sie verschworen sich gegen ihn und sie steinigten ihn auf Befehl des Königs im Vorhof des Hauses JHWHs.**

Lev 24,14; Num 15,35; Dtn 17,5

**²² Und König Joas erinnerte sich nicht an die Gnade, die Jojada, sein Vater, ihm erwiesen hatte. Und er brachte seinen Sohn um, und als der starb, da sprach er: „JHWH soll es sehen und es ahnden."**

²³ Und es geschah zur Wende des Jahres, da kam ein Heer aus Aram hinauf und sie zogen nach Juda und Jerusalem. Und sie töteten aus dem Volk alle Obersten des Volkes und sie sandten ihre ganze Beute zum König nach Damaskus.

2 Kön 12,18 f.

**²⁴ Obwohl das Heer Arams mit wenigen Männern kam, so gab JHWH ein viel größeres Heer in ihre Hand, da sie JHWH, den Gott ihrer Väter, verlassen hatten.**

2 Chr 13,14 f.; 14,10 f.; 20,22 f.

Und an Joas vollzogen sie Gericht.

²⁵ Und als sie weggezogen waren von ihm, denn sie ließen ihn zurück in schweren Wunden, da verschworen sich gegen ihn seine Diener

2 Kön 12,21

**wegen des Blutes der Söhne des Priesters Jojada**

und sie töteten ihn auf seinem Bett und er starb und sie begruben ihn in der Stadt Davids, doch begruben sie ihn nicht in den Gräbern der Könige.

²⁶ Und diese sind es, die sich gegen ihn verschworen: Sabad, der Sohn der Schimat, **der Ammoniterin,** und Josabad, der Sohn der Schimrit, **der Moabiterin.**

2 Kön 12,22; 2 Chr 16,7–9; Esr 10

²⁷ Und seine Söhne und die Menge der vielen Aussprüche über ihn und die Instandsetzung von Gottes Haus, siehe, diese sind geschrieben in dem Midrasch des Buchs der Könige. Und es wurde Amazja, sein Sohn, König an seiner statt.

Legende
1. Schicht: Jojadas Glanz und Joas' Schande
2. **Schicht: Die Ermordung des Propheten**
3. *Schicht: Die Tempelrenovierung in Levitenhand*

# 8  2 Chr 25 Amazja

## 2 Chr 25

¹ Als er 25 Jahre alt war, wurde Amazja König, und 29 Jahre war     2 Kön 14,2
er König in Jerusalem. Und der Name seiner Mutter war Jehoad-
dan aus Jerusalem.

² Und er tat, was recht war in den Augen JHWHs, doch nicht mit     2 Kön 14,3.5;
ungeteiltem Herzen.     2 Chr 15,17;
20,32; 24,2

   ³ **Und es geschah, als das Königtum bei ihm befestigt**
   **war,** (חָזְקָה הַמַּמְלָכָה עָלָיו) **da tötete er seine Diener, die den**
   **König, seinen Vater, töteten.**

      ⁴ *Und ihre Söhne ließ er nicht töten, denn wie es in der*     2 Kön 14,6;
      *Tora geschrieben steht, im Buch des Mose, wie JHWH*     Dtn 24,16
      *befiehlt: „Nicht sollen die Väter wegen der Söhne sterben*
      *und die Söhne sollen nicht wegen der Väter sterben,*
      *denn ein jeder soll sterben für seine Sünde."*

   ⁵ **Und Amazja versammelte Juda und er ließ sie antre-**     2 Chr 14,7;
   **ten nach ihren Vaterhäusern, die Obersten der Tau-**     17,14−19
   **sendschaften und die Obersten Hundertschaften von**
   **ganz Juda und Benjamin. Und er musterte die, die**
   **20 Jahre alt oder drüber waren. Und er fand, dass es**
   **300.000 Auserlesene waren, die mit dem Heer auszo-**
   **gen, die Spieß und Langschild trugen.**

   ⁶ **Und er warb aus Israel 100.000 wehrfähige Krieger**
   **an für 100 Kikkar Silber.**

   ⁷ **Und ein Gottesmann kam zu ihm: „König, das Heer**     2 Chr 16,7−9
   **Israels soll nicht mit dir gehen, denn JHWH ist nicht**
   **mit Israel, alle Söhne Ephraims.**

   ⁸ **Sondern geh und rüste dich für den Kampf,**

      *dann wird Gott dich fallen lassen* (יַכְשִׁילְךָ) *vor dem Feind,*

   **denn bei Gott ist die Kraft, zu helfen und zu Fall zu**
   **bringen."** (וּלְהַכְשִׁיל)

⁹ **Und Amazja sprach zum Gottesmann:** (אִישׁ הָאֱלֹהִים)
**„Was wird aus den 100 Kikkar, die ich dem Heer aus**
**Israel gegeben habe?" Und es sprach der Gottesmann:**
**„Es ist JHWHs Angelegenheit, dir mehr als das zu**
**geben."**

¹⁰ **Da ließ Amazja das Heer absondern, das da zu ihm**
**aus Ephraim gekommen war, damit sie an ihren Ort**
**gehen.**

*Da entbrannte ihr Zorn sehr gegen Juda. Und sie kehrten*
*zu ihrem Ort zurück in brennendem Zorn.*

¹¹ Und Amazja erstarkte (וַאֲמַצְיָהוּ הִתְחַזַּק) und er führte sein Volk. 2 Kön 14,7
Und er zog ins Salztal. Und er schlug die Leute von Seir, 10.000
Mann.

¹² Und 10.000 Lebende nahmen die Judäer gefangen. Und sie    2 Kön 14,7
brachten sie auf den Felsengipfel und warfen sie von der Spitze
der Klippe und sie wurden alle zerschmettert.

*¹³ Aber die Leute der Truppe, die Amazja zurückge-*
*schickt hatte, so dass sie nicht mit ihm in die Schlacht*
*zogen, überfielen die Städte Judas von Samaria bis nach*
*Bet-Horon. Und sie erschlugen 3.000 von ihnen und sie*
*erbeuteten große Beute.*

¹⁴ Und es geschah, nachdem Amazja die Edomiter geschlagen    2 Kön 14,4
hatte, da ließ er die Götter der Leute aus Seir kommen und er
ließ sie als Götter für sich aufstellen (וַיַּעֲמִידֵם לוֹ) und er verbeugte
sich vor ihnen nieder und er brachte ihnen Rauchopfer dar.

¹⁵ Und es entbrannte der Zorn JHWHs (אַף יְהוָה) über Amazja.

**Und er schickte zu ihm einen Propheten. Und er sprach**    Jes 37,12
**zu ihm: „Warum suchst du die Götter des Volkes, die ihr**
**Volk nicht retten konnten aus deiner Hand?"**

¹⁶ **Und es geschah, als er zu ihm redete, da sprach er**
**zu ihm: „Haben sie dich zum Ratgeber des Königs**
**gemacht? Halte ein! Warum soll man dich schlagen**
**müssen?" Der Prophet hielt inne und er sprach: „Ich**
**habe erkannt, dass Gott beschlossen hat, dich zu ver-**
**nichten, weil du dieses tust und du auf meinen Rat**
**(עֵצָה) nicht gehört hast."**

¹⁷ Und Amazja, der König von Juda, beriet sich (וַיִּוָּעַץ) und er    2 Kön 14,8
sandte (וַיִּשְׁלַח) zu Joas, dem Sohn von Joahas, des Sohnes Jehus,
dem König von Israel: „Geh hinauf, lass uns einander ins Angesicht sehen."

¹⁸ Und Joas, der König von Israel, sandte zu Amazja, dem König von Juda:

2 Kön 14,9

> **„Der Dornbusch, der im Libanon ist, sendet** (וַיִּשְׁלַח) **zur**
> **Zeder, die im Libanon steht:**

2 Chr 13,12

(הַחוֹחַ אֲשֶׁר בַּלְּבָנוֹן שָׁלַח אֶל־הָאֶרֶז אֲשֶׁר בַּלְּבָנוֹן)

> *Gib doch deine Tochter für meinen Sohn zur Frau.*
> **Und das Tier des Felds, das im Libanon lebt, läuft über**
> **ihn und zertritt den Dornbusch.**

(וַתַּעֲבֹר חַיַּת הַשָּׂדֶה אֲשֶׁר בַּלְּבָנוֹן וַתִּרְמֹס אֶת־הַחוֹחַ)

¹⁹ Du sagst (אָמַרְתָּ הִנֵּה): Siehe, du hast Edom zerschlagen. Und dein Herz treibt dich, Ehre zu suchen (לְהַכְבִּיד). Bleibe jetzt (עַתָּה) in deinem Haus. Warum sollst du dich in Unglück stürzen, so dass du fällst und Juda mit dir!"

2 Kön 14,10

²⁰ Doch Amazja hörte nicht,

2 Kön 14,11

> **denn von Gott kam es, damit sie in die Hand gegeben**
> **werden,**

denn sie suchten die Götter Edoms.

²¹ Und Joas, der König von Israel, zog hinauf. Und sie sahen einander ins Angesicht, er und Amazja, der König von Juda, in Bet-Schemesch, das in Juda liegt.

2 Kön 14,11

²² Und Juda wurde geschlagen von Israel. Und es floh ein jeder zu seinem Zelt.

2 Kön 14,12

²³ Und Joas, der König von Israel, nahm Amazja, den König von Juda, den Sohn von Joas, des Sohns von Joahas, in Bet-Sche-mesch gefangen. Und er brachte ihn nach Jerusalem und er riss in die Mauer von Jerusalem eine Bresche von 400 Ellen vom Ephraim-Tor bis zum Ecktor.

2 Kön 14,13

²⁴ Und er nahm alles Gold und Silber und alle Geräte, die sie fanden im Haus Gottes **bei Obed-Edom** (עֹבֵד אֱדֹום) und den Schatzkammern des Königshauses und die Geiseln und er kehrte zurück nach Samaria.

2 Kön 14,14

²⁵ Und es geschah, dass Amazja, der Sohn des Joas, noch fünf-zehn Jahre lang König von Juda war, nachdem Joas gestorben war, der Sohn Joahas, der König von Israel.

2 Kön 14,17

²⁶ Und die übrige Geschichte Amazjas, die frühere und die spätere. Siehe, steht die nicht im Buch der Könige von Juda und Israel geschrieben?

2 Kön 14,18

²⁷ Und zu der Zeit, da Amazja sich abwandte von JHWH, da zet-telten sie in Jerusalem gegen ihn eine Verschwörung an. Und

2 Kön 14,19

er floh nach Lachisch und sie sandten hinter ihm her nach Lachisch und sie töteten ihn dort.

²⁸ Und sie sattelten ihn auf die Pferde und sie begruben ihn bei seinen Vätern in einer Stadt Judas. (בְּעִיר יְהוּדָה)

2 Kön 14,20

Legende

1. Schicht: Amazjas geteilte Regierung
2. **Schicht: Der Lohn für die Abstoßung der Israeliten**
3. *Schicht: Die Strafe für das Israelbündnis*

# 9 2 Chr 26 Ussia

## 2 Chr 26

¹ **Und das ganze Volk von Juda nahm Ussia; und er war 16 Jahre alt; und sie machten ihn zum König anstelle seines Vaters Amazja.**

2 Kön 15,1;
2 Chr 25,27 f.

² **Und er baute Elat und er brachte es an Juda zurück, nachdem der König sich zu seinen Vätern gelegt hatte.**

2 Kön 14,22

³ Und Ussia war 16 Jahre alt, als er König wurde, und 52 Jahre lang war er König in Jerusalem. Und der Name seiner Mutter war Jecholja aus Jerusalem.

2 Kön 15,2

⁴ Und er tat, was recht war in den Augen JHWHs, nach allem, was sein Vater Amazja getan hatte.

2 Kön 15,3;
2 Chr 25,2

⁵ **Und er suchte Gott in den Tagen Secharjas, (זְכַרְיָהוּ) der die Schauungen JHWHs (רְאֹת הָאֱלֹהִים) verstand,**
und in den Tagen, als er JHWH suchte, ließ es Gott ihm gelingen.

2 Chr 24

⁶ **Und er zog aus und kämpfte gegen die Philister und er riss die Mauer von Gat nieder und die Mauer von Jabne und die Mauer von Aschdod und er baute Städte bei Aschdod und bei den Philistern.**

2 Kön 14,25;
2 Chr 17,11; 21,16

⁷ **Und Gott half ihm (וַיַּעְזְרֵהוּ הָאֱלֹהִים) gegen die Philister und gegen die Araber, die in Gur-Baal wohnten und gegen die Meuniter.**

⁸ **Und die Ammoniter gaben Ussia Tribut**
und sein Name drang bis dorthin, wo es nach Ägypten geht, denn er war überaus mächtig geworden. (כִּי הֶחֱזִיק עַד־לְמָעְלָה)

2 Chr 17,11; 32,23
2 Chr 7,8

⁹ **Und Ussia baute Türme (מִגְדָּלִים) in Jerusalem auf dem Eck-Tor und auf dem Tal-Tor und auf dem Winkel, und er befestigte sie.**

¹⁰ **Und er baute Türme** (מִגְדָּלִים) **in der Wüste und er grub viele Brunnen, denn er hatte viel Vieh, sowohl in der Schefela als auch in der Ebene, Bauern und Winzer in den Bergen und im Fruchtland, denn er liebte den Ackerbau.**

¹¹ **Und Ussia hatte ein kriegstreibendes Heer,** (וַיְהִי לְעֻזִּיָּהוּ (חַיִל עֹשֵׂה מִלְחָמָה)

2 Chr 19,8; 23,2; 26,11–13; 34,12; 35,5

> *das in Heerscharen in den Kampf zog nach der Zahl ihrer Musterung durch den Schreiber Jeiel und den Verwalter Maaseja unter der Leitung von Hananjas, einem der Obersten des Königs.*
> ¹² *Und die Gesamtzahl der Familienoberhäupter der Kriegshelden war 2.600.*
> ¹³ *Und in ihrer Hand lag eine Heeresmacht von 307.500 Mann, die den Krieg mit Heereskraft führten, um dem König gegen den Feind zu helfen.* (לַעְזֹר לַמֶּלֶךְ עַל־הָאוֹיֵב)

¹⁴ **Und Ussia beschaffte** *ihnen,* (לָהֶם) **dem ganzen Heer,** (לְכָל־הַצָּבָא) **Schilde und Spieße und Helme und Panzer und Bogen und Schleudersteine.**

¹⁵ **Und er machte in Jerusalem kunstvoll erdachte Maschinen,** (מַחֲשֶׁבֶת חִשְּׁבֹנוֹת) **die auf Türmen** (מִגְדָּלִים) **und auf den Mauerecken standen, um mit Pfeilen und großen Steinen zu schießen. Und sein Name ging hinaus in die Ferne, denn ihm war wunderliche Hilfe zuteilgeworden, bis er erstarkt war.** (עַד כִּי־חָזָק)

2 Chr 25,23

¹⁶ Und als er erstarkte, (וּכְחֶזְקָתוֹ) da wurde sein Herz hochmütig, bis er verderblich handelte. Und er tat Treulosigkeit gegen JHWH, seinen Gott. Und er kam zum Tempel JHWHs, um auf dem Räucheraltar Rauchopfer darzubringen.

¹⁷ Und es folgte ihm Asarja, der Priester, und mit ihm 80 Priester JHWHs, tüchtige Männer.

¹⁸ Und sie gingen Ussia, dem König, entgegen. Und sie sprachen zu ihm: „Nicht dir, Ussia, steht es zu, Rauchopfer für JHWH darzubringen, sondern den Priestern

> *, den Söhnen Aarons, die geheiligt sind, Rauchopfer darzubringen!*

Num 18,1–7; Ex 30,7–10

Verlass das Heiligtum, denn du hast treulos gehandelt, und es wird dir nicht zur Ehre gereichen vor JHWH, Gott."

¹⁹ Und Ussia wurde zornig.

> *Und in seiner Hand war eine Räucherpfanne (מִקְטֶרֶת)*          Ez 8,11;
> *zum Räuchern. Und da wurde er zornig über die Priester.*       1 Kön 12,33–13,6

Und es brach Aussatz auf seiner Stirn hervor
> *vor den Priestern*

im Haus JHWHs
> *beim Räucheraltar.*

²⁰ Und Asarja, der          2 Kön 15,5
> *Hohe*

Priester, und alle Priester wandten sich ihm zu. Und siehe, er          Num 12,10
war aussätzig an seiner Stirn und sie trieben ihn von dort. Und
er beeilte sich auch herauszukommen, denn JHWH hatte ihn
geschlagen.

²¹ Und der König Ussia war aussätzig bis zu dem Tag seines          2 Kön 15,5;
Todes. Und er wohnte im separierten Haus als ein Aussätziger,          Lev 13,45 f.
denn er war vom Haus JHWHs ausgeschlossen. Und Jotam, sein
Sohn, war über das Haus des Königs gesetzt und richtete das
Volk des Landes.

²² Und die übrige Geschichte Ussias, die frühere und die spätere,          2 Kön 15,6
hat der Prophet Jesaja, der Sohn des Amoz, aufgeschrieben.

²³ Und Ussia legte sich zu seinen Vätern (עִם־אֲבֹתָיו) und sie          2 Kön 15,7
begruben ihn bei seinen Vätern
> *auf dem Grabfeld für die Könige, denn sie sagten: „er ist*
> *ein Aussätziger". (מְצוֹרָע הוּא)*

Und es wurde sein Sohn Jotam König an seiner Stelle.

Legende
1. Schicht: Ussia als guter König, dessen Abfall Aussatz her-
   vorbringt
2. **Schicht: Ausbau der Innenpolitik Ussias**
3. *Schicht: Ussia als schlechter König und Kultfrevler*

# 10  2 Chr 27 Jotam

2 Chr 27
> ¹ **25 Jahre war Jotam alt, als er König wurde, und 16 Jahre**          2 Kön 15,33
> **war er König in Jerusalem. Und der Name seiner Mutter**
> **war Jeruscha, die Tochter Zadoks.**
> ² **Und er tat, was recht war in den Augen JHWHs nach**          2 Kön 15,34–35;
> **allem, was sein Vater Ussia getan hatte, nur (רַק) ging**          2 Chr 26,1–15

er nicht in den Tempel JHWHs. Doch noch immer handelte das Volk (עוֹד הָעָם) verderblich.

³ **Er baute** (בָּנָה) **das obere Tor am Haus JHWHs. Auch an**
**der Mauer des Ophel baute er viel.**

2 Kön 15,35;
2 Chr 26,9 f.

⁴ **Er baute** (בָּנָה) **Städte auf dem Gebirge Judas und in**
**den Waldgebieten baute er Burgen und Türme.**

2 Chr 26,9–
11.14 f.

⁵ **Und er kämpfte mit dem König der Ammoniter und**
**er war stärker** (וַיֶּחֱזַק) **als sie. Und die Ammoniter gaben**
**ihm in jenem Jahr 100 Kikkar Silber und 10.000 Kor**
**Weizen und 10.000 Kor Gerste. Dies lieferten ihm die**
**Ammoniter auch im zweiten und dritten Jahr ab.**

2 Chr 26,6–8

⁶ **Und Jotam erstarkte,** (וַיִּתְחַזֵּק) **denn seine Wege richtete**
**er vor dem Angesicht JHWHs, seines Gottes, aus.**

2 Chr 26,8 f.15

⁷ **Und die übrige Geschichte Jotams und alle seine**
**Kriege und seine Wege, siehe, sie wurden aufgeschrie-**
**ben im Buch der Könige von Israel und Juda.**

2 Kön 15,36

⁸ 25 Jahre war er alt, als er König wurde, und er regierte 16 Jahre
in Jerusalem.

2 Kön 15,33;
2 Chr 28,1

⁹ Und Jotam legte sich zu seinen Vätern. Und sie begruben ihn
in der Stadt Davids. Und sein Sohn Ahas wurde König an seiner
Stelle.

2 Kön 15,38 f.

Legende
1.   Schicht: Jotams Lebensdaten
2.   **Schicht: Jotams gute Taten**

# 11  2 Chr 28 Ahas

## 2 Chr 28

¹ Zwanzig Jahre war Ahas alt, als er König wurde. Und 16 Jahre
war er König in Jerusalem. Doch er tat nicht das, was recht war
in den Augen JHWHs

2 Kön 16,2;
2 Chr 29,2

, **wie sein Vater David.** (כְּדָוִיד אָבִיו)

2 Kön 16,3;
1 Kön 12,28–33;
16,29–32

² Sondern er ging auf den Wegen der Könige von Israel und er
machte auch Gussbilder für die Baale.

³ Und er brachte im Tal Ben-Hinnom Räucheropfer dar. Und er
verbrannte seine Söhne im Feuer nach den Gräueln der Völker,
die JHWH vor den Israeliten vertrieben hatte.

2 Kön 16,3; 23,10;
2 Chr 33,6

⁴ Und er brachte Schlachtopfer dar und er verbrannte sie auf den Höhen und auf den Hügeln und unter jedem grünen Baum.    2 Kön 16,4

⁵ Da gab ihn JHWH, sein Gott, in die Hand des Königs von Aram. Und sie schlugen ihn und sie nahmen von ihnen eine große Menge gefangen. Und sie brachten sie nach Damaskus.    2 Kön 16,5

**Und auch (וְגַם) in die Hand des Königs von Israel wurde er gegeben, der ihm eine schwere Niederlage beibrachte.**

**⁶ Und Pekach, der Sohn Remaljas, tötete in Juda 120.000 an einem Tag, alles tüchtige Krieger, weil sie JHWH, den Gott ihrer Väter, verlassen hatten. (עָזַב)**

*⁷ Und Sichri, ein Held Ephraims, brachte Maaseja um, den Sohn des Königs und Asrikam, den Vorsteher des Hauses, und Elkana, den Zweiten nach dem König.*

**⁸ Und die Söhne Israels nahmen von ihren Brüdern 200.000 Frauen, Söhne und Töchter gefangen. Auch raubten sie große Beute von ihnen. Und sie brachten die Beute nach Samaria.**

**⁹ Und dort war ein Prophet für JHWH mit Namen Oded. Und der ging hinaus, dem Heer, das da kam, entgegen. Und er sprach zu ihnen: „Siehe, weil der Zorn JHWHs, des Gottes eurer Väter, über Juda ist, gab er sie in eure Hände. Und ihr habt sie getötet mit einem Zorn, der bis zum Himmel reicht.**

**¹⁰ Und jetzt wollt ihr euch die Söhne Judas und Jerusalems zu Sklaven und Mägden unterwerfen. Sind aber bei euch selbst nicht Verschuldungen gegenüber JHWH, eurem Gott?**

**¹¹ Und jetzt hört mich an und schickt die Gefangenen zurück, die ihr weggeführt habt von euren Brüdern, denn der brennende Zorn JHWHs ist über euch."**    2 Chr 11,1–4.13–17; 13,12

**¹² Da traten Männer von den Häuptern der Söhne Ephraims (בְנֵי־אֶפְרַיִם)**

*– Asarja, der Sohn Johanans, Berechja, der Sohn Meschillemots, Jehiskija, der Sohn Schallums, und Amasa, der Sohn Hadlais –*

**vor diejenigen, die vom Feldzug zurückkamen. (עַל־הַבָּאִים מִן־הַצָּבָא)**

**¹³ Und sie sagten zu ihnen: „Bringt die Gefangenen nicht hierher! Wollt ihr die Schuld vor JHWH, die auf uns**    2 Chr 30,6; 35,17 lastet, noch zusätzlich zu unseren Sünden und unserer Verschuldung vergrößern? Denn groß ist unsere Schuld und der brennende Zorn lastet über Israel."

¹⁴ Da gaben die Bewaffneten die Gefangenen und die Beute vor den Obersten und der ganzen Versammlung frei.

¹⁵ Und die Männer, die mit Namen angesprochen wurden, standen auf und kümmerten sich um die Gefangenen. Und alle von ihnen, die nackt waren, bekleideten sie aus der Beute. Und sie bekleideten sie und sie gaben ihnen Schuhe und sie speisten und tränkten und salbten sie. Und sie geleiteten auf Eseln alle, die ermattet waren, und brachten sie nach Jericho, der Palmenstadt, in die Nähe ihrer Brüder. Und sie kehrten nach Samaria zurück.

¹⁶ Und zu jener Zeit sandte der König Ahas zu den Königen von Assur, dass sie ihm helfen.  **2 Kön 16,7**

¹⁷ **Denn wieder (וְעוֹד) waren die Edomiter gekommen, und sie schlugen Juda und führten Gefangene weg.**

¹⁸ **Und die Philister überfielen die Städte der Schefela und im Negev von Juda und sie nahmen Bet-Sche-mesch ein**  **Jes 14,28 f.; 2 Chr 26,6–10**

> *und Ajalon und Gederot und Socho und seine Tochter-städte und Timna und seine Tochterstädte und Gimso und seine Tochterstädte;*

**und sie wohnten dort.**

¹⁹ **Denn JHWH demütigte Juda wegen Ahas, des Königs von Israel, denn er hatte in Juda Zügellosigkeit aufkom-men lassen und war treulos gegen JHWH geworden.**

²⁰ Und Tilgat-Pilneser (תִּלְגַת פִּלְנְאֶסֶר), der König von Assur, zog gegen ihn und bedrängte ihn, statt ihn zu unterstützen.

²¹ Obwohl Ahas das Haus JHWHs und das Königshaus und die Fürsten ausgeraubt hatte, und alles dem König von Assur gegeben hatte, wurde ihm keine Hilfe zuteil.  **2 Kön 16,8; 18,14–17; 2 Chr 32**

²² Und zu der Zeit, da er ihn bedrängte, da handelte er, der König Ahas, noch treuloser gegen JHWH.

²³ Und er opferte den Göttern von Damaskus, die ihn geschlagen hatten, und er sagte: „Ja, die Götter der Könige von Aram, sie helfen ihnen. Ich will Schlachtopfer darbringen und sie werden mir helfen." Doch sie brachten ihn zu Fall und ganz Israel.  **2 Chr 32,20; 2 Kön 16,10–18**

²⁴ **Und Ahas sammelte die Geräte des Hauses Gottes**
**zusammen und er zerschlug die Geräte des Gotteshau-**
**ses und er verschloss die Türen von JHWHs Haus. Und**
**er machte Altäre in allen Ecken in Jerusalem.**
²⁵ **Und in jeder einzelnen Stadt von Juda errichtete er**
**Höhen, um anderen Göttern Rauchopfer darzubringen.**
**Und so reizte er JHWH, den Gott seiner Väter.**

2 Chr 29,2–31,20

²⁶ Und der Rest seiner Geschichte, die frühere und die spätere,
siehe das wurde aufgeschrieben im Buch der Könige von Juda
und Israel.

2 Kön 16,19

²⁷ Und Ahas legte sich zu seinen Vorfahren und man begrub
ihn in der Stadt, in Jerusalem, doch man brachte ihn nicht in
die Gräber der Könige von Israel. Und sein Sohn Hiskia wurde
an seiner Stelle König.

2 Kön 16,20

Legende
1. Schicht: Ahas und die Suche nach falscher menschlicher
   Hilfe
2. **Schicht: Ahas als gottloser Fanatiker**
3. *Schicht: Namensergänzungen*

# 12  2 Chr 29–32 Hiskia

## 2 Chr 29

¹ Hiskia wurde König, als er 25 Jahre alt war, und er regierte
29 Jahre in Jerusalem. Und der Name seiner Mutter war Abija,
die Tochter Secharjas.

2 Kön 18,2

² Und er tat, was recht war in den Augen JHWHs,
    **nach allem, was sein Vater David getan hatte.**
        ³ **Im ersten Jahr seiner Herrschaft, im ersten Monat, da**
        **öffnete er die Tore des Hauses JHWHs und besserte sie**
        **aus.**
        ⁴ **Und er ließ die Priester** *und Leviten* **kommen und er**
        **versammelte sie auf dem Platz im Osten.**
            ⁵ *Und er sprach zu ihnen: „Hört mir zu, Leviten, heiligt*
            *euch jetzt und heiligt das Haus JHWHs, des Gottes eurer*
            *Väter. Schafft das Unreine aus dem Heiligtum heraus.*

2 Kön 18,3

Dtn 10,8; 18,5

⁶ *Denn unsere Vorfahren haben gesündigt und sie taten*     2 Chr 13,10 f.
*das Schlechte in den Augen JHWHs, unseres Gottes. Und*
*sie haben ihn verlassen (עָזַב) und sie haben abgewandt*
*ihr Angesicht von der Wohnung JHWHs und ihr den*
*Rücken zugekehrt.*

⁷ *Auch hielten sie die Türen der Vorhalle verschlossen*
*und löschten die Lampen und Rauchopfer brachten sie*
*nicht dar. Und im Heiligtum ließen sie kein Brandopfer*
*heraufsteigen für den Gott Israels.*

⁸ *Und es kam der Zorn JHWHs über Juda und Jerusalem*
*und er machte sie zum Entsetzen, zum Schrecken und*
*zum Zischen, wie ihr mit euren Augen seht.*

⁹ *Und siehe, unsere Väter sind gefallen durch das*
*Schwert und unsere Söhne und Töchter und Frauen sind*
*deswegen in Gefangenschaft.*

¹⁰ *Jetzt liegt es mir am Herzen, einen Bund mit JHWH*     2 Chr 15,12
*zu schließen, dem Gott Israels, damit sich von uns sein*
*glühender Grimm und Zorn abwende.*

¹¹ *Meine Söhne, nun seid nicht lässig, denn euch hat*
*JHWH erwählt, dass ihr vor ihm steht und dass ihr seine*
*Diener seid und ihm Rauchopfer darbringt."*

¹² *Da machten sich die Leviten auf: Machat, der Sohn*
*Amasais; und Joel, der Sohn Asarjas von den Kehati-*
*tern; und von den Merariten Kisch, der Sohn Abdis; und*
*Asarjahu, der Sohn Jehallelels; und von den Gerschoni-*
*ten Joach, der Sohn Simmas; und Eden, der Sohn Joachs;*

¹³ *und von den Söhnen Elizafans: Schimri und Jeiel; und*
*von den Söhnen Asafs: Secharja und Mattanja;*

¹⁴ *und von den Söhnen Hemans: Jehiel und Schimi; und*
*von den Söhnen Jedutuns: Schemaja und Usiel.*

¹⁵ *Und sie versammelten ihre Brüder und sie heiligten*
*sich und gingen gemäß dem Befehl des Königs hinein*
*nach den Worten JHWHs, um das Haus JHWHs zu rei-*
*nigen.*

¹⁶ **Und die Priester gingen ins Innere vom Haus JHWHs,**
**um es zu reinigen. Und sie schafften alles Unreine**
**heraus, das sie im Tempel JHWHs fanden, in den Hof**
**des Hauses JHWHs** *und die Leviten nahmen es entgegen,*
**um es in den Kidron-Bach zu schaffen.**

*<sup>17</sup> Und sie begannen am Ersten des ersten Monats zu heiligen und am achten Tag des Monats kamen sie in die Vorhalle JHWHs. Und sie heiligten das Haus JHWHs acht Tage und am sechszehnten Tag des ersten Monats waren sie fertig.*

<sup>18</sup> **Und sie gingen zu König Hiskia hinein und sagten: „Wir haben das ganze Haus JHWHs gereinigt, den Brandopferaltar und all seine Geräte und den Schaubrottisch und all seine Geräte.**

<sup>19</sup> **Und alle Geräte, die der König Ahas hat wegwerfen lassen während seiner Regierung in seiner Untreue, haben wir hergerichtet** *und geheiligt.* **Siehe, sie sind vor dem Altar JHWHs."**

<sup>20</sup> **Und König Hiskia stand früh auf und er versammelte die Obersten der Stadt und ging hinauf zum Haus JHWHs.**

<sup>21</sup> **Und sie brachten sieben Stiere, sieben Schafe und sieben Ziegenböcke zum Sündopfer für das Königtum und für das Heiligtum und für Juda. Und er befahl den Söhnen Aarons, den Priestern, dass sie auf dem Altar JHWHs opfern.**

<sup>22</sup> **Und sie schlachteten die Rinder und die Priester nahmen das Blut und sprengten es an den Altar. Und sie schlachteten die Widder und sprengten das Blut an den Altar und sie schlachteten die Schafe und sprengten das Blut an den Altar.**

<sup>23</sup> **Und sie brachten die Böcke als Sündopfer vor den König und die Versammlung, und die legten ihre Hände auf sie.**

<sup>24</sup> **Und die Priester schlachteten sie und sie brachten ihr Blut auf den Altar, um Sühne für ganz Israel zu schaffen, denn für ganz Israel hatte der König Sündopfer befohlen.**

*<sup>25</sup> Und er stellte die Leviten auf im Haus JHWHs mit Zimbeln, mit Harfen und mit Zithern nach dem Befehl Davids und Gads, des Sehers des Königs und des Propheten Natan, denn der Befehl war von JHWH ergangen durch seine Propheten.*

*<sup>26</sup> Und so standen die Leviten da mit den Instrumenten Davids und die Priester mit den Trompeten.*

1 Chr 24;<br>2 Chr 8,14

²⁷ *Und Hiskia gebot, das Brandopfer auf dem Altar darzubringen. Und zu der Zeit, da die Brandopfer begannen, begann der Gesang für JHWH und die Trompeten, mit den Instrumenten Davids, des Königs von Israel.*

²⁸ *Und die ganze Gemeinde betete an und der Gesang erscholl und die Trompeten schmetterten. Das alles geschah bis zur Vollendung der Brandopfer.*

²⁹ *Als nun die Brandopfer vollständig dargebracht waren, knieten sich der König und alle, die sich bei ihm eingefunden hatten, nieder und beteten an.*

³⁰ *Und der König Hiskia und die Obersten befahlen den Leviten, JHWH zu loben mit den Worten Davids und des Sehers Asaf. Und sie lobten mit Freude und sie knieten nieder und beteten an.*

³¹ **Und Hiskia hob an und er sprach: „Jetzt steht ihr mit vollen Händen vor JHWH. Kommt herzu und bringt Schlachtopfer und Dankopfer zum Haus JHWHs." Und die Versammlung brachte Schlachtopfer und Dankopfer und jeder, dessen Herz bereit war, Brandopfer.**

³² *Und die Zahl der Brandopfer, welche die Menge darbrachte, war 70 Rinder, 100 Widder und 200 Schafe, diese alle als Brandopfer für JHWH.*

³³ *Und es waren an geweihten Gaben 600 Rinder und 3.000 Schafe.*

³⁴ *Doch es waren zu wenig Priester. Und sie konnten nicht die Haut von allen Brandopfern abziehen. Daher unterstützten sie ihre Brüder, die Leviten, bis die Arbeit vollendet war und bis sich die Priester geheiligt hatten, denn die Leviten waren von Herzen bemüht, sich zu heiligen, mehr als die Priester.*

³⁵ **Auch gab es Brandopfer in Menge mit Fett der Dankopfer und mit den Trankopfern zu den Brandopfern. Und so wurde der Dienst am Haus JHWHs geordnet.**

³⁶ **Und so freute sich Hiskia und das ganze Volk über das, was Gott dem Volk bereitet hatte, denn in kurzer Zeit war es geschehen.**

## 2 Chr 30

¹ **Und Hiskia sandte zu ganz Israel und Juda und er schrieb auch Briefe nach Ephraim und Manasse, dass sie kommen zum Haus JHWHs nach Jerusalem, dass sie feiern das Passah für JHWH, den Gott Israels.**

² *Und der König und die Obersten und die ganze Versammlung in Jerusalem entschieden, dass sie das Passah im zweiten Monat feiern.*

³ *Denn sie konnten es nicht feiern zu der rechten Zeit, da die Priester sich nicht genug geheiligt hatten. Und das Volk war noch nicht versammelt in Jerusalem.*

⁴ *Und die Sache war in den Augen des Königs und in den Augen der ganzen Versammlung gut.*

⁵ *Und sie fassten einen Beschluss, in ganz Israel von Beer-Scheba bis Dan auszurufen, dass sie kämen, um für JHWH, den Gott Israels, das Passah in Jerusalem zu halten.*

Num 9,6–12

**Denn lange hatten sie es nicht getan, wie es geschrieben steht.**

⁶ **Da liefen die Läufer mit den Briefen aus der Hand des Königs und seiner Fürsten in ganz Israel und Juda gemäß dem Befehl des Königs:**

*„Söhne Israels, kehrt um zu JHWH, dem Gott Abrahams, Isaaks und Israels. So wird er sich umkehren (שוב) zu den Entronnenen, die euch aus der Hand der Könige von Assur übriggeblieben sind.*

Sach 1,3 f.;
Mal 3,7

⁷ *Seid nicht wie eure Väter und eure Brüder, die gesündigt haben gegen JHWH, den Gott ihrer Väter, so dass er sie zum Entsetzen hingegeben hat, wie ihr es seht.*

⁸ *Seid nicht halsstarrig wie eure Väter. Gebt JHWH die Hand und kommt in sein Heiligtum, welches er geheiligt hat auf ewig. Und dient JHWH, eurem Gott, damit sich sein brennender Zorn von euch wendet.*

⁹ *Denn, wenn ihr zurückkehrt zu JHWH, so werden eure Brüder und eure Söhne Gnade erlangen vor denen, die sie gefangen weggeführt haben, und sie werden sie in dieses Land zurückführen, denn gnädig und barmherzig ist JHWH, euer Gott. Und er wird sein Angesicht nicht von euch wenden, wenn ihr zu ihm zurückkehrt."*

¹⁰ Und die Eilboten zogen von Stadt zu Stadt im Lande Ephraim und Manasse bis nach Sebulon. Aber man verlachte und verspottete sie.

¹¹ Doch einige Männer aus Asser und Manasse und Sebulon demütigten sich und kamen nach Jerusalem.

¹² Auch über Juda war die Hand Gottes, so dass er ihnen ein einmütiges Herz gab, die Befehle des Königs und der Obersten auszuführen nach dem Wort JHWHs.

¹³ Und so versammelte sich viel Volk in Jerusalem, um das Fest des ungesäuerten Brotes zu begehen im zweiten Monat, eine sehr große Gemeinde.

¹⁴ Und sie machten sich daran und entfernten die Altäre, die in Jerusalem waren, und die Rauchopferaltäre schafften sie weg und warfen sie in den Kidronbach.

¹⁵ Und sie schlachteten das Passah am vierzehnten Tage des zweiten Monats. Und die Priester *und Leviten hatten sich geschämt und heiligten sich und sie* **brachten die Brandopfer in JHWHs Haus.**

¹⁶ *Und sie stellten sich an ihren Standort nach ihrer Vorschrift nach dem Moses Gesetz, des Mannes Gottes. Die Priester sprengten das Blut aus der Hand der Leviten.*   Ez 43,18–27; 44,27; 45,18–23

¹⁷ *Denn es waren viele in der Versammlung, die sich nicht geheiligt hatten. Darum schlachteten die Leviten die Passahopfer für alle, die nicht rein waren, dass sie für JHWH geheiligt werden.*

¹⁸ *Denn die Mehrzahl des Volkes, viele aus Ephraim und Manasse, Issachar und Sebulon hatten sich nicht gereinigt, denn sie aßen das Passah nicht so, wie geschrieben steht, doch Hiskia betete für sie: „JHWH ist gütig, möge er jedem vergeben,*

¹⁹ *der sein Herz darauf richtet, Gott zu suchen: JHWH, den Gott seiner Väter – auch wenn er nicht der Reinheit des Heiligtums entspricht."*

²⁰ *JHWH erhörte Hiskia und er heilte das Volk.*

²¹ *Und so feierten die Söhne Israels, die sich in Jerusalem befanden, das Fest des ungesäuerten Brotes sieben Tage lang mit großer Freude. Und so lobten die Leviten und Priester JHWH Tag für Tag mit den Instrumenten der Macht JHWHs.*

²² *Und Hiskia sprach zum Herzen aller Leviten, die sich auf den Dienst für JHWH gut verstanden.*

**Und sie aßen das Festopfer sieben Tage, und opferten Dankopfer und sie dankten JHWH, dem Gott ihrer Väter.**

²³ *Und die ganze Gemeinde beschloss, noch sieben Tage danach zu feiern, und sie hielten sieben Tage ein Freudenfest.*

²⁴ *Denn Hiskia, der König von Juda, spendete für die Versammlung 1.000 Stiere und 7.000 Schafe. Und die Obersten spendeten für die Versammlung 1.000 Stiere und 10.000 Schafe. Auch von den Priestern hatten sich viele geheiligt.*

²⁵ *Und so freute sich die ganze Versammlung Judas und die Priester und die Leviten und die ganze Versammlung, die aus Israel gekommen war, und die Fremden, die aus dem Land Israel gekommen waren und die, die in Juda wohnten.*

²⁶ *Und die Freude war groß in Jerusalem, denn seit den Tagen Salomos, des Sohnes Davids, des Königs von Israel, war so etwas in Jerusalem nicht geschehen.*

2 Chr 7,1–10; 35,18

²⁷ **Und die Priester,** *die Leviten,* (הַכֹּהֲנִים הַלְוִיִּם) **standen auf und segneten das Volk. Und ihre Stimme wurde erhört und ihr Gebet kam in die heilige Wohnstätte im Himmel.**

## 2 Chr 31

¹ **Und als dies alles vollendet war, da zog ganz Israel, das sich eingefunden hatte, in die Städte Judas und sie zerschlugen die Mazzeben und sie hauten die Ascheren um und sie brachen die Höhen ab und die Altäre** *in ganz Juda und Benjamin und in Ephraim und Manasse,* **bis alles vernichtet war. Und so kehrten alle Söhne Israels in ihre Städte zurück, ein jeder in seinen Besitz.**

Dtn 7,5

² *Und Hiskia ließ die Abteilungen an Priestern und Leviten nach ihren Abteilungen aufstellen: einen jeden seinem Dienst entsprechend, sowohl Priester als auch Leviten für die Brandopfer und für die Heilsopfer, dass sie in den Toren des Lagers JHWHs dienten, dankten und lobten.*

³ *Und der Anteil des Königs von seinem Vermögen war für die Brandopfer, für die Brandopfer am Morgen und am Abend und für die Brandopfer an den Sabbaten und an den Neumonden und den Festen, wie es in der Tora JHWHs geschrieben ist.*

⁴ *Und er sprach zum Volk, den Bewohnern von Jerusalem, dass sie den Anteil geben, der den Priestern und den Leviten gehört, damit sie an der Tora JHWHs festhalten können.*

⁵ *Und als sich das Wort ausbreitete, brachten die Söhne Israels viel an Erstlingsgaben: Getreide, Most und Öl und Honig und von allem Ertrag des Feldes und auch den Zehnten von allem brachten sie in Menge.* Dtn 14,22–29

⁶ *Und die Söhne Israels und Judas, die in den Städten Judas wohnten, auch die brachten den Zehnten von Rindern und Schafen und den Zehnten von Geweihtem, das JHWH, ihrem Gott, geweiht war und legten es Haufen für Haufen hin.*

⁷ *Und im dritten Monat begannen sie, Haufen aufzutürmen, und im siebten Monat waren sie damit fertig.*

⁸ *Und Hiskia und die Obersten kamen und sie sahen die Haufen. Und sie priesen JHWH und sein Volk Israel.*

⁹ *Und Hiskia befragte die Priester und Leviten wegen der Haufen.*

¹⁰ *Und Asarja, der Oberpriester aus dem Haus Zadok, sprach zu ihm und sagte: „Seitdem man angefangen hatte, die Hebopfer für das Haus JHWHs zu bringen, haben wir zu essen, sind satt geworden und haben viel übrigbehalten; denn JHWH hat sein Volk gesegnet. Und diese Menge ist übriggeblieben."*

¹¹ *Und Hiskia befahl, im Haus JHWHs Kammern einzurichten. Und sie richteten sie her.*

¹² *Und sie brachten Hebopfer und den Zehnten und das Geweihte gewissenhaft dar. Und die Vorsteher darüber wurden Konanja, der Levit, und sein Bruder Schimi an zweiter Stelle.*

¹³ *Und Jehiël, Asasja, Nahat, Asaël, Jerimot, Josabad, Eliël, Jismachja, Mahat und Benaja wurden Aufseher unter Konanja und seinem Bruder Schimi nach dem*

*Befehl des Königs Hiskia und Asarjas, des Vorstehers im Hause Gottes.*

*[14] Und Kore, der Sohn Jimnas, der Levit, der Torwächter am Osttor, wurde über die freiwilligen Spenden für Gott eingesetzt, damit er das Hebopfer für JHWH und das Hochheilige gebe.*

*[15] Und ihm treu zur Seite standen Eden, Minjamin, Jeschua, Schemaja, Amarja und Schechanja in den Priesterstädten, um ihren Brüdern Ordnungen zu geben nach ihren Abteilungen – dem größten wie dem Kleinsten.*

*[16] Außerdem hatte man alle aufgezeichnet, die männlich waren, von drei Jahren an, und darüber hinaus alle, die in das Haus JHWHs kamen, je an ihrem Tage zu ihrem Dienst nach ihren Ordnungen.*

*[17] Die Eintragung der Priester geschah nach ihren Vaterhäusern und die der Leviten, von zwanzig Jahren an und darüber hinaus, geschah nach ihrem Dienst gemäß ihren Abteilungen.*

*[18] Und in der Aufzeichnung wurden sie mit all ihren Kindern, ihren Frauen und ihren Söhnen und Töchtern für die ganze Versammlung aufgenommen, denn in ihrer Treue heiligten sie sich für das Heilige.*

*[19] Und für die Söhne Aarons, die Priester, die in den Weidegebieten ihrer Städte wohnten, waren in jeder Stadt Männer aufgestellt, die mit Namen bestimmt waren, dass sie jedem männlichen Angehörigen unter den Priestern und jedem Eingetragenen unter den Leviten ihren Anteil geben.*

*[20] Und Hiskia handelte so in ganz Juda.*

Er tat, was gut und recht und treu war vor JHWH, seinem Gott. · 2 Kön 18,2

[21] Und bei jedem Werk, das er anfing im Dienst für das Haus Gottes (עֲבוֹדַת בֵּית־הָאֱלֹהִים) und in der Tora (תּוֹרָה) und im Befehl (מִצְוָה), seinen Gott zu suchen, handelte er von ganzem Herzen (לִדְרֹשׁ לֵאלֹהָיו בְּכָל־לְבָבוֹ) und hatte Erfolg. · 2 Kön 18,4–6

## 2 Chr 32

[1] Nach diesen Ereignissen **und dieser Treue** (אֱמֶת) kam Sanherib, der König von Assur, und er drang in Juda vor und er · 2 Kön 18,13

belagerte die befestigten Städte. Und er gedachte, sie für sich zu erobern.

² Und Hiskia sah, dass Sanherib kam, und dass sein Gesicht zum Kampf gegen Jerusalem gerichtet war,

³ und er beriet sich mit seinen Obersten und seinen Helden, ob sie die Wasserquellen, die von draußen vor der Stadt waren, verstopfen sollten, und sie halfen ihm.

⁴ Und es versammelte sich viel Volk, und sie verdeckten alle Quellen und den Bach, der durch die Mitte der Quelle geleitet war, denn sie sagten: „Warum sollen die Könige von Assur kommen und viel Wasser finden?"

⁵ Und er erstarkte und er baute die ganze Mauer aus, die eingerissen war. Und er errichtete auf ihr Türme und baute draußen weitere Mauern. Und er befestigte den Millo der Stadt Davids. Und er fertigte Waffen in Menge und Schilde. — 2 Chr 14,5–7

⁶ Und er setzte Kriegsoberste über das Volk. Und er versammelte sie zu sich auf dem Platz am Tor der Stadt und er sprach zu ihrem Herzen:

⁷ „Seid stark (חֲזַק) und mutig! Fürchtet euch nicht und seid nicht verzagt vor dem König von Assur und auch nicht vor der ganzen Menge (הֶהָמוֹן), die bei ihm ist, denn mit uns ist ein Größerer als mit ihm. — Jes 22,8–11; 2 Kön 18,14–17; 2 Chr 13,8; 14,10; 20,2.12.24

⁸ Mit ihm ist ein Arm aus Fleisch, doch mit uns ist JHWH, unser Gott, um uns zu helfen und unsere Kriege zu führen." Und das Volk verließ sich auf die Worte Hiskias, des Königs von Juda. — Jer 17,5

⁹ Danach sandte Sanherib, der König von Assur, seine Diener nach Jerusalem, er aber war noch vor Lachisch und seine ganze Streitmacht mit ihm, zu Hiskia, dem König von Juda, und zu ganz Juda, das in Jerusalem war: — 2 Kön 18,17 f.

¹⁰ „So spricht Sanherib, der König von Assur: Worauf vertraut ihr, die ihr in der Belagerung von Jerusalem bleibt? — 2 Kön 18,19–25.28–35

¹¹ Führt euch Hiskia nicht nur irre und gibt euch dem Tod durch Hunger und Durst preis, wenn er sagt: ‚JHWH, unser Gott, wird uns retten aus der Hand des Königs von Assur?' — 2 Kön 18,22.27.30

¹² Ist es nicht Hiskia, der seine Höhen und seine Altäre entfernen ließ, und der zu Juda und Jerusalem gesagt hat: ‚Vor einem — 2 Kön 18,22

Altar allein sollt ihr euch niederwerfen und auf ihm Rauchopfer darbringen?'

¹³ Erkennt ihr nicht, was ich und meine Väter allen Völkern der Länder angetan haben? Konnten die Götter der Völker der Länder ihr Land erretten aus meiner Hand?

¹⁴ Wer von allen Göttern dieser Länder, an denen meine Väter den Bann vollstreckt haben, konnte sein Volk aus meiner Hand retten, so dass euer Gott euch aus meiner Hand erretten könnte?      2 Kön 18,29.34 f.

¹⁵ Und jetzt, lasst euch nicht betrügen von Hiskia, und lasst euch nicht verführen auf diese Weise, und vertraut ihm nicht; denn kein Gott aus irgendeiner Nation und eines Königreichs konnte sein Volk erretten aus meiner Hand und von der Hand meiner Väter, so wird euer Gott euch nicht erretten aus meiner Hand."      2 Kön 18,29.32

¹⁶ Und noch mehr redeten seine Diener gegen JHWH, Gott, und gegen seinen Knecht Hiskia.      2 Kön 19,9b–13

**¹⁷ Und er schrieb Briefe, um JHWH, den Gott Israels, zu verhöhnen, indem er schrieb: „Wie die Götter der Völker der Erde, nicht ihr Volk retten konnten aus meiner Hand, so wird Hiskias Gott sein Volk nicht aus meiner Hand erretten."**

¹⁸ Und sie riefen mit lauter Stimme auf Judäisch zum Volk von Jerusalem, das auf der Mauer war, um sie zu erschrecken und bestürzt zu machen, um die Stadt einzunehmen.      2 Kön 18,28

¹⁹ Und sie sprachen vom Gott Jerusalems, wie von einem Gott der Völker der Erde, der ein Machwerk von Menschenhänden (מַעֲשֵׂה יְדֵי הָאָדָם) sei.      Dtn 4,28

²⁰ Und König Hiskia und Jesaja, der Sohn des Propheten Amoz, beteten deswegen. Und sie schrien (זָעַק) zum Himmel.      2 Kön 19,1–4.14–19. 35–37    Ex 2,23; 14,10

²¹ Und JHWH sandte einen Boten und der zerschmetterte alle tapferen Krieger und Anführer und Obersten im Lager des Königs von Assur. Und dieser zog in Schande wieder in sein Land. Und er ging in das Haus seines Gottes, da töteten ihn dort seine Söhne und brachten ihn durch das Schwert zu Fall.      2 Chr 13,14; 18,31

²² So half JHWH Hiskia und den Bewohnern von Jerusalem aus der Hand Sanheribs, des Königs von Assur, und aus der Hand von allen und er gab ihnen Ruhe ringsherum.

²³ So brachten sie ihm viele Gaben für JHWH nach Jerusalem und Kostbarkeiten für Hiskia, den König von Juda. Und er war danach hoch angesehen in den Augen aller anderen Völker.

²⁴ Und in jenen Tagen wurde Hiskia todkrank. Und er betete zu JHWH und der sprach zu ihm und gab ihm ein Wunderzeichen.  | 2 Kön 20,1–11

²⁵ **Doch nicht vergalt Hiskia ihm die Wohltat, die er an ihm erwiesen hatte, denn hochmütig war sein Herz und so kam der Zorn über ihn und über Juda und Jerusalem.**  | 2 Kön 20,12–19

²⁶ **Und Hiskia demütigte sich wegen des Hochmutes seines Herzens, er und die Bewohner Jerusalems. Und so kam der Zorn JHWHs nicht über sie in den Tagen Hiskias.**  | 2 Kön 20,17–19

²⁷ **Und Hiskia hatte sehr viel Reichtum und Ehre. Und er machte sich Schatzkammern für Silber, Gold, Edelsteine, Balsamöle, Schilde und allerlei kostbare Geräte.**
²⁸ **Auch Vorratshäuser für den Ertrag an Getreide, Most, Öl, Ställe für alle Arten an Vieh und Ställe für die Herden.**
²⁹ **Und er baute sich Städte und eine Menge Kleinvieh und viele Ochsen, denn Gott hatte ihm ein sehr großes Vermögen gegeben.**
³⁰ **Und er, Hiskia, verstopfte den Abfluss der Wasser des Gihon und leitete sie unterirdisch in die Stadt Davids. Und Hiskia hatte Gelingen (וַיַּצְלַח) in all seinem Tun.**  | 2 Kön 20,20

³¹ So war es bei den Gesandten der Obersten von Babel, die zu ihm gesandt waren, um nach dem Wunderzeichen zu fragen, das im Land geschehen war, da hatte Gott ihn verlassen, um ihn zu testen, ob er alles erkannte, was in seinem Herzen war.  | 2 Kön 20,12–19

³² Und die übrige Geschichte Hiskias und seine guten Taten, siehe, sie sind aufgeschrieben in der Schauung Jesajas, des Sohnes von Amoz, des Propheten im Buch der Könige von Juda und Israel.  | 2 Kön 20,20

³³ Und Hiskia legte sich zu seinen Vätern. Und sie begruben ihn beim Aufgang zu den Gräbern der Söhne Davids. Und Ehre erwiesen ihm bei seinem Tod ganz Juda und die Bewohner Jerusalems. Und Manasse, sein Sohn, wurde König an seiner statt.  | 2 Kön 20,21

Legende
1. Schicht: Gottvertrauen in der Not
2. **Schicht: Gottvertrauen durch Tempelrestauration und Passah**
3. *Schicht: Heilige Levitenliturgie als Folge der Renovierung und die unreinen Gäste des Passahs*

## 13  2 Chr 33 Manasse und Amon

### 2 Chr 33

¹ 12 Jahre war Manasse alt, als er König wurde. Und 55 Jahre war er König in Jerusalem.

2 Kön 21,1

² Und er tat, was böse war in den Augen JHWHs gemäß der Gräuel der Nationen, (כְּתוֹעֲבוֹת הַגּוֹיִם) die JHWH vor den Söhnen Israels vertrieben hatte.

2 Kön 21,2; Dtn 18,9–12

³ Er baute die Höhen wieder auf, die Hiskia sein Vater hatte niederbrennen lassen. Und er errichtete die Altäre für die Baale und er baute Ascheren und er betete vor dem ganzen Heer des Himmels und er diente ihnen.

2 Kön 21,3

⁴ Und er baute Altäre im Haus JHWHs, von dem JHWH in Jerusalem gesagt hatte: „Hier soll mein Name sein auf ewig." (יִהְיֶה־ שְׁמִי לְעוֹלָם)

2 Kön 21,4; 2 Chr 6,6

⁵ Und er baute Altäre für das ganze Heer des Himmels in beiden Vorhöfen des Hauses JHWHs.

2 Kön 21,5

⁶ Und er ließ seine Söhne durch Feuer gehen im Tal Ben-Hinnom und er trieb Zauberei und Beschwörung und er trieb Magie und er tat viel Schlechtes in den Augen JHWHs, um ihn zu erzürnen. (כָּעַס)

2 Kön 21,6; 2 Chr 34,25

⁷ Er stellte das Götterbild der Götzen, (פֶּסֶל הַסֶּמֶל) das er gemacht hatte, in das Haus Gottes, von welchem Gott zu David und seinem Sohn Salomo gesagt hatte: „In diesem Haus und in Jerusalem, welche ich erwählt habe von allen Stämmen Israels, will ich meinen Namen niederlegen auf ewig.

2 Kön 21,7; Ex 20,4 f.; Dtn 4,16–25; 5,8; 27,15; Lev 26,1

⁸ Ich werde Israels Fuß nie mehr vertreiben lassen aus dem Land, das ich euren Vätern bestimmt habe, wenn sie nur darauf achten, alles zu tun, was ich ihnen befohlen habe, die Tora, alle Gebote und Rechtsbefehle von Mose."

2 Kön 21,8; Dtn 4,8

⁹ Manasse aber verführte Juda und die Bewohner Jerusalems, mehr Böses zu tun als die Völker, die JHWH vor den Israeliten vertilgt hatte.

2 Kön 21,11

¹⁰ Und JHWH sprach zu Manasse und seinem Volk, doch sie achteten nicht darauf.

2 Kön 21,10–15

**¹¹ Und JHWH ließ den Heerführer des Königs von Assur über sie kommen. Und sie nahmen Manasse gefangen mit Haken. (בַּחֹחִים) Und sie legten ihn in doppelte Ketten. Und sie führten ihn nach Babylon.**

<sup></sup>¹² **Und als er so bedrängt war, da flehte er zu JHWH, seinem Gott. Und er demütigte** (כנע) **sich sehr vor dem Gott seiner Väter.**

2 Chr 12,6 f.; 32,26; 34,27

¹³ **Und er betete zu ihm. Und er ließ sich von ihm bitten. Und er hörte sein Flehen und er brachte ihn zurück nach Jerusalem in sein Königtum. Da erkannte Manasse, dass JHWH der Gott ist.** (כִּי יְהוָה הוּא הָאֱלֹהִים)

¹⁴ **Und danach baute er die äußere Mauer für die Stadt Davids, westlich vom Gihon im Tal und bis dahin, wo es zum Fischtor geht, und rings um den Ofel. Und er erhöhte sie sehr. Und er setzte Heerführer in alle befestigten Städte in Juda ein.**

2 Chr 11,5 f.; 14,5 f.; 17,12; 27,4; 32,5
2 Chr 11,23; 17,2; 19,5

¹⁵ **Und er schaffte die fremden Götter und den Götzen aus dem Haus JHWHs und alle Altäre weg, die er auf dem Berg des Hauses JHWHs und in Jerusalem gebaut hatte. Und er warf sie heraus vor die Stadt.**

2 Chr 33,22

¹⁶ **Und er stellte den Altar JHWHs auf und er opferte auf ihm Heilsopfer und Dankopfer. Und er sprach zu Juda, dass sie JHWH, dem Gott Israels, dienen sollen.**

¹⁷ Doch das Volk opferte auf den Höhen,
**jedoch nur JHWH, ihrem Gott.** (רַק לַיהוָה אֱלֹהֵיהֶם)

Lev 26,30; Num 33,52

¹⁸ Und die übrige Geschichte Manasses und sein Gebet zu seinen Göttern (וּתְפִלָּתוֹ אֶל־אֱלֹהָיו) und die Worte der Seher, die zu ihm sprachen im Namen JHWHs, des Gottes Israels.
**Siehe, das steht in der Geschichte der Könige von Israel.**

2 Kön 21,17; 2 Chr 33,1–17; Jon 1,5; Jes 8,19; 2 Kön 23,26

¹⁹ **Und sein Gebet und wie er erhört wurde** (וּתְפִלָּתוֹ וְהֵעָתֶר־לוֹ)
und all seine Sünde und seine Untreue und die Stätten, auf denen er Höhen baute und Ascheren und Götterbilder aufstellen ließ, **bevor er sich demütigte.** (לִפְנֵי הִכָּנְעוֹ) Siehe, das steht geschrieben in der Geschichte des Sehers.

2 Kön 21,17; 2 Chr 33,13

²⁰ Und Manasse legte sich zu seinen Vätern und sie begruben ihn in seinem Haus (וַיִּקְבְּרֻהוּ בֵיתוֹ) und Amon wurde König an seiner Stelle.

2 Kön 21,18

²¹ 22 Jahre war Amon alt, als er König wurde, und zwei Jahre war er König in Jerusalem.

2 Kön 21,19

²² Und er tat Böses in den Augen JHWHs, wie es Manasse, sein Vater, getan hatte und allen Götzenbildern, die Manasse, sein Vater, gemacht hatte, (הַפְּסִילִים אֲשֶׁר עָשָׂה מְנַשֶּׁה אָבִיו) opferte Amon und diente ihnen.

2 Kön 21,20 f.

²³ **Doch er demütigte sich nicht vor JHWH, wie sich Manasse, sein Vater, gedemütigt hatte, sondern Amon vergrößerte die Schuld.**

²⁴ Und es verschworen sich seine Diener gegen ihn und sie töteten ihn in seinem Haus.

2 Kön 21,23

²⁵ **Und das Volk des Landes** (עַם־הָאָרֶץ) **erschlug alle, die sich gegen König Amon verschworen hatten.**

2 Kön 21,24;
2 Chr 24,25–27

Und so machte das Volk des Landes Josia, seinen Sohn, zum König.

Legende
1. Schicht: Manasse als größter Sünder unter den Königen Judas
2. **Schicht: Manasses Umkehr und Vorgriff auf das Exil**

# 14 2 Chr 34–35 Josia

## 2 Chr 34

¹ Acht Jahre war Josia alt, als er König wurde, und 31 Jahre war er König in Jerusalem.

2 Kön 22,1

² Und er tat, was recht war in den Augen JHWHs

2 Kön 22,2

**und er ging auf den Wegen Davids, seines Vaters. Und er wich nicht ab zur Rechten noch zur Linken.**

2 Chr 29,2–31,20

³ **Im achten Jahr seiner Herrschaft, als er noch ein Junge war, begann er den Gott seines Vaters David zu suchen. Und im zwölften Jahr begann er Juda und Jerusalem von den Höhen und Ascheren und Schnitz- und Gussbildern zu reinigen.**

⁴ **Und vor ihm riss man die Altäre der Baale und die Rauchopferaltäre nieder, die sich oben auf ihnen befanden. Und die Ascheren und die Schnitz- und Gussbilder zerschlug und zermalmte er und er zerstreute sie auf den Gräbern derer, die auf ihnen geopfert hatten.**

⁵ **Und die Gebeine der Priester verbrannte er auf ihren Altären. So reinigte er Juda und Jerusalem.**

⁶ **Auch in den Städten von Manasse, Ephraim, Simeon bis nach Naftali in ihren Plätzen herum.**

⁷ **Und er riss die Altäre nieder und die Ascheren und die Götzenbilder schlug er in Stücke und zermalmte sie und alle Räucheraltäre hieb er um im ganzen Land Israel. Dann kehrte er nach Jerusalem zurück.**

⁸ Und im 18. Jahr seiner Herrschaft, während er das Land und das Haus reinigte, (לְטַהֵר הָאָרֶץ וְהַבָּיִת) da sandte er Schafan, den Sohn Azaljas und Maaseja, den Obersten der Stadt und den Berater Joach, den Sohn des Joahas, um das Haus JHWHs, seines Gottes, auszubessern.

2 Kön 22,3

⁹ Und sie kamen zu Hilkia, dem Hohenpriester. Und sie gaben Geld, das in das Haus Gottes gebracht wurde, das

2 Kön 22,4;
2 Chr 23,4–6

*die Leviten,* (הַלְוִיִּם)

Schwellenwächter, (שֹׁמְרֵי הַסַּף) gesammelt hatten von Manasse und Ephraim und von dem ganzen Rest Israels (שְׁאֵרִית יִשְׂרָאֵל) und von ganz Juda und Benjamin und den Bewohnern Jerusalems.

¹⁰ Und sie gaben es in die Hand der Werkmeister, die eingesetzt waren im Haus JHWHs. Und sie gaben es zu den Werkmeistern, die im Haus JHWHs arbeiteten, um das Haus zu reparieren und zu verstärken.

2 Kön 22,5

¹¹ Und sie gaben es den Zimmerleuten und den Bauleuten, dass sie behauene Steine kaufen und Hölzer für die Bindebalken, um die Häuser aufzubauen, die die Könige von Juda hatten verfallen lassen.

2 Kön 22,6

¹² Und die Männer handelten dabei in Treue (אֱמוּנָה) bei der Arbeit.

2 Kön 22,7

*Und über sie waren zur Aufsicht gesetzt die Leviten Jahat und Obadja, von den Söhnen Meraris, und Sacharja und Meschullam von den Söhnen der Kehatiter. Und die Leviten, alle, die sich auf Musikinstrumente verstanden,* ¹³ *waren über die Lastträger gesetzt und hatten Aufsicht über alle Werkführer nach ihrem Dienst. Und andere von den Leviten waren Schreiber und Verwalter und Torwächter.*

¹⁴ Und als sie das Geld herausnahmen, das in das Haus JHWHs gebracht wurde, da fand der Priester Hilkia das Buch der Tora JHWHs, die durch Mose gegeben war.

2 Kön 22,8

¹⁵ Da antwortete Hilkia und er sprach zu Schafan, dem Schreiber: „Ich habe die Tora gefunden im Haus JHWHs". Und Hilkia gab Schafan das Buch.

2 Kön 22,8

¹⁶ Und Schafan brachte das Buch zum König. Und er erstattete darüber hinaus dem König Bericht und sagte: „Alles, was in die Hand deiner Diener aufgetragen wurde, das tun sie;     2 Kön 22,9

¹⁷ und sie haben das Geld ausgeschüttet, das sich im Haus JHWHs fand und es in die Hand derer, die eingesetzt waren, und in die Hand der Werkmeister gegeben."     2 Kön 22,9

¹⁸ Dann berichtete der Schreiber Schafan dem König: „Ein Buch hat mir der Priester Hilkia gegeben." Und Schafan las daraus dem König vor. (וַיִּקְרָא־בוֹ)     2 Kön 22,10

¹⁹ Und es geschah, als der König die Worte der Tora (דִּבְרֵי הַתּוֹרָה) hörte, da zerriss er seine Kleider.     2 Kön 22,11

²⁰ Und der König befahl Hilkia und Ahikam, dem Sohn Schafans, und Abdon, dem Sohn Michas, und dem Schreiber Schafan und Asaja, dem Knecht des Königs:     2 Kön 22,12

²¹ „Geht, befragt JHWH für mich und für den Rest in Israel und Juda über die Worte des Buchs, das man gefunden hat, denn groß ist der Zorn JHWHs, der sich ausgegossen hat über uns, da unsere Väter das Wort JHWHs nicht gehalten haben, um nach allem zu tun, was in diesem Buch geschrieben steht."     2 Kön 22,13

²² Da ging Hilkia mit denen, die der König sandte, zu Hulda, der Prophetin, der Frau Schallums, des Sohnes Tokhats, des Sohnes des Hasras, des Hüters der Kleider. Und sie wohnte aber in Jerusalem, im zweiten Stadtteil. Und sie sprachen demgemäß zu ihr.     2 Kön 22,14

²³ Und sie sagte zu ihnen: „So spricht JHWH, der Gott Israels. Sagt dem Mann, der euch zu mir gesandt hat:     2 Kön 22,15

²⁴ ‚So spricht JHWH: Siehe, ich bringe Unheil über diesen Ort und über seine Bewohner und all die Flüche, die in dem Buch geschrieben sind, das man dem König von Juda vorgelesen hat.     2 Kön 22,16

²⁵ Dafür dass sie mich verlassen haben (עָזַב) und anderen Göttern Rauchopfer dargebracht haben, um mich zu reizen mit all dem Machwerk ihrer Hände, wird mein Zorn sich über diesen Ort ergießen (וַיִּתְּכוּ) und er wird nicht erlöschen.'     2 Kön 22,17; 2 Chr 33,1–6

²⁶ Und zu dem König von Juda aber, der euch gesandt hat, um JHWH zu befragen, (דְּרֹשׁ) so sollt ihr zu ihm sprechen: ‚So spricht JHWH, der Gott Israels: Die Worte betreffend, die du gehört hast:     2 Kön 22,18

²⁷ Weil dein Herz weich geworden ist **und du dich gedemütigt hast** (כנע) **vor Gott, als du seine Worte gehört hast gegen diesen Ort und gegen seine Bewohner.** Und weil du dich     2 Kön 22,19

gedemütigt hast vor mir und deine Kleider zerrissen hast und
du geweint hast vor mir, darum habe auch ich gehört. Spruch
JHWHs!

²⁸ Siehe, ich werde dich zu deinen Vätern versammeln und du   2 Kön 22,20
wirst zu deinen Gräbern versammelt werden in Frieden (בְּשָׁלוֹם).
Und deine Augen werden all das Unheil nicht sehen, das ich
über diesen Ort und seine Bewohner bringen werde.'" Und sie
brachten dem König Bericht.

²⁹ Und der König sandte aus und versammelte alle Ältesten von   2 Kön 23,1
Juda und Jerusalem.

³⁰ Und der König ging hinauf in das Haus JHWHs mit allen   2 Kön 23,2
Männern von Juda und den Bewohnern von Jerusalem und den
Priestern
> *und den Leviten*

und allem Volk, vom Größten bis zum Kleinsten. Und er las
ihnen alle Worte des Buches des Bundes vor, das man im Haus
JHWHs gefunden hatte.

³¹ Dann trat der König an seinen Platz und er schloss den   2 Kön 23,3
Bund vor JHWH, JHWH zu folgen, um seine Gebote und seine
Zeugnisse und seine Ordnungen zu halten mit ganzem Herzen
und mit ganzer Seele, um die Worte des Bundes zu tun, die in
diesem Buch geschrieben sind.

³² Und er ließ sie alle eintreten, die sich in Jerusalem und in   2 Kön 23,3 f.
Benjamin befanden. Und die Bewohner von Jerusalem handel-
ten gemäß dem Bund Gottes, des Gottes ihrer Vorfahren.

³³ Josia entfernte alle Gräuel (הַתּוֹעֵבוֹת) aus allen Ländern, die   2 Kön 23,5–
den Israeliten gehörten. Und er hielt alle dazu an, die sich in   16.19 f.;
Israel befanden, dass sie JHWH, ihrem Gott, dienen. Alle seine   2 Chr 10–12
Tage wichen sie nicht ab von JHWH, dem Gott ihrer Väter.

## 2 Chr 35

¹ Und Josia feierte in Jerusalem ein Passah für JHWH. Und sie   2 Kön 23,21;
schlachteten das Passah am Vierzehnten des ersten Monats.   Ex 12,6;
> ² **Und er stellte die Priester an ihre Aufgaben und er**   Lev 23,5 f.;
> **ermutigte sie zum Dienst (עֲבֹדָה) im Haus JHWHs.**   2 Chr 29–31

> > ³ *Und er sagte zu den Leviten, die ganz Israel unterwie-*
> > *sen und die JHWH geheiligt waren: „Stellt die heilige*
> > *Lade in das Haus, das Salomo, der Sohn Davids, der*
> > *König von Israel, gebaut hat. Ihr braucht sie nicht mehr*

*auf der Schulter tragen. Dient nun JHWH, eurem Gott, und seinem Volk Israel.*

⁴ *Haltet euch bereit nach euren Vaterhäusern und euren Abteilungen, nach der Vorschrift Davids, des Königs von Israel, und nach der Vorschrift Salomos, seines Sohnes.*

⁵ *Und tretet an im Heiligtum entsprechend den Gruppen der Vaterhäuser eurer Brüder, der Leute aus dem Volk, je eine Abteilung eines Vaterhauses der Leviten.*

⁶ *Schlachtet das Passah und heiligt euch und bereitet es für eure Brüder zu, damit ihr es nach dem Wort JHWHs durch Mose tut."*

⁷ **Und Josia spendete für das Volk Kleinvieh, Lämmer und junge Ziegen, alles für die Passahopfer für alle, die sich eingefunden hatten, 30.000 an der Zahl, und 3.000 Rinder. Dies alles entstammte aus dem Besitz des Königs.**

⁸ **Und seine Obersten (וְשָׂרָיו) gaben freiwillige Spenden für das Volk (לָעָם)**

*für die Priester und die Leviten. (לַכֹּהֲנִים וְלַלְוִיִּם) Hilkia und Sacharja und Jehiel, die Fürsten des Gottteshauses, (נְגִידֵי בֵּית הָאֱלֹהִים)*

**sie überreichten den Priestern für die Passahopfer 2.600 Stück Kleinvieh und 300 Rinder.**

⁹ *Und Konanja und Schemaja und Netanel, seine Brüder, und Haschabja und Jeiel und Josabad, die Fürsten der Leviten, (שָׂרֵי הַלְוִיִּם) spendeten den Leviten für die Passahopfer 5.000 Stück Kleinvieh und 500 Rinder.*

¹⁰ *Und so wurde der Dienst geordnet. Und die Priester standen an ihrem Ort und die Leviten in ihren Abteilungen nach dem Befehl des Königs.*

¹¹ *Und sie schlachteten das Passah. Und die Priester sprengten das Blut aus ihrer Hand, während die Leviten die Haut abzogen.*

¹² *Und sie legten das Brandopfer beiseite und sie gaben es den Gruppen der Vaterhäuser der Leute aus dem Volk, damit die es JHWH darbrachten, wie es im Buch des Mose geschrieben steht; und so machten sie es mit den Rindern.*

¹³ *Und sie brieten das Passah am Feuer nach Vorschrift. Und die heiligen Gaben kochten sie in Töpfen und in*

Ex 12,8 f.;
Dtn 16,7

*Kesseln und in Schüsseln und sie verteilten sie schnell*
*an alle Leute aus dem Volk.*

[14] *Darauf bereiteten sie es für sich und die Priester zu,*
*denn die Priester, die Söhne Aarons, brachten die Brand-*
*opfer und Fettstücke dar bis zur Nacht. Und so bereite-*
*ten die Leviten es für sich und für die Priester, die Söhne*
*Aarons, zu.*

[15] *Und die Sänger, die Söhne Asafs, waren an ihrem*
*Ort, der Anordnung Davids gemäß: Asaf, Heman und*
*Jedutun, der Seher des Königs. Und die Torhüter waren*
*an jedem Tor. Und es war nicht nötig, dass sie sich von*
*ihrem Dienst entfernten, denn ihre Brüder, die Leviten,*
*bereiteten es für sie zu.*

[16] **So war der ganze Dienst (עֲבֹדָה) JHWHs an diesem Tag**
**geordnet, um das Passah zu feiern und Brandopfer auf**
**dem Altar JHWHs darzubringen nach dem Befehl des**
**Königs Josia.**

[17] Und die Israeliten, die sich einfanden, feierten das Passah
zu jener Zeit und das Fest der ungesäuerten Brote sieben Tage
lang.

Lev 23,5f.

[18] Und solch ein Passah wie dieses wurde in Israel nicht gefeiert
seit den Tagen Samuels, des Propheten. Und alle Könige Israels
hatten kein Passah gefeiert wie das, das Josia feierte

2 Kön 23,22

> *und die Priester und die Leviten und ganz Juda und*
> *Israel, das sich einfand, und die Bewohner von Jerusa-*
> *lem.*

[19] Im 18. Jahr der Königsherrschaft Josias wurde dieses Passah
gefeiert.

2 Kön 23,23

[20] Nach all dem, als Josia das Haus wieder hergerichtet hatte,
zog Necho hinauf, der König von Ägypten, um in Karkemisch
am Euphrat zu kämpfen. Da zog Josia aus, ihm entgegen.

2 Kön 23,29;
Jer 46,2

[21] Er aber sandte Boten zu ihm und sagte: „Was habe ich mit
dir zu tun, König von Juda? Nicht gegen dich komme ich heute,
sondern gegen das Haus, das mit mir Krieg führt. (אֶל־בֵּית
מִלְחַמְתִּי) Und Gott (אֱלֹהִים) hat mir Eile geboten. Lass ab von Gott,
der mit mir ist, damit er dich nicht verdirbt."

2 Kön 23,27;
2 Chr 36,13

[22] Doch Josia wandte sein Gesicht nicht von ihm ab, sondern
verkleidete sich, um gegen ihn zu kämpfen. Und er hörte nicht
die Worte Nechos, die aus dem Mund Gottes kamen. Und er zog
aus, um in der Ebene von Megiddo zu kämpfen.

2 Chr 18,29

²³ Aber die Bogenschützen schossen auf den König Josia. Und  2 Chr 18,33
der König sprach zu seinen Dienern: „Bringt mich fort, denn ich
bin schwer verwundet."

²⁴ Und seine Diener hoben ihn aus dem Streitwagen in das zweite  2 Kön 23,30
Gefährt, das er hatte. Und sie brachten ihn nach Jerusalem. Und
er starb und wurde in den Gräbern seiner Väter (בְּקִבְרוֹת אֲבֹתָיו)
begraben und ganz Juda und Jerusalem trauerten um Josia.

²⁵ Und Jeremia hielt die Totenklage auf Josia. Und alle Sänger
und Sängerinnen singen in ihren Klageliedern von Josia bis
auf den heutigen Tag. Und sie machten es zu einem Brauch in
Israel. Und siehe, sie sind geschrieben in den Klageliedern.

²⁶ Die übrige Geschichte Josias und seine guten Taten nach
dem, was in der Tora JHWHs geschrieben steht,

²⁷ und seine frühere und seine spätere Geschichte, siehe, sie  2 Kön 23,28
steht geschrieben im Buch der Könige von Israel und Juda.

Legende
1.   Schicht: Josias Größe und sein Fall
2.   **Schicht: Josias religiöse Jugend und sein Passah**
3.   *Schicht: Levitische Vorrangstellung bei der Renovierung und*
     *Passah*

# 15  2 Chr 36 Judas Ende

**2 Chr 36**

¹ Das Volk des Landes nahm Joahas, den Sohn Josias, und sie  2 Kön 23,30
machten ihn in Jerusalem zum König anstelle seines Vaters.

² Und Joahas war 23 Jahre alt, als er König wurde, und drei  2 Kön 23,31
Monate lang war er König in Jerusalem.

³ Und der König von Ägypten setzte ihn in Jerusalem ab. Und  2 Kön 23,33
er legte dem Land eine Strafe auf: 100 Kikkar Silber und ein
Kikkar Gold.

⁴ Und der König von Ägypten machte Eljakim, seinen Bruder,  2 Kön 23,34
zum König über Juda und Jerusalem und er änderte dessen
Namen in Jojakim. Doch Joahas, seinen Bruder, nahm Necho
fest und er ließ ihn nach Ägypten bringen.

⁵ 25 Jahre war Jojakim alt, als er König wurde, und elf Jahre  2 Kön 23,36 f.
war er König in Jerusalem. Und er tat, was schlecht war in den
Augen JHWHs, seines Gottes. (וַיַּעַשׂ הָרַע בְּעֵינֵי יְהוָה אֱלֹהָיו)

⁶ Und es zog Nebukadnezar herauf, der König von Babel. Und er band ihn in doppelte Ketten und ließ ihn nach Babel bringen.

2 Kön 24,1

⁷ **Auch von den Geräten des Hauses JHWHs brachte Nebukadnezar nach Babel. Und er legte sie in seinen Palast in Babel.**

Dan 1,2

⁸ Und die übrigen Begebenheiten über Jojakim und seine Gräuel, die er tat, und was sonst noch über ihn gefunden wurde, siehe, das ist geschrieben im Buch der Könige von Israel und Juda. Und es wurde Jojachin, sein Sohn, an seiner Stelle König.

2 Kön 24,5 f.

⁹ Und 18 Jahre war Jojachin alt, als er König wurde, und drei Monate und zehn Tage war er König in Jerusalem. Und er tat, was schlecht war in den Augen JHWHs. (וַיַּעַשׂ הָרַע בְּעֵינֵי יְהוָה)

2 Kön 24,8 f.

¹⁰ Und bei der Jahreswende sandte der König Nebukadnezar hin. Und er ließ ihn nach Babel bringen mit den kostbaren Geräten des Hauses JHWHs. Und er machte Zedekia, dessen Bruder, zum König über Juda und Jerusalem.

2 Kön 24,12 f.

¹¹ Einundzwanzig Jahre war Zedekia alt, als er König wurde, und elf Jahre war er König in Jerusalem.

2 Kön 24,18

¹² Und er tat, was schlecht war in den Augen JHWHs, seines Gottes. (וַיַּעַשׂ הָרַע בְּעֵינֵי יְהוָה אֱלֹהָיו) Er demütigte sich nicht vor **dem Propheten Jeremia, von dessen Mund** JHWH. (לֹא נִכְנַע (מִלִּפְנֵי יִרְמְיָהוּ הַנָּבִיא מִפִּי יְהוָה

2 Kön 24,19; Jer 37,2

¹³ Und auch gegen den König Nebukadnezar rebellierte er, der ihn bei Gott schwören ließ. Und er verhärtete seinen Nacken und verstockte sein Herz, so dass er nicht umkehrte zu JHWH, dem Gott Israels.

2 Kön 24,1; 2 Chr 34,19.27; 35,21 f.

¹⁴ Auch häuften alle obersten Priester und das Volk Untreue auf Untreue (לִמְעוֹל־מַעַל) wie die Gräuel der Völker. (תּוֹעֲבוֹת הַגּוֹיִם) Und sie machten das Haus JHWHs unrein, das er in Jerusalem geheiligt hatte.

2 Chr 33,2.19

¹⁵ Und JHWH, der Gott ihrer Väter, sandte zu ihnen durch seine Boten, die sich früh aufmachten und eifrig waren, denn er hatte Mitleid mit seinem Volk und seiner Wohnung.

Jer 7,25; 25,3 f.; 29,19

¹⁶ Doch sie verhöhnten die Boten Gottes und verspotteten seine Worte und sie verlachten seine Propheten, bis der Zorn JHWHs heraufzog über sein Volk, so dass es keine Heilung mehr gab.

2 Chr 33,10

¹⁷ Da ließ er über sie heraufziehen den König der Chaldäer und der tötete ihre jungen Männer durch das Schwert im Haus ihres Heiligtums. Und er verschonte weder Jüngling noch Jungfrau, weder Alte noch Hochbetagte. Sie alle gab er in seine Hand.

2 Kön 25,1; Ez 9,5–7

**¹⁸ Und alle Geräte des Gotteshauses, die großen und die kleinen,** (וְכֹל כְּלֵי בֵית הָאֱלֹהִים הַגְּדֹלִים וְהַקְּטַנִּים) **und die Schätze des Hauses JHWHs und die Schätze des Königs und seiner Fürsten: Das alles brachte er nach Babel.**

2 Kön 25,13–17; Jer 27,21f.

¹⁹ Und sie verbrannten das Haus Gottes und sie rissen die Mauer von Jerusalem nieder. Und alle seine Paläste verbrannten sie im Feuer und alle seine kostbaren Geräte (כְּלֵי מַחֲמַדֶּיהָ) vernichteten sie.

2 Kön 5,9.10.13–17; Jes 64,10

²⁰ Und den Rest, der vom Schwert übrig blieb, führte er ins Exil nach Babel. (וַיֶּגֶל הַשְּׁאֵרִית מִן־הַחֶרֶב אֶל־בָּבֶל)

2 Kön 25,11

**Und sie wurden ihm und seinen Söhnen zu Sklaven, bis das Königreich der Perser zur Herrschaft kam,**

**²¹ damit sich das Wort JHWHs erfüllte im Mund Jeremias, bis das Land seine Sabbate ersetzt bekam. All die Tage der Verwüstung lag es brach, bis 70 Jahre voll waren.**

Jer 29,10; 25,11f.; Lev 26,31–35

**²² Und im ersten Jahr des Kyros, des Königs von Persien, damit das Wort JHWHs erfüllt** (לִכְלוֹת) **wurde durch den Mund Jeremias, erweckte JHWH den Geist des Kyros, des Königs von Persien. Und er ließ einen Aufruf ergehen durch sein ganzes Königreich, und auch schriftlich:**

Esr 1,1; 1 Chr 17,14

**²³ „So spricht Kyros, der König von Persien: Alle Königreiche der Erde sind mir gegeben von JHWH, dem Gott des Himmels. Und er hat mich beauftragt, ihm ein Haus in Jerusalem zu bauen, das in Juda liegt. Wer immer von euch aus seinem Volk ist, JHWH, sein Gott, ist mit ihm.** (יְהוָה אֱלֹהָיו עִמּוֹ) **Er ziehe hinauf!"** (וְיָעַל)

Esr 1,2f.; Jer 27,21f.

Legende

1. Schicht: Judas Untergang
2. **Schicht: Jeremianische Redaktion und Exil**

# V Literaturverzeichnis

# 1 Bibelausgaben

Biblia Hebraica Stuttgartensia, hg. v. Karl Elliger/Wilhelm Rudolph (u. a.), Stuttgart ⁵1997.
BibleWorks© Version 10.0.4.639, BibleWorks, LLC.
Paralipomenon liber II. (Septuaginta. Vetus Testamentum Graecum VII,2), hg. v. Robert Hanhart, Göttingen 2014.
Septuaginta Deutsch. Das griechische Alte Testament in deutscher Übersetzung, hg. v. Wolfgang Kraus/Martin Karrer, Stuttgart ²2009.

# 2 Sonstige Ausgaben (Texte aus der Umwelt des Alten Testaments)

Duhaime, Jean, "War Scroll" (in: The Dead Sea Scrolls, II. Damascus Document, War Scroll, and Related Documents, hg. v. James H. Charlesworth, Louisville 1995, S. 80–203).
Oßwald, Eva, Das Gebet Manasses (JSHRZ IV,1), Gütersloh 1974.
Pohlmann, Karl-Friedrich, 3. Esra-Buch (JSHRZ I,5), Gütersloh 1980.
Rießler, Paul, Altjüdisches Schrifttum außerhalb der Bibel. Übersetzt und erläutert, Augsburg 1928.
Sauer, Georg, Jesus Sirach (Ben Sira) (JSHRZ III,5), Gütersloh 1981.
Walter, Nikolaus, Fragmente jüdisch-hellenistischer Historiker (JSHRZ I,2), Gütersloh 1980.
Weippert, Manfred, Historisches Textbuch zum Alten Testament (GAT 10), Göttingen 2010.

# 3 Wörterbücher, Grammatiken, Lexika

Bauer, Hans/Leander, Pontus, Historische Grammatik der Hebräischen Sprache des Alten Testaments, Bd. 1: Einleitung, Schriftlehre, Laut- und Formenlehre, mit einem Beitrag von Paul Kahle und einem Anhang Verbparadigmen, Halle 1922.
Brockelmann, Carl, Hebräische Syntax, Neukirchen 1956.
Dietrich, Walter/Arnet, Samuel (Hg.), Konzise und aktualisierte Ausgabe des Hebräischen und Aramäischen Lexikon zum Alten Testament, Leiden/Boston 2013.
Gesenius, Wilhelm, Hebräisches und Aramäisches Handwörterbuch über das Alte Testament, begonnen von Rudolph Meyer unter zeitweiliger, verantwortlicher Mitarbeit von Udo Rüterswörden und Johannes Renz, bearbeitet und hg. v. Herbert Donner, Berlin/Heidelberg ¹⁸2013.
Gesenius, Wilhelm/Kautzsch, Emil, Wilhelm Gesenius' Hebräische Grammatik, völlig überarbeitet von Emil Kautzsch, Leipzig ²⁸1909.
Köhler, Ludwig/Baumgartner, Walter, Hebräisches und Aramäisches Lexikon zum Alten Testament. Studienausgabe, 2 Bde., neu bearbeitet von Walter Baumgartner unter der Mitarbeit von Benedikt Hartmann und E. Yechezkel Kutscher, Leiden ³2004.
Lettinga, Jan P., Grammatik des Biblischen Hebräisch, Riehen/Basel 1992.

https://doi.org/10.1515/9783110698534-005

# 4 Sekundärliteratur

Ackroyd, Peter R., I & II Chronicles, Ezra, Nehemiah. Introduction and Commentary (TBC), London 1973.

Ackroyd, Peter R., The Chronicler as Exegete (JSOT 2, 1977, S. 2–32).

Ackroyd, Peter R., The Chronicler in his Age (JSOT.S 101), Sheffield 1991.

Albertz, Rainer, Religionsgeschichte Israels in alttestamentlicher Zeit. Teil 2: Vom Exil bis zu den Makkabäern (GAT 8,2), Göttingen 1997.

Albright, William F., Egypt and the Early History of the Negev (JPOS 4, 1924, S. 131–161).

Albright, William F., A Votive Stele Erected by Ben-Hadad I of Damascus to the God Melcarth (BASOR 87, 1942, S. 23–29).

Alfrink, Bernard, Die Schlacht bei Megiddo und der Tod des Josias (Bib. 15, 1934, S. 173–184).

Allen, Leslie C., 1, 2 Chronicles (CCS.OT 10), Waco 1987.

Alt, Albrecht, Das Königtum in den Reichen Israel und Juda (VT 1, 1951, S. 2–22).

Alt, Albrecht, Festungen und Levitenorte im Lande Juda (in: Kleine Schriften zur Geschichte des Volkes Israel, Bd. 2, hg. v. Dems., München 1953, S. 306–315).

Amar, Itzhak, Chaotic Writing as a Literary Element in the Story of Ahaz in 2 Chronicles 28 (VT 66, 2016, S. 349–364).

Augustin, Matthias, Beobachtungen zur chronistischen Umgestaltung der deuteronomistischen Königschroniken nach der Reichsteilung (in: Das Alte Testament als geistige Heimat. Festgabe für Hans Walter Wolff zum 70. Geburtstag [EHS.T 177], hg. v. Dems./Jürgen Kegler, Frankfurt am Main/Bern 1982, S. 11–50).

Auld, A. Graeme, Prophets and Prophecy in Jeremiah and Kings (ZAW 96, 1984, S. 66–82).

Auld, A. Graeme, Kings Without Privilege. David and Moses in the Story of the Bible's Kings, Edinburgh 1994.

Auld, A. Graeme, Life in Kings. Reshaping the Royal Story in the Hebrew Bible (AIL 30), Atlanta 2017.

Bae, Hee-Sook, Vereinte Suche nach JHWH. Die Hiskianische und Josianische Reform in der Chronik (BZAW 335), Berlin/New York 2005.

Barstad, Hans M., The Myth of the Empty Land. A Study in the History and Archaeology of Judah during the "Exilic" Period (SO.S 28), Oslo 1996.

Becker, Joachim, 1 Chronik (NEB.AT 18), Würzburg 1986.

Becker, Joachim, 2 Chronik (NEB.AT 20), Würzburg 1988.

Becker, Uwe, Die Reichsteilung nach I Reg 12 (ZAW 112, 2000, S. 210–229).

Becker, Uwe, Exegese des Alten Testaments. Ein Methoden- und Arbeitsbuch (UTB 2665), Tübingen ⁴2015.

Becker, Uwe/Bezzel, Hannes [Hg.], Rereading the *relecture*? The Question of (Post)chronistic Influence in the Latest Redactions of the Books of Samuel (FAT.2 66), Tübingen 2013.

Becking, Bob, More than a Pawn in their Game. Zedekiah and the Fall of Jerusalem in 2 Chronicles 36:11–21 (in: Rewriting Biblical History. Essays on Chronicles and Ben Sira in Honor of Pancratius C. Beentjes [DCLS 7], hg. v. Jeremy Corley/Harm van Grol, Berlin/New York 2011, S. 257–277).

Beentjes, Pancratius C., Tradition and Transformation in the Book of Chronicles (SSN 52), Leiden/Boston 2008.

Begg, Christopher T., The Death of Josiah in Chronicles. Another View (VT 37, 1987, S. 1–8).

Begg, Christopher T., The Fate of Judah's four last Kings in the Book of Chronicles (OLoP 18, 1987, S. 79–85).

Behrens, Achim, Prophetische Visionsschilderungen im Alten Testament. Sprachliche Eigenarten, Funktion und Geschichte einer Gattung (AOAT 292), Münster 2002.

Ben Zvi, Ehud, About Time. Observations About the Construction of Time in the Book of Chronicles (HBT 22, 2000, S. 17–31).

Ben Zvi, Ehud, A House of Treasures. The Account of Amaziah in 2 Chronicles 25 – Observations and Implications (SJOT 22, 2008, S. 63–85).

Ben Zvi, Ehud, Reading Chronicles and Reshaping the Memory of Manasseh (in: Chronicling the Chronicler. The Book of Chronicles and Early Second Temple Historiography, hg. v. Paul S. Evans/Tyler F. Williams, Winona Lake 2013, S. 121–140).

Benzinger, Immanuel, Die Bücher der Chronik (KHC 20), Tübingen/Leipzig 1901.

Beyer, Gustav, Beiträge zur Territorialgeschichte von Südwestpalästina im Altertum (ZDPV 53, 1931, S. 113–170).

Bigger, James L., The Battle Address of Abijah (OTStud 3, 1883, S. 6–10).

Bordreuil, Pierre/Israel, Felice/Pardee, Dennis, King's Command and Widow's Plea. Two New Hebrew Ostraca of the Biblical Period (NEA 61, 1998, S. 2–13).

Brocke, Michael, Art. Aaron II. Im Judentum (TRE 1, 1991, S. 5–7).

Büchler, Adolf, Zur Geschichte der Tempelmusik und der Tempelpsalmen (ZAW 19, 1899, S. 96–133).

Büchler, Adolf, Das Brandopfer neben dem Passah in II Chron. 30,15 und 35,12.14.16 (ZAW 25, 1905, S. 1–46).

Childs, Brevard S., Introduction to the Old Testament as Scripture, Philadelphia 1979.

Cody, Aelred, Art. Aaron I. Im Alten Testament (TRE 1, 1991, S. 3–5).

Cross, Frank M., A Reconstruction of the Judean Restoration (JBL 94, 1975, S. 4–18).

Crüsemann, Frank, Elia – die Entdeckung der Einheit Gottes. Eine Lektüre der Erzählungen über Elia und seine Zeit (1Kön 17 – 2Kön 2) (KT 154), Gütersloh 1997.

Curtis, Edward L./Madson, Albert A., A Critical and Exegetical Commentary on the Books of Chronicles (ICC), Edinburgh 1910.

Dafni, Evangelia, שקר רוח und falsche Propheten In I Reg 22 (ZAW 112, 2000, S. 365–385).

De Vries, Simon J., 1 and 2 Chronicles (FOTL 11), Grand Rapids 1989.

Dennerlein, Norbert, Die Bedeutung Jerusalems in den Chronikbüchern (BFAT 46), Frankfurt am Main (u. a.) 1999.

Dillard, Raymond B., The Reign Of Asa (2 Chronicles 14–16). An Example of the Chronicler's Theological Method (JETS 23, 1980, S. 207–218).

Dillard, Raymond B., 2 Chronicles (WBC 15), Waco 1987.

Dirksen, Peter B., 1 Chronicles (HCOT), Leuven 2005.

Donner, Herbert, Geschichte des Volkes Israel und seiner Nachbarn in Grundzügen. Teil 2: Von der Königezeit bis zu Alexander dem Großen. Mit einem Ausblick auf die Geschichte des Judentums bis Kochba (GAT 4,2), Göttingen ⁴2008.

Dörrfuss, Ernst Michael, Mose in den Chronikbüchern. Garant theokratischer Zukunftserwartung (BZAW 219), Berlin/New York 1994.

Driver, Godfrey R., Once Again Abbreviations (textus 4, 1964, S. 76–94).

Duhaime, Jean, The War Texts. 1QM and Related Manuscripts (CQumS 6), London 2004.

Dyck, Jonathan E., The Theocratic Ideology of the Chronicler (Bibl.Interpr.S 33), Leiden/Boston/Köln 1998.

Ederer, Matthias, Art. Micha ben Jimla (WiBiLex, 2010, http://www.bibelwissenschaft.de/stichwort/27121).

Eißfeldt, Otto, Einleitung in das Alte Testament. Unter Einschluß der Apokryphen und Pseude-
   pigraphen sowie der apokryphen- und pseudepigraphenartigen Qumran-Schriften.
   Entstehungsgeschichte des Alten Testaments (NTG), Tübingen ³1964.

Evans, Paul S., Prophecy Influencing History. Dialogism in the Chronicler's Ahaz Narrative (in:
   Prophets, Prophecy, and Ancient Israelite Historiography, hg. v. Mark J. Boda/Lissa M.
   Wray Beal, Winona Lake 2013, S. 143–165).

Finkelstein, Israel, Rehoboam's Fortified Cities (II Chr 11,5–12). A Hasmonean Reality (ZAW 123,
   2011, S. 92–107).

Fohrer, Georg, Der Vertrag zwischen König und Volk in Israel (ZAW 71, 1959, S. 1–22).

Frei, Peter/Koch, Klaus, Reichsidee und Reichsorganisation im Perserreich (OBO 55), Freiburg in
   der Schweiz/Göttingen 1996.

Frevel, Christian, Geschichte Israels (KStTh 2), Stuttgart 2016.

Frost, Stanley B., The Death of Josiah. A Conspiracy of Silence (JBL 87, 1968, S. 369–382).

Galling, Kurt, Die Bücher der Chronik, Esra, Nehemia (ATD 12), Berlin 1958.

Gerstenberger, Erhard S., Israel in der Perserzeit. 5. und 4. Jahrhundert v. Chr. (BE 8), Stuttgart
   2005.

Gleis, Matthias, Art. Kulthöhe (WiBiLex, 2008, http://www.bibelwissenschaft.de/
   stichwort/24317).

Goettsberger, Johann, Die Bücher der Chronik oder Paralipomenon (HSAT 4,1), Bonn 1939.

Goldingay, John, The Chronicler as a Theologian (BTB 5, 1975, S. 99–126).

Goldstein, Jonathan A., II Maccabees. A New Translation with Introduction and Commentary
   (AncB 41A), New York 1983.

Graf, Karl Heinrich, Die geschichtlichen Bücher des Alten Testaments. Zwei historisch-kritische
   Untersuchungen, Leipzig 1866.

Graham, M. Patrick, A Connection Proposed Between II Chr 24,26 and Ezra 9–10 (ZAW 97, 1985,
   S. 256–258).

Gramberg, Carl Peter Wilhelm, Die Chronik nach ihrem geschichtlichen Charakter und ihrer
   Glaubwürdigkeit neu geprüft, Halle 1823.

Gressmann, Hugo, Die Aufgaben der alttestamentlichen Forschung (ZAW 42, 1924, S. 1–33).

Hänel, Johannes, Das Recht des Opferschlachtens in der chronistischen Literatur (ZAW 55, 1937,
   S. 46–67).

Hanspach, Alexander, Inspirierte Interpreten. Das Prophetenverständnis der Chronikbücher
   und sein Ort in der Religion und Literatur zur Zeit des Zweiten Tempels (ATSAT 64), St.
   Ottilien 2000.

Hardmeier, Christof, König Joschija in der Klimax des DtrG (2Reg 22 f.) und das vordtr Dokument
   einer Kultreform am Residenzort (23,4–15*). Quellenkritik, Vorstufenrekonstruktion und
   Geschichtstheologie in 2Reg 22 f. (in: Erzählte Geschichte. Beiträge zur narrativen Kultur
   im alten Israel [BThSt 40], hg. v. Rüdiger Lux, Neukirchen-Vluyn 2000, S. 81–145).

Himbaza, Innocent, Le mur de Manassé (2 Ch xxxiii 14) entre archéologues et théologiens (VT
   57, 2007, S. 283–294).

Hirth, Volkmar, „Der Geist" in I Reg 22 (ZAW 101, 1989, S. 113 f.).

Hom, Mary Katherine Y.H., "To" or "Against"? The Interpretation of יָבֹא עַל in 2 Chr 28:20 (VT 60,
   2010, S. 560–564).

Hossfeld, Frank-Lothar/Meyer, Ivo, Prophet gegen Prophet. Eine Analyse der alttestamentlichen
   Texte zum Thema: Wahre und falsche Propheten (BiBe 9), Freiburg in der Schweiz 1973.

Hübner, Ulrich, Art. Numismatik III. Geschichte der Numismatik in Palästina (RGG⁴ 6, 2003,
   Sp. 432 f.).

Japhet, Sara, 1 Chronik (HThKAT), Freiburg im Breisgau/Basel/Wien 2002.

Japhet, Sara, 2 Chronik (HThKAT), Freiburg im Breisgau/Basel/Wien 2003.

Jendrek, Matthias, Hinwendung zu Gott. Funktionen der Gebetssprache im Erzählverlauf der Chronikbücher (FRLANT 269), Göttingen 2017.

Johnstone, William, Which is the Best Commentary? 11 – The Chronicler's Work (ET 103, 1991, S. 6–11).

Jones, Gwilym H., From Abijam to Abijah (ZAW 106, 1994, S. 420–434).

Jonker, Louis C., Reflections of King Josiah in Chronicles. Late stages of the Josiah reception in II Chr. 34 f. (TSHB 2), Gütersloh 2003.

Jonker, Louis C., The Exile as Sabbath Rest. The Chronicler's Interpretation of the Exile (OTE 20, 2007, S. 703–719).

Jonker, Louis C., Huldah's Oracle. The Origin of the Chronicler's Typical Style? (VeEc 33[1], 2012, S. 1–7).

Jonker, Louis C., 1 & 2 Chronicles (UBiS), Grand Rapids 2013.

Jonker, Louis C., Defining All-Israel in Chronicles. Multi-levelled Identity Negotiation in Late Persian-Period Yehud (FAT 106), Tübingen 2016.

Junge, Ehrhard, Der Wiederaufbau des Heerwesens des Reiches Juda unter Josia (BWANT 75), Stuttgart 1937.

Kaiser, Otto, Studien zur Literaturgeschichte des Alten Testamentes (fzb 90), Würzburg 2000.

Kalimi, Isaac, Die Abfassungszeit der Chronik. Forschungsstand und Perspektiven (ZAW 105, 1993, S. 223–233).

Kalimi, Isaac, Zur Geschichtsschreibung des Chronisten. Literarisch-historiographische Abweichungen der Chronik von ihren Paralleltexten in den Samuel- und Königsbüchern (BZAW 226), Berlin/New York 1995.

Kalimi, Isaac, Die Quelle(n) der Textparallelen zwischen Samuel-Könige und Chronik (in: Rereading the *Relecture*? The Question of (Post)chronistic Influence in the Latest Redactions of the Books of Samuel [FAT.2 66], hg. v. Uwe Becker/Hannes Bezzel, Tübingen 2013, S. 11–30).

Kalimi, Isaac, Das Chronikbuch und seine Chronik. Zur Entstehung und Rezeption eines biblischen Buches (FuSt 17), Freiburg im Breisgau 2013.

Kartveit, Magnar, 2 Chronicles 36:20–23 as Literary and Theological "Interface" (in: The Chronicler as Author. Studies in Text and Texture [JSOT.S 263], hg. v. M. Patrick Graham/ Steven L. McKenzie, Sheffield 1999, S. 395–403).

Keel, Othmar, Wirkmächtige Siegeszeichen im Alten Testament. Ikonographische Studien zu Jos 8, 18–26; Ex 17, 8–13; 2 Kön 13, 14–19 und 1 Kön 22, 11 (OBO 5), Freiburg in der Schweiz/Göttingen 1974.

Kegler, Jürgen, Prophetengestalten im Deuteronomistischen Geschichtswerk und in den Chronikbüchern. Ein Beitrag zur Kompositions- und Redaktionsgeschichte der Chronikbücher (ZAW 105, 1993, S. 481–497).

Keil, Carl Friedrich, Apologetischer Versuch über die Bücher der Chronik und über die Integrität des Buches Esra, Berlin 1833.

Kellermann, Ulrich, Anmerkungen zum Verständnis der Tora in den chronistischen Schriften (BN 42, 1988, S. 49–92).

Kittel, Rudolf, Die Bücher der Könige (HK I,5), Göttingen 1900.

Klein, Ralph W., Abijah's Campaign Against the North (II Chr 13). What Were the Chronicler's Sources? (ZAW 95, 1993, S. 210–217).

Klein, Ralph W., 1 Chronicles. A Commentary (Hermeneia), Minneapolis 2006.

Klein, Ralph W., 2 Chronicles. A Commentary (Hermeneia), Minneapolis 2012.

Klein, Ralph W., Art. Chronicles, Book of (1–2) (ABD 1, 1992, S. 992–1002).

Knauf, Ernst Axel, Zum Verhältnis von Esra 1,1 zu 2 Chronik 36,20–23 (BN 78, 1995, S. 16 f.).

Knoppers, Gary N., Rehoboam in Chronicles. Villain or Victim? (JBL 109, 1990, S. 423–440).

Kratz, Reinhard G., Translatio imperii. Untersuchungen zu den aramäischen Danielerzählungen und ihrem theologiegeschichtlichen Umfeld (WMANT 63), Neukirchen-Vluyn 1991.

Kratz, Reinhard G., Die Komposition der erzählenden Bücher des Alten Testaments. Grundwissen der Bibelkritik (UTB 2157), Göttingen 2000.

Kratz, Reinhard G., I Chronicles 1–9. A New Translation with Introduction and Commentary (AncB 12), New York (u. a.) 2003.

Kratz, Reinhard G., Historisches und biblisches Israel. Drei Überblicke zum Alten Testament, Tübingen 2013.

Kratz, Reinhard G., Analysis of the Pentateuch. An Attempt to Overcome Barriers of Thinking (ZAW 128, 2016, S. 529–561).

Labahn, Antje, Art. Levi/Leviten (WiBiLex, 2014, https://www.bibelwissenschaft.de/stichwort/24883).

Langlois, Michael, 3. und 4. Makkabäer (in: Einleitung in das Alte Testament. Die Bücher der Hebräischen Bibel und die alttestamentlichen Schriften der katholischen, protestantischen und orthodoxen Kirchen, hg. v. Thomas C. Römer/Jean-Daniel Macchi/Christophe Nihan, Zürich 2013, S. 781–787).

Leicht, Reimund, Art. Manasse-Gebet (RGG⁴ 5, 2002, Sp. 714 f.).

Levin, Christoph, Der Sturz der Königin Atalja. Ein Kapitel zur Geschichte Judas im 9. Jahrhundert v. Chr. (SBS 105), Stuttgart 1982.

Levin, Christoph, Die Instandsetzung des Tempels unter Joasch ben Ahasja (VT 40, 1990, S. 51–88).

Levin, Christoph, Das synchronistische Exzerpt aus den Annalen der Könige von Israel und Juda (VT 61, 2011, S. 616–628).

Levin, Yigal, Who was the Chronicler's Audience? A Hint from his Genealogies (JBL 122, 2003, S. 229–245).

Levin, Yigal, The Chronicles of the Kings of Judah. 2 Chronicles 10–36. A New Translation and Commentary, London 2017.

Lynch, Matthew, Monotheism and Institutions in the Book of Chronicles. Temple, Priesthood, and Kingship in Post-Exilic Perspective (FAT.2 64), Tübingen 2014.

Maier, Christl M., Jeremia als Lehrer der Tora. Soziale Gebote des Deuteronomiums in Fortschreibungen des Jeremiabuches (FRLANT 196), Göttingen 2002.

Maskow, Lars, Tora in der Chronik. Studien zur Rezeption des Pentateuchs in den Chronikbüchern (FRLANT 274), Göttingen 2019.

Mason, Rex, Preaching the Tradition. Homily and Hermeneutics after the Exile based on the "Addresses" in Chronicles, the Speeches in the Books of Ezra and Nehemiah and the Post-Exilic Prophetic Books, Cambridge 1990.

Mathias, Dietmar, Die Geschichte der Chronikforschung im 19. Jahrhundert unter besonderer Berücksichtigung der exegetischen Behandlung der Prophetennachrichten des chronistischen Geschichtswerkes. Ein problemgeschichtlicher und methodenkritischer Versuch auf der Basis ausgewählter Texte, Leipzig 1977.

Mathys, Hans-Peter, Chronikbücher und hellenistischer Zeitgeist (in: Vom Anfang und vom Ende: fünf alttestamentliche Studien [BEAT 47], hg. v. Dems., Frankfurt am Main [u. a.] 2000, S. 41–155).

Mathys, Hans-Peter, Die Ethik der Chronikbücher. Ein Entwurf (in: Vom Anfang und vom Ende: fünf alttestamentliche Studien [BEAT 47], hg. v. Dems., Frankfurt am Main [u. a.] 2000, S. 156–255).

McKenzie, Steven L., The Chronicler as Redactor (in: The Chronicler as Author. Studies in Text and Texture [JSOT.S 263], hg. v. M. Patrick Graham/Dems., Sheffield 1999, S. 70–90).

McKenzie, Steven L., 1–2 Chronicles (AOTC), Nashville 2004.

Micheel, Rosemarie, Die Seher- und Prophetenüberlieferungen in der Chronik (BET 18), Frankfurt am Main/Bern 1983.

Moberly, R. Walter L., Does God Lie to His Prophets? The Story of Micaiah ben Imlah As a Test Case (HThR 96, 2003, S. 1–23).

Mosis, Rudolf, Untersuchungen zur Theologie des chronistischen Geschichtswerkes (FThSt 92), Freiburg im Breisgau/Basel/Wien 1973.

Movers, Franz Carl, Kritische Untersuchungen über die biblische Chronik. Ein Beitrag zur Einleitung in das Alte Testament, Bonn 1834.

Murray, Donald F., Dynasty, People, and the Future. The Message of Chronicles (JSOT 58, 1993, S. 71–92).

Myers, Jacob M., I Chronicles. Introduction, Translation and Notes (AncB 12), New York 1965.

Myers, Jacob M., II Chronicles. Introduction, Translation and Notes (AncB 13), Garden City 1965.

Niehr, Herbert, Die Reform des Joschija. Methodische, historische und religionsgeschichtliche Aspekte (in: Jeremia und die »deuteronomistische Bewegung« [BBB 98], hg. v. Walter Groß/Dieter Böhler, Weinheim 1995, S. 33–55).

Noth, Martin, Überlieferungsgeschichtliche Studien. Die sammelnden und bearbeitenden Geschichtswerke im Alten Testament, Darmstadt ³1967.

Noth, Martin, Könige I. 1–16 (BK 9,1), Neukirchen-Vluyn ²1983.

Oeming, Manfred, Das wahre Israel. Die „genealogische Vorhalle" 1 Chronik 1–9 (BWANT 128), Stuttgart/Berlin/Köln 1990.

Peltonen, Kai, History Debated. The Historical Reliability of Chronicles in Pre-Critical and Critical Research (SESJ 64), 2 Bde., Göttingen 1996.

Petersen, David L., Late Israelite Prophecy. Studies in Deutero-Prophetic Literature and in Chronicles (SBL.MS), Missoula 1977.

Pohlmann, Karl-Friedrich, Zur Frage von Korrespondenzen und Divergenzen zwischen den Chronikbüchern und dem Esra/Nehemia-Buch (in: Congress Volume Leuven 1989 [VT.S 43], hg. v. John A. Emerton, Leiden [u. a.] 1991, S. 314–330).

Rainey, Anson F., Manasseh, King of Judah, in the Whirlpool of the Seventh Century B.C.E. (in: Kinattūtu Ša Dārâti. Raphael Kutscher Memorial Volume, hg. v. Dems., Tel Aviv 1993, S. 147–164).

von Rad, Gerhard, Das Geschichtsbild des chronistischen Werkes (BWANT 54), Stuttgart 1930.

von Rad, Gerhard, Die levitische Predigt in den Büchern der Chronik (in: Festschrift Otto Procksch zum sechzigsten Geburtstag am 9. August 1934, hg. v. Albrecht Alt (u. a.), Leipzig 1934, S. 113–124).

von Rad, Gerhard, Die Theologie der geschichtlichen Überlieferungen Israels (EETh 1), München ⁴1962.

Raney, Donald C., History as Narrative in the Deuteronomistic History and Chronicles (SEBC 56), Lewiston 2003.

Reimarus, Hermann Samuel, Apologie oder Schutzschrift für die vernünftigen Verehrer Gottes, Bd. 1, hg. v. Gerhard Alexander, Frankfurt am Main 1972.

Riley, William, King and Cultus in Chronicles. Worship and the Reinterpretation of History (JSOT.S 160), Sheffield 1993.

Rofé, Alexander, The Acts of Nahash according to 4QSamª (IEJ 32, 1982, S. 129–133).

Römer, Thomas C., The So-Called Deuteronomistic History. A Sociological, Historical and Literary Introduction, New York/London 2005.

Rost, Leonhard, Zur Vorgeschichte der Kultusreform des Josia (VT 19, 1969, S. 113–120).

Rothstein, J. Wilhelm/Hänel, Johannes, Kommentar zum ersten Buch der Chronik (KAT 18,2), Leipzig 1927.

Rudolph, Wilhelm, Die Einheitlichkeit der Erzählung vom Sturz der Atalja (2 Kön 11) (in: Festschrift Alfred Bertholet zum 80. Geburtstag, hg. v. Walter Baumgartner [u. a.], Tübingen 1950, S. 473–478).

Rudolph, Wilhelm, Der Aufbau der Asa-Geschichte (2 Chr. xiv-xvi) (VT 2, 1952, S. 367–371).

Rudolph, Wilhelm, Chronikbücher (HAT 21), Tübingen 1955.

Rudolph, Wilhelm, Ussias „Haus der Freiheit" (ZAW 89, 1977, S. 418).

Ruffing, Andreas, Jahwekrieg als Weltmetapher. Studien zu Jahwekriegstexten des chronistischen Sondergutes (SBB 24), Stuttgart 1992.

Samuel, Harald, Von Priestern zum Patriarchen. Levi und die Leviten im Alten Testament (BZAW 448), Berlin/Boston 2014.

Schipper, Jeremy, Deuteronomy 24:5 and King Asa's Foot Disease in 1 Kings 15:23b (JBL 128, 2009, S. 643–648).

Schmid, Konrad, Literaturgeschichte des Alten Testaments. Eine Einführung, Darmstadt 2008.

Schmitz, Barbara, Prophetie und Königtum. Eine narratologisch-historische Methodologie entwickelt an den Königsbüchern (FAT 60), Tübingen 2008.

Schniedewind, William M., The Source Citations of Manasseh. King Manasseh in History and Homily (VT 41, 1991, S. 450–461).

Schweizer, Harald, Zur Systematisierung der Theologie. Ein Beitrag zur Methodendiskussion in der Theologie. Dargestellt anhand von 1 Kön 15 und 2 Chr 14–16 (ThQ 159, 1979, S. 58–67).

Schwienhorst, Ludger, Die Eroberung Jerichos. Exegetische Untersuchung zu Josua 6 (SBS 122), Stuttgart 1986.

Smelik, Klaas A. D., The Representation of King Ahaz in 2 Kings 16 and 2 Chronicles 28 (in: Intertextuality in Ugarit and Israel [OTS 40], hg. v. Johannes C. de Moor, Leiden 1998, S. 143–185).

Spieckermann, Herrmann, Juda unter Assur in der Sargonidenzeit (FRLANT 129), Göttingen 1982.

Stade, Bernhard, Anmerkungen zu 2 Kö. 10–14 (in: Ausgewählte Akademische Reden und Abhandlungen, hg. v. Dems., Gießen ²1907, S. 181–199).

Steck, Odil Hannes, Israel und das gewaltsame Geschick der Propheten. Untersuchungen zur Überlieferung des deuteronomistischen Geschichtsbildes im Alten Testament, Spätjudentum und Urchristentum (WMANT 23), Neukirchen-Vluyn 1967.

Steck, Odil Hannes, Bewahrheitungen des Prophetenworts. Überlieferungsgeschichtliche Skizze zu 1. Könige 22,1–38 (in: „Wenn nicht jetzt, wann dann?" Aufsätze für Hans-Joachim Kraus zum 65. Geburtstag, hg. v. Hans-Georg Geyer [u. a.], Neukirchen-Vluyn 1983, S. 87–96).

Steins, Georg, Die Chronik als kanonisches Abschlußphänomen. Studien zur Entstehung und Theologie von 1/2 Chronik (BBB 93), Weinheim 1995.

Steins, Georg, The Three Deaths of Josiah and the Strata of Biblical Historiography (2 Kings XXIII 29–30; 2 Chronicles XXXV 20–5; 1 Esdras I 23–31) (VT 46, 1996, S. 213–236).

Steins, Georg, Zur Datierung der Chronik. Ein neuer methodischer Ansatz (ZAW 198, 1997, S. 84–92).

Strübind, Kim, Tradition als Interpretation in der Chronik. König Josaphat als Paradigma chronistischer Hermeneutik und Theologie (BZAW 201), Berlin/New York 1991.

Talshir, Zipora, Is the Alternate Tradition of the Division of the Kingdom (3 Kgdms 12:24a–z) Non-Deuteronomistic? (in: Septuagint, Scrolls and Cognate Writings. Papers Presented to the International Symposium on the Septuagint and Its Relations to the Dead Sea Scrolls and Other Writings [SBL.SCSt 33], hg. v. George J. Brooke/Barnabas Lindars, Atlanta 1992, S. 599–621).

Throntveit, Mark A., When Kings Speak. Royal Speech and Royal Prayer in Chronicles (SBL.DS 93), Atlanta 1987.

Tiemeyer, Lena-Sofia, Prophecy as a Way of Cancelling Prophecy. The Strategic Uses of Foreknowledge (ZAW 117, 2005, S. 329–350).

Tilly, Michael, 1 Makkabäer (HThKAT), Freiburg im Breisgau/Basel/Wien 2015.

Uehlinger, Christoph, Gab es eine joschijanische Kultreform? Plädoyer für ein begründetes Minimum (in: Jeremia und die „deuteronomistische Bewegung" [BBB 98], hg. v. Walter Groß/Dieter Böhler, Weinheim 1995, S. 57–89).

Veltri, Giuseppe, Art. Eupolemos (RGG⁴ 2, 1999, Sp. 1660 f.).

Weinberg, Joel P., Der König im Weltbild des Chronisten (VT 39, 1989, S. 415–437).

Weinberg, Joel P., Der Chronist in seiner Mitwelt (BZAW 239), Berlin/New York 1996.

Weippert, Helga, Ahab el campeador? Redaktionsgeschichtliche Untersuchungen zu 1 Kön 22 (Bib. 69, 1988, S. 457–479).

Welch, Adam C., The Death of Josiah (ZAW 43, 1925, S. 255–260).

Welch, Adam C., Post-Exilic Judaism, Edinburgh/London 1935.

Welch, Adam C., The Work of the Chronicler. Its Purpose and Its Date, London 1939.

Wellhausen, Julius, Prolegomena zur Geschichte Israels, Berlin/New York ⁶2001.

Welten, Peter, Geschichte und Geschichtsdarstellung in den Chronikbüchern (WMANT 42), Neukirchen-Vluyn 1973.

de Wette, Wilhelm Martin Leberecht, Kritischer Versuch über die Glaubwürdigkeit der Bücher der Chronik mit Hinsicht auf die Geschichte der Mosaischen Bücher und Gesetzgebung. Ein Nachtrag zu den Vaterschen Untersuchungen über den Pentateuch (BEinAT 1), Halle 1806.

de Wette, Wilhelm Martin Leberecht, Kritik der Israelitischen Geschichte: Erster Theil. Kritik der Mosaischen Geschichte (BEinAT 2), Halle 1807.

Willi, Thomas, Die Chronik als Auslegung. Untersuchungen zur literarischen Gestaltung der historischen Überlieferung Israels (FRLANT 106), Göttingen 1972.

Willi, Thomas, Thora in den biblischen Chronikbüchern (Jud. 36, 1980, S. 102–105.148–151).

Willi, Thomas, Leviten, Priester und Kult in vorhellenistischer Zeit. Die chronistische Optik in ihrem geschichtlichen Kontext (in: Gemeinde ohne Tempel. Community without Temple. Zur Substituierung und Transformation des Jerusalemer Tempels und seines Kults im Alten Testament, antiken Judentum und frühen Christentum [WUNT 118], hg. v. Beate Ego/Armin Lange/Peter Pilhofer, Tübingen 1999, S. 75–98).

Willi, Thomas, Zwei Jahrzehnte Forschung an Chronik und Esra-Nehemia (ThR 67, 2002, S. 61–104).

Williamson, Hugh G.M., Israel in the Book of Chronicles, Cambridge 1977.

Williamson, Hugh G.M., 1 and 2 Chronicles (NCBC), Grand Rapids/London 1982.

Witte, Markus, III. Schriften (Ketubim) (in: Grundinformation Altes Testament. Eine Einführung in Literatur, Religion und Geschichte des Alten Testaments (UTB 2745), hg. v. Jan Christian Gertz, Göttingen ⁴2010, S. 414–534).

Witte, Markus, § 27 Jesus Sirach (Ben Sira) (in: Grundinformation Altes Testament. Eine Einführung in Literatur, Religion und Geschichte des Alten Testaments (UTB 2745), hg. v., Jan Christian Gertz, Göttingen ⁴2010, S. 556–567).

Wolff, Hans Walter, Das Kerygma des deuteronomistischen Geschichtswerks (ZAW 73, 1961, S. 171–186).

Würthwein, Ernst, Die Bücher der Könige. 1. Kön. 17 – 2. Kön. 25 (ATD 11,2), Göttingen 1984.

Würthwein, Ernst, Die Revolution Jehus. Die Jehu-Erzählung in altisraelitischer und deuteronomistischer Sicht (ZAW 120, 2008, S. 28–48).

Xeravits, Géza G./Porzig, Peter, Einführung in die Qumranliteratur. Die Handschriften vom Toten Meer, Berlin/Boston 2015.

Zeron, Alexander, Die Anmassung des Königs Usia im Lichte von Jesajas Berufung. Zu 2 Chr. 26:16–22 und Jes. 6:1ff. (ThZ 33, 1977, S. 65–68).

Zimran, Yisca, "The Covenant Made with David". The King and the Kingdom in 2 Chronicles 21 (VT 64, 2014, S. 305–325).

Zunz, Leopold, Die gottesdienstlichen Vorträge der Juden historisch entwickelt. Ein Beitrag zur Alterthumskunde und biblischen Kritik, zur Literatur- und Religionsgeschichte, Berlin 1832.

Zwickel, Wolfgang, Über das angebliche Verbrennen von Räucherwerk bei Bestattung eines Königs (ZAW 101, 1989, S. 266–277).

Zwickel, Wolfgang, Räucherkult und Räuchergeräte. Exegetische und archäologische Studien zum Räucheropfer im Alten Testament (OBO 97), Freiburg in der Schweiz/Göttingen 1990.

# Register

## Biblische Schriften (in Auswahl)

https://doi.org/10.1515/9783110698534-007

| | | | |
|---|---|---|---|
| 2 Chr 35,23 | 240.257 | 2 Chr 36,19 | 261.269 f.286 |
| 2 Chr 35,23 f. | 255.289 | 2 Chr 36,20 | 261.267.273.275.286 |
| 2 Chr 35,24 | 286 | 2 Chr 36,20–23 | 274.279.294–296 |
| 2 Chr 35,25 | 257 | 2 Chr 36,21 | 261.268.271–273.275 |
| | | 2 Chr 36,21–23 | 301 |
| 2 Chr 36 | 36.271.275.279.286. | 2 Chr 36,22 | 274 f. |
| | 289.294 | 2 Chr 36,22 f. | 270.271.273.302 |
| 2 Chr 36,1–4 | 260.262 | 2 Chr 36,23 | 5.261.274 |
| 2 Chr 36,6 | 260 | | |
| 2 Chr 36,7 | 264 f.270.278.294 | **Apokryphen** | |
| 2 Chr 36,9 f. | 265 | Bas III,11,43–45; | |
| 2 Chr 36,10 | 260.264.270 | 12,24a-z | 23 |
| 2 Chr 36,11 f. | 266 | | |
| 2 Chr 36,11–20 | 260.264 | Sir 47,2–11 | 307 |
| 2 Chr 36,12 | 266.267.274.294 | Sir 47,9 f. | 307 |
| 2 Chr 36,12 f. | 261 | | |
| 2 Chr 36,12–16 | 285 | Esra 1 | 308 |
| 2 Chr 36,13 | 257.266.276.289 | | |
| 2 Chr 36,14 | 261.266.277 | 3 Esra 1,1–5,65 | 14 |
| 2 Chr 36,14 f. | 268 | | |
| 2 Chr 36,14–16 | 277 | Makk | 310 |
| 2 Chr 36,15 | 266 | | |
| 2 Chr 36,15 f. | 261.267 | Makk | 309 |
| 2 Chr 36,17 | 267–269 | | |
| 2 Chr 36,17–20 | 261 | 4 Makk 1,2 | 106 |
| 2 Chr 36,17–21 | 267 | | |
| 2 Chr 36,18 | 261.264.267.270.273 f. | **Qumran** | |
| | 278.294 | 1 QM Col 3,1–11; | |
| 2 Chr 36,18 f. | 269 | 7,14–16; 8,9.15 | 310 |

## Personenregister aus der Wissenschaft (in Auswahl)

Ackroyd, Peter R. 269
Albertz, Rainer 308
Amar, Itzhak 180.187
Auld, A. Graeme 9
Becker, Joachim 58.152.224.236.265.
267
Becker, Uwe 22
Beentjes, Pancratius 286
Ben Zvi, Ehud 143 f.147 f.151.235 f.
Benzinger, Immanuel 77
Büchler, Adolf 86.207 f.214.246
Cross, Frank M. 14.308
Curtis, Edward L. 136.269
Dafni, Evangelia 100

De Vries, Simon 168.186.190.246
Dillard, Raymond 45.58.124.139.201.224.
234
Dörrfuss, Ernst Michael 131 f.231
Driver, Godfrey R. 149
Fohrer, Georg 118
Frevel, Christian 220.223
Galling, Kurt 10.14.21.25–27.40.42 f.51.71 f.
85.103–106.116.136.140.147.153.161.
172.186.190.200.206.208.210.215.224.
241 f.245.250.268.271
Goettsberger, Johann 205.208.215
Graham, M. Patrick 137
Himbaza, Innocent 233 f.

## Personenregister aus Bibel und Antike (in Auswahl)